PLOTINO

LLOYD P. GERSON (Org.)

PLOTINO

EDITORA

IDEIAS&
LETRAS

Direção Editorial:
Marlos Aurélio

Conselho Editorial:
Fábio E. R. Silva
Márcio Fabri dos Anjos
Mauro Vilela

Tradução:
Mauricio Pagotto Marsola

Copidesque e Revisão:
Luiz Filipe Armani

Capa e Diagramação:
Tatiana A. Crivellari

Coleção Companions & Companions

Título original: *The Cambridge companion to Plotinus*
© Cambridge University Press, 1996
40 West 20th Street, New York, NY 10011-4211, USA
ISBN: 978-0-521-47676-8 (Paperback) / 978-0-521-47093-3 (Hardback)

Todos os direitos em língua portuguesa, para o Brasil,
reservados à Editora Ideias & Letras, 2021

2ª impressão

Avenida São Gabriel , 495
Conjunto 42 - 4º andar
Jardim Paulista – São Paulo/SP
Cep: 01435-001
Editorial: (11) 3862-4831
Televendas: 0800 777 6004
vendas@ideiaseletras.com.br
www.ideiaseletras.com.br

Dados Internacionais de Catalogação na Publicação (CIP)
(Câmara Brasileira do Livro, SP, Brasil)

Plotino / Lloyd P. Gerson (Org.)
(Tradução: Mauricio Pagotto Marsola)
São Paulo: Ideias & Letras, 2017
(Companions & Companions)
Vários autores.
Bibliografia.
ISBN 978-85-5580-026-9

1. Filosofia 2. Plotino
I. Gerson, Lloyd P. II. Série.

17-03876

CDD-186.4

Índice para catálogo sistemático:
1. Plotino: Filosofia   186.4

Sumário

Sobre os autores

HENRY J. BLUMENTHAL é professor de grego na Universidade de Liverpool. É autor de *Plotinus' psychology* e editou diversos livros sobre neoplatonismo, tais como *Neoplatonism and early christian thought*. Alguns de seus artigos foram reunidos em *Soul and Intellect: Studies in Plotinus and Later Neoplatonism*.

JOHN BUSSANICH é professor associado de filosofia na Universidade do Novo México. É autor de *The One and its relation to Intellect in Plotinus* e *Ancient Philosophy after Aristotle*.

STEPHEN R. L. CLARK é professor de filosofia na Universidade de Liverpool. Seus livros mais recentes são *God's world and the great awakening*, *How to think about the earth* e *How to live forever*. É editor do *Journal of Applied Philosophy*.

KEVIN CORRIGAN é professor de filosofia na Emory University. É autor de *Plotinus' theory of Matter-Evil and the question of Substance: Plato, Aristotle, and Alexander of Aphrodisias*, *Reading Plotinus* e de vários artigos sobre filosofia antiga e medieval.

CRISTINA D'ANCONA COSTA é professora na Scuola Normale Superiore di Pisa. É autora de *Recherches sur le Liber de Causis*, de uma tradução do comentário de São Tomás ao *Liber de Causis* e de diversos estudos sobre Plotino e a tradição árabe de transmissão do pensamento plotiniano.

JOHN M. DILLON é Professor (*Regius*) de grego no Trinity College de Dublin. É autor de *The Middle Platonists*, *The Golden Chain*, *Studies in the developement of Platonism and Christianity, Alcinous, The Handbook of Platonism* e de edições comentadas de Jâmblico, Fílon de Alexandria, Proclo e Dexipo.

EYJÓLFUR KJALAR EMILSSON é professor de filosofia na Universidade de Oslo, Noruega. É autor de *Plotinus on sense-perception, Plotinus on Intellect* e de muitos artigos sobre Plotino.

MARIA LUISA GATTI é professora de filosofia na Università Cattolica del Sacro Cuore de Milão. É autora de *Plotino e la metafisica della contemplazione* e de muitos artigos sobre a tradição platônica.

LLOYD P. GERSON é professor de filosofia na Universidade de Toronto. É autor do volume *Plotinus* da coleção *Arguments of the Philosophers, God and Greek Philosophy: studies in the early history of Natural Theology*, de traduções de Aristóteles e da Filosofia Helenística, e de muitos artigos sobre filosofia antiga.

GEORGES LEROUX é professor de filosofia antiga na Universidade de Montreal. É autor de *Plotin. La liberté et la volonté de l'Un (Enneade VI.8)* e muitos artigos sobre Platão e o Neoplatonismo.

DENIS O'BRIEN, Fellow do Gonville e Caius College, Cambridge, foi, desde 1971, Directeur de Recherche no Centre National de Recherche Scientifique (CNRS), Paris. Entre seus livros estão *Empedocles' Cosmic Cycle. A reconstruction from the fragments and secondary sources*, Études *sur Parmenide, Theories of weight in the Ancient World, Plotinus on the origin of Matter* e de muitos outros estudos sobre filosofia antiga.

DOMINIC J. O'MEARA foi professor na Universidade de Fribourg, Suíça. É autor de *Plotinus. An Introduction to the Enneads, Pythagoras revived. Mathematics and Philosophy in Late Antiquity, The Structure of Being and the*

Search for the Good e de diversas outras obras acerca de diversos aspectos dos platonismos antigo e medieval.

SARA RAPPE é professora assistente de estudos clássicos na Universidade de Michigan. É autora de *Reading Neoplatonism* e de diversos artigos sobre Platão, Plotino e a tradição platônica.

JOHN RIST é professor de filosofia e estudos clássicos na Universidade de Toronto. Entre seus diversos livros estão *Plotinus. The Road to Reality*, *The Mind of Aristotle, Stoic Philosophy, Epicurus. An Introduction, Augustine. Ancient thought baptized* e muitos artigos sobre filosofia antiga.

FREDERIC M. SCHROEDER é professor de estudos clássicos na Queen's University, Kingston, Ontário. É autor de *Form and transformation. A study in the Philosophy of Plotinus* e de diversas outras obras sobre Plotino e a tradição aristotélica.

ANDREW SMITH é professor de estudos clássicos no Trinity College, em Dublin. É autor de *Porphyry's place in the Neoplatonic tradition* e da edição Teubner dos fragmentos de Porfírio (*Porphyry. Fragments*).

MICHAEL F. WAGNER é professor de filosofia na Universidade de San Diego, autor de *Neoplatonism and Nature* e de vários estudos sobre Plotino e a filosofia da Alta Idade Média.

As *Enéadas*

A seguinte lista relaciona os tratados que compreendem as *Enéadas*, com os títulos e a ordem da edição de Porfírio. A ordem cronológica é indicada entre colchetes.

I.1 [53] O que é o vivente e o que é o homem?
I.2 [19] Sobre as virtudes.
I.3 [20] Sobre a dialética.
I.4 [46] Sobre a felicidade.
I.5 [36] Se o bem viver aumenta com o tempo.
I.6 [1] Sobre o belo.
I.7 [54] Sobre o Primeiro Bem e os outros bens.
I.8 [51] O que são os males.
I.9 [16] Sobre a separação do corpo.

II.1 [40] Sobre o céu.
II.2 [14] Sobre o movimento do céu.
II.3 [52] Se os astros influem.
II.4 [12] Sobre a matéria.
II.5 [25] Sobre o que é em potência e o que é em ato.
II.6 [17] Sobre a substância, ou sobre a qualidade.
II.7 [37] Sobre a mescla total.
II.8 [35] Sobre a visão, ou como os objetos distantes parecem pequenos.
II.9 [33] Contra os gnósticos.

III.1 [3] Sobre o destino.
III.2 [47] Sobre a Providência (I).
III.3 [48] Sobre a Providência (II).

Introdução

I. Um compêndio sobre Plotino

Este volume, como outros da mesma série, pretende ser um auxílio à leitura de um dos maiores filósofos ocidentais. Um serviço que o editor e os colaboradores deveriam pretender prestar é mudar a visão daqueles que criticam o uso do termo "maior" ou mesmo "filósofo" em relação a Plotino. Leia os textos e decida por si mesmo acerca de ambas as qualificações. Não se economizaram qualificativos seja por detratores ignorantes ou entusiastas acríticos, ou pela essencialmente vazia expressão "neoplatônico", que em alguns círculos não se tornou nada mais do que um termo abusivo.

Como melhor ajudar alguém que queira ler Plotino, cujas obras, sem mencionar sua qualidade, são profundamente difíceis, não é fácil de se determinar. Antes do mais, seu pensamento não é simplesmente divisível em categorias tradicionais como metafísica, epistemologia, ética e assim por diante. De tal modo, poderia ser inútil a apresentação de um conjunto ordenado de ensaios cada um dos quais "apresentando" um tema específico da obra de Plotino. Em segundo lugar, os escritos de Plotino dificilmente podem ser caracterizados como sistemáticos, embora haja um sistema plotiniano no sentido em que há entidades básicas, princípios operacionais, bem como um esforço de explicação unificada do mundo. O sistema, todavia, não pode, na maior parte das vezes, ser circunscrito facilmente nas obras escritas, na forma em que uma exposição introdutória de uma obra poderia oferecer cada um dos conjuntos constitutivos do sistema. Em terceiro lugar, Plotino é um filósofo profundo e de modo autoconsciente inserido numa longa e complexa tradição. Tentar apresentar suas perspectivas filosóficas sem alguma apreciação desse contexto poderia apenas resultar em distorções grotescas e faria deste livro no máximo um "compêndio" com traços pedagógicos.

O expediente aqui empregado está comprometido de modo atento em combinar elementos de diferentes abordagens possíveis. O primeiro ensaio pode oferecer uma visão de conjunto do contexto filosófico dos escritos de Plotino. Os três seguintes oferecem um comentário conjunto acerca das "hipóstases" ou entidades básicas do sistema de Plotino, bem como de suas operações. Do quinto ao nono ensaio são discutidos problemas filosóficos específicos, que Plotino aborda com base em seus princípios fundamentais. Do décimo ao décimo terceiro ensaio trata-se da abordagem que Plotino faz de temas cuja circunscrição hoje poderiam se dizer pertencerem à filosofia da mente, à ética e à filosofia da religião. O ensaio quatorze concerne ao peculiar uso plotiniano da língua grega em alguns de seus por vezes tortuosos esforços de adequação à sua visão filosófica. Os ensaios quinze e dezesseis oferecem ao leitor alguns rastros deixados por Plotino à progressivamente complexa história do neoplatonismo posterior e seu encontro com o cristianismo. Alguns tópicos importantes são apenas tocados, tais como estética e mística, por exemplo. A apresentação de controvérsias relativas à interpretação dos textos foi largamente suprimida, não por determinação editorial, mas muito mais pelo expediente efetivo de limitações de espaço. Estou razoavelmente convencido de que em geral tendo ignorado profundamente contenciosas questões de interpretação, o que fizemos não prejudicará o neófito. Leitores mais experientes da discussão acadêmica sobre Plotino poderão ter algumas ideias acerca de tais questões e o que está em pauta nas opiniões dos estudiosos, podendo avaliar o que é dito aqui conforme tais posições.

II. A vida e os escritos de Plotino

Sabemos muito mais acerca da vida de Plotino do que a maior parte dos filósofos antigos. Seu discípulo Porfírio, não apenas elaborando uma edição de seus escritos principais – edição que é base das modernas edições – acrescentou-lhes uma biografia, a *Vida de Plotino*. Infelizmente, Plotino era excessivamente reticente em relação à sua história pessoal, acerca da qual sabemos que nasceu em Licópolis, Egito, em 205 d.C. Não se sabe ao certo se ele era grego ou membro de uma família egípcia helenizada. Porfírio nos diz que com vinte e oito anos Plotino toma consciência de sua vocação filosófica. O que teria feito antes dessa data não é relatado. Procurando um professor de filosofia, chega a Alexandria, onde encontra Amônio. Pouco se sabe acerca deste homem, que talvez fosse um cristão. Em todo caso, satisfez por uma década a sede de Plotino por aprender. Em 243, Plotino decide estudar as filosofias persa e hindu e para isto engaja-se numa expedição do imperador Gordiano III à Pérsia. Essa expedição foi abortada com o assassinato de Gordiano por suas tropas. Ao abandonar, por tais razões, seus planos de viajar para o Oriente, Plotino se estabelece em Roma em 245, onde viveu até sua morte, em 270 ou 271.

Porfírio nos diz que durante os primeiros dez anos em Roma, Plotino ensinou a filosofia de Amônio, nada escrevendo de próprio. Em seguida, começou a expor suas próprias concepções em uma série de "tratados" de várias dimensões e complexidades. São, com frequência, peças ocasionais, escritas em resposta a questões formuladas "em classe" pelos estudantes de Plotino. Por essa razão, os escritos são intensamente dialéticos, isto é, consideram a força e a fraqueza de argumentos contrapostos antes de apresentar (em geral) alguma solução. Esses tratados foram dispostos por Porfírio em seis grupos de nove cada um (donde o título de *Enéadas*, do termo grego para "nove"). Essa disposição ignora a atual ordem cronológica na qual as obras foram produzidas, ordem que Porfírio relata escrupulosamente em sua *Vida*. Apesar da divisão em cinquenta e quatro tratados ser em grande medida artificial (algumas obras mais extensas foram divididas para poderem ser agrupadas com o mesmo número), a ordenação temática é muito perspicaz. Os tratados abordam questões que vão do terrestre ao celeste, do concreto ao mais abstrato. De modo mais preciso, eles começam com a temática dos bens humanos (I), seguidos de discussões de vários tópicos sobre o mundo físico (II-III), acerca da alma (IV), do conhecimento e realidade inteligível (V) e, finalmente, sobre o Uno, o primeiro princípio de tudo (VI).

Plotino concebe-se a si mesmo como um simples discípulo de Platão. Provavelmente ficaria perturbado por ser caracterizado como o fundador de algo chamado de "neoplatonismo". Mas talvez nossa perplexa visão da obra e da influência de Plotino sejam superiores ao seu próprio modesto assentimento acerca de si. Em relação a isso, é inegável que o platonismo de Plotino não é uma simples meditação acerca da obra do mestre. Entre Platão e Plotino realizou-se um grande horizonte de atividade filosófica, incluindo a obra de Aristóteles, dos estoicos, epicuristas, céticos e várias figuras menores usualmente referidas com a por vezes pejorativa alcunha de "médio-platônicos". Muitas dessas obras são críticas a Platão. Algumas delas, como aquela dos céticos que pertencem à Academia platônica, fazem contenciosas requisições de serem autênticos transmissores do sentido autêntico do pensamento de Platão. Plotino conheceu intimamente todo esse material, e muitos outros textos (como, por exemplo, os comentadores de Aristóteles). Logo, não é surpresa que sua compreensão e expressão da sabedoria de Platão tenha sido filtrada por suas próprias respostas às variantes dos críticos de Platão. Além disso, em resposta às críticas de Aristóteles a Platão, Plotino era levado a afirmar muitas coisas que, do ponto de vista argumentativo, eram platônicas em espírito, mas não encontradas de modo explícito nos diálogos. E uma complicação adicional em relação a isso deve ser mencionada. Para Plotino, Platão não era apenas o autor dos diálogos, mas também o autor de todas as cartas do *corpus* que chegaram até nós e das "doutrinas não escritas" conforme o testemunho de Aristóteles, dentre outros. Por essa razão, Plotino possui uma capacidade de concepção daquilo que Platão pensava razoavelmente maior do que muitos de seus contemporâneos.

Os tratados das *Enéadas* impõem muitas exigências ao leitor. São repletos de alusões a várias posições filosóficas antigas e contemporâneas e de citações de obras dos grandes autores antigos. Seu estilo modula-se do literário ao dialético e ao intensamente analítico. Não sem frequência tem-se a impressão se passar da luminosa clareza da prosa expositiva à densa névoa da alegoria e da abstração, delas novamente saindo. Tais características podem ser verdadeiramente desencorajadoras. Espera-se que os ensaios desta obra possam oferecer algum suporte e inspiração para aqueles que ainda não se deram conta do desafio da atualidade da leitura de Plotino. Talvez sirvam àqueles que já leram algumas de suas obras, mas sem grande proveito. Em todo caso, têm a intenção de prover uma introdução mais completa possível ao pensamento de Plotino, que é provavelmente o filósofo predominante no período de 700 anos entre Aristóteles e Agostinho de Hipona. Se é verdade que Platão não é responsável por aquilo que seus discípulos posteriores dele fizeram, tampouco isso é válido no caso de Plotino. Juízos precipitados acerca da filosofia de Plotino devem ser evitados.

III. De Platão a Plotino

Com a morte de Platão, em 347 a.C., a direção da Academia passou para seu sobrinho Espeusipo, e depois, após sua morte em 339, para Xenócrates. Esses dois filósofos foram em certo sentido os primeiros platônicos. Desenvolveram o pensamento de Platão por vias que são compreensíveis e altamente contenciosas. De modo particular, sua ênfase naquilo que poderíamos chamar de "redução" das Formas a primeiros princípios, um Uno e uma Díade ou princípio de multiplicidade. Quanto mais se crê que Platão legou um ensinamento não escrito e que Aristóteles basicamente descreve de modo acurado em suas obras, tanto mais simpático se é à pretensão de que as perspectivas de Espeusipo e Xenócrates seriam autênticas expressões do platonismo. Mas a doutrina dos primeiros princípios não está completamente ausente dos diálogos, bem como, devemos acrescentar, de algumas de suas interpretações. Obviamente, na primeira geração após Platão já havia esforços para sistematizar seu pensamento.

Na medida em que a tradição de uma Academia platônica continuou a existir até 529 d.C., houve ampla oportunidade tanto para amigos quanto para inimigos definirem e redefinirem o platonismo. Dentre aqueles que desejavam ser identificados com Platão de algum modo, encontram-se os céticos da Academia do terceiro e segundo séculos a.C.; o filósofo sincrético Antíoco de Ascalona (*ca.* 130-*ca.* 65 a.C.), que, contra os céticos, argumentou pela concordância entre a doutrina platônica e algumas concepções aristotélicas e estoicas. Além desses, Fílon de Alexandria (*ca.* 20-15 a.C.- -*ca.* 45 d.C.), o filósofo judeu que argumentou encontrar em Platão e nos estoicos uma compreensão adequada da revelação do Antigo Testamento. Esta lista poderia ser consideravelmente expandida. Se Platão não era tudo para todos, era ao menos o início da sabedoria para muitos, mesmo com consideráveis diferenças de projeto.

IV. O platonismo de Plotino

Talvez a única coisa que muitas pessoas sabem sobre Plotino, além de seu nome, é que era neoplatônico. Em geral, pensadores são qualificados como "neo" com um pouco de desdém. Isso me parece deveras singular, na medida em que por muito tempo "novo" foi praticamente sinônimo de "bom" em nossa cultura. Em todo caso, muitos ficam surpresos em saber que os termos "neoplatonismo" e "neoplatônico" são neologismos do já antigo século XVIII, termos que os historiadores da arte forjaram para indicar um perceptível desenvolvimento interno na história do platonismo. Em tal abordagem, pode-se sugerir que Espeusipo e Xenócrates são neoplatônicos, exceto pelo fato de bastar se descobrir algum elemento antiplatônico em seu pensamento para que os "neos" sejam limitados. Sempre houve eminentes estudiosos que falaram apenas com certa ironia acerca do neoplatonismo em relação a Platão.

Se "neoplatônico" de nada serve, visto que Plotino não o reconheceria, qual, então, é a diferença, se há alguma, entre o platonismo de Plotino e Platão? A resposta a esta questão dependeria, é claro, de nossa decisão sobre o que Platão exatamente pensava, se isso fosse possível. Ainda que nos limitemos àquilo que F. M. Cornford chamava "os dois pilares do platonismo", a teoria das Formas e a imortalidade da alma, imediatamente vêm à mente uma miríade de delicadas questões exegéticas. Creio que o melhor caminho para distinguir o platonismo de Plotino, tanto daquele de Platão quanto das outras versões do neoplatonismo posteriores a Plotino, é focar-se nas respostas de Plotino às objeções mais sérias levantadas contra o platonismo. Tais objeções – principalmente aristotélicas e estoicas – naturalmente presumem interpretações específicas das posições de Platão. O platonismo de Plotino é, *grosso modo*, a reformulação de tais posições em resposta àquelas objeções. Estas reformulações raramente correspondem com exatidão a algo que pode ser encontrado nos diálogos. A *crux* dessa questão é saber se tais posições representam sentidos não expressos das próprias palavras de Platão, ou inferências plausíveis que delas podem ser retiradas, ou ainda novas afirmações genuínas, que concordam com algumas das assertivas mais gerais de Platão – ou talvez um amálgama de tudo isso.

Por exemplo, concorda-se hoje que dizer *a* teoria das Formas é uma expressão tanto inexata quanto inútil. Logo, melhor que perguntar se Plotino adere à teoria das Formas é perguntar se ele adere aos princípios subjacentes a qualquer teoria das Formas. A resposta a essa questão é enfática e inequivocamente sim. Dentre esses princípios estão as teses de que as verdades eternas existem; que verdades eternas são verdades acerca de entidades eternas; e que a verdade eterna é complexa. Em acréscimo, Plotino concorda com Platão acerca do princípio de que as verdades eternas e as bases que as sustentam possuem um estatuto paradigmático para o mundo sensível, na medida em que este representa ou imita ou compartilha com as Formas. Finalmente, e este é levemente mais controvertido, ele compartilha com Platão o princípio segundo o qual a eterna complexidade ou multiplicidade não pode ser última. Ou seja, deve haver algum primeiro princípio de tudo, absolutamente simples, que de algum modo mantém uma relação causal com o complexo que contribui para uma verdade eterna. Ora, seria um grande auxílio que filósofos que assumem esses princípios, todavia, formulam teorias ou hipóteses cujas bases diferem de modo sutil ou não tão sutil, mas que reconhecem a base comum à qual aderem. Assim ocorre na relação entre Plotino e Platão.

Algo similar pode ser notado acerca da imortalidade da alma. Não se poderia abordar o tema da imortalidade da alma sem notar que isso também significa a imortalidade da pessoa ou do eu. De modo inquestionável, tanto Platão quanto Plotino concordam com a visão de que as pessoas não são os corpos; que têm um destino que não é corpóreo; e que esse destino é superior a qualquer estado corporal. Isso os distingue dos aristotélicos, estoicos, epicuristas, cristãos e outros. Mas exatamente o que Platão pensava acerca do eu encarnado e qual seria o estatuto do eu desprovido de corpo é controverso e obscuro. Plotino evidentemente também pensava assim, por vezes lamentavelmente assumindo que o significado do que Platão pensava era algo óbvio. No entanto, é possível perguntar: o dualismo plotiniano corpo–alma é idêntico à versão platônica ou é uma nova criação? Plotino provavelmente pensava que estar defendendo posições que Platão apresenta seria aceitá-las como verdade ou, de outro lado, pode tê-las tomado como tipos de críticas formuladas de modo complexo. Ele estava certo em pensar assim? Espera-se que este volume possa auxiliar de algum modo a formulação de uma resposta a essa questão e outras similares.

Pode-se abordar a temática de outro ponto de vista e perguntar o que é original em Plotino. Atualmente, isso não impede de se perguntar o que não é platônico em Plotino, não apenas por ser ele um herdeiro direto de uma tradição do médio-platonismo, mas a despeito de sua oposição fundamental a Aristóteles e aos estoicos, estava preparado para também com eles aprender. Portanto, Plotino não foi original ao denominar de "Uno" o primeiro princípio de tudo, nem em fazer das Formas elementos internos ao Intelecto, nem em distinguir o eu empírico do eu ideal. Entretanto, quando se começa a penetrar a superfície das similaridades entre o que é dito nas *Enéadas* e o que pode ser encontrado nos filósofos anteriores, torna-se evidente que Plotino repensa as bases das teses das quais é herdeiro. Não se contenta, por exemplo, simplesmente em insistir na existência do "Uno" ou em citar Platão como uma autoridade acerca de tal existência ou de repetir algum *slogan* tradicional tal como "a unidade é anterior à multiplicidade". Antes, ele impõe a si mesmo a tarefa analítica de dispor a fraqueza de visões opostas e de expor os argumentos inaceitáveis acerca da existência do Uno. Deve-se admitir que em tais ocasiões ele formula uma verdadeira avalanche de argumentos (em geral, contraposições estoicas) que pode nos levar a esquecer que aquela quantidade de argumentos está sendo substituída pela discussão de argumentos que fortalecem suas próprias teses. Mas isso não é a regra. Mais tipicamente, seus escritos mais elevados mesclam o uso realçado e imaginativo da razão. Este não é o lugar de dizer o quão extensos são seus esforços de dispor teses familiares com novas bases de tal modo que o levam a dar uma nova configuração às próprias teses. Em todo caso, como o próprio Plotino, deveríamos nos focar na busca da verdade e deixar a originalidade a seu próprio cuidado.

V. Traduzindo Plotino

Na medida em que esse livro visa o leitor não versado em grego, todos os textos de Plotino citados são traduzidos, por vezes pelo colaborador, por vezes na tradução de A. H. Armstrong. A tradução bilíngue de Armstrong publicada em sete volumes (a *Enéada* VI ocupa dois volumes) na coleção Loeb é certamente a melhor tradução existente em inglês. A tradução de Stephen MacKenna, concluída há mais de sessenta e cinco anos, adquiriu uma espécie de estatuto lendário em alguns círculos, mas a despeito de sua inquestionável paixão e grande beleza, não é um guia legível das autênticas palavras de Plotino. A versão de Armstrong fornece uma certificação para algumas quase insuperáveis opções que estão diante do tradutor. O pensamento de Plotino é constantemente avesso à composição em prosa expositiva. Porfírio nos diz, a despeito da pobreza ponto de vista, que Plotino nunca revisava o que escrevia. Em minha compreensão, quem quer que tenha lido o grego de Plotino jamais deixa de questionar essa surpreendente afirmação. Em acréscimo, pode-se dizer que ele era basicamente conservador em seu uso da terminologia filosófica. Isso significa que ele em geral prefere usar uma palavra familiar de modo não familiar que cunhar um novo termo. Portanto, o tradutor constantemente tem diante de si a desesperadora escolha entre ser fiel à letra ou ao espírito do texto. Sem dúvida, uma motivação em favor do último pode ser sugerida em relação ao precedente, tal como os admiradores de MacKenna logo pontuarão. Mas o verdadeiro leitor que não conhece a língua grega estará, então, totalmente à mercê da compreensão que o tradutor tem do texto, e não é diminuir MacKenna dizer quando o texto é de Plotino, é efetivamente um prospecto perigoso. Provavelmente, não é possível encontrar dez sentenças em qualquer parte das *Enéadas* em que não haja uma questão fundamental que não seja objeto de disputa filológica, isto é, palavras ou frases cujo sentido básico não esteja em dúvida. Digo isso sem a intenção de querer introduzir uma hesitação no coração de quem queira se entregar à leitura das obras de Plotino. Trata-se simplesmente de um fato que deve ser encarado, seja em grego, seja guiado por um tradutor acadêmico reconhecido como Armstrong.

Uma última nota acerca do método de referência às *Enéadas* usado neste livro. Por exemplo, V.3.5.1-4 refere-se à *Enéada* V, terceiro tratado, quinto capítulo, linhas 1-4, conforme a edição crítica dos escritos de Plotino feita por Paul Henry e H.-R. Schwyzer. Esse é o método *standard* de citação. Os títulos dos tratados das *Enéadas* não são de Plotino, tal como Porfírio nos informa, mas aqueles que predominaram ao longo do tempo entre os primeiros leitores.

Lloyd P. Gerson

1 Plotino: a tradição platônica e a fundação do neoplatonismo

I. Plotino e suas fontes filosóficas

O problema da relação entre Plotino e o platonismo pertence ao contexto mais amplo de vinculação entre Plotino e seus predecessores filosóficos.

Plotino reuniu o legado dos oito séculos de filosofia grega que o precedem em uma síntese magistral. Os filósofos mencionados explicitamente nas *Enéadas* são poucos e ninguém externo ao período helênico. São eles: Ferécides, Pitágoras e os pitagóricos, Heráclito, Anaxágoras, Empédocles, Sócrates, Platão, Aristóteles e Epicuro. Contudo, citações e alusões são muito mais numerosas do que referências diretas, e essas, combinadas com material biográfico, permite-nos tanto aprofundar quanto ampliar de modo significativo nosso conhecimento das fontes de Plotino traçando a trajetória especulativa pelos predecessores de Plotino. Para uma avaliação adequada da relação entre as citações e alusões é crucial recordar, com Szlezák,[1] que se Platão é mencionado de modo explícito por Plotino mais de cinquenta vezes e Aristóteles apenas quatro vezes, o número de alusões a cada um, tal como listado no *Index fontium* de Henry e Schwyzer,[2] é muito maior, acerca de novecentas de Platão e quinhentas de Aristóteles.

---

1 *Cf.* Szlezák, 1979, 19, n. 39.

2 Note-se que Szlezák se refere à *editio maior* de Henry e Schwyzer (1973, 436-462), mas as citações correspondem de fato à *editio minor*. Nesse estudo seguimos a *editio minor* tanto para a *Vida de Plotino* quanto para as *Enéadas*.

Constituindo uma tradição excepcionalmente rica, devemos mencionar de modo particular o pitagorismo dentre as influências do filósofo de Licópolis, em relação a uma concepção de princípios e números, e a doutrinas antropológicas, tanto ascéticas quanto religiosas; Parmênides em relação à identidade entre ser e pensamento, na qual repousa a segunda hipóstase plotiniana; Platão, em todas as dimensões, mística, teológica e metafísica, de seu pensamento.[3] No plano doutrinal, o aspecto do pensamento de Platão que interessa a Plotino não é o conjunto de aporias dos diálogos socráticos, com seu tom irônico e maiêutico, refere-se menos à conexão entre filosofia e educação no estado ideal, e mais aos elementos metafísicos e místicos ou ascéticos. Os diálogos citados de modo explícito nas *Enéadas* são: *Fedro, Filebo, República, Banquete* e *Teeteto*. O *Index fontium* da *editio minor* de Henry e Schwyzer[4] indicam referências a *Alcebíades, Apologia, Crátilo, Epinomis, Fédon, Filebo, Górgias, Íon, Hípias maior, Leis, Minos, Parmênides, Político, Protágoras, República, Banquete, Sofista, Teeteto, Timeu* e, das *Cartas*, a segunda, a sexta e a sétima.

Em sua *Vida de Plotino* (14.4-7), *Porfírio* observa que nos escritos de Plotino estão mesclados de modo imperceptível ensinamentos estoicos e peripatéticos e, em particular, a *Metafísica* de Aristóteles é amplamente referida.

Plotino não tem a mesma estima por Aristóteles que tem por Platão e os pitagóricos. Apesar de Aristóteles ser criticado, em particular por sua identificação entre o primeiro princípio e o pensamento do pensamento, suas doutrinas são cruciais para a concepção plotiniana da segunda hipóstase, identificada com o nous aristotélico; também para a questão da alma; as categorias; e em relação a muitos aspectos da física. Em relação a Aristóteles, o *Index fontium* de Henry e Schwyzer[5] faz referência a muitos escritos, o que sugere a enorme importância de elementos aristotélicos em Plotino:

---

3   Não se deve esquecer que, conforme Porfírio (*Vida de Plotino*, 2.40-43), os dias de nascimento de Platão e de Sócrates eram celebrados, conforme indicava a tradição, na escola de Plotino. Em relação a Sócrates, é importante notar que seu nome aparece apenas oitos vezes nas *Enéadas*, mas sempre como exemplo de um homem singular, enquanto que suas doutrinas nunca são consideradas. *Cf.* Szlezák, 1979, 44.

4   *Cf.* Henry-Schwyzer, 1982, 348-365.

5   *Cf.* Henry-Schwyzer, 1982, 329-338.

Primeiros analíticos, Categorias, De anima, História dos animais, Sobre o céu, Sobre a geração dos animais, Sobre a geração e a corrupção, Sobre a interpretação, Sobre a memória e a reminiscência, Sobre o movimento dos animais, Sobre o mundo, As partes dos animais, Sobre o sono e a vigília, Ética eudêmia, Ética nicomaqueia, Metafísica, Meteorológicos, Física, Política, Tópicos, e numerosos fragmentos.

Além disso, o estoicismo, do qual Plotino é sempre muito crítico, devido a seu materialismo fundamental, entretanto tem um estatuto decisivo no pensamento plotiniano. A abordagem estoica de Deus, da alma, da natureza e da matéria, exerceu influência na concepção plotiniana de *logos*, necessidade, na abordagem das paixões e em outras questões acerca da natureza humana, e em muitas questões lógicas. Nesse sentido, após Theiler,[6] que situou Plotino entre Platão e os estoicos, examinando a questão principalmente de um ponto de vista terminológico e histórico, é apropriado mencionar o importante trabalho de Andreas Graeser.[7] Na primeira parte de seu livro são apresentados, de um lado, os textos referentes à Antiga Stoa, de outro, a Posidônio e Epicteto. A segunda parte contém estudos sobre a relação entre Plotino e a categorias estoicas de ser, causalidade, vontade livre e *sunaisthêsis*.

Acima de tudo, o pensamento de Plotino não pode ser compreendido sem se considerar a revitalização do interesse por temas metafísicos, teológicos, ascéticos ou espirituais, em Alexandria entre o primeiro e o terceiro séculos de nossa era. Nesse período, no meio alexandrino florescem Fílon de Alexandria e o médio-platonismo que influenciou Plotino especialmente em questões metafísicas e antropológicas, como vimos, bem como o neo-pitagorismo, que envolve uma recuperação da doutrina dos princípios e números numa dimensão metafísica. Finalmente, Alexandria assistiu ao estabelecimento da escola de Amônio Sacas, frequentada por Plotino por cerca de onze anos.

Parece inegável que Fílon, vivendo entre o primeiro século a.C. e o primeiro século d.C., produziu pela primeira vez na história uma fusão

---

6 *Cf.* Theiler, 1960, 63-103.

7 *Cf.* Graeser, 1972 *passim*, que contém muitas comparações significativas, em acréscimo a uma rica bibliografia e aparatos críticos.

de elementos provindos do pensamento grego tradicional e dos elementos da cultura hebraica, tendo sido também influente sobre Plotino, de modo particular os temas do *logos*, das potências espirituais, do mundo inteligível e em abordagens de teologia e ascetismo místico.[8]

Entre o fim do período antigo e os primeiros dois séculos do período imperial ocorreu um genuíno e único renascimento da tradição pitagórica no neopitagorismo,[9] que tem suas próprias características, dentre as quais, a mais significativa é a reafirmação da existência do imaterial ou incorpóreo, algo que estava ausente dos sistemas da filosofia helenística. A incorporeidade é concebida com base na doutrina da Mônada, da Díade e dos Números, inseridas num sistema hierárquico de derivação. No plano da antropologia, os neopitagóricos defendiam a imortalidade da alma e conferiram uma coloração mística em sua insistência de que a finalidade da vida humana consiste na separação do mundo sensível e na união com o divino. Em uma observação no prefácio a seu livro *Sobre os fins,* Longino apresenta Plotino como o filósofo que em seus escritos ofereceu uma exposição da principal teoria de Pitágoras e de Platão de modo claro que seus predecessores.[10]

Descrevendo os encontros da escola de Plotino, Porfírio[11] diz-nos que, em primeiro lugar, Plotino lia os textos que constituíam o ponto de partida para as lições do dia. Os principais textos citados são os de Severo, Gaio, Ático (filósofos médio-platônicos do século II d.C.), Crônio (médio-platônico neopitagórico do século II-III d.C.), e de Numênio de Apameia (do século II d.C.), cujas obras consistiam em uma fusão do médio-platonismo e do neopitagorismo. Numênio afirma a absoluta incorporeidade do ser, articulando sua estrutura numa tríade hierárquica de deuses (que ele crê ser exposta na *Carta II* de Platão), na qual estava contida a doutrina neopitagórica

---

8   *Cf.* Radice, 1992, 97, 241; para a influência de Fílon sobre Plotino, ver sobretudo H. A. Wolfson, 1952, acerca dos atributos divinos e C. Elsas, 1975, que examina três tríades de influência: Fílon – médio-platonismo – Plotino; Fílon – Numênio – Plotino; e Fílon – gnose – Plotino.

9   Sobre o neopitagorismo, *cf.* Reale, IV, 1991, 366-409 (tradução inglesa, 237-262).

10   *Cf.* Porfírio, *Vida de Plotino*, 20.71-76. Longino afirma que os escritos de Numênio, Crônio, Moderato e Trasilo relativos a esses argumentos eram muito inferiores em exatidão em relação àqueles de Plotino.

11   *Cf.* Porfírio, *Vida de Plotino*, 14.10-14.

do Uno e da Díade indefinida. Com Numênio, a partir de suas concepções dos três deuses, da contemplação como criação, da presença de tudo em tudo e de uma união mística pessoal com o Bem, chega-se à formulação do neoplatonismo. Há tão estreitas afinidades entre doutrinas numenianas e plotinianas que Plotino foi acusado de ter plagiado Numênio, e um discípulo de Plotino, Amélio, como resposta, elaborou um livro em defesa de seu mestre, intitulado *A diferença entre as doutrinas de Plotino e Numênio*.[12]

Conforme o testemunho de Porfírio, dentre os peripatéticos, Plotino lia os comentários de Adrasto de Afrodísia (século II d.C., autor de estudos históricos e lexicográficos sobre o *corpus* aristotélico, também autor de comentários sobre as *Categorias* de Aristóteles e o *Timeu* de Platão); os de Aspásio (século II d.C., cujos comentários sobre as *Categorias*, o *De interpretatione*, a *Metafísica* e o *Sobre o céu* estão perdidos, restando apenas uma parte de seus comentários sobre a *Ética nicomaqueia*); e os de Alexandre de Afrodísia (século II d.C.), o mais eminente comentador aristotélico da Antiguidade.

Apesar desses débitos, a filosofia de Plotino não pode de fato ser considerada eclética ou sincrética, pois nas *Enéadas* encontram-se temas básicos que provêm de uma inspiração inteiramente nova e de uma unidade em relação às antigas doutrinas.

É suficiente mencionar aqui a observação de Porfírio,[13] à qual retornaremos em breve, que enfatiza que Plotino nunca simplesmente lia os textos fazendo meros comentários, mas demonstrava uma extraordinária originalidade em suas especulações e fazia tais leituras conforme o espírito de Amônio. Porfírio testemunha que Plotino rapidamente explicava a passagem lida e logo interpunha na explicação uma teoria profunda. De fato, criticava aqueles que eram simplesmente filólogos e não filósofos como seu colega estudante, Longino.

Certamente, como Dodds notou,[14] em cada passagem de Plotino pode-se encontrar fontes e precedentes, mas a essência de seu sistema está

---

12 *Cf.* Porfírio, *Vida de Plotino*, 17.1-6. Ver Reale, IV, 1991, 410-426 (tradução inglesa, 263-272).
13 *Cf.* Porfírio, *Vida de Plotino*, 14.14-16. Ver as observações de Charrue, *infra*, acerca desse problema.
14 *Cf.* Dodds, 1973, 129.

contida numa significação compreensiva, não podendo ser reduzida a um mosaico. Sua verdadeira originalidade repousa nesse quadro global, não em partes fora do que é nele integrado.

II. Plotino e a história do platonismo pagão antigo

A história do platonismo não coincide simplesmente com aquela da Academia, que termina no primeiro século d.C. com Antíoco de Ascalona. O platonismo não é um sistema fechado com uma identidade simples; antes teve uma variegada e complexa história.

Arnou[15] de modo adequado descreveu um "platonismo em processo" que se diversifica a si mesmo na medida em que avança: trata-se de uma corrente de pensamento que se desenvolve em várias formas, baseada na permanente fundação de alguns elementos metafísicos e ético-ascéticos. Dentre esses, deveria ser enfatizada de modo particular, seguindo polaridades comuns, a admissão de dois níveis de realidade, uma sensível e outra inteligível, no qual a segunda é a verdadeira causa da primeira, que não é capaz de dar razões de si mesma; a distinção de duas partes no ser humano, correspondentes a dois níveis de realidade, quais sejam, corpo e alma (vinculada ao inteligível e incorruptível); a associação entre ética e escatologia numa visão religiosa do mundo; a convicção da necessidade de separação da alma do corpo.

Em relação à conturbada história da Academia, os próprios antigos[16] já distinguiam cinco fases: (1) a primeira Academia, com Platão e seus sucessores, o astrônomo Eudoxo de Cnide, Heráclides do Ponto, Espeusipo, Xenócrates, Polemon, Crates e Crantor; (2) a segunda Academia, de Arcesilau, filósofo cético que viveu entre o final do século IV e início do século III a.C.; (3) a terceira Academia, de Carnéades, cético do terceiro ao segundo século a.C., Clitômaco de Cartago, cético, que viveu no século segundo a.C., discípulo e popularizador do pensamento de Carnéades; (4) a quarta Academia, de Fílon de Larissa, cético eclético e refinado, que viveu no

---

15 *Cf.* Arnou, 1935, col. 2260; ver também Blum, 1989, col. 977-985.

16 *Cf.* Sexto Empírico, *Hipotipóses pirrônicas* I.220.

segundo século a.C., e Cármides, que praticou a retórica carneadiana; (5) a quinta Academia, de Antíoco de Ascalona, pensador eclético do primeiro século a.C., professor de Cícero, que formula a opinião de que o estoicismo era substancialmente idêntico ao platonismo e ao aristotelismo, diferindo apenas na forma e em certos dogmas de lógica, física e ética.

Na esfera especulativa, começando com os primeiros discípulos de Platão, houve um declínio do platonismo, particularmente em relação a suas tendências matemáticas e "imanentistas" e, finalmente, antimetafísicas, culminando no ceticismo da segunda e terceira Academias, e no ecletismo da quarta e da quinta.[17]

No ano 86 a.C., Sulla conquista Atenas e juntamente a Academia e o Liceu de Aristóteles. Nesse contexto, a Academia, que teve um progressivo desenvolvimento doutrinal desde seu começo até culminar no ceticismo e no ecletismo, experimentou a devastação de sua fundação e biblioteca.

Enquanto em Atenas, no primeiro século a.C., a Academia morria, fora de Atenas, particularmente em Alexandria no Egito, no primeiro e segundo séculos d.C., renascia com Eudoro e outros, como um sistema metafísico e ético-ascético. O ressurgimento foi gradual, mas contínuo, constantemente mudando e reformulando-se a si mesma em matérias metafísicas, quebrando os vínculos com o materialismo e o ceticismo da filosofia dos séculos precedentes.

O platonismo que se desenvolveu no primeiro e segundo séculos d.C. assim como não teve as características o antigo platonismo, de igual modo não antecipou as características do plotinismo, mostrando fragmentações, oscilações e contradições. Por tal razão, permanecendo entre o antigo e o novo, foi rotulado pelos estudiosos com "médio-platonismo":[18] um elo essencial na cadeia do desenvolvimento do pensamento ocidental, na medida em que está relacionada à história do platonismo pagão ou com os primeiros Padres da Igreja, que dele tomaram numerosas doutrinas.

A mais importante característica do médio-platonismo é a redescoberta da dimensão platônica da incorporeidade. Uma característica fundamental

---

17 *Cf.* Reale, III, 1991, 83-122; 499-542 (tradução inglesa, 57-83; 329-356).
18 *Cf.* Reale, IV, 1991, 307-364 (tradução inglesa, 205-234); Zintzen, 1981 *passim.*

da metafísica do médio-platonismo para a história da filosofia posterior é a fusão entre a concepção platônica das Ideias e a concepção aristotélica de *nous*. Os filósofos médio-platônicos consideravam as Ideias, em seu aspecto transcendente, como pensamentos na mente de Deus, isto é, o mundo inteligível identificado com o conteúdo de um Intelecto supremo; em seu aspecto imanente, compreendem as Ideias como formas dos seres. O texto básico tomado pelos médio-platônicos em seu modo de repensar Platão era o *Timeu*. Além da redescoberta da transcendência, os médio-platônicos postulavam a suprema finalidade do ser humano a imitação de Deus, ou a assimilação com o divino e o incorpóreo.

Para a compreensão das origens do sistema plotiniano inserido na tradição platônica, é necessário recordar de modo breve, além das fases do desenvolvimento interno da Academia em relação com o surgimento do médio-platonismo, a misteriosa figura de Amônio Sacas, o mestre de Plotino, que viveu em Alexandria entre o segundo e o terceiro séculos d.C. O relacionamento entre Plotino e Amônio recorda em certos aspectos aquele que havia entre Platão e Sócrates.

Dado que ele não quis escrever nada, o pensamento de Amônio é de difícil reconstrução, considerando que ele deve ter sido um filósofo de excepcional profundidade. Podemos recuperar alguns elementos de seu pensamento na *Vida de Plotino* escrita por Porfírio (3.14). Ali é relatado que Plotino, tendo se desiludido com todos os mais famosos intelectuais de Alexandria, aos vinte e oito anos foi conduzido à escola de Amônio por um amigo. Quando conhece Amônio, exclama: "Este é quem eu buscava!", permanecendo com ele até os trinta e oito anos. A mesma fonte nos diz que Plotino tem para com Amônio um débito considerável, tanto em seu método de estudo quanto em sua doutrina, e recorda que quando, muitos anos depois, Plotino soube que em sua escola havia condiscípulos de Amônio, interrompeu sua lição, dizendo que quando um falante sabe que seu ouvinte pode antecipar aquilo que vai dizer, seu entusiasmo cessa.

Em relação à origem cultural de Amônio, Porfírio também noticia que ele nasceu e foi educado em uma família cristã, mas, dedicando-se à filosofia, retornou ao paganismo. Os filósofos neoplatônicos Iérocles e

Nemésio relatam que Amônio procurava harmonizar Platão e Aristóteles e que sustentava que toda a realidade deriva de Deus, distinguindo três níveis intimamente conectados que compõem o real: (a) a realidade suprema, que é Deus criador, as realidades celestiais e os deuses; (b) a realidade intermediária, constituída por naturezas etéreas e bons *dáimones*; (c) a última realidade, que é constituída pelas almas humanas, os seres humanos e os animais terrestres.[19]

Amônio fundou uma escola em Alexandria por volta de 200 d.C., que marca um vínculo decisivo entre a tradição médio-platônica e as origens do neoplatonismo. Seus discípulos, em particular, foram Erênio, Olímpio, Orígenes, o neoplatônico, Plotino e Longino. Plotino esteve com Amônio de 232 a 243 d.C., ano em que, desejando adquirir um conhecimento direto da sabedoria dos persas e dos hindus, seguiu o imperador Gordiano III em sua expedição ao Oriente. Essa expedição foi interrompida com o assassinato de Gordiano na Mesopotâmia. Retornando a Antíoco, agora com quarenta anos e tendo adquirido maior maturidade como filósofo, Plotino decide instalar-se em Roma, aonde chega em 244 d.C. Ali funda uma escola que se torna uma das mais conhecidas. Muitos dentre os mais proeminentes de seu tempo foram atraídos por sua personalidade e seus ensinamentos: filósofos, retóricos, filólogos, físicos, figuras políticas, senadores; mesmo o imperador Galieno e sua esposa Salonina frequentaram sua escola.

III. Plotino: exegeta de Platão ou inovador?

Como muitos estudiosos destacaram, o próprio Plotino insistia que ele era apenas um "exegeta" e continuador de Platão. Tal afirmação apenas pode ser bem compreendida num contexto específico. De fato, na celebrada e muito citada passagem na qual isso aparece, ele diz que suas próprias teorias acerca das três hipóstases não são novas, mas foram enunciadas anteriormente, ainda que não de modo claro e explícito.[20] Todavia, conforme

---

19   *Cf.* Reale, IV, 1991, 461-470 (tradução inglesa, 297-302); Schroeder, 1987b, 493-526.
20   *Cf.* V.1.8.10-14.

diz Plotino, elas não expressam nada mais do que uma interpretação dos escritos de Platão. Por exemplo, após sua abordagem dos gêneros do ser, Plotino cuida de enfatizar que sua doutrina da essência estava em acordo com aquela do fundador da Academia.[21]

Tratando da questão da exegese de Platão, Brisson,[22] corretamente recordou a importante observação de P. Hadot, que mostrou que por quase dois milênios a filosofia foi concebida como exegese, concluindo que essa era a noção mais precisa de filosofia compartilhada por Plotino e seus seguidores.

Conforme Dörrie, o Plotino "tradicionalista" não pode ser separado do Plotino "inovador". Toda inovação era introduzida por ele apenas com a condição de que estava em acordo com a tradição, da qual ele queria, sem qualquer dúvida, ser seguidor. A originalidade de Plotino não é manifesta por si diretamente, mas nas interpretações e nas judiciosas correções que ele introduz, baseadas nos textos dos comentadores que usava. Os critérios pelos quais ele aceitava ou rejeitava as doutrinas de seus predecessores são ao mesmo tempo critérios de sua originalidade: uma teologia e uma metafísica centradas na tríade das hipóstases transcendentes e na doutrina da processão.

Dörrie[23] conclui, portanto, que em Plotino pode-se ver um tipo de coincidência dos opostos; nele são encontrados ambos os aspectos. Um não pode ser considerado sem o outro. Suas inovações vinculavam-se a uma tradição que ele concebia harmonizada com seu sistema metafísico, centrado na processão da pluralidade a partir do Uno. Plotino era tanto "tradicionalista" quanto "inovador", ou seja, era um investigador acurado a serviço da verdade.

Szlezák[24] ressaltou que as asserções de Plotino concernentes à sua relação com a tradição filosófica são complexas em extremo. Nas *Enéadas* vai-se de observações irônicas nas quais se refere às opiniões de seus grandes predecessores,[25] até asserções peremptórias nas quais o filósofo de Licópolis diz não ser mais que exegeta de Platão.[26]

---

21   *Cf.* VI.3.1.1-2.
22   *Cf.* Brisson *et al.*, 1982, 57.
23   *Cf.* Dörrie, 1974, 195-201.
24   *Cf.* Szlezák, 1979, 9-51; o *status quaestionis* é exposto nas páginas 10-11.
25   *Cf.* III.7.1.8-13.
26   *Cf.* V.1.8.12.

Ao mesmo tempo, Szlezák argumenta que de um lado Plotino pontua a união com o primeiro princípio de todas as coisas como a meta da filosofia, numa progressiva superação de todas as formas de pensamento, terminando na unificação do "só com o só".[27] De outro lado, vê como evidente que o caminho plotiniano para o Uno não passa pela prática ascética de anacoretas, mas pela especulação acurada do inteligível.

Por essa razão, os juízos dos intérpretes acerca da questão diferem. Para alguns estudiosos, o débito de Plotino era absoluto. Platão está acima de qualquer crítica ou polêmica por parte de Plotino, que não se considerava mais que seu discípulo (Zeller, Theiler, Schwyzer, Armstrong, Krämer).[28] Conforme outros autores, Plotino é completamente autônomo em relação à tradição, inclusive a Platão, elaborando uma avaliação própria das doutrinas platônicas de uma maneira independente (Rist, Eon).[29]

Para Dodds, as referências de Plotino acerca de seus predecessores eram apenas superficiais. De modo particular, tende a citar Platão apenas de modo instrumental numa discussão, como uma autoridade, a fim de obter suas próprias conclusões. Para outros, os problemas não resolvidos nos textos de seus predecessores provêm uma decisiva inspiração para a reconfiguração plotiniana desses problemas (Merlan, Armstrong).[30] Finalmente, ainda para alguns outros, a reelaboração de uma doutrina realizada por Plotino ocorre num caminho delimitado que indica que ele é simplesmente o representante de uma longa e bem estabelecida tradição, aquela da metafísica clássica (Krämer).[31]

Se acaso nos causa espanto a forma a-histórica e arbitrária com a qual Plotino usa a tradição grega (Zeller),[32] alguns intérpretes recentes atribuíram a ele uma clara consciência do condicionamento histórico de seu

---

27   *Cf.* VI.9.11.
28   *Cf.* Szlezák, 1979, 10 e nota 9.
29   *Cf.* Szlezák, 1979, 10 e nota 10.
30   *Cf.* Szlezák, 1979, 10-11 e nota 12.
31   *Cf.* Szlezák, 1979, 11 e nota 13.
32   *Cf.* Szlezák, 1979, 11 e nota 14.

pensamento (Matter, Graeser),[33] ou ainda uma sistemática justificação que reflete sua utilização de textos filosóficos (Eon).[34]

Como Faggin insistiu de modo correto,[35] ainda que Plotino não requeira originalidade, desejando, portanto, testificar a viabilidade e a continuidade da tradição platônica, nele há uma inegável criatividade centrada em uma notável inovação doutrinal em sua concepção das hipóstases. Por consequência, o maior continuador de Platão entre os neoplatônicos não foi Jâmblico, que a ele mesclou um esoterismo obscuro, nem Proclo, que conferiu um estatuto ontológico e divino a números e relações, mas Plotino, que apresentou nas *Enéadas* uma poderosa síntese na qual o pensamento platônico é representado e desenvolvido com uma apropriada sensibilidade religiosa, mística e metafísica.

Charrue, abordando Plotino como leitor de Platão, em particular dos diálogos *Parmênides*, *Timeu*, *Fedro*, *Fédon*, *Sofista* e do livro VI da *República*, argumentou que para Plotino a única leitura que realmente contava era aquela de Platão, uma leitura que revelava de modo preciso o sentido e as implicações que Plotino pretendia em suas obras.[36] A obra de Plotino tem características de uma representação sintética, uma consciente e complexa elaboração dos textos; sua leitura de Platão era efetivamente mais que uma releitura, mas fruto de um pensamento profundamente amadurecido. Sem dúvida Plotino extraiu muitos elementos de suas fontes, mas, assim operando, transformou muitas partes fundamentais, ou seja, o conteúdo e a essência de suas doutrinas, atento à busca da verdade (ele considerava necessário crer que alguns dos antigos filósofos encontraram a verdade, mas que se deve examinar que a atingiu de modo correto e em que sentido isso devia ser entendido).[37]

Ao examinar os textos de modo cuidadoso, Charrue observou que de modo particular Platão nunca é citado isoladamente por Plotino, mas sempre

---

33   *Cf.* Szlezák, 1979, 11 e nota 15.
34   *Cf.* Szlezák, 1979, 11 e nota 16.
35   *Cf.* Faggin, 1992, XIX-XX.
36   *Cf.* Charrue, 1978, 17.
37   *Cf.* III.7.1.13-16.

em conjunto com outros filósofos que eram, de qualquer modo, sempre postos em primeiro plano devido à sua precisão (*akribeia*).[38]

Da maior importância é a implicação programática do posicionamento de Plotino segundo o qual ele não pretendia ser mais do que um intérprete de Platão,[39] que ilumina o fato de que Plotino procurou retornar aos antigos como fontes de uma verdade que era difícil de recuperar, e a polêmica antignóstica de II.9.5 e 6, na qual os gnósticos são acusados de censurarem e contradizerem os antigos e de introduzir, em oposição a eles, novidades que os distanciavam severamente da verdade. Por contraste, as doutrinas dos antigos acerca do plano inteligível eram tomadas como verdadeiramente mais sábias e superiores àquelas dos gnósticos. Do ponto de vista histórico, para Plotino a verdade foi conhecida apenas pelos antigos; do ponto de vista teórico, é uma propriedade do mundo inteligível. Como lemos em um importante texto,[40] os platônicos são a terceira raça de homens (Plotino distingue, numa hierarquia descendente, platônicos, estoicos e epicuristas), divinos por causa da agudez de sua visão, com a qual são capazes de se elevarem acima do plano sensível. A região da verdade pertence a eles.

Plotino não se preocupava em seus tratados com a personagem Platão, ou seja, com sua vida, sua psicologia, ou sua natureza; isso deveria entrar em conflito com o espírito plotiniano, caracterizado pela ausência de preocupação biográfica. Como foi notado, envergonhava-se de estar no corpo e quase nunca falava sobre si próprio. Eram mais as doutrinas platônicas que o interessavam, nas quais havia aspectos obscuros e incompletos, que demandavam uma interpretação acurada. De modo particular, considerava Platão como um filósofo que havia posto problemas ou aporias que muitas vezes não tinham soluções definitivas.

Por exemplo, de acordo com Plotino, Platão nem sempre afirma as mesmas coisas acerca da alma,[41] de modo que é preciso esclarecer sua

---

38   *Cf.* V.1.8.24.
39   *Cf.* V.1.8.10-14.
40   V.9.1.
41   *Cf.* IV.8.1.23-50.

intenção, enquanto que sempre desvaloriza o plano sensível e adverte a alma por seu contínuo vínculo com o corpo. De um lado, no *Fedro*, a perda das asas é considerada como a causa da queda da alma e de sua estada na terra, enquanto, de outro, no *Timeu*, Platão afirma que a alma tem uma dádiva da bondade do Demiurgo. Plotino, pensando reconhecer para cada diálogo uma existência autônoma e distinta, todavia elabora uma interpretação global. Além das diferentes intenções em diferentes escritos, há um único propósito que guia uma exegese unificada, conforme uma visão comum e permanente.[42]

Conforme Charrue, a leitura plotiniana de Platão é heurística. Por exemplo, em relação ao conhecimento do mundo inteligível, Plotino afirma que Platão havia deixado "a nós" a tarefa de buscar e descobrir muitas coisas, na medida em que quiséssemos merecer o nome de "platônicos".[43]

A fim de ser verdadeiramente platônicos e exegetas de Platão é necessário elaborar uma filosofia similar à sua; Platão deve ser reconstruído. Assim, compreende-se melhor as afirmações de Santo Agostinho, para quem Platão continua a viver em Plotino. Desse modo, a exegese de Plotino difere daquela de outros em seu período; ele nunca escreveu comentários como o fizeram seus predecessores (ou como Proclo fará mais tarde), nem escreveu introduções, como a *Eisagoge* de Albino (Alcino). Para Plotino, a exegese não é simples comentário, mas encarna uma nobre tarefa. Pensa acima de tudo no sentido: ao escrever não se preocupou com o estilo, nem com as formalidades de composição, mas antes se preocupava somente com o significado (*nous*).[44] Plotino nunca tomava de modo acrítico os comentários que lia nas aulas, elaborando uma especulação independente e aplicando o "espírito de Amônio" em suas leituras.[45] O que era esse "espírito de Amônio?", pergunta Charrue. Uma frase de Iérocles ajuda-nos a entender. Amônio "compreendia bem" as doutrinas de Platão

---

42 Note-se que expressões como "diversas vezes Platão" ou "sempre" pontuam com frequência por Plotino em suas interpretações de passagens dos diálogos de Platão, afirmando sua unidade global. *Cf.* Charrue, 1978, 31.

43 *Cf.* V.8.4.52-56. Ver Charrue, 1978, 29.

44 *Cf.* Porfírio, *Vida de Plotino*, 8.4-6.

45 *Cf.* Porfírio, *Vida de Plotino*, 14.15-16.

e de Aristóteles e "as unia em um mesmo espírito (*nous*)".[46] É significa-tivo que os termos empregados por Porfírio para descrever o método de Plotino coincidam com aqueles que Iérocles usa para qualificar a exegese de Amônio.

Baseando sua interpretação na acusação de que Longino era um filólo-go e não um filósofo como Plotino, Charrue conclui que a interpretação de Plotino era uma "exegese filosófica". Para o filólogo, o texto é em si mesmo intocável, e tudo deveria estar a ele subordinado, enquanto o filósofo estuda os textos, mas apenas visando o pensamento. Eles são pontos de partida para a reflexão filosófica. A interpretação plotiniana de Platão consiste em uma "leitura metafísica". Plotino vivifica ou revivifica o pensamento de Pla-tão. Seu platonismo é um "platonismo em ação"; redescobre como aplicar o método e as ideias do fundador da Academia.[47]

Considerando essa problemática, convencido de que para se com-preender a distinção de como Plotino entende a verdade da atitude e do sentido pelo qual Plotino se apropria da tradição filosófica, Szlezák analisou com grande acuidade os "autotestemunhos" de Plotino e os juízos críticos acerca deles,[48] concluindo que a interpretação plotiniana de Platão é deci-didamente a-histórica.[49] A posição de Plotino é a seguinte: a afirmação de fé em Platão, que não tem implicações em relação ao problema da origi-nalidade, nem da acuidade histórica. Logo, focava aquilo que era de valor permanente em sua doutrina filosófica.

IV. Platonismo e neoplatonismo plotiniano: continuidade ou ino-vação radical?

Na história da interpretação do platonismo é possível distinguir algu-mas diferenças entre Platão e os neoplatônicos.

---

46   *Cf.* Fócio, *Biblioteca*, 461a35-36 (ed. Henry).
47   *Cf.* Charrue, 1978, 266.
48   *Cf.* Szlezák, 1979, 14-51.
49   *Cf.* Szlezák, 1979, 51.

A Antiguidade Tardia e a Idade Média conheceram o platonismo por meio do neoplatonismo, não distinguindo ambos os sistemas. Plotino e os neoplatônicos tardios consideravam a si mesmos legítimos herdeiros, intérpretes e continuadores de Platão; isso não os preservou de introduzir nas doutrinas platônicas básicas o patrimônio especulativo da Antiguidade em suas variadas correntes. Como Meinhardt afirmou com correção,[50] isso se refere de modo particular a Aristóteles, que foi compreendido pelos comentadores da tardia Antiguidade acima de tudo como discípulo de Platão. Na Idade Média, o platonismo foi transmitido pelas muitas formas neoplatônicas. Santo Agostinho, que se considerava um platônico, estudou a filosofia de Porfírio e dos neoplatônicos de seu tempo; e ainda, no século VI, Boécio considerava a doutrina das três hipóstases como platônica; em todo o período medieval em que Platão era lido (apenas alguns diálogos), de modo particular o *Timeu*, foi interpretado por meio dos comentários neoplatônicos.

Em acréscimo, após a Idade Média, Platão continuou a ser compreendido dessa maneira. Assim, o platonismo renascentista, que conheceu os escritos platônicos de forma direta, é de fato um neoplatonismo. Marsílio Ficino, que afirmava que, por intermédio de Plotino, falava o próprio Platão, tendo feito traduções tanto dos diálogos de Platão quanto das *Enéadas*, bem como de outros neoplatônicos, contribuiu em larga medida para a continuação das interpretações neoplatônicas, transmitindo o legado dos pensamentos platônico e neoplatônico por meio de sua visão particular de mundo, em um confronto polêmico com o aristotelismo e com a escolástica. O mesmo ocorre com os platonistas de Cambridge nos séculos XVII e XVIII. Deve-se notar que também eles nem sempre tiveram um conceito diverso de neoplatonismo.[51]

Por contraste, em nosso século, partindo das descobertas do século precedente, identificamos com incrível clareza a uma nítida separação histórica entre os dois sistemas: o pensamento de Plotino e de seus sucessores foi apresentado com farta documentação como uma filosofia com características originais em relação ao platonismo.

---

50   *Cf.* Meinhardt, 1984, col. 754-756.
51   *Cf.* De Vogel, 1953, 43-64; Meinhardt, 1984, col. 754-755.

De modo particular, Meinhardt enfatizou que a origem e o desenvolvimento do conceito de neoplatonismo na arena da história da filosofia alemã passou por diversos estágios, começando pela desvalorização e refutação dos pensadores neoplatônicos. Na época moderna, passaram por falsificadores do pensamento de Platão; havia um compromisso de proibição entre os platonistas; em acréscimo, sua seita foi declarada "eclética" por J. Brucker, o maior desvalorizador da visão de mundo alexandrina. O termo "neoplatonismo" é empregado em 1744 por A. F. Büshing, que fala não apenas de uma seita eclética, mas de "novos platônicos"; em 1786, C. Meiners produziu uma *História da nova filosofia platônica*, continuando, contudo, a considerá-la em um prisma negativo. Finalmente, em 1793, G. G. Fülleborn elege a denominação "filosofia neoplatônica" como um nome comum para os "famosos neoplatônicos", embora ainda os visse de uma maneira negativa. Em todo caso, a formação gradual do termo "neoplatonismo" revela uma mudança na visão da filosofia de Plotino e de seus sucessores, não mais descritos como uma deriva eclética, mas como uma autêntica forma de platonismo.

Meinhardt[52] sustenta que ela pôde ser considerada como uma filosofia de grande potencial especulativo e sistemático pelo idealismo alemão, um pensamento que que abarcava os elementos históricos de diversos filósofos da época imperial, preparando uma verdadeira mudança na avaliação dos neoplatônicos. O que era já enunciado por Fichte e por Schelling torna-se fluente em Hegel, para quem o neoplatonismo era uma "redescoberta do espírito humano, na realidade, do espírito do mundo". Nos 150 anos seguintes, ainda que o juízo de Hegel não tenha sido endossado, em todo caso o termo "neoplatonismo" será sempre compreendido como uma corrente de pensamento que deve ser definitivamente reinserida na história do platonismo.

Deve-se recordar que nos últimos anos do século XX, por meio de uma grande evolução da pesquisa especializada acerca de correntes e pensadores da Antiguidade Tardia que antecedem Plotino, e de uma interpretação de

---

52   *Cf.* Meinhardt, 1984, col. 755.

Platão à luz da teoria dos princípios recebida por meio da tradição indireta, a íntima conexão entre Platão e o neoplatonismo iniciado com Plotino foi posta em relevo. Mas, ao mesmo tempo, as diferenças teóricas entre os dois sistemas também foram ressaltadas.[53]

Krämer[54] evidenciou que o efeito do testemunho aristotélico acerca das "doutrinas não escritas" de Platão exerce um papel considerável nas *Enéadas*. Dois elementos, acima de tudo, conectam o pensamento platônico emergente da tradição indireta com Plotino: a doutrina do Uno além do ser e a pluralidade dos níveis de ser. A esses podem ser acrescentados outros temas, tais como a posição central dos números ideais e as relações entre corpos e figuras e as dimensões geométricas que eventualmente teriam perdido sua força teórica. As maiores diferenças entre Plotino e Platão são a eliminação da política da filosofia, a transformação do dualismo de princípios num monismo radical vinculado à questão da derivação da multiplicidade a partir da unidade, e, finalmente, a espiritualização do sistema. Mesmo assim, Krämer conclui que há uma influência histórica peculiar das doutrinas não escritas de Platão sobre o neoplatonismo que, interpretado da maneira mais platonicamente conservadora, transmitiu os conceitos básicos da metafísica de Platão para as tradições medieval e moderna.

Merlan[55] acentuou a proximidade entre o platonismo e o neoplatonismo plotiniano. Enquanto que em muitos períodos eles foram considerados idênticos, o século XIX elaborou um ponto de vista oposto, que insistia numa completa diferença entre os dois sistemas. Por contraste, a tendência atual é mais uma vez diminuir a distância entre o platonismo e o neoplatonismo mais que amplificá-la.

As características fundamentais do neoplatonismo segundo Merlan[56] são dadas pelos sete seguintes pontos: (1) há uma pluralidade de esferas subordinadas hierarquicamente uma a outra, procedendo da mais elevada ao mundo sensível, que existe no espaço e no tempo; (2) a derivação de cada esfera inferior da

---

53   De Vogel, 1953 *passim*; Krämer, 1964 *passim*; Szlezák, 1979 *passim*; Merlan, 1975 *passim*.
54   *Cf.* Krämer, 1982, 235-237.
55   *Cf.* Merlan, 1990 *passim*.
56   *Cf.* Merlan, 1990, 47-53 (original em inglês, 1-5).

mais elevada, em virtude de uma relação do implícito para o explícito é maior do que a relação concreta de uma causa eficiente e seu efeito; (3) a derivação da mais elevada esfera do ser de um princípio que, embora sendo causa do ser, é além do ser, ou seja, é superior a qualquer tipo de determinação do ser; (4) esse supremo princípio é designado de "Uno"; ele é abstraído de qualquer espécie de determinação e é absolutamente simples; (5) toda esfera inferior do ser implica em um aumento do número de seres por ela contidos ou em um incremento de determinação no plano espaço-temporal, que possui o mínimo de unidade; (6) o conhecimento do primeiro princípio é radicalmente diferente daquele de qualquer objeto; não é matéria de conhecimento predicativo, como é o caso dos seres que possuem alguma determinação; (7) a principal dificuldade do neoplatonismo consiste na explanação e na justificação do como e porque ocorre uma passagem do Uno ao múltiplo e, em particular, do estatuto de um princípio material nessa passagem.

Reale,[57] comentando a obra de Merlan, argumenta que mesmo sendo verdade que essas características estejam presentes no neoplatonismo, o problema deve, entretanto, ser considerado de uma perspectiva diferente. Partindo de uma interpretação de Platão à luz das "doutrinas não escritas" descobre-se que esses elementos eram já visíveis no próprio Platão; eis a razão pela qual aquilo que Merlan chama "neoplatonismo" de fato começa em Platão e parece ser mais corretamente chamado de "platonismo". Ainda assim, há diferenças importantes entre o platonismo e o neoplatonismo, cuja significação é necessário distinguir de modo preciso, sem separá-las radicalmente.

Ao resenhar o livro de Merlan,[58] Dörrie observa que o neoplatonismo nasceu da fusão entre elementos pitagóricos, aristotélicos e acadêmicos, de acordo com uma forma diferente da tradição, adicionando-se um novo elemento, o místico-religioso, pelo qual a contemplação passa a ser concebida como êxtase e a assimilação a Deus como uma unificação com o próprio Uno.

Reale, com o objetivo de demonstrar a identidade e a diferença entre o platonismo e o neoplatonismo, abordou de modo diverso e enfatizou

---

57   *Cf.* Introdução de Reale à tradução italiana de Merlan, 1990, 25-27.

58   *Cf.* Introdução de Reale à tradução italiana de Merlan, 1990, 22, 25.

a principal novidade teórica do neoplatonismo que consiste numa siste-matização do pensamento de Platão. Enquanto em Platão e na Academia a estrutura do real passa a ser explicada pela bipolaridade de dois princípios opostos no neoplatonismo, o Uno e a Díade indefinida, começando com Plotino, o Uno é situado no cume de todas as coisas, de acordo com uma forma de monopolaridade, da qual toda a realidade é derivada. Além do conceito da monopolaridade do Uno, outro elemento que caracteriza de modo definitivo o neoplatonismo é a doutrina da produtividade do Uno, que em Plotino torna-se autoprodutividade, *causa sui*. O Uno-Bem neoplatônico torna-se uma infinita força superabundante que produz por meio de sucessivos instrumentos, produzindo todo ser. Em terceiro lugar, enquanto o princípio platônico do Uno-Bem era perfeitamente definível e exprimível, não comunicado por meio de escritos por via de uma concepção da relação entre oralidade e escrita tomada de uma mentalidade arcaica, para o neoplatonismo o primeiro princípio infinito é estruturalmente tanto indefinível quanto inefável. Além disso, no neoplatonismo as conexões entre as diversas esferas de realidade são explicadas de uma maneira mais clara e precisa, em Plotino, com a doutrina da contemplação produtiva, que constitui o coração de sua metafísica da processão. Em Proclo, com o desenvolvimento de tríades dialéticas, conforme leis triádicas circulares de permanência, processão e retorno.

Um grande especialista no pensamento de Plotino e em sua recepção na filosofia ocidental, Werner Beierwaltes,[59] observou que na apropriação "sistemática" de partes do pensamento de Platão por Plotino, sobretudo em relação à *Carta II* e ao *Parmênides*, não se pode sustentar que a abordagem de Plotino foi original no sentido moderno da palavra. De qualquer modo, isso não significa que sua doutrina seja uma reprodução da tradição, sem uma interposição autônoma de seu próprio pensamento.

Trata-se ainda de considerar da questão da transformação da herança filosófica e teológica, que compreende o pensamento de seus predecessores sendo elaboradas a partir de uma rica matriz e analisá-las por meio de um

---

59 *Cf.* Beierwaltes, 1991b, 26-38; 1991c; 23-141; Dodds, 1928, 129-142.

"jogo ambivalente" de identificação filosófica com a tradição e de inovação. Plotino não interpreta nem cita ou toma passagens em seu contexto, mas procede de um modo rigorosamente seletivo. (Schwyzer,[60] ao examinar a interpretação plotiniana do *Filebo*, já notava que Plotino não se ocupa de cada questão do diálogo, mas nele vê, acima de tudo, afirmações relativas ao primeiro princípio, empregando assertivas isoladas, sem prestar atenção ao contexto, considera o *Filebo* simplesmente como uma expressão da verdadeira filosofia. Isso vale para todos os escritos platônicos, no qual cada elemento era subordinado ao tratamento de temas centrais). Os primeiros diálogos, considerando sua estrutura aporética, não o interessavam; ele vê em Platão não aporias, mas soluções; não um método, mas uma doutrina. Por essa razão, concentrou-se em frases e em palavras-chave, redescobrindo seu verdadeiro valor, aparentemente deslocadas de seu contexto.

Em tal compreensão, como "intérprete" da filosofia de Platão, *nessa* interpretação e *por meio* dela, Plotino retira uma significação conceitual que seria impensável sem Platão, produz e desenvolve uma nova forma de pensamento que não concerne tanto a seguir a letra do texto platônico como traçando uma suposta intenção da filosofia platônica, e que seria verificada de um ponto de vista estritamente histórico.

De modo particular, o modo como Plotino interpretou o *Parmênides* de Platão, em suas intenções fundamentais, incorpora-o em sua doutrina das três hipóstases que se diferenciam, mas que estão reciprocamente ligadas por meio de um tipo de relação circular, se torna o ponto de partida de todo um esquema de pensamento. Como um mapa de unidades de relações recíprocas, tal esquema permanece como predominante nos sucessivos desenvolvimentos da história da filosofia neoplatônica. Beierwaltes mostrou de modo conclusivo, retomando uma definição de Klibansky,[61] que a filosofia plotiniana permanece, a despeito de sua singularidade, no âmbito da "continuidade da tradição platônica".

---

60   *Cf.* Schwyzer, 1970, 81-93.
61   *Cf.* Klibansky, 1939 *passim.*

V. Linhas de inovação derivadas da interpretação plotiniana da tradição platônica

Recapitulando as observações feitas nos parágrafos precedentes, deve-se insistir que as diferenças fundamentais entre o pensamento de Platão, o antigo platonismo e o neoplatonismo do filósofo de Licópolis são de natureza teórica e se concentram em dois pontos axiais do sistema plotiniano: a doutrina da "processão" das hipóstases a partir do Uno, desenvolvida conforme uma tríade circular e a doutrina da "contemplação produtiva". Elas constituem a chave para uma leitura sistemática de toda a filosofia plotinana.[62]

Partindo desses pontos, Plotino realizou uma autêntica e única reconstrução da metafísica clássica, chegando a novas posições em relação a Platão e a toda a filosofia precedente.

Voltemos o olhar, antes de tudo, para o problema fundamental da "processão". Deve-se, acima de tudo, recordar que, para Plotino, há duas questões fundamentais da metafísica e não apenas uma, como era o caso da compreensão de toda a tradição filosófica que o precede. O principal problema da metafísica grega em sua forma clássica era: porque e como o múltiplo deriva do Uno? No *Filebo*, Platão observou que era maravilhoso pensar que o múltiplo poderia ser uno e que o uno poderia ser múltiplo: a questão da relação entre o Uno e o múltiplo era, para muitos filósofos, do princípio ao fim causa de grande espanto. Plotino, que conhecia esse tema "tão notório entre os antigos",[63] sem dúvida, formulou e resolveu esse problema de uma única maneira.

De qualquer forma, além disso, Plotino formulou outra questão de grande dificuldade que nenhum dos filósofos gregos havia antes formulado: por que o Uno existe e por que ele é o que é? Note-se que colocar essa questão é colocar em questão o Absoluto em si mesmo, perguntando, por assim

---

62   *Cf.* Gatti, 1982, 31-42, 171-177 (ver notas 4 e 5 na página 32 com as referências às obras de J. M. Rist, H. F. Müller, A. Covotti, J. Trouillard e V. Cilento). Ainda, Reale, 1983, 153-175; Reale, IV, 1991, 606-616 (tradução inglesa, 293-298).

63   *Cf.* V.1.6.1-8. Ver Platão, *Filebo* 14c.

dizer, pela razão de ser do primeiro princípio de tudo. De modo particular, tal problema poderia ser absurdo considerado do contexto da metafísica de Platão e Aristóteles, nas quais o primeiro princípio era algo incondicionado, explicação última, acerca da qual era constitutivamente impossível perguntar pela razão de ser. (Aristóteles havia dito que esse tipo de questão era estruturalmente falaciosa, na medida em que ela reconduz a uma regressão ao infinito: no âmbito de sua doutrina da substância, a questão de porquê em relação a um princípio implicaria numa questão seguinte em relação ao porquê do porquê, a assim infinitamente).[64]

Plotino, que provavelmente estava ocupado com o tipo de questão derivada da influência do problema posto pelos cristãos e gnósticos, deu a ela uma resposta altamente revolucionaria no contexto do pensamento grego, considerando que a causa ou a razão do ser do Uno era a liberdade: o Uno existe porque ele é a livre atividade autoprodutora. No coração de um dos mais portentosos tratados das *Enéadas*, VI.8, dedicado ao problema da liberdade do Uno,[65] Plotino apresentou, numa passagem extraordinária, que penetra e transcende os horizontes teóricos do platonismo e do aristotelismo e toca o mais alto pico do pensamento ocidental, uma verdadeira e estrita demonstração da existência do Uno, começando pelo desejo do Bem inerente a todas as coisas. Plotino observa que cada entidade aspira ao Bem e crê ter atingido mais alto estado de ser quando dele participa; na medida em que algo não o possui, assim o deseja: de tal modo, ser e querer coincidem. Por tal razão, o ser pertence ao próprio Bem, com ele coincidindo, de fato, num certo sentido criando-se a si próprio, tudo o mais por causa do Uno em si mesmo e por meio dele deseja ser o que ele é. (Além disso, acrescenta Plotino, se, *per absurdum*, o Bem transformasse a si mesmo em algo diverso, não desejaria nada diverso de si próprio, pois ele é perfeito e não há nada que ele deseje maior do que ser ele próprio). No Bem, escolha, vontade e ser coincidem: ele é o criador de si mesmo. Em resumo: enquanto os outros seres são consigo mesmos apenas porque participam do Bem, no Bem estão contidas a escolha e a vontade de seu próprio ser. O primeiro

---

64   *Cf.* Reale, IV, 1991, 610 (tradução inglesa, 394-395).
65   *Cf.* Leroux, 1990, em particular, a introdução, 23-123, e a bibliografia, 429-247.

princípio põe-se a si mesmo e causa-se a si mesmo, sendo atividade auto-produtiva. Nele, atividade e ser coincidem.[66]

Após termos examinado a solução plotiniana do problema do por-quê do Uno, com sua afirmação revolucionária de que ele é autocriador e possui-se a si mesmo, vemos a solução de outro problema, aquele da explicação da existência do múltiplo. A resposta plotiniana a essa questão, como indicamos, de igual modo representa um dos vértices da metafísica da Antiguidade e constitui um elemento único em seu coração.

Dado que ao descrever a derivação das entidades a partir do primeiro princípio, Plotino emprega numerosos elementos imaginários provindos da experiência sensível, o mais conhecido é a da luz. A gênese de todas as coisas a partir do Uno é comparada à irradiação da luz de uma fonte luminosa em graus sucessivos que se enfraquecem, que são as sucessivas hipóstases. Muitos intérpretes, tomando essas imagens de modo literal, compreenderam a derivação do múltiplo a partir do Uno como uma forma de emanação, como um necessário fluir físico, mecânico.[67] Contrariamente ao que mui-tos especialistas sustentaram, é importante notar que as imagens não devem ser compreendidas como intencionalmente descritivas, tomando-as como se para Plotino o Uno fosse sujeito a alguma necessidade em sua geração, como ocorre no caso da água escoando, ou calor, luz ou qualquer outra força em sua derivação. Com efeito, por meio dessas imagens de caráter físico, ele visa explicar a ação do Uno infinito, que é causa de si, fazendo uso daquilo que é infinitamente diferente dele, isto é, tudo aquilo que não é o Uno. A doutrina plotiniana é muito rica em imagens que são empregadas com finalidade pu-ramente didática, visando mostrar que o primeiro princípio produz todas as coisas enquanto ele próprio permanece absolutamente estável.

Em verdade, devemos observar acima de tudo que por uma análise atenta dos contextos em que as imagens são empregadas pode-se descobrir que para Plotino o primeiro princípio permanece (*menei*) em seu estatuto transcendente enquanto ele gera, sem que seu ser substancial seja modificado.

---

66   *Cf.* VI.8.13.

67   *Cf.* Gatti, 1982, 34-6; Reale, 1983, 154-63; Reale, IV, 1991, 519-26 (tradução inglesa, 334-9). Ver III.8.10; IV.3.17.12-31; IV.4.16.20-31; V.1.6; V.4.1 e 2; VI.8.18. Ainda, Rist, 1967, 66-83.

Aquilo que é gerado é inferior ao gerador, e não o diminui nem faz com que o gerador tenha qualquer necessidade do gerado.[68]

Mais fundamentalmente, no plano da compreensão da derivação das coisas a partir do Uno em seu verdadeiro significado, para além das imagens, é preciso enfatizar uma importante passagem em *Enéadas* V.4.2, em geral ignorada pelos intérpretes, na qual Plotino explica como ocorre a produção a partir do primeiro princípio.

Nesse texto são distintos dois atos do ser: (a) o ato *de* ser e (b) o ato *do* ser. (a) O ato de um ser coincide com aquilo que a coisa é e (b) o ato do ser segue-se necessariamente dele e é dele distinto. Por exemplo, numa fonte de calor que é (a) atividade do calor que coincide com sua natureza (isto é, a atividade da chama) e (b) uma atividade que deriva da chama e vai até seu exterior. Ao se aplicar tal distinção em relação ao Uno: (a) há uma atividade que é única do Uno, que é aquela pela qual o Uno é aquilo que ele é de modo permanente, ou seja, liberdade autocriativa, poder absoluto; e (b) há uma atividade que provém da primeira. Trata-se de um poder, uma grande *energeia* excedente, porque provém de um poder maior: essa atividade produz todas as coisas. A atividade *do* Uno é liberdade autocriativa, enquanto que a atividade *a partir do* Uno segue-se necessariamente da primeira, embora sendo uma necessidade *sui generis*, ou seja, uma necessidade que deriva de um ato de liberdade.

Na verdade, aquilo que dissemos a fim de explicar a produção do múltiplo a partir do Uno ainda não está completo. Esse é um dos aspectos no qual o pensamento de Plotino emerge em sua radical originalidade. De fato, a geração das hipóstases inteligíveis e, em parte, do mundo físico, como Plotino concebe, além das duas atividades mencionadas, inclui outra atividade que é igualmente essencial, chamada de *epistrophê*, que é o retorno à contemplação do princípio gerador. Se fosse dada suficiente atenção a essa atividade, talvez seja compreensível ressaltar o quão inadequada é a interpretação emanacionista, que não oferece condição a esse retorno contemplativo.

---

68   *Cf.* V.4.2.19; V.5.5.1-7; VI.9.3.45-49; VI.9.9.1-7. *Cf.* Arnou, 1967, 162.

Em muitas passagens das *Enéadas*, Plotino iluminou o retorno metafísico do gerado ao gerador, por meio da qual o primeiro resultado é
a própria determinação. Vemos, por exemplo, esse retorno na passagem
da primeira à segunda hipóstase. O poder que deriva do Uno não gera
o *nous* de modo direto, mas permanece uma matéria inteligível indeterminada e sem forma, que se determina a si mesma e torna-se mundo
das formas apenas como resultado de uma contemplação do primeiro
princípio. Em particular,[69] numa importante passagem, Plotino distingue nesse retorno contemplativo novamente dois momentos: o voltar-
-se da matéria em direção ao Uno, que se torna uma forma limitada,
fecundando-se a si mesma (assim nasce o ser, uma síntese de matéria e
forma); segue-se o momento da autorreflexão nesse poder fecundado,
com o nascimento do pensamento.[70]

O ritmo triádico na processão é evidente em todas essas passagens.
Por essa razão, de uma análise acurada dos textos emerge, de modo cada
vez mais claro, que o termo "emanação" não pode ser aplicado à metafísica
de Plotino. Nessa processão derivativa, o elemento determinante é o retorno ou conversão mais do que a derivação. Em acréscimo, considerando
os termos com os quais os três momentos são expressos, deve-se notar que
Plotino em ampla medida antecipou Proclo, apresentando uma lei circular
triádica que se desdobra conforme uma articulação de estabilidade, ou seja,
atividade imanente em cada hipóstase, progressão, ou seja, atividade que
deriva de cada hipóstase; finalmente, voltar-se ou retornar, ou seja, conversão para o Uno. Em realidade, não se concebe uma derivação da substância do primeiro princípio, mas de sua potência, muito menos um tipo de
necessidade física, mas uma necessidade que se segue do ato supremo de
liberdade, a autodeterminação da primeira hipóstase.[71]

---

69   *Cf.* V.2.1.1-18.

70   É necessário recordar que as várias fases da geração das hipóstases são distintas por
Plotino apenas conforme um ponto de vista lógico e com finalidade didática, a fim de apresentar uma estrutura metafísica das relações entre o condicionado e o que condiciona, e
não conforme uma escala cronológica, dado que as hipóstases são eternas. *Cf.* II.4.5.24-28;
V.1.6.19-22; VI.6.6.4-5; VI.7.35.29. Ver Gatti, 1982, 41.

71   *Cf.* Gatti, 1982, 34-36; Reale, IV, 1991, 606-612 (tradução inglesa, 393-6).

No mais, se o substantivo mais adequado para indicar a doutrina plotiniana da derivação a partir do Uno é "processão", o adjetivo que melhor a qualifica é "contemplativa": o momento no qual a hipóstase ser é gerada coincide com a contemplação.[72] Com efeito, o ponto cardeal, a chave para a estrutura de processão da metafísica plotiniana é contemplação ou *theôria*. Para ser mais preciso, deve-se enfatizar que não se trata apenas de um dos três momentos da processão, mas que os três momentos da processão são em ato três momentos de contemplação. Como consequência, pode-se dizer que nas *Enéadas*, tudo para Plotino é contemplação e deriva da contemplação.[73]

Em primeiro lugar, o filósofo de Licópolis sustentava que "tudo é contemplação". Conforme essa concepção metafísica, todas as coisas são dotadas dessa atividade suprema, a começar do Uno, que se volta para si num olhar simples, sem complexidade ou carência. Assim também a segunda hipóstase contempla, definida por Plotino como "contemplação vivente", atividade autorreflexiva e contemplativa por excelência, na qual sujeito que contempla e objeto contemplado coincidem. De igual modo, o terceiro nível hipostático, a alma, é dotada de *theôria*; os diversos graus na alma, as diversas almas, possuem, conforme cada qual, seus maiores ou menores graus de unidade e multiplicidade. Como consequência, todos os seres, na medida em que participam da alma, em razão e *logos*, em um certo sentido contemplam. De maneira especial, isso traz implicações para o ser humano que, exilado do Absoluto, a ele retorna, seguindo o correto "caminho de retorno" que possui o caráter de contemplação, articulado no plano ascético-religioso da ética, da erótica, da dialética e da mística, nas quais a filosofia platônica é adaptada e transformada.[74]

Em segundo lugar, há a doutrina plotiniana de que "tudo provém da contemplação". A atividade espiritual do ver e do contemplar é transformada nas *Enéadas* em uma metafísica criativa. Em toda realidade e,

---

72 *Cf.* Gatti, 1982, 33-34, 63-65, 84-85, 174-6; Reale, 1983, 163-172; IV, 1991, 612-616 (tradução inglesa, 396-8).

73 *Cf.* III.8.7.1-2.

74 *Cf.* Gatti, 1982, 44, 47, 54-59, 64-78, 91-92, 173-174.

em particular, no ser humano, o que há de mais profundo é a *theôria*, e o que há de mais fecundo é a ação daí resultante. Plotino sustenta que criar significa introduzir formas na matéria e que isso ocorre por meio da contemplação, atividade suprema por meio da qual, na hierarquia escalonada da ontologia plotiniana, um ser participa da forma, da perfeição, no poder criativo do princípio produtivo, na medida de sua possibilidade.[75]

Nesse ponto, acima de tudo, no vértice das hipóstases, a atividade do Uno é simples intuição de si, produzindo a atividade a partir de si, por meio da qual nasce a matéria inteligível que, em seguida, volta a contemplar o Uno e visando-se em relação ao Uno, determina-se a si mesma como ser e pensamento. Em um segundo estágio, a autocontemplação do *nous*, isto é, a atividade do *nous*, produz a atividade a partir do *nous*, da qual deriva uma matéria que por sua vez contempla a segunda hipóstase e nasce como alma. Finalmente, do extremo limite da alma do universo, aquilo que para Plotino é *physis* ou natureza, a matéria sensível é derivada. Como o produto da contemplação de um nível metafísico sumamente debilitado, ela é incapaz de voltar-se para a natureza a fim de contemplá-la. Em contraste com os níveis hierárquicos precedentes, nesse caso, a *physis*, voltando para a matéria com um segundo ato de contemplação, doa a ela sua forma, então produzindo a realidade física.[76]

Trata-se, portanto, de uma verdadeira e única "metafísica da contemplação", na qual a contemplação, como "criativa", constitui a razão do ser de todas as coisas.

O tema da *theôria* foi um dos mais significativos elementos da especulação antiga: de Tales, que o *Teeteto* de Platão assinala como um símbolo da vida contemplativa, a Pitágoras e Anaxágoras, apresentado no *Protréptico* de Aristóteles de modo análogo, às conhecidas afirmações de Platão na *República*,[77] nas quais é dito que os verdadeiros filósofos são aqueles que amam contemplar a verdade, e à "admiração" comentada por Aristóteles, a finalidade da filosofia foi considerada como conhecimento desinteressado,

---

75   *Cf.* Gatti, 1982, 84-85, 175-176. Ver III.8.7.21-22.

76   *Cf.* Gatti, 1982, 78-92. Ver IV.3.9.20-29.

77   *Cf.* Platão. *República* 475e.

contemplação pura da verdade. No mundo grego, além dessa dimensão, a *theôria* possui também essencialmente um valor ético, consequência e realização de seu próprio procedimento. À nova visão acerca do estatuto adquirido pela contemplação da verdade corresponde uma perspectiva diversa e hierárquica, que possui tanto um caráter ético quanto político. De um modo emblemático, o mito platônico do *Fedro* enfatiza que as almas, na planície da verdade, contemplaram a verdade e dela se alimentaram; de tal modo, as diferenças entre os seres humanos dependem dos diversos graus de sua atividade contemplativa. Portanto, também na concepção ascético--mística de Plotino, a contemplação da verdade e a riqueza e fecundidade da vida tornam-se vinculadas de modo inseparável.

Para Plotino, por fim, a doutrina da contemplação é ainda concebida da mais ampla perspectiva possível, tornando-se o ponto de apoio e a síntese de todo seu sistema, como "contemplação produtora", uma característica que incorpora todas as hipóstases e todos os seres. É ainda uma chave para a leitura da processão e o retorno para o Uno, conforme os três abundantemente ricos e estritamente correlacionados elementos que foram apresentados. As hipóstases e os seres nasceram da contemplação infinita e, em particular, por meio da contemplação os seres humanos são capazes de voltarem-se para o infinito, em direção ao Absoluto.

Portanto, pode-se concluir que, seja considerando a noção de liberdade como a razão para o ser do Uno, que abre uma perspectiva profunda no caminho da necessidade da processão produtiva, ou considerando a doutrina da "contemplação produtora" como conceito cognitivo, ético-ascético, ontogônico e ontopoiético, isso permite-nos apreender o ponto fundamental, o núcleo essencial da metafísica de Plotino em sua radical originalidade em toda a história do pensamento grego e, em particular, da rica corrente que constitui uma parte verdadeira e única da tradição do platonismo.

2 A metafísica do Uno

JOHN BUSSANICH

Dos três primeiros princípios (*archai*) ou hipóstases, Uno, Intelecto e Alma, o Uno ou o Bem, é o mais difícil de se conceber e o mais central para a compreensão da filosofia plotiniana. Ele é tudo e nada, está em toda parte e em parte alguma. O Uno é a fonte (*archê*) de todos os seres e, como o Bem, a finalidade (*telos*) de todas as aspirações, humanas e não humanas. Como primeiro princípio indemonstrável de todas as coisas, como ser infinito transcendente e como supremo objeto de amor, o Uno é o centro de uma vibrante concepção da realidade da qual muitas facetas resistem à análise filosófica. Plotino crê que os esforços para se entender ou definir a natureza do Uno estão destinados a serem inadequados. Falamos acerca do Uno, mas, na realidade, tais esforços apenas resultam em "elaborar, para nós mesmos, significados a seu respeito"; não é possível para ninguém dizer o que ele é (V.3.13.7, 14.1-7).[1] A despeito dessa insistência na inefabilidade do primeiro princípio, Plotino constantemente fala a seu respeito, ressaltando de modo radical seu estatuto universal na estrutura da realidade. Apenas pela reflexão acerca da lógica interna de sua metafísica podemos compreender a natureza multifacetada desse princípio unitário.

I. Falando acerca do Uno

Três elementos interligados motivam a filosofia plotinana do Uno: tradição, razão e experiência.[2] Considerando a influência de seus predecessores,

---

1   Ver a admirável discussão desse tema em Schroeder, 1985.
2   Ver os clássicos artigos de Armstrong, 1973 e 1974, a esse respeito.

especialmente Platão e Aristóteles, discutida no capítulo I, examinaremos agora os elementos fornecidos pela argumentação lógica e pela experiência pessoal cuja combinação articula a metafísica do Uno.

Suas vias para falar sobre o Uno requerem atenção porque pensamento e palavra adquirem maiores ou menores graus de clareza e acuidade na proporção de sua proximidade com o próprio Uno. A existência do Uno não é posta em dúvida: de outro modo, pensamento e palavra seriam impossíveis (VI.6.13.44-49). Mas ser o primeiro princípio do pensamento requer que o Uno transcenda a determinação do ser e do mais elevado tipo de pensamento (*cf.* VI.9.4.1-16). As discussões acerca do primeiro princípio, portanto, normalmente ultrapassam os limites do raciocínio e insistem na análise e conceituação transcendentes. Por contraste, em muitos outros tópicos, Plotino oferece explanações claras das doutrinas que considera e questiona acerca da verdade desses pontos de vista filosóficos e religiosos, por exemplo, contra a concepção gnóstica de que o universo é mal em II.9. Todavia, a transcendência e inefabilidade do Uno não deve, penso, ser tomada como a evidência de uma profunda hostilidade para com a razão, para o ceticismo de Plotino acerca da capacidade da linguagem e do pensamento de apreender o Uno é ele próprio inspirado por uma intensa reflexão. Ele está convencido de que o pensamento discursivo é uma forma limitada do pensamento, que é inferior e requer a intelecção (*noêsis*), a apreensão imediata, intuitiva e compreensiva que, na medida em que temos acesso a ela, fornece a mais acurada visão do Uno possível a nós: pois "se não há nada anterior a ele, o Intelecto conhece de modo claro aquele do qual ele deriva" (V.5.2.15-16). Das diversas vezes que Plotino diz que o Uno é uma expressão da visão noética da realidade inteligível, poderíamos notar o que ele diz a seu respeito. Intelecto, intelecção ou ser inteligível são: (1) incapazes de erro (V.5.1.1-2); (2) eternamente cognoscíveis (V.5.1.4); (3) não baseados em provas demonstrativas (*apodeixis*) (V.5.1.7, 2.13-14); (4) verdade autoevidente (V.5.2.16, VI.9.5.12-13); (5) é desnecessário investigá-lo (V.8.4.36-37); (6) não adquiridas por raciocínios (*logismoi*) (V.8.4.35); (7) imutáveis (III.7.3, IV.4.1); (8) não discursivo, não proposicional (V.3.17.21-24; V.5.1.38-40; V.8.5.20-22);

(9) uma forma de não saber (V.8.11.33-34); (10) radiante e transparente (V.8.4.5-9, 10.5-8; VI.7.12.22-30).[3]

Se o puro pensamento intuitivo não é capaz apreender o Uno, tanto mais limitada é a faculdade derivada da razão discursiva (*dianoia*), que emprega determinados objetos conceituais para analisar e raciocinar de modo sucessivo, ou seja, de modo inferencial (V.3.2-3, 7-9). Plotino menciona demonstrações de que o Uno é a finalidade última do filosofar – mas tais "provas" são claras para aqueles que já aceitam sua existência (I.3.1.2-6). Talvez seja mais acurado dizer que para o verdadeiro filósofo, que tem acesso direto ao mundo inteligível (VI.5.7.1-9), a existência e a verdade tanto do Intelecto quanto do Uno são autoevidentes, indemonstráveis pontos de partida para qualquer reflexão acerca da natureza do Uno e seus efeitos. O raciocínio discursivo situa-se ante o pensamento intuitivo e a experiência visionária, que para Plotino justifica a expressão de que " 'aquele que viu, sabe do que falo', que a alma possui outra vida e dele se aproxima e participa, e então está em condições de saber que o doador da verdadeira vida está presente e não carece de nada mais" (VI.9.9.46-50). A apreensão desse nível transcendente de existência requer tanto raciocínio filosófico quanto exercício afetivo:[4]

> [começando pela experiência que a alma tem do Bem] devemos falar a seu respeito... procedendo pela razão discursiva. O conhecimento ou o tocar o Bem é o que há de maior, e Platão diz que ele é o "supremo conhecimento" [*Rep.* 505a2], não denominando de "aprendizado" o olhar para ele, mas aprendendo a seu respeito de antemão. Falamos acerca dele por comparações [*analogiai*] e negações [*aphaireseis*], pelo conhecimento daquilo que dele deriva e por certos métodos de ascensão por graus, mas nos colocamos na rota em direção a ele por meio das purificações e virtudes. (VI.7.36.2-9)

Tanto o treinamento cognitivo quanto o afetivo parecem ser condição necessária para atingir o estágio mais elevado do desenvolvimento humano

---

3 Acerca do Intelecto como pensamento não discursivo em Plotino, ver Lloyd, 1970, 1986 e 1990, p. 164-168.

4 Acerca desse tema, ver Hadot, 1986, p. 234-244; 1994, caps. 5-7; Bussanich, 1990.

– a união mística com o Uno – embora o pensamento de Plotino não seja sempre claro sobre o quanto eles são suficientes. É preciso reconsiderar, talvez, que para Plotino a investigação racional ou 'aprendizado' carece em um grau considerável da atitude crítica, ensaística e revisionista atualmente considerada essencial para a prática da filosofia. Em suma, para Plotino, a filosofia visa em última instância alcançar a verdade. Considerando que Plotino guarda um ceticismo acerca da capacidade da linguagem e do pensamento de apreender a realidade inefável do Uno, que se torna, de modo inesperado, o mais vital e significativo traço de seu pensamento.[5]

Aprender algo acerca do Uno possui aspectos positivos e negativos. A via afirmativa, como vimos, inclui: (1) a consideração das propriedades que devem pertencer ao Uno pela via do raciocínio, por exemplo, do efeito para a causa, assim como o uso de analogia, metáfora e símbolo; e (2) a disciplina afetiva que produz a excelência psíquica – um motor para se escalar a hierarquia do ser. De qualquer modo, permanecem dúvidas em relação à possibilidade das afirmações poderem nos dizer tudo acerca do Uno em si: "Mas dizer que ele é a causa não é nada além de predicar algo incidental em relação a nós" (VI.9.3.49-50). Não é surpreendente, portanto, que a via negativa para o Uno seja considerada superior.[6] A linguagem não pode especificar o que o Uno é, mas apenas o que ele não é (V.3.14.6-7). Mesmo as designações Uno e Bem são signos deficientes da realidade do Uno (II.9.1.1-8; V.5.6.26-30; VI.7.38.4-9; VI.9.5.29-34). Paradoxalmente, tais reflexões acerca dos limites da referência são emblemas do otimismo plotiniano, tal como a intensa purificação (*katharsis*) emocional é a tônica do espírito. Trabalhando juntas, essas disciplinas produzem a progressão filosófica e espiritual pela desconstrução da linguagem, do pensamento e do *self* empírico. A finalidade dessa via universal, portanto, não é o esvaziamento, mas o desvelar-se do *self* noético e do Uno além dele.

Tanto o raciocínio sobre o primeiro princípio quanto a meditação acerca das teofanias simbólicas do Uno (por exemplo, o irradiar do sol em

---

5   Uma longa especulação sobre essas linhas lê-se em Armstrong, 1975.
6   Esse ponto de vista é fortemente expresso por Armstrong, 1977b; Sells, 1985 e 1994; e Trouillard, 1955a.

comparação com o Bem em V.5.7-8) apontam para além de si próprias, para além do entendimento, em direção à experiência imediata visionária do primeiro princípio:

> A perplexidade (*aporia*) nasce especialmente por causa de nossa compreensão (*sunesis*) de que o Uno não é considerado nem como conhecimento racional (*epistêmê*) nem como percepção intelectual (*noêsis*), tal como os outros seres inteligíveis, mas como uma presença (*parousia*) superior ao conhecimento. (VI.9.4.1-3)

> Eis porque Platão diz [*Carta* VII. 341c5] que "ele não pode ser dito nem escrito", mas falamos e escrevemos a seu respeito impelidos dos racio-cínios à visão, como se mostrassem o caminho para alguém que quer ter a visão de algo. Mas a instrução termina onde termina a rota e o caminho, e a visão é já uma tarefa própria daquele que deseja ver (VI.9.4.11-16).

A comunicação daqueles que tiveram "a boa sorte de ver" (VI.9.11.1-4) aparentemente ocorre como um discurso pleno de significação acerca do Uno, uma espécie de dialética mística; pois "não estamos impedidos de possuí-lo [sc. o Uno], ainda que não falemos a seu respeito. Mas tal como aqueles que foram tomados por um deus e estão na divina possessão talvez saibam melhor que eles possuem algo de maior em si, ainda que não saibam o que" (V.3.14.8-11).

De modo mais claro, filosofar acerca do Uno do ponto de vista plo-tiniano em geral requer certas qualificações existenciais, de modo que o Uno "é sempre presente para aquele que é capaz de tocá-lo, mas ausente para quem não é capaz" (VI.9.7.4-5). Talvez possamos tomar Plotino como uma espécie de "místico empirista", ou seja, um pensador que está vincu-lado à visão de que a realidade última pode ser apreendida em si por meio da experiência que transcende a dualidade entre sujeito e objeto e todos os conhecidos estágios cognitivos e afetivos. Esse tipo transformador de filo-sofia opera com uma finalidade experiencial. Logo, filosofar acerca do Uno possui a meta concreta do esvaziamento de si, numa atitude que nada pos-sui de niilista ou antifilosófica, mas que aponta para uma "soterontologia".

Propomos traçar um caminho para abordar a questão do Uno que atra-vessa três perspectivas distintas, mas interligadas: (1) O Uno em si mesmo:

suas propriedades formais ou transcendentes. (2) O Uno e os outros: (A) O Uno como causa eficiente e presença imanente; (B) O Uno como causa final e finalidade transcendente. (3) O Uno como tudo e nada – uma perspectiva dialética sobre o Uno como fonte e finalidade que transcende a distinção e a não distinção, e que possibilita uma visão compreensiva do Uno em si.

As perspectivas (1) e (2) são estritamente ligadas em relação àquilo que a natureza do Uno em si exerce na metafísica plotiniana da causalidade conforme a qual aquilo que é perfeito produz, tal como ocorre na comparação do Uno como perfeita natureza com o fogo e seu poder produtivo de calor que irradia de si (ver seção III, O Uno como causa eficiente). A primeira perspectiva sobre o Uno será considerada como concernente à "substância" ou "atualidade" interna do Uno, sem qualquer referência a seus efeitos, enquanto a segunda perspectiva explora a atividade causal "externa" do Uno.

II. O Uno em si mesmo

(1) Na medida em que não podemos dizer o que o Uno é, mas apenas o que ele não é, as predicações negativas parecem menos suscetíveis a se ignorar sua completa dissimilaridade com seus efeitos e com isso violar a absoluta transcendência do Uno. Estritamente falando, o termo "Uno" não refere o Uno como um objeto distinto ou uma entidade (II.9.1.1-8; VI.7.38.4-9; VI.9.5.29-34), mas remove qualquer pluralidade e composição, logo dispondo a pedra angular de uma distintiva teologia filosófica:

> Deve haver algo simples anterior a todas as coisas, e deve ser diverso de todas as coisas que dele provêm, existindo por si mesmo, não misturado com aquilo que dele deriva, e do mesmo modo capaz de ser presente de um outro modo para tais coisas, sendo realmente uno, e não um ser diferente que então fosse uno; é falso, portanto, dizer a seu que é uno, pois dele "há não conceito nem conhecimento"; de fato, ele é também dito ser "além do ser". Pois se ele não fosse simples, além de toda coincidência e composição, não poderia ser

primeiro princípio; e ele é o mais autossuficiente, porque é simples e primeiro em relação a tudo... Uma realidade desse tipo deve ser solitária. (V.4.1.5-16)

Se "Uno" e "Bem" não convêm à realidade do primeiro princípio, as propriedades negativas unidade, unicidade e simplicidade devem ser aceitas como verdadeiras apenas se não houver qualquer conhecimento do Uno. A simplicidade garante prioridade ontológica e unicidade (*cf.* VI.8.10.10-14). A distinção do Uno de todas as coisas também comporta a afirmação limite de que o Uno não possui qualquer relação com as outras coisas, embora as relações das outras coisas com o Uno sejam reais (*cf.* VI.8.8.12-15; VI.9.6.40). A unidade especifica, de modo negativo, que o Uno não é nada além de si mesmo. Apesar de indicar o que o Uno não é, as propriedades da prioridade, unidade e unicidade também identificam o Uno de modo afirmativo como uma entidade hiperôntica, distinta dos seres sensíveis e inteligíveis (isso não significa dizer, todavia, que o Uno é um pertence aos gêneros do ser). A unidade também significa a indistinção do Uno em relação às outras coisas, implicada nas palavras "ser presente de um modo diferente para as outras coisas". Evidentemente, dois diferentes sentidos de unidade são relevantes: (I) unidade pura ou exclusiva; (II) unidade inclusiva, a unidade da indistinção. Algumas considerações acerca das vias nas quais esses dois sentidos de unidade podem ser combinados serão feitas adiante, na parte IV.

(2) A simplicidade, autossuficiência e unicidade do primeiro princípio antecipam o conceito medieval de ser necessário, mas a distinção necessidade/contingência não é a peça central da metafísica do Uno em Plotino. O Uno necessariamente é aquilo que é (VI.8.10.15-20), mas essa necessidade é identificada com a absoluta liberdade do Uno, o que implica que o Uno não é constrangido a ser o que é por nada de externo ou dele independente.[7]

A necessidade do Uno é baseada na noção de que ele é não composto, ou seja, sem partes ou relações internas, e ainda efetivamente sem relações

---

7 Plotino aqui emprega um dos sentidos aristotélicos de necessidade: "o necessário, em sentido primeiro e estrito, é o simples" (*Met.* V.1015b11-12).

externas. Logo, o Uno é além do ser e da forma porque a forma envolve complexidade, determinação e definição. A não composição é a base para a asserção radical de que o Uno é sem forma (*amorphon*) e infinito (*apeiron*), sem limitação ou determinação (*amorphon*: VI.7.17.17, 40, 33.4; VI.9.3.39; *apeiron*: V.5.10.18-22). Enfoquemos essas propriedades em sucessão: simplicidade, infinidade e ser desprovido de relação.

(3) O Uno deve ser simples porque ele é perfeito, e ser perfeito significa que deve ser independente de todas as coisas, e que todas as coisas dele dependem. Plotino postula, então, a divina autossuficiência. Mas como a doutrina da simplicidade e autossuficiência pode ser consistente com a atribuição de tantas propriedades ao Uno? Desde que as propriedades da bondade e do ser desprovido de forma, como diz Plotino, são predicados do Uno sem que se introduza a complexidade em sua natureza, então deveríamos concluir que a propriedade da simplicidade é idêntica à bondade, ou à infinidade, ou, de modo geral, que os atributos do Uno são todos o mesmo ou são vinculadas? Talvez a simplicidade opere como uma propriedade genérica cujas espécies são a bondade, etc. Se Plotino entende que cada propriedade é idêntica a todas as outras, ele parece não dar atenção às objeções lógicas da identificação de distintas propriedades que não são coextensivas. Ele rejeita a objeção de que o Uno como propriedade é um objeto abstrato porque sua realidade transcende todas as descrições possíveis, mas isso não justifica a conclusão de que o Uno é um concreto particular. A consideração das relações entre as propriedades do Uno merece um estudo ulterior.

(4) A maior parte das referências à infinidade do Uno concernem a seu poder infinito (*dunamis*) de gerar o mundo inteligível (V.4.1.23-26; V.5.10.18-22; VI.9.6.10-12; II.4.15.17-20; VI.9.6.7-8; *cf.* V.5.11.1-2), que é o tópico da parte III.A. "Ilimitado" é claramente atributo negativo que de modo algum define a natureza do Uno, mas apenas indica que a natureza infinita do Uno (*apleton phusis*: V.5.6.14-15) não é sujeita a limitações internas ou externas. Ser desprovido de forma (V.5.6.5) atesta que o primeiro princípio não é limitado no sentido em que ser ou essência são limitados (V.5.5.6, 11.2-3); e ausência de forma implica autossuficiência (VI.7.32.9-10), assim como simplicidade (I.8.2.4-5; II.9.1.9; V.4.1.12-13).

(5) A noção de perfeição é estritamente associada pelos platonistas à de ser e por Aristóteles à de atualidade, mas Plotino atribui a perfeição ao Uno além do ser, talvez no sentido em que tal perfeição derive de sua própria realidade (*ousia*) (V.1.6.38; V.6.2.13). Ele é perfeito porque é completamente ele próprio, totalmente atual, e uma perfeita atualidade (*energeia*: *cf.* VI.8.20.9-16) "que contém todas as coisas e não carece de nada" (*cf.* Aristóteles. *Física* III.6.207a9: "aquilo que nada possui fora de si próprio" é perfeito [*teleios*]). Perfeição, como devemos ver, é uma propriedade essencial da produtividade do Uno.

Também o Intelecto é perfeito (III.6.6.10-17, V.1.4.14-15; vida perfeita: V.3.16.29; *cf.* V.1.10.12); atual (II.5.3.31; VI.2.20); autossuficiente (V.3.13.18-21; o Uno como além da autossuficiência: V.3.17.14); e ele é sempre infinito em poder e magnitude (V.7.1; VI.5.12; VI.6.18). Claro, no caso do Intelecto tais "perfeições" coexistem com as deficiências do pensamento, dualidade e pluralidade. Contudo, o uso das mesmas propriedades tanto em relação ao Uno quanto ao Intelecto gera questões (que serão retomadas a frente) na medida em que tais propriedades são predicadas por graus e que significa em relação ao Uno o conter todas as coisas.

(6) Que o Uno seja desprovido de relações externas é um corolário da divina autossuficiência e divina simplicidade. Nesse ponto há uma consonância entre Plotino e os teístas clássicos no sentido em que as relações das coisas criadas com o primeiro princípio são reais, mas, em contrapartida, suas (aparentes) relações com as coisas criadas não são e, portanto, são propriedades cambiáveis. Ser desprovido de relações diz respeito à independência e prioridade ontológica do Uno (VI.8.8.12-15, 11.32). Todavia, Plotino faz a notável observação de que o Uno é internamente voltado a si próprio: "Ele próprio é por si mesmo o que ele é, unido e direcionado a si próprio, e nesse sentido ele não pode ser voltado ao exterior ou a algo outro, mas sempre autorreferenciado" (VI.8.14.25-27). É preferível, penso, antes interpretar esse estatuto como apontando o sentido de que o Uno é o que é a fazer uma leitura literal de que ele é internamente diferenciado em partes que são inter-relacionadas. De igual modo problemática, se tomada literalmente, é a afirmação de que o Uno é causa de si (VI.8.13.55, 14.41, 16.14-15), que

é melhor ser considerada no sentido de que o Uno não tem causa, ou seja, que ele é um ser necessário cujo ser é totalmente autoderivado.[8] O próprio Plotino parece retirar o caráter literal da noção de autocausalidade na asserção segundo a qual "ele [o Bem] não pode ser tomado como produto, mas como produtor; de modo que devemos considerar que seu produzir é absoluto" (VI.8.20.4-6).

III. O Uno e os outros

O ponto de partida da reflexão acerca do Uno são as coisas que dele derivam (III.8.10.34-35, 11.33-39; V.3.14.1-8). Abordagens do Uno que impliquem propriedades das coisas compostas são inadequadas, mas não falsas, desde que o uso analógico ou equívoco dos termos sejam justificados (VI.8.8.1-7; *cf.* VI.9.3.49-51). O Uno, então, é e não é o primeiro princípio de todas as coisas (*archê*: VI.8.8.8-9). O Uno é uma causa em dois sentidos: como origem causal da realidade e como o objeto de desejo universal, que é tomado como causa eficiente e causa final: "a fonte do ser e a razão do ser que são dadas de modo conjunto" (VI.8.14.31-32). A causalidade eficiente ocorre na processão (*proodos*) das realidades inferiores, a segunda diz respeito à sua reversão (*epistrophê*) de volta ao Uno.

O Uno como causa eficiente

(1) A causalidade eficiente – em relação ao efeito – é a passagem (I) da não existência a existência e (II) da potencialidade à atualidade. Em relação ao Uno, à causalidade eficiente pode ser aplicado o condicional contrafactual: sem a causa o efeito não poderia ocorrer (III.8.10.1-2; IV.8.6.1-3; V.5.9.1-4). De modo mais importante, o Uno simples e não composto é concebido como causa da existência de todas as coisas complexas e compostas (III.8.11.40; V.2.1.7-8, 13-14; V.3.15.28-30, 17.12; V.5.5.5-7; VI.6.13.50; VI.7.32.2; VI.8.19.12-20). O Uno é a causa tanto das coisas

---

8   *Cf.* Leroux, 1990, 341-343.

que vêm à existência quanto de sua sustentação de seu ser na existência pela contínua participação nele (V.3.15.12, 17.8-9; VI.7.23.20-24, 42.11).

Que o Uno é causa do ser significa que ele confere unicidade às coisas como tais (V.3.15.11-15; V.5.3.23-24; VI.9.1.3-4; 2.15-29; VI.6.13.52); assim, na medida em que algo deixa de ser uno, deixa de existir.[9] Aqui Plotino emprega o argumento aristotélico (*Met.* 1054a13ss) de que a unidade e o ser possuem diferentes definições, mas a mesma extensão. Plotino elabora, então, uma metafísica de graus cada vez mais puros de ser e de graus de unidade: quanto maior a unidade, maior a proximidade com o Uno e maior o valor da entidade (III.8.10.20-26; VI.2.11.9-18; VI.9.1.14).

Trazendo as coisas à existência e sustentando-as a causalidade eficiente do Uno difere da causalidade eficiente aristotélica em relação às substâncias sensíveis, com seu foco mais limitado na (I) moção inicial ou (II) na explicação de como um objeto ou evento origina outro que é dele numericamente distinto, mas que é do mesmo tipo. O Uno, em evidente contraste, é o último estágio do ser de todas as coisas.

(2) Plotino analisa a geração do Intelecto como o caso primário da causalidade do Uno com a doutrina da emanação e do retorno, ou, de modo mais preciso, "processão" (*proodos*) e "reversão" (*epistrophê*). Esses eventos da processão e da reversão, distintos do ponto de vista lógico, sucessivos, mas de modo temporal, serão discutidos separadamente sob as rubricas da causalidade eficiente e da causalidade final, respectivamente. Três questões estão em jogo nas seguintes abordagens da processão: (I) o princípio da atualidade primária; (II) o princípio da doação sem diminuição; e (III) o princípio da imanência.

> Tudo aquilo que vem à perfeição produz; o Uno é sempre perfeito, de modo que produz permanentemente; e seu produto é menos do que ele próprio. (V.1.6.37-39)

---

9   Gerson, 1994, 9 (com notas 20-21) argumenta que o Uno não é a causa de unidade de toda e qualquer coisa, visto que a unidade essencial deriva do mundo inteligível (V.5.4.20-25, 5.6; VI.2.9.7-8, 33-34; VI.6.11.19-24). Não é claro, de meu ponto de vista, que se possa fazer uma distinção, embora seja atraente, tão precisa.

Agora, quando algo chega à perfeição, vemos que ele produz, e não apenas permanece em si mesmo, mas faz algo mais. Isso é verdade não apenas para as coisas que têm escolha, mas para aquilo que cresce e produz sem deliberar porque, e para cada coisa desprovida de vida, que doa a si própria às outras tanto quanto pode: como o fogo aquece, a neve esfria, e os remédios agem em algo no modo correspondente à sua natureza... Como, então, pode o mais perfeito, o primeiro Bem, permanecer em si mesmo como se ele se diminuísse para dar de si mesmo ou fosse desprovido de potência, na medida em que é a potência produtiva (*dunamis*) de todas as coisas? (V.4.1.27-36)

Em toda e qualquer coisa há uma atividade (*energeia*) da substância e uma atividade derivada da substância; e aquilo que é da substância é cada coisa em si mesma, enquanto que a atividade derivada da substância provém do primeiro uno, e em cada coisa deve ser dele uma consequência, diferente da coisa em si mesma: assim como no fogo há um calor que está contido em sua substância e outro que advém ao ser daquele calor primeiro quando o fogo exerce a atividade natural de sua substância permanecendo inalterado como fogo. Assim ocorre no mundo superior; e ainda mais do que isso, na medida em que ele [o Uno] permanece em seu próprio modo de vida, a atividade gerada de sua perfeição e de sua coexistente atividade (*energeia*) adquire existência (*hupostasis*), na medida em que provém de um grande poder, o maior de todos, e advém ao ser e à substância, provindo daquilo que é além do ser. Esta é a potência produtora (*dunamis*) de tudo, e seu produto já é todas as coisas. (V.4.2.28-39)

(I) Plotino emprega o princípio aristotélico da atualidade primária, que implica: (a) que cada ser completo ou perfeito tende a reproduzir a si próprio; (b) a causa é em ato aquilo que o efeito é em potência, mas que será atualmente (*Física* 201a27-34; *Met.* 1049b23-26; *GA* 734a30-32; *cf.* VI.7.17.6-8); (c) a identidade (nos seres naturais) entre a causa eficiente e a causa formal; (d) o efeito assemelha-se à causa e é *em* sua causa (*Met.* 1032a22-25; *cf.* IV.3.10.32-42; V.5.9.1-10) ou participa, em sentido platônico, em sua causa. Cada tese é modificada por Plotino em algum aspecto quando aplicada à produtividade do Uno, em conjunção com o princípio não aristotélico (e) de que a causa é maior que o efeito.

Em seu uso de (a) e (b), Plotino descreve a "essência" do Uno ou sua "substância" como atividade (*energeia*) e aquilo que procede dessa atividade tanto como "atividade derivada da substância" quanto poder ou potencialidade ativa (*dunamis*).[10] Em si própria, a existência (*hupostasis*) do Uno é una com sua atividade (VI.8.7.47), com sua vontade (VI.8.13.56-57), e com sua "essência" (VI.8.12.14-17).[11] Na medida em que é causa eficiente, os atributos operacionais do Uno são atualidade e potência. *Energeia* e *dunamis*, que figuram na concepção aristotélica da conexão causal entre as substâncias sensíveis, substancializariam o Uno? Plotino responde a essa objeção insistindo que "a primeira atividade (*energeia*) é sem substância (*ousia*)" e que este fato é "sua, por assim dizer, existência (*hupostasis*). Mas se for possível conceber uma existência sem atividade, o princípio seria deficitário e o mais perfeito daquilo que é imperfeito" (VI.8.20.9-13; *cf.* V.6.6.8-11). Para afastar qualquer dualidade, o texto de VI.8.7.46-54 identifica atividade, existência e ser, sempre invocando o qualificativo "como" (*hoion*); (*cf.* também VI.8.16.15-18, 25). Como é sua característica, Plotino afirma que o Uno é além do ato (I.7.1.17-20, V.3.12.16-28, VI.7.17.9-11), especialmente quando pretende distingui-lo do primeiro princípio aristotélico, o Intelecto divino.

A base aristotélica pode ser ressaltada nesse ponto. Em sua análise da causalidade eficiente, particularmente em *Física* III.1-3 (*cf. Met.* IX.7), Aristóteles situa a ação causal na forma/atualidade da substância sensível: que é aquilo que transmite propriedades para ou que causa a existência do produto. Plotino emprega o modelo físico da propriedade-transmissão para explicar o primeiro estágio da geração do Intelecto pelo Uno: a processão do Intelecto potencial.[12] O primeiro princípio aristotélico, o

---

10   O emprego neste contexto da ilustração do fogo parece ser tomada de Aristóteles, *Met.* 993b25-26. Plotino também faz a distinção essência/efeito usando a linguagem platônica do ser e do traço, por exemplo, em VI.8.18.2-7, acerca do qual ver Bussanich, 1988, 164.

11   Ver Gerson, 1994, cap. 1, que faz uma incisiva análise da identidade entre essência e existência no Uno.

12   Lloyd, 1987, 167-170; 1990, 98-105.

Primeiro Motor, não pode ser causa eficiente universal porque sua atualidade não pode ser dirigida para fora de si mesmo.[13] Mas sua causalidade final determina a estrutura do segundo estágio, a mudança do Intelecto potencial para o atual: no modelo cognitivo a mente atualiza entidades quando atualizadas pelo objeto do pensamento e do desejo (*cf.* Seção III, *O Uno como causa final*).

(II) O princípio de doação sem diminuição é exemplificado pela atividade externa do Uno, sua superabundante potência produtiva (*dunamis*), que é metaforicamente vinculada ao fluir da água de uma fonte ou nascente, à força vital que nasce da raiz de uma planta, e à irradiação da luz do sol (*cf.* Platão, *Rep.* 509b9-10). Porque nada contém, "o Uno... transborda, continuando como era, e sua superabundância produz algo outro de si próprio" (V.2.1.7-9).

> O que está acima da vida é causa da vida; pois a atividade da vida, que está em todas as coisas, não é primeira, mas ela própria escoa de outro, por assim dizer, como de uma nascente. Pode-se pensar em uma nascente que não possui outra origem, mas doa-se totalmente aos rios, e que não é tomada pelos rios, mas permanece em si mesma sempre, ... ou como a vida de uma imensa planta, que percorre sua totalidade enquanto sua origem permanece e não se dispersa no todo, tal como é, assim como estava, firmemente assentada na raiz. (III.8.10.2-12)
>
> A atividade que, por assim dizer, dele flui é como a luz do sol, é o Intelecto e a totalidade da natureza inteligível, mas ele próprio, permanecendo ainda no cume do inteligível, deriva de si; ele não produz o brilhar para fora de si mesmo... mas irradia de modo eterno, permanecendo inalterado acima do inteligível. Aquilo que dele deriva não sendo dele desvinculado, nem sendo o idêntico a ele. (V.3.12.39-45)

Conforme o princípio da doação sem diminuição, o Uno (a) produz eternamente, (b) como uma realidade inextinguível (VI.9.9.3-4), (c) sem

---

13   Lloyd, 1976, 147-148. *Cf.* Gerson, 1994, 24.

sofrer qualquer mudança ou alteração (III.8.8.46-48), e (d) sem deliberação ou inclinação para produzir (V.1.6.25-27; V.3.12.28-33; *cf.* V.5.12.43-
49) e sem conhecimento de seus produtos (VI.7.39.19-33). Os fenômenos
naturais da água fluindo e da irradiação da luz que simbolizam a geração da
pluralidade do Uno são empregados para ilustrar cada um desses pontos.
Entidades naturais podem mais facilmente ser tomadas para ilustrar a ação
contínua do que agentes voluntários, bem como para exercer sua ação causal de mananciais abundantes de energia. A luz possui a característica especial de ser não apenas uma qualidade de um certo meio, mas uma atividade
irradiando de uma certa substância (*cf.* IV.5.9). O poder produtivo em ato
nesta imaginária e examinado discursivamente em outro lugar (V.3.12.39,
16.1-3; VI.8.1.10-11) ilustra a onipotência do Uno.[14] Segue-se que o poder causal do primeiro princípio gerou tudo aquilo que é metafisicamente
possível: "não é possível que o que quer que seja venha por si à existência;
tudo possui uma origem e não há nada que não tenha sido originado"
(V.5.12.46-47).

Essas metáforas naturais da processão geram problemas para Plotino.
Isso ocorre na medida em que significam um caráter não deliberativo implicado no primeiro princípio, assim como implicam que a livre doação
por parte do Uno não poderia ter ocorrido e não pode cessar.[15] A solução
de Plotino para esse problema é simples ainda que não completamente
convincente: o que procede do Uno o faz de modo necessário (II.9.3.8,
III.2.3.1-5, IV.8.6.1-3, V.1.6.31) – instanciado, novamente, na conexão
necessária entre fogo e calor – mas o Uno em si mesmo não é realmente
compelido a gerar. Ele apenas causa a existência de todas as coisas pelo
princípio segundo o qual aquilo que é perfeito produz. Em VI.8 Plotino
acrescenta um importante e antiaristotélico argumento segundo o qual
tal perfeição é a liberdade do Bem de ser ele próprio além da necessidade, à qual todos os seus produtos estão submetidos (VI.8.9.10-15). Ele

---

14 Plotino diverge do teísmo clássico por endossar a onipotência, mas negar a onisciência:
cf. VI.7.39.19-34, 40.38-43.
15 Para uma excelente análise da liberdade e da necessidade em Plotino, ver Gerson, 1993
e Rist, 1967, cap. 6.

acrescenta que o Uno gera como ele quer e quer aquilo que deve ser em relação àquilo que dele provém (VI.8.18.41, 49; 21.16-19), sustentando ainda que o ato de querer não introduz deliberação ou dualidade no Uno.

(III) A imanência do Uno, que significa sua onipresença (*cf.* VI.8.16.1, V.5.8.24), é necessária no plano em que ele é causa universal de todas as coisas. Para o Uno "conter todas as coisas" requere-se que ele seja "em toda parte", assim como "em parte alguma" (*cf.* III.9.4). Estar em toda parte e em parte alguma para Plotino implicam-se mutuamente na medida em que o Uno deva ser tomado como "solitário em si mesmo" e simples "se for visto em outras coisas": a composição requer uma simplicidade primária (V.6.3.10-15). No modelo fogo/calor a imanência do Uno é representada por uma atividade externa que ultrapassa e está atrelada à sua fonte, que é uma imagem deste arquétipo (V.1.6.32-34). Plotino observa a continui-dade dinâmica existente entre Uno e seu produto Intelecto em V.1.6.50-54; sendo separados apenas pela alteridade; "nem separado nem idêntico" (V.3.12.44). Talvez a continuidade seja melhor expressa pela noção de vida:

> Todas essas coisas são o Uno e não são o Uno: são porque dele pro-
> vêm; não são porque os gerou permanecendo em si mesmo. Ele é
> então como uma larga vida que se estende de modo longitudinal;
> cada parte é diferente daquilo que na ordem é o próximo, mas o
> todo é contínuo consigo mesmo, cada parte diferenciada da outra, e
> a primeira não perece na última. (V.2.2.24-29)

Um modelo alternativo para representar a continuidade ontológica e a dependência é a imagem geométrica dos raios (seres inteligíveis) em relação ao centro (o Uno) de um círculo (*cf.* I.7.1.23, VI.8.18.7-30).

Cada um desses três princípios da atualidade primária, doação sem diminuição e imanência possui aplicações específicas no estágio inicial de geração do Intelecto. O primeiro estabelece que aquilo que começa como uma atividade externa do Uno produz uma indefinida, potencial entidade (VI.7.21.5), algo que é potencialmente o que ele causa é atual, mas no final será inferior a ele.[16] O segundo estipula que (I) a processão do Intelecto é eterna (II.9.3) e sem limites temporais: os estágios de geração são logicamente, mas não temporalmente distintos; e (II) que o infinito poder produtivo do Uno produz uma potencialidade indefinida, que é, como entidade que pode "tornar-se todas as coisas". O terceiro confirma a presença do Uno em todo o processo de processão e atualização do Intelecto: aquilo que é eternamente distinto do Uno, deseja-o e dele participa (III.8.11.24-25).

Plotino refere-se a esse potencial inicial, ou pré-Intelecto, com vários termos, que podemos classificar em dois grupos: (I) a díade indefinida (V.1.5.6; V.4.2.7-8), moção (*kinêsis*: V.6.5.8; VI.7.16.16-18), alteridade (II.4.5.28-30); e (II) potencialidade (*dunamis*: III.8.11.2), desejo (*ephêsis*: V.3.11.2; V.6.5.10), vida infinita (*zôe*: VI.7.16.14-15, 17.13), visão infinita (V.3.11.12, V.4.2.6, V.6.5.10, VI.7.17.14-15) e matéria inteligível (II.4.5.24-37). As fontes desses termos são, sucessivamente: (I) os "gêneros supremos" de Platão, notadamente, Alteridade e Movimento, assim como a díade indefinida da tarda Academia e (II) a matéria e potencialidade "aristotélicas" (no modelo cognitivo de atualização, desejo e visão como potencialidades). A atualização desse primeiro, potencial estágio na vida do Intelecto ocorre no sentido da causalidade final do Uno, à qual agora retornaremos.

O Uno como causa final

A causalidade final do Uno opera em dois domínios distintos: (1) a atualização ou perfeição do Intelecto; (2) o retorno místico da alma à sua fonte.

(1) A atualização do Intelecto é a instância primária da causalidade final do Uno. O Uno doa o ser e a razão do ser (VI.8.14.32). A gênese do Intelecto é causada pelo Uno, seu primeiro princípio. E o fim (*telos*) para o Intelecto potencial é sua atualidade (*energeia*), sua perfeição (*cf. Met.* 1050a7-10). A atualização do Intelecto é modelada, em primeiro lugar, como símile de perfeição e conhecimento, bem como na comparação do Bem com o sol em *República* 507-509, e, em segundo lugar, em relação à

---

16   Lloyd, 1987, 177 identifica a atividade externa do Uno com o Intelecto potencial.

abordagem aristotélica da percepção e do pensamento. Nesse último caso, a faculdade da visão é uma potencialidade passiva que é atualizada como visão pelo contato com a forma sensível tal como a cera é impressa pelo selo do anel (*DA* 424a18-28). Do mesmo modo, no caso do pensamento, a faculdade noética é "potencialmente idêntica a seu objeto sem ser o objeto" (*DA* 429a16-17); e ela é "anterior ao que pensa, não atualizando qualquer coisa real" (*DA* 429a24). Assim, o pensar é causado pelo objeto do pensamento; e deve ser porque para Aristóteles a mente é movida pelo objeto do pensamento e o deseja (*Met.* 1072a30; *DA* 433a9-b18) que Plotino descreve o Intelecto potencial como moção infinita e desejo de sua finalidade, que é o Bem. O próprio Aristóteles distingue o movimento de atividades como a percepção e o pensamento (*Met.* 1048b28-30). Plotino dispõe de modo conjunto elementos platônicos e aristotélicos: o bem "moveu aquilo que veio a ser por si mesmo, e isso foi movido e viu. E isso é o que o pensamento é, um movimento em direção ao Bem pelo desejo daquele Bem; assim, o desejo gera o pensamento e o faz subsistir consigo mesmo" (V.6.5.7-10). Para Plotino, o objeto de cognição aristotélico e a Ideia platônica do Bem de *República* 508e-509d oferecem abordagens complementares, se subordinadas, da causalidade final: teoria aristotélica oferece um modelo estruturado de modo preciso que pode ser inscrito na hierarquia platônica do ser com seu Bem transcendente.

A luz exerce de igual modo um papel significativo na atualização do Intelecto pelo Uno, com uma função equivalente à da atualidade externa da causa. O Uno é uma "irradiação geradora" (VI.7.36.20), a fonte de luz que opera como meio do pensamento noético (V.5.7.16-21, VI.7.21.13-17). Também aqui Plotino combina a abordagem platônica do Bem como poder iluminador (*Rep.* 508d4-6) com as teorias aristotélicas da percepção e do pensamento. A luz opera como meio de transmissão do objeto sensível para o órgão dos sentidos. A causa do pensamento é o intelecto agente, que é comparado com a luz (*DA* III.5).[17]

Na medida em que Plotino parte do modelo cognitivo aristotélico há um elemento crucial para uma posterior provisão da recepção da forma:

---

17 Acerca da metafísica plotiniana da luz, ver Schroeder, 1992, 24-39.

a apreensão do objeto sensível ou inteligível em si mesmos é aquilo que define as atualidades da percepção e do pensamento. Para Plotino, todavia, o Intelecto não pode apreender o Uno em si mesmo porque ele é além do ser e da forma. O Intelecto potencial[18] é, de fato, atualizado ou aperfeiçoado pela contemplação ou o "olhar para" o Uno (V.1.7.16, V.3.11.10-16, V.4.2.4-8, VI.7.16.16-22), mas aquilo que ele vê não é, por assim dizer, o Uno em si mesmo, mas a imagem do Uno que sua visão original tornou múltipla (V.3.11.7-9; VI.7.15.12-24, 16.10-13). Os produtos dessa visão fragmentada são: (I) a atualidade do pensamento puro (*noêsis*) e (II) a multiplicidade das formas ou seres (V.3.11.14-15, V.4.2.43-48).

Na abordagem da geração do Intelecto algumas complicações provindas da causalidade final do Uno resultam da (I) radical transcendência do Uno e (II) da combinação das análises platônica e aristotélica da causalidade do primeiro princípio. Recapitulando: o Uno é causa eficiente do Intelecto em potência (processão), que o Uno aperfeiçoa como finalidade do desejo do Intelecto de reversão. De outro lado, o "Intelecto também possui por si mesmo uma espécie de íntima percepção de seu poder, que ele tem poder de produzir a realidade substancial. O Intelecto, certamente, por seu próprio sentido sempre define seu ser por si mesmo pelo poder que provém do Uno, e porque sua substância é uma espécie de parte singular daquilo que pertence ao Uno e provém do Uno" (V.1.7.11-15). De modo similar, "aquele Bem é o princípio, e daquele passaram a este [Intelecto], que os produziu daquele Bem... O Intelecto, portanto, tem o poder por si de gerar e de ser completamente preenchido por sua própria geração, na medida em que o Bem deu aquilo que ele não possui por si mesmo" (VI.7.15.14-16, 18-20). Com boas razões essas passagens convenceram alguns de que o Intelecto, e não o Uno, é a causa primeira do ser ou essência inteligível, enquanto que o Uno é a causa da existência do Intelecto.[19]

A visão de que o Intelecto gera o ser ou a essência depende de três pontos. (I) A grande diferença entre o Uno e o Intelecto: o Uno doa aquilo

---

18   NT (Nota do Tradutor): "potential Intellect".

19   Lloyd, 1987, 165-175. Gerson conclui que o Intelecto, como ser essencial, não possui causa: 1993, 570.

que não possui. (II) O princípio segundo o qual o recipiente modifica o que ele recebe requer que a atividade externa ou potencialidade ativa gerada pelo Uno não seja alterada ou diminuída; é então a atividade interna do Intelecto, ao desejar o Uno, que gera os seres inteligíveis. (III) A ideia de que o Uno continuamente opera como causa final faz com que essa causalidade se torne secundária para a atividade autocriadora do Intelecto. Uma versão dessa interpretação é quase idealista: "não é o Uno que atualiza a visão (ou capacidade de pensar) do Pré-intelecto, mas o *Uno como visto (ou pensado)* pelo Pré-intelecto."[20] Mas precisamente porque a visão do Intelecto é distorcida causa espanto quando Plotino fornece uma abordagem do "ponto de vista" do Uno. Ainda uma interpretação "objetiva" poderia ser dada em relação à prioridade da causalidade do Uno na atualização do Intelecto e na geração de seus atributos essenciais: ser, bondade, beleza e assim por diante. Seria possível empregar a linguagem da imagem e da participação a fim de convencer acerca da semelhança entre os dois princípios. III.8.11, por exemplo, estipula que "é o Bem que confere ao Intelecto a plenitude própria de sua visão" (7-8); "e quando o Intelecto atinge o Bem, torna-se conformado ao Bem e é completado pelo bem na medida em que a forma que lhe advém do Bem o conforma ao Bem. Um traço do bem é visto nele, e ele possui uma similitude com aquilo que pode ser concebido como seu verdadeiro arquétipo, formando uma ideia dele em si mesmo daquele traço que se configura no Intelecto. O Bem, então, conferiu seu traço ao Intelecto para o Intelecto tê-lo pela visão" (16-23).

Essa importante passagem combina o modelo cognitivo aristotélico de atualização com o modelo platônico de iluminação (a analogia do sol com o Bem), ainda articulada à noção platônico-pitagórica do Uno que limita a díade indefinida (*cf.* V.1.7.26-27; V.4.2.7-9), para qualificar o Uno como causa primeira da atualização do Intelecto. De modo similar, a bondade da vida que pertence ao Intelecto em potência é responsável pela bondade do Intelecto atualizado (VI.7.18.2-7, 41-43; 21.4-6). Na questão da geração do ser e da substância, Plotino observa que o Bem é "aquele que gera a

---

20   Lloyd, 1987, 175.

substância" (VI.7.32.2); "cada um dos seres que vem após o Uno dele possui em si uma espécie de forma"; "o ser é um traço do Uno"; "aquilo que vem à existência, substância e ser possui uma imagem do Uno na medida em que provém de seu poder" (V.5.5.10-13, 22-23; *cf.* também V.1.7.1-4). Tais textos geram dificuldades em relação à perspectiva de que o Intelecto é a base ou a causa primária do ser e da substância. Parecem, *prima facie*, fazer do Uno a causa formal ou essencial do Intelecto. Mas tal juízo poderia contradizer a afirmação feita em outros lugares de que Uno e Intelecto são radicalmente dissimilares e que o Uno doa aquilo que não possui.

Se Plotino não está efetivamente se autocontradizendo, e não penso que esteja, trata-se do caso de um tipo de elaboração de algumas afirmações acerca da gênese do Intelecto do ponto de vista do Uno – sua versão própria do "ponto de vista divino" – e algumas do ponto de vista do Intelecto; ou de que algumas afirmações possuem diferentes sentidos quando considerados de cada um desses pontos de vista. Diversas imagens – a imposição de limite e de definição pelo Uno à indefinição ou potencialidade passiva do Intelecto pré-constituído, ou a forma do Bem que "advém" ao Intelecto em potência – parecem exigir uma exegese menos engenhosa seja quando tomada ponto de vista do Uno seja daquele do Intelecto. Se, ademais, o uso dessas duas perspectivas auxilia-nos a esclarecer as coisas, note-se que V.1.7.11-15 citado anteriormente, a passagem que se refere ao fato de que o Intelecto "define seu ser por si mesmo pelo poder que provém do Uno", também diz que "sua substância é uma espécie de parte singular do que pertence ao Uno". Superpor os dois pontos de vista talvez apenas obscureça nossa visão!

A primazia do Bem na atualização do Intelecto é ainda proeminente quando o Bem é descrito como aquele que produz a beleza: "o poder produtivo de tudo é a efusão da beleza, uma beleza que gera beleza. Por isso gera-se beleza e produz-se algo mais belo pelo excesso de beleza que dele provém, logo, ele é o princípio da beleza e o termo da beleza" (VI.7.32.31-34). Na medida em que a processão é um processo eterno no qual o Uno continuamente traz as coisas à existência e, portanto, que de modo contínuo atualiza o Intelecto: "Agora assim como ele está conferindo o ser àquelas coisas e produzindo o pensamento nas coisas que pensam e a vida nas coisas que vivem, inspirando pensamento, inspira a vida" (VI.7.23.22-24). Tanto como potencialidade passiva (isto é, Intelecto em potência) quanto como pensamento atual, o Intelecto depende *eternamente* do Uno como causa externa transcendente de atualização e realização de suas possibilidades. A derivação da bondade, beleza, vida e assim por diante do Uno para o Intelecto, por meio das causalidades eficiente e final, não faz do Uno uma causa formal do Intelecto, no sentido de uma predicação unívoca de propriedades que são possuídas num mesmo grau tanto como paradigma quanto em relação aos casos particulares. A realidade do Uno não é certamente predicada de modo unívoco de seus efeitos.[21] No entanto, como vimos, permanecem dificuldades no sentido de imputar completamente a causalidade formal ao Intelecto, na medida em que ele possui todas as coisas e deriva do Uno. Ainda que se o Intelecto é a causa próxima (considerado da perspectiva do Intelecto) da geração do ser e da essência, a atividade interna do Intelecto, ou seja, seu poder de gerar, é derivado da atividade externa do Uno; e é apenas em sua reversão para o Uno que ele se torna atualizado como Intelecto, substância e pensamento (*cf.* V.3.11.12-16). Em uma visão compreensiva e balanceada parece melhor dizer que ambas as perspectivas são essenciais em relação à atualização do Intelecto e que nenhuma delas é primária em sentido absoluto.

O Uno como causa final mística

A mística plotiniana é um tema amplo e complexo que aqui pode ser considerado apenas de modo breve naquilo que concerne à metafísica do Uno.[22] O princípio fundamental da atualização do Intelecto tanto na ética quanto na psicologia de Plotino é que tudo deseja o Bem. Todavia, a causalidade final do Bem não é limitada à atualização do Intelecto nem a uma alma individual que vive de modo virtuoso ou ascendendo à vida inteligível. O aspecto mais elevado da causalidade final do Bem é produzir realidades

---

21   *Cf.* Gerson, 1994, cap. 4, seção 1.
22   Para discussões acerca da temática da mística em Plotino, *cf.* Rist, 1967, cap. 16; 1989; Beierwaltes, 1985, caps. 1, 5; Hadot, 1994, cap. 4; O'Daly, 1973, cap. 4; e meu trabalho de 1994.

derivadas que se elevam em sua direção, para a suprema realização da união com o Bem: "O amor inato da alma (*erôs emphutos*) deixa claro que o Bem está lá... Na medida em que a alma é outra em relação ao Uno, mas dele provém, ela é necessariamente repleta de amor por ele" (VI.9.9.24-27).

O desejo da alma de uma total participação no plano inteligível é um estágio essencial em sua ascensão mística para o Bem. No momento em que atinge o mundo inteligível a alma individual descobre que seu verdadeiro si é uma parte eterna do inteligível (IV.7.20.14-20, IV.8.1.1-7). Em uma só visão, a alma individual transcende a si mesma, tornando-se "completamente outra", um membro totalmente atual do mundo inteligível (IV.4.2.23-32, IV.7.10.28-37, V.1.5.1-4, V.3.4.10-14, VI.5.12.16-25; VI.7.35.4).[23] Uma curta passagem condensa a mensagem: "quem quer que tenha se voltado para a contemplação de si mesmo e de todo o resto, tornando-se objeto de sua contemplação, e, na medida em que se tornou substância e intelecto e 'o ser vivente completo', não mais olha para fora de si – então está perto daquele Bem que lhe é superior" (VI.7.36.10-14).

A vida noética da alma é tanto intelectual (I.3.4.10-17) quanto visionária (V.8.4.5-9, 12.3-7; VI.7.12.22-30). O que Plotino parece ter em mente é um conhecimento místico de caráter filosófico particular, que combina elementos cognitivos e afetivos.[24] Mas essa atividade noética mística não é a realidade última: "ocorre uma intensa forma de amor para eles não quando eles são aquilo que são, mas quando, sendo sempre aquilo que são, recebem algo que deles está além" (VI.7.21.11-13). A alma intelectualizada volta sua atenção de uma contemplação intelectual das formas para um modo de conhecimento no qual os seres inteligíveis refletem ou operam como meio reflexivo para a irradiação da luz do Bem: "verdadeiramente, é então que é movido para tais Formas, e permanece voltado para a luz que nelas se difunde... Cada uma é o que é em si mesma, mas se torna desejável quando o Bem a colore" (VI.7.22.2-6). Nesse estágio a alma realiza aquilo que na beleza e na bondade

---

23   Um vivo debate continua acerca da questão: se a alma que ascendeu "torna-se" ou apenas "participa" da vida do Intelecto. *Cf.* Schibli, 1989; Hadot, 1987a e Bussanich, 1988, 128-129.

24   Ver o estudo clássico de Wallis, 1976 e também Beierwaltes, 1986 e Lloyd, 1990, 133, 166, 180-184.

do mundo inteligível ela "ainda não possui completamente aquilo que está buscando" (VI.7.22.22), que essas sublimes realidades não são autoconstituídas mas derivam de uma realidade superior. A distinção entre "seres como eles são" e os "seres como reflexo do Uno" correspondem a duas capacidades distintas do Intelecto: "uma potência de pensamento (*dunamis*), pela qual ele olha para aquilo que o transcende por uma compreensão direta e uma recepção direta... E aquele primeiro uno é a contemplação do Intelecto em sua própria mente, e o outro é o Intelecto amante, quando sai de sua mente 'embriagado de néctar'" (VI.7.35.20-25). A alma que ascendeu, tomada de amor pelo Bem, participa nesse erótica do Intelecto, aspiração supraintelectual pelo Bem e "vê por uma espécie de confusão e desfiguração o intelecto que possui em si" (VI.7.35.33-34).[25] Transcender o Intelecto, o ser e o pensamento é o estágio final da ascensão mística: "a alma é carregada para fora de si [isto é, o mundo inteligível] pela vaga que emerge do próprio Intelecto" (VI.7.36.17-18) para a visão do Bem como pura luz. Em todos os sentidos, a alma é "movida por aquele que lhe doa seu amor" (VI.7.22.18-19), uma caracterização particularmente ativa da causalidade final do Bem. Longe de ignorar a possibilidade de que essas descrições positivas do Bem prometam sua radical transcendência, Plotino insiste que é precisamente porque o primeiro princípio é sem forma e sem figura que ele é "mais desejado e mais amável, e o amor para ele deveria ser imensurável" (VI.7.32.24-26). A natureza infinita e indeterminada do Bem requer uma capacidade ou atividade na parte da alma que é infinita e indefinida como tal para estar unida a ele. O Bem "é seu princípio e seu fim (*archê kai telos*); seu princípio porque ela provém de lá, e seu fim, porque seu bem está lá. E quando chega até lá torna-se si mesma e aquilo que era" (VI.9.9.20-22). Tornando-se simples e unificada, a alma é "una com" o Bem (3.10-13, 10.9-11), tendo sido superados qualquer pensamento ou consciência de dualidade (10.14-17; 11.4-16, 31-32). A união com o Bem é "o fim da jornada" (11.45).[26]

---

25   Rist, 1989, 190-197 faz observações profundas acerca dos aspectos espirituais do Intelecto plotiniano.

26   Armstrong, 1977a59: "Nosso eu não perde sua identidade mesmo nessa última união, e todas as suas potências inferiores e atividades no ser, prontos para serem usados quando

IV. O Uno como nada e todas as coisas

Se pretendemos compreender de modo mais abrangente o pensamento de Plotino acerca do Uno é necessário reconhecer não apenas suas abordagens filosóficas e experienciais, mas também a perspectiva dialética com a qual elas operam. Essa perspectiva não é estranha, na medida em que envolve, inicialmente, aplicações simultâneas das teologias positiva e negativa na compreensão do Uno tanto como causa quanto como fim ou meta. Mas há algo mais do que a alternação metódica entre negação e afirmação. Na medida em que apenas uma primeira abordagem pode ser aqui elaborada, proponho examinar dois conjuntos de textos, o primeiro acerca do Uno como causa eficiente, o segundo acerca do Uno como causa final mística.[27]

(A) Como vimos na seção III (O Uno e os outros), o Uno é o poder produtivo de todas as coisas enquanto que não é nenhuma delas. A notória abertura de V.2.1 articula as complexas implicações dessa afirmação:

> O Uno é todas as coisas sem ser alguma delas: é o princípio de todas, não sendo nenhuma, mas todas possuem aquela outra forma de existência transcendente; em um sentido, elas estão no Uno; em outro, ainda não estão, mas estarão. Como, então, todas provêm do Uno, que é simples e não possui em si multiplicidade, ou qualquer tipo de duplicidade? Isso porque não há nada naquelas coisas provindo dele. (V.2.1.1-5)

A radical disjunção entre o Uno e seus produtos lançou em Plotino o encargo do panteísmo e da proposição de um esquema emanacionista, tomado no sentido literal de que o ser do Uno constitui em ato as muitas coisas existentes. Nossas dificuldades provêm do fato de que Plotino não nos apresenta um quadro não ambíguo da radical transcendência do Uno, que é absolutamente incomparável. Ele também afirma em termos fortes

---

requeridos". De modo similar, Rist, 1967, cap. 16 e Gerson, 1994, cap. 10 argumentam de modo incisivo contra uma identidade permanente entre a alma e o Uno na união mística; contra, Bussanich, 1988, 180-193; 1994, 5325-5328.

27   NT: "mystical final cause".

que o Uno contém todas as coisas (IV.5.7.16-17; V.5.9.33-35; VI.4.2.3-5; VI.5.1.25-26), e os estágios de tal onipresença são constitutivos da causalidade eficiente:

> Como aquele Uno é o princípio de todas as coisas? É porque como princípio ele as traz ao ser, formando cada uma de sua existência? Sim, e porque ele as trouxe à existência. Mas como fez isso? Possuindo-as de antemão. Mas foi dito que nesse sentido teria uma multiplicidade. Mas ele as possui em um sentido em que não são distintas: diferenciam-se no segundo nível. (V.3.15.27-31; *cf.*, ainda, V.4.2.16, VI.7.32.14, VI.8.21.24-25)
>
> Aquilo que está no Intelecto, em diversos sentidos, está ainda mais naquele Uno; é como a luz irradiada amplamente de algo que transluz em si mesmo; o que é disperso é imagem, mas aquilo do que provém é verdadeiro; além disso, sem dúvida a imagem se dispersa, e o Intelecto não é de uma forma diversa... Ele é tais coisas em um grau maior, algo como a mais causadora e verdadeira das causas, possuindo conjuntamente as causas intelectuais que dele provém e geradora não como aquilo que é alterado, mas como ele próprio desejou. (VI.8.18.32-41)

Antes, no mesmo capítulo, Plotino comparou a relação entre o Uno e o Intelecto como sendo aquela relação entre arquétipo e imagem (26-27), "evidência de algo como Intelecto no Uno que não é Intelecto" (21-22; *cf.* ainda, VI.8.16.16). Numa visão minimalista, tais textos referem-se apenas à dependência existencial do Intelecto, em todos os sentidos, do Uno. Mas é também necessário explicar como o poder do Intelecto irradia, e como talvez seu pensamento provenha do primeiro princípio. Os dois princípios são também vinculados naquilo que são formas de atualização, na medida em que o Intelecto não é autossuficiente como o Uno (VI.8.16.15-17). A afirmação de que há "algo como o Intelecto no Uno, que não é Intelecto" alude a algo a mais do que uma causalidade eficiente em relação à existência.

Como deveríamos formular essa difícil doutrina? Uma abordagem seria perguntar se as afirmações acerca do Uno em VI.8 não violam as estruturas da teologia negativa, com sua insistência na radical transcendência e inefabilidade do Uno, na medida em que Plotino afirma explicitamente que sua linguagem não deveria ser interpretada literalmente, que as proprieda-des atribuídas ao Uno, especialmente as noéticas, são, em sentido estrito, inaplicáveis a ele. Em VI.8 Plotino refere-se ao Uno como existência (7.47), atualidade (16.15-18, 20.9), ser (7.49-50, 20.9-16), substância (7.52), vida (7.51), vontade (13.38), causa de si (14.41-42; 16.14-15, 21, 29; 20.2-6), liberdade (13.1-8, 16.38-39, 21.12-15) e como ser em toda parte (16.1-2; *cf.* III.8.9.25; III.9.4.1-7). Essas descrições positivas do Uno, diz ele, são "para fins de persuasão" e a expressão "como se" deve ser acrescentada como qualificativo em todos esses casos (VI.8.13.1-5, 47-50). Plotino sustenta de modo consistente que tais propriedades e atividades não admitem plu-ralidade no Uno, mas compreendem uma unidade absoluta (por exemplo, 20.23-27). Na medida em que é porque o Uno é perfeito que ele gera a rea-lidade, tais propriedades auxiliam a identificação de elementos cognoscíveis de sua existência perfeita e servem ao propósito de persuasão na explicação da causalidade eficiente do Uno e diminuem o caráter paradoxal da noção de que o Uno doa aquilo que não possui.

Construídas nesse sentido, tais expressões não são simples símbolos opacos da realidade transcendente do Uno. Não é suficiente afirmar que a teologia negativa oculta a positiva. Uma proposta mais promissora é susten-tar que a posse do Uno de um indistinto conteúdo intelectual aponta para a existência virtual de seres no Uno, não sua existência eminente.[28] Desse modo, a existência eminente das formas do ser no Uno, em um sentido tomista, por exemplo, violaria sua simplicidade. Logo, o real sentido da afirmação de que o Uno contém todas as coisas (ou de que o Uno é tudo: VI.5.1.26; *contra*: V.5.12.47-50) é que tudo é dependente de modo causal do Uno e tem seu ser em relação ao Uno (*cf.* V.5.9.36-38). Contudo, pare-ce não haver dúvida de que a distinção virtualidade/eminência é flexível o bastante para explicar como o Uno deve ser, substância, vida, consciência, e outros atributos, são predicáveis apenas de seus efeitos. Em relação ao campo que Plotino atribui, por exemplo, vida perfeita ou pura consciência

---

28 Atkinson, 1983, 172; Gerson, 1994, 32-33.

ao Uno, ele parece vincular-se a certa versão de uma via da eminência, em que cada coisa existe de modo perfeito no Uno – considerado, é claro, que seria errado compreendê-las como sendo "diferenciadas".[29] A onipresença do Uno e sua similaridade às coisas deve ser vinculada à afirmação de que o Uno "é como aquilo que ele possui e vem a ser mais originalmente e mais verdadeiramente e mais do que aquilo que ele é no nível em que ele é melhor" (VI.8.14.33-34). Isso não significa dizer que as propriedades do Uno são predicadas de modo unívoco de seus produtos: a vida do Uno não é vida no mesmo sentido e ou no mesmo grau daquela que se encontra no Intelecto. Além disso, de outro lado, é mais fácil conferir sentido a esses textos difíceis se consideramos as propriedades do Uno (ou suas atividades perfeitas) como puramente equívocas. Seguramente, a atualidade do Uno, ou seja, o Uno *como* atualidade, ultrapassa a atualidade inteligível, mas deve haver também um sentido no qual elas são de naturezas similares. Esse dilema interpretativo deve ser visto como uma variação acerca das dificuldades filosóficas que afetam as relações entre as Formas e os particulares no *Parmênides* de Platão, na medida em que a situação de Plotino é complicada pelo fato de que, diferentemente das Formas, o Uno de modo maior a inefável e universal causa eficiente.

Poderia ser útil especular que, ao trabalhar esse problema, Plotino pratica uma forma de análise focal aristotélica, introduzida em *Metafísica* IV.1-2. Para Aristóteles, cada instância do ser tem seu ser em referência à substância primária (*ousia*). A significação focal elaborada por Aristóteles, é claro, aplica-se às substâncias primeiras que podem ser tanto sensíveis quanto suprassensíveis, que possuem definições discursivas, e talvez nas particularidades, nenhuma das quais têm condições de serem aplicadas no caso do Uno. A significação focal, combinada à participação platônica, provê alguns sentidos para a compreensão das relações e da similaridade das coisas com o Uno. Nesse sentido, o "método" plotiniano combina os graus platônicos da realidade metafísica, com suas graduais univocidades (diferentes entidades possuem mais ou menos a mesma propriedade), com uma modificada equivocidade

---

29   Ver Leroux, 1990, 96, 108.

pros hen aristotélica, na qual uma propriedade aplica-se ao Uno num sentido primeiro e derivativo para os outros seres.[30] Quando foca a transcendência do Uno em si mesmo, então Plotino prefere a pura equivocidade: sua natureza é completamente *sui generis*, incomparável.

(B) Tomar essa perspectiva dialética para sustentar a relação entre o Uno em si mesmo e os efeitos de sua causalidade eficiente sugere não apenas que a indistinta posse que o Uno tem das coisas significa uma dependência causal, mas significa também que cada coisa está de algum modo unificada com o Uno. Como a unificação é um aspecto da reversão *qua* Uno como causa final, a interpretação inclusiva da relação entre o Uno e os outros seres deve também considerar sua função como finalidade mística, particularmente com relação a essas notáveis passagens em VI.8:

> E o mesmo que é amável é amor e amor de si mesmo, pois não é belo de outro modo senão por de si mesmo e em si mesmo. Porque apenas está em companhia de si mesmo, não pode ser de outro modo, a não ser que aquilo que está em companhia de si mesmo com o que está em companhia seja uma e mesma coisa. Mas se aquilo que está em companhia é um como aquilo com o que está em companhia é como aquele que deseja e o desejado são um só, mantém-se unido com aquilo que é, e é nesse sentido que aquele que deseja é um com o objeto do desejo, e o objeto do desejo é do plano da existência e é um tipo de substrato, novamente manifestando-se para nós que o desejo e a substância são o mesmo. (VI.8.15.1-8)
> Mas ele é, se podemos assim dizer, nascido para seu próprio interior, e como que se ama a si mesmo, "pura luminosidade" [*Fedro* 250c4], sendo ele próprio aquilo que ele ama: mas isso significa que ele doa a si mesmo a existência, visto que é como uma contínua atividade e a mais amada das coisas tomada como uma espécie de Intelecto... Se, então, ele não vem a ser, mas sua atividade era uma espécie de despertar, sendo indistintos aquele que desperta e o despertar, um sendo uma vigília e um pensamento que transcende o pensamento

---

30   Devo a Gerson, 1991, 333-334, a valiosa discussão acerca da equivocidade *pros hen* e univocidade gradual em Aristóteles.

que existe desde sempre, segue-se que é tal e qual era em seu despertar. (VI.8.16.12-16, 30-33)

Uma análise detalhada desses textos não é possível neste contexto,[31]
mas note-se que de início o Uno, ou o Bem, é descrito não apenas como
objeto de amor, mas também como amante e como o próprio amor – tudo
unificado em uma única realidade. A vida interior do Uno oferece a estrutura paradigmática para a trajetória erótica da vida mística da alma, que
é, todavia, apresentada de modo dramático em distintos estágios. A alma
que ascende é impulsionada por Eros em direção à unificação com o Bem
(VI.7.31.17-18, VI.9.9.33-34, 44-47), e sempre torna-se Eros (VI.7.22.7-
10, 31.8-9) enquanto tanto o Uno, como objeto de amor, e o amor da alma
são infinitos (VI.7.32.24-28). Aquela outra modalidade de desejo no Uno,
a vontade (*boulêsis*), também tem seu correlato na alma que ascendeu: a
vontade do Uno pode ser vista apenas como uma outra descrição da liberdade da alma em união com ele (*cf.* VI.8.7.1 e 20.17-19).[32] A união mística
entre o Uno e a alma ocorre porque ela se torna como aquele que a forma
(VI.7.24.11-14, 44) e, de tal modo, essas entidades previamente distintas
são agora caracterizadas com as mesmas propriedades. O propósito persua-
sivo de VI.8.15-16 não é, portanto, primordialmente para retratar o Bem
em uma excepcionalidade dramática, mas de modo estritamente impreciso;
enquanto que é projetado, penso, vislumbrar a vida interna do Uno, à qual
a alma pode aspirar e participar de modo completo.

    É paradoxal, para dizer o mínimo, representar a unidade absoluta
como vínculo entre amante e amado na medida em que o amor ocorre
apenas entre seres distintos que desejam suprimir a separação. De modo similar, na segunda passagem, a referência à imediata autovisão do Uno traz à
mente a unidade na diversidade do segundo princípio, o Intelecto. Contudo, quando Plotino atribui algum tipo de consciência ao Uno, enfatiza que

---

31   Para uma detalhada análise, ver Leroux, 1990, 354-65; Rist, 1964, 78-83, 97-103; e
Bussanich, 1988, 208-220.

32   Hadot, 1994, 50: "O Bem é aquilo que tudo deseja; é aquilo que é desejável em sentido
absoluto... e, desejando a si mesmo, sendo o que quer ser, livremente gera o amor que os
seres têm por ele, assim como a graça que dele recebem".

ele (*cf.* V.4.2.17-19) transcende o pensamento do intelecto, que pressupõe uma distinção entre sujeito e objeto: "uma despertar e um pensamento que transcende o pensamento (*hupernoêsis*)" (VI.8.16.32); o Uno possui "uma simples concentração de atenção (*epibolê*) em si mesmo" (VI.7.39.1-2); e isso é uma via não dualista da pura atualidade intelectual (VI.7.37.15-16; VI.9.5.50-55). Note-se também que a consciência é atribuída ao Uno em conjunção com sua posse de todas as coisas:

> O Uno não é, tal como aquele,[33] inconsciência, na medida em que todas as coisas lhe pertencem e são nele e com ele; ele é totalmente um discernir de si mesmo; a vida está nele e nele todas as coisas são, e sua intelecção (*katanoêsis*) de si mesmo é ele mesmo e existe por uma espécie de autoconsciência (*sunaisthêsis*) que permanece de modo eterno e em uma forma de intelecção diferente da intelecção do Intelecto. (V.4.2.15-19; trad. de Armstrong, adaptada)

A natureza da consciência do Uno é um tópico complexo.[34] Aqui sugiro que aquele que ao invés de – talvez em adição a – definir a consciência do Uno como a unidade entre sujeito e objeto deve--se pensá-la como uma absoluta ou infinita consciência sem objeto, uma consciência não relacional desprovida de intencionalidade e composição. Na medida em que o Uno possua um quase pensamento, despertar, atualidade, amor e assim por diante, isso deve ser compreendido em referência à sua existência ou bondade em diversos sentidos. Uma vantagem dessa interpretação é que uma consciência sem objeto, radiante e luminosa, não descreve tão bem a realidade participada pela a alma que a ela ascende, envolvida em luz (V.5.7-8), que, na união mística, é incapaz de distinguir-se do Uno. A consciência absoluta obscurecida aqui pode também ser vista como (I) a meta inatingível da ascensão consciência da alma unificada ou, como prefiro considerar, (II) como idêntica com a consciência da alma unificada. Em tal visão a cognição mística da

---

33 NT: O Intelecto.

34 Ver Beierwaltes, 1985, 42-50; Rist, 1967, cap. 4; e Bussanich, 1987. Acerca da lexicografia dos termos referentes à consciência, *cf.* Schroeder, 1987a.

alma transcende o ser e o pensamento (VI.9.11.11, 40-45) e toda dualidade e diferença (VI.7.34.11-14, VI.9.3.10-13, VI.9.10.14-17); sendo um "outro tipo de visão" (VI.9.11.22-23).

Se seguirmos a meditação plotiniana sobre a metafísica do amor e da consciência (ou do ser) nessa perspectiva dialética, a vida dispersa da alma parece fluir na vida interna do Uno. A complexa afirmação de que o Uno "nasce de seu próprio interior, assim como amou-se a si mesmo" (VI.8.16.12-13, trad. de Armstrong, adaptada) pode equivaler a uma tentativa de visar ao movimento do universo do relativo em direção ao absoluto como movimento no interior do próprio absoluto. Isso, portanto, é uma forma de visualizar a doutrina de que o Uno contém todas as coisas. Desse ponto de vista, a dissimilaridade e transcendência do Uno são postas à parte em favor da presença, imediatez e luminosidade do pensamento.

De modo objetivo, a análise discursiva deve poder resistir às implicações da perspectiva dialética, que oferece outro tipo de vislumbre na mente daquele que atingiu o Uno, seu verdadeiro si (*cf.* VI.9.9.20-22). Parece-me, então, que Plotino não suspende temporariamente a teologia negativa em atenção àquela incapacidade de pensar sobre o Uno sem seus atributos ou imagens, o que significaria rebaixar-se a falar a linguagem da teologia positiva para aqueles que possuem uma compreensão mais débil. Ele antes pratica essa dialética mística, que inclui tanto a assim chamada teologia positiva quanto a negativa, mas as transcende, indo além da distinção e da não distinção do Uno em relação a todas as coisas. O método próprio plotiniano de ensino acerca do Uno desdobra-se, de tal modo, em três estágios: (I) constante alternação entre as vias positiva e negativa; (II) a transcendência das duas vias lógicas de distinção e indistinção por meio dessa dialética compreensiva; (III) transmissão direta da apreensão experiencial do Uno.[35]

---

35 Acerca da dialética da distinção e não distinção aplicada a um transcendente absoluto, ver McGinn, 1990.

3 A ordem hierárquica da realidade

> Não use as palavras muito acima ou muito abaixo de seu sentido.
>
> Charles Darwin

Se temos alguns preconceitos acerca de Plotino antes de olhá-lo mais de perto, tais preconceitos podem incluir a noção de que seu mundo é uma "hierarquia" ou uma "cadeia do ser", sustentada por uma misteriosa causa transcendente, o Uno, após a qual há uma sucessão de níveis até o menor grau, a matéria. Essa noção, derivada de resquícios doxográficos presentes em nossos manuais de história da filosofia, talvez também influenciada por nossas ideias acerca dos sistemas filosóficos tardo-antigos e medievais, como que nos apresenta algo estranho e constitui um maior obstáculo para se desejar e estar apto a melhor compreender Plotino. No mais, uma visão de mundo hierárquica seria tomada como anacrônica e inaceitável se consideramos o materialismo metafísico implícito em nosso tempo, se tomamos os amplos sentimentos de igualdade social e política, se concebemos que falar de "graus de ser" é um *no sense* filosófico, e se insistimos que somos nós mesmos que construímos nossas (diferentes) visões de mundo.

Não obstante, se tentamos nos aproximar dos termos da visão de mundo hierárquica de Plotino, logo nos deparamos com outro tipo de dificuldade. O termo "hierarquia" foi forjado pela primeira vez no início o século VI d.C. por um autor cristão muito influenciado pelo neoplatonismo *tardio* de Proclo, o Pseudo-Dionísio. O termo não ocorre em Plotino, nem outras expressões (como, em particular, "cadeia do ser") por vezes usadas para se referir à visão plotiniana da realidade.[1] O perigo é o uso anacrônico

---

1 *Cf.* O'Meara, 1975, 1-3. Todavia, a imagem da "cadeia" (*heirmos*) de causas ocorre em Plotino (III.1.2.31; 4.11; III.2.5.14), em contextos que sugerem uma concepção estoica de redes causais.

de termos, ou seja, tendemos a projetar em Plotino ideias associadas ao uso de tais termo no Pseudo-Dionísio e em seus sucessores medievais. E acontece muito facilmente de se ler Plotino com os significados no presente atribuídos à noção de hierarquia.[2]

Um procedimento para minimizar essa dificuldade que de algum modo poderia nos aproximar da visão específica de Plotino poderia ser o seguinte: destacar a terminologia empregada de modo explícito pelo próprio Plotino para formular uma estruturação das coisas que tenderíamos a chamar de "hierárquica". De modo particular, sugiro tomar os termos "anterior" (*proteros*) e "posterior" (*husteros*) para expressar um modo de ordenar as coisas. O próprio Plotino usa tais termos em conexão com a estrutura da realidade e os emprega de modo refletido, ou seja, em conexão com a discussão acerca dos tipos de ordem que tais termos podem expressar. Nesse sentido, ele segue o exemplo de Platão e Aristóteles, nos quais a terminologia foi empregada na formulação de teorias do ordenamento da realidade.

Na primeira seção (I) pretendo revisar rapidamente esse pano de fundo platônico e aristotélico antes de esquematizar (seção II) alguns modos de distinção feita por Plotino entre os diversos tipos de ordem em termos de prioridade/posterioridade e mostrar (seção III) seu uso dessas distinções em relação à estrutura da realidade. Essa abordagem deve limitar o impacto das projeções anacrônicas de ideias tardias em Plotino e nos aproximar um pouco da visão do próprio Plotino. Se isso puder ser feito, então um primeiro passo foi dado em direção a um genuíno confronto entre as perspectivas distintas de Plotino e da filosofia moderna, ou talvez em alguns aspectos semelhantes, acerca da noção de "hierarquia".

---

2   *Cf.* O'Meara, 1987 para alguns exemplos.

I

Em um livro recente (1992), J. Moravcsik distinguiu duas abordagens da ontologia: (1) uma abordagem que visa desenvolver um "inventário" da realidade, destacando os diferentes tipos de coisas que são, e (2) uma abordagem que diz mais respeito a estabelecer o que é fundamental e primário na realidade, aquilo de que as coisas dependem. Essas duas abordagens não se excluem mutuamente: a ontologia "fundamental" pode implicar em fazer um "inventário", uma classificação dos tipos de coisas que são, mas esse inventário não precisa ser, com a finalidade de encontrar fundamentos, sistemático e completo. Moravcsik sugere que tais ontologias que realizam inventários são mais características da filosofia moderna, enquanto que um interesse por aquilo que é fundamental distingue a filosofia platônica. O que é fundamental em Platão, é claro, são as Formas. Poderíamos dizer o mesmo em relação a Aristóteles e descrever o grande debate entre ele, seu mestre e outros membros da escola de Platão como amplamente concernente àquilo que devemos considerar como fundamental na realidade, como primário, como aquilo de que as coisas dependem.

Uma atitude característica adotada por Aristóteles nesse debate é sua insistência na necessidade de se distinguir de modo claro os diferentes significados de muitas palavras ambíguas usadas no debate. A multivocidade da palavra "ser" é um exemplo óbvio. Mas Aristóteles também destaca que outras palavras usadas no debate acerca do que é fundamental, notadamente os termos "primário", "anterior", "posterior", são de igual modo ambíguos e podem significar coisas diferentes, tendo o sentido daquilo que ele classificou em diversos lugares em sua obra.[3] Em primeiro lugar, gostaria de retomar alguns aspectos de sua classificação de tipos de prioridade e posterioridade, antes de mostrar a relação com sua crítica a Platão em relação àquilo que deveria ser identificado como elemento fundamental da realidade.[4]

---

3   *Cf.* Cleary, 1988 para um estudo dessas passagens. Cleary faz uma comparação entre a multivocidade do "ser" e a multivocidade de "anterior", "posterior".

4   As várias dificuldades surgidas acerca da interpretação dessas passagens relevantes de Aristóteles não podem ser discutidas aqui (coerência das listas de tipos de prioridade,

A mais elaborada classificação dos tipos de prioridade/posterioridade feita por Aristóteles encontra-se em *Metafísica* V.11. Três agrupamentos devem ser distintos no texto:[5]

1. "Anterior" como aquilo que é "mais próximo" em uma dada classe (*genos*) ao "primeiro" ou "princípio" (*archê*) em tal classe. Os casos citados são aqueles de prioridade em termos de lugar (1.1), tempo (1.2), movimento (1.3) (o que é mais próximo do primeiro movente), poder (1.4) (o que é mais potente é anterior), e ordem (1.5), como na ordem de um coro ou das cordas de um instrumento musical.

2. "Anterior" tomado no sentido daquilo que é anterior no conhecimento (*gnosei*), em relação à definição (*logos*), em que o universal é anterior ao singular (2.1), ou em relação à percepção sensorial, em que o singular é anterior ao universal (2.2).

3. "Anterior" tomado como "natureza e ser" (*kata phusin kai ousian*), "ou seja, aquilo que pode ser sem outras coisas, enquanto que as outras coisas não podem ser sem ele – uma distinção que Platão empregava" (1019a1-4, trad. de Ross). Aristóteles avança nesse tipo de prioridade seus conceitos de sujeito, de substância e de atualidade, dizendo que todos os sentidos de anterior/posterior são ditos de algum modo em relação a esse último sentido (1019a11-14).

Esses três grupos ocorrem em vários outros lugares na obra de Aristóteles, nos quais, do primeiro grupo, a prioridade em relação ao tempo (1.2) é usualmente mencionada,[6] assim como, do segundo grupo, a prioridade em relação à definição (2.1).[7] Mas é o terceiro tipo, usado por Platão, que parece ser o mais importante para Aristóteles. Logo, devemos examiná-lo mais de perto.

---

variações e relações entre elas), para as quais, *cf.* Cleary, 1988. Minha resenha propõe uma resposta a essas dificuldades.

5 *Cf.* Cleary, 1988, 34-52.

6 A prioridade no tempo é descrita como a primeira e o sentido mais próprio de "anterior" em *Categorias*, cap. 12.

7 *Categorias*, cap. 12; *Física* 260b15-19; 265b22-23; *Met.* 1028a31-33; 1049b10-12; 1077b1-4.

Anterioridade por natureza e ser expressam uma relação daquilo que deve ser denominado "dependência não recíproca": A depende de B (ou não pode ser sem B) do mesmo modo que B não depende de A. O exemplo dado nas *Categorias* é aquele da série numeral 1, 2, ..., no qual para haver 2 é preciso haver 1, mas não vice-versa. A constituição de 2 pressupõe 1; 1 é aquilo de que a existência de 2 depende.[8] A relação de dependência não recíproca é descrita com mais detalhe, novamente com exemplos matemáticos, no comentário de Alexandre de Afrodísia à *Metafísica* de Aristóteles, numa passagem que deve ter sido baseada na obra perdida de Aristóteles denominada *Sobre o Bem*:

> Tanto Platão quanto os pitagóricos assumem que os números são princípios (*archas*) das coisas que são, porque parece para elas que aquilo que é anterior e incomposto é um princípio, e que os planos são anteriores aos corpos (em relação a coisas que são mais simples [que outras] e que não são destruídas com elas são por natureza [*phusei*] anteriores [a elas]), e que as linhas são anteriores aos planos pela mesma razão, e que os pontos... são anteriores às linhas, sendo totalmente incompostos... [9]

Alexandre continua dizendo, assim como Aristóteles, que, conforme Platão, os objetos sensíveis dependem das Formas para seu ser, que as Formas são números e dependem elas mesmas de duas causas que lhes são anteriores (no sentido específico acima), que são o "uno" e a "díade indefinida".

A noção platônica de prioridade "por natureza" concerne a uma relação entre coisas (A, B, ...), incluindo seus produtos: dependência não recíproca (para A ser, deve haver B, mas não vice-versa; a destruição de B implica a destruição de A, mas não vice-versa) e composição (A é um composto constituído de algo mais simples, B, enquanto que B não é constituído

---

8   *Categorias*, cap. 12, 14a30-35, que leio com 14b 11-24; *cf.* Cleary, 1988, 25, que usa a expressão "dependência não recíproca".
9   Alexandre de Afrodísia *In Met.* 55.20-56.1, trad. de W. Dooley, 84. Acerca da anterioridade do incomposto (simples), *cf.* Aristóteles, *Met.* 1076b18-20. Acerca da anterioridade "por natureza" na concepção platônica, *cf.* também Cleary, 1988, 14-15.

de A). O exemplo matemático sugere que se as coisas na realidade são constituídas de algo anterior, elementos mais simples, o derivado também existe em tais elementos, de modo independente daquilo que é deles constituído.

Aristóteles evidentemente rejeita o fundamento ontológico de Platão que especifica que aquilo que a ordem da prioridade "por natureza" é constitutiva da realidade. As Formas não existem de maneira independente de, ou separadas dos objetos sensíveis, e os números não existem "anteriormente" (no sentido platônico) de tais objetos. Aristóteles dispõe as Formas e números conforme sua própria estrutura de dependência: aquela de atributos das substâncias naturais; das mudanças no universo natural dos motores celestes; dos motores celestes em relação a um movente não movido, que é intelecto divino, "...um princípio do qual dependem (êrtêtai) os céus e o mundo da natureza" (*Met.* 1072b13-14).

Em uma passagem da *Física* (260b15 – 261a26), Aristóteles distingue prioridade em termos de dependência não recíproca e prioridade por ser e natureza. Isso é mais confuso se comparado com o capítulo 11 de *Metafísica* V (sumarizado acima), em que é precisamente a relação (platônica) de dependência não recíproca que é denominada de prioridade por natureza e ser. Porém, ao falar de ser e natureza, na passagem da *Física*, Aristóteles parece ter em mente graus de perfeição ou completude em algo. Nesse sentido, logo é possível ver como uma série de termos relacionados por dependência não recíproca não precisam coincidir com uma série de graus de perfeição: A pode depender de B sem necessariamente ser inferior a B.[10] No entanto, parece que a ordem platônica de dependência coincide com uma ordem de perfeição: as Formas claramente têm um modo de existência em relação ao qual os objetos sensíveis são deficientes e imperfeitos, e a Forma do Bem de *República*, de algum modo fonte das Formas, as supera "em dignidade e potência" (509b9-10). A perfeição nos termos em que as Formas são superiores aos objetos sensíveis é complexa, envolvendo não apenas independência, mas também imutabilidade, autoidentidade e integridade, que as torna "mais reais", objetos privilegiados de conhecimento,

---

10   Um exemplo pode ser as séries de funções psíquicas dadas por Aristóteles no *De anima*, na qual as funções mais elevadas pressupõem (não são encontradas "sem") as inferiores.

lugar primeiro dos valores morais e estéticos.[11] Aristóteles parece também afirmar algo similar a essa versão da realidade como uma estrutura de dependência: nas substâncias naturais, a forma, a atualidade ou finalidade do objeto é aquilo o que dele é primariamente constitutivo, o que nele é mais inteligível, sua perfeição;[12] as substâncias celestes constituem um nível mais elevado em termos de perfeição de existência; e o motor imóvel, intelecto divino, como pura (imaterial) forma ou atualidade é a perfeição tomada como o mais elevado objeto de pensamento e o objeto de imitação para as coisas inferiores. Assim, a ordem de prioridade por natureza e ser, tanto em Platão quanto em Aristóteles, implica muito mais que uma relação de dependência não recíproca: essa relação envolve também uma ordem de perfeição de existência, de ser e de valor. E, como Aristóteles sugere no capítulo 11 de *Metafísica* V, outros tipos de prioridade podem ser referidos à ordem central de prioridade por natureza e ser.[13]

II

Evocando o debate entre Aristóteles, Platão e os platônicos da Academia acerca da ontologia fundamental, assim como seu debate em relação ao início como aquilo que pode ser identificado como anterior conforme a natureza e o ser, referi-me de modo indiscriminado aos diálogos de Platão e ao Platão tal como representado por Aristóteles e seu comentador, Alexandre. O ponto de vista de Plotino é o seguinte: não lhe causa preocupação, como nos pode causar, a fidelidade daquilo que Aristóteles diz sobre Platão, sobre aquilo que é reportado (as doutrinas não escritas de Platão?) e como isso se relaciona com os diálogos. Plotino simplesmente assume que Aristóteles nos informa acerca das ideias centrais da metafísica de Platão (ver, por exemplo, V.4.2.7-9). Plotino é um leitor assíduo

---

11 Cf. Vlastos, 1973, ensaios 2 ("Um paradoxo metafísico") e 3 ("Graus de realidade em Platão").

12 Cf. Morrison, 1987.

13 Cf. Aristóteles, *Met.* IX.8, em que é argumentado que no ser a atualidade é anterior à potencialidade, definição (conhecimento) e tempo; *cf.* também *Física* 265b22-27.

da obra de Aristóteles e tem também familiaridade com os comentários de Alexandre. Portanto, não é surpreendente que ele seja ciente tanto das classificações platônicas quanto aristotélicas dos tipos de prioridade/posterioridade e de sua importância filosófica. De tal modo, nesta seção, proponho olhar primeiramente para a formulação plotiniana dos diferentes tipos de prioridade, considerando que seu uso delas no desenvolvimento de uma ontologia fundamental é uma resposta platônica às ontologias de Aristóteles e dos estoicos.

Plotino estabelece a distinção entre muitos tipos de prioridade ao longo das *Enéadas*: prioridade como tempo, lugar, conhecimento, natureza, verdade, ordem, poder.[14] Prioridade em relação a lugar e tempo (= 1.1 e 1.2, acerca da classificação de *Metafísica* V.11) são usualmente opostas a outros tipos de prioridade.[15] Prioridade em termos de conhecimento, sendo o conhecimento tomado como percepção (= 2.2) é oposta à prioridade por natureza (= 3).[16] Prioridade como ordem (= 1.5) é distinta da prioridade como poder (1.4), que é relacionada à prioridade como verdade.[17] Na estrutura das coisas, a prioridade como poder e como verdade sobrepõe-se ao tipo de prioridade ao qual Plotino atribui maior importância, a prioridade por natureza (= 3), a qual Aristóteles associou a Platão e que também para ele era de importância central. Parece ser nesse tipo de prioridade que Plotino está pensando quando diz:

> Não entendo "outro tipo" no sentido de uma distinção lógica, mas no sentido no qual nós, platônicos, empregamos acerca de algo como anterior e outro como posterior. O termo "vida" é usado em muitos sentidos diferentes, distintos conforme o estatuto das coisas às quais ele é empregado, primeiro, segundo, e assim por diante...[18]

---

14   *Cf.* Sleeman e Pollet, 1980, s. v. *proteros.*
15   III.2.1.23-25; III.7.9.61-65; IV.4.1.26-31; V.5.12.37-40; VI.4.11.9-10.
16   VI.3.9.36-39; *cf.* VI.1.28.3-6.
17   VI.8.20.31-33; *cf.* V.5.12.38-39. Acerca da anterioridade como verdade, *cf.* Cleary, 1988, 86.
18   I.4.3.16-20; *cf.* IV.4.28.67-68. Uso aqui e no que segue a tradução de Armstrong (algumas vezes levemente modificada).

A adição de Armstrong do termo "platônicos" na tradução pode ser justificada para expor que o tipo de prioridade implicada na passagem é a prioridade por natureza que Aristóteles havia identificado como platônica.

A concepção plotiniana de prioridade por natureza no sentido platônico pode ser caracterizada da seguinte maneira. Trata-se a uma relação de dependência não recíproca na qual, numa série de termos, o posterior depende do anterior e não pode existir sem o anterior, enquanto que o anterior existe de modo independente do posterior e não é destruído com a destruição do posterior.[19] Assim, o posterior tem sua existência de algum modo, e tanto quanto existir, do anterior sem interferir na independência do anterior. Plotino refere-se como ilustração à série numeral (*cf.* V.5.4.20-25), mas muitas vezes fala de modo mais geral de uma série de compostos constituída de um primeiro não composto, ou de uma multiplicidade constituída de um primeiro "uno".[20] O que é anterior é, então, mais "simples", mais "uno", e o primeiro é o mais simples, "uno" absoluto (*cf.* V.4.1.4-5).

Ao formular o conceito de prioridade por natureza, Plotino tende a enfatizar os seguintes aspectos. As séries envolvidas constituem uma sucessão (primeiro, segundo, terceiro...) na qual a continuidade e a própria ordem de sucessão são importantes. Esses traços são característicos de séries numerais, mas Plotino também parece ter em mente uma passagem da *Carta II* de Platão.[21] A continuidade de uma série numeral, como era concebida em seu tempo, é aquela em que os termos posteriores são tomados como um conteúdo potência dos termos anteriores, a mônada contendo potencialmente todos os números constituídos em sua sucessão.[22] Também para Plotino os termos posteriores, numa série dada conforme a anterioridade

---

19 III.1.2.30-34; III.2.1.22-26; IV.8.6.10; V.2.2.26-29 (*cf.* I.4.3.16-20); VI.1.25.17-18; VI.4.8.1-4.

20 III.8.9.3; IV.9.4.7-8; V.4.1.5-15; V.6.3.19-22; VI.9.2.31-32.

21 [Platão] *Carta* II.312e: "É em relação como o rei de tudo e de todas as coisas que existem... Em relação a um segundo, a segunda classe de coisas existe, e em relação à terceira classe" (trad. de Post); *cf.* Plotino, VI.7.42.3-10. Para uma imagem política da ordem própria de sucessão, *cf.* também V.5.12.26-30.

22 *Cf.* Nicômaco. *Introductio arithmetica* 113.2-6; Anatólio. *De decade* 29.13-18: "a mônada é anterior ao número, do qual provém, ser ele mesmo [gerado] do nada... seria destruído, não deveria haver número... se não em atualidade, em potência é ímpar, par, igual, cubo, quadrado, e demais figuras".

por natureza, já estão potencialmente presentes "nos" termos anteriores.[23] Além disso, assim como o posterior está potencialmente contido no anterior, o anterior está contido no posterior como aquilo que o constitui. Embora tenha uma presença constitutiva no posterior, o anterior é independente do posterior (dependência não recíproca): de tal modo, é tanto parte de ("no") posterior quanto exterior a, diferente ("além", *epekeina*) daquilo que a ele é posterior (*cf.* III.8.9.1-10).

Essas características de uma ordem de prioridade por natureza são reunidas e sumarizadas no início de V.4:

> Se há algo após o Primeiro, deve necessariamente provir do Primeiro; deve ainda dele provir diretamente ou ter seu retorno a ele por meio de seres intermediários, e então deve haver uma ordem de segundos e terceiros, o segundo retornando ao primeiro e o terceiro ao segundo. Para tanto, deve haver algo simples anterior a todas as coisas, e este deve ser outro em relação àquilo que vêm após ele, existindo por si mesmo, não mesclado com as coisas que dele derivam, e, ao mesmo tempo, apto a ser presente em um sentido diferente para essas outras coisas, sendo realmente uno, e não um ser diferente e uno; é sempre falso denominá-lo de uno, e dele "não há conceito ou conhecimento"; ele é, além disso, também dito ser "além do ser". Pois se não fosse simples, externo a toda coincidência e composição e realmente uno, não poderia ser princípio; e ele é o mais autossuficiente porque é simples e primeiro em relação a tudo: pois aquilo que não é primeiro carece daquilo que é anterior a si, e aquilo que não é simples é carente de seus componentes simples na medida em que por eles pode vir à existência.

---

23   *Cf.* VI.2.13.7-9. Nesse sentido, os termos anteriores são "comuns" aos termos posteriores e já não são um gênero separado da série de termos; *cf.* VI.2.11.40-49; 17.15-19; VI.1.25, 15-20; VI.3.9.35-37; 13.15-23. Lloyd examinou esse aspecto de cada série (que ele chama de "séries P") em 1962 e 1990.

III

Retornando agora ao debate entre Platão e Aristóteles acerca da ontologia fundamental, podemos questionar como Plotino faz uso das distinções entre os tipos de anterioridade/posterioridade que emergem desse debate e como aplica de modo particular sua concepção de prioridade por natureza na formulação de sua versão de uma ontologia fundamental. Nas páginas seguintes, detenho-me em não mais do que traçar algumas linhas e um tratamento mais completo da questão deveria seguir.

(I) Devemos começar com a questão da prioridade da alma em relação ao corpo. Falando da produção da alma do universo, o *Timeu* de Platão diz:

> Ora, Deus não fez a alma após o corpo, embora estejamos falando deles nessa ordem, desde que os colocou juntos nunca dispôs que o mais velho seja comandado pelo mais jovem... Assim, fez a alma anterior em origem e excelência em relação ao corpo e mais antiga do que ele, para ser a condutora e mestra, à qual o corpo era sujeito. (*Timeu* 34b10-c5)

Nesse sentido, a ordem de exposição do *Timeu* (a abordagem da produção da alma como ocorrendo após a dos quatro elementos do corpo do mundo) é o inverso da ordem de prioridade conforme a geração, mais excelente e com maior poder (isto é, prioridade por natureza), na qual o corpo é posterior à alma. Na medida em que os estoicos, conforme Plotino os compreende, inverteram a ordem natural e viram a alma em seus vários níveis como afetada por estados do corpo:

> Mas como se dissessem que um mesmo sopro é, primeiro, "sêmen primordial", mas quando resfriou e foi temperado torna-se alma, na medida em que se torna rarefeito no frio – é absurdo começar desse modo; se muitos animais vêm à existência no calor e têm uma alma que não refrigerada – mas, em todo caso, é o que dizem, que a sêmen primordial é anterior à alma que vem à existência por causa de contingências externas. De tal modo, consideram que se produz primeiro o inferior, e antes disso outra coisa de qualidade inferior,

que eles chamam "caráter", e o último é o intelecto, obviamente originário da alma. Ora, se o Intelecto é anterior a tudo, então deveria produzir a alma, que é posterior a ele, logo, também o sêmen primordial, e ter feito aquilo que vem após continuamente, tal é a ordem natural da produção. (IV.7.8[3].1-11)

Contra a posição estoica, Plotino emprega o argumento aristotélico da anterioridade da atualidade em relação à potencialidade (8[3].3.11-17): se o corpo é apenas potencialmente alma e intelecto e que é envolvido por seu ser, como poderia isso ocorrer na ausência de qualquer atualidade anterior, aquela da alma e do intelecto, que deveria levá-lo a esta atualidade ou insuflar-lhe atualidade para ser realizado? Como a atualidade é anterior e superior à potencialidade, então intelecto e alma são anteriores e superiores ao corpo como potencialmente dotado de alma. Com base nesse e outros argumentos Plotino argumenta em IV.7 que a alma é anterior por natureza ao corpo, como independente do corpo, como aquilo de que o corpo depende, como constitutiva do corpo enquanto ser separado do corpo, sendo uma natureza diferente e superior.[24]

(II) Plotino expande essa relação de anterioridade por natureza entre a alma e o corpo para recobrindo a relação geral entre o ser inteligível e o corpo:

Mas a outra natureza, que veio a ser de si mesma é aquilo que realmente existe, que não advém ao ser e perece: todas as coisas sempre passarão, e não vem ao ser novamente se pereceu aquele que preserva tanto as outras coisas quanto o Todo, que é preservado e mantém sua ordem universal e beleza pela alma. (IV.7.9.1-5)

O tema da relação de dependência não recíproca, a anterioridade por natureza existente entre a realidade inteligível e o corpo constitui o foco de um dos mais interessantes e desenvolvidos estudos metafísicos de Plotino, o tratado VI.4-5.[25] Explorando a diferença de natureza que

---

24 *Cf.* também o argumento contra a concepção de alma como harmonia (IV.7.8[4].11-12).

25 *Cf.* VI.4.8.2-5: "...mas se há algo que é imaterial, e nunca carece de corpo porque é anterior por natureza ao corpo, permanecendo em si mesmo, ou melhor, nunca carece de um suporte desse tipo...". Para a conexão entre as relações alma/corpo e realidade inteligível/

separa o inteligível, como anterior por natureza, ao corpo, Plotino enfatiza o caráter espacial do corpo e considera o caráter não espacial do ser inteligível. Na medida em que o ser inteligível é múltiplo e ordenado, como vimos, essa ordem não pode ser especial, mas manifesta outras espécies de ordem:

> E como há o primeiro, assim como o segundo e, após ele, os outros? E certamente as coisas são primeiras e segundas e terceiras em ordem e poder e diferença, não por posições especiais. Para que não ocorra que diferentes coisas venham a ser conjuntamente, tal como a alma, o intelecto e todos os corpos conhecidos... (VI.4.11.2-3 e 9-12; *cf.* IV.3.10.1-6)

O tempo caracteriza o corpo, ser produzido pela alma em sua geração do universo, e deveria também ser distinto no tipo de ordem de processão (anterioridade/posterioridade temporal) da ordem de anterioridade que estrutura a realidade inteligível.[26] Pode-se, então, dizer que a sucessão temporal e espacial aplica-se aos últimos estágios na ordem da constituição das coisas por natureza. Assim, as ordens temporal e espacial são, como todos, posteriores por natureza às outras espécies de ordem que caracterizam o ser inteligível. Para examinar a ordem inteligível, deve-se considerar a ordem na alma e a ordem que vincula a alma e o intelecto.

(III) Há diferentes formas e níveis de vida (plantas, animais) em relação às quais há uma alma responsável, e diferentes almas (almas individuais, alma do mundo). Plotino argumenta que todas as almas são uma e que a multiplicidade de almas e os vários níveis de funções vitais estão vinculadas a essa única alma. Ele expõe como isso pode ocorrer por meio de seu conceito de prioridade por natureza no qual termos posteriores são constituídos pelo anterior. Isso pode ser visto nos níveis de vida abordados na passagem de I.4.3.16-20 citada acima e é proposto no final do tratado (IV.9) em que se questiona pela unidade da alma:

---

sensível em VI.4-5, *cf.* Emilsson, 1993.
26   *Cf.* III.5.9.24-29; IV.3.25.15-16 (acerca da anterioridade temporal); IV.4.1.25-31; IV.4.16.

Como, então, há uma substância em muitas almas? Desde que o uno como um todo em todas, ou o múltiplo provém do todo e uno que permanece [inalterado]. Aquela alma, então, é una, mas as muitas (retornam) a ela como aquilo que doa a si mesmo a multipli- cidade e não doa a si mesmo; para ela é adequado separar a si mesma de tudo e permanecer una; se tem poder que se estende a todas as coisas, e não é de modo algum separada de cada coisa individual; de tal modo, ela é o mesmo em tudo. (IV.9.5.1-7)

De tal modo, a continuidade das séries de anterioridade por natureza que é a vida pode ser ampliada para explicar a estrutura geral da realidade:

Todas as coisas são o Uno e não são o Uno: são porque dele pro- vém; não são, porque as gera permanecendo em si mesmo. É, então, como uma longa vida que se distende de modo amplo, cada parte é diferente daquilo que lhe é posterior, mas o todo é contínuo em relação a si mesmo, mas com uma parte diferenciada de outra, e o anterior não perece no posterior. (V.2.2.24-29)

(IV) Se o mundo depende da alma, a alma não pode ser visada como absolutamente anterior por natureza, de modo que Plotino argumenta, por- que a alma pressupõe e depende do intelecto, que deve, por consequência, ser independente de, e diferente da, alma. Aqui novamente Plotino tem a ontologia estoica em mente, na medida em que ele entende que os estoicos dizem que o intelecto deriva de, e é posterior a, um estágio mais primitivo do corpo e da alma, enquanto que, tanto em Platão quanto Aristóteles, o intelecto é anterior por natureza ao corpo e à alma. O argumento antiestoi- co de Plotino novamente apela para o princípio aristotélico de prioridade da atualidade em relação à potencialidade: como pode o intelecto como atualidade derivar de uma potencialidade na alma se não há atualidade an- terior de um intelecto? (V.9.5.2-4 e 25-26; II.5.3.25-31). A atualidade que é intelecto é o conhecimento que inspira a alma (um conhecimento que a alma não tem por si mesma) na constituição do mundo. De tal modo, o intelecto é o paradigma do mundo sensível:

O intelecto é anterior a ele, não anterior no sentido temporal, mas porque o universo provém do intelecto e o intelecto é anterior por natureza, e a causa do universo é um tipo de arquétipo e modelo, o universo sendo sua imagem e existindo por meio dele e dele eternamente vindo à existência... (III.2.1.22-26)

(V) O intelecto, como a alma, é unidade e multiplicidade. Podemos, então, explorar a série que é constitutiva assim como outros aspectos da estruturação da realidade inteligível em termos de anterioridade por natureza, ordem, poder e diferença.[27] Contudo, talvez seja mais importante no presente contexto ir ao último estágio nas séries de anterioridade por natureza que constitui a realidade, o estágio em que o intelecto, como anterior por natureza a qualquer outro, é ele mesmo fundado não para ser absolutamente anterior, do qual tudo o mais depende, mas para pressupor em sua constituição algo outro de si, algo absolutamente não composto, ou simples, algo absolutamente uno, o "Uno".[28]

Ao argumentar que o intelecto não é absolutamente anterior, Plotino rejeita a ontologia fundamental de Aristóteles, na qual o intelecto divino, o motor imóvel, é o primeiro por natureza. Plotino diz que isso não pode ser o caso, na medida em que o intelecto não é meramente uma multiplicidade de objetos de pensamento, mas também uma dualidade de pensamento e objeto pensado. O intelecto é, então, um composto e, como tal, deve ser posterior por natureza (ver, por exemplo, VI.9.2; III.8.9).

Sendo assim, a concepção plotiniana do Uno vincula-se à sua aplicação da noção de anterioridade por natureza na análise do divino intelecto (aristotélico) como composto. O Uno é aquilo de que tudo depende, aquilo que é constitutivo de tudo, presente e, e parte de tudo o mais, ao mesmo tempo que também diferente de, e independente de tudo o mais, sendo "além" de tudo e, em particular, na ordem da sucessão, além do intelecto como segundo termo. E como o intelecto é idêntico ao ser inteligível,

---

27   Ver, por exemplo, VI.6.4 acerca da anterioridade/posterioridade dos números na estrutura do ser inteligível.

28   Para uma nova e provocativa discussão sobre o sentido de que o Uno não é composto, *cf.* Gerson, 1994, cap. I.

então o Uno é "além do ser". Nesse sentido, Plotino chega à conclusão que ele atribui à descrição platônica da Forma do Bem como além das Formas, superando-as "em dignidade e poder" (*Rep.* 509b9-10): "dignidade", na medida em que a ordem plotiniana de prioridade por natureza correspon-de, como ocorre em Platão e Aristóteles, a níveis de perfeição de modos de existência (independência, completude, unidade);[29] "poder", na medida em que o Uno constitui todas os outros níveis.

Em V.5.12, Plotino fala da prioridade do Uno em poder em relação à estrutura política de poder monárquico, evocando o sentido aristotélico de prioridade por poder (*Met.* V.11 = I.4). Mas o tipo de poder em questão é claramente muito diferente e maior, na medida em que diz respeito à constituição da realidade. Em VI.8.20.28-33, Plotino também fala de um "potência" do Uno e distingue sua absoluta anterioridade como poder da anterioridade como ordem: "...o primeiro; mas não no sentido de ordem (*taxei*), mas como autêntica maestria e poder (*dunamei*) puramente autode-terminado". Essa distinção entre essa prioridade "como ordem" e priorida-de "como poder" parece estar vinculada à ideia explorada em V.5.13.21-23 de que o Uno não pode ser um dos membros de uma série ou grupo que partilha algo de comum e distinto de cada outro por algum tipo de diferen-ça. Tal como a ordem caracteriza o ser inteligível (ver acima, página 99) da qual, como um todo, o Uno deve ser separado como aquilo que a constitui (ver também V.5.4.12-16).

De tal modo, pode-se dizer que assim como as sucessões temporal e espacial (no mundo material) são subordinadas a outros tipos de prioridade (por ordem, diferença, dignidade, poder e natureza) como emergindo dos estágios mais inferiores da ordem de anterioridade por natureza, a priori-dade por ordem e diferença que caracteriza o ser inteligível é subordinada como sendo vinculada a um estágio posterior ao absolutamente primeiro na sucessão de anterioridade por natureza, que é também anterioridade por dignidade e poder. Em outras palavras, pode-se dizer que a prioridade por natureza constitui a estrutura fundamental das coisas, enquanto que outros

---

29   Como Plotino postula de modo sucinto: "o melhor é por natureza o primeiro" (V.9.4.3).

tipos de prioridade desenvolvem-se como manifestações secundárias e articulações subordinadas daquilo que é anterior por natureza. Assim, o que é absolutamente anterior por natureza, o Uno, produz uma realidade posterior, o intelecto, no qual o poder do Uno é expresso em estruturas de ordem e diferença. O intelecto, por sua vez, produz, como posterior por natureza a ele, a alma, na qual a estrutura do intelecto é expressa em uma articulação posterior. E, finalmente, a alma produz, como natureza posterior a ela, o mundo material, no qual as estruturas inteligíveis encontram expressão na sucessão do tempo e do espaço.

IV

Várias dimensões da filosofia de Plotino foram abordadas de modo sucinto nesse esboço da via na qual os conceitos de anterioridade/posterioridade refiram-se à posição de Plotino no debate acerca da ontologia fundamental. Contudo, o que foi observado sugere as seguintes conclusões relativas à noção plotiniana de uma estrutura "hierárquica" da realidade.

(1) As expressões "hierarquia" e "cadeia do ser" são tão vagas quanto abertas ao anacronismo ao serem empregadas para uma aproximação às perspectivas de Plotino. Podemos substituí-las por terminologia e classificações dos tipos de anterioridade/posterioridade formuladas por Platão e Aristóteles e empregadas por Plotino na articulação da estrutura da realidade.

(2) As distinções feitas por Plotino entre tipos de anterioridade/posterioridade correspondem àquelas encontradas em Platão e Aristóteles e, como elas, concebe uma coordenação e subordinação desses tipos tal como se referem à estrutura das coisas. Tanto anterioridade temporal quanto espacial são subordinadas como todos a outros tipos de anterioridade como chegando a um último estágio nas séries de prioridade por natureza, enquanto que, posteriormente nas séries, anterioridade por ordem e diferença são subordinadas como todos à absoluta prioridade por natureza, poder e dignidade do Uno. Mesmo subordinadas, esses tipos de anterioridade permanecem distintas e suas distinções são empregadas para esclarecer relações

complexas como aquelas entre a estrutura unificada como ser inteligível e do ser sensível, ou aquela da unidade e multiplicidade da alma.

(3) Em Plotino, como em Platão e Aristóteles, o tipo central de anterioridade é a anterioridade "por natureza", que é também anterioridade em poder e dignidade. É esse tipo de anterioridade que concerne à ontologia fundamental como uma maneira de identificar aquilo que é fundamental na realidade, aquilo de que as coisas dependem. Plotino busca restabelecer uma versão platônica da ontologia fundamental, mas o faz em parte em conexão com a crítica da ontologia estoica, em parte em reação a (e à luz da) perspectiva de Aristóteles.

(4) A concepção de Plotino de prioridade por natureza é amplamente inspirada por Platão, tal como reportada por Aristóteles e a partir do que é sugerido em algumas passagens dos diálogos de Platão. Plotino desenvolve a concepção de Platão no mesmo sentido a fim de elaborar modelos relacionais que preencham cada área da estrutura da realidade tal como ele a concebe. A realidade é uma estrutura de dependência, na qual o posterior depende do anterior, sendo constituído pelo anterior, incapaz de existência "sem" o anterior, que pode existir sem ele. O anterior é, então, parte de, ou no posterior (como seu constituinte), assim como o posterior está potencialmente no anterior (como provindo dele): as causas estão "em" seus efeitos e os efeitos estão "em" suas causas. Mas enquanto uma parte do posterior, o anterior é também dele separado como independente. Assim, o anterior é tanto imanente no posterior quanto dele transcendente: o Uno é "em toda parte" e "em parte alguma". Como independente e como anterior, a causa é diferente do posterior, seu efeito, superior em perfeição e mais poderosa: causas (no sentido especial de causa implicado na noção de anterioridade "por natureza") são superiores a seus efeitos.

(5) O que pode, por vezes, nos parecer um paradoxo, contradição (o Uno é em toda parte/em parte alguma, em tudo/separado de tudo; os efeitos estão em suas causas, e vice-versa) ou ambiguidade (é o Uno ou o ser inteligível que está "em toda parte"?) pode assim ser entendido como expressões hermeticamente fechadas da riquíssima concepção plotiniana de prioridade por natureza.

(6) Se essas sugestões nos aproximam do modo pelo qual Plotino vê a estrutura da realidade, parece que um ponto de partida apropriado para uma discussão crítica seria a análise daquilo que poderia ser dado como critério do "fundamental" na realidade (anterioridade por natureza, para Plotino), no contexto do projeto de uma ontologia fundamental, tornando-se um projeto considerado pleno de significação.

4 Alma e intelecto

HENRY J. BLUMENTHAL

Os leitores deste compêndio que chegaram a este capítulo devem já estar bem cientes do fato de que Plotino era um filósofo platônico. Deve-se notar em acréscimo que embora tenha sempre sido visto como o fundador do neoplatonismo, ele próprio não saberia o que o equivalente grego desta palavra poderia significar, na medida em que os platônicos da Antiguidade Tardia viam-se a si mesmos como platônicos *tout simple*, e suas filosofias como exposições das verdades contidas na filosofia de Platão, que o próprio Platão por vezes omitiu explicitar. O grau de decepção envolvido nesse autoconceito talvez jamais seja tão evidente quanto o de suas discussões acerca da alma e do intelecto. Isso porque, enquanto sua concepção de alma era fundamentalmente platônica e dualista, sua explanação de tais operações deve-se muito mais a Aristóteles e outros filósofos pós-platônicos do que ao próprio Platão.[1]

Para Plotino, o dualismo era claro, se não claríssimo. Embora conhecesse as teorias materialistas da natureza da alma, tais como aquelas dos estoicos,[2] era hostil a elas e teria tido pouco tempo para o grande volume de discussões modernas que se desenvolvem com rótulos como materialismo, fisicalismo ou funcionalismo. Isso é igualmente verdadeiro para aquelas teorias que, sob epítetos como epifenomenalismo e superveniência, oferecem outras tantas explanações materialistas para o que Plotino teria visto

---

1 Isso é também verdadeiro em relação a outros aspectos da filosofia de Plotino. *Cf.*, por exemplo, Gerson, 1990, 186 e 191-201.

2 Uma crítica do materialismo estoico acerca da alma pode ser encontrada em IV.7, capítulos 3-8[3]. Alguns argumentos nesse tratado são tradicionais, mas não há razão para pensar que não representam o próprio ponto de vista de Plotino. Acerca dessa crítica, *cf.* Blumenthal, 1971b, 10-11; O'Meara, 1985, 252-255; Emilsson, 1991, 151-158.

como a mais importante das funções da alma e do intelecto – as funções intelectivas da mente.[3]

Embora o conceito dualista de alma de Plotino possa ter sido historicamente derivado de Platão, no interior de sua própria filosofia pode ser questionado acerca do estatuto da alma como parte de uma hierarquia inteligível que constitui a espinha dorsal do sistema plotiniano. Segundo ele, as três hipóstases de tal hierarquia podem existir em cada alma individual (V.1.10.5-6), ainda que seus níveis mais elevados não possam ser acessíveis a todos. Isso porque apenas aqueles que são intelectualmente e moralmente – para um platônico há, se alguma, diferença – mais avançados podem "ascender" suas almas para entrar em contato com aqueles níveis. Ainda que a posição da alma individual em relação a outras formas de alma não seja imediatamente clara, segue-se de seu ser alma bem como de ser ela tanto imaterial quanto essencialmente separada do corpo. De tal modo, há um problema imediato acerca de como suas funções em associação com aquele corpo do qual ela se apropriou, ou que a adquiriu, na encarnação.[4]

Antes que abordemos essa temática, situemos a alma em questão no mundo inteligível: para economizar espaço, assumo que ela está em um nível abaixo em relação às hipóstases, mas coordenada com a alma do mundo, que dela difere apenas em virtude do corpo superior, ou corpos, pelos quais ela é responsável.[5] Tanto são vistas como extensões mais difusas, ou como Plotino com frequência expõe, como imagens ou reflexões, do nível da alma que constitui as hipóstases (*cf.*, por exemplo, I.1.10.10-11). A alma à qual nos referimos é, em primeiro lugar, a alma em sentido estrito, excluindo o intelecto, que pode ou não ser tomado como sua parte: em geral, como deveremos ver, não é, ao menos em geral, tomada sem qualificação.

Aquela é a situação no limite mais elevado do *continuum* que Plotino diz que a alma constitui. Há uma obscuridade similar no limite mais baixo.

---

3 Para um sumário recente de algumas visões e argumentações modernas sobre esse tema, *cf.* Robinson, 1993, 1-25.
4 "Que o adquire", porque Plotino, seguindo de perto o *Timeu* (34b e 36e), concebe o corpo como ser de algum modo contido na alma (IV.3.22.7-11).
5 Esses temas são discutidos em Blumenthal, 1971a, cujas conclusões em geral têm sido aceitas.

Nesse caso, Plotino deixa claro um ponto: a alma constitui o ser individual com algo material, não com a matéria, como é o caso da informação
hilemórfica da alma em Aristóteles, mas como corpo (*soma*), que é um
composto de forma e matéria. Em outras palavras, o ser individual não é
alma + matéria, mas alma 1 + alma 2 + matéria. Essa posição nos conduz ao
problema acerca da proveniência da alma 2: se a alma 2 já está lá quando a
alma 1 vem unir-se ao corpo, e nesse caso é tomado pela alma do mundo
na medida em que é aquilo que informa toda matéria no mundo ou diretamente forma seus conteúdos (*cf.* II.1.5.6-8), ou é a parte mais baixa da
alma individual, a alma 1, que deve de algum modo estar em condições de
ter um corpo no qual deve ser encarnada. Para descrever a última situação,
ou ao menos para dar uma indicação de sua concepção de tal realidade,
Plotino fala acerca da alma produzindo um esboço preliminar de si mesma,
antes de sua "descida" (VI.7.7.8-12), "descida" porque Plotino usa a imaginária padrão na qual a alma está acima do corpo e desce a ele, enquanto
sustenta, de modo mais claro e bem-sucedido do que fez Platão, que *qua*
imaterial, é em ato em toda parte e em parte alguma.[6] Para uma doutrina
não materialista da alma, essa perspectiva correta aplica-se à alma "no" o
corpo assim como à alma "em outro lugar", contrastando com a noção
platônica de tripartição da alma segundo a qual cada uma das partes possui
uma localização específica no corpo. Noção que de modo inevitável causa
problemas acerca de como a alma opera nas muitas atividades pelas quais é
responsável. Em contraste com a localização platônica de cada uma das três
partes em partes separadas do corpo, Plotino de modo atento afirma que a
atividade de uma faculdade tem lugar em cada parte do corpo, mantendo
algo do conceito platônico, mas removendo suas implicações materialistas.
Plotino descreverá a percepção sensorial como tendo seu ponto de partida
(*archê*) no cérebro (IV.3.23.9-21), explanando isso pela afirmação de que
os nervos começam ali.[7]

---

6   A abordagem completa é feita em VI.4-5, *Sobre a presença do ser, Uno e o mesmo, em
toda parte como um todo.*

7   Uma explicação que não dever ter sido aberta a Platão, na medida em que os nervos e
sua função só foram descobertos um século após sua morte.

Uma das características da filosofia de Plotino é que ele visa o mesmo problema de diversos pontos de vista, enfatizando diferentes aspectos de seu pensamento a respeito de tal questão. Essa característica aparece em sua abordagem da questão acerca da proveniência de cada parte da alma. Nesse sentido, pode-se dizer que quando ele considera a vinda da alma ao corpo, enfatiza o corpo como parte do mundo material como um todo: em muitos contextos, o corpo tem seu elemento básico da alma, aquela que chamamos de "alma 2", do nível mais baixo da alma do mundo, por vezes referido como natureza (*phusis*), que eternamente transforma a matéria em corpo (VI.4.15.8-17). Quando, todavia, ele está mais vinculado à unidade do individual como uma secção vertical singular do cosmos, verá esse nível mais elevado da alma como parte daquela individual. Esses dois pontos de vista são menos inconsistentes ainda que possam à primeira vista apresentar sua razão apenas no final do processo – talvez deveria se dizer no início, ainda que nenhum seja completamente apropriado – a alma do mundo e as almas individuais são, *qua* alma, uma e a mesma, uma posição mais amplamente explorada em IV.9 e nos primeiros capítulos de IV.3.[8] Para a identidade das almas individuais devemos citar, a título de exemplo, IV.9.4.15-18: "Mas isso significa que há uma e a mesma alma em muitos corpos, e, antes dessa uma em muitos corpos, outras ainda existe que não está em muitos corpos, da qual deriva aquela uma nas muitas..." (*cf.* IV.8.3.11-12).[9]

Essa identidade das almas individuais suscita a questão de como, se a alma tem o domínio, os indivíduos humanos não são idênticos. Esta é uma questão à qual Plotino não dá uma resposta satisfatória. Ele usualmente assume a posição de que a individuação é devida ao corpo, uma posição que talvez tenha satisfeito aos aristotélicos na medida em que geralmente aceitam aquela que também era a explicação de Aristóteles,[10] mas que é

---

8 Para um comentário detalhado desses capítulos, *cf.* Hellemen-Elgersma, 1980.

9 Esses textos não deixam claro se a alma do mundo está incluída na discussão, mas outros textos mostram que sim; *cf.* Blumenthal, 1971a.

10 Para um ataque a essa visão que precede a maior parte dos debates recentes, *cf.* Lloyd, 1981, em particular 1-48. Ver também Irwin, 1988, 248-268. Se tais interpretações são corretas, então a crença de Plotino em princípios formais, e possíveis Formas (ver a seguir), de individuais isso pode refletir outro caso de que sua compreensão de Aristóteles é melhor do

fundamentalmente incompatível com a posição de que o corpo depende, por causa de sua natureza, de uma alma que lhe é superior. No mesmo sentido, ele permite uma formulação geográfica e de outras diferenças complementares tais como hereditariedade em exercer sua função na formação e na disposição de uma alma individual (*cf.*, por exemplo, III.1.5.27-28). Um compromisso possível pode ser visto em V.7.1.18-21, em que ele parece atribuir a individuação tanto à matéria quanto à forma: "não pode haver o mesmo princípio formador para diferentes indivíduos, e um homem não servirá de modelo para muitos homens diferentes uns dos outros não apenas em razão de sua matéria, *mas com um vasto número de diferenças específicas de forma*" (grifo nosso). Infelizmente, não podemos estar certos de quais pontos nesse tratado são do próprio Plotino e quais são pontos que ele elabora para discussão ou demolição, uma dificuldade que também agrava aquela da decisão se Plotino crê ou não que a última base de discriminação de uma existência individual seja uma Forma.[11] Em outros tempos, Plotino teria permitido que a experiência das vidas passadas contribuirá para o caráter de um indivíduo (IV.3.8.5-9), mas pode ser argumentado que isso não explica porque o indivíduo a quem tais experiências estão vinculadas é diferente de qualquer outro no mesmo lugar.

Assim como os materialistas têm problemas com os aparentemente imateriais fenômenos e funções da mente, dualistas como Plotino encontram dificuldades em dar uma explicação da natureza da simbiose da alma com o corpo, e seu controle sobre ele. Platão vê tal relação como quase axiomática e com frequência errada como se uma explicação não fosse necessária. Para Aristóteles, a explicação consistia em sua doutrina de que a alma é a forma do corpo. Um dos maiores méritos de Plotino como filósofo é que ele não se contentou em deixar sem explicação questões que outros apenas deixaram indicadas: isso permanece verdadeiro mesmo se ele não tenha conseguido oferecer explicações que possamos aceitar – ou mesmo com algumas das quais ele próprio poderia se satisfazer. Reconsiderando as dificuldades, ele elabora muitos ensaios para explicar como, tal como havia

que muitos de seus intérpretes posteriores.
11 *Cf.* páginas 99-100, acima.

sido afirmado de enigmático, "a alma está com o corpo".[12] Nos capítulos 20 a 22 de IV.3, o primeiro texto da divisão feita por Porfírio do grande tratado sobre as *Aporias acerca da alma* (IV.3-5), ele considera várias maneiras pelas quais algo pode estar em outro, ou, mais especificamente, uma alma em relação ao corpo.[13] Nesse estágio, a única noção que se adéqua a seu critério de uma simbiose na qual a alma permanece não afetada pelo corpo, um critério importante, e que representa a posição formal professada por Plotino mesmo que nem sempre a mantenha na prática, é que a alma está presente no corpo tal como a luz (na verdade, o calor, *cf.* abaixo) em relação ao ar (IV.3.22.1-4). A noção de "estar presente para" é crucial: Plotino o repete diversas vezes no curso de diversas linhas. No entanto, Plotino não se contenta com essa analogia, corrigindo-a mais adiante no tratado, explorando algumas das implicações da simbiose e substituindo calor por luz (IV.4.29), no sentido em que o calor afeta o ar no sentido em que a luz não o faz.[14] Essa analogia, é claro, não explica como a alma pode tomar consciência do que ocorre no corpo, sempre sendo influenciada por ele, uma influência que Plotino está preparado para admitir quando discute as operações de diversas divisões da alma inferior, ou, para dizer de outro modo, das diversas potências ou faculdades da alma.

Aqui é preciso considerar apenas como Plotino visa a estrutura da alma. Dado que sua psicologia deriva de diversas maneiras de Platão e Aristóteles, ele tem dois modelos possíveis, que são a tripartição platônica e a divisão aristotélica em faculdades; uma terceira via poderia ser a assim chamada psicologia moral da Ética e da *Política*, que divide a alma simplesmente em parte racional e parte não racional, suficiente para os objetivos de Aristóteles naquelas obras em que não requer os graus de precisão apropriados

---

12   Um tema suficientemente difícil para que a ele fossem devotados três dias de discussão em resposta às questões de Porfírio, *cf.* Porfírio, *Vida de Plotino* 13.10-11. Não há evidencia suficiente para se considerar que essa discussão é reportada em IV.3-5. Para algumas opiniões a respeito, *cf.* agora L. Brisson, em Brisson, 1992, 261.

13   Algo dessa discussão é esboçado na tradição peripatética, em particular em Alexandre de Afrodísia, *cf.* Blumenthal, 1968.

14   *Cf.* Blumenthal, 1971b, 18-19.

para um trabalho de caráter mais científico.[15] De fato, encontramos tanto as duas primeiras divisões quanto, na prática, também a terceira. É possível decidir-se acerca do que Plotino realmente pensa acerca dessa questão? Se examinamos a ocorrência dos dois tipos de divisão logo fica claro que elas são encontradas em contextos diferentes, a tripartição quando Plotino trata de ética, mas sua própria versão da divisão segundo as faculdades quando trata de psicologia. Um exemplo do primeiro caso é seu uso da tripartição quando descreve a justiça em termos platônicos como o funcionamento correto das três partes da alma na correta relação de dependência com a parte superior, cada qual exercendo sua própria função (*oikeiopragia*). No tratado *Sobre as virtudes* (I.2), Plotino refere o que os neoplatônicos chamavam de virtudes políticas, aquelas que são apropriadas para a vida na *polis*, e também *inter alia* na cidade da *República* de Platão, às três partes da alma: "...sabedoria prática que se relaciona à razão discursiva,[16] coragem que se refere às emoções,[17] temperança que consiste em uma espécie de concórdia e harmonia entre paixão e razão, justiça que faz com que cada parte esteja em acordo 'em realizar sua própria tarefa no que diz respeito a comandar e ser comandado'" (I.2.1.17-21). A leitores de Platão isso parecerá muito familiar, ainda que o vocabulário sugira uma intermediação do médio-platonismo.[18] Outro texto que esclarece que as ocorrências da tripartição platônica são encontradas simultaneamente em contextos éticos é, por exemplo, III.6.2.22-29. Nesse grande tratado psicológico, todavia, Plotino questiona em que média as duas partes inferiores da tripartição são inadequadas para uma consideração séria da função irascível[19] e, de um lado, as emoções superiores, e

---

15   *Ética nicomaqueia* 1102a23-28. *Cf.* 1094b11-14.

16   Plotino emprega o termo *logizomenon* em geral no sentido usual de razão discursiva, mas o contexto sugere que é usado como equivalente da palavra usual de Platão para a parte superior da alma, *logistikon*, um termo que Plotino normalmente evita.

17   Aqui novamente Plotino emprega uma palavra diferente em relação ao termo convencional da tripartição platônica, isto é, *thumoumenon* como oposto ao termo padrão *thumoeides*.

18   *Cf.* Alcino (Albino), *Didaskalikos* XXIX, 58 Whittaker (tradução francesa, com o título *Enseignement des doctrines de Platon*) = 182.19-13 Hermann.

19   Ímpeto é a tradução mais usual do termo *thumos*, que forma a primeira parte do termo *thumoeides*, termo empregado por Platão para designar esta parte da alma, convencionalmente referida como parte "impetuosa" ou "irascível". O próprio Plotino também emprega

o que os filósofos gregos chamavam de desejos, mas que devemos classificar como operações psicológicas, de outro (IV.4.28.1-70). Como fez Aristóteles, Plotino crê que temos uma potência apetitiva (*orexis*) que perpassa as ligas da tripartição platônica, e que a maneira correta de abordar tanto a ira quanto os desejos é tomá-las como diferentes tipos de apetite tanto quanto atividades de partes separadas da alma (69-70). Ambas advêm das áreas vegetativas e reprodutiva da alma (IV.4.28.49-50), outra divisão aristotélica, e a parte não racional da alma – terceiro tipo de divisão possível, paralela à psicologia infor- mal de Aristóteles – não deveria ser dividida em parte apetitiva e intelectiva (63-8). Em seguida, o termo aparece no raciocínio de Platão, com uma exce- ção, apenas como sinônimo para o modelo aristotélico de faculdade da razão tomado por Plotino: a única exceção encontra-se numa lista de possibilidades de classificação de qualidades dada em VI.1.12.5-6.

De tal modo, fica claro que uma vez tendo examinado a tripartição no contexto de explicação de como a alma opera, Plotino não mais a utiliza. Então deveríamos estar seguros de que será a divisão em faculdades que ele toma como a única base possível para a explicação das atividades implicadas na alma. Sua lista de faculdades, todavia, não é a mesma que a de Aristóte- les. Aquilo em que diferem sobretudo porque das dificuldades surgem da superposição de uma psicologia aristotélica em um conceito platônico da relação entre alma e corpo. De tal modo, há três pontos em que o desacordo é visível: na parte inferior, no qual, conforme a maneira plotiniana de pen- sar, a alma é mais estritamente associada ao corpo, mas ainda dele distinta; no meio, no qual Plotino faz uma forte distinção entre as faculdades que requerem e as que não requerem o corpo para sua operação. De modo si- milar, na parte mais elevada o grau de diferença depende, é claro, do modo de compreender o capítulo crucial (III.5) acerca da concepção de intelecto agente no *De anima*.

Com a noção de parte inferior, Plotino encontra uma maneira de empre- gar a noção aristotélica de que a alma é a forma do corpo sem ao mesmo tempo aceitá-lo na concepção mesma da alma, quando assim a apresenta, como ser

---

thumos para se referir a esta "parte".

adicionada a um corpo já provido de alma (*cf.* IV.3.23.1-3; IV.7.8[5].2-3).
Isso, na análise estrita feita em IV.3-4, é o que faz o corpo, como Plotino
afirma, semiqualificado (*toionde sôma*: IV.4.18-21 *passim*),[20] o que poderia
ser a oposição entre corpo e alma para Platão, e cuja alma Plotino distingue
daquilo que ele várias vezes chama de alma vegetativa, seguindo Aristóteles, ou simplesmente natureza, dois termos cognatos em grego (*phutikon* e
phusis respectivamente). Os estados desse corpo semiqualificado que constituem as bases para as atividades da alma vegetativa. Eles convergem para
os níveis superiores por meio de uma capacidade de representação, tradicionalmente traduzida como imaginação (*phantasia*): essa capacidade opera
tanto de modo descendente, a partir de sua posição no centro das faculdades da alma, quanto ascendente, habilitando-a para se tornar consciente
não apenas de sentimentos no corpo, mas também razão e intelecção, cujos
produtos podem ser relacionados às faculdades superiores da alma para a
ação (VI.8.2-3). Essa dupla operação da imaginação gera problemas especiais para Plotino, aos quais devemos retornar.

É no próximo nível, aquele da percepção sensível, que podemos observar uma das vias pelas quais Plotino adapta a abordagem aristotélica do estatuto da alma. Recordemos o ponto importante e crucial que para Aristóteles
não era a alma, mas a pessoa por meio da alma, que exerce as várias funções
discutidas no *De anima* (408b13-15). A transformação operada por Plotino
consiste em atribuir à alma um papel mais ativo na percepção, e insistir que
a percepção sensível é uma *energeia* no sentido de função ativa mais do que
de atualização na qual ela exerce uma função tão ampla quanto na concepção
aristotélica da cognição. Isso ocorre de um nível de algo como sentimentos
indefinidos no corpo, tais como um desconforto ou mudanças de temperatura (*cf.* III.6.1.1-24), por meio de todos os sentidos para a visão, e em última
instância, para a cognição intelectual que tradicionalmente tinha na visão seu
modelo, mas tomada também como seu modelo, ponto de vista que se poderia esperar ser sustentado por um neoplatônico em sua visão de mundo nos
moldes topo-base, mas que na prática aparece menos frequente que do que

---

20   Acerca disso, ver Blumenthal, 1971b, 58-62.

naturalmente se seguiria de tal ponto de vista. O que é claro é que a percepção sensível, e a visão de modo particular, difere da intelecção primordialmente, se não exclusivamente, por ser de objetos materiais e por, como consequência, requerer órgãos materiais como intermediários entre a alma e o mundo sensível com os quais essa área lhe é vinculada (IV.3.23.3-7).

A percepção sensível é uma atividade da alma, mas que requer um meio corpóreo para operar por meio do qual agora estamos na área da alma na qual Plotino é particularmente preocupado em distinguir aquelas atividades que requerem ou não o corpo como instrumento. Aqui é necessário ter em mente que, na medida em que Plotino claramente tem certo interesse científico na percepção assim como em outras operações da alma no mundo material, e na medida em que ele está preparado para consagrar alguns desses tratados exclusivamente a problemas relativos àquele mundo, todo esse interesse é subsumido na tarefa que concerne a encontrar a melhor forma de vida possível e aos meios de atingi-la. Desde que essa vida consista para Plotino em viver o máximo possível no nível do intelecto, ele deve ser o mais claro possível acerca das vias nas quais outros aspectos da vida relacionam-se àquela vida, e em relação a que deve se ajustar para alcançá-la. Portanto, há duas razões pelas quais ele deve estar particularmente preocupado com a percepção sensível em geral e com a visão em particular.

Um aspecto de sua preocupação com a melhor vida é a questão de manter a integridade da alma, ou como Plotino afirma, torná-la livre das afecções (*apathes*).[21] No nível da percepção sensível isso é dado pela afirmação de que a alma não é afetada pelos objetos sensíveis, mas pode tomar consciência de seus estímulos que impactam no corpo, ou seja, nos órgãos sensoriais. A faculdade da sensação, em suas variadas manifestações em diversos sentidos, realiza identificações e discriminações (*kriseis*, tradicionalmente, mas nem sempre de modo feliz, traduzido como "juízos") (III.6.1-6 *passim. Cf.* IV.4.23.20-33).

Isso significa que a sensação não é de modo algum passiva e o risco de que tal compreensão seja inapropriada para se manter a integridade da alma

---

21 O substantivo correspondente a esse conceito (*apatheia*) é muito raro em Plotino e, quando ocorre, refere-se apenas uma vez à alma (I.2.6.25).

ao exercer suas funções superiores (*cf.*, por exemplo, I.8.8.30-37) nem sempre aparece – exceto, claro, na medida em que a atenção ao mundo físico é uma distração da concentração nas realidades superiores, que, na medida do possível, é visada por cada um de nós (I.4.10.6-21; *cf.* IV.3.30.13-16).

Esse conceito de percepção sensível como ativa emerge de modo mais claro do tratado sobre as *Aporias acerca da alma*, por exemplo, em IV.4.23-25. Deve-se notar a definição de percepção sensível com a qual Plotino inicia o capítulo 23, conjuntamente com algumas das observações que ele faz mais adiante. Ele começa dizendo: "Devemos supor que a percepção dos objetos sensíveis é para a alma ou para o ser vivo um ato de apreensão no qual a alma compreende a *qualidade* pertencente aos corpos e toma a impressão de suas *formas*" (linhas 1-3, grifos nossos). No capítulo 25, Plotino observa que a alma visa diretamente a si mesma por meio dos objetos sensíveis: a alma deve estar disposta a inclinar-se aos objetos sensíveis (linhas 2-3).[22] A percepção sensível é essencialmente uma atividade da alma quando ela está no corpo e quando faz uso do corpo (23.47-48). Em outras palavras, deixa-se claramente delineada a parte da alma cujas operações são uma função de sua estrita conexão com o corpo, e, portanto, aquilo que aqueles que fazem tal distinção chamariam de alma irracional.

As coisas começam a ficar claras quando nos direcionamos à faculdade da imaginação. À primeira vista, não há um problema especial em relação a essa faculdade, tradicionalmente chamada "imaginação", mas que talvez seja melhor descrita por um neologismo como "imageação"[23] a fim de ressaltar o fato de que seu modo de operar com alguns tipos de imagem e de suprimir as conotações modernas do termo "imaginação", visto que esta faculdade (*phantasia* ou *to phantastikon*) normalmente não é a fonte de apresentações que não têm base na realidade. Ela pode, por vezes, reformular imagens que não são geralmente apresentadas pelos sentidos, formando, então, a base da memória. A memória, evidentemente, não se forma apenas com os produtos da sensação, ou seja, com imagens visuais, mas também

---

22 Acerca da natureza ativa da percepção sensorial em Plotino, *cf.* Blumenthal, 1971b, 69-75; Emilsson, 1988, 126-137; Wagner, 1993, 36-47.

23 NT: "imaging".

com outras matérias/materiais, e é nessa área de sua atividade que surgem dificuldades particulares para Plotino. Tais dificuldades, em certos casos, vinculam-se à sua crença na sobrevivência da alma após a morte e em sua subsequente reencarnação, temas que provavelmente não sejam de grande interesse para aqueles que desejam conhecer Plotino como filósofo. Que nos contentemos em dizer que como consequência de tais crenças fazem-no duplicar a faculdade da imaginação a fim de torná-la incapaz de recordar coisas que não seriam necessárias depois e torná-la capaz de reter coisas que não seriam, ou, no limite, que não seriam vistas como tais, incompatíveis com a vida sem o corpo (IV.4.1.1-11). Todavia, ele alega que essa duplicação não aparece durante o curso de nossa vida normal, argumentando que uma das duas faculdades está simplesmente subsumida na outra (IV.3.31.8-16).[24]

O que é mais interessante no plano da memória, em uma primeira abordagem, é sua surpreendentemente moderna visão de que nossa personalidade pode ser afetada por memórias inconscientes, e afirma que são muitas dessas memórias inconscientes que têm maior influência na alma (IV.4.4.7-14). Se tais memórias são adquiridas ou não pela percepção infelizmente não está claro. Plotino apresenta com certa dificuldade apenas como essas memórias nos afetam: ele apenas diz que a imaginação é tomada não pela posse de algo, mas por ser semelhante às coisas que são vistas (IV.4.3.7-8).[25]

Antes de deixarmos a questão da imaginação, devemos notar que ela não se inicia com imagens provindas da percepção sensorial tal como sua denominação em grego pode sugerir. Mesmo antes disso, ou no plano de uma forma inferior a esta, é responsável por transmitir a níveis mais elevados de alma os sentimentos que provém de uma dimensão subsensível da alma na medida em que surgem associadas com arquivos psicológicos e com sensações prazerosas ou desagradáveis que podem afetar o corpo. Nesse nível, Plotino descreve-as como uma espécie de débil ou vaga opinião não sujeita ao juízo,

---

24 Para uma discussão mais ampla acerca da imaginação, ver Blumenthal, 1971b, 86-94; Watson, 1988, 98-103. Não vejo, todavia, que bases Watson possui para sua afirmação de que Plotino – e outros neoplatônicos – possui uma atitude negativa e de suspeita acerca da imaginação.

25 Uma noção clara encapsulada em Trouillard, 1955a, 38: "*Dis-moi ce dont tu te souviens, et je te dirai qui tu es*" ("Diz-me aquilo de te recordas e te direi quem és").

apesar de empregarmos o termo "opinião" como um nome que se refere à mais elevada imaginação (III.6.4.18-21), uma descrição interessante diante do fato de que havia uma considerável oscilação entre os neoplatônicos acerca de se imaginação e opinião seriam distintas ou idênticas.

Um dos aspectos mais difíceis da psicologia neoplatônica é uma distinção clara daquilo que correspondente à Alma e ao Intelecto especificamente na hierarquia inteligível universal, assim como entre razão e intelecto, que por vezes permanece obscurecida pelo fato de que Plotino emprega o termo *nous* para ambos (*cf.*, por exemplo, V.9.8.21-22).[26] A distinção algo que tem suas origens em Platão ao distinguir duas atividades na parte cognitiva da alma, denominadas de *noêsis*, que é uma forma de pensamento relativa apenas às Formas, e *dianoia*, razão em um sentido inferior, que é representada pela segunda secção da linha dividida na República (511d-e). Ela corresponde, *grosso modo*, à concepção aristotélica de razão discursiva, mas por vezes também inclui a cognição e apreensão de alguns tipos de Formas. Em Platão, todavia, as atividades diferem em relação aos objetos de cognição: são exercidas ainda por uma parte singular da alma, e temos escassas informações acerca de como operam. Não é o mesmo que ocorre em Plotino. Cada atividade possui sua faculdade própria, e Plotino elabora algumas considerações que certificam que podemos apreender as diferenças, consideração que é por vezes superestimada pelo incômodo fato de que as duas hipóstases, a Alma e o Intelecto, são tão difíceis de serem distintas e podem aparecer algumas vezes providas uma com funções e características da outra:[27] podemos questionar, portanto, por que Plotino manteve a distinção de ambas.

Esse problema é menos agudo quando consideramos a alma individual. Muitos fatores combinados reforçam a ideia de que os dois tipos de apreensão são encontrados dentre as atividades da alma superior. Na medida em que essa ideia está presente, Plotino, que já deu sinais da tendência

26 Todavia, de modo geral é claro pelo contexto em que sentido Plotino usa a palavra, na medida em que ele usualmente economiza descrições indicando a definição ou atividade de uma ou outra, ou ambas, tal como em I.1.8.1-3; VI.9.5.7-9.
27 *Cf.* Armstrong, 1971; Blumenthal, 1974.

do neoplatonismo tardio de excessivo realismo, não hesita em vê-las como atividades de seções da alma especificamente voltadas para elas, ou melhor, definidas por essas verdadeiras atividades. Já notamos que a *República* há uma distinção entre intelecção e raciocínio. Não menos importante para Plotino era a reiterada sugestão de Aristóteles no *De anima* que há uma parte da alma que é denominada intelecto, que guarda certa diferença de todas as outras faculdades, e que deve ser separada da entidade corpo-alma à qual pertencem todas as outras faculdades. Para Plotino, tal separação não era apenas uma tentativa hipotética, mas uma firme convicção. Havia uma em relação a qual podia encontrar suporte em Aristóteles, mas não na tradição platônica, de modo que a apresenta como uma visão heterodoxa. Havia ainda outra tese que muitos, se não todos, de seus sucessores rejeitaram em diversas perspectivas filosóficas. Plotino afirma que uma parte da alma que não desceu ao corpo junto com as demais partes: "E, se alguém ousasse expressar sua própria visão de modo mais claro, contrariando a opinião dos outros, então poderá afirmar que nossa alma não desceu completamente, mas há sempre algo dela no inteligível" (IV.8.8.1-3). Exatamente onde algo estaria locado no inteligível é por vezes problemático,[28] mas o simples fato dessa separação significa que se requer um modo diverso de operação da razão, que é firmemente vinculada às outras faculdades e funções que cooperam com ela. É a razão que recebe informação e solicitações para atuar da alma superior ou ainda processa a informação e toma decisões acerca da ação. Esse intelecto individual deve ser descrito como uma imagem daquilo que a hipóstase Intelecto é o original, assim como Alma como um todo é uma imagem do Intelecto (V.1.6.46-47), e o Intelecto do Uno (V.4.2.23-26). Afirmou-se, por vezes, que razão e intelecto são o mesmo, o que é bastante simples de se assumir porque a linguagem de Plotino algumas vezes deixa de distingui-los. Isso é especial porque, como já foi mencionado, ele emprega a palavra intelecto (*nous*) também para designar a alma. Todavia, em geral fica claro de qual das duas faculdades ele está falando e de qual não está, assim como muitas vezes o faz, distinguindo-as pela qualificação

---

28   *Cf.* páginas 125-127 e 130-131 a seguir.

da palavra *nous* quando se refere à razão com termos como *logizomenon*, raciocínio discursivo (VI.9.5.7-9),[29] ou *merizôn*, dividindo (V.9.8.21).

A segunda dessas qualificações deve servir para iluminar o que para Plotino era a diferença crucial entre os dois modos de apreensão. O intelecto vê seu objeto, ou objetos – não importa se singular ou plural – todos de uma vez e como um todo. A razão, de outro lado, dirige-se a eles parte por parte, move-se de um objeto a outro, vai da premissa à conclusão. É quando o processo cessa e, por assim dizer, chega ao seu topo e final, que se vai do raciocínio à intelecção: "...não exerce outra função que contemplar, tendo chegado à unidade. Abandona o que é denominado atividade lógica, que diz respeito a proposições e silogismos..." (I.3.4.17-19). Outras vias em que Plotino descreve os procedimentos dessa razão discursiva são afirmações de que ele se move de um objeto, ao qual é possível em geral substituir pelo termo premissa, a outro, e que opera com objetos caracterizados pela divisão, que são entidades distintas e separadas e assim permanecem. Além disso, essas operações são realizadas no tempo, que aparece no sistema no nível da Alma e não existe acima dela (III.7.11.23-35). Em acréscimo, ainda que Plotino nem sempre diga, a razão opera, como vimos há pouco, com proposições. Aqui talvez resida sua mais aguda diferença com relação ao intelecto que vê as verdades que são seus objetos ou não (I.1.9.12-13): não as apreende pela cogitação.

Houve uma discussão considerável nos últimos anos sobre o que o intelecto realiza quando pensa. Antes de tratarmos disso, devemos nos deter na consideração de algumas características da hipóstase *Nous*. Normalmente ele é visto como o conjunto das Formas de – ao menos – todas as espécies deste mundo e todas as Formas matemáticas e morais que se espera que um platônico estabeleça seu mundo inteligível. Tais Formas, e aqui o ponto de partida de Plotino é o *Sofista* de Platão (248e-249a), não são apenas universais autossubsistentes, mas seres que pensam:[30] o que se segue das identificações do Intelecto com as Formas (V.1.4.26-29) e de Formas individuais com

---

29   Ver acima, páginas 112-114 (com a nota 16).

30   Foi argumentado que ser e pensamento implicam ou são equivalentes a vida, *cf.*, por exemplo, Hadot, 1960.

intelectos individuais (V.9.8.3-7). Logo, cada Forma é capaz de pensar e de ser objeto de pensamento, realizando aquela identidade entre o pensamento e seu objeto que Aristóteles apresenta como uma característica do pensamento puro no *De anima* (431a1).[31] Isso é verdade tanto para os "componentes" individuais do Intelecto quanto para a hipóstase como um todo. Desse modo, a hipóstase, e a Forma individual, ou intelectos de que ela consiste e que ela é, também corresponde ao intelecto divino de *Metafísica* Λ 9, cuja diferença importante é que o Intelecto plotiniano não é simplesmente "pensamento do pensamento" (*cf.* 1074b34-35), mas um pensamento de objetos intelectuais específicos, denominados seus próprios conteúdo, portanto compondo um amálgama dos princípios superiores de Platão e de Aristóteles na mais elevada forma de do sistema de Plotino.[32]

Esse é o tipo de pensamento que o intelecto humano pode realizar quando a alma está livre da interferência que Plotino vê em relação ao mundo sensível, ou quando raciocina a seu respeito. Ele pode ser atualizado simplesmente pelo voltar sua atenção naquela direção, distanciando-se de qualquer distração oferecida por níveis inferiores do ser (V.3.3.27-29, *cf.* 42-43 e IV.3.30.11-16). Opera-se, então, como o *Nous* o faz, na medida em que pensa e é pensamento, tornando-se como o *Nous* naquelas atividades que não dizem respeito à sua produção, e talvez, por vezes, regulação, daquilo que lhe é inferior. Esse acesso é simplesmente comparável com o olhar algo que não se via num instante anterior, ainda que nesse caso seja tomado como todo, modo de visão que foi denominada como *totum simul*. Plotino ilustra esse caso com uma referência aos hieróglifos, que ele considera erroneamente como se fossem simples ideogramas e nunca representassem sons, mostrando, então, como a intelecção não envolve um processo de passar de uma coisa a outra (V.8.6.1-9). O pensar do intelecto não diz

---

31   E também implícito no significado original dos termos empregados para Intelecto e intelecção: em Homero eles significam simplesmente "ver", e tal sentido de apreensão imediata de um objeto jamais foi completamente perdido.

32   O que contribui de modo considerável para a convicção plotiniana de que deve possuir muitos conteúdos, o que as linhas que abrem o tratado V.9.3 sugerem que não era aceito pela totalidade de sua possível audiência: se a referência era aos peripatéticos ou a outros, não é possível dizer.

respeito a atingir a verdade pelo sentido de determinadas proposições, ou pelo visar da verdade que elas contêm. A dificuldade em se considerar essa ideia pode ser dada para quem está habituado a transpor o pensamento em argumentação lógica, o que geralmente levou a se considerar que a intelecção plotiniana fosse não proposicional: o que era requerida era uma imaginação suficiente para ver que haveria alguma coisa.[33] Isso talvez não seja mais difícil do que a busca de proposições aceitáveis para serem objetos de intelecção para aqueles que pensam que esse tipo de pensamento nunca pode ser concebido como realizável sem algum tipo de proposição.[34] Pode-se talvez acrescentar que se esse tipo de pensamento fosse proposicional seria difícil explicar como ele difere da razão discursiva ordinária. Alguém seria levado a uma resposta insatisfatória que estabelece uma diferença unicamente por distinção, explicação à qual Plotino recorre quando enfrenta a dificuldade de distinção entre as respectivas hipóstases do Intelecto e da Alma (V.1.3.20-21).[35]

Foi a primordial a necessidade de explicação de como se pode ter conhecimento de uma realidade transcendente tal como constituída pelas Formas que moveu Plotino à consideração de que uma parte de nossa alma permanece habitando aquela realidade inteligível, "resolvendo", então, um problema que perturbara Platão no *Parmênides* (133b-134b): como podemos, no mundo sensível, conhecer as Formas que estão no inteligível. Quem se interessa por Plotino como um místico pode pretender argumentar que apenas por termos uma parte da alma no nível da indivisa, se não indiferenciada, unidade somos capazes de atingir o último nível de união com a unidade indiferenciada que é o Uno. O que é interessante do ponto de vista da explicação do conceito plotiniano de intelecção é a atenção

---

33 Acerca do pensamento não proposicional em Plotino, ver especialmente Lloyd, 1970, 1986 e 1990, 164-166: aqui Lloyd sugere que o todo que é objeto de intelecção "ocupa o lugar de gênero de existência ou ser" e que "a não complexidade pertence a ele como objeto fenomenológico ou intencional enquanto que sua complexidade lhe pertence como objeto extenso". *Cf.*, ainda, Alfino, 1988, cuja primeira parte dirige-se contra Sorabji, 1982.
34 Para essa abordagem, *cf.* Sorabji, 1980, 217-219; 1982, 310-314 e 1983, 152-156.
35 Acerca do uso que Plotino faz de "outro" e "alteridade" para diversos propósitos, *cf.* Blumenthal, 1974, 207.

cuidadosa para com a consideração do quanto o intelecto pode ser visto como uma unidade, que o leva à requisição de uma entidade superior abaixo da qual a dualidade constitui-se como diferença entre cognoscente e conhecido, ainda que no final fossem tomadas como idênticas: mesmo esse tipo de diferença é ausente do Uno. Daí que a intelecção é uma experiência – para evitar a palavra "processo" – que requer um tipo de contato direto que pode ser entendida de modo errôneo como uma manifestação de misticismo. Isso é exatamente o que ocorre com uma das mais citadas passagens de Plotino para se alegar seu pronunciamento sobre sua experiência mística, cuja escassez não permite ser supervalorizada, as palavras iniciais de IV.8, em que ele escreve:

> Algumas vezes, despertando fora de meu corpo, estando inteiramente em meu próprio interior, alheio a todas as outras coisas, vi uma beleza maravilhosamente grande e senti a certeza de que mais do que tudo eu pertencia à melhor parte; vivia a melhor vida em ato e me identificava com o divino... estando acima de todo o restante daquilo que está no inteligível. (IV.8.1.1-7)[36]

Como alguns recentes comentadores de Plotino notaram, essa passagem de fato diz respeito àquilo que ocorre quando se atinge o Intelecto.[37] Nela não há nada que não possa se referir à intelecção, sendo as referências à beleza normalmente uma característica da segunda hipóstase (*cf.*, por exemplo, V.8.8),[38] e "a melhor parte" uma maneira padrão de se falar do intelecto e de sua atividade como oposta à alma ou à razão (nesse sentido, por exemplo, I.1.13.6; *cf.* III.5.8.11-15),[39] são fortes indicações de que se

---

36 Modifiquei a última frase da tradução de Armstrong: *huper pan to noêton* não precisa significar, como ele traduz, "acima de tudo mais no Intelecto".

37 *Cf.* Schroeder, 1992, 4-5; O'Meara, 1993, 104-105. Para a visão tradicional, *cf.*, por exemplo, Rist, 1967, 56, com a nota 4, sobre a qual podemos comentar que a versão árabe pode não mostrar o que o grego se refere ao Uno, mas apenas o que o tradutor assim entendeu; Hadot, 1993, 25-26.

38 *Cf.* Rist, 1967, 53-65; O'Meara, 1993, 94-97.

39 A última passagem depende da identificação de Zeus com o Intelecto e de Afrodite com a Alma. Acerca disso, *cf.* Hadot, 1990 *ad. loc.*

trata do Intelecto e não do Uno. O que aqui é claro, e em muitos outros textos em que Plotino discute a intelecção, é que a elevação ao nível do Intelecto não nos conduz a uma espécie de perda de identidade. Há duas vias nas quais essa retenção da individualidade segue-se de outras noções desenvolvidas por Plotino. Em primeiro lugar, e talvez de modo óbvio, porque tudo que existe no Intelecto permanece discreto, tanto *qua* sujeito quanto *qua* objeto, não obstante a identidade do cognoscente e do conhecido que é característico desse nível de cognição, tanto mais a mente individual que tem um lugar naquela estrutura. Em segundo lugar, Plotino com frequência sustenta que nosso intelecto é nosso verdadeiro eu,[40] uma posição que poderia não fazer sentido se nosso intelecto fosse meramente, como Aristóteles parece ter considerado e Alexandre de Afrodísia o fazia, um universal singular e intelecto comum do tipo de reaparece em Averroes e naqueles que pensavam como ele. Tais argumentos poderiam ser considerados ainda que, na medida do possível, Plotino tenha decidido no final de sua carreira, como parece ter ocorrido,[41] que a parte mais elevada de nossas almas existe apenas no nível da hipóstase Alma, que está no inteligível no sentido lato em que ele por vezes, mais especificamente no tratado *Sobre os gêneros do ser* (VI.4-5),[42] emprega o termo *noêton* para se referir tanto ao Intelecto quanto à Alma. Ele assim o faz porque os conteúdos da Alma são uma manifestação do movimento a partir da unidade do Intelecto em direção à diversidade do mundo físico, sendo então semelhantes, embora mais distintos, àqueles do Intelecto (*cf.* IV.3.5.8-11). Eles, portanto, são ainda uma parte do inteligível. Logo, nossa identidade seria de modo mais claro manifesta lá e a possibilidade de que nossa faculdade superior seja uma parte que se dividida desapareceria. Se ele fizesse tal mudança, uma consequência seria que a meta normal da ascensão de nossa alma seria a hipóstase Alma. Isso não impossibilita ascensões ocasionais para o nível superior do Intelecto tanto

---

40 Mas nem sempre, pois há diversos textos em que ele está situado no nível da razão, *cf.* Blumenthal, 1971b, 109-111; O'Daly, 1973, caps. 2 e 3. Gerson, 1992, 254-257 pensa que o "eu" real está sempre no nível do intelecto.

41 Ver Blumenthal, 1974, 217-219.

42 Sobre isso, *cf.* Blumenthal, 1974, 211-212.

mais tendo nossa parte superior no Intelecto, sendo o Intelecto tomado como a meta normal de nossa ascensão, o que impossibilita a ascensão ocasional para o próprio Uno.

No mesmo sentido, a hipóstase Intelecto era necessária para satisfazer vários pressupostos, tanto herdados dos predecessores de Plotino quando inerentes em sua própria concepção do mundo inteligível. Se considerarmos que o ponto de partida de Plotino está em Platão, ele teve que encontrar um lugar para as Formas,[43] entidades que eram essencialmente transcendentes e de nenhum modo envolvidas na estrutura ou governo do mundo físico, cuja existência delas depende. Ao mesmo tempo deve haver, para um realista como Plotino, um nível ontológico correspondente ao estágio psicológico da identidade entre o cognoscente e o conhecido que ele retoma de Aristóteles pela via de alguns refinamentos e esclarecimentos feitos por Alexandre de Afrodísia.[44] As mútuas relações daquilo que existe naquele nível poderiam ser caracterizadas por graus correspondentes de unidade entre seus "componentes". Portanto, esse nível deve estar abaixo daquele do Uno do qual ele é separado por uma alteridade que consiste na dualidade inerente dada pela distinção entre cognoscente e conhecido, ou por aqueles objetos que constituem o mundo das Formas. Ao mesmo tempo, no momento em que Plotino ocupa-se em expor a estrutura formal de seu mundo inteligível mais do que meramente enfatizar as diferenças entre ele e o mundo físico, o Intelecto deve ser distinto da Alma. Enquanto o Intelecto está próximo de ser uma unidade, a responsabilidade da Alma pelo mundo físico, assim como seu estatuto de mediadora entre a unidade do Intelecto e a existência difusa de nosso mundo, confere-lhe uma deficiência de unidade. Com isso, ocorre uma substituição da transição e do processo

---

43 Plotino não dá sinais da suspeita moderna, em grande parte, se não inteiramente, baseada na classificação do *Timeu* feita por G. E. L. Owen (Owen, 1953), segundo a qual Platão abandona a teoria das Formas após o *Parmênides* ou relegou-a lentamente a um estatuto secundário. Um sumário recente do problema pode ser lido no capítulo introdutório de Platão (Kraut, R. *Platão*. São Paulo: Ideias & Letras, 2013). A noção de desenvolvimento nos diálogos não ocupa Plotino ou outros neoplatônicos até o século IV.

44   Sobre essa visão, ver ainda Armstrong, 1960, 405-411. Para uma discussão posterior e mais cética, *cf.* Szlezák, 1979, 135-143.

para uma cognição imediata e eterna, tal como do tempo para a eternidade. Plotino não parece ter separado das dificuldades dessa última diferença que surgem quando alguém confronta-se com o fato de que em seu sistema a Alma não existe menos eternamente do que o Intelecto e o Uno.[45] Sua explicação de que o tempo vem à existência com a Alma porque está vinculado ao processo e transição implicados no modo peculiar de cognição da Alma (III.7.11.20-30) não parece trair ou deixar de lado a tarefa de prover uma solução para o problema produzido pela noção de que a Alma é tanto eterna quanto vinculada ao tempo, que é "criada" com ele (*cf.* III.7.11 *passim*). De outro lado, esse problema real deve ter sido aquilo que levou Plotino a considerar o intelecto individual como locado no nível da Alma, posição indicada por alguns textos como os tratados tardios I.1 e V.3 que não são, todavia, conclusivos. De qualquer maneira, não se deve esquecer que quando Plotino trata a Alma como virtualmente idêntica ao Intelecto no mundo inteligível que é oposto ao sensível, nomeará o Intelecto entre os ingredientes daquele nível do ser.

Partimos da ordem ascendente de exposição para conhecermos as razões pelas quais Plotino estabelece um Intelecto diferente e superior à razão discursiva. Devemos agora voltar a considerar as funções daquela razão. Ela possui, tal como a imaginação, uma posição intermediária que lhes oferece dois tipos de premissas para analisá-las. Isso significa dizer que possuem uma função em relação àquilo que é superior, outra em relação àquilo que é material, dado a elas pelas, ou das faculdades inferiores da alma. De fato, Plotino descreve de modo explícito a alma como uma entidade intermediária "ocupando uma posição média entre as coisas que existem, sendo no limite do inteligível... partilhando uma margem no mundo sensível" (IV.8.7.5-9), e sempre a descreve como vivendo numa fronteira (IV.4.3.11-12). Essa descrição dispõe a Alma tanto como um todo quanto a razão humana que é aquela dentre suas faculdades cujas operações, dividindo em seu raciocínio aquilo que é unido no intelecto e tendo uma parte na gestão daquilo que é inferior, são próximas à e mais característico da Alma como

---

45 Exceto por algumas vezes atribuir à Alma muitas características que normalmente a diferenciam do Intelecto. Acerca disso, *cf.* Blumenthal, 1974, 209-216.

uma hipóstase. Tal similaridade tornou-se cada vez mais importante para os platônicos posteriores a despeito do fato de terem abandonado a concepção plotiniana do intelecto não descido.[46]

Voltemo-nos agora para essas duas funções da razão. Na gestão da parte inferior da alma e de seus requisitos, ela aproxima-se da razão prática aristotélica, visto que Plotino não evidencia os processos pelos quais toma as decisões que estão em seu domínio. Considera-se em geral que a imaginação apresenta para a razão imagens que surgem na parte inferior da alma, e que a razão as dispõe a seu modo. Ela possui um último papel na disposição do material que provém da parte inferior, sendo responsável pelas dimensões inferenciais da percepção. Assim, quando percebemos algo por meio dos sentidos, isso pode ser referido a um plano que a razão possui em razão de sua justaposição com o intelecto. Quando as impressões (*tupoi*) são produzidas pelos sentidos, a razão as compara com impressões que já possui, numa forma desmaterializada, estando então em condições de pronunciar algo sobre sua identidade: trata-se de algo como um processo de reconhecimento (*cf.* V.3.2.11-13). De modo similar, a razão decide se ou não algo que aparece como um caso de X corresponde ao tipo de X que ela possui em si (V.3.4.13-17).[47] Plotino fala de adequação de algo com a forma que possui, empregando esses termos no sentido de realizar um juízo perceptivo no mesmo sentido de em que se pode julgar reto usando uma régua (I.6.3.1-5; *cf.* VI.7.6.2-7).[48] Tal como em muitas passagens como essas, deparamo-nos com o problema relativo ao sentido exato da palavra geralmente traduzida como "julgar" (*krinein*): comentadores recentes tentaram traduzi-la como "discriminar" mais do que "julgar".[49] De qualquer modo, é claro que no presente contexto trata-se da realização

---

46   Sobre essa via de visão da Alma nos sucessores de Plotino, *cf.* Blumenthal, 1988, 109-118.

47   Em seu novo comentário de V.3, W. Beierwaltes distingue razão (*dianoia*) e *nous* da alma nessa área: deveriam ser vistas como diferentes vias de referência à mesma coisa. *Cf.* Beierwaltes, 1991a, 103-106.

48   A "outra alma" nesta passagem é claramente o nível da razão oposto ao da sensação.

49   Esse não é, claro, um problema próprio de Plotino: já aparece no *De anima*, em que não se coloca a questão de planos derivados do "acima". *Cf.*, por exemplo, Ebert, 1983. Para Plotino, ver agora Emilsson, 1988, 121-122 e os comentários de Wagner, 1993, 38, nota 2.

de identificações conceituais em relação a uma sequência de padrões que se situam em nossa mente mais em virtude de nossa relação com uma realidade superior do que como um resultado de algum processo indutivo que conduz a um conceito baseado apenas no acúmulo de dados dos sentidos.

Isso, portanto, é como a razão dispõe a informação do mundo sensível, empregando aqueles que, em última instância, são os conteúdos da Alma e do Intelecto que os capacita para realizar tal tarefa. Pode-se ainda tomar isso no sentido daquilo que nos dispõe para pensar sobre eles superior ao conhecimento imediato – não no sentido de suprarracional, pois o intuitivo é superior ao discursivo – que já foi discutido. Isso os torna aptos a auxiliar a imaginação, que torna as Formas acessíveis, na forma de imagens, como matéria para o raciocínio assim como apresenta os dados dos sentidos para a razão processá-los. Isso também nos dispõe para estarmos consciente da existência das Formas e de sua intelecção direta. Plotino concebe tal ato como um tipo de reflexão (*cf.* IV.3.30 *passim*). De fato, Plotino usa a mesma palavra, impressões, qualificadas pelo "como" (*hoion*), que é usada para os dados apresentados à razão provindos dos sentidos (V.3.2.9-11). Não importa a fonte desse material, a razão os dispõe num sentido que parece mais familiar do que muitas das operações que Plotino atribui à alma. Ela parte de premissas e chega por meio delas a uma conclusão (*cf.*, por exemplo, I.3.5.1-4), e produz um tipo de conhecimento sintético mais do que meramente analítico. Contrastando o intelecto real com aquele que Plotino chama de "o assim chamado intelecto" ou "o intelecto da alma", ele escreve "nosso assim chamado intelecto que retira seu conteúdo de premissas e está apto a compreender o que é dito, raciocina de modo discursivo e observa o que segue, contempla a realidade como o resultado de um processo de raciocínio que ele não teve antes, mas eram vazios antes de inteligirem, na medida em que eram intelectos" (I.8.2.10-15). De qualquer modo, o propósito do processo de raciocínio, tal como Plotino o concebe, é chegar a uma espécie de verdade que está acessível no Intelecto em virtude de sua verdadeira natureza (*cf.*, por exemplo, V.3.5.25-28), de tal modo que pensa como um raciocínio bem-sucedido que organiza aquele tipo de conhecimento. Quando realiza isto, sua tarefa está completa (IV.4.12.5-10; *cf.* I.3.4.9-20).

Já mencionamos o modo pelo qual mais de um filósofo neoplatô-nico concebe a razão como correspondente a algo mais próximo da alma macrocósmica, um ser intermediário entre o mundo sensível e o mundo inteligível. Essa visão da razão pode vir à mente quando se considera que aquele é o nível da razão discursiva em que Plotino em geral pensa nosso eu, o que geralmente ele chama de "nós" está aí localizado. Essa perspectiva contrasta com uma outra, pela qual nós somos realmente nosso intelecto. Isso requer uma explicação suplementar assim como no caso da doutrina da parte não descida da alma, no sentido em que uma parte de nós que está permanentemente no intelecto, sendo objeto de nossas aspirações, sugere que a parte não descida do intelecto, e não a razão que opera abaixo dele, é aquilo que realmente somos.

Isso suscita a questão de que é possível ou não derivar nossa existên-cia, ou se aquilo que somos no nível mais elevado pode ser identificado com nossa própria Forma individual. Essa é uma questão que mereceu uma discussão considerável ainda que inconclusiva, com a maioria a favor da existência de um tipo maior de Forma nos planos em que Plotino atribui uma importância particular ao individual.[50] Ainda que concedamos à mo-tivação, a expressão de um tipo de compreensão não requer a existência de uma Forma para cada indivíduo, na medida em que o sistema plotiniano compreende uma cada vez maior pluralidade em sua distância proporcional em relação ao Uno. No entanto, como todo inferior é derivado, em última instância, daquilo que lhe é superior, é provido de uma base inteligível de tudo que existe tanto num nível inferior do inteligível quanto naquela base ou no próprio mundo sensível. Nesse sentido, todas as almas individuais são dependentes de um intelecto, mas existem em um estado mais difuso (IV.3.5.8-11). Esse texto infelizmente não mostra de modo decisivo se cada alma individual depende de um intelecto separado, ou se há feixes de almas anexadas a todos os intelectos no inteligível. O termo "inteligível" é crucial: não se pode dizer de forma simples, clara e decisiva "Intelecto". Isso por-que, como já foi visto, Plotino por vezes fala sobre Alma e Intelecto como

---

50   *Cf.* Rist, 1963 e 1970; Blumenthal, 1966; Armstrong, 1977a.

se fossem um mais do que dois níveis separados do ser inteligível que ele mantém estritamente como são: nem mais nem menos do que três (*cf.*, por exemplo, V.1.10.1-4).

Essa tendência que não mantém as hipóstases claramente separadas o tempo todo agrava a dificuldade de responder nossa questão. É claro que intelectos existem no inteligível. De tal modo, a parte mais elevada de nossa alma, sendo um intelecto, deve estar no inteligível: o inteligível, todavia, pode ser mais a Alma que o Intelecto (VI.4.14.2-3). Reunir a todos com esse intelecto, e em último grau transcendê-lo, pela união, ou reunião, com algo que os vincula com algo "acima", seja esse o Uno ou o Uno e o Intelecto, permanecerá uma aspiração fundamental dos neoplatônicos. Isto é assim se essa reunião significa distanciarmo-nos de outras preocupações, voltando-nos para a perene atividade de nosso intelecto, tal como para o próprio Plotino, ou preferencialmente, como para Jâmblico e aqueles que vieram após ele. Todavia, na medida em que todas as entidades são capazes de – e buscam – ascender a um nível superior do que aquele em que estão situados ordinariamente, nossa habilidade de ascender ao Intelecto, não em si mesmo, mostra que a parte superior de nossa alma reside em ato mais no Intelecto do que na Alma. Se é assim, deveríamos ter uma Forma individual, pois esse é o conteúdo do Intelecto. Além disso, não se questionaria se teríamos a parte superior de nossa alma permanentemente no Uno, na medida em que simplesmente não se pode estar lá. Portanto, qualquer argumento que sustentar que estamos onde podemos ir será falível. Logo, só podemos concluir que não é possível determinar onde Plotino decidiu situar a parte mais elevada de nossa alma. Se ele próprio não se deteve em uma questão tão importante para um platônico, devemos considerar a evidência de uma via aberta de concepções na qual Plotino é cada vez mais reconhecido como iniciador, e tal como é formulada sua própria filosofia.[51]

---

51 Gostaria de agradecer ao professor Gerson por seus comentários à penúltima versão deste artigo, o que me levou a fazer uma série de reparos e esclarecer alguns pontos obscuros. Gostaria de acrescentar que nem sempre segui suas sugestões!

5 Essência e existência nas *Enéadas*

KEVIN CORRIGAN

I

Uma primeira distinção explícita entre essência e existência foi atribuída aos filósofos árabes Al Farabi (*ca.* 870-950) e Avicena (*ca.* 980-1037). A natureza ou essência de qualquer ser finito pode ser concebida separadamente de sua existência que aparece como uma perfeição "acrescentada" ou acidental à sua natureza.[1] Pierre Hadot[2] traçou as rotas dessa distinção retrocedendo a Boécio e aos neoplatônicos tardios, e, em último caso, a duas fontes principais: (1) a distinção entre ser absoluto e ser determinado (respectivamente, o ser no infinitivo, *to einai*, e o ser no particípio, *to on*) encontra-se no comentário anônimo ao *Parmênides* (atribuído a Porfírio) e em Mário Vitorino.[3] E (2) distinção realizada no neoplatonismo tardio (por Proclo, Damáscio[4] e Mário Vitorino) entre preexistência (*huparxis*) e substância (*ousia*), isto é, entre o ser puro em sua simplicidade anterior a todas as coisas e a substância como sujeito determinado tomado sempre com todos os seus acidentes. Gostaria de argumentar neste texto que as vias dessa distinção já podem ser encontradas

---

1   Sobre Avicena e a tradição posterior, ver Gilson, 1952; Owens, 1958, 1-40; 1965, 1-22; Hyman e Walsh, 1973, 212, 234, 283-284, 464-467; sobre Aristóteles e São Tomás de Aquino, bem como para as concepções modernas, de Hobbes e Locke a Sartre, ver MacIntyre, 1967 ("Essência e existência"), 59-60. *Cf.* ainda a nota 60.

2   *Cf.* Hadot, 1963, 147-153; 1970, 143-156; 1973, 101-113. E ainda Festugière, 1954, 6-17.

3   Hadot, 1968, 2 vols.; *cf.* vol. 2, 98-112. Mário Vitorino. *Adversus Arium*. Sources Chrétiennes (ed. P. Henry e P. Hadot). Paris: Cerf, 1960, t.IV.19.4seg.

4   Damáscio. *Dubitationes et solutiones*. Ed. C. E. Ruelle: Paris, 1989, vol. I, 120, 312, 11-12, 312, 29; Proclo. *Elementos de teologia*. Ed. Dodds, 1933, proposições 8-10.

em Plotino.[5] A essência ou substância de todo ser finito é radicalmente dependente do ser ou da existência que vem a ele do Bem. A concepção de Plotino é particularmente importante não apenas porque resulta em uma nova visão do significado de determinado ser, mas também porque auxilia a iluminar o caráter da própria distinção entre essência e existência. Trata-se de uma distinção lógica ou real?[6] Se é real, quais as bases filosóficas que permitem supor que deve haver tal distinção? Pretendo argumentar que, nas *Enéadas*, a distinção entre determinada essência, ou substância, e a existência não restrita, é real, o que pode ser encontrado de diferentes modos em todo ser finito – corpos compostos, alma e intelecto – e que o que a princípio vemos em Plotino não é uma distinção explícita com a clareza lógica posterior, mas muito mais como um horizonte de relações de determinado ser com o Uno, que confere a possibilidade dessa última distinção.

II

Em relação à cronologia dos escritos de Plotino, a distinção entre essência e existência é mais visível nos últimos textos, em particular em VI.7 e VI.8 (38 e 39 segundo a ordem cronológica), mas uma compreensão similar pode ser encontrada muito anteriormente, em VI.9 (segundo a ordem cronológica).[7] A sofisticada noção não antropomórfica da causalidade divina que emerge do *Großschrift* (III.8; V.8; V.5; II.9; tratados 30-3

---

5   Para muitos assentimentos diversos sobre essa questão nos últimos anos, *cf.* Corrigan, 1984, 219-240; 1990, 133-138; Gerson, 1990, 185-226.

6   Por "lógico" entendo que a distinção é apenas conceitual, tal como posso distinguir "animal" e "racional" ao definir o ser humano. A questão do que constitui uma distinção real é mais difícil de se determinar. Nela, uma distinção entre modos de ser ou duas "coisas" num ser determinado ou de dois aspectos complementares do ser que em algum sentido são atualmente distintas, mesmo que tomadas em conjunto constitui a unidade de determinado ser? Sobre esse ponto, ver Gilson, 1952, 99, que oferece essas três possibilidades a partir de um texto de Suarez (*Metaphysicae disputationes* XXI.1.3.115 G).

7   Sobre o *Großschrift* de modo geral e também em relação a II.9 (*Contra os gnósticos*) tomada num conjunto, *cf.* Cilento, 1971; Roloff, 1971; Elsas, 1975.

segundo a ordem cronológica) e também em VI.7 e VI.8,[8] é especialmente importante para se compreender como determinadas substâncias, como almas ou compostos sensíveis, são vinculadas ao Intelecto e ao Uno por seu próprio ser, mas ao mesmo tempo de algo superior à sua natureza imediata ou composição.

III

Em primeiro lugar, algumas palavras acerca do vocabulário. Dos muitos termos e frases que Plotino emprega para falar sobre o ser das coisas, as mais comuns são, primeiramente, o infinitivo do verbo "ser" com o artigo neutro, *to einai*, para significar "o ser" que deve ser atribuído a tudo, intelecto, alma, corpo, matéria, mesmo o Uno. Em segundo lugar, o particípio neutro do verbo "ser", *to on*, e o plural, *ta onta*, para se referir ao ser inteligível e aos "seres reais" que a forma do Intelecto contém, ou ao ser como um dos oniabrangentes "gêneros supremos" que Plotino adapta do *Sofista* de Platão (quais sejam, ser, movimento, repouso, o mesmo e o outro). Terceiro, *ousia*, tradicionalmente traduzida por "substância" ou "entidade", e, algumas vezes, "essência" (equivalente à expressão geral, "o que é", *ho esti*, na medida em que *ousia* pode indicar não apenas "estofo" e substância individual, mas também aquilo que na substância a torna real).[9] Em geral, *ousia* e *to on* são termos recíprocos, mas ocasionalmente *ousia* parece significar algo maior que *to on*, como quando o número é referido como "a verdadeira *ousia* do ser" (VI.6.9.27).[10] Todavia, *to einai*, *to on* e *ousia* são com frequência aplicados de diferentes modos, tal como os termos *hupostasis* e *huparxis* muitas vezes denotam a "realidade" básica ou a "existência" de tudo.[11] Plotino aproxima-se de uma distinção explícita entre essência e

---

8   Para comentários sobre VI.7, *cf.* Hadot, 1988 e VI.8, Leroux, 1990.

9   Por razões de simplificação, traduzi *to einai* como "o ser", *to on* como "ser", *ta onta* como "os seres" e, finalmente, *ousia* como "substância".

10   *Cf.* III.7.4.37-38. Devo essa observação a Sweeney, 1992, 172-175.

11   Acerca do termo *hupostasis*, *cf.* VI.6.5.16-25; 12.1-2, 13-16; I.8.15.1-3 etc., e *huparxis*, III.7.13.49-50. Acerca do sentido técnico de *hupostasis*, *cf.* V.1 (*Sobre as três hipóstases principiais*). *Huparxis* nunca é empregada no sentido específico de "existência" dado a ele

existência sobretudo no tratado tardio VI.8.17.24-25, em que argumenta que o Uno não possui nem seu ser (*to einai*) nem seu ser o que ele é (*to hopoios estin einai*) de outro.[12] Mas essa distinção não pode ser aplicada de modo estrito, argumenta, para o Uno, pois é puro ser autossubsistente ou existência, causa da existência de todas as outras coisas, na medida em que todos os outros seres não são apenas autossubsistentes, mas "algo outro" também, ou seja, substâncias determinadas (no caso do intelecto e da alma) ou qualidades derivadas e quantidades na matéria (no caso dos compostos físicos) (*cf.* VI.8.21.30-33).[13] O que, então, significa "ser" nos diferentes casos da matéria, corpo, alma e intelecto, e porque formariam uma hierarquia ascendente?

IV

Tudo possui alguma forma (ou privação) de ser, do rico e variado ser do Intelecto ao mínimo ser ou não ser da matéria.[14] A matéria possui uma espécie de existência mínima, embora não possui um "ser" atributivo de algum tipo formal (tal como substância, qualidade, quantidade etc.) (II.4.8-13; III.6.8-10). Por comparação com o mundo inteligível, "o ser" da matéria, e dos corpos dela fundados, é "o ser de coisas que não são" (III.6.6. 31-32).[15] Apesar disso, ainda que a matéria seja privada de ser formal, sua

---

posteriormente por Porfírio (Hadot, 1968, vol. 2, 110-112.26) ou Mário Vitorino (*existencia*). *Candidi epistola* I.2.18-22; *Adversus Arium* I.30.20-24 (Henry, Hadot, 1960). Os verbos *huparchein, sunhuparchein, prohuparchein*, são por vezes empregados e sugerem existência originária, coexistência, preexistência e, em consequência, algum tipo de atribuição existencial básica. Ver, por exemplo, VI.6.10.39-41, 13.17.48. A natureza una predicada de muitos "deve existir primeiramente em si mesma" (*kath'hautên huparchein*) antes de ser contemplada em muitos (VI.6.11.7-9).

12   Uma distinção similar é implícita em VI.8.12.16 em que Plotino argumenta que o Uno não é apto a ser referido a outro "naquilo que é" (*hê esti*) e "naquilo que é substância" (*hê estin ousia*).

13   Para esta distinção entre substância e derivado composto, ver seção VI.1.

14   Acerca do tema da matéria, Plotino tem quatro tratados importantes: II.4 (12 segundo a ordem cronológica) *Sobre a matéria*; II.5 (25) *Sobre o que é em potência e o que é em ato*; III. 6 (26) *Sobre a impassibilidade dos incorpóreos*; e I.8 (51) *O que são os males*.

15   Tradução de A. H. Armstrong. Todas as citações das *Enéadas* são tomadas da tradução

relação privativa com o ser significa que "ainda que seja não existente, ela possui um certo tipo de existência nesse sentido" (II.4.16.3). Ela é apenas "o que é, matéria", nunca atual, meramente potencial (II.5.5.1-7) de modo que seu "ser" e sua "substância" o dispõe de modo a ser potencialmente todas as coisas (II.5.5.27-33). Logo, ainda que a matéria seja mal em si mesma, o universo físico não existiria "se a matéria não existisse" (I.8.7.2-4). A matéria, portanto, pode ser dita como aquilo que consiste em uma mínima, existência periférica, que é não ser porque sua existência implica privação de qualquer forma.

V

O corpo, em contrapartida, é apenas uma "sombra" do ser, fundado em última instância no não ser (VI.2.7.12-14; VI.3.8.30-37). Não é verdadeira *ousia* ou substância, argumenta Plotino, porque é composto de elementos posteriores à substância, nominalmente, qualidades e matéria. Corporeidades individuais compostas são, portanto, não verdadeiros sujeitos de predicação, porque não possuem o tipo de autodependência requerida para que sejam tratadas como verdadeiras substâncias (II.6.1.42-49; 2.11-14).[16]

---

de A. H. Armstrong, publicada pela Loeb.

16　Nas investigações sobre o "algo", vemos seu escoar (*apolisthainein*) e somos envolvidos pelo sentido qualitativo (II.6.1.42-44; *cf.* Platão. *Carta VII* 343c1-6; II.6.2.11-14; *cf.* Aristóteles. *Met.* 1029a16-19). De modo converso, "qualquer tipo de matéria pode ter tomado... escoa de si para uma outra natureza" (III.6.14.24-25; *cf.* II.6.2.11-13; VI.3.8). Em sentido estrito, nenhuma matéria ou corpo é um verdadeiro sujeito ou substrato, pois "o ser" de ambos não é aquele de um sujeito individual (*kata to tode*), mas apenas aquele de uma forma específica (*kata to eidos*: II.1.1.25; *cf.* 4-40). Ao mesmo tempo, a matéria é tomada em um sentido "subjacente" ou "receptivo" (II.4.1.1-6; 4.7; 5.19), embora dificilmente possa ser um verdadeiro sujeito como o intelecto (5.20-1). Os corpos "são ditos ser" fundados "sobre" ela (III.6.12.6-13), e devem ser ditos terem uma existência potencial específica (II.5.5), mesmo que outras formas de existência potencial subjacente sejam *formais* (II.5.1.30; 2.26). *Mutatis mutandis*, uma formação similar pertence ao corpo, em relação ao seu ser "sombra" (II.6.3.14-21): "os objetos sensíveis são por participação aquilo que são ditos ser na medida em que sua natureza subjacente recebe sua forma de outro" (V.9.5.36-38). Verdadeira "subjetividade" por contraste, os seres com *logos* (II.6.2.11-15; III.3.4.29-41) e ainda com alma (I.4.3.14; III.6.33.31-32;

Todavia, esta não é a única concepção de Plotino acerca do ser do corpo. Em outro sentido, o corpo é composto de seus constituintes, composto de qualidades e matéria (II.7.3.1-5; VI.3.8.19-23). Portanto, Plotino pode ainda chamar o corpo como um "mal secundário" em relação ao grau em que participa da destituição do ser que é a matéria (I.8.4.1-5).

V.I

De outro ponto de vista, o corpo aparece como um lugar na gradação do ser que alcança do elemento mais rústico, menos interconectado ou organizado, a terra, ao elemento mais móbil, o fogo, que é "já saindo da natureza corpórea" (III.6.6.41).[17] Na curiosa linguagem de Plotino, o fogo tem "menos" e a terra "mais" corpo:

> quanto mais algo é corpo, mais é afetado, a terra mais do que outras coisas, e os outros elementos na mesma proporção, assim em relação a outros elementos reúnem-se novamente ao serem, não havendo obstáculos, mas quando cada tipo de corpo terroso é dividido, cada parte permanece separada para sempre; assim como com o ente do qual os poderes naturais são "malogrados"... também algo se tornou corpo de modo mais completo na medida em que se direcionou de modo mais próximo ao não ser, é muito débil para unir-se novamente em uma natureza corpórea. (III.6.6.53-61)

À primeira vista, isso parece absurdo. Por que um elemento deveria ser mais real ou ter mais ser do que outro? Contudo, Plotino nega que a participação no ser admite degraus ou que haja uma correlação direta entre ser e

III.8.8.5) e intelecto (II.4.5.22; V.8.4.18; 6.8; VI.7.40.7,47). O Uno "subjaz" a tudo (V.6.3.7-8), mas não é um *tode ti* (VI.8.9.39) nem mesmo verdadeira *hupostasis* (10.37-38; *cf.* 13.44; 15.6-7,28), mas novamente *hupostasis* ativa sem substância (20.9-11, 11-39), o verdadeiro sujeito (20.17-21,33).

17   *Cf.* I.6.3.19-26; IV.3.17.1-7; Pseudo-Aristóteles. *De mundo* 397b30ss; Aristóteles. *Sobre a geração e a corrupção*, 335a18-20; Estoicos: *SVF* II.136.11-13; 155.30-40 (*cf.* A. Graeser, 1972, 37); Alexandre de Afrodísia. *Questiones* 2.3.47.30-50.27 (Bruns).

unidade. "É possível", observa em VI.2.11.15-16, "não ter menor existência real, mas ser menos uno. Um exército ou um coro não tem menor unidade do que uma casa, mas tem menor unidade". Plotino provavelmente refere-se à noção estoica de graus de unidade, conforme a qual os organismos são mais "unos" no sentido em que são mais "unificados", enquanto que navios, torres e casas são unos na medida em que são "agregados", e, finalmente, exércitos ou coros são unidades de indivíduos distintos.[18] Neste ponto de III.6.6, Plotino não parece querer dizer que fogo e terra têm mais ou menos existência, mas antes que seu ser determinado ou naturezas podem ser vistos como mais ricos ou mais pobres em virtude de sua proximidade ou de sua distância em relação ao mundo inteligível. Em parte, essa visão é produto de uma cosmologia obsoleta conforme a qual o fogo, em seu movimento para cima, dirige-se ao universo espiritual.[19] Todavia, Plotino também quer vincular graus de determinação do ser a graus de complexidade organizacional.[20] Isso não é plausível no caso da terra e do fogo, mas pode ser mais compreensível se pensarmos na constituição e dissolução dos organismos naturais em geral, em relação aos quais pareceria haver a exigência de um princípio diverso de sua estrutura presente para realizar sua complexidade organizacional e unidade. Maior ou menor capacidade para a unidade, Plotino conclui, consideradas em diferentes relações como no ser inteligível. A terra é menos inteligível, ou "mais próxima do não ser", porque é menos capaz de unificação ou de complexidade organizacional mais desenvolvida (III.6.6.41-49). Outros elementos são mais inteligíveis por causa de sua capacidade para maior unidade (III.6.6.53-64). Conforme essa perspectiva, portanto, os corpos não são apenas sua estrutura presente de qualidades e matéria. Requerem ainda um princípio superior que lhes confira unidade.

---

18   Para referências e interpretação, *cf.* Graeser, 1972, 72-75.

19   Ver também Graeser, 1972, 22-24 (re: II.1.7.10.20-49); Beierwaltes, 1961, 334-362; e Ferwerda, 1965, 62-69.

20   *Cf.* III.6.6.33-64. Para a continuação e desenvolvimento desse tema em relação à alma, ver a seção VI a seguir e também Porfírio, *Máximas* 40.36.9-38.20 (Mommert); para a importância do tema *magis minusque esse* em Agostinho, ver *De vera religione* II.22 (Bibliothèque Augustinienne, 8.54, em relação ao corpo) e *Contra Secundinum* II (Bibliothèque Augustinienne, 17.574-5, em relação à alma e ao corpo).

V.2

O que é este princípio e qual sua relação com as naturezas individuais compostas? Um dos tratados mais antigos, VI.9, apresenta um quadro claro do que Plotino quer dizer.[21] Novamente, Plotino argumenta que graus de unidade são causa dos graus de ser (VI.9.1.27-28): "o que contém partes separadas, como um coro, é mais distante do Uno, e o que é um corpo contínuo é mais próximo" (1.32-33). Ainda que a alma seja múltipla, não sendo composta de partes corpóreas, possui o "uno" como *sumbebêkos pôs*, ou seja, como um atributo de seu ser, preferencialmente a sua verdadeira essência (30-44). Em VI.9.2, Plotino continua a argumentar (contra Aristóteles) que "um homem" e "homem" não significam o mesmo na medida em que ser e unidade são diferentes, e ser como qualquer multiplicidade requer unidade, pois "se um ser individual perder sua unidade, não mais existirá" (2.15-16). Uma distinção necessária, então, é a diferença entre o que uma coisa é, ou seja, sua "essência" múltipla ("homem", "ser vivente" e "racional" são múltiplas partes, 2.19-20) e a unidade que a torna o que é e que é a causa de sua existência ("E essas múltiplas partes são reunidas pelo uno", 2.20; "É pelo uno que todos os seres são seres", 1.1). Esta unidade está presente na organização das coisas, mas é também seu princípio imanente de organização, distinto da organização em si, sendo atraído para sua causa externa na natureza "uniforme" (5.27) do Intelecto e, finalmente, para o próprio Uno. Retornaremos a isso mais adiante. Por hora, retiremos algumas consequências dessa distinção entre essência múltipla e causa unitária da existência.

Unidade e ser não são apenas conceitualmente, mas realmente distintos. A causa de algo composto ser uma unidade é distinto de modo real do composto em si, e se essa unidade causa a existência da coisa, então é necessário que seja virtualmente idêntica àquela existência da coisa.[22] Dizendo de outro modo, a existência de coisas individuais deveria ser propriamente explicada em referência ao princípio unificador do composto, e não

---

21   Sobre a significação dos primeiros capítulos desse tratado, *cf.* Gerson, 1990, 203-206.
22   Acerca disso, *cf.* Gerson, 1990, 206.

simplesmente ao composto em si mesmo. Na linguagem dos primeiros capítulos de VI.7, o que queremos ver não é apenas o que o composto é, mas porque é deste modo, e se isto é um princípio próprio de explicação, então é preciso que não seja abstratamente separado do composto, mas de modo especialmente interno à inteligibilidade das coisas compostas.[23] Em outras palavras, necessitamos de uma perspectiva similar que esteja em condições de apreender a potencialidade inteligível da natureza do corpo. O que é essa perspectiva e como Plotino opera para suprir o hiato entre o mundo inteligível e o composto físico?

V.3

A teoria plotiniana do *logos* (princípio formal ou princípio de explicação) auxilia a suprir o hiato entre o ser inteligível e os seres físicos determinados.[24] Conforme os argumentos de Plotino em seu tratado *Sobre a natureza, a contemplação e o Uno*, o *logos* é uma entidade real, objetiva, que opera na natureza (III.8.2). Assim como num artefato humano há um princípio que permanece imóvel "conforme aquilo com que farão suas obras", assim também na natureza deve haver uma potência similar, argumenta Plotino, que opera não por planejamento ou raciocínio, mas simplesmente por ser aquilo que é. Seu ser não é ação ou fazer (*praxis*), mas uma atividade criativa que produz naturezas individuais ou *logoi* e estas, em contrapartida, enquanto permanecendo imóveis em si mesmas, dão origem a várias qualidades em diversos seres físicos: "(...) nos animais e plantas os princípios constitutivos são os produtores e a natureza é um princípio constitutivo, que gera outro princípio, seu próprio produto, que doa algo ao substrato, mas permanece em si mesmo imóvel" (III.8.2.27-30). A noção aqui expressa não é diversa da visão de Aristóteles em *Física* VIII, segundo a qual as almas ou princípios

---

23   *Cf.* VI.7.3.16-19; 4.23-30; 5.1-5; III.8.2.30-34; V.8.2.32-34 (*cf.* V.8.1-5); II.7.3.7-14.

24   Sobre o *logos* plotiniano e suas fontes, *cf.* Müller, 1917, 20-60; Witt, 1931, 103-111; Schubert, 1968; Früchtel, 1970; Graeser, 1972, 35; 41-43, e também a nota 32, adiante.

vitais de organismos naturais operam como motores imóveis,[25] uma ideia que foi recentemente comparada por biólogos ao DNA, o movente natural imóvel da ciência moderna.[26] O ponto central para Plotino, todavia, é que esses *logoi* operam como forças produtivas no mundo físico, não por raciocínio ou ação, mas como atos de contemplação, o que significa dizer que operam e são capazes de ser reconhecidos porque a visão do todo, assim como são, está contida em seu verdadeiro ser.[27] Conforme essa perspectiva de uma causalidade interna, o corpo não é composto de qualidades ou matéria, mas sua definição deve também incluir um *logos* ou princípio causal de unidade e organização que, na descrição sumária feita por Plotino em II.7.3, contém todas as qualidades, inclusive a matéria, e aperfeiçoa o corpo na matéria, de modo que o corpo é "matéria e um *logos* interno" (12). Em II.7.3, não fornece razões, mas em VI.7.4 e VI.8 torna-se claro que a própria definição requer não apenas o fato da existência composta, mas o "por que" algo é como é, um ponto no qual também Aristóteles insiste.[28]

Plotino argumenta de modo peculiar que o *logos* está na matéria, mas é imaterial na medida em que não é "composto" (IV.7.4.18-21). O que ele entende por "imaterial" nesse contexto é simplesmente "não fisicamente composto de qualidades ou matéria", que é, por assim dizer, diverso da qualidade "branco" em um dado composto individual, o *logos*, em sentido estrito, não é na matéria tal como uma qualidade é inerente a um substrato; ou melhor, ela é diretamente aquilo que é, ou seja, substância ou alma.[29] Para Plotino, assim como para Alexandre de Afrodísia, a alma está presente no corpo, mas não como uma qualidade *do* corpo.[30] Todavia, enquanto Alexandre ou Aristóteles insistem que a alma é a forma ou o ato *do* corpo, Plotino sustenta que a alma e seu conteúdo não podem ser "do" corpo como ato inseparável do corpo, visto que são substâncias "anteriores" pertencentes

---

25   Ver, por exemplo, *Física* VIII.259b1-3 (*cf.* Ross, 1936, introdução, 91) e 258b12-13.

26   Ver Delbrück, 1971, 55, citado com aprovação por Mayr, 1988, 56-57.

27   Ver, por exemplo, a conclusão da primeira parte desse argumento em III.8.7.1-15; *cf.* VI.7.1.45-58; VI.8.14.16-42.

28   Compare VI.7.4.21-30 e Aristóteles. *De anima* 413a13-16; *Segundos analíticos* II.93a4-5.

29   Acerca disso, *cf.* VI.2.4-8 e seção VI.

30   *Cf.* IV.3.20-21; Alexandre de Afrodísia. *De anima* 13.9-15.26 (Bruns).

ao corpo individual.[31] Essa linha de explicação talvez não pareça promissora, mas a concepção de Plotino acerca da relação do *logos* com o composto individual é mais compreensível se esquecermos por um momento da imaterialidade e nos concentrarmos por um momento na extensão da própria função do *logos*.

Plotino reconhece que o *logos* tende a ser identificado com o composto e que, como um *logos* é envolto na matéria (*logos* materializado), é "inseparável da matéria" (II.7.3.12-14). O problema a esse respeito é a necessidade de apreender sua função criativa, para quando ele está "em" um formato físico, é o similar ao *logos* imaterial criador, e deixa "morto", não tendo de modo extenso o poder de realização (III.8.2.25-34).[32] Em consequência, Plotino insiste que mesmo se o *logos* é inseparável da matéria, deveria ser contemplado como uma forma pura e independente e devemos compreender sua significação criativa (II.7.3.12-14; VI.7.4.24-30). Por que isso deveria ser necessário?

Plotino faz uma poderosa análise do que isso significa na prática em VI.7.2, numa discussão estendida acerca do sentido da causalidade divina em relação à descrição feita no *Timeu* da produção do mundo pelo Demiurgo. Platão apresenta o Demiurgo planejando e agindo como um artesão humano, mas o intelecto divino não pode ser de tal modo, Plotino argumenta, a fim de representar Deus como produzindo coisas por meio do raciocínio poderia imputar uma deficiência antropomórfica ao mundo inteligível (VI.7.1). Vemos uma parte e concebemos laboriosamente sua relação com o todo, mas

---

31 Alexandre de Afrodísia. *De anima* 21.22-24; 103.20-21; Aristóteles. *De anima* II.1.412 a11-413a10; Plotino IV.7.8.40-43, IV.3.2.8-10.

32 III.8.2.30-34: "Esse princípio formativo, então, que opera na forma visível, é o último, e está morto e não mais apto a produzir outro, mas aquilo que tem vida é irmão daquilo que produz a forma, e tem alguma potência em si, e realiza naquilo que vem ao ser". A conexão próxima entre a significação das expressões "princípio formativo" e "discurso" ou "fala" para *logos* na compreensão de Plotino pode logo ser visto se compararmos com *Fedro* 275d-276a, que Plotino está adaptando a seu propósito em III.8.2. Platão compara o discurso escrito, que não tem poder real e que sempre carece de seu semelhante para protegê-lo juntamente com seu "irmão", que "junto com o conhecimento (*epistêmê*) é escrito na alma do leitor" (276a5-6), e é "vivente, fala provida de alma da qual a forma escrita deve com justiça ser chamada de uma imagem" (276a9-10).

em cada ato divino tudo é completo, sem raciocínio e já incluído na totalidade do ser inteligível assim como tal razão pode ver o propósito das coisas
posteriores. No início do capítulo 2, Plotino distingue o ser de um objeto ou
evento particular (isto é, a essência, *ti ên einai*, seu "porquê", *dioti*), e o objeto
ou fato da existência em si mesma (*hoti*). Quando olhamos objetos físicos, argumenta, geralmente vemos o fato da existência e a causa da existência como
separada de uma outra. Mas nem sempre esse é o caso: por exemplo, o fato
e a causa são idênticos na compreensão do que é um eclipse (2.4-12).[33] Talvez, sugere Plotino, devêssemos olhar cada objeto como uma causa (*dia ti*):
"para o que cada coisa é, é por causa disto" (16). E é isso que se compreende
por "substância" (*ousia*) de algo. Em outras palavras, quando tentamos que
compreender qual é o significado inteligível a partir da consideração de objetos físicos (ou, em relação àquele evento, o significado de qualquer modelo
científico para a compreensão de eventos particulares),[34] deve-se penetrar na
natureza do objeto que nos é anterior a fim de que a causa não seja apenas
uma abstração. O que Plotino tenta apreender aqui não é tanto a distinção
entre a essência formal e a coisa nela mesma como o significado da existência
atual de um objeto concreto em relação à causa de sua existência, que não
é dele separada de modo abstrato.[35] Ele visa, antes, estabelecer que quando
dizemos que a substância de cada coisa é sua essência causal, está se referindo
não à forma como causa do ser; ou ainda, afirma que "se converteres cada
forma em direção a ela própria, encontrarás nela a causa" (2.16-19). Logo,
cada fato da existência de entes viventes (e, posteriormente, nos capítulos
9-12, dos seres inanimados)[36] é visto ser nem como acidental nem como simplesmente idêntico com cada matéria ou forma específica, mas antes como

---

33   *Cf.* Aristóteles. *Segundos analíticos* II.2.90a15; *Met.* VIII 4.1044b14.

34   Acerca do uso plotiniano do termo "ciência" (*epistêmê*) como um modelo de entendimento da natureza do intelecto e da alma, assim como da relação entre mundo inteligível e mundo
sensível, ver, em particular, V.9.6.3-9; IV.9.5; III.9.2; IV.3.2.49-54; V.8.4.47-50.

35   *Cf.* VI.7.3.9-19; 21.22; 4.28-30; VI.8.14.20-25.

36   Plotino argumenta que os animais irracionais no mundo sensível devem ser concebidos
como formas do pensamento vivo no mundo inteligível (VI.7.9) e as partes dos animais (chi-
fres, garras, dentes) são uma parte da completude do intelecto em si mesmo (VI.7.10). Ainda
que os elementos sejam vivos no mundo sensível, no entanto não manifestam a presença da
alma até que concebamos sua conexão com o *logos* no mundo inteligível (VI.7.11).

derivada de sua natureza intelectual, na medida em que "aquilo que é" e "por que é" são unos (2.45-46).[37] No *logos*, na alma, e, finalmente, no intelecto, Plotino insiste acerca da identidade interna do princípio causal de unidade e a existência do ser finito.

Conforme a argumentação de Plotino, tendemos a distinguir existência e essência em nossa percepção dos objetos físicos e visá-los como desconectados ou separados um do outro, enquanto que, de fato, para se ter uma visão compreensiva, inteligível, de cada objeto, deveríamos considerar sua conectividade inerente à forma ou *logos* de cada ente. Isso não parece significar que essência é existência, ou *vice-versa*, na alma ou no intelecto, mas apenas que aquilo que algo é e o fato de que algo esteja em conexão com a unidade do *logos* que realiza o composto e o dispõe como ser.[38] Não se tem ideia, nesse ponto da argumentação, de como devemos conceber essa unidade.

VI

Há muitas óbvias dificuldades que emergem dessa abordagem. A mais sensível é o problema da alma em si. Como o *logos* está vinculado à alma? É difícil ver porque a alma ou o intelecto deveriam ser compostos e, sendo, em que sentido. Por que a alma não poderia ser o último princípio de unidade na abordagem da organização do corpo? De qualquer modo, há algum sentido em se falar da alma como "uma natureza que é múltipla" (VI.2.4.32) ou da alma como tendo mais ser e existência que as coisas físicas (*cf.* VI.9.9.7-13)? Além disso, se a causa do ser e o fato de sua existência são idênticos no mundo inteligível, por que deveriam carecer de qualquer outro princípio (nominalmente, o Bem) para explicar sua identidade? Essas questões têm um importante papel nessa investigação na medida em que pretendemos ver quais são suas implicações para uma estrutura de essência--existência na alma e no intelecto.

---

37   *Cf.* VI.7.2.10; 19.18; V.8.7.39.
38   *Cf.* VI.7.3.9-22; VI.8.14.14-29; II.7.3.9-14; III.3.4.37-40; V.8.1-6.

VI. I

Conforme o *Timeu* de Platão (35a1-4), Plotino argumenta que a alma deve ter uma dupla substância ou *ousia*: a alma surge de uma substância indivisível, mas também tem outra substância "para ser dividida em corpos". Enquanto permanece indivisível naquilo em que está presente em todas as partes como um todo e em cada parte como um todo (IV.2.1.64-66; IV.1 *passim*). Essa dualidade, todavia, é realmente uma função da alma no corpo. A questão ainda permanece: por que deveria a alma em si mesma ser múltipla e admite uma composição diferente de, mas análoga a, do corpo; e o que é distintivo sobre a composição da alma que a torna uma substância no verdadeiro sentido por contraste com a unidade derivativa do corpo?

Em um dos primeiros tratados, V.9, Plotino insiste que a análise do composto físico de matéria e forma na analogia da arte deveria ser transposta ao universo inteligível, pois a alma recebe seus princípios formativos do intelecto "como nas almas dos artistas, os princípios constitutivos de suas atividades provêm de suas artes" (3.32-33). Em relação ao intelecto, a alma opera como matéria e sua forma é "o intelecto nela", que é ele própria uma dualidade: "um intelecto sendo como a forma no bronze e o outro como o homem que imprime a forma no bronze" (3.23-24). A composição da alma, então, é uma função de sua dependência causal de um princípio que opera com ele, mas que, no entanto, é dele distinto, nominalmente, intelecto. E o mesmo em contrapartida é verdade do intelecto, pois ele também depende do Uno de uma maneira similar. O intelecto provém do Uno com uma potência não formada que, ao voltar-se para sua fonte, torna-se uma substância formada.[39] Ou, em outros termos, "alteridade e movimento", "brotam" do Uno e feito matéria (isto é, matéria inteligível) que, voltando-se para o Uno, recebe definição (II.4.5.28-33). A diferença entre matéria inteligível e inferior (sensível), conforme Plotino, é que matéria inteligível é perfeitamente formada como uma vida pensante, enquanto a matéria do mundo físico "torna-se algo definido, mas não vivo ou pensante, um

---

39   *Cf.*, especialmente, V.9.8; V.4; V.1.5-7; V.2.1; V.6.5; III.8.11; VI.7.15-18; V.3.11.

cadáver adornado" (II.4.5.15-18). O ponto central é o seguinte: contra a doutrina aristotélica do intelecto, Plotino sustenta que toda intelecção envolve dualidade e multiplicidade, que, em contrapartida, requer um princípio unificador. No mais, a dualidade da matéria inteligível e da forma deve existir tanto na alma quanto no intelecto. Além disso, eles poderiam ser pura unidade (VI.2.4.24-28).

Como poderia ser concebida, contudo, essa composição em termos exatos? O que faz a alma e o corpo tão diferentes? Por que a alma deveria ser "substância" ou "ser real", enquanto o corpo é apenas uma imitação, algo posto em conjunto com a matéria e uma forma espúria (ou seja, qualidades, quantidades etc.)? Em uma obra tardia, VI.2, Plotino tenta dar uma resposta a esta questão. A alma não pode ser uma pura unidade, porque senão, argumenta Plotino, ela não teria realizado uma "distinta pluralidade" (*diestêkos plêthos*), isto é, uma pluralidade de corpos distintos ou não unificados (5.8-9). Com base no que a alma "faz para as outras coisas" (5.14-15), Plotino então conclui que a própria alma deve ser um "uno-múltiplo", ou seja, uma natureza singular que possui uma pluralidade de funções ou potências, mas não uma unidade composta de muitas partes (4.30-32; 6.13-20). O que isso significa? Ser uma alma é algo como ser uma pedra? Plotino argumenta que *ser* e *ser-alma* não são vinculados de modo externo da mesma maneira tal como dois termos como "branco" e "homem", ou ainda, que *ser* e *ser-pedra* são vinculados um ao outro. Inserir a alma no plano do ser não é qualificar o ser de modo externo. O que a alma tem é idêntico à sua substância. No entanto, a alma é um ser particular (*ti on*) no sentido em que é uma substância individual pura e simples (*tis ousia monon*). "Homem branco" é um ser individual no sentido em que uma adição qualitativa foi feita a "homem" de fora de sua substância. A alma, todavia, é um composto de ser e ser-alma *em* sua própria natureza inteligível no sentido em que a diferença qualitativa (*to toionde*) não é um atributo externo, mas caracteriza sua própria natureza (5.17-6.13).

Novamente, o que isso significa em termos concretos? Se a alma é fonte e princípio de existência e vida, continua Plotino sua argumentação, não é como um *logos* singular ou definição, mas como uma realidade subjacente (*hupokeimenon*), que é simultaneamente uma e tem muitas potências manifestando-se "como se não pudesse sustentar seu ser para ser uma na medida em que é capaz de ser todas as coisas que é" (VI.2.6.17-19). Logo, conclui Plotino, ser, vida, movimento, repouso, identidade e diferença, os "gêneros supremos" do *Sofista* (248a-259d) estão diretamente presentes na alma como múltiplas reflexões de sua própria identidade. Não estão na alma como um substrato (VI.2.7.18; *cf.* IV.3.20-22). Uma qualidade é inerente à substância ou à matéria como em um sujeito, ou é predicada de uma substância primeira, conforme diz Aristóteles nas *Categorias* (2a34-35), mas se a alma é a atualização do que significa ser um corpo – isto é, se a alma é a verdadeira realidade ou substância do corpo – então nem a alma está "no" corpo como em um sujeito nem pode o conteúdo interno da alma ser "na" alma como seu sujeito, pois unidade e multiplicidade devem caracterizar a alma diretamente em sua verdadeira substância. Movimento e ser tomados separadamente podem dar a entender que um "tem" ou possui o outro, como de um composto se pode dizer que "tem" uma característica, mas na linguagem da substância, argumenta Plotino, eles implicam-se mutuamente como características essenciais do que significa ser alma (VI.2.7.18, 20-24). Os *genera* supremos permeiam o ser, portanto, juntamente com os *logoi* que a alma manifesta, constituem o ser imediato da alma: uma natureza una que é múltipla.[40]

Se faz sentido sustentar que o conteúdo da alma não pode ser abordado da mesma maneira que as qualidades corpóreas, então é mais fácil ver porque a alma ou intelecto devem ter mais ser do que as entidades físicas ou porque "existimos mais" (*mallon... esmen*) estando próximos do Bem, e menos "estando longe dele" (VI.9.9.7-13).[41] No primeiro plano, aquele do ser determinado, a qualidade existe não menos que a substância, é verdade,

---

40 *Cf.* VI.2.8.25-49; V.3.6-10; VI.7.13.16-21; V.1.4.26-43.

41 A passagem completa é: "Pois não somos desvinculados ou separados dele, ainda que a natureza do corpo tenha nos inserido e configurado em si, mas nascidos e preservados por causa do Bem, que não doou suas dádivas e se afastou, mas está sempre aperfeiçoando-as naquilo que são. Mas existimos mais (*mallon... esmen*) quando voltamos (*neusantes*) a ele e no bem viver está lá, pois estar longe dele é nada menos que existir menos (*êtton einai*)". Ver ainda a nota 20, acima.

mas nos compostos físicos, a qualidade ainda requer um fundamento inteligível em algo autodependente. Plotino argumenta que a matéria não pode preencher essa função, nem o composto por si mesmo.[42] Se "ser" em sentido pleno significa ser uma substância definida e isso começa com a alma, então algo está "mais próximo do ser" na alma do que naquilo que é subsequente, as formas derivativas do ser (isto é, qualidades, quantidades etc.). Num segundo plano, aquele da existência, sua existência é uma dádiva do Uno, e se a existência de naturezas determinadas é propriamente explicada em relação ao princípio que as torna unas, então é razoável falar de "mais existência" no contexto de proximidade com o Uno.

VII

O que significa "existência" na relação do intelecto com o Uno? É apenas "existência" retirada de algo qualquer ou é uma atividade rica e plena de sentido no composto das naturezas inteligíveis? A extensa discussão de Plotino acerca do que faz as coisas boas em si mesmas em VI.7, capítulos 18-23 e 31-42, fornece uma implícita, mas poderosa, correlação entre bondade, potência geradora, e uma *atividade* da existência em determinados seres.

Emergindo do Bem, o intelecto era primeiramente ilimitado. Então, voltando seu olhar para o Bem, torna-se vida delimitada (VI.7.17.13-16). A conexão entre o ato *do* bem e o ato *a partir* do Bem que é a própria vida do intelecto são muito próximos, conforme afirma Plotino (VI.7.21.5-6: "a vida é uma atividade do Bem, ou antes, uma atividade provinda do Bem"), mas "a forma está em algo formado e o formador é sem forma" (17.16-18). Em outras palavras, a geração do intelecto é como o processo de produção ou de visão em Aristóteles. Produtor e produzido constituem uma única atividade na realização do processo, enquanto que permanecem conceitual e realmente distintos, mas a mudança ocorre no produto e não no produtor.[43] Tal é a razão pela qual Plotino destaca que o que é dado ao intelecto é

---

42 *Cf.* II.6.2.6-17; VI.3.8.
43 Ver Aristóteles. *Física* III.3.202a13-b22; e, ainda, Lloyd, 1987, 168, e 1990, 99-101, em

"menos que o doador" (17.6). O conteúdo do intelecto permanece distinto do Bem, mas o intelecto é organizado como uma totalidade, não parte por parte (17.21-34), simultaneamente pela potência do Bem e por sua própria visão do que o Bem que "vê a potência que deriva do Bem de se tornar todas as coisas" (17.33-34).[44] Em outras palavras, há também uma potência criativa derivativa no intelecto.[45] Voltando o olhar para o Bem, o intelecto o vê como a si próprio, fazendo do Bem o momento superior de seu próprio ser, enquanto que o Bem em si permanece distinto, tal como na percepção há uma dualidade similar, *minha* visão um *objeto*, mas o objeto em si permanece distinto.[46] Como Plotino diz em outros lugares, o intelecto é "formado, de um lado, pelo Uno e, de outro, por si mesmo, como a visão em sua atualidade; como pensamento é visão que vê, sendo também una" (V.1.5.17-19). Pareceria, então, a partir dos termos a analogia feita por Plotino em VI.7.17 que o intelecto não é apenas um completo, pensante, ser vivente; ele também contém um poder criativo *para* pensar ou ver que é distinto do Bem apenas porque ele está *no* ser gerado. O que isso significa torna-se gradualmente claro na argumentação subsequente.

O que é isto, Plotino agora pergunta (VI.7.18-23), que está em todos os seres inteligíveis e realiza seu bem? Afirmar que isso é dado simplesmente em virtude de sua derivação do Bem não é suficiente, ele argumenta, pois estamos olhando para uma propriedade comum que é atualizada *nos* seres inteligíveis (18.5-6). Esta dificuldade é formada pelo fato de que não podemos basear nosso raciocínio na alma e em seus desejos porque corremos o risco de tomar o bem inteligível da mesma maneira que os diversos bens psíquicos (19.1-8), e se nos determos em uma perspectiva mais objetiva, ou seja, se temos um assentimento acurado da "excelência de cada coisa", isso conduz a uma compreensão da forma inteligível, embora deixe-nos sem

---

relação também a *Física* VIII.4.

44   *hê de horasis hê ekeithen dunamis pantôn.* Acerca da estrita conexão entre o ato do Bem e o ato do intelecto, *cf.* VI.7.21.4-6; 35.30-33; V.5.7.29-8.5; V.5.8.21-23.

45   Ver, por exemplo, VI.7.40.18-20 (sobre o capítulo 40 em geral, ver seção VII.2); 41.18-19; VI.6.9.35-37; 13.51-54; VI.8.13.24-25; VI.2.8.16-18; V.6.4.18-20; 5.9-10.

46   *Cf.* V.6.2.7-13; III.8.11.1-11; V.5.7 *passim*; VI.7.15.18-22; 16.10-35; 17.14-21; V.3.10.7-51; 11.1-21.

direção em relação ao que *naquela* forma realiza seu bem (19.8-14). Além disso, se o "por que" e o "o que" são o mesmo no intelecto, então é difícil para a razão dizer *por que* as formas são bem em si mesmas (19.17-18). Finalmente, se examinamos as operações intelectuais apenas como juízos e oposições, isso nos deixará apenas mais distantes do intelecto em si mesmo, e excluirá muitos seres determinados, pois "nem todos os seres desejam o intelecto, mas todos os seres desejam o Bem" (20.18-19). Essa obscuridade final, todavia, pode sugerir uma solução à dificuldade. Todo ser provido de intelecto "não se detém ali", mas vai além do intelecto em direção ao Bem "anterior à razão" (20.22-24). Vida, existência eterna, e atividade,[47] e assim por diante, possuem uma maior extensão que o intelecto. Animais irracionais, plantas, pedras e corpos elementares transcorrem existência e vida pelo intelecto em direção ao Bem, e conforme o argumento de Plotino, isso ocorre porque o "desejo" em todas as suas diversas formas não pode ser explicado apenas em termos intelectuais, mas é fundamentalmente pré-intelectual em sua origem.[48]

Nesse ponto, Plotino reformula sua questão original em termos tanto de unidade quanto de bondade: "O que é isso que é *uno* em todas essas coisas e as faz cada uma e todas de seu bem?" O que faz a forma inteligível boa é algo tanto presente no objeto quanto acima dele. Plotino chama isto de "um intenso amor" (21.11-12: *erôs ho suntonos*), e uma "graça" (22.24: *charis*) que provém do Bem e é dado aos seres inteligíveis "não enquanto são aquilo que são" (21.22), isto é, essências determinadas, mas "quando, já sendo o que são, tomam algo diverso em acréscimo de lá" (21.12-13).[49] Esse "algo diverso" (*allo*) acrescentado às suas naturezas, é descrito como uma luz que, como a Ideia do Bem na *República* de Platão (509b), é a condição *primeira* da existência e da visibilidade, uma atividade presente de um despertar de beleza e desejo nos inteligíveis, e a sustentação produtiva de todas as coisas. Coloridas pela luz do Bem, todas as coisas despertam, diz Plotino,

---

47 Acerca da importância da tríade vida, ser e pensamento nas *Enéadas*, *cf.* Trouillard, 1954, 351-357; Hadot, 1960; Armstrong, 1971; e Lloyd, 1987.

48 *Cf.* V.6.5.9-10; V.5.12.1-19; 33-49; V.3.11.4-6; 11-12.

49 Acerca desses capítulos de IV.7, ver também Corrigan, 1990, 135-136.

e manifestam aquilo que são (22.34-36). O que o Bem faz agora? "Agora, preserva aquelas coisas no ser e faz os seres pensantes pensarem e viver as coisas viventes, inspirando pensamento, inspirando vida e, se algo não pode viver, inspirando-lhe a existir (*einai*)" (23.22-24).

Conforme essas imagens da luz, graça e amor, a existência é derivada do Uno, que não apenas torna determinadas essências possíveis, mas que também continua a prover-lhes a beleza assim como garantir sua própria independência como seres. Em um sentido, portanto, o problema de como pode haver algo em naturezas criadas que é uma parte de seu ser estendido se não estritamente de suas naturezas compostas é resolvido de modo plausível pela imagem da luz na estrutura da percepção e do pensamento. A luz "escoa" sobre as formas inteligíveis as habilita para nos mover (1-3), assim como no caso dos corpos materiais, argumenta Plotino, não amamos seus substratos, mas a beleza neles manifestada (22.1-5). Essa luz não é apenas "sobre" a forma (ou corpo material) e diferente dele; é também manifestada em toda forma, mas obviamente não pode ser reduzida ao objeto concreto (*cf.* V.5.7.4-6). Todas as formas ou substâncias, portanto, são bem em virtude de sua luz que é inseparável, mas distinta dos, assim como anterior aos objetos iluminados. Plotino vai mais longe ao dizer que a beleza dos objetos inteligíveis em si mesmos é fútil (*argon*) se a desvinculamos de sua proveniência do Bem que doa valor às existências determinadas (22.10-17; 22-36).[50]

VII.1

Nesse ponto podemos ver uma conexão metafórica entre existência, vida, amor e graça, mas Plotino ainda não explicou o que a conexão intrínseca entre existência e potência geradora pode ser. Como a existência é vinculada à criatividade e por que é isto que imagens de geração parecem proliferar na união estreita da alma ou do intelecto com o Uno?

---

50 Nessa passagem, a influência do *Fedro* de Platão é evidente, tal como uma consulta à índice das fontes de Henry-Schwyzer (*editio maior*, V.3) deixa claro.

Em VI.7, capítulos 32-36, Plotino tenta mostrar que há uma ausência de forma em nossa experiência que corresponde à natureza sem forma do Bem. O Bem não pode ser uma forma porque simplesmente seria parte do ser inteligível (32.5-6). Nem pode ser todos os seres inteligíveis em conjunto, pois de tal forma teria uma "forma variegada" (33.10). Ele deve ser, portanto, sem forma como a pura luz (31.1-4; 35.20-27; 41.1-7). Plotino tenta mostrar que há também uma ausência de forma na experiência humana, que corresponde à natureza do Bem. O Bem não pode ser limitado porque ele é a medida, para o que a ilimitada profundidade de amor no mundo inteligível e toda "extensão" corresponde ao longo da natureza (34.1). De modo similar, a beleza inteligível é sem forma, mas toma sua forma do composto determinado que manifesta aquela beleza (32.36-37), assim como a beleza perceptível, sendo mais que harmonia artificial das partes, requer uma ressonância na alma por amar "crescer" (33.29-32; V.5.7.1-16). Essa ausência de forma é um objeto de experiência, assim como a luz é perceptível em si mesma ainda que a percebamos em relação com o objeto perceptível. Em V.5.7, Plotino argumenta que para o intelecto essa luz é "sua" e dá ensejo a uma experiência tão irresistível que suprime até mesmo o sentido de uma "externo" ou "interno" ao eu, porque não há mais quaisquer amarras para nossa experiência (V.5.7.31-8.3; VI.7.32.24-39). Por contraste, em VI.7, a experiência da alma ou do intelecto de união com o Bem é uma experiência de ausência de forma ou uma presença unificada sem distinção, uma experiência, sugere Plotino, como a dos amantes no intercurso sexual (34.8-21; 31.8-17).

Nos capítulos seguintes, Plotino associa a natureza composta do intelecto e a ausência de forma a duas diferentes potências do intelecto (intelecto "em seu próprio ato" e intelecto "amante" ou "fora de seu ato"): "o intelecto sempre tem seu pensamento e sempre seu não pensamento, mas olhando para aquele Bem de outro modo. Quando o viu despertou e estava intimamente consciente de sua geração e existência nele; e quando ele vê isto chama-se pensamento, mas ele vê pelo poder pelo qual ele foi levado a pensar" (VI.7.35.30-34).[51] O que é o bem nos seres inteligíveis, então, retorna para ser luz ou beleza, sem forma como o Uno porque é visão direta, mas em algum sentido geradora da beleza em todas as coisas, e responsável pela existência e vida mesmo das coisas que não possuem intelecto.

VII.2

Entretanto, como poderia isto ser um ato gerador de existência no intelecto? Nos capítulos finais de VI.7,[52] Plotino oferece uma resposta a essa questão por via de uma crítica maior à concepção aristotélica de *Nous* na conclusão da qual tenta tornar sua própria visão mais compreensível (40.4-5)[53] por meio da transformação da noção aristotélica segundo a qual a alma é o ato ou *energeia* do corpo numa teoria sobre a natureza do pensamento em si, pois se o pensamento é movimento, tal como Plotino já havia sustentado que ele deveria ser (35.1-3), então uma teoria do movimento poderia ser aplicada primordialmente ao intelecto. Aristóteles afirma em *Física* que "todo movimento é de algo para algo" (*Física* V.224b1). Em VI.7.40, Plotino argumenta que "todo pensamento é a partir algo e *de algo*" (6), uma pequena, mas significativa mudança.[54] Para Aristóteles, a alma é a forma do corpo. Como vimos

51 Sobre a importância e a dificuldade dessa passagem para a filosofia plotiniana do "si", ver O'Daly, 1973, 88-94; e uma visão diferente, Hadot, 1988, 342-345.
52 Acerca de VI.7.40, em particular, ver Corrigan, 1984, 234-237; também Lloyd, 1987, 171-177; e uma interpretação totalmente diferente, Hadot, 1988, 360-362.
53 "Mas necessariamente deve haver persuasão a ele mesclada" (*cf.* V.3.6.10-11).
54 Porque essa pequena mudança? Poderia bem ser acidental, mas porque (1) a fórmula peripatética "toda forma e enteléquia é algo" (Alexandre de Afrodísia. *De anima* 103.20-21; 21.22-24; *Quaestiones* 2.10.55.10 [Bruns] é tão conhecida de Plotino; (2) Plotino emprega os "termos" regulares da *Física* de Aristóteles em outros lugares (isto é, a "forma que" e "para onde": por exemplo, III.8.8.39-40; VI.2.8.11-13; 11.25-26; V.3.11.16-20); (3) em IV.5.6.26-27, em sua abordagem da luz, Plotino estipula de modo claro que quando uma atividade (*energeia*) vem "de algum substrato", ela não é "para algum substrato", no sentido em que se torna uma afecção determinada de um substrato, mas permanece "uma atividade da alma" (6.28); e (4) se toda moção deve ser "de algo" e não simplesmente "em si própria" (VI.3.21.9-10) de modo que se o pensamento é moção, não se pode ter então um pensamento que não seja de

anteriormente, Plotino rejeita essa formulação no sentido de que a alma deve ser primeiro uma substância independente antes de se tornar a forma *de* algo.[55] Plotino agora, em VI.7.40, trata de encorpar essa crítica da doutrina aristotélica da entelequia pela reformulação da natureza do pensamento. Por meio de uma *energeia* ou ato particular, o pensamento tem uma duplicidade: é tanto independente quanto intencional (isto é, é realmente *de* algo):

> E um tipo de pensamento que continua próximo daquilo do que ele provém, tem como seu substrato (*hupokeimenon*) aquilo de que ele é pensamento, tornando-se, ele próprio, uma espécie de superestrutura (*epikeimenon*), sendo a atualidade de seu substrato e preenchendo tal substrato de potencialidade sem gerar o que quer que seja por si só, pois ele é apenas um tipo de compleição (*teleiôsis*) daquilo que ele é. (VI.7.40.6-10)

O pensamento é a forma ou compleição da matéria inteligível. Assim como o *logos* no composto físico, nada gera (*cf.* III.8.2.30-32). Plotino continua:

> Mas o pensamento que acompanha a substância e traz a substância à existência (*hupostêsasa*) não pode estar naquela forma que vem a ser, pois não teria gerado nada se estivesse ali. (10-13)

O pensamento que gerador de substância não está *no* Bem, pois de outro modo nada poderia ter sido gerado. Antes essa fase superior de pensamento é geradora de substância *intelectual* porque é potência independente que acompanha e constitui uma natureza pensante:

> Mas na medida em que era uma potência de geração por si mesma (*dunamis tou gennan eph'heautês*), gera, e sua atualidade ativa é substância, e também acompanha a substância, e o pensamento e esta substância não são coisas diferentes. (13-15)

---

algo ou um "pensamento do pensamento" (tal como no caso do *Nous* divino em Aristóteles). Por essas quatro razões, em adição ao texto de VI.7.40, proponho que a mudança da formula da *Física* de Aristóteles não é acidental. Apenas no intelecto há uma *energeia* que caracteriza o substrato de modo completo ou substancial.

55 Ver a seção V.3, e a nota 31, acima.

Como um ato pertencente à natureza do intelecto, o pensamento é não gerador, ele aperfeiçoa e preenche a potencialidade do substrato. Como um ato que deriva do Uno (tendo uma forte semelhança com o Uno), o pensamento é uma potência autodependente, distinta do Bem apenas porque ele está no intelecto, para o qual doa substância, existência e acompanha a substância, e sua atividade é substância na medida em que é plenamente realizada (VI.7.40.10-24).

Essa é uma formulação clássica segundo a qual aquilo que será depois pensamento torna-se a distinção de essência e ato de existência.[56] Essência e ato de existência são distintos, mas não separados um do outro, na medida em que constituem juntos um movimento de pensamento, e o ato pertence à natureza determinada sem ser completamente restrito a ela, assim como no aprendizado, o que alguém aprende e o poder pelo qual aprende são um só e diferentes (VI.7.40.55-56). O intelecto, portanto, é tanto gerado pelo Uno quanto por si próprio. De modo eminente, ele é a potência do Uno, mas essa potência no próprio ser do intelecto é um poder de existência do pensamento.

Porque essa potência superior deveria ser geradora? No mundo físico, a potência geradora, aquele que doa vida e existência, é a potência inferior da alma. Em Alexandre de Afrodísia,[57] por exemplo, essa potência geradora inferior é a única potência que pode subsistir por si mesma, sendo a causa do ser (*De anima* 36.19-20), sendo que as demais potências da alma operam como compleição do substrato (*De anima* 99.12-14). Os paralelos com a linguagem de Plotino em VI.7.40 são estreitos.[58] Para

---

56 Ver nota 60, adiante.
57 Sobre a questão da referência a Alexandre nessa e em outras passagens de Plotino, *cf.* Hager, 1964, 174-187; Rist, 1966, 82-90; Blumenthal, 1968, 254-261; Szlezák ,1979, 137 e notas 435-436; Sharples, 1987, 1220-1223.
58 Para Alexandre, a "alma primeira" é cauda da geração, nutrição, crescimento, composição (*sustasis*) e ser (*to einai*) (*De anima* 36.16-21). A potência geradora é a perfeição da potência nutritiva e o ato conforme a potência geradora não contribui para sua própria segurança e perfeição, mas é uma causa para coisas que são já completas em sua geração de algo diverso, mas como elas próprias, alheias ao desejo de imortalidade (36.5-8). A potência nutritiva ou alma primeira é capaz de existir por si sem as outras potências da alma (29.13; 105.3-29), enquanto que a potência racional (e todas as outras) não podem existir por si próprias, pois isso significaria que há muitas almas no ser humano (99.6-11). A pessoa que

Plotino, todavia, o mundo físico é a imagem de espelho do mundo inteligível. O que é superior aqui torna-se inferior lá (IV.6.3.5-7; III.6.14-15). Esse, sugiro, é o motivo porque a vida e crescimento exercem um papel proeminente nas descrições que Plotino faz da emergência do intelecto a partir do Uno. São metáforas, mas possuem uma origem não metafórica no ato da existência.[59] A existência e a vida de todos os seres são a livre dádiva do Bem enquanto tal.

Sugiro, portanto, que dessa simples compreensão da significação hiperinteligível das funções mais ordinárias na natureza (para tomar os exemplos

---

possui a potência mais elevada da alma, deve também possuir as potências anteriores a ela, na medida em que tal potência é a compleição (*teleiotês*) da alma, e a perfeição é no e com o sujeito de que é compleição (*ep' ekeinô kai sun ekeinô estin hou esti teleiotês*). Para Plotino, por contraste, a "*energeia* primeira" (VI.7.40.18-19) é a geradora, potência autodependente que é junto com e na substância (40.10-15), e a segunda é a compleição (*teleiôsis*) do sujeito de que ela é (*ekeinou gar estin hou esti monon hoion teleiôsis*: 40.10). Os dois juntos constituem o pensamento, tal como em Alexandre as duas potências da alma (potência geradora de existência e potência estética de juízo) resultam numa nova atividade composta e ação (*energeia te kai praxis*) (105.20-22; 3-4: *hê men gar estin auton prôtê, hê de deutera, hê de epi tautis*). Uma aplicação similar das duas potências ou atos que resultam em uma nova atividade inteligível composta é já indicada em VI.7.18.12-13; 41-43, em que Plotino discute o que realiza o bem nas coisas inteligíveis: (1) O primeiro ato produtor é descrito de três modos diferentes. "Aquilo que pertence à primeira atividade" (*to eis protên energeian*: 12), que é equivalente "atividade primeira" (41), que é "bem porque trazido ao ser pelo Bem" (42-43). (2) O segundo ato, de modo similar, é caracterizado como "aquilo que é dado à primeira atividade" (12-13), "o que é definido em sua sequência" (41-42) e o que é bem porque é um *kosmos* ou ordem dele provindo" (43). (3) E a natureza composta que se une por esses atos é "o que deles depende" (42-43: *to sunamphô*). Não insisto que Plotino deva ter apenas Alexandre em mente. O termo *sunhupostasis* (VI.7.40-48; *cf.* 2.37), por exemplo, não ocorre em Alexandre. Todavia, é razoável supor que Plotino considere que a doutrina aristotélico-peripatética geral da alma como uma dupla enteléquia venha à mente de modo sensível nessas passagens. Acerca de uma perspectiva similar em relação a outras passagens, *cf.* Lloyd, 1987, 167-170. Em VI.8, escrito imediatamente após VI.7, Plotino está claramente consciente dessa relação implícita entre o nível físico inferior e a potência inteligível superior, pois ele destaca a diferença entre eles. A "verdadeira vida" em que se tornou é autossuficiente ao ser (*eis to einai*), afirma, e imediatamente qualificará seu estatuto. As "primeiras hipóstases" não podem estar "na vida desprovida de alma e irracional", pois isso é também "débil quanto ao ser", enquanto que a verdadeira vida é a "raiz, brotando, e a base da grande árvore" que doa "o ser" à árvore (VI.8.15.23-36; *cf.* III.8.10.1-14).

59   Sobre a questão da metáfora, *cf.* Beierwaltes, 1961, 334-362 e 1971, 116-117; Ferwerda, 1965, especialmente 46-61. *Cf.*, ainda, Corrigan, 1993, 187-199, e, nesse volume, Schroeder.

de Plotino em VI.7.17-42, respirar, existir, viver, desejar, amar, dar luz, ser iluminado etc.) a distinção posterior essência-existência feita pelos filósofos do medievo árabe e cristão tenha sua origem e direções talvez em algumas de suas convergências.[60] Em todos os seres determinados há uma distinção real entre suas naturezas compostas e o princípio que une e lhes doa existência. Como transcendente, esse princípio é o Uno; como imanente, é a ato gerador autodependente no produto. Apenas no Uno não há tal distinção, pois a dualidade envolve dependência, mas o Uno é puramente ele próprio. Nas *Enéadas*, há uma contínua recusa em ver seres determinados como unidades fechadas em si e uma atenção genuína para descrever a estrutura de certos seres nos termos de suas próprias naturezas, o mundo das inter-relações que manifestam e sua dependência de um princípio transcendente cuja natureza é apenas existir livremente (VI.8.7-21). O ápice da transcendência do Bem pode ser galgado pela profundidade e extensão de sua presença no mundo físico, mesmo por "aquelas coisas não possuem intelecto", apenas existência e vida; mas a atualização dessa presença permanece significativa na resposta do que é produzido: "O Bem é suave e doce e gracioso, presente para quem quer que seja quando quem (*tis*) o deseja" (V.5.12.33-35).

---

60 A análise de Plotino do ser determinado e da potência geradora de vida e existência é claramente muito diferente da perspectiva de Avicena de que a existência é um acidente da essência ou da contenção de Averroes de que a distinção entre ambas é apenas conceitual (ver nota 1, acima), e ainda mais se for comparada, sugiro, com a teoria de Tomás de Aquino. De modo particular em Tomás de Aquino (mas também em um muito menor grau em Proclo e no Pseudo-Dionísio), o ser é uma simples perfeição que é anterior à essência ou o "que é" da coisa, que entra em composição com ela e que, além disso, também a determina como *esse* criado em relação ao *Ipsum esse*, que é existência ou ser que é além do ser, ou Deus (acerca disso, ver Corrigan 1984, 220-228). O ato da existência é realmente distinto da essência, mas não separado dela, pois assim como uma luz infusa, ele "continua a se difundir" provendo uma criatividade natural para um fim sobrenatural (*Summa theologica* I.12.5.*resp.*).

6 A natureza da realidade física

Michael F. Wagner

Plotino assume a concepção grega clássica segundo a qual compreendemos e explicamos a natureza de algo pelo conhecimento e articulação de suas causas. Ele articula a ordem das causas que explicam a realidade física como uma processão metafísica cujo primeiro princípio é o Uno. Contudo, gostaria de concentrar-me em alguns aspectos da análise plotiniana da realidade física, que preparam a via de vinculação a seus princípios metafísicos.

Plotino concebe a realidade física, antes e sobretudo, como o domínio do vir a ser (*genesis*). Sua análise do devir enfatiza o vir a ser dos entes particulares – por exemplo, plantas, animais ou seres humanos e, fazendo isso, entende continuar o projeto de Platão de compreender e explicar a existência real desses entes particulares e de seu vir a ser. Plotino começa, então, em parte, por incorporar em sua análise a noção de substância (*ousia*), que Aristóteles introduz para denotar o próprio sujeito(os) por asserções de existência real ou descrições que pressupõem existência real; mas considera a noção de substância como sendo em si insuficiente para sua tarefa explicativa. Plotino nota que a noção de substância deve, no caso das coisas corpóreas, incorporar a noção de coisas em fluxo constante, que em linguagem mais precisa denomina-se "vir a ser" (VI.3.2.2-4); e, mais significativo, sua análise da noção de substância, como denotando a realidade física de entes particulares tomada por Aristóteles por serem exemplos de substância *par excellence*, nem sempre implica que têm um sentido singular ou "absoluto" que as fazem ser tomadas para explicar a existência real de coisas em devir. Além disso, Plotino sustenta que a substância física pode ser explicada em *quatro* vias.

(S1) *A substância como composto de forma e matéria.* Embora não seja a única via de explicação da substância física, essa explicação é primeira em relação às outras três porque satisfaz de modo mais claro a definição aristotélica de "substância primeira" como "aquilo que não existe em um substrato nem é designado em relação a um substrato como algo dele distinto" (VI.3.5.13-16), e porque a noção de princípio formal (*logos*), o principal elemento unificador da análise plotiniana da realidade física, é mais associado de modo mais estreito dessa explicação como um princípio formal causal (explicação ou a fonte de) em relação a uma existência real "em conformidade com a forma" de seu composto (por exemplo, VI.3.3.13-16).[1]

(S2) *A substância constituída de modo corpóreo.* Essa via explica uma substância física em termos de seus componentes funcionais, ou partes, e de seus constituintes corpóreos. Tal explicação também satisfaz a definição aristotélica de substância primeira (VI.3.8.10-11); mas assume que uma substância particular é delineada primeiramente por seus constituintes corpóreos e apenas de modo secundário por sua forma ou composição. Quando explicadas nessa via, as substâncias físicas devem ser distintas, por exemplo, em (I) substâncias como mais materiais, que podem ser delineadas diretamente em termos de partes corporais cujos constituintes são os quatro "corpos simples" (ar, terra, fogo e água); e (II) substâncias como mais instrumentais, que devem ser distintas em várias espécies de "corpos complexos", cuja "configuração particular de partes" (componentes funcionais) explicam sua adequação como corpos de várias espécies de seres vivos (por exemplo, para plantas ou animais), antes de serem delineadas em termos de seus constituintes corpóreos (VI.3.9; *cf.* VI.3.2.5-6).

(S3) *A substância acidental* (*cf.* VI.3.2.7) explica uma substância física como "uma certa aglomeração de qualidades e matéria" (VI.3.8.20). Aqui, aquelas entidades particulares são os objetos da experiência sensorial (*aisthêsis*) se tornam relevantes (*cf.* VI.3.1.8), pois Plotino associa essa explicação com a concepção da realidade física em si mesma como "uma

---

1   O composto não é normalmente considerado por Plotino na primeira forma de explicação da substância física: *cf.* Rist, 1967, 103-111. Acerca da discussão da noção de "substância" em Plotino, *cf.* Evangeliou, 1988, 144-150; Lloyd, 1990, 85-95.

agregação de entidades particulares na medida em que *são* relativas à experiência sensível" (VI.3.10.16). Em geral, todavia, qualidades particulares são os vários aspectos nos quais é possível distinguir uma de outra (por exemplo, II.6.3.6), mesmo que isso inclua certamente as assim chamadas qualidades sensíveis. Além disso, essa explicação relaciona *de modo passivo* um ser particular às suas qualidades – como aquilo a que os vários aspectos nos quais é distinguível de outros entes particulares pertence, ou àquilo que devemos atribuir qualidades. Mas essa maneira de conceber entes particulares como apenas *matéria*, na medida em que os concebe como nada mais que substratos ou sujeitos (*hupokeimena*) por qualidades e atribuições qualitativas, considerando que ser um substrato passivo ou mero sujeito é uma característica da matéria (*hulê*). Como resultado, explicar a substância física como "um aglomerado de qualidades e matéria" não mais satisfaz a definição aristotélica; apesar de "matéria" aqui denotar o ser particular em si, a existência qualitativa é mais propriamente entendida não como aquilo que pertence ou é atribuído a entes particulares, mas como incluído entre aquilo que "provém de e são causa por" substâncias no primeiro sentido (S1) (VI.3.4.35-36). A substância acidental em si, portanto, pertence mais àquilo que suas qualidades "provém ou são causadas", portanto, aquilo que em si é uma (S1) substância e então é referida a um aglomerado qualitativo como algo distinto dele – isto é, como algo que não é um mero substrato, mas a causa ou fonte de sua existência (qualitativa). Nesse sentido, isso parece uma das principais retomadas de Plotino na fraseologia da segunda disjunção da definição aristotélica, ainda que incorpore não apenas algo do ser descrito como algo que *é* distinto dele, mas também aquilo que descreve algo *como se* fosse distinto dele:[2] isso o conduz a sustentar que o composto (S1) e o aglomerado (S3) são em realidade uma e a mesma coisa (algum ser particular)[3] e ainda aquilo em que o composto mais propriamente explica

---

2   Para própria explicação de Aristóteles desta definição, *cf. Categorias* 5.2a11-13.

3   De outro lado, alguns estoicos alegaram que os seres corpóreos são realmente idênticos a (no limite) duas existências distintas: uma que é a substância propriamente dita, a outra uma reduplicada como "qualificação" de alguma substância. *Cf.* Long e Sedley, 1987a, 166-167 (fr. 28A, C); *ibid.*, 1987b, 169-171 (fr. 28A, C). Não está claro se as exposições da posição estoica (como a de Plutarco) sejam falhas em distinguir ontológico de conceitual, e distinções

sua substância, na medida em que o aglomerado (S3) pressupõe o composto (S1) e sua causa. Ele requer que seu próprio substrato seja tomado *como se* fosse algo dele distinto (ou como uma espécie distinta de substância). Além disso, um aglomerado qualitativo é acidental naquilo que na substância física seria explicado da seguinte maneira: diferentes qualidades podem ser atribuídas a uma mesma substância composta; ou, não é necessário que um dado composto seja também (ou "tenha") um certo aglomerado qualitativo. E ainda, como vimos, a substância física é causa do aglomerado qualitativo apenas por causa de sua essência, sendo todas aquelas suas atividades causais essenciais para ela. Uma e a mesma substância física, portanto, é uma espécie de ente "acidental" em relação às descrições qualitativas a seu respeito e uma espécie de ente "essencial" (uma essência) em relação às suas atividades causais, incluindo aquelas que explicam suas qualidades.

(S4) *A substância derivável* (*cf.* VI.3.2.7) explica uma substância física concebendo uma ou mais de suas qualidades no aglomerado (S3) como qualificando a substância (S1) em si mesma – isto é, concebendo a substância (S1) não como a causa da existência qualitativa, mas como tendo ela própria adquirido uma existência qualitativa, ou ela própria como *algo qualificado*. De qualquer modo, como os estoicos concebiam as substâncias como qualificadas, não apenas por alguma ou todas as suas qualidades, mas por qualidades "particularmente distintivas" (por exemplo, um certo filósofo com nariz achatado ou o ser humano como bípede),[4] Plotino sugere que essa explicação permite-nos distinguir substâncias, por exemplo, com relação ao "quente e frio, o frio e quente, o morno e quente e o quente e morno, e composições e misturas semelhantes; ou, ainda, com relação às aparências e outras diferenças perceptíveis entre as várias espécies de seres vivos" (VI.3.10.1-9). Contudo, Plotino em geral não parece distinguir qualidades que delineiam

metodológicas ou epistemológicas em outros filósofos. Em contraste, Nemésio descreve os estoicos como sustentando um "tenso movimento" acerca da existência real de seres particulares, cujas diretrizes externas realizam suas magnitudes e qualidades e cujas concorrentes diretrizes internas suas unificações e substâncias: *cf.* Long e Sedley, 1987a, 283 (fr. 47J); *ibid.*, 1987b, 282 (fr. 47J).

4   Ver, por exemplo, Long e Sedley, 1987a, 166-169 (fr. 28A-D-G, H); *ibid.*, 1987b, 169-173 (fr. 28A-D-G, H).

uma substância derivada daquelas que delineiam o mesmo ser particular como uma substância acidental. Como explicação de uma substância física, em outras palavras, (S4) deriva de (S3), sem considerar o valor científico ou qualquer outro, o conceito estoico de "particularidade distintiva" como qualidades que pode ter.[5] Sendo assim, considerando que (S4) pareça satisfazer a mencionada definição aristotélica, ainda que seja (S3) posteriormente removido do estatuto explicativo primeiro de (S1) (*cf.* II.6.2.6-8; VI.3.6.8-14). Ao mesmo tempo, vincular entes particulares e qualidades como faz (S4) camufla o fato de que a explicação de substâncias físicas em termos de associação com o serem objetos de experiência sensível explica um e o mesmo ser particular que (S1) e (S2) explicam sem presumir tal associação.[6]

Os seguintes pares de exemplos ilustram as quatro vias de Plotino para explicar a substância física:

(S1) uma estátua; um ser humano

(S2) um objeto de bronze; algo qualquer constituído de carne e sangue

(S3) algo com esta ou aquela forma de bronze colorido; algo com um nariz achatado tamanho 5' 5"

(S4) uma estátua com esta ou aquela forma; um ser humano de nariz achatado

Duas características desses exemplos são dignas de nota. Primeiro, nenhuma menção explícita é feita nos exemplos de matéria de (S1) (por exemplo, o bronze ou carne e sangue) que, junto com a forma mencionada, comporia a substância primeira de Aristóteles. Segundo, nenhum dos vários itens mencionados nesses exemplos é explicitamente mencionado em todos os quatro. Comecemos com a primeira característica.

---

5 A esse respeito, Plotino parece partilhar o ceticismo de seu antigo contemporâneo, Sexto Empírico, em relação à abordagem estoica de estabelecer de modo epistemologicamente significativo distinções entre tipos de qualidades, ou aparências sensíveis. Ele aponta, por exemplo, aquela maneira pela qual diferenciamos substâncias por sua aparência em relação às experiências sensíveis que temos delas, sendo mais razoável tomar a totalidade daquilo que experimentamos sensorialmente acerca delas ao abordá-las (VI.3.10.12-17). Acerca da própria exposição de Sexto Empírico a esse respeito, *cf. Hipotipóses pirrônicas* II.72-9 (*cf.*, ed. Bury, 1933, 196-201).

6 Note-se que "os objetos da experiência sensível" (*aisthêta*) não designam uma categoria ontológica para Plotino (*cf.* Wagner, 1982b).

No sistema de Plotino, a matéria referida na noção no composto forma-matéria (seu substrato) não contribui para a real existência do composto na medida em que é quase nada; ou, antes, não é nada diverso de ou aparte da substância física em si. Em geral, algo é um *substrato* na medida em que ele é aquilo a que algo é referido de algum modo que se pode referir isto a ele. A noção de substrato, portanto, denota uma *função* e não uma coisa (real); e o que preenche aquela função para o composto é só a substância, ou ser particular, em si. Na medida em que "matéria" pode ser usada para denotar algo real ou atual como tal, não denota o substrato do composto, mas outra substância (o que se pode chamar de substância *constitutiva*) *de* ou *desde* que o composto substancial formou.[7] Pode-se afirmar que a substância constitutiva exerce um papel no composto, visto que, como toda substância física, tem certos componentes funcionais (ou ao menos, sendo "como que matéria", certas partes distinguíveis), de modo que a substância constitutiva se torna os constituintes corpóreos daqueles componentes (ou partes) na substância que foi formada ou composta dela. Por outro lado, a função de um substrato, como vimos, é prover um sujeito apropriado ao qual podemos atribuir coisas como, por exemplo, "pertencente a" ou "informado" ou "recebido por" ele; e, aquilo que podemos descrever, em particular, uma forma de composição da substância não é seu componente funcional e as partes ou seus constituintes corpóreos, mas a substância formada nela mesma. Logo, uma substância composta não são duas coisas, uma denotada pela "forma e outra pela "matéria", que agora são referidas de algum modo "composto", mas é apenas uma coisa que tanto composta de um certo modo ("tem forma") quanto o sujeito apropriado ao qual se pode atribuir seu ser composto naquele sentido ("é matéria").

---

7 Em acréscimos ao denotar um substrato ou sujeito e para denotar uma substância constitutiva ou constituintes corpóreos, uma terceira maneira de se empregar o termo "matéria" para Plotino em relação à realidade física é denotar o que em ou sobre algo o torna deficiente ou defectivo em certo sentido. Mais tipicamente em comparação com o que poderia ser ideal ou "inteligível" para algo de algum tipo ou em relação a determinado princípio metafísico da realidade como tal. Para uma discussão mais geral acerca da noção plotiniana de matéria em seu sistema metafísico, *cf.* Rist, 1961 e 1962.

Por outra via, Plotino sustenta (a) que uma realidade física particular é sempre um particular *de um certo tipo* e (b) que uma realidade física particular deve também ser constituída *de* algum (um ou mais) outro elemento particular de algum tipo constitutivo. Mas, essa realidade particular não é o conjunto desses outros particulares, na medida em que eles podem constituir de modo corpóreo seus vários componentes ou partes distinguíveis. O particular, portanto, é particular apenas *do modo* como é, sendo que também tem alguns componentes ou partes porque é um particular de algum tipo. Logo, (a) explicando de modo mais específico o particular e, naqueles termos, a noção de forma em (S1) denota aquele particular como sendo algo de seu modo específico (por exemplo, um ser humano, uma planta, uma estátua) enquanto que a noção de matéria em (S1) denota aquele mesmo particular com relação a seu ser como de algum tipo específico. Além disso, novamente nesses termos, a noção de matéria em nada contribui para a explicação do particular em si, enquanto que a noção de forma já completamente explica seu ser como nada mais que um particular de certo tipo (isto é, exatamente do tipo que ele é), mas meramente ressalta o fato de que o pode lhe ser atribuído não é nada além daquele próprio particular.

A perspectiva de Plotino de que uma realidade fisicamente particular é seu próprio substrato com relação à sua forma de composição como uma substância também implica que por si mesma a forma já satisfaz a definição aristotélica de substância primeira. Pois, diferente de qualidades (que "pertencem a" ela) ou qualificações (que são "dela"), sua forma é aquilo que uma forma é nela aquilo que ela inteiramente é – ou, antes, "é um(a)" (por exemplo, isto é uma árvore ou isto é um ser humano).[8] Plotino argumenta:

> Se predico ser humano de Sócrates, não faço a assertiva de algo de modo semelhante à afirmação "a madeira é branca", mas semelhante a dizer "a coisa branca é branca", na medida em que afirmar "Sócrates é um ser humano" é dizer acerca de algum ser humano

---

8 No caso do ser humano, todavia, há a complicação adicional da natureza única da alma humana ou princípio formativo em virtude da qual não somos apenas substâncias físicas, mas, em termos mais contemporâneos, pessoas: ver, por exemplo, Armstrong, 1977a.

em particular que ele é um ser humano, o que significa dizer que a assertiva ser humano é relativa à humanidade de Sócrates, e isso qualifica a mesma coisa tal como a assertiva Sócrates em relação a Sócrates. (VI.3.5.18-23. *Cf.* VI.3.4.16-18)

A existência real de um dado ser particular é, portanto, explicada por sua forma, assim como sua real persistência no vir a ser é explicada por sua contínua conformidade com sua forma (isto é, o permanecer um ser particular do modo como ele é) como ela vem a ser (*cf.* IV.3.8.25-28). Em relação à composição do particular (isto é, ser um particular de algum tipo) Plotino afirma:

> Sócrates não participa da realidade de um ser humano em relação àquilo que não é um ser humano, mas, antes, a humanidade confere sua realidade a Sócrates; pois, na medida em que um ser humano particular então participa da humanidade, o que mais poderia Sócrates ser se não apenas um caso particular do ser humano? E, como poderia esse *tipo-particular-de-ser-humano* que ele é não menos real de uma substância que o ser humano existente que já é? (VI.3.9.28-32)

Então, a forma do composto particular permaneceria integral quando (S2) explica sua substância em termos de seus constituintes corpóreos e novamente quando (S3) concebe-o como um substrato para qualidades, que (S4) toma para qualificar sua composição. Esse não é o caso de uma flutuação conceitual da parte de Plotino, mas que reflete sua última perspectiva de que a forma composta que mais propriamente explica de modo a existência do real particular e sua subsistência como uma substância em si requer explicação. O fato de um ser particular é primordialmente apenas o tipo de ser particular que é, que ele vem a ser, que ele tem uma certa constituição corporal, e que certas qualidades devem lhe pertencer ou qualificá-lo, poder ser explicado por uma única fonte causal faz com que Plotino acredite que explicar o ser particular em si é uma via ainda mais fundamental do que explicar sua "substância" e a "forma" composicional de sua substância.

Para Plotino, a existência real de algo deve ser genuinamente assumida e suficientemente explicada apenas em relação a seu sistema de causas que procedem do Uno. A noção de substância – e, de modo especial, a noção aristotélica de substância – é por si mesma insuficiente. Para tanto, a noção central na concepção plotiniana da realidade física é a de *princípio formativo* (*logos*). Em nosso contexto corrente, por exemplo, Plotino sustenta que no domínio do vir a ser "uma substância real em si procede em seu vir a ser de uma fonte existente real" (III.7.4.24-25; *cf.* VI.3.7.6-9). Pois, "nada que não seja uma unidade é real" (VI.6.13.50), visto que "ainda que não seja uma unidade em algum sentido, deve ser sustentado por uma unidade e só pode ser o que é por aquela unidade, não se tornando uma unidade a despeito de seus múltiplos constituintes, não poderia existir em si, tal como designamos ser algo *particular*" (V.3.15.13-14; *cf.* VI.6.13.55-57). Plotino identifica sua "fonte existente real" da unidade de algo particular com seu princípio formativo. E ele explica a precedente identificação do particular como sua forma de composição, e também enfatiza o estatuto derivado das vias de explicação (S3) e (S4), argumentando:

Foi dito acerca da coisa qualificada que, pela inter-relação e mistura de diferentes qualidades e em consórcio com a matéria e a quantidade, aparece como substância para os objetos da experiência sensível; e também foi dito que aquilo que a linguagem comum (como oposta à linguagem estrita ou filosoficamente precisa) designa como uma "substância" é apenas o conglomerado de muitas coisas, visto que uma substância não é tanto algo em si mesmo, mas uma coisa qualificada. Ainda que, todavia, o princípio formativo realmente existente (por exemplo, do fogo) definisse melhor algo particular, enquanto modo de parecer de seus efeitos indica mais algo qualificado. Igualmente, *o princípio formativo real de um ser humano é o ser humano que existe em particular*, enquanto a superfluência qualitativa associada com a natureza corpórea como tal é em realidade uma imagem do princípio formativo e existe antes como uma coisa qualificada. Assim como se, por exemplo, o Sócrates visível fosse o ser humano real e também uma imagem contida em sua aparência, e cuja realidade parece apenas cor e forma, fosse designada como sendo Sócrates, ainda assim, *na medida em que existe um princípio formativo com o qual o Sócrates real se conforma, o Sócrates da experiência sensível é, dito de modo preciso*, não é *Sócrates*, mas muito mais cor e configuração de partes que em realidade são imitações de existentes reais abrangidas por seu princípio formativo. (VI.3.15.24-37)

Aqui, ao explicar uma existência real particular em termos de qualidades atribuídos a ela (por exemplo, baseando-se em como ela aparece para nossa experiência sensível), somos levados a identificar o ser particular qualificado com uma simulação pintada de sua aparência, na medida em que o ser particular é a causa de sua existência qualitativa (por exemplo, como aparece para nós) e então sua existência real deve ser explicável de modo separado de suas qualidades ou aparências. De modo diverso da pintura, a coisa qualificada não é em realidade nada distinta do ser particular em si – nem em sua forma composicional, nem em seu princípio formativo, mas, antes, estes explicam sua existência real de maneiras que acrescentam mais realidade, ou metafisicamente mais adequadas.

A exposição precedente da estratégia plotiniana para explicar a realidade dos seres particulares sugere como a compreensão de Plotino da substância física "incorpora a noção de coisas no vir a ser", na medida em que ele indica a forma composicional particular e o princípio formativo também explicam sua real permanência como vindo a ser. Isso, todavia, não explica o vir a ser como tal, nem assegura a explicação da existência real do que vem a ser no qual uma substância física permanece e que contribui para sua existência qualitativa. Nesse ponto, Plotino preocupa-se de modo particular com a falha na abordagem aristotélica (assim ele crê) em assegurar e explicar a realidade do devir.

A análise de Aristóteles do vir a ser é, em parte, uma resposta aos argumentos eleáticos que negam a existência do movimento (*kinêsis*) – o gênero do devir e, por exemplo, da alteração e da mudança. Aristóteles sumariza os principais argumentos de Zenão de Eleia para negar a existência do movimento no assim chamado argumento bipartido que "a divisa da metade do caminho teria sido dividida antes que algo pudesse cruzar a linha final" e,

assim, *ad infinitum*.[9] Em resposta, Aristóteles insiste que o tempo é correlativo à magnitude (ou distância) com relação ao movimento de tal modo
dividido, um divide o outro do mesmo modo (por exemplo, em metades),
e distingue quantidade infinita e divisibilidade infinita para argumentar que
"enquanto que não é possível transpor uma quantidade infinita [ou distância]
em um tempo definido [finito], é possível transpor o que é infinitamente divisível em tempo definido; pois, o tempo é infinito nesse sentido".[10] Essa resposta, contudo, é parte de uma estratégia maior para explicar a existência real
do movimento de tal modo que, não apenas as sutilezas lógicas eleáticas são
reduzidas a exercícios especulativos de possibilidades, mas não de realidade,
mas qualquer descrição ou delineamento de um movimento que é presumido
por alguém que questione se em realidade ele pode ser realizado e completado
de tal modo que isto assegure a sua existência real.

Para completar tal tarefa, Aristóteles torna axiomático para sua análise
do movimento que "na medida em que toda mudança é de algo para algo,
algo dele deve subsistir no consequente da mudança".[11] Os termos usados por
Aristóteles para designar o movimento como "do que" e "para que" referem-
-se aos *extremos* ou *termos* e assume o axioma que implica a realidade do movimento tanto como aquilo que em realidade procede de um certo modo quanto o que em realidade é um movimento de um certo tipo, sendo explicado
por seus *termos*. Isso conduz Aristóteles a responder em termos mais gerais a
Zenão que "nenhuma mudança deve [em realidade] ser infinita em qualquer
uma das vias em que a mudança pode existir; pois, na medida em que toda
mudança deve ser de algo para algo, uma mudança existe porque um par de
termos existe, e tais termos serão vinculados um ao outro como contraditórios ou contrários".[12] Se presumirmos uma mudança de algo não branco para
branco, por exemplo, isso delineia o tipo de mudança que é em termos de
extremos (termos) que são contraditórios; e a via na qual tal mudança ocorre

---

9   *Física* VI.9.239b10-13.
10 *Física* VI.2.233a13-30. Acerca da crítica de Plotino à concepção de tempo de Aristóteles
e sobre os elementos de sua própria concepção, *cf. Enéada* III.7.8-12. Para uma discussão
da noção plotiniana de tempo, *cf.* Manchester, 1978; Simons, 1985; Strange, 1994.
11 *Física* VI.4.234b10-16.
12 *Física* VI.10.241a26-30.

é também delineada por esse mesmo par de termos. Em particular, Aristóteles observa que "deve-se chamar algo de branco ou não branco não apenas se ele existe inteiramente como uma tal coisa, mas também quando sua maior ou a mais notável porção [é branco ou não branco]... Do mesmo modo, no caso do real e não real e outros pares de contraditórios, algo deve existir em uma ou outra relação ainda que não exista inteiramente em nenhuma".[13] De tal forma, uma presumida mudança de não branco para branco poderia ocorrer em algo que antes era não branco tornando-se cada vez menos não branco e cada vez mais branco até que *seja* branco. Movimentos ou mudanças cujos termos são contrários (por exemplo, quente e frio) seriam descritos de similar. De modo diverso, nos termos contraditórios, todavia, não é necessário ser o caso que um ou outro de um dado par de contrários deva existir no, ou ser atribuído a, algo antes de sua mudança, e então, quando for o caso, aquele par de contrários não pode ser o termo de qualquer mudança que quisermos atribuir a ele (ou dele presumir).

Contudo, nem contraditórios nem contrários podem existir de modo concorrente; e ainda, na medida em que a análise de Aristóteles explica a realidade do movimento (mudança, vir a ser etc.) em termos de termos contraditórios e contrários, sua análise não parece apta para assegurar, em última instância, a realidade do movimento. Em outras palavras, as coisas verdadeiras (os termos) requeridas para delinear ou explicar um movimento de existência real implica que ele não tem existência real na medida em que mais de uma delas pode existir na realização inicial do movimento, em sua conclusão, ou em qualquer ponto intermédio, de modo que o sentido do movimento é explicado como existindo "parcialmente em um" e "parcial-mente em outro" dos dois. De fato, sumarizando sua análise na conhecida definição de movimento como "a realização do que é potencialmente real, com relação apenas à sua potencial realidade"[14] (portanto, que "sempre muda do que é real potencialmente para aquilo que é real atualmente"),[15] Aristóteles admite (apesar de hesitar um pouco) que sua análise implica que

---

13   *Física* VI.9.240a23-29.

14   *Física* III.1.201a10-11.

15   *Metafísica* XII.2.1069b15-16.

o movimento deve ser "algo de infinito... pois pertence tanto às realidades potenciais quanto às que existem em ato;... talvez o movimento seja uma existência atual, mas cuja atualidade é incompleta".[16] Além disso, os termos empregados por Aristóteles para designar o movimento (ainda que estejam aptos para assegurar sua realidade) não explicam como o movimento pode ter começado nem como pode ser completado (ou chegar a um fim), ainda que isso pareça ser um dos pontos principais do ataque de Zenão à sua real existência. Mais uma vez, Aristóteles parece a princípio aquiescer, mas salvaguarda uma vitória parcial. Ele aceita a conclusão eleática de que "em cada dado processo de mudança, um início (ou fonte) não existe".[17] Mas logo insiste que a mudança deve ter chegado a seu fim, não carecendo de mediação, nomeadamente, de modo *instantâneo*;[18] de outro lado, "algo que tenha mudado, no momento em que mudou, foi mudado em direção àquilo que o mudou. Mas isso é impossível; e, de tal modo, aquilo que mudou deve já (ou, no exato momento) possuir aquilo em direção ao qual mudou... [Logo], aquele primeiro movimento de sua existência, quando o que foi mudado acabou de mudar, deve ser indivisível".[19]

Plotino dirige seu mais explícito ataque à análise de Aristóteles argumentando que o termo movimento "incompletude em existência atual" não pode ser classificado como algo diverso de uma forma de existência atual. Antes, argumenta Plotino "a incompletude é a ele atribuída, não porque ele é uma atualidade em relação ao que quer que seja, mas porque ele é inteiramente uma atualidade e [algo que] envolve sua completude de modo recursivo ('de novo e de novo') – e não em condições de, por fim, atingir sua existência atual, que ele já possui inteiramente, mas em condições de realizar algo cuja existência é consequência de sua própria existência atual, um estado de coisas que ela visa realizar" (VI.1.16.5-9). Aqui, Plotino rejeita o axioma aristotélico de fracionar o movimento de uma realidade e

---

16 *Física* III.2.201b24-32; *cf. Metafísica* XI.9.1066a13-22.
17 *Física* VI.5.236a14.
18 Isto a despeito de outras críticas da noção de momentos indivisíveis de tempo (instantes): *Física* VI.231a21-231b20; VI.10.240b30-241a6.
19 *Física* VI.5.235b21-33.

dispor as partes de sua existência em cada um de seus termos, e argumenta com insistência que o movimento difere de outros tipos de existência real por sua inerente recursividade atual. A concepção aristotélica de que parte do movimento da corrida de Aquiles permanece atrás da linha de partida e parte já chegou à linha de chegada (presumivelmente, com muitas partes adicionais ficando ao longo do caminho entre as duas linhas) é absurdo. A cada vez que Aquiles está novamente correndo, ele não está fazendo nada menos que correr inteiramente e, daí em diante, seu movimento não é nada menos que um completamente real ou atual movimento de correr. Além disso, Aristóteles considera a relação entre um movimento e seu realização final. O fato de Aquiles cruzar a linha de chegada não explica (nem parcialmente) sua corrida; antes, o movimento que Aquiles faz de correr causa e explica sua chegada do ponto final.

De modo mais preciso, Plotino distingue a atualidade de um movimento e os vários estágios cuja existência têm uma "consequência para o" movimento e sua atual recursão. A chegada de Aquiles à linha de chegada é um resultado de seu contínuo (recursivamente atual) movimento de correr. Tais quantidades como a distância que ele corre e o tempo que leva para fazê-lo são também estágios que têm consequências sobre sua corrida – efeitos realizaram sua existência atual e contínua (recursão) sobre ele e não causas, fontes, ou delineamentos de sua existência real ou do tipo atual de movimento que ele é. Usando o exemplo de alguém que pretende dar uma volta completa em torno de um estádio, Plotino então argumenta que seu movimento é (inteiramente) um caminhar atual "de seu início [ou fonte]", ainda que "pretendendo completar uma volta no estádio, mas não o faça, a deficiência não existe em seu caminhar – no movimento de caminhar em si mesmo – mas (dada sua intenção) na distância que ele caminhou. Caminhando, mesmo por uma curta distância, está ainda caminhando, sendo já movimento atual de caminhar" (VI.1.16.10-14).

Plotino chama a atenção de modo especial para a "discussão vazia" quando Aristóteles argumenta que "não existe um começo [de movimento] relativo a algum tempo que ou após o que o movimento procedeu, de modo que não há qualquer fonte [atual, real] sequer para o próprio movimento" (VI.1.16.21-23). A aquiescência de Aristóteles à negação feita por Zenão de um início ou fonte (*archê*) para o movimento é equivalente a negar que sua realidade seja explicável primordialmente em termos de sua fonte. Nesse ponto, Plotino enfatiza a modulação lógica que Aristóteles opera na relação do movimento com o tempo quando Aristóteles considera, por exemplo, tanto que "a atualidade de um movimento [tal como Aristóteles a compreende] vem a ser desprovida de tempo" (ele atinge seu fim instantaneamente) e também que "o movimento [atual] em si mesmo requer tempo, e não apenas alguma duração [temporal] ou outra... mas uma quantidade de tempo definida" (VI.1.16.26-28). Ou ainda, não apenas são todos estágios temporais (ou, por exemplo, espaciais e outros elementos quantitativos) relativos a um dado movimento que tem consequência sobre sua realidade,[20] mas Plotino explica melhor, dizendo que cada um desses estágios deve ser subscrito ao movimento em si apenas de modo acidental (*kata sumbebêkos*) (VI.1.16.29-30), como opostos às atribuições essenciais (*kat'hauto*). Quando aquele que daria a volta no estádio para de andar, por exemplo, terá andado por uma ou duas horas ou algum outro tempo definido, e terá completado uma ou meia volta ou outra distância definida. Esses estágios serão consequência de seu movimento porque coincidirão com a cessação de seu andar e serão explicáveis (causados) pela caminhada que foi dada. Logo, terá andado atualmente (continuamente, recursivamente) – enquanto alguém que dá a volta no estádio andando – não importando o tempo que levou ou a distância que percorreu, ou se esse era o tempo ou a distância que teria pretendido. Assim como nas qualidades acidentais relativas às substâncias compostas, um movimento que permanecesse apenas o tipo de movimento que é e teria procedido apenas o caminho no qual um movimento daquele tipo realiza quando percorre diferentes estágios (ou, quando os estágios são percorridos por sua diferença).

Em resposta a Aristóteles, portanto, Plotino sustenta que a realidade de um movimento não é explicada por seus termos ou qualquer outro

---

20   Por exemplo, III.6.17.8-35; III.7.11; IV.3.9.21-24, 46-49.

estágio acidental, em que todos incidem sobre *ele*, visto que ele é antes a fonte ou causa de *sua* realidade. Para desenvolver sua análise do movimento (ou vir a ser) Plotino analisa a *produtividade* e *passividade* no vir a ser, adaptando e incorporando o conceito aristotélico de *potencialidade* em sua análise, e critica a noção aristotélica de essência e sua relação com qualidades e (ou) acidentes. Assim procedendo, relaciona os seres no vir a ser a sua explicação primária da substância física (qual seja, o composto forma-matéria) e sua noção de causa primeira da realidade no universo natural (ou seja, princípios formativos) de tal modo que aqueles são compreendidos de maneira mais clara como fontes ou causas do vir a ser na realidade física. Sua explicação da produtividade e da passividade que inicia seus desenvolvimentos caracterizando o movimento em uma dessas duas vias parece requerer sua atualidade em relação a um ou outro ser particular que está movendo ou sendo movido. Ela se conclui com a associação da passividade com movimentos atribuídos às coisas corporais enquanto tais – por exemplo, com (S2) substâncias ou com substâncias constitutivas de seus componentes corporais ou partes – e produtividade com movimentos atribuídos às formas, ou princípios formativos – por exemplo, com (S1) substâncias ou com princípios formativos que causam sua composição e formas composicionais.

Muitas vias são sugeridas por Plotino para se distinguir produtividade e passividade com relação ao movimento; mas a formulação que instiga sua própria análise afirma que "movimentos que procedem de coisas moventes em si mesmos são produtivos", enquanto que "movimentos que procedem de outros [na coisa movida] são passivos" (VI.1.19.11-12). Plotino avalia sua formulação considerando em primeiro lugar se a passividade é consequência característica de movimentos que podem também ser produtivos de outro (oposto) ponto de vista e, em segundo lugar, a relevância de uma fonte de movimento para saber se é produtivo ou passivo. Ele introduz a consideração formal pela observação de que os movimentos que procedem de outros são então passivos, de modo que esses mesmos movimentos poderiam também ser denotados como "movimentos que se exercem sobre outros"; por exemplo, "cortar, tanto como procedimento do que

corta quanto procedimento do que está sendo cortado, é um movimento" (VI.1.19.14-16). Cortar, como procedimento naquilo que está sendo
cortado, não é meramente "de outro", mas procede, em outras palavras, do
próprio cortador (ou em si mesmo), e então seria produtivo deste (ou dele)
ponto de vista. Plotino sugere duas vias para realizar a identificação de ambos os movimentos como sendo passivo e produtivo. A primeira considera
tais movimentos como sendo em realidade pares sucessivos de movimento,
de modo que, por exemplo, "cortar ocorre quando, de um certo tipo de
atualidade e movimento atribuído ao que corta, outro movimento sucessivo advém àquilo que é cortado" (VI.1.19.16-18). A segunda considera o
movimento cortante como um movimento único (e produtivo) provindo
do que corta para o que é cortado, valendo-se, então, da noção de que uma
existência deve ser diferente da consequência imediata sobre outro para
sustentar que "a diferença deve não pertencer ao ser cortado como tal, mas
a um movimento distinto que ocorre [no recipiente ou 'paciente'] como
consequente de ser cortado: por exemplo, sofrer dor, que é um caso claro
de algo que é realizado de modo passivo" (VI.1.19.18-21).

Plotino prefere essa segunda via, presumivelmente porque ela auxilia
a esclarecer casos de passividade, como quando um ser dotado de sensação
sofre dor como consequência de ter sido cortado. Disso ele conclui que,
quando qualquer movimento se realiza de modo passivo pelo paciente, então não há passividade, mas apenas o fato de que quando um movimento
provém uma coisa em direção a outra, o "movimento produtivo tem uma
dupla existência: primeiro, sem relação à sua existência em outra coisa,
quando exercida sobre ela, e, segundo, como existindo também naquela
outra coisa" (VI.1.19.23-25). Plotino também conclui daí que "passividade" denota "aquilo que se torna consequente de um movimento produtivo,
o qual não significa seu oposto (como ser queimado é o oposto de queimar), mas denota algo que é consequência de um movimento real de ser
queimado e queimar – nominalmente, dor ou algo assim, por exemplo, o
enrugar-se" (VI.1.19.35-39). A segunda consideração de Plotino, a relevância
de uma fonte de movimento para sua produtividade ou passividade, não é
resolvida tão rapidamente.

Em primeiro lugar, Plotino considera se uma fonte de movimento não poderia ser também ser algo consequente de seu próprio movimento – ou, em termos de uma formulação original, se movimentos passivos devem proceder de outros ou, agora ser consequência apenas de movimentos que procedem de outros. Ele cita um exemplo de uma coisa friccionada contra outra (por exemplo, o modo como o que sofre a fricção fica um pouco riscado) e sugere que aquilo que forma deve também ser formado de algum modo (por exemplo, ficar riscado): "Estamos dizendo que, de algum modo, dois movimentos [produtivos] existem em relação a uma única coisa [como o friccionar]? Mas como poderia haver dois movimentos quando o movimento de fricção é apenas *um* movimento?" (VI.1.20.10-12). Ou, como um exemplo que envolve apenas uma coisa desde o início (e que também inicia sua análise em relação à substância física), Plotino sugere um cisne jovem cujas penas começam a "branquear" por causa do movimento produtivo de seu próprio princípio formativo; mas acrescenta que aqui deve se colocar a questão se é adequado considerar que o branquear das penas possa ser tomado como um movimento passivo: "Se o princípio formativo do cisne inclui brancura e um o cisne que está vindo a ser [se transformando] é branqueado, devemos dizer que o cisne realiza de modo passivo seu ser branqueado na medida em que esse ser branqueado procede de sua substância? Devemos dizer isso se, por exemplo, seu ser branqueado é consequência de seu ter vindo a ser uma substância [cisne]?" (VI.1.20.18-21). Finalmente, Plotino complica ainda mais a questão com o exemplo de que algo que está sendo movido por outro já parece estar suposto na realização do que ele mesmo produz, observando que quando um estudante aprende algo que seu professor a ele ensinou, então "nem parece que o próprio estudante teria sido implicado passivamente em seu aprendizado; pois, aprender não é como ficar perplexo, pois implica em um entendimento real e tornar-se consciente do que é aprendido" (VI.1.20.30-32). Plotino, em seguida, também questiona a formulação original da produtividade como movimento cuja fonte é a própria coisa movente. O desejo, por exemplo, parece um movimento produtivo; além disso, dizemos "*eu* desejo isto ou aquilo" ou "*ela* deseja tal e tal", assim como dizemos "eu agito isto ou aquilo" ou "ela empurra esta ou aquela coisa". Logo, também parece que "desejar move por causa do objeto [externo] do desejo" (VI.1.21.14). Plotino responde, entretanto, que o movimento do desejo "não resulta de alguma produtividade procedente do objeto para o qual o desejo se move, mas do próprio desejo em resposta àquele objeto" (VI.1.21.14-15). De qualquer modo, Plotino parece pensar que a possibilidade de outra fonte de movimento produtivo é suficiente para tanto, ainda que o desejo não seja particularmente um bom exemplo disso.

Plotino tenta sintetizar as salientes arestas desses (contra) exemplos propondo que a "passividade não existe baseada em qualquer movimento que é de outro ou de si mesmo – por exemplo, um fruto que apodrece; antes, existe quando algo, sem parte de seu próprio ser implicado na produção, permanece uma alteração que não está implicado na realização de sua substância" (VI.1.21.18-21). Logo, se alguma "parte" do ser humano é produtivamente implicada em seu tornar-se desejoso ou tornar-se educado, então esses não são movimentos passivos; mas se não está implicada, então eles são. O caso de uma coisa friccionada contra a outra pareceria estar condicionado ao fato de o que fricciona também se tornar riscado sendo por isso análogo ao apodrecimento do fruto ou se deve ter uma etiologia análoga ao ser riscado como consequência do que está sendo riscado. Nesse caso, seu próprio riscar poderia não ser devido a um movimento produtivo de outra coisa; mas o apodrecer do fruto parece ser suficientemente explicado como devido a um movimento de amadurecimento inerente à constituição corpórea do fruto mais do que um estado de coisas que o fruto produz como tal, e o tornar-se riscado pela coisa riscada deve ser explicável de um modo similar. Essa realização final no caso do amadurecimento do cisne pode ser igualmente claro: se o branquear das penas foi consequência de seu tornar-se a substância cisne, a brancura não estaria implicada na realização de sua substância. No entanto, na medida em que a brancura foi presumida como estando contida em seu princípio formativo, pareceria que aquela "parte" do cisne está implicada na produção daquele branqueamento. Plotino levanta um contraexemplo potencial à via proposta que, contudo, complica mais o caso do cisne como tal.

Ao enfatizar que o movimento implicado no vir a ser de uma substância não qualificada pela passividade, Plotino supõe que o aquecimento de uma estátua em consequência do bronze se tornar quente durante sua produção então envolve tal quentura na realização de uma substância (no caso, a estátua). De outro lado, há muitos outros casos em que algo tornar-se quente não é consequência de nenhum movimento produtor de substância. Logo, deve ser visto que o tornar-se quente por vezes é, por outras não, uma passividade (VI.1.21.23-26). Em resposta a essa sugestão, Plotino distingue a substância (a estátua) da matéria (o bronze) e argumenta que, na medida em que a estátua não é o que foi aquecido durante sua produção (foi o bronze), estritamente falando a estátua não é aquilo que permanece quente como um resultado daquele aquecimento (mas, sim, o bronze). Em consequência, a quentura atribuída à estátua no exemplo inicial proposto não poderia ser a quentura implicada na realização, nem um remanescente daquele aquecimento como tal (VI.1.21.26-29). No caso do cisne, a brancura, é claro, era presumida estar contida em seu princípio formativo, e isso pode ou não ter um análogo em como a quentura pode ou não ser atribuída à constituição da estátua. Entretanto, as penas do cisne (e outros de seus componentes corpóreos e elementos constituintes) *são* análogas às partes da estátua de bronze. Portanto, se o branqueamento das penas não é, em sentido estrito, uma alteração devida à substância, então poderia ser qualificada como passividade, se ou não a brancura contida no princípio formativo do cisne implicasse uma "parte" do cisne no processo de tornar-se branco.

Em sentido estrito, também a "alteração" denota de modo mais típico um movimento com relação a qualidades contrárias (por exemplo, quente e frio, úmido e seco, luz e trevas). Mas não há razão óbvia pela qual o movimento passivo seria restringido de modo similar (por exemplo, estar com dor não precisa ser precedido de sentir prazer), nem porque estaria restringido a delineamentos qualitativos de tais movimentos na medida em que devem ser atribuídos a compostos ou a substâncias constituídas corporalmente como tais. Plotino deve ter isso em mente quando sumariza sua análise concluindo que a "passividade se realiza quando algo tinha em si mesmo um movimento por meio do qual é alterado *de algum modo*; enquanto que a produtividade existe quando algo tem em si um constrangimento interno de movimento vindo de si, ou quando um movimento vindo de si próprio realiza sua finalidade em outro" (VI.1.22.1-5). Ou, tal como o redefine, sem mencionar de modo algum o termo restritivo "alteração":

A passividade reside em algo disposto (ordenado ou inclinado) de modo diverso do que antes. A substância do que passivamente se realiza não realiza nada além do que pertence à substância; e, quando uma substância vem a ser, o que passivamente se realiza é outra realidade (que a substância como tal: ou seja, seus constituintes corpóreos). (VI.1.22.8-10; *cf.* III.6.19.8-11)

Plotino associa passividade com movimentos atribuídos a corpos (por exemplo, a substâncias constitutivas, ou os componentes corpóreos de substâncias físicas), seja como tais, seja com relação a características de existência qualitativa que são estritamente associados com os corpos. Ele sustenta que *coisas corpóreas são como tais sempre e unicamente passivas* com relação ao movimento (III.6.6.50-52), associando produtividade e passividade com uma distinção entre movimentos que parecem da alma e movimentos do corpo (VI.1.19.9). Plotino argumenta que, por exemplo, um presumido que parece da alma, tal como lembrar pode não ser explicado como uma alteração porque "uma realização passiva é associada a uma atividade desse tipo apenas por causa da relação das substâncias compostas com a matéria [isto é, corporeidade ou ser constituída corporalmente]... como, por exemplo, é também o caso da visão, em que ver é em realidade um processo ativo, mas o olho coetaneamente sujeito a um movimento passivo" (III.6.2.49-54).

A alteração, ou o vir a ser passivo, deve como tal, ainda conforme a análise inicial do movimento feita por Plotino contra Aristóteles, ser um certo tipo de movimento atual, ainda que algo que sempre é passivamente realizado por coisas corpóreas. Isto é, observa Plotino, a "alteração" (e também a "mudança") pode ser compreendida como "significando algo que é diferente e em oposição a outro" (por exemplo, algo quente, no modo como pode ser diferente de algo quente, lhe é "oposto"). Contudo, o tipo de movimento atual que isso denota é que há coisas que atualmente se movem em certa direção, tenham sido produzidas de modo passivo ou ativo: "Portanto, a alteração é inerente a uma certa forma de movimento: movimento em que algo se divide em relação a como ele era antes" (VI.3.21.46-47). A análise de Aristóteles que implica que uma atualidade alternada de movimento é delineada pelo ("existe em"), por exemplo, aquecimento de algo que foi alterado e seu contrário, o frio de antes de ser alterado. Mas a análise de Plotino implica que esses estados de coisa qualitativos são atribuídos apenas de modo acidental ao movimento de alternância como tal. Como algo "parte de como era" em um certo sentido, se isso se refere à sua temperatura e ele era frio, então o estado de coisa qualitativo referido à disposição desse movimento alternativo deveria, em consequência, ser esfriado. E esse também deveria ser o caso de um estado de coisas qualitativo referido à cessação desse movimento alternativo seja calor, se esta é a qualidade que deveríamos atribuir a algo que havia partido de sua condição anterior de estar frio precisamente como tal coisa tem quando seu movimento alternativo cessa. O movimento atual, contudo, não é nem uma desses duas consequências acidentais (nem, de algum modo, ambas), mas é apenas o ponto de partida atual no qual estava de um certo modo (no caso, relativo à sua temperatura), e tal era inteiramente a atualização do movimento em uma disposição e continuamente (ou recursivamente) até cessar.

Na realidade física, além do mais, uma alteração de certo tipo (isto é, alguma passividade que se segue do movimento alternado ou outro) acompanha todo movimento. Na realidade física, em outras palavras, o movimento sempre move algo e o que ele move é sempre algo corpóreo ou que é constituído de modo corpóreo. E é nesse sentido, crê Plotino, que a linguagem da potencialidade é apropriada e usual para analisar o movimento. A compreensão de Aristóteles em sua noção de que o movimento é um tipo de incompletude em existência atual (aquilo que é em ato é de algum modo incompleto) estava concluída de modo imperfeito. Se um movimento de um certo tipo de atualização existe, ele apenas existe como a atualidade de um movimento de um certo tipo. A distinção que se segue entre movimentos produtivos e movimentos passivos, contudo, começa por detalhar como um movimento atual pode ser referido a realidades físicas particulares ou, de modo mais preciso, a substâncias físicas e seus princípios formativos. A noção de passividade com relação ao movimento parece particularmente propícia para a investigação posterior acerca da noção de passividade com relação à substância, por exemplo, em relação ao papel passivo da "matéria" como substrato.

Plotino afirma que podemos dar "uma impressão" (uma indicação usual, ainda que não totalmente própria ou perspicaz) do que o movimento é, caracterizando-o como "*a passagem de algo da potencialidade para aquilo que se diz estar em potência*" (VI.3.22.4-5). E, ainda, quando explicado desse modo, o movimento pode ser diferenciado no modo pelo qual algo potencial vem a ser real de um certo modo de ser relativo ao próprio movimento: "Pois, algo pode ser potencialmente uma coisa real naquilo que pode realizar uma certa forma (por exemplo, pode ser potencialmente uma estátua). De outro lado, naquilo que se refere a uma atividade (por exemplo, é capaz de andar), e quando o escultor faz com que seja uma estátua, esse processo é seu movimento; enquanto que, quando começa a andar, o caminhar é seu movimento", por exemplo, quando a coisa se torna dançante (VI.3.22.5-9). Mas, em qualquer tipo de caso, na medida em que o movimento difere de outras atualidades por sua recursividade, "então como o movimento está presente, a coisa tem um contínuo ir em direção à outra – para ser diferente, não permanece da mesma maneira" (VI.3.22.40-41). Portanto, para incorporar na análise feita por Plotino a noção de que algum tipo de "passagem" ocorre nesses dois tipos de caso que aquilo que implica movimento deve ser ele próprio explicável em termos de atualidade do movimento em si mesmo. Por exemplo, no que diz respeito a esta "passagem", se pode dizer que, em contraste com as outras formas inertes, movimento é uma "forma desperta" (VI.3.22.14) e não uma existência potencial. De tal modo que significa dizer em relação a esta "passagem" daquilo que inicialmente é uma potencialidade para algo real significa, conforme a especificação de Plotino, que apenas o existente em ato ou as coisas reais podem ser causas em sentido estrito ou prover uma explicação real. Plotino, portanto, argumenta que em casos em que essa existência atual é algo diverso do próprio movimento, tal como no caso da estátua, devemos falar de uma coisa potencialmente real como "já uma outra coisa", como algo apto a ser outra coisa posteriormente a seu próprio ser, mesmo se de algum modo ele sobrevive à produção desta outra coisa ou mesmo se admitindo sua própria destruição, sacrifica-se a si mesmo em favor da constituição de outra coisa. O escultor é o sentido de dizer "o bronze é potencialmente uma estátua", enquanto que a água é potencialmente bronze e o ar é potencialmente fogo no último sentido. (II.5.1.17-22)

Contudo, o que se estava dizendo quando inicialmente se atribuía uma existência potencial, ou uma potencialidade, a algo (por exemplo, ao bronze)?

Uma resposta deve ser que "potencialidade" denota uma potência (ou poder) que algo tem de gerar, produzir, ou fazer algo, de modo que ao articular as potencialidades de algo delineia a extensão ou a capacidade de sua potência. Plotino rejeita essa abordagem (II.5.1.22-26). Certamente parece inútil supor, por exemplo, no caso do bronze, que ele é potencialmente uma estátua, que também tem a potência de produzir estátuas. Outra resposta, portanto, seria que as potencialidades de algo delimitam-na com relação aos tipos de vir a ser ou movimentos nos quais ela pode ser implicada. Essa segunda resposta parece ser aquela que Plotino pretende sustentar quando afirma que "existência potencial, nesse sentido, designa algo como certo substrato de transformações passivas e formas e formas que é capaz de receber em sua disposição por natureza para recebê-las" (II.5.1.29-32). Aqui, Plotino também afirma que uma potencialidade real no envolvimento ou no estatuto de algo no vir a ser deve como tal ser completamente passiva. Suas potencialidades delimitam, de modo particular, os tipos de movimentos passivos (também formas, etc.) que podem ser atribuídos a ela como seu substrato quando são envolvidas ou implicadas em algum movimento ou vir a ser. De acordo com isso, Plotino acrescenta suas razões:

Se isso é assim, então não é que a coisa potencial vem a ser como coisa atual, mas antes que a coisa atual subsequente vem a ser da coisa potencial precedente. E ainda, a realidade atual é o composto

– não só a matéria ou só a forma nele impostas. Isso inclui casos em que uma substância diferente vem a ser, como uma estátua vem a ser do bronze; pois, é uma substância diferente apenas no sentido em que agora o composto é a estátua. De outro lado, quando coisas são consideradas como inteiramente não persistindo, é evidente que a coisa potencial era diferente em todos os sentidos da coisa atual subsequente. (II.5.2.8-15)

A desaprovação de Plotino, nesse contexto, é da potencialidade como mera virtualidade, que torna a matéria passiva em relação à composição atual de uma substância física feita dela (isto é, no caso em que a "matéria" relevante é uma substância constitutiva), e daquele vir a ser que nela já existe de modo absoluto. Antes, o que vem a ser é a substância atual (composta) e seu vir a ser não ocorre, por exemplo, porque uma existência potencial ou potencialidade torna-se diferente (isto é, torna-se uma existência real, realização ou atualidade). Além disso, enquanto havia potencialidade prévia ou uma existência potencial (no caso daquele exemplo, o bronze) onde agora existe uma substância atual (a estátua), por causa do atual vir a ser de uma coisa real (por exemplo, uma *estátua* produzindo movimento, ou o movimento de produção *de uma estátua*). Em sentido estrito, portanto, a matéria não é envolvida no atual vir a ser de uma substância, na medida em que uma consequência desse vir a ser é que a matéria é agora referida ao composto como um substrato ou "recipiente", por exemplo, de sua transformação passiva. No limite, com relação a essa consequência, a matéria teve uma transformação, uma alteração de tipos, devendo em algum sentido ser "disposta de modo diferente de antes".

Esta última noção, bem como a noção precedente de que a matéria ou seres corpóreos não podem, como tais, ser envolvidas no atual vir a ser de uma substância composta (na medida em que uma forma produtiva de movimento e matéria é totalmente passiva com relação ao movimento) torna-se mais clara quando reconhecemos que a atualidade ou existência real do movimento em geral, longe de ser uma abstração de nossas observações do movimento de uma realidade física, é a causa da explicação dos fenômenos observáveis, com os quais comumente a identificamos:

Não devemos supor que as coisas que estão em movimento são os movimentos existentes. Pois, andar não é os pés, mas um procedimento atual de uma potência que envolve os pés. Na medida em que a potência não pode ser vista na condição autêntica em que ela existe (como potência), é necessário, contudo, olhar para a atividade dos pés, ou seja, não simplesmente os pés quando estão parados, mas como eles agora estão envoltos por outra existência (anterior). Isso não pode ser visto como tal, mas por sua associação com algo diverso (os pés) pode ser visto como acidente (*kata sumbebêkos*) quando olhamos para o movimento dos pés e vemos como primeiro um tem uma certa posição e então o outro o faz, e eles não são parados. Mas na alternância do movimento bípede o que se vê é uma consequência da alternância dos pés enquanto o movimento de andar em si não é algo qualitativo em relação aos pés. (VI.3.23.5-13)

Plotino explica o movimento observável ou o movimento como visivelmente engajado em coisas (corpóreas) observáveis, em termos de atualidade de movimento como tal e seu uso ("abrangendo") de coisas corpóreas (por exemplo, uma substância de componentes corpóreos) para manifestar a si mesma em vias observáveis, que podem ser atribuídas de modo acidental à sua fonte real ou causa. Nesse sentido, as coisas corpóreas utilizadas pelo movimento atual, ao manifestar a si mesmo em vias observáveis, podem como tais ser implicadas em movimento apenas de modo passivo e não de modo produtivo. Sendo assim, "o movimento advém às coisas sensíveis [corpóreas] de outro que as agita, estimula, irrita e empurra aqueles elementos que dela participam de modo que elas não param nem existem sucessivamente na mesma exata condição" (VI.3.23.1-4). Logo, coisas corpóreas não podem ser fontes reais ou causas de movimento. Ao contrário, o movimento faz com que coisas corpóreas se movam pois procedem de uma fonte potente que as impele ou as "abrange", tal "como um sopro de ar exerce sua força sobre outro. E assim, quando a potência de movimento é a capacidade de andar que o impele, como ele era, e ela move os pés daquele que caminha continuamente a assumir uma posição após outra. E, ainda, quando é a capacidade de aquecer que aquece algo, bem como quando a potência reúne a matéria em um conjunto natural, é a capacidade geradora de um desenvolvimento natural..." (VI.3.23.20.25).

A adaptação de Plotino e a incorporação da linguagem da potencialidade à sua análise do vir a ser, como vimos, também focaliza aquela análise do vir a ser de substâncias físicas como compostos de forma e matéria (*cf.* VI.3.3-5). Naqueles termos, todavia, as substâncias físicas têm um sentido para implicações causais no movimento, visto que não possuem (em sentido estrito, são) formas compostas e, diferente da matéria,

> nenhuma forma de qualquer tipo pode admitir desordem ou ser de algum modo passiva, mas deve ser não perturbada enquanto a matéria tornou-se passivamente referida a ela de tal modo que quando há um vir a ser da forma, por causa de sua presença no composto, direciona a matéria em movimento... De tal modo, esta é a maneira pela qual a forma atual existe na natureza: sendo tal que produz vir a ser por causa de sua presença numa substância composta – tal como se a harmonia existente numa lira, provinda de si mesma, tocasse suas cordas. (III.6.4.35-44)

Contudo, explicar as capacidades produtivas de substâncias físicas deste modo parece mais apropriado a eventos do vir a ser que presumem uma substância já existente, como andar ou crescer. Ao contrário, explicar a produção ou vir a ser atual de um composto em termos, por exemplo, da forma "vindo à" matéria e dela compondo uma substância, ou da matéria "recebendo" a forma composicional fazendo uma substância atual existir onde previamente havia apenas matéria, pode *primordialmente* enfatizar e caracterizar a passividade da matéria com relação ao vir a ser da substância. No entanto, Plotino sustenta com isso que a causa real de qualquer movimento ou vir a ser na realidade física são justamente as potências que as formas composicionais trazem à realidade física (isto é, como vimos, que existem nos princípios formativos que "constituem", por exemplo, causa, a forma composicional).

A distinção feita por Plotino entre uma estátua que vem a ser do bronze e o bronze vindo a ser da água e do fogo vindo a ser do ar, por exemplo, não significavam a distinção entre o vir a ser das substâncias e algum outro tipo completamente diferente de vir a ser. O vir a ser do bronze da água e do fogo a partir do ar são exemplos de vir a ser de alguma substância constitutiva *elementar*. Plotino insiste que o fogo elementar, por exemplo, deve vir a ser apenas como outras substâncias físicas fazem (por exemplo, pela matéria recebendo a forma do fogo ou, mais fundamentalmente, por um princípio formativo configurando a matéria de um certo modo).[21] E, ainda, se alguém insiste de modo obstinado que a matéria implicada é incendiada quando o fogo elementar vem a ser: "'incendiada' não está sendo usado em um sentido comum, mas significa que a matéria veio a ser fogo. Não é o mesmo algo converter-se em fogo e algo ser incendiado; e como poderia aquilo que é uma parte do [substância elementar] fogo ser incendiada?" (III.6.12.37-42). Tal como as próprias *substâncias*, as substâncias constitutivas (incluindo aquelas elementares) devem ter suas próprias formas composicionais (e também potências). Como substâncias *constitutivas*, entretanto, elas diferem uma da outra naquilo que podemos chamar de constitutivos potenciais. A caracterização posterior que Plotino faz do vir a ser de substâncias constitutivas elementares em termos daquilo que vem a ser diferindo da substância como ela advém "em qualquer sentido" significa que, a respeito de qualquer outra coisa que elas possam ou não diferir,[22] no limite diferem em seus constitutivos potenciais. De outro lado, quando uma substância não elementar vem a ser, a coisa real potencialmente "persiste no vir a ser", no qual os constitutivos potenciais da substância constitutiva permanecem os mesmos. Por exemplo, o bronze, como atual constituinte corpóreo de uma estátua, retém exatamente os mesmos constituintes potenciais que tinha antes de pertencer ao(s) movimento(s) produtivo(s) em que a estátua atualmente veio a ser. Quando outro movimento produtivo ocorre em outra substância (por exemplo, uma espada) vem a ser do mesmo bronze, substituindo a substância estátua, ou quando o bronze novamente se torna uma massa amorfa, ele não carece, de algum modo, de

---

21   Por exemplo, II.4.6.14-19; III.6.12.43-45; V.9.3.25-31.
22   Serão, por exemplo, diferentes como substâncias atuais (*cf.* II.5.2.34); mas ambas as substâncias, elementares ou não, serão diferentes nesse sentido.

recuperar seu potencial constitutivo para fazer estátuas. Ele nunca perdeu ou se transformou em algo diverso de seu potencial constitutivo.

Entretanto, em que sentido o bronze como "matéria" dispõe-se de modo diverso com uma consequência de sua passividade com relação ao atual vir a ser da estátua? A figura da estátua poderia parecer pertencer à estátua, e o calor que antes era presumido permanecer no bronze pertenceria, respectivamente, à estátua e ao bronze visto que como poderiam ser explicados como substâncias acidentais ou derivadas, e que tais qualidades não pertencem a elas como substâncias no sentido mais próprio, (S1) ou (S2), presumido na presente discussão. Entretanto, já vimos outra via na qual a matéria pode ser passiva: por exemplo, como no exemplo dado por Plotino do potencial do movimento de andar que os pés de um ser humano possuem para observar a manifesta atualidade do movimento de andar que ele produz. Para generalizar, Plotino por vezes chama de *alma* a fonte produtora de movimento em substâncias físicas, sustentando que "a potência da alma, que se exerce sobre coisas corpóreas, move-as a vir a ser e o faz em virtude de sua substância [da alma]" (IV.3.10.20-21). A matéria, como substância constitutiva e, portanto, assim como os constituintes corpóreos de substâncias compostas, é também passiva como um *instrumento* (ou uma *instrumentalidade*) para os movimentos produtivos da alma, forma-em-natureza, ou qualquer outra noção que se use para denotar a fonte potente de movimento da realidade física.

Uma espada de bronze pode ser um claro exemplo nesse contexto, na medida em que o bronze não é meramente a constituição corpórea da espada, todavia também é um instrumento capaz de cortar. Ao contrário, uma massa amorfa de bronze, por exemplo, é incapaz de ser usada para cortar qualquer coisa. De modo análogo, a constituição corpórea de uma substância orgânica animal é algo instrumentalmente capaz de crescimento, movimento local, e assim por diante. De diversos modos e a respeito de diversos elementos, constituintes corpóreos de substâncias são vinculados em relação a capacidades ou potenciais não em seus constituintes como tais, ou apenas como substância constitutiva do que uma substância física foi composta, na medida em que ela (ou elas) é (são) agora "dispostas de modo diverso de antes", em relação às quais deve-se denominar sua (ou suas) *potencial(idades) instrumentais.*

Plotino acrescenta um detalhe crucial para explicar como sua análise estende os diversos vir a ser ou movimentos às substâncias já existentes ao, *pace,* tratar potencialidade e atualidade como contrários, questionando: "Quando alguém que é potencialmente educado torna-se atualmente educado, como poderia isso não ser o caso em que o que potencialidade existiu e o que atualmente existe são o mesmo? A potencial sabedoria de Sócrates é o mesmo Sócrates que o Sócrates atualmente sábio" (II.5.2.15-17). Em resposta, Plotino argumenta que um vir a ser composto em uma certa condição deve (seja isto ou não um estado de coisas qualitativo) ser *acidental* para a substância em si e logo ser explicável por algo na substância que tem um *potencial essencial* para aquela condição, ou para vir a ser naquela condição. Logo, em tal exemplo:

> A pessoa não educada vem a ser ensinada acidentalmente. Não era devido a ser não educada que uma pessoa era potencialmente passível de ensino, mas também era acidental em relação a ela não ser educada; ou melhor, sua alma, tendo a disposição anterior para o conhecimento, era o elemento potencial pelo qual ela se torna passível de receber conhecimento. (II.5.2.19-23)

Além do mais, os potenciais acidentais do composto (delimitando em que vias pode vir a ser) e os potenciais essenciais do que nela causa (a fonte de) seu vir a ser também não são afetados por seu subsequente, seu atual vir a ser. Por exemplo, "o potencial para o conhecimento sobrevive após o vir a ser e o potencial para ter ensinado permanece após ter sido ensinado? De fato, nada garante isto, que pode ser descrito de outro modo: anteriormente havia apenas o potencial, mas agora a forma do conhecimento também existe na coisa potencial" (II.5.2.23-27). Plotino acrescenta que a forma de uma estátua como que "sobrevém sobre seu substrato" (II.5.2.27-28), antes que algo substitua ou desloque sua estátua potencial, de modo que o composto pode coetaneamente tanto ser atual em um certo sentido (por causa de sua forma) quanto permanecer potencial em outro sentido (por causa de sua matéria). De modo similar, algo em uma substância pode ser (e permanecer) essencialmente potencial em um certo sentido de modo coetâneo a (e ainda depois) seu atual vir a ser naquele mesmo sentido. Para ter certeza, Plotino argumenta considerando a alma no sentido paradigmático do movimento do vir a conhecer; mas, como vimos, todo movimento produtivo é, na verdade, alma no sentido de movimento. Toda substância física que pode (como um artefato, por exemplo, uma estátua) de modo causativo ou produtivo implicar a si mesma num vir a ser atual pode fazê--lo, em outras palavras, apenas porque ela ou alguma de suas "partes" possui o prerrequisito potencial essencial, que (como potenciais acidentais, instrumentais e constitutivos e como meros potenciais ou potenciais materiais) é uma *potência* ou *poder*.

Uma substância já existente, é claro, pode também vir a ser como consequência de um movimento produtivo de outra coisa ou substância. Tais casos poderiam ser divididos em dois tipos. Em alguns casos, a substância não vem a ser de modo algum. Seu movimento é apenas um movimento produtivo procedente de sua fonte naquela substância. Em tais casos, o movimento cessa na substância recipiente quando sua fonte cessa de produzi-lo. No outro extremo de tal espectro, um movimento produtivo pode afetá-la ou alterar sua matéria (sua constituição corpórea ou constituintes), de tal modo que a substância de fato perece antes de seu vir a ser. No meio desses dois extremos estão os casos em que a substância é inerente ao vir a ser e não perece. Um sentido no qual isso poderia acontecer ocorre no exemplo do desejo, acima mencionado, na medida em que ele vem a ser por causa de uma potência que lhe é inerente, mas que responde a estímulos ou outras condições provindas de outra fonte. Outro sentido pode ser o movimento de afetá-lo, ou alterar sua matéria, mas de um modo que é insuficiente para realizar sua destruição. Em tais casos, entretanto, pareceria que também a substância deve responder potencialmente ao movimento passivo que ela posteriormente realiza e retorna à sua própria condição, ou então seria diminuído em algum grau. Parece mais consistente pela análise de Plotino, em outros termos, considerar qualquer significação do vir a ser de uma substância que não é diretamente consequência de (ou causada por) suas próprias potências nem indiretamente consequência de suas potências, como aquelas que correspondem a movimentos invasivos vindos de outras fontes, podendo ser em realidade envolta no contrário do vir a ser, isto é, perecimento, destruição ou, no mínimo, diminuição da substância.

Plotino identifica de modo mais cômodo, aquela "parte" de uma realidade física singular que tem potenciais essenciais (potências) associadas com sua forma compositiva, assim como com seu princípio formativo, de modo que: "denominamos *forma* o que é capaz de produzir uma substância e *princípio formativo* aquilo que no domínio da substância [física] a move de modo produtivo em conformidade com sua forma" (VI.3.3.15-16). De modo coerente com a discussão acerca de potenciais essenciais, Plotino então aborda o vir a ser das substâncias com sua noção mais metafisicamente real ou explicativa de princípios formativos argumentando:

> Quando a forma advém à matéria, tudo envolve com ela, pois a forma tudo compreende – tanto a magnitude e tudo mais, conforme o princípio formativo e o que dele provém. A magnitude, de tal modo, é delineada para cada tipo de ser natural por causa de sua forma; assim, a magnitude [ou as dimensões] de um ser humano difere daquela de um pássaro, e este difere das outras várias espécies de pássaros... De igual modo, em um ser particular, na medida em que a brancura pode estar nele, torna-se branco por aquele [princípio formativo] que esse ser vivo produz algo de cor branca, assim como outras várias cores podem estar presentes de modo variado, não porque há algum tipo de cor variada, mas, se assim concedes, porque tem uma variedade de princípios formativos. (II.4.8.23-28 e 9.8-10; *cf.* III.6.16.1-10 e 17.27-31)

Fortemente influenciado pela concepção estoica dos *logoi* (princípios--formativos) como causas geradoras existentes na natureza, Plotino objeta de modo particular o fato de concebê-los como sendo instrumentalidades de uma fonte causal de toda a natureza que preordena "o que é necessário para tudo em todos os sentidos" (III.1.7).[23] No entanto, Plotino vale-se de

---

23 Para uma exposição mais detalhada da crítica de Plotino ao determinismo estoico, *cf.*

tal concepção de *logoi* como sendo causas produtoras primárias na natureza a fim de explicar não apenas a existência real e composta das formas de seres particulares, mas também todo o movimento e tudo aquilo que uma substância física pode vir a ser ou que é consequência de seus movimentos ou vir a ser plurais. Logo, em relação a qualquer constituição corpórea de substâncias físicas e suas qualidades, Plotino afirma que "além disso, os seres corpóreos (por exemplo, corpos animais e corpos vegetais), existem, cada um dos quais, como uma pluralidade por causa de suas cores e configurações e magnitudes e várias partes corporais, sendo diferentes entre si, essa total pluralidade deriva de alguma coisa una... [de modo que] as substâncias corpóreas existem por causa da potência de princípios formativos" (VI.2.5.1-5 e 14; *cf.* VI.6.13.55-57). Plotino argumenta, além do mais, que a própria noção de "corporeidade", relativa à constituição corporal ou "corpos" de substâncias físicas, não denota apenas "um agregado de diversos elementos associados em seres corpóreos", mas "um certo tipo de forma e princípio formativo: algo que, ao vincular-se à matéria, produz o ser corpóreo". Na medida em que o princípio formativo de um ser corpóreo é "nada mais que uma definição que denota algo existente em referência a uma certa essência [tal como para Aristóteles], mas um princípio formativo que produz a própria coisa existente", Plotino conclui que ele deve "tudo abranger ao delinear algo com relação às qualidades distintivas de seres corpóreos" (II.7.3).[24] A noção plotiniana de princípio formativo, no entanto, é fundamental para sua própria compreensão de *essência* física. Ou seja, sua objeção à noção aristotélica de *logoi* como fórmulas de definição mais do que causas reais, complementa sua igual rejeição (*cf.* II.7.5) à concepção aristotélica de

---

III.1.7.1-22; III.1.8.5-9; IV.4.33.15-19. Para uma discussão sobre a doutrina plotiniana da causalidade universal e da *sumpatheia*, *cf.* Gurtler, 1988, 90-137; Graeser, 1972, 105-111. Duas das principais críticas de Plotino ao materialismo em geral são, primeiro, que nem todos os fenômenos, mesmo os relativos às coisas corpóreas como tais, podem ser totalmente explicados em termos de um ou mais elementos materiais e suas potências ou qualidades (IV.4.31.33-40; VI.3.25.30-42) e, segundo, que os elementos de matéria corpórea (e suas características, relações e movimentos) são eles próprios inclusos entre as coisas que devem ser explicados por uma abordagem da ordem natural universal (*cf.* II.4.8.12-13; IV.4.10.5-13).
24   *Cf. Enéada* VI.2.4.1-11; VI.2.5.1-10; VI.7.3.10-13. Para a discussão acerca das consequências da compreensão estoica dos seres corpóreos, *cf.* Hahm, 1977.

essência como aquilo que designado em relação à substância por uma definição que estabelece o gênero e a diferença específica (por exemplo, "o ser humano é um animal racional"). Plotino afirma que as essências de substâncias físicas são antes idênticas a seus princípios formativos (VI.3.7.6-9). A própria concepção plotiniana de essência deve ser vista como uma negação do essencialismo (aristotélico), ou como um *super-essencialismo* na medida em que implica (*pace* a diferença aristotélica gênero/espécie) que se "deve visar tudo aquilo que pertence aos seres existentes em suas razões causais (*aitiologoi*)" (VI.7.3.13-14).

De modo mais preciso, a compreensão de Aristóteles de que "algo no ser" (*to ti en einai*) ou "algo que é" (*to ti estin*) – as principais locuções gregas por ele empregadas para aquilo comumente traduzido por *essência* – ser aquilo que é designado por uma fórmula de definição que "conforma-se à coisa em si mesma (*kath'hauto*)".[25] Como explicação, Aristóteles sugere que a essência de algo é designada em resposta àquilo que se refere à questão "Por que algo é o que é e não outro?". Por exemplo, "Por que é um ser humano (e não, por exemplo, um nabo redondo)?". Tal abordagem, argumenta Aristóteles, não pode ser acerca da "existência fundamental" de algo, mesmo que (tal como em sua estratégia *contra* o argumento de Zenão sobre o movimento) isso não fosse já evidente, pois tal abordagem não pode ser formulada ou investigada acerca dela. Deve-se então questionar acerca do porquê algo é ele mesmo e não outro, cuja resposta é dada de modo mais adequado apenas pela designação de "algo em si mesmo". Ou, empregando as locuções gregas usadas por Aristóteles, reconhecendo o algo que é ou o estar no ser de algo.[26]

A adaptação de Plotino das locuções e contraste de vocabulário de Aristóteles à sua própria concepção de essência é feita de duas maneiras sutis, mas significativas. Em primeiro lugar, Plotino *vincula* o *dia ti* (no contexto aristotélico, o "porquê algo é") ao discernimento da "causa de algo em si mesmo, de sua existência fundamental" (VI.7.2.27). Enquanto Aristóteles caracterizava a essência de algo como apenas o "porquê de algo em si mesmo", a análoga caracterização feita por Plotino afirma que "a essência de cada coisa é

---

25 *Metafísica* VII.4.1029b14.
26 *Cf. Metafísica* VII.17.1041a14-18.

o porquê de sua existência" (VI.7.2.16). Em segundo lugar, Plotino está certo de início de que algo e sua essência coincidem apenas no caso de sua realidade autêntica – as formas tais como existem no e procedendo imediatamente do seu princípio metafísico do inteligível, o *Nous* (Intelecto). Logo, Plotino reforça sua insistência de que afirmamos "algo pertinente" ao articular uma razão causal da existência real de algo (completa ou suficiente) na medida em que observa que "[no intelecto] tudo existe de modo unificado, de modo que a coisa existente e seu porquê [causa] são os mesmos. De igual modo, as coisas existentes no plano inferior e seu porquê [causa] também são os mesmos. Por exemplo, acerca da questão 'o que é um eclipse?'" (VI.7.2.11-13). Assim, por exemplo, a interceptação dos raios do sol pela lua é tanto a causa de um eclipse solar quanto o próprio eclipse. Mas, pode não ser a princípio evidente que isso procede em relação a tudo no universo natural. Em particular, em relação a quando "algo é inerte ou desprovido de vida, não possui de algum modo aquele porquê de sua existência" (VI.7.2.20-21). Aqui, "inerte" e "desprovido de vida" é a expressão plotiniana para a ausência e de um princípio-formativo. A resposta de Plotino à sua própria observação é que *não há seres corpóreos que sejam inertes ou desprovidos de vida. Nada* na realidade física é inerte ou desprovido de vida. Ou ainda, algumas coisas podem ter menor atividade (ou potência) e vida (ou vitalidade) que outras, e deve ser considerada comparativamente nesse sentido em relação à presença ou deficiência de princípios formativos:

> Como pode a natureza dos corpos ser sem ser? Como pode ser sem ser a matéria sobre a qual se sustentam os corpos, as montanhas, as rochas, a terra toda, que é sólida e todas as coisas que são resistentes e que com seus golpes forçam as coisas que são golpeadas a reconhecerem a realidade das que as golpeiam? Suponhamos que alguém dissesse: "Como podem ser entes e entes reais as coisas que nem pressionam, nem fazem violência, nem são resistentes, nem em absoluto visíveis, como a alma e o intelecto? E, considerando os corpos, como pode ser mais ente que a terra, que é estável, aquele corpo que se move mais e pesa menos que ela? Como pode sê-lo aquele que está acima deste? E como pode sê-lo o próprio fogo, que quase foge à natureza corpórea?"

Creio que aquilo que mais se basta a si mesmo perturba menos às outras e são menos penosas para as outras, enquanto que as que são mais pesadas e térreas, por quanto são deficientes, tendo facilidade para cair e são incapazes de levantarem a si próprias, ao decaírem por causa sua debilidade, produzem golpes com sua queda e sua inércia.[27] Com efeito, os corpos mortos podem produzir perturbação maior ao se chocarem e causarem impactos violentos e rupturas, enquanto que os animados, na medida em que participam do ser, quanto mais dele participam, menos perturbam aqueles outros que lhes são próximos. Víamos que o movimento é como vida existente nos corpos, e, como na medida em que possui uma semelhança com a vida, é mais potente nos seres que possuem menos corpo, visto que a deficiência de ser faz com que algo seja mais corpo. Acrescente-se que, das assim chamadas "afecções", cabe dizer de modo mais claro que aquilo que é mais corpo é mais passível, a terra mais que os demais elementos e os outros elementos na mesma proporção. Por quê os outros elementos, na medida em que se dividem, unem-se e se unificam novamente quando não há obstáculo, e, de outro lado, se qualquer massa de terra for dividida, os dois pedaços ficam separados para sempre. Assim ocorre também com aquilo que frágeis por natureza, que com o mínimo golpe perecem e assim permanecem. E aquilo que atingiu o máximo grau de corporeidade, como chegou ao máximo grau de não ser, não tem força para reunificar-se. (III.6.6.35-64)

Por extensão, isso vale para toda a realidade e vida (isto é, formas e princípios formativos), mesmo os mais elementares corpos ou seres na realidade física.[28] Plotino relaciona todas as substâncias físicas à realidade autêntica do Intelecto, visto que ele "doa a cada uma delas... a causa de sua

---

27 Galeno explica a habilidade dos pássaros para permanecer planando (e voar) em termos de sua habilidade em contrabalancear as inclinações para declive de seus corpos pela inclinação para ascender na tensão de suas almas (que é o princípio vital segundo Galeno) e suas disposições musculares particulares para assim distenderem seus corpos: Long e Sedley, 1987a, 283 (fr. 47k).

28 Para um ponto de vista análogo no estoicismo, ver Long e Sedley, 1987a, 284-285 (fr. 47 M-N-O-P, Q). *Cf.* Long e Sedley, 1987b, 283-285 (fr. 47 M-N-O-P, Q).

existência" (VI.7.2.30-31). A humanidade, como essência inteligível, por exemplo, possui a totalidade de um ser humano imanente a si e, na medida em que "ainda que sendo uma multiplicidade, todas as coisas se entrecruzam umas com as outras, e, estando todas incluídas, também está incluído o 'porquê' de cada uma (o mesmo que, em cada ser particular, a parte vem a ser relacionada com o todo de modo absoluto e imediato" (VI.7.2.31-33). Contudo a mesma forma completa da humanidade também existe na natureza por causa da causalidade relativa aos princípios formativos dos seres humanos particulares, de modo que no universo natural os seres humanos particulares são conformes ao mesmo princípio de inteligibilidade que define uma realidade autêntica para Plotino, nominalmente, "substância, essência e causa de existência são o mesmo" (VI.7.3.22). Tal é o caso para todas os outros tipos de substâncias físicas.

Plotino critica também a concepção aristotélica de essência como a identificação da diferença específica de algo, ou *differentia*. Ele o faz por meio da abordagem das essências pela identificação das potências de princípios formativos como sendo as causas reais de todo movimento e posteriores estados de coisa (incluindo qualitativos) na realidade física. Ele começa por duas suposições problemáticas: primeiro, que algumas qualidades, por exemplo, bípede ou quadrúpede, diferenciam substâncias compostas enquanto que outras são "apenas qualidades" e não também diferença específica. Em segundo lugar, que há qualidades que são diferenças em algumas substâncias – como, por exemplo, a brancura, que em um cisne ou em uma tinta branca "realizam sua completude como substância" – enquanto que, em outras, são acidentes de substâncias já existentes (II.6.1.17-22). Tais suposições levam Plotino a desenvolver seus pontos-chave. Ele focaliza-se na segunda, indicando dois tipos de abordagem para resolvê-la. A primeira afirma que, por exemplo, "a brancura contida no princípio formativo de algo pode implicar sua completude, mas tal brancura poderia não ser uma qualidade; ao contrário, a brancura existente devido a aparência sensível de algo é uma qualidade", mas não diferença específica (II.6.1.22-24). A segunda via apenas distingue dois tipos de qualidades: "aquelas que são também características distintivas da existência particular de substâncias de um certo tipo, e aquelas que são apenas qualidades" (II.6.1.24-25). Plotino então critica essa segunda abordagem.

Tanto as influências aristotélicas quanto estoicas convergem na crítica de Plotino dessa segunda forma de abordagem. Da perspectiva do que forma, Plotino aceita que uma diferença específica deve, por exemplo, ser algo sem o que um ser particular não pode ser aquele tipo de ser (por exemplo, a racionalidade no ser humano). Mas observa que a brancura poderia não ser uma diferença específica do cisne "porque deve haver cisnes que não são brancos" (II.6.1.32). Acerca disso, Plotino supõe que uma diferença específica de ser algo "particularmente distintivo" ou uma "característica distintiva" de seres particulares de um certo tipo conforme *a experiência sensorial* que temos deles. Assim, ele argumenta contra aquela segunda abordagem, pois "não é razoável considerar qualidades existentes naqueles seres cuja compleição é uma espécie de qualidade e considerar qualidades existentes naquelas em que não são uma compleição para ser um tipo diferente de qualidade, na medida em que elas são o mesmo [em ambos os casos] quando consideradas no curso natural de suas próprias existências" (II.6.1.39-41). A brancura que experimentamos pela experiência sensível nas coisas corpóreas, por exemplo, é a mesma brancura qualitativa que observamos num cisne ou numa tinta branca ou numa xícara de café ou numa nevasca de outono. Não há nada de distintivo na brancura que observamos numa e noutra coisa. Plotino segue a sugestão de que "calor pareceria aquilo que faz pegar fogo, *como uma substância visível para nós*, como compleição", devendo ser então tratado de modo similar (II.6.1.35-36).

De tal modo, Plotino começa a mostrar, nenhuma qualidade poderia ser a diferença específica de substâncias (compostas) porque não são propriamente "partes" daquelas substâncias – assim, não podem ser tomadas como partes que as "completam". As qualidades são antes inteiramente associadas com o elemento acidental ou substâncias derivadas (a "coisa qualificada"):

> As coisas que denotamos como sendo substâncias particulares existentes de um certo tipo são inteiramente princípios formativos, que produzem as qualidades que então associamos com aqueles

seres particulares. Se depois fazemos uma investigação a respeito da substância particular, nos equivocamos, e a confundimos com qualidade. O fogo não é o que dizemos quando nos referimos à sua qualidade; pois o fogo é substância, enquanto que as coisas em que nos detemos e acerca das quais definimos o fogo desviam-nos da substância, fazendo com que se defina a qualidade. (II.6.1.41-48)

Contudo, ainda que as qualidades como tais possam não diferenciar substâncias físicas, talvez possam ser predicados sensíveis de certas "partes" reais de princípios formativos que então *poderiam* diferenciá-las. Isso soa similar à primeira das duas abordagens introduzidas no início da investigação da diferença específica feita por Plotino, concluindo que:

Poderíamos não denominar tais coisas de "qualidades" como designando aquilo que realiza a completude nas substâncias, mas antes são atualidades procedentes de seus princípios formativos e das potências inerentes à existência de substâncias de um certo tipo; enquanto que as qualidades existem fora [propriamente] da substância como um todo. Não aparecem como qualidades em certos casos e não como qualidades em outros, mas a existência admite coisas supérfluas que são elementos derivativos designados como sendo substâncias. (II.6.2.20-25)

Novamente as influências aristotélicas e estoicas convergem, desta vez na concepção plotiniana de qualidades enquanto tais, assim como para mudar a primeira abordagem. Com termos aristotélicos, Plotino adverte: "*tudo* aquilo que é *acidental* nas coisas, e, portanto, não atualidades e formas de substâncias, ...é qualitativo" (II.6.3.21-22). As qualidades associam-se tipicamente com as aparências sensíveis, ainda que exemplos paradigmáticos de qualidades não esgotem o domínio qualitativo nem possam delinear o que isso é de modo completo. Por isso, e para delimitar o domínio da qualidade como tal, Plotino assume outra ressonância da concepção estoica de qualidade e, de tal modo, a generaliza,[29] argumentando que "dentre os princípios formativos,

---

29   Por exemplo, Long e Sedley, 1987a, 33-36 (fr. 7B, D), 176 (fr. 29C, D). *Cf.* Long e Sedley, 1987b, 26-30 (fr. 7B, D), 178-189 (fr. 29C, D).

cada termo que é usado para designar uma qualidade pode ser tomado para denotar uma atualidade, conforme nossa doutrina de que qualidades que podem ser distintas em cada ser existente e são *aqueles elementos pelos quais as substâncias podem ser demarcadas em relação às outras*" (II.6.3.3-6).

Isso sugere que há pelo menos uma razão por que "todas as qualidades que são acidentais para as coisas" são acidentais na medida em que usamos para atribuir qualidades às coisas corpóreas realmente designando modos pelos quais elas "podem ser demarcadas em relação a outras". E se algo foi referido de modo diferente ou a diferentes coisas, então suas qualidades seriam também diferentes ou, talvez, teriam diferentes qualidades. Ainda mais significativo para tal discussão, contudo, é que qualquer forma de atribuir qualidades (mesmo de modo indireto) na diferença específica na concepção aristotélica (por exemplo, certas representações qualitativas dos seres) parece marcado por este tipo de qualidade pois implicam que: "enquanto uma qualidade é inteiramente uma característica de algo particular, não é uma característica dela porque é uma substância *de um certo tipo*" (VI.1.10.54-55). Mesmo que cada qualidade ou estado de coisas qualitativo seja consequência de uma "parte" real de um princípio formativo, isso não é todavia uma condição, característica, estado de coisas ou algo parecido, apenas da substância em si mesma – logo, isso não pode ser qualitativamente representativo de algo o que a caracteriza como ser apenas uma substância daquele tipo. Antes, como Plotino também o expressa, a qualidade "deriva dela como referindo um certo estado de coisas externo a ela" (II.6.1.28-29). Além disso, Plotino rejeita a consequência da concepção estoica de qualidades alegando que certas qualidades podem ser discernidas como "distintivas" quando as observamos em certos tipos de coisas. De tal modo, elas nem podem ser discernidas de modo distintivo (ou qualitativamente representativa) como derivadas de substâncias de um certo tipo *tal como se referem* a outras coisas ou a certos (tipos de) estados externos.

O lance inicial de certos termos para qualidades designando (no domínio qualitativo) distinções sensíveis, ou algumas formas de representações qualitativas análogas, de "partes" atuais de substâncias reais devem ser completadas pela proposição de que "o mesmo termo 'qualidade' é usado seja para designar tanto algo existente numa substância particular, por exemplo, certa atualidade dessa substância, seja algo consequente do precedente, mas existindo na substância como se referindo a outra substância" (VI.1.10.55-59). Cada "parte" de uma substância real é referida a cada outra parte e à própria substância tal que "causa e causado são confluentes" (VI.7.2.35-38). De tal forma, *toda* "parte" de um princípio formativo é essencial a ele, sendo suas "partes" causas potenciais essenciais (potências), e, nesse sentido, cada "parte" de um princípio formativo o diferencia. No domínio qualitativo, contudo, cada qualidade atribuída a uma substância física é nela acidental e a diferencia, não no sentido de uma diferença específica no sentido aristotélico, mas na reformulação do sentido estoico de "distinção" como uma entre muitas formas particulares em virtude de suas relações com estados de coisas externos que outros seres particulares compreendem (em relação a ela) ou produzem (como, na verdade, também princípios formativos).

De especial interesse na compreensão do vir a ser são as relações entre seres corpóreos quando parecem mover a outros ou interagir com eles, ou ainda, que são estados de coisas relacionais que são consequências de certas relações dinâmicas entre seres corpóreos. No domínio derivativo de coisas qualificadas, cuja realidade é vindicada pelo fato de que sua fonte *é* a causalidade real de princípios formativos. Isso, mesmo sendo seus efeitos referidos a "estados de coisas externos" ao delinear sua realidade derivativa – compreendendo a noção clássica de alteração compreendida como uma mudança de qualidades contrárias provendo uma espécie de estrutura para analisar o vir a ser de seres corpóreos. Assim poderia ser, por exemplo, supor que "quando qualidades misturam-se na matéria, muitas delas interagem de modo produtivo com outras, especialmente aquelas que existem em contrariedade com outras, [de modo que] aquela que se move de modo passivo é alterada com relação a contrários pelo que é contrário a ela" (III.6.9.25-28 e 33-34). De modo similar, como algo qualificado é tomado como sem vida, tal aspecto deve analisar sua similar potência de mover outras em termos de sua facilidade de "tornar aquilo que é apto a passivamente seguir de modo qualitativo a si próprio a fim formar outros semelhantes a si" (IV.3.10.33-36). Ora, visado de um modo mais corpóreo e menos como alma, um conjunto sem vida de relações dinâmicas de certas coisas com outras deve ser analisado em termos de noções como movimento local, impacto, força, e assim por diante. Nesses termos, por exemplo, o perecimento pode ser analisado em termos do fato que, como seres corpóreos são deficientes de vida, "destroem outra por causa de seus movimentos irregulares e irrestritos" (I.8.4.4).

Ao se explicar a existência de seres particulares em si mesmos ou de seus movimentos e vir a ser, suas (inter-)relações dinâmicas com outros são explicados de modo mais exato nos quadros mais autênticos de potências e movimentos produtivos, formas e princípios formativos, constituições passivas e instrumentalidades corpóreas, e assim por diante. Mesmo no nível mais corporal de substâncias elementares constitutivas, na medida em que são distintas como tais de seus constituintes potenciais, elas devem também ter suas próprias potências enquanto são substâncias atuais e, "para algo existindo potencialmente, sua própria atualidade é sua habilidade de mover como isso provindo de si mesmas" (II.5.2.34). Como vimos, mesmo o mais corporal dos seres pode ser visado como desprovido de alma ou desprovido de vida apenas em comparação com seres cuja potência ou vida é mais evidente: "Mas como a Terra é vivente? A expansão e forma de rochas e a formação visível de montanhas e seu crescimento ascendente: todas essas coisas que indicam a presença na Terra de uma produtividade artística de certo princípio formativo como que provido de alma" (VI.7.11.18-26). No entanto, mesmo o vir a ser pode também ser analisado em um quadro menos autêntico ou menos próprio (por exemplo, em algum quadro qualitativo ou acidental), Plotino considera qualidades quantitativas (ou quantidades qualitativas) como sendo mais aceitável. Ele objeta à identificação estoica de corporeidade e matéria com quantidade geométrica e matemática (VI.1.26.20-27). E, de modo similar, contra certas noções estoicas relativas a substâncias elementares, Plotino questiona:

> O que, no caso do fogo, é a substância que precede a substância qualificada? É o corpo? O gênero – corpo – será a substância do

fogo, então o fogo como tal será apenas o corpo quente e nem mesmo qualquer corpo inteiramente qualificado será a substância do fogo. Ou mais, o calor estará no fogo no sentido que o achatamento no nariz (...). Mas se retiramos o calor, e ainda o calor e a luminosidade – tal como também parecem ser existências qualitativas –, a extensão tridimensional do corpo é tudo o que permanece, e então essa matéria será ela própria a substância elementar. Mas isso não parece correto, pois a forma de algo designada de modo mais próprio é a substância. Contudo, a forma do fogo parece ser algo qualitativo. De modo algum; a forma do fogo não é uma qualidade de queimar, mas um princípio formativo. (II.6.2.8-16)

No domínio qualitativo em si, a primazia de extensões quantificáveis é evidente do fato que, como Plotino especificou há pouco, isso parece operar como uma espécie de substrato em relação a quaisquer outras qualidades corpóreas (cf. II.4.12.1-7). Plotino argumenta em vários contextos que a matéria como tal, ou como "primitiva" (II.4.6.15), é completamente um substrato passivo com relação a qualquer substância ou forma ou atualidade (incluindo os elementos) e como que com relação a qualquer qualidade ou coisa qualificada de modo distinto (incluindo extensão, magnitude ou massa).[30] Além disso, como vimos, tudo que pode ser atribuído

---

30 Por exemplo, *Enéada* I.8.10.2-4; II.4.6.2-8; II.4.8.3-8; II.4.13.26-28; II.5.4.4-5; II.5.5.6-17; III.6.11.16-19. Em acréscimo à ênfase de que todas as atribuições relativas a seres corpóreos como tais são atribuições acidentais, isso sugere que a matéria tomada como substrato é o sentido primeiro de "matéria" em relação à realidade física (ver nota 7, cap. 6, acima). Vimos ainda, por exemplo, que substâncias constitutivas e constituintes corpóreos de compostos são delineados, respectivamente, por potenciais constitutivos e potenciais instrumentais; e tais, de igual modo, vistos como aquilo que delineia certos sentidos nos quais algo ao qual eles pertencem (isto é, que pode lhes ser atribuído) podem ser tomados. Ao mesmo tempo, o que eles denotam não são meramente alguns papéis ou funções que podem ou não ser preenchidos por qualquer atualidade ou ser existente real; antes, algo que possui um tipo constitutivo ou instrumental de existência potencial deve também ser real ou atual em seu próprio ser (cf., por exemplo, II.5.2.34). De outro lado, esse não é o caso em relação à noção mais básica de matéria como apenas substrato (passivo) ou (mero) sujeito, que abrange o caráter como que material de tais noções derivativas de matéria, assim como as que daí seguem, mas que não carecem de denotação implícita de nada atual ou em realidade existente. Em relação ao valor semântico das asserções atributivas, por exemplo, como tentando

a um substrato passivo (isto é, matéria) pode a ele ser atribuído apenas de modo acidental. Seria, portanto, um erro, na visão de Plotino, supor que extensão, massa, quantidade e assim por diante, podem ser diferença específica ou uma essência de algum tipo (ou seja, de algum tipo de substância ou realidade "material", como significativamente diferenciado de alguma substância ou realidade imaterial). Contudo, a extensão e outras noções quantificáveis ou qualidades parecem ser, em certo sentido, substâncias físicas ou distintas (como os estoicos diziam) ou ainda, como Plotino observa, parecem que "qualquer matéria que recebam, aceitam-na *de uma forma extensa*" (II.4.11.18), pois "aquilo que é receptivo de alguma forma não pode ele próprio sempre ser massa. Mas, de modo concomitante a receber qualquer outra qualidade, como o modo em que se torna uma certa massa; tendo, então, aparência de ser massa como sua inclinação mais primitiva, tal como era [isto é, massa ou magnitude]" (II.4.11.25-27).

Como vir a ser referido por meio de um princípio formativo a ordem autêntica do real como tal, a extensão ou lugar parecem as mais primitivas de todas as qualidades. Plotino então argumenta, em relação à realidade de seres corpóreos, que "se seres corpóreos não fossem coisas realmente existentes, a alma não teria processão, pois não é predisposta a existir em qualquer outro tipo de lugar. Mas, na medida em que a alma deve ter processão, gera lugar para si, sendo coisas corpóreas" (IV.3.9.21-24). A extensão quantificável sempre parece a representação primária no domínio qualitativo da potência causal inerente à realidade autêntica em si, incluída nos arquétipos inteligíveis de substâncias físicas. Quando as almas (princípios formativos) procedem,

---

atribuir algo a um sujeito não existente pode servir como um modelo (ou caso paradigmático) para a explicação da falsidade em geral, acerca do que (e, para Plotino, apenas a respeito disso) a matéria pode ser considerada uma causa (ou seja, a causa da falsidade). Não se trata, portanto, de uma causa real (ou uma causa que realmente existe), mas o que ela "explica" (ou seja, a falsidade) não é em si algo real ou atual, mas falha, ausência, deficiência, ou algo semelhante com relação à atualidade no domínio em questão. Aqui, nesse caso, a verdade ("atualidade semântica", como era) poderia ser explicada por uma asserção atributiva conforme a (*kata*) ordem de causas reais e das existências que dela procedem segundo Plotino, incluindo realidades físicas (seres particulares, transformações, qualidades etc., tal como as que realmente existem ou *são*). Para uma discussão mais geral do papel invisível da matéria corpórea no sistema metafísico de Plotino, *cf.* Wagner, 1986.

sustenta Plotino, não "geram lugar" simplesmente, mas "geram uma magnitude de acordo com a forma inteligível... de modo que o que veio a ser será proporcionalmente igual em virtude de sua magnitude para a potência de seu arquétipo não extenso" (II.9.17.8-10). Aquela realidade física como um todo é gerada por seu princípio formativo assim como substâncias físicas são referidas de modo funcional a outras e também têm componentes funcionais de seu próprio tipo que podem ser representadas primordialmente em um domínio qualitativo pela suposição que a processão causal das almas (princípios formativos) gera um universo "de tal modo possuindo uma magnitude que não é de modo algum deficiente em relação à magnitude, e, tendo em si mesmo as partes que lhe são conaturais, mas tem partes inter-relacionadas, não sendo incompleto em alguma parte" (III.6.18.9-14).

Plotino por vezes sujeita essa suposição de que a processão geradora da alma "sente" a realidade física como magnitude a partir de uma caracterização mais geométrica que pode também prover um quadro para um tipo mais rigoroso de análise quantitativa da realidade física e seu vir a ser.[31] Por exemplo, ele divide o trabalho de geração física das substâncias entre uma alma universal que administra o universo natural como um todo e as muitas almas que administram seres particulares, e assevera:

> O que pode nos prevenir de dizer que a potência da alma do universo, como razão universal, desenhe previamente, antes de lhe advirem, as potências psíquicas, que são dela procedentes, e que tal desenho chegue à matéria na forma de irradiações. Daí seguindo que a alma que executa, seguindo os traços já delineados, realize o desenho articulando os traços por partes e que cada alma se converta naquilo do que se aproximou, configurando-se como um dançarino em conformidade com a obra dramática que lhe foi encomendada. (VI.7.7.9-17)

Na geração concebida como um universo geométrico, Plotino supõe que a(s) alma(s) procede(m) conforme seus arquétipos inteligíveis tal como o próprio Intelecto pode ser compreendido como aquilo que existe "na

---

31 *Cf.* Wagner, 1985.

configuração singular (*schêmati*) do Intelecto como algo com circunscrições internas (*perigraphas*) e circunscrições internas em circunscrições internas, sendo as configurações de todas as coisas então constituídas nele por suas potências e intelecções" (VI.7.14.13-15). E, Plotino sugere também, em tal universo, os movimentos de suas "partes maiores" (por exemplo, os planetas e céus) parecem modelos prontos para a análise das relações dinâmicas mais de modo geral da mesma forma que define um universo que:

> move ativamente suas partes em relação a si mesmo, eternamente configurando suas partes maiores, tal como as relações de suas partes com outras e com o todo e diferenciando consequentes disposições por meio de outras configurações do restante [do vir a ser]... Cada parte então move em conformidade com números – tal como partes coreográficas de um ser vivo – de modo que as atividades do universo existente devem ser completamente racionais em dois sentidos: em relação à configuração dos seres que nele vêm a ser e em relação a configurações entre essas partes [do universo] – e ainda em relação a qualquer outra formação e maneiras nas quais isso realizam. (IV.4.33.28-31 e 35.13-17; *cf.* IV.3.13.1-4)

Uma ciência da natureza e do movimento natural rigorosamente geométrica ou matemática, é claro, deveria ainda ser investigada e analisada na realidade física de um modo derivativo (qualitativo ou acidental). Sua propriedade e legitimidade dependeria ainda de um sistema metafísico de causas reais nas quais o tipo de realidade física presumida por tal ciência deve ser exposta ou explicada em termos de causas primárias. Para Plotino, tais causas são os princípios formativos, que explicam a formação da realidade física e dos seres particulares no vir a ser, de um lado, com relação a "tudo aquilo que lhe diz respeito" e, de outro, sua formação conforme os princípios metafísicos de sua realidade existente em virtude de tais princípios formativos serem derivados de princípios "superiores".

7 Matéria e mal

Denis O'Brien

Plotino descreve a matéria como "mal em si" (I.8.8.37-44; I.8.13.7-14) e como fonte do mal na alma (I.8.14). Contudo, essas duas afirmações aparentemente simples expõem um paradoxo quando lemos que a matéria é, contudo, derivada do Uno, pela mediação da alma (III.9.3.7-16; III.4.1). E o paradoxo é só confirmado quando Plotino repete que a matéria, "mal originário" e "mal *per se*" (I.8.3.35-40) é também "não ser" (II.4.16.3; II.5.4-5; III.6.7.1-19). Várias tentativas foram feitas para eliminar um ou outro dos termos desse paradoxo. Schwyzer afirma que a matéria existe de modo independente da alma e do Uno.[1] Rist, em seguida, que a matéria é um produto da alma, mas afirma que a produção da matéria pela alma é, ela mesma, um ato mal; do que se seguiria que no limite um ato mal é realizado pela alma, de modo independente da presença da matéria.[2] Por sua vez, Pistorius sustenta que a matéria, conforme Plotino, simplesmente não existe de modo algum.[3]

Nenhuma dessas interpretações sobrevivem diante de uma confrontação mais próxima com o texto de Plotino. E, conceitualmente, nenhuma delas faz justiça às vias intrincadas do pensamento plotiniano.[4]

Minha própria conclusão será que uma produção de não ser, que é matéria por meio da ação de uma das manifestações mais inferiores da alma, é essencial para a explicação de Plotino acerca do mal no mundo e do

---

1 Schwyzer, 1973, 275-278.

2 Rist 1967, 123-124. Rist modifica sua interpretação em publicações posteriores. Elas foram discutidas em O'Brien, 1993, 29-35 e 69-77.

3 Pistorius, 1952, 117-133. Pistorius escreve, por exemplo, acerca da matéria como um "absoluto não ser" (p. 121) e como "a negação de qualquer possibilidade de ser" (p. 118).

4 Para uma discussão geral de interpretações anteriores, ver O'Brien, 1969.

mal na alma. É verdade que, aqui como em outros lugares, os argumentos de Plotino são altamente elípticos, e tendo sua confluência com conceitos e categorias que são alheias às maneiras modernas de pensar e que possuem com frequência apenas uma tênue relação com os escritos de Platão e de Aristóteles que são citados, de modo tácito ou explícito, em seu auxílio. No entanto, só em uma leitura cuidadosa do texto das *Enéadas*, creio, pode-se encontrar uma consistente e sutil resposta à questão *O que são os males e de onde provêm?*[5]

Matéria e não ser

Tomemos primeiramente a descrição de matéria como não ser. Para o leitor moderno, o ponto para apreciar isso é que, quando Plotino diz que a matéria é "não ser", não quer dizer que a matéria não existe. Para descobrir o que ele quer dizer, devemos voltar ao *Sofista* de Platão.

Admita-se que ao voltar de Plotino a Platão parece que estamos condenados a explicar o *obscurum per obscurius*. O teor da prova do Estrangeiro acerca da existência do não ser no *Sofista* é comumente subvalorizado nos estudos modernos desse diálogo. Em particular, o Estrangeiro do diálogo platônico é normalmente apresentado como aquele que busca refutar a negação feita por Parmênides da real possibilidade de qualquer concepção "do que não é", enquanto que, de fato, o argumento de Platão é consideravelmente mais complexo. Ora, o Estrangeiro concede a Parmênides que não se pode falar, nem mesmo pensar, "o que não é de modo algum" (*to mêdamôs on*, 237b7-8), do "não ser em e por si mesmo" (*to mê on auto kath'hauto*, 238c9). O que o Estrangeiro busca provar é que aquela concessão não faz, como pensou Parmênides, um mundo plural, e racional, impossível.

Em condições de restaurar a existência de um mundo plural e de alguma possibilidade de discurso racional, o Estrangeiro procura provar, contra

---

5   Esse é um dos títulos do tratado 51, conforme a ordem cronológica dos escritos de Plotino dada por Porfírio. Esse tratado foi escrito por volta dos anos 269-270, quando Plotino vivia sozinho na Campânia, em meio à doença que logo (em 270) o levaria a partir desta vida mortal.

Parmênides, que não ser (mas não "não ser em e por si mesmo") é uma condição essencial para a existência de qualquer objeto, na medida em que os objetos, exceto o ser em si mesmo, participam da alteridade em relação ao ser, e visto que eles são "outros em relação ao ser" devem, portanto, ser contados como "não ser". O argumento do Estrangeiro é que movimento e repouso e todas as outras "formas", com exceção apenas do ser em si mesmo, são "não seres", não porque não participam do ser, mas porque, além de participarem no ser, participam também na alteridade em relação ao ser, e são então não idênticos ao ser.[6]

Essa parte do argumento do Estrangeiro conclui-se com duas definições de "não ser". Ambas as definições retornam à existência de uma forma de alteridade. O não ser é, em primeiro lugar, negado como uma oposição entre a forma do ser e aquela parte da forma da alteridade que é oposta ao ser (258a11-b4). Uma segunda definição identifica o não ser como "aquela parte da forma de alteridade que é oposta ao ser de cada coisa" (258d7-e3). A diferença entre as duas definições vincula-se à diferença entre "ser" como forma e como particular: a forma ou "natureza" do ser que é um de dois termos opostos na primeira definição é substituída pelo "ser de cada coisa" na segunda definição do Estrangeiro.

Plotino toma a segunda das duas definições de Platão (258d7-e3) como uma definição de matéria. Ele o faz, todavia, seguindo uma leitura do texto que não é aquela de nossos manuscritos, mas que é apenas conhecida por nós através de citações do *Sofista* dadas por Simplício em seu comentário à *Física* de Aristóteles. Na versão de Simplício da segunda definição do Estrangeiro (*In Física* 238.26), a oposição dispõe uma parte da forma de alteridade e "cada ser" (como distinto do "ser de cada coisa", que é como a definição do Estrangeiro aparece em muitos manuscritos). Plotino claramente se refere à versão de Simplício do *Sofista* (ou que seria) no capítulo conclusivo de seu tratado *Sobre a matéria*. No penúltimo capítulo do tratado, Plotino considerou se a matéria é idêntica ao "infinito" (II.4.15). Nas linhas iniciais de seu capítulo final, Plotino pergunta: "É a matéria também

---

6   Para essa interpretação do *Sofista*, *cf.* O'Brien, 1992a, 1995.

idêntica à alteridade?" (II.4.16.1). E responde: "Ou, antes, não; a matéria é, ao contrário, idêntica àquela parte da alteridade que é oposta às coisas propriamente assim chamadas, os seres que são formas" (II.4.16.1-3).

É verdade que não há uma referência aberta ao *Sofista* nessa passagem. Mas a alusão de Plotino a uma "parte da alteridade" (II.4.16.1-2) é indubitavelmente uma referência à abordagem do Estrangeiro das "partes" de alteridade em sua definição de não ser no *Sofista* (257c5-258e5). E é também claro que Plotino segue (ou inaugura conceitualmente) o texto de Platão que será recordado por Simplício (*In Física* 238.26; *Sofista* 258d7-e3). A designação de Plotino do segundo termo na oposição como "os seres assim chamados propriamente" indubitavelmente releva, não "o ser de cada coisa" (o texto da segunda definição do Estrangeiro dado em muitos manuscritos), mas "cada ser" (o texto da segunda definição do Estrangeiro recordado no comentário de Simplício à *Física*).[7]

A identificação de Plotino de matéria com (uma forma emendada da) a segunda definição do Estrangeiro de não ser será uma prova essencial para a concepção de Plotino da matéria como mal. Mas para o momento é válido simplesmente fazer uma pausa para apreciar que é apenas com relação ao *Sofista* de Platão, e à crítica de Parmênides nele contida, que muitas distinções que Plotino faz em sua descrição de matéria como "não ser" pode ter sentido.

Para tomar apenas o exemplo mais pertinente das análises de Plotino da matéria como mal: no capítulo três de seu tratado *O que são os males e de onde provêm?*, a conclusão de Plotino de que o mal deve se encontrar, não entre os seres, mas entre os não seres (I.8.3.1-6) é seguido por uma distinção de dois lados. O não ser que é mal, e que será identificado com a matéria como na sequência do tratado, não é "nãos ser absoluto" (*to pantelôs mê on*), e não é não ser no sentido em que movimento e repouso podem ser ditos não ser (I.8.3.6-9). Ele é, ao contrário, "uma forma que é do que não é" (*eidos ti tou mê ontos on*, I.8.3.4-5). Essa curiosa expressão é tomada

---

7 Acerca das diferentes maneiras de se ler (*to on hekastou*, em nossos manuscritos do *Sofista* 258e2 e *to on hekaston* na citação de Simplício dessa passagem, *In Física* 238.26), *cf.* O'Brien, 1991a.

das observações preliminares da segunda definição do Estrangeiro no *Sofista* (258d5-7). A descrição da forma do não ser como uma forma "que é" (ou uma forma "que pode ser", no texto do *Sofista*) é designada precisamente para distinguir o não ser que o Estrangeiro isolou na conclusão de suas análises, e que participa no ser, daquele não ser "absoluto" ("o que não é de modo algum", "não ser em e por si mesmo") que foi condenado por Parmênides, enquanto igualmente a menção de "forma", por Platão e por Plotino, é designada para distinguir o não ser definido pelo Estrangeiro no fim de sua análise do não ser, vinculada ao movimento e repouso e a todas as outras "formas", que, no *Sofista*, são "não seres" apenas porque participam na forma da alteridade em relação ao ser, e não porque elas são em si mesmas "opostas" ao ser.[8]

Ao mesmo tempo, o não ser que Plotino identifica com matéria é não apenas uma reelaboração da "forma" do não ser que foi isolado pelo Estrangeiro no curso de seu argumento. A diferença entre a definição de não ser do Estrangeiro como uma parte da alteridade oposta ao "ser de cada coisa" (*Sofista* 258d7-e3) e a definição de Plotino de não ser que é matéria como uma parte da alteridade oposta aos "seres assim chamados propriamente" (II.4.16.1-3) poderia ser inútil. Mas, de fato, é crucial para a concepção de Plotino de matéria como não ser, e para sua descrição de matéria como "mal em si" e "mal *per se*", como agora veremos.

A matéria como mal

Não há indicação no *Sofista* de que a "forma" do não ser é o mal. É verdade que, nas páginas subsequentes do diálogo de Platão, as definições do Estrangeiro de não ser serão adaptadas para provar a possibilidade de falsidade na opinião e na linguagem (260a-264b). É verdade também que, nas páginas precedentes do diálogo (257b1-258a10), o Estrangeiro introduziu toda uma série de formas "negativas": o não grande, o não belo, o não

---

8 Essas inevitavelmente sibilinas variações são melhor esclarecidas em O'Brien, 1991b.

justo, todas sendo constituídas por uma "parte" da forma de alteridade que é oposto à grandeza, beleza ou justiça (no mesmo sentido, ou no modo como o Estrangeiro teria nos feito acreditar, na primeira de suas duas definições, 258a11-b4, que o não ser é constituído pela oposição entre uma "parte" de alteridade e uma forma de ser). Mas, como o Estrangeiro cuidadosamente pontuou em sua análise de "o que não é grande", a negação de grande não é coextensiva com o contrário de grande, na medida em que "não grande" recobrirá igualmente não menos que o pequeno (257b6-c4). Seguindo a mesma linha de raciocínio, o que não é belo não será coextensivo com o que é feio, nem será o que é não justo necessariamente coextensivo com o que é injusto.[9] Como, então, Plotino está em condições de afirmar, como o faz, no capítulo 6 de seu tratado *O que são os males*, que a "forma" do não ser da qual ele falou no capítulo três de seu tratado, e que nos capítulos intervenientes foi explicitamente identificado com a matéria, não é meramente uma negação da substância, mas o contrário da substância, na medida em que a substância é identificada com bondade, a matéria, com o contrário da substância, é identificada com o mal?

Para chegar a essa conclusão, Plotino tem que elaborar uma refutação de Aristóteles, em *Categorias*, ao sustentar que não pode haver nada contrário à substância (*Cat.* 5.3b24-32). Plotino introduz uma distinção. Ele concorda que, não mundo tal como o conhecemos, não há contrário das substâncias individuais. Mas argumenta que pode haver, entretanto, um contrário da substância como tal (I.8.6.28-36). Plotino, então, emenda a definição aristotélica de contrários como "aquilo que permanece vinculado em relação ao mesmo gênero" (*Cat.* 6.6a17-18). Ao contrário, alega Plotino, é possível se designar coisas que permanecem "vinculadas" e que não são do mesmo gênero (I.8.6.36-41).

Para reforçar sua posição, Plotino argumenta que cada substância individual pode ser constituída como para permitir contrariedade. Fogo e

---

9 O que é justo não será *necessariamente* coextensivo àquilo que é injusto. Se não há termo intermediário, então a negação ("não justo") será coextensiva com o contrário ("injusto"), do mesmo modo que, nas coisas que são belas ou feias, se não houvesse meio termo (por exemplo, "honesto"), então "não belo" seria coextensivo com "feio".

água, tal como os conhecemos, são feitos de qualidades contrárias (fogo do quente e do seco, água do quente e do molhado), mas não são em si mesmos contrários, na medida em que aquelas qualidades dependem de um mesmo substrato. Se fogo e água não fossem unidos por um substrato comum (matéria), se por sua vez eles existem "por si mesmos" e são "independentemente constitutivos de suas substâncias", sem a presença de qualquer substrato comum, então eles também, ou assim argumenta Plotino, poderiam ser contrários (I.8.6.49-54).[10]

A posição de Plotino aparentemente é que as qualidades em si mesmas valem como contrárias quando permanecem como qualidades presentes em um substrato comum (minhas mãos são quentes ou frias; meu cabelo é molhado ou seco), porque no caso da presença de um substrato comum (minhas mãos, meu cabelo) não dificulta sua contrariedade. Mas quando, como na teoria aristotélica dos elementos (*cf. Sobre a geração e a corrupção*, II.3), quente e seco ou frio e molhado se unem em um substrato comum (matéria), de modo a constituir a verdadeira substância dos elementos, então a presença de um substrato comum exclui a contrariedade. Para os elementos em si valerem como contrários, deveriam existir como substâncias independentemente do substrato material, de modo que fogo e água poderiam ser tomados como contrários a despeito de serem substâncias.[11] E aquela mesma conclusão, ou assim Plotino afirma, será sustentada em relação à oposição entre substância e não substância que é a matéria. Substância e matéria não tem um substrato comum, e na medida em que, portanto, na matéria, como não substância, além disso,

10 Em I.8.6.51-52, Armstrong lê *epi* com genitivo (*ep'autôn*) para indicar posse. Ele traduz: "Se eles têm apenas aquilo que realiza sua forma substancial sem o que eles têm em comum...". Leio a expressão no sentido dado por Liddel-Scott-Jones (s.v. epi, A I, 2, c): "Se os elementos existiram por si mesmos (*ei d'ep'autôn ên*), apenas realizando a completude de sua substância (*mona tên ousian autôn sumplêrounta*), sem o que é comum (*aneu tou koinou*)...".

11 "Fogo e água seriam tomados como contrários". Isso é, de fato, mais ou menos como fogo e água são tradicionalmente ditos (ver, por exemplo, Ésquilo. Agamenon, 650-652, em que fogo e mar são ditos "muito hostis", *echthistoi*), e também como o próprio Aristóteles escreve dos elementos em mais de um lugar em *Sobre a geração e a corrupção* (II.3.331a1-3; II.8.335a3-6). A *ousia ousiai enantion* de Plotino (I.8.6.53-54) deve sempre ser uma reminiscência de *ousian ousiai enantian* de Aristóteles em II.8.335a6.

é possível a retirada da substância, Plotino conclui que a matéria é o contrário da substância (*cf.* I.8.6.54-59).

Na medida em que a matéria é o contrário da substância, Plotino argumenta no capítulo 10 do mesmo tratado, que ela é o contrário da forma, e, portanto, meramente desprovida de qualquer qualidade, exceto do mal (I.8.10).

Essa transformação radical de ideias tomadas de Platão e de Aristóteles é típica do autor das *Enéadas*. A simples oposição que Platão estabeleceu no *Sofista* entre uma parte de alteridade e o ser de cada coisa (258d7-e3) foi transformada por Plotino numa oposição entre uma parte de alteridade e as formas (II.4.16.1-3), e essa oposição foi ela mesma transformada, por meio de uma modificação da doutrina de Aristóteles das *Categorias*, em uma contrariedade (I.8.6.28-59), uma contrariedade que estabelece a "forma de não ser", na medida em que é contrária a todas as caracterizações positivas da substância, como não meramente não belo, mas feio, com não meramente não bom, mas mal (I.8.10).[12]

Matéria e contrariedade: sumário

O argumento de Plotino acerca da possível contrariedade dos elementos no capítulo 6 de seu tratado *O que são os males*, como se reconhece, é mais elíptico que em geral ocorre nos tratados. Espero ter compreendido seu argumento de modo correto, e que minha exposição seja clara. O argumento, tal como o entendi, estabelece uma diferença entre qualidades e elementos (I.8.6.49-54).[13]

Qualidades. Na medida em que o substrato de qualidades não é constitutivo de qualidades tal como (mesmo que presença de um substrato seja essencial para sua instanciação), as qualidades quente e frio podem

---

12 A matéria, ao ser identificada com o não ser, que é contrário à substância, é então descoberta como não sendo meramente "sem forma" (*aneideon*, I.8.3.14), mas "malformada" (*duseides*, II.4.16.23). Cf. O'Brien, 1969, 116.

13 Na compreensão dessa difícil passagem (I.8.6.49-54) sou muito devedor da ajuda de Ysabel de Andia e Wilfried Kühn.

representar "coisas posteriormente removidas de cada outra", e podem então ser tomadas como contrários.

Elementos. Os elementos, por contraste, sendo vinculados por um substrato comum que é constitutivo de sua existência como elementos, não podem ser tomados como "posteriormente removidos de cada outro", e não podem então ser tomados como contrários. Para os elementos existirem como contrários teriam que existir como elementos independentemente de qualquer substrato comum.

Matéria. Substância (as formas) e não substância (matéria) não tem um substrato comum (na medida em que existência como tal não é um substrato), portanto, tomados como contrários, na medida em que negação ("não substância") indica aqui que os dois termos na oposição são igualmente removidos de cada outro como possível. O único termo, além da matéria, que poderia, por assim dizer, ser mesmo em última instância removido da substância das formas poderia ser "absoluta" não existência, que já fora excluída, como impossível e inconcebível, tanto por Platão quanto por Parmênides.

Platão, Aristóteles, Plotino. O Estrangeiro eleata de Platão, no final de seu argumento, de fato despedir o não ser absoluto de Parmênides com um – impossível e inconcebível – "contrário" ao ser (*Sofista* 258e6-259a1). Plotino resgatou, por assim dizer, o não ser como um "contrário", pela circunscrição das *Categorias* de Aristóteles, e estabelecendo a matéria como contrário, não do ser como tal, mas da substância.[14]

Matéria e privação

A abordagem de Plotino da matéria como mal é reforçada por sua identificação entre matéria e privação. Aqui, novamente Plotino está

---

14 Nesse sumário, uso o termo não ser "absoluto" como um termo conveniente para dar conta tanto da expressão de Plotino quando nega que a matéria é *to pantelôs me on* (I.8.3.6-7) e das duas expressões empregadas no *Sofista*: "o que não é de modo algum" (*to mêdamôs on*, 237b7-8) e "não ser em e por si mesmo" (*to me on auto kath'auto*, 238c9).

deliberadamente decalcando as ideias de Aristóteles, que ele todavia radicalmente transforma em resposta para seus próprios propósitos. A crítica de Aristóteles a seus predecessores, e notadamente de Parmênides e de Platão, retomou uma distinção entre matéria e privação. Ao rejeitar tal distinção, Plotino estabelecerá a matéria não apenas como mal, mas como eterna e irreparavelmente mal.

A questão da privação, que Plotino elabora tanto para se apropriar como para a subverter, aparece nos capítulos finais (7-9) do primeiro livro da *Física* de Aristóteles. O argumento inicial de Aristóteles é linguístico (*Física*, I.7.189b32-191a3). Ele constrói duas linhas de sentenças descrevendo como um homem "torna-se educado". O primeiro grupo de sentenças toma como sujeito da sentença o *terminus a quo* da mudança, enquanto que, no segundo grupo de sentenças, o mesmo *terminus a quo* é posto como um caso oblíquo e precedido por uma preposição ("de"). Onde o sujeito da sentença é o *terminus a quo*, pode-se dizer: (1) "Um homem se torna educado", (2) "O não educado torna-se educado", e (3) "O homem não educado torna-se um homem educado". Onde um mesmo *terminus a quo* é posto em um caso oblíquo, pode-se dizer: (2a) "De ser não educado, ele se torna educado" e (3a) "De ser um homem não educado, ele se torna um educado". Mas não podemos, de modo similar, converter a primeira sentença do primeiro grupo de sentenças. Não se pode dizer (1a) que "de ser um homem, ele se torna educado", na medida em que aquela forma de expressão poderia implicar que o homem, tornando-se educado, deixa de existir.[15]

Desse tão simples exercício linguístico, Aristóteles conclui que devemos distinguir substrato e privação. O substrato (no exemplo dado, o homem) persiste na mudança. A privação (sua falta de educação) não. Daí (conforme Aristóteles) a diferença nas expressões citadas. "De x ele se torna y" implica a desaparição de x, e tal fórmula pode então ser usada apenas onde x descreve, ou inclui, a privação. "Um homem torna-se educado" não pode, portanto, ser reescrito como "de ser um homem, ele se torna educado".

---

15 Traduzi a oposição feita por Aristóteles entre *mousikos* e *amousos* (*Física* I.7.189b-32-191a3) como "educado" e "não educado", e não como "musical" e "não musical" (tradução usualmente adotada).

No capítulo final do primeiro livro da *Física*, Aristóteles pensa completar seu argumento dando como um exemplo o desejo do que é feito tornar-se belo (*Física* I.9.192a16-25). "O feio" como tal (ele nos diz) não pode desejar ser belo, pois então estaria desejando sua própria extinção. O desejo deve ser um desejo do substrato, caracterizado acidentalmente pela privação, e o objeto de seu desejo será a forma que é oposta àquela privação. Daí a necessidade de reconhecer não menos que três fatores em qualquer análise da mudança ou de "vindo ao ser": privação, substrato e forma.

O reconhecimento desses três fatores, Aristóteles nos diz, provê uma escapatória da afirmação eleática de que todo vir a ser teria feito isso do que não é (e que vindo a ser é, portanto, possível). Aristóteles replica que a afirmação eleática é verdadeira, e que vindo a ser toma lugar daquilo que não é tanto quanto o *terminus a quo* da mudança é uma privação. Mas a afirmação eleática, portanto, não é verdadeira de modo absoluto, pois todo vindo a ser é de um substrato preexistente. A mudança (ou vindo a ser) é precisamente a substituição, com um substrato contínuo, de privação por forma.

A sublime trivialidade do argumento de Aristóteles e de sua conclusão dificilmente pareceria deixar margem para uma correção ou emenda. Mas há uma tocante anomalia quando, no final de sua análise, Aristóteles cita um segundo exemplo para ilustrar sua tese: o desejo do macho pela fêmea (*Física* I.9.192a22-23). Se seguirmos o modelo do feio e do belo, então estaremos aptos a distinguir, no *terminus a quo* da mudança e do desejo, entre substrato e privação, enquanto que no *terminus ad quem* poderíamos como que descobrir o mesmo substrato agora caracterizado, não pela privação, mas pela forma correspondente. Mas como essa possibilidade opera na prática? O que é o substrato, caracterizado pela "fêmea", que acabará sendo "macho"? Diante disso, o exemplo de Aristóteles poderia parecer significar que um animal fêmea deseja o macho, deseja se tornar macho, e teria feito isso se tal desejo não fosse de algum modo frustrado. Mas poderia Aristóteles ter pensado isso?

De qualquer modo, Aristóteles deve ter pensado (e é tentador supor que nesse ponto ele talvez não o pense de modo algum), Plotino mira esse calcanhar de Aquiles no argumento de Aristóteles de modo a subverter o

conjunto do raciocínio que teria feito da privação algo outro que a substância (II.4.14 e 16).[16] Conforme Plotino, quando a fêmea deseja o macho, ou
quando ela é por ele inseminada (infelizmente, os manuscritos não nos permitem precisar esse ponto), ela não deixa todavia de ser fêmea (II.4.16.13-
16). No contrário, ela "torna-se mais fêmea" (*mallon thêlunetai*, um *hapax*
no vocabulário das *Enéadas*).[17] Seguindo naquele exemplo, Plotino conclui
que o advento da forma confirma, paradoxalmente, a ausência de forma. A
vinda da forma, longe de a privação, "preserva" a privação "nessa existência"
(II.4.16.11-12). A privação opera uma "atualização" e "perfeição" pela verdadeira presença da forma que é – e permanece – privação (II.4.16.12-13).

Aristóteles teria obviamente objetado que tal identificação entre matéria (ou substrato) e privação teria tornado qualquer mudança real impossível. Se o objeto que é feio não fosse desprovido de sua privação (Aristóteles
teria dito), então não poderia tornar-se belo. Se o objeto que "se torna"
belo permanece caracterizado pela privação de beleza, então seria, de modo
impossível, tanto belo quanto feio ao mesmo tempo... E Plotino teria re-
plicado: exatamente isso. A beleza do mundo sensível, sustenta Plotino, é
uma mera charada (*cf.* I.8.15.23-28). No mundo sensível, matéria e forma

---

16   A questão se a matéria é idêntica a *sterêsis* é posta em II.4.14. A discussão pode parecer
terminar de modo aporético. Mas a questão feita no fim do capítulo (II.4.14.28-30) é retórica,
e a resposta dada é apenas uma afirmativa. Quando Plotino levanta a questão no capítulo
final do tratado, ele escreve explicitamente que a matéria é "não ser" e "o mesmo que uma
sterêsis" (II.4.16.3). Nessa última passagem, o *kai* não é concessivo. Armstrong, seguindo
Harder, traduz (II.4.16.3): "Portanto, por ele (*dio*), é não existente (*kai mê on*), ele tem uma
certa espécie de existência desse modo (*houtô ti on*), e é o mesmo que privação (*kai sterêsei
tauton*)". O sentido é antes: "E que é exatamente porque (*dio kai*), sendo algo desse modo
(*houtô ti on*), ele é não ser (*mê on*), e é idêntico à privação (*kai sterêsei tauton*)". "Ser algo
desse modo" (II.4.16.3: *houtô ti on*), é uma reelaboração de Plotino da segunda definição feita
por Platão de uma "forma" do não ser na sentença precedente (II.4.16.1-3). Para Platão, todas as "partes" da alteridade "são" (*Sofista* 258a7-10), mesmo a parte que é oposta ao ser. De
modo similar, para Plotino, estão errados aqueles que afirmam que a matéria simplesmente
não existe de modo algum (I.8.15.1-3).

17   A sentença que segue no texto das *Enéadas* é deveras banal (II.4.16.15-16: "Isto é: ele
torna-se mais aquilo que é"), e lê exatamente como uma glosa. O que significa presumivelmente *apenas o que é* (embora não reconhecido como tal por Henry e Schwyzer em sua edição). A aparente lacuna nos manuscritos em II.4.16.15 foi felizmente preenchida por *ephietai*,
o verbo que é "compreendido" em Aristóteles, *Física* I.9.192a23 (*cf.* também a20: *ephiesthai*).

nunca são unidos, tal como são no mundo inteligível (II.4.5.12-23; II.5.3-5). Matéria, no mundo sensível, permanece sempre privada de forma, precisamente porque matéria e privação são a mesma coisa, com o resultado de que a "participação" da matéria na forma fracassa em produzir qualquer transformação real da matéria. O feio permanece feio, mesmo quando a presença da forma a recobre com a aparência da beleza (III.6.11-14). Aos olhos do filósofo, o corpo do mundo sensível permanece sempre um mero "cadáver adornado" (II.4.5.18).

A rejeição da distinção feita por Aristóteles entre matéria e privação é, portanto, um elemento crucial em toda a concepção de Plotino acerca do mundo sensível, e em seu esforço de solução para o problema do mal. Aristóteles, na *Física*, apontou em Platão (e em Parmênides) uma falha em distinguir, na mudança, o substrato, que persiste e que é "substância em um sentido", de privação, que não é substância "de modo algum", e que é aniquilado no processo de mudança (*Física* I.9.192a3-6).[18] Além de rejeitar aquela distinção, Plotino não retorna, no entanto, à posição que Aristóteles atribui a Platão (*Física* I.9.191b35-192a34), na qual matéria e forma são apenas fatores na mudança e de modo algum é tomado da (do novo conceito de Aristóteles) privação. Ao contrário, Plotino assume com orgulho

---

18   A matéria é "em um sentido, substância". Em *Física* I.9.192a6, Aristóteles escreve que a matéria é *eggus kai ousian pôs*. W. D. Ross traduz (*ad. loc.*): "quase sendo substância, em um sentido". Além de tomar *kai* como copulativo: matéria é "quase substância" (*eggus* sc. *ousias*), "e ela é, em um sentido, substância" (*kai ousian pôs*). Considero difícil escolher entre essas duas traduções (O alegado paralelo de Ross com Platão, no *Mênon* 91e6-7, é inconclusivo, pois o uso de *kai* precedendo numerais é muito bem atestado. Quando Platão escreve que Protágoras morreu *eggus kai hebdomêkonta etê gegnota*, o sentido é que ele morreu quando estava "próximo de setenta anos de idade"). Afortunadamente, o argumento de Aristóteles deixa claro as suas intenções. A matéria é "quase substância", porque seu ato enquanto substrato é tanto como privação quanto como forma. Mas ela pode ser substância apenas "em um sentido", na medida em que, tomado em abstração da forma, a matéria não pode ser um particular concreto (um *tode ti*). A distinção entre matéria que é "quase substância", ou "em um sentido, substância", e *sterêsis*, que não é substância "de modo algum" (*oudamôs*) ilumina belamente a inovação de Plotino: recusando a distinção aristotélica (II.4.14), e fazendo a matéria idêntica à privação (II.16.3-4), Plotino está em condições de afirmar a matéria, não menos que privação, como "não ser" (II.4.16.1-3).

a inovação de Aristóteles.[19] Mas o uso que Plotino faz do conceito de privação é inteiramente diferente do propósito com o qual esse conceito foi introduzido por Aristóteles. Ora, Plotino rejeita a pretensão de Aristóteles de que o substrato, na medida em que permanece, não pode ser privação, e afirma de modo insistente que o que persiste é privação (II.4.12.16). Como a esmagadora consequência de que a matéria, o contrário da substância e "mal em si", permanece mal, mesmo quando recoberta pela alma com a aparência de forma.[20]

A origem da matéria

A matéria tomada como mal, e como peremptoriamente mal, apresenta uma imediata e óbvia ameaça à crença de Plotino na emanação. Como pode o mal ser derivado do Uno, que é o soberano bem?

O leitor moderno não está sozinho em ser perturbado por essa conjunção de ideias. Numênio, um antigo contemporâneo de Plotino e alguém cuja filosofia em muitos aspectos antecipa a de Plotino, afirma de modo enfático que a matéria não era derivado do princípio supremo.[21] A razão

---

19   "O uso que Plotino faz do conceito de privação é totalmente diferente do propósito para o qual tal conceito foi introduzido por Aristóteles". Pode-se, é claro, objetar que um conceito é indistinguível do uso que dele se faz: nesse caso, só poderíamos dizer que Plotino introduziu um novo conceito de *sterêsis*.

20   Em seu comentário da *Física*, Simplício se dá conta da identificação feita por Plotino entre matéria e privação (*In Física* 251.32-252.6; o *tis* anônimo introduzido em 251.32 é quase com certeza Plotino). Em particular, a abordagem de Simplício que toma o desafio de Plotino (II.4.14) de que nenhuma abordagem que distingue matéria e privação definiria cada um desses dois termos sem qualquer referência ao outro. Simplício replica que a "alteridade" pela qual a forma é distinta da matéria, e vice-versa, não é o mesmo que simples "ausência" de forma. A matéria, ele insiste, permanece sempre "outra" que a forma (todas as formas, qualquer forma), enquanto que privação, definida como a ausência de alguma forma específica, não pode persistir desde que a forma vem a ser presente na matéria.

21   Como recordado por Calcídio, *In Tim.*, cap. 295, p. 297.6-298.9, ed. Waszink (= fr. 52, ed. Des Places), Numênio declarou que acreditar na geração da matéria não era merecedor de qualquer exigência de ser filosoficamente referida (*...ne mediocriter quidem institutis hominibus competit*).

pela qual Plotino deve ter divergido de Numênio nesse ponto e recusado em assumir que a matéria poderia existir de modo independente do Uno é provavelmente encontrada nos preâmbulos a sua abordagem da matéria inteligível. Plotino nos diz, então, que, se a matéria não fosse derivada de nenhum princípio anterior a si próprio, então haveria mais que um único princípio, e a relação dos primeiros princípios seria o produto da mudança (II.4.2.9-10). Para superar tal dualismo, e manter a independência do universo de um único primeiro princípio, Plotino está preparado para sustentar que mesmo a matéria, mal total, em última instância, é derivada do Uno. Mas a via na qual a matéria deriva do Uno será circunscrita de modo mais complexo.

A matéria é gerada por uma alma "parcial", a alma "que vem a ser nas plantas". Descrições complementares são dadas, em tratados imediatamente posteriores (III.9.3.7-16; III.4.1), de como isso ocorre. Na primeira passagem (III.9.3.7-16), nos é dito que a alma "parcial" é iluminada quando se volta para o princípio anterior a ela, enquanto que, quando volta-se para si própria, "como se estivesse andando no vazio" e "torna-se mais indefinida", e realiza "aquilo que vem após ela". Esse "o que vem após ela" é uma "imagem" da alma, mas uma imagem que é "sem definição" (na medida em que ela é o produto da deficiência cada vez maior de definição da alma) e "não ser" (no sentido técnico definido acima). Na outra passagem (III.4.1), a alma "que vem a ser nas plantas", gera algo "totalmente diverso de si mesma", que é novamente descrito como "totalmente desprovida de definição".

Alguns estudiosos resistiram à conclusão de que, nessas duas passagens, o produto da alma é a matéria.[22] Mas surgem muitas dúvidas quando, na segunda passagem, lemos que a descendência da alma "torna-se corpo" por sua recepção da "forma" e, como corpo, "provê um receptáculo para o princípio que o levou a nascer" (III.4.1.14-16). Pois a "forma" pela qual o que é totalmente sem definição "tornando-se corpo", será a forma do corpo, ou a "corporeidade", enquanto que o "receptáculo" que então é provido responderá à necessidade da alma de "gerar para si própria um lugar e, então,

---

22   Ver Schwyzer, 1973, 275-278; cf. Schwyzer, 1970, 249. Para uma discussão da interpretação de Schwyzer, cf. O'Brien, 1991c.

também corpo", quando ela emerge do mundo inteligível (IV.3.9.22-23). O objeto que é gerado pela alma e que é "sem definição" anterior ao advento da forma como corpo, o que poderia ser além da matéria?

Se a alma gerou a matéria, contudo, o caminho no qual ela se enredou é muito diferente do caminho no qual o Intelecto ou a Alma ou qualquer matéria inteligível gerou, direta ou indiretamente, do Uno. O Uno é "completo" (V.2.1.7); a alma gera a matéria, não porque seja completa, mas, ao contrário, por se tornar "mais indefinida" (III.9.3.11-12). O Uno gera sem qualquer necessidade (V.2.1.7-8); a alma gera a matéria porque, sem lugar e sem corpo para recebê-la, não poderia entrar no mundo sensível (IV.3.9.22-23; *cf.* IV.8.5.27-37). O Uno é "superabundante" e "dele tudo superabunda" (V.2.1.8-9); mas tais expressões são metafóricas: nem o Uno nem o Intelecto geram por estar em movimento (V.2.1.16-18). Apenas a oposição da alma é real: o ato da alma de geração é acompanhado por movimento (V.2.1.18-19; III.4.1.1-3). E, no caso de sua geração da matéria, o movimento da alma é "em direção a ela própria" e em direção "ao que lhe é posterior" (III.9.3.7-12).

A diferença continua *ex parte prolis*. Intelecto, Alma e matéria inteligível, quando são gerados, voltam-se de sua própria posição em direção ao princípio do qual provieram, e a matéria inteligível, quando assim o faz, "é definida" (V.2.1.9-13 e 19-20; II.4.5.33-35). Nada disso é válido para a matéria do mundo sensível. A matéria gerada pela alma inferior é "sem vida" (III.4.1.7), e não tem poder para, por si mesma, voltar-se em direção ao princípio do qual proveio. Quando a matéria recebe forma e "torna-se corpo" (III.4.1.14-16), ela o faz apenas porque a alma, "por uma segunda iniciativa", "contempla novamente" para o objeto que ela produziu, "investindo-o de forma" (III.9.3.14-16).

Qualquer recepção de forma pela matéria, como já sabemos, é menor que poderia parecer. Ora, a matéria do mundo sensível, ao ser identificada com privação, é incapaz de ser verdadeiramente unificada com a forma (III.6.11-14). Logo, quando Plotino pergunta como a matéria "participa sem ser participante" (III.6.14.21-22; *cf.* II.5.5), sua resposta é que, no mundo sensível, a participação da matéria na forma é apenas uma aparência (III.6.14.22-36). A decoração da matéria é um mero invólucro

na destituição da matéria (*cf.* III.6.11.20-21). Ainda que a alma a tenha recoberto com sua forma, e quando "torna-se corpo" (III.9.3.14-16;
III.4.1.14-16), a matéria permanece um "cadáver adornado" (II.4.5.18),
um cadáver que nunca conheceu o sopro da vida (III.4.1.7).

Matéria e alma

A questão é gritante: como pode algo tão impotente tornar-se causa
do mal na alma? A resposta a essa questão está já implícita na abordagem
feita por Plotino na relação da alma com a matéria. Quando a alma tanto
gerou a matéria quanto a investiu de forma (III.9.3.14-16; III.4.1.14-16),
ela entra no objeto que produziu (os corpos no mundo sensível), "regozi-
jando-se" (III.9.3.16).[23] Mas, então, há duas possibilidades. Se a alma "tem
pressa em fugir", então "ela veio para não ter danos" (IV.8.5.27-33). Mas
se a alma está em relação com o corpo "com muito mais avidez", então será
incapaz de ter "retomado algo" do corpo "no ato da conversão" (IV.8.7.1-
14). Por ser, então, contaminada pela matéria, a alma será se torna em si
mesma "mal" (I.8.14).

Esse tornar-se mal ocorrido com a alma, contudo, é sujeito de suas
restrições essenciais. Primeiramente, a alma não pode ser, ou se tornar, intrinsecamente um mal (I.8.11). Seu tornar-se mal, quando isso ocorre, é
apenas "acidental" (I.8.12), e, ainda assim, apenas pela presença da matéria
(I.8.14). E a segunda restrição é ainda mais crucial: a alma se torna mal
apenas pela presença da matéria (I.8.14), e a presença da matéria, nesse
sentido, é uma causa de mal na alma, embora a presença da matéria não
seja uma causa suficiente da alma tornar-se mal (*cf.* I.8.5.26-34). Retomo
os dois pontos, começando pelo primeiro.

---

23   A justaposição dessas duas passagens (III.9.3.14-16; III.4.1.14-16) supõe que a forma
que é deu a ela uma descendência por uma alma "parcial" na *primeira* passagem (III.9.3.14-
16) é o mesmo que a forma que, na *segunda* passagem (III.4.1.14-16), é recebida pela descendência da "alma que vem a ser nas plantas", e a mesma que a forma pela qual aquela
descendência "torna-se corpo".

Para provar que a alma não pode ser mal em si mesma, e de modo independente da presença da matéria, Plotino recorre a outro forte argumento que retoma a questão da contrariedade (I.8.11). No curso desse argumento, ele abandona a fórmula platônica pela qual a matéria é uma "forma" de não ser, e torna-se claro o que estava implícito em sua descrição de matéria como não substância, que a matéria, ao contrário da substância, não é forma, mas contrária à forma (I.8.10.11-16; I.8.11.1-4). Na medida em que o mal é o contrário da forma, então, se a alma fosse mal por si mesma, deveria ser desprovida de forma. Mas na medida em que a alma, por sua própria definição, possui vida, que é uma forma, não pode ser desprovida de forma. A alma não pode, portanto, ser mal por si mesma, sem cessar de ser alma (I.8.11.10-16). O mal não pode ser mais que um acidente da alma. A alma não é intrinsecamente mal (I.8.11-12).

A força desse argumento é aparente apenas se for visto como uma extensão e uma adaptação do argumento final acerca da imortalidade da alma do *Fédon* de Platão. No *Fédon*, Sócrates argumenta que a alma é caracterizada pela vida, no sentido em que o fogo é caracterizado pelo calor, ou a neve pelo frio, "quatro" como par, ou "três" como ímpar. O fogo não pode ser fogo e frio; a neve não pode ser neve e quente. A neve, "diante do" calor deve sempre "retirar-se", caso em que ela continua a ser neve e fria, ou então "retrocede" e "perece", ou seja, derrete. Mas a alma, diante da morte, não pode "retirar-se", pois a forma adicional que caracteriza a alma, a forma da vida, torna impossível que a alma "retroceda" e "admita" a morte. É tão impossível para a alma "admitir" a morte e morrer quanto seria impossível para o fogo, ser frio, para a neve, ser calor, ou para o "três", ser par (*Fédon* 102a10-107a1).[24]

Esse é o argumento ao qual Plotino se refere quando diz, em seu tratado *O que são os males*, que a alma possui vida "por sua real definição" (I.8.11.15). Disso se segue (agora nos voltemos à extensão e adaptação do argumento de Platão realizados por Plotino) que, se o mal é definido como total privação, então a alma não pode ser mal "de si mesma" (*par'hautês*: I.8.11.16), pois,

---

24 Para essa interpretação do "último argumento" de Platão, *cf.* O'Brien, 1967-1968. Sobre a metáfora de Platão ("retira-se", "retroceder"), ver também O'Brien, 1977a.

quando fosse mal de si mesma, seria desprovida de forma. E o que Platão mostrou seria impossível. A alma possui vida "por sua real definição". Uma alma que *per impossibile* fosse intrinsecamente mal, então não poderia ser por muito tempo uma alma (I.8.11.14).

As causas do mal humano

Garantido que o mal está na alma apenas *per accidens*, então como ela se torna má? Resposta: pela presença da matéria. No entanto, a presença da matéria não é causa suficiente do mal na alma. Ora, Plotino afirma de modo explícito que "os deuses perceptíveis" (isto é, os astros), desprovidos da presença da matéria, são inocentes de mal (I.8.5.30-31). Plotino continua (I.8.5.31-34):

Não há (*sic* nos deuses perceptíveis) nenhum pecado que o homem possui, considerando que nem todo ser humano tem pecado. Pois os deuses perceptíveis controlam sua matéria – além de os que são melhores não terem matéria – e a controlam com aquilo que neles não está na matéria.

Esse texto poderia ser considerado em conjunção com a seguinte passagem, no mesmo tratado, onde Plotino escreve (I.8.14.49-54):

A matéria é na alma tanto causa de fraqueza quanto causa de erro. Ela é em si mesma mal anteriormente e mal primeiro. Ainda que a alma, por ser sujeito de certas afecções, tenha gerado por si mesma a matéria, e se a alma mergulhou na matéria e tornou-se mal, a matéria ainda é a causa do mal por sua presença. A alma não poderia vir à matéria se a presença da matéria não tivesse provido a alma com a oportunidade de nela advir.[25]

---

25 Para uma análise mais detalhada dessas duas passagens (I.8.5.30-34; I.8.14.49-54), ver O'Brien, 1969, 129-130 e 135-139; 1993, 64-67 e 69-75.

À primeira vista, poderíamos pensar ser contraditório dizer que a matéria é causa do mal na alma (I.8.14.49-54), e que aquelas almas (humanas e divinas), quando a matéria está presente, não devem ser mal (I.8.5.30-34). Pois devemos concluir, ao admitir que algumas almas são vinculadas à matéria e, ao mesmo tempo, livres de mal (*cf.* I.8.5.30-34), que a diferença entre almas providas de erro e almas sem erro pode ficar apenas na própria alma, e que a alma é, então, por si mesma, responsável pelas faltas que seu mal comete, de modo independente da presença da matéria. E tal conclusão seria contrária à insistência explícita de Plotino, posteriormente no mesmo tratado (I.8.14.49-54), de que a matéria é causa do mal na alma.

A teoria, contudo, não carece de inconsistência. As almas que mantêm uma íntima relação com a matéria não são más por si mesmas. Um ímpeto excessivo em seu cuidado com o corpo poderia dividir as almas que são, ou que se tornam, mal, de almas que são dele desprovidas. Mas as almas que são "muito impetuosas" tornam-se más, não porque sua excessiva avidez é em si mesma uma causa suficiente do mal, mas porque a matéria que estimula seu excesso de avidez é em si primordialmente mal.

Expresso de modo mais formal: a excessiva avidez da alma não é causa suficiente do mal, pois apenas seria uma causa necessária se a alma não dispusesse de um excesso de avidez, não sendo má. De modo similar, a matéria, como mal primordial, apenas seria uma causa necessária de mal na alma se desprovida de matéria, a alma não fosse mal. Mas, novamente a matéria não é causa suficiente de mal na alma, pois, se fosse, nenhuma alma em que a matéria está presente poderia ser livre do mal. É apenas a conjunção da excessiva avidez da alma com a presença da matéria que provê uma causa suficiente do mal da alma. Ainda que cada um desses dois elementos em si mesmos sejam causalmente necessários, é apenas em sua conjunção que são causalidade suficiente.

Pode se admitir que as almas que têm relação muito íntima com a matéria serão inevitavelmente más. Mas se reunirmos a presença da matéria e a excessiva avidez da alma como partes causais do mal na alma, então a excessiva avidez da alma, mesmo não sendo uma *causa* suficiente de mal, será todavia uma *condição* suficiente de mal na alma. A alma se tornará inevitavelmente má se estiver excessivamente próxima da matéria. Das duas causas que são necessárias, mas não suficientes como uma explicação do mal na alma (a presença da matéria e a própria excessiva avidez da alma), uma (o excesso de avidez da alma) é condição suficiente, ainda que, tomada isoladamente, não seja causalmente suficiente.

Às vezes, em momentos de excessiva extroversão, deixo-me engajar em conversas fúteis com minha *concierge*. Isso não acontece todas as vezes que vejo a *concierge*, pois sua presença não pode ser considerada uma causa suficiente de nosso palavrório vazio. Isso depende de duas causas parciais: a presença da *concierge* e minha excessiva extroversão. Quando ambas as causas são atualizadas, nossa conversação fútil acontece, e não de outro modo.

A relação dessas duas causas parciais, todavia, não é simétrica. Algumas vezes, quando encontro a *concierge*, recuso engajar-me em uma conversa fútil. Mas minha *concierge* não exerce constrangimento similar. Ela sempre tem tempo e inclinação para engajar-se em uma conversa fútil. Meu modo de extroversão excessiva torna-se, então, uma condição suficiente para mantermos uma conversa fútil, pois todas as vezes que vejo minha *concierge*, ela me engaja numa conversa fútil, se a deixo fazê-lo. Mas mesmo que minha excessiva extroversão seja uma *condição* suficiente de mantermos uma conversa fútil, todavia não é uma *causa* suficiente. Não me engajaria na conversa fútil se minha *concierge* não estivesse lá, esperando para aproveitar minha excessiva extroversão.[26]

Plotino e os gnósticos

As páginas precedentes apresentaram as colunas – lógicas e metafísicas – da solução do problema do mal por Plotino. No entanto, suas teorias da contrariedade e da privação, embora nunca tenha sugerido que ele não

---

26 Blumenthal, 1987, 559, aponta a estrutura causal que sugiro em relação às *Enéadas* como "sistemática", e prefere pensar que, nas *Enéadas* "inconsistências e contradições são inevitáveis". Espero que minha analogia desajeitada (com desculpas à minha atual *concierge*, que é particularmente taciturna) possa esclarecer o quão simples, de fato, o que permanece subjacente é que a estrutura causal que sugiro para a relação entre matéria e alma na produção do mal.

acreditasse nelas, são de modo singular pouco informativas acerca da motivação da crença plotiniana acerca da matéria como "mal em si" e como fonte do mal na alma. Por que Plotino pensou dessa forma?

Não é impossível que tal questão tenha sido uma das razões para a inclusão, na edição de Porfírio das *Enéadas*, de um tratado (II.9) que é totalmente atípico tanto em seu tom quanto em sua temática. Trata-se do tratado intitulado *Contra os gnósticos* e *Contra aqueles que dizem que o produtor do mundo é mal e que o mundo é mal*. Esse é o único tratado nas *Enéadas* em que Plotino critica seus contemporâneos de modo explícito.[27] E a ferocidade com a qual o faz não tem paralelos com esse tema, mas sim as bem temperadas páginas que constituem o restante das *Enéadas*.[28] Contudo, o interesse do tratado plotiniano *Contra os gnósticos* não é meramente histórico e humano. Do ponto de vista filosófico, o tratado é de primeira importância para esclarecer como a teoria de Plotino da matéria como mal é apenas incidentalmente destinada a corrigir as teorias aristotélicas da contrariedade e da privação. O principal alvo filosófico de Plotino, todavia, são agora as crenças gnósticas que eram prevalentes no século terceiro em Roma, e que encontraram partidários mesmo entre aqueles distintos homens e mulheres que frequentavam a sala de aula de Plotino nos anos cinquenta e sessenta daquele século.[29]

Tomemos, por exemplo, a seguinte passagem, em que Plotino defende seu próprio ponto de vista acerca de um universo sem começo nem fim no tempo, contra a visão gnóstica de que o mundo como o conhecemos chegará um dia a um fim. Plotino escreve (II.9.3.14-21):

> Perecíveis são apenas aquelas coisas que têm em si aquilo que pode perecer. O que não tem nada que pode perecer, não perece.

---

27   Plotino critica seus contemporâneos em outros pontos das *Enéadas*, mas sem citar nomes. Para alguns exemplos (Numênio, Longino, e, muito provavelmente, o Orígenes pagão), *cf.* O'Brien, 1992b.

28   Plotino chega a sugerir em um passo (II.9.10.6-7) que os gnósticos em questão não seriam sinceros em suas crenças.

29   Tal como sabemos pelo capítulo 16 da *Vida de Plotino* escrita por Porfírio. Para detalhes, *cf.* Tardieu, 1992.

Mas se alguém objeta que aquelas coisas perecem na matéria, então por que não dizem também que a matéria perecerá?

Mas se alguém está dizendo que, sim, a matéria também perecerá, então devemos perguntar: que necessidade era aquela para a matéria de vir a existência em primeiro lugar?

E se replicarem que era necessário para a matéria vir à existência como uma consequência de princípios anteriores à matéria, então devemos dizer: a mesma necessidade há agora.

Mas se a matéria fosse um dia deixada despida e só, então os seres divinos não estariam em toda parte; seriam situados em algum lugar aparte, e seriam excluídos.

Mas se isso não é possível, então a matéria será iluminada.[30]

Nessa passagem, Plotino supõe que seu interlocutor anônimo (que muda do singular para o plural no espaço de poucas linhas) concederá que a matéria segue como uma consequência necessária os princípios anteriores à matéria, uma tese que coincidirá, de modo suficientemente próximo, com a própria crença de Plotino acerca da geração da matéria pela alma. Os adversários anônimos de Plotino falham na apreciação de que a matéria poderia deixar de estar presente e, não menos, a possibilidade de que a matéria fosse ser deixada "despida e só". Ora, se a matéria veio à existência como consequência de princípios que lhe são anteriores, então esses mesmos princípios (ou assim Plotino argumenta) não supõem ter sido o "limite" do objeto cujo surgimento segue por necessidade aquilo cuja existência lhe é anterior. Ao contrário, a matéria que veio à existência "será iluminada" (a "luz"

---

30   O texto que citei não é uma tradução, mas uma grande paráfrase. Por exemplo, a frase completa "vêm à existência como uma consequência de princípios anteriores à matéria" é expressa em grego por um único verbo: *parakolouthein* (II.9.3.18). Nem a expressão original de Plotino nem minha paráfrase pretende implicar que a "consequência" aqui denominada implica qualquer anterioridade temporal. De novo, parafraseio com "despida e só" o simples *monê* em II.9.3.18, apenas para evitar o sentido coloquial de "deixar só". É verdade que "despida e só" confere à sentença uma entonação mais emotiva, mas tal entonação, de fato, não é deslocada. Em dois capítulos posteriores, Plotino refere que o gnóstico acredita que a matéria seria um dia "despida de forma", em que o verbo usado (*aposulesas*, II.9.5.34-35) poderia bem sugerir um cadáver deixado despido no campo de batalha porque lhe foi retirada sua armadura.

das formas sendo aqui contrastada, de modo implícito, com as "trevas" da matéria). A necessidade que trouxe a matéria à existência (somos levados a concluir) não apenas continua sempre; esta mesma necessidade também requer a matéria para ser eternamente recoberta pela forma.

Plotino retorna à "iluminação" da matéria posteriormente no mesmo tratado, no curso de uma longa crítica da perspectiva gnóstica acerca da formação do cosmos. Plotino confronta seus adversários com uma alternativa (II.9.12.33): "A iluminação da matéria deve ser ou conforme a natureza ou contrária à natureza". E continua (II.9.12.34-38):

Se a iluminação é conforme a natureza, então as coisas seriam sempre como são agora.

De outro lado, se a iluminação é contrária à natureza, então o que é contrário à natureza encontrará seu lugar entre as realidades inteligíveis. Coisas más existirão antes desse mundo. Esse mundo não será causa dos males; ou, então, os seres inteligíveis seriam causa do mal neste mundo. Os males não provêm daqui em direção à alma; ou, então, provêm da alma ao mundo em que vivemos.[31]

A própria convicção de Plotino é que a "iluminação" da matéria (seu ser recoberto de forma) é uma atividade que é "conforme a natureza" e, portanto, eterna. Mas aqui Plotino não fala meramente da iluminação que chegando a um fim seria "contrária à natureza". Ele também supõe que uma atividade que era "contrária à natureza" seria a má. Na medida em que a "iluminação" (a imposição da forma) deve provir de realidades superiores, então uma iluminação que fosse contrária à natureza implicaria

---

31 Essa novamente é uma extensa paráfrase e não uma tradução propriamente dita. Por exemplo, quando escrevo "então as coisas serão sempre como elas são agora", Plotino escreve simplesmente *aei houtos* (II.9.12.34). E onde escrevo "realidades inteligíveis" e "do mundo em que vivemos", Plotino recorre à sua usual concisão, e escreve simplesmente "coisas lá" (II.9.12.35), e "daqui" (II.9.12.38). Modifiquei a sintaxe da sentença: o laço de conjunções de Plotino (não menos que quatro ocorrências de *kai*) foi substituído por uma série de três grandes interrupções. Em inglês, isso produz um efeito de *staccato*, que é ausente no grego. Mas o inglês [NT: e o português], no entanto, sugere, tal como o grego, que Plotino insiste nesse ponto.

que a atividade de realidades superiores seria má. E, o que representaria uma completa inversão da própria convicção de Plotino: os males que vemos nesse mundo teriam sua origem em realidades superiores, contrário à convicção de Plotino apresentada, por exemplo, em seu tratado *O que são os males* (I.8.14), ou de uma incapacidade por parte das realidades divinas de recobrir com forma o objeto cujo surgimento deriva inevitavelmente de sua própria existência anterior (II.9.3.14-21).[32]

A "teodiceia" de Plotino

Tal conclusão representa uma clara inversão do que parece ter sido a principal preocupação de Plotino em seu tratado *O que são os males*. Os argumentos de Plotino nesse tratado são largamente intencionados a estabelecer a matéria como "mal primordial" e como "mal *per se*". O que descobrimos a partir do tratado *Contra os gnósticos* é que a designação da matéria como mal não visa mais ser uma condenação da matéria como um meio de proteger as realidades do mundo superior de qualquer responsabilidade imediata pelos males que vemos neste mundo.

A essa altura, o paradoxo pelo qual a "teodiceia" de Plotino é fundada é a teoria da geração da matéria. A matéria depende de princípios que lhe são anteriores, e a matéria é superior ao mal. No entanto, a responsabilidade pelo mal não pode ser atribuída às realidades superiores. Ainda que uma alma "parcial" tenha produzido a matéria, todavia não produziu a matéria para ser mal. O produto de uma alma parcial é mal não porque a alma quis que assim fosse, mas porque a própria deficiência da alma produz o que é mais deficiente por definição (*cf.* III.9.3.7-16; III.4.1), e porque o que é mais deficiente por definição não pode deixar de ser identificado com privação, não pode deixar de ser o contrário da substância, e, de tal modo, não pode deixar de ser mal.

---

32   Para ambas as passagens citadas (II.9.3.14-21; II.9.12.33-38), ver O'Brien, 1993, em particular 78-86. Para a crença gnóstica usada como um contraste das próprias ideias de Plotino, ver também O'Brien, 1981 e 1990.

A alma, de fato, faz tudo de paliativo em relação à inevitável consequência de sua própria carência de definição. Além da produção da matéria pela alma ser intrínseca e irremediavelmente má, contudo nunca será, como querem os gnósticos, deixada despida e só. A alma sempre recobre com forma aquilo que é desprovido de forma e a desfiguração do objeto cujo surgimento é uma consequência de seu próprio movimento de distanciamento dos princípios superiores e "em direção a si mesma" (*cf.* III.9.3.7-16).

Não que aquele movimento seja mal em si. A alma torna-se má, não na produção da matéria, mas apenas como uma possível consequência de sua atividade de recobrir com forma o objeto ao qual ela deu nascimento. A atividade da alma no cuidado com os objetos do mundo sensível expõe sua contaminação pela matéria da qual eles foram constituídos. Mas mesmo aquela potencial contaminação não dispõe a alma à mercê da matéria. A alma será contaminada pela matéria apenas ao entregar-se a si própria com um grande desejo ao cuidado de um objeto que ela própria fez nascer.

Ainda assim, a alma não se torna má por sua própria volição. Seu "pecado" não é a expressão de alguma vontade de mal. A excessiva absorção da alma no cuidado com as coisas deste mundo tem a trágica consequência de que a própria alma se torna má por causa da natureza do objeto ao qual dirige seu cuidado. A alma torna-se má quando faz isso porque o objeto de seu cuidado é "mal em si".[33]

---

33 Devo parar aqui. Mas dois tópicos cruciais emergem e podem apenas com dificuldade ser deixados à parte. É central a teoria de Plotino de que apenas as almas que entram no mundo sensível são potencialmente sujeitos da influência do mal da matéria (I.8.14). Contudo, a divisão do trabalho entre uma alma "parcial", almas individuais, a alma do mundo e aquilo que chamei de "realidades superiores" é uma questão complexa, e uma que tenho que deixar inteiramente fora da abordagem nesse esboço da teoria plotiniana do mal. E tenho também que deixar inteiramente de lado a questão *vexata* da "volição" da alma. Na primeira das duas passagens citadas em minha última seção (II.9.3.14-21), Plotino muitas vezes fala de "necessidade". Mas a "necessidade" plotiniana, quando aplicada à atividade da alma, é um conceito escorregadio e que deixa com frequência os modernos comentadores perplexos. "Necessidade", como compreendida por Plotino, exclui tanto escolha quanto constrangimento. Mas disso não se segue que uma alma, sujeita à necessidade, é "sem vontade". Acerca desse último problema, *cf.* O'Brien, 1977b.

8 Eternidade e tempo

ANDREW SMITH

No tratado dedicado à eternidade e ao tempo (III.7) Plotino começa por refletir acerca de seu próprio estilo de filosofar. Essas reflexões são uma das mais importantes fontes para a compreensão do método de Plotino em geral, mas é difícil considerar o quanto, no contexto desse tratado específico e sua temática, uma compreensão da abordagem de Plotino pode nos auxiliar a seguir e melhor avaliar o sentido geral desse tema. Iniciamos nossa investigação (1) com os pressupostos e noções gerais que temos acerca do tempo e da eternidade. Para o próprio Plotino, um elemento importante e central acerca disso é o vínculo da eternidade com o mundo inteligível, não sucessivo e transcendente, e o tempo com o mundo físico do devir. Platão legou-nos parcialmente esse tema. Mas que influências deve ter tido no trabalho de formação desse conceito preliminar não são significativas nesse momento. Depois (2), quando nos voltamos para nossas ideias de modo mais atento, cada vez mais ficamos perplexos com as objeções e dificuldades que surgem. De fato, a discussão de Aristóteles sobre o tempo na *Física* IV.10-14, uma passagem de grande importância para Plotino, começa exatamente com tal perplexidade. O próximo passo (3) é considerar o que os antigos disseram, que é precisamente o que Plotino faz nesse tratado. Mas devemos também considerar o modo como foram interpretados. Nesse tratado, isso será de particular relevância com relação a Platão, cujos intérpretes silenciosamente retificaram em diversos pontos e também em relação a Aristóteles, em cujo caso os comentadores produzem interpretações que Plotino considera frutíferas para desenvolvimentos posteriores. Devemos, então, (4) esclarecer nossa própria interpretação dos antigos (III.7.1.10-13) de modo que podemos confidenciar o que suas opiniões representam. Em seguida, (5) considerar que alguns desses filósofos apreenderam a verdade; mas devemos ser cuidadosos em "investigar como apreenderam (a verdade) de modo mais completo" (III.7.1.14-15). É importante notar o uso do plural nesse ponto e que é dito que nenhum filósofo atingiu a verdade *completa*. Nesse tratado, Plotino toma Platão como sua autoridade primeira, mas as teses de Aristóteles provêm uma importante e positiva fundação, tanto por suas questões quanto por sua noção de tempo no mundo sensível. Além disso, mesmo Platão não possui a *totalidade* da verdade. Há muito ainda para filosofar para apreendê-la por si mesmo. Plotino está consciente de que está se movendo extensamente a partir de Platão.[1] Por fim, (6) devemos investigar por nós mesmos, o que Plotino faz neste tratado em que ele se apoia em Platão e de algum modo em Aristóteles.

Apesar do que de início é expresso e assumido acerca da eternidade e do tempo respectivamente como pertencendo aos planos inteligível e físico, Plotino também visa tais conceitos como sendo intimamente ligados, pressuposto igualmente fundado em Platão. Enquanto o tratado começa com a asserção de que se pode abordar a eternidade a partir do tempo e o tempo a partir da eternidade, a abordagem de fato dominante será a segunda. Em termos plotinianos, definimos a imagem pelo arquétipo. Após explorar e definir a eternidade, Plotino volta-se ao tempo, no capítulo 7. Mas esse voltar-se para a questão do tempo é visto não como meramente uma mudança de um elemento (metafisicamente superior) para um inferior, mas nos termos da descida da alma: "assim, devemos descer da eternidade à investigação no tempo e para o tempo" (III.7.7.7-8). Descemos, ou seja, não meramente para um nível epistemologicamente inferior, mas "para o tempo", para um nível inferior do ser.

A exploração do tempo começa com o exame, empregando seus próprios termos, das ideias de outros filósofos que culminam naquela de Aristóteles, ponto no qual Plotino começa a introduzir elementos de sua própria

---

1   *Cf.* V.1.8.10-14, com uma ênfase diferente: "Nossas afirmações não são novas, nem pertencem ao tempo presente, mas foram elaboradas há muito tempo, não de modo explícito, e o que afirmamos em nossa discussão não é mais que uma interpretação daquelas, ao serem retomadas pelos escritos de Platão, evidencia-se a antiguidade de tais concepções".

teoria do tempo. A doutrina de Aristóteles é considerada inadequada precisamente porque começa de e não ultrapassa uma análise empírica do tempo, uma abordagem que encontra uma forma adequada de como o tempo opera mais do que questiona o que ele é – questão que pode ser respondida apenas por uma análise que comece antes com a eternidade e que esclareça as implicações da definição de Platão do tempo como a "imagem móvel da eternidade" (*Timeu* 37d6-7). Logo, o tempo deve ser adequadamente descrito apenas no contexto da eternidade. Pois ele é a vida da alma. O interesse de Plotino no tempo termina, então, não com a solução do conjunto de aporias que são mencionadas no início de sua investigação e que são o ponto de partida da investigação de Aristóteles, mas com a natureza da alma, sua atividade e destino, que são preocupações centrais da filosofia de Plotino como um todo. A estrutura deste tratado é um claro exemplo da dinâmica do método filosófico de Plotino e reflete a estrutura geral de seu sistema metafísico e a próxima conexão do raciocínio filosófico com o progresso moral e espiritual do indivíduo.

I. Eternidade

A discussão de Plotino sobre a eternidade é uma exploração dinâmica. Embora toda a discussão esteja centrada em Platão e, de modo particular, no *Timeu*, a cuja extensão é claramente circunscrita, há, todavia, um forte elemento de investigação aberta. É interessante que Proclo e Damáscio tenham criticado Plotino por identificar eternidade e Intelecto.[2] Mas, de fato, Plotino rejeita tal equação simplificada desde o início. Proclo não compreendeu a sutileza da discussão de Plotino ou pensa que não a trabalhou. No capítulo 2 de seu tratado, Plotino começa sua discussão da eternidade levantando alguns problemas básicos envolvidos numa simples identificação da eternidade com o Intelecto ou com o "repouso", identificado como a mais relevante característica do mundo inteligível. Novamente ele aparece

---

2   Proclo. *In Tim.* III.12.9-12; Damáscio em Simplício. *Física* 791.32ss.

no capítulo 6 num sentido amplo a fim de possibilitar a identificação, que é buscada nos capítulos 3 a 6, de uma solução mais nuançada, como veremos.

Parece de tal modo que as duas abordagens para identificar a eternidade respectivamente com Intelecto e repouso não representam as doutrinas de nenhum de seus predecessores, mas foram criadas por Plotino[3] para introduzir sua investigação. Esta é diferente da última das "definições" investigativas nos capítulos seguintes que reflete ideias de pensadores anteriores. De qualquer modo, elas podem tanto ser tomadas como razoavelmente óbvias quanto como interpretações gerais de Platão. A identificação da eternidade com a substância inteligível pode ser vista como enraizada no "ser vivente" platônico que é contemplado pelo Demiurgo. Isto é descrito como "eterno" (*Timeu* 37d1) e como "sempre existente do mesmo modo" (28a6). Tal eternidade que também "permanece na unidade" (37d6) pode ainda sugerir "repouso". Repouso e substância (*ousia*) são dois dos cinco conceitos do *Sofista* (254d-e) que Plotino eleva ao nível de supremas categorias no mundo inteligível.[4]

A identificação entre eternidade e substância inteligível é vista como uma contrapartida da identificação de tempo com o globo celeste e com a ordem universal (cosmos). Essa última ideia, que retorna na discussão do tempo,[5] tem origem pitagórica e pode-se especular se a equação da eternidade era uma doutrina de algum agora perdido tratado neopitagórico. Dois outros argumentos são formulados em seguida para sustentar essa tese e são depois criticados. Considera-se a eternidade como sendo algo verdadeiramente majestoso; o inteligível é o mais majestoso (interessante o fato de ele excluir o Uno, que deve ser o mais majestoso de todos, na medida em que o Uno transcende toda linguagem e estamos envolvidos no que quer que digamos a seu respeito); portanto, a eternidade é o inteligível. O segundo argumento começa com a afirmação de que a eternidade e o inteligível são

---

3   Assim Beutler e Theiler em seus comentários, IVb511.

4   Teodoro de Asina também identifica eternidade e repouso (Test 24 Deuse = Proclo. *Teologia platônica* V.30, p. 311.330ss). Não é, todavia, claro se é uma identificação do tipo criticado por Plotino ou se há outras qualificações que foram perdidas para nós.

5   III.7.7.19.

ambas inclusivas das mesmas coisas. Se têm o mesmo conteúdo, devem ser idênticos. Mas esse argumento é rapidamente refutado apelando-se para o conceito de "ser na eternidade" que sugere que a eternidade é diferente daquilo que está nela e ainda da afirmação de que os seres inteligíveis são eternos, pois o predicado não pode ser *idêntico* ao sujeito da predicação. Esse último argumento claramente demonstra a base na qual Plotino fundamenta toda sua discussão e a escolha de seu ponto de partida na medida em que ele é obviamente tomado do *Timeu* 37d3, em que "a natureza do ser vivente" é dita "eterna". A consideração de predicação agora conduz Plotino a retornar à crítica do primeiro argumento, que pode ser rejeitado com base em que um predicado comum não significa identidade de um sujeito.

A despeito de tal rejeição de ambos os argumentos e, portanto, da identificação imediata entre eternidade e substância inteligível, duas observações positivas são feitas que podem ser retomadas depois na subsequente análise do problema. A primeira é que apesar de a eternidade não ser o inteligível podemos ainda dizer que tem algo relativo (*peri*) a ele ou que está nele ou que é presente para ele (*para*). E, em segundo lugar, que a mútua inclusão do inteligível e da eternidade devem ser entendidas de modo diverso. Enquanto o inteligível inclui tudo, assim como um todo inclui suas partes, a eternidade inclui tudo do mesmo modo (*homou*), ou seja, simultaneamente e não como partes.

A segunda parte desse capítulo agora se concentra no "repouso". Assim como a substância, há dele uma contrapartida no tempo. O repouso corresponde à eternidade assim como o movimento ao tempo. O repouso é visado em seu sentido singular de repouso no inteligível. Dois argumentos e uma aporia são dirigidos contra a identificação formal. Se repouso é eternidade, ele não é eterno, assim como a eternidade não é eterna, pois teria que participar de si mesma. Presumivelmente, esse argumento pressupõe que já aceitamos que o repouso é eterno, uma ideia provida pela referência de Platão ao repousar na unidade (*Timeu* 37d6). A próxima crítica argumenta que o movimento não pode ser eterno se o repouso é eterno. De novo, é Platão quem prove uma das premissas básicas, que o movimento (ou certo tipo de movimento) é eterno (*Timeu* 37d6). Se eternidade é repouso e se o movimento é eterno, o movimento é para o repouso. O último ponto que Plotino apresenta é uma aporia: como podemos acomodar a ideia de "sempre" no conceito de repouso? A noção de repouso no inteligível para a qual ele agora se volta introduz uma maior precisão em relação ao nível metafísico em que Plotino deseja locar a eternidade e, ao mesmo tempo, algumas ideias centrais. Quatro objeções são feitas contra a identificação de eternidade com repouso inteligível: (1) Excluiria as outras quatro "categorias" platônicas do mundo inteligível tal como postuladas no *Sofista* (254d-e): substância, movimento, o mesmo e o outro. Novamente, a base platônica para a objeção é clara e notamos como os cinco *genera* retornam na abordagem do capítulo 3. (2) O repouso deve implicar unidade – um outro apelo ao *Timeu* (37d6). (3) A eternidade deve ser sem qualquer extensão, o que a diferencia do tempo. Mas repouso não deve por si incluir a noção de ausência de extensão. (4) "Permanecer na unidade" é predicado da eternidade (de novo Platão). Assim, a eternidade participa do repouso, mas não é repouso.

Os resultados da investigação foram mais negativos, mas diversas barreiras foram derrubadas. O capítulo 3 começa com virtualmente a mesma questão, mas por seu fim foi elaborada uma definição parcial de eternidade que é mais do que uma simples identificação. Os capítulos sucessivos acrescentarão elementos a essa definição pela abordagem de diversos pontos de vista. Além de Platão prover Plotino com diretrizes de uma meta razoavelmente clara para sua investigação, temos a distinta impressão (e isso é, penso, mais que apenas uma impressão) de espontaneidade no mesmo sentido em que a investigação procede. A conclusão não é tão distinta e claramente determinada para Plotino desde o início.[6] Essa espontaneidade é elaborada por dois elementos que provêm as características do filosofar de Plotino e que são finalmente dispostas no capítulo: (1) um procedimento genuinamente investigativo e aporético que não pretende resolver problemas e (2) a experiência direta da realidade (aqui a eternidade) em si que é possível para um filósofo ter quando seu intelecto está unido ao Intelecto universal.

---

6 Impressão dada pela análise de Beierwaltes, 1967.

A investigação positiva da eternidade segue um método distintivo do modo plotiniano de filosofar: de girar em torno a um ponto de partida, analisando-o de diversos lados.[7] Apenas nessa perspectiva pode-se tentar conciliar as aparentes contradições. Deve-se notar as seguintes características:

1. A tensão entre a busca de identificar eternidade com alguma já estabelecida derivação ou nível de realidade no mundo inteligível plotiniano, dele sendo dada uma "definição".

2. A significação de nossa própria experiência epistemológica em diferentes níveis de realidade.

3. A repetição de expressões-chave.

4. A apresentação de uma multifacetada descrição ou séries de definições que não necessariamente combinam para formar um único todo coerente.

A primeira definição, de que a eternidade é "a vida que pertence àquilo que existe e é no tempo", relaciona a eternidade com a totalidade do Inteligível. Mas não é identificada com ele como todo nem com alguma de suas partes. A abordagem da eternidade é como uma unidade dinâmica. Empregando a dialética platônica de divisão e síntese, primeiro vemos o Inteligível em seus diversos aspectos – os cinco gêneros excluídos do conceito de eternidade por sua alegada identificação com "repouso" são agora reintroduzidos como aspectos do Inteligível. Mas é apenas quando esses aspectos são "novamente dispostos de modo conjunto" que a eternidade é neles vista como "vida que permanece no mesmo". Essa vida que a eternidade é, não é idêntica ao Inteligível em si, mas é algo "visto" nele, uma manifestação sua. "Eternidade não é substrato, mas algo que, como era, brilha do substrato em si". A ênfase está novamente em identificar eternidade com o Inteligível e expressar sua natureza separada, porém dependente. Ela está "em torno" (*peri*) ao Ser e é vista *nele*. Manifesta-se a si mesma *do* Ser, como a luz causada por algo diverso, dependente de e vinculada à sua causa, mas dela diferente.

Contudo, essa separação carece de algumas correções (capítulo 4). A eternidade não provém do Inteligível "de fora, mas ela é aquela natureza

---

7   Smith, 1992, 26.

e dela e com ela" (I.2). "Mas ela é aquela natureza" não pode ser tomado literalmente, pois seria uma clara contradição da negação formal da identificação de eternidade com o Inteligível. É antes entendido como grifando a muito próxima conexão de ambas. Quando Plotino está muito próximo de identificá-las no final de nossa discussão no capítulo 5, isso também deve ser tomado no mesmo sentido – pois no final, o tipo de unidade na diversidade do mundo Inteligível não pode ser expressado de modo adequado pela linguagem humana ou por conceitos. Tal realidade pode apenas ser indicada por meio de relações entre expressões, tal como foi feito.

A relação é expressa em termos já familiares para nós. "A natureza da eternidade é *contemplada na* natureza inteligível, *nela* existindo assim como *dela* originada porque vemos todas as outras coisas que dizemos estarem Lá existindo *nela*, e dizemos que todas elas provêm *de* sua substância e são *com* sua substância" (III.7.4.3-5). Esse é um aspecto do mundo inteligível assim como a Beleza ou Verdade. Nesse sentido, a eternidade muito se aproxima de ser como uma Forma plotiniana no nível inteligível. Mas além de a eternidade poder ser de um estatuto similar àquelas, não é qualquer uma delas, mas antes o "estado (*diathêsis*) e a natureza (*phusis*)" da realidade completa. E esse estado e natureza é "em nada deficiente" em relação a qualquer passado e futuro – pois se algo foi ou será, então foi ou deve ser agora deficiente de algum modo. A realidade é algo que "é sempre existente" – de "sempre existente (*aei on*)" é derivada a eternidade (*aiôn*).[8] Plotino estreita o tênue limite entre conferir à eternidade um estatuto ontológico preciso e distinto ou tomá-la como uma qualidade.

Plotino agora retorna completamente à dificuldade básica inicial de capturar a "eternidade" pelo pensamento. Ela deve ser compreendida apenas por sua relação conosco. A mais perfeita forma de conhecimento é fundada no nível da eternidade e do Intelecto, no qual há unidade com o objeto de conhecimento (V.3.4.10-13) por meio de nosso intelecto (V.1.10.5-6).

A possível diferença entre "sempiternidade" e "eternidade", que foi delineada sem que se considerasse qualquer outro elemento no início da

---

8   *Cf.* Aristóteles. *Do céu* 279a25-28.

investigação no capítulo 3, é agora invocada novamente. A eternidade é agora vista como um substrato do que sempre se manifesta a si mesmo. Isso parece muito mais uma contradição do que antes fora estabelecido de que a eternidade não é o substrato, mas provém *do* substrato. Mas Plotino não aplica o termo "substrato" à mesma realidade. Anteriormente, o termo foi usado para se referir ao Inteligível. Aqui é usado para se referir à eternidade como o objeto da contemplação e, como tal, um existente real. Isso é certamente posto mais como um contraponto a qualquer impressão que se possa ter, dos capítulos anteriores, de que a eternidade é simplesmente uma manifestação. De fato, a eternidade não é simplesmente o substrato da sempiternidade (sua manifestação), mas antes é o "substrato *com* a correspondente condição manifestada". Plotino acrescenta à substância a ideia de manifestação na medida em que, em última instância, a eternidade é um "deus que se proclama e manifesta a si mesmo", sendo o termo "deus" o elemento substancial.[9] Devemos ver no mesmo termo "deus" uma certa referência ao Intelecto, pois, a despeito do fato de que Plotino dispensou a mera identificação de eternidade com o Inteligível, ele aplica a muitos dos atributos que são a marca distinta do Inteligível como um todo – pluralidade na unidade e "potência ilimitada (*apeiron*)". Mas a definição final que é oferecida, cabe notar, é ainda apenas uma aproximação: "e se há algo em seu modo de falar da eternidade como vida que é aqui e agora infinita porque é total e nada despende de si mesma, pois não tem passado nem futuro... estaria próximo de defini-la" (III.7.5.25-28).

Dois pontos finais são agora postos. Primeiro, a relação entre a eternidade e o Uno está estabelecida. Na medida em que a eternidade é a vida do ser real e o ser real é do, no e em torno ao Uno, a eternidade também é referida ao Uno no mesmo sentido. A verdadeira atividade que procede do Uno é a eternidade. Segundo, um possível equívoco é removido, pois tendo ficado claro que a eternidade como ser é imutável, permanece a possibilidade de tomar a eternidade como o que é permanentemente presente. A palavra "sempre" em "sempre é" pode nos levar a imaginar uma duração e então

---

9 Armstrong (1966 – 88 *ad loc.*) entende "deus" como se referindo ao "Intelecto ou Ser real, a segunda hipóstase". Beierwaltes (1967 *ad loc.*) inclina-se a excluir tal interpretação.

um estado extenso inalterado. "Sempre" deve ser incluído na descrição da eternidade (e a etimologia de *aei* on em *aiôn* já foi notada) para nos ajudar nossa forma temporal de pensar a melhor compreender o que a eternidade deve ser, de fato, sendo sempre redundante e inadequado.[10] Aqui Plotino também resolve um problema que foi tocado no início de toda a investigação.[11] As consequências desse conceito de eternidade são amplamente empregadas por Plotino em relação à vida individual, da qual o verdadeiro "si" está no nível do Intelecto. Plotino igualmente situa nesse nível a necessidade tradicional do "bem viver". "Bem viver não deve ser tomado em relação ao tempo, mas à eternidade; e isso não é nem mais nem menos nem qualquer extensão, mas é um 'isto aqui', inextenso e desprovido de tempo" (I.5.7.22-26). O homem sábio goza da vida do verdadeiro si, o nível do Intelecto e do verdadeiro Ser, fora do tempo, assim como seu verdadeiro si permanece inalterado quando a si inferior sente a dor de ser cozinhado vivo no "touro de Fálaris" (I.4.13.5-12).[12]

II. Tempo

Podemos fazer afirmações sobre a eternidade apenas porque temos uma participação na eternidade. Mas como podemos participar da eternidade se estamos no tempo?[13] Esse problema central do neoplatonismo não é, claro, resolvido apenas por tratado isoladamente, mas oferece a razão imediata para agora voltarmos para o tempo. A despeito da impressão que pode ser dada de que a eternidade é mais importante para Plotino e que

---

10 Boécio vê o mesmo problema no *De Trinitate* 4.67-77: "Os filósofos dizem que 'sempre' pode ser aplicado à vida dos céus e outros corpos imortais. Mas quando aplicado a Deus tem um sentido diferente. Ele é sempre porque 'sempre' é nele um termo do tempo presente, e há uma grande diferença entre 'agora', que é nosso presente, e o presente divino. Nosso presente conota mudança de tempo e sempiternidade; o presente de Deus, estável, não movido e imutável, conota eternidade. Acrescente sempre (*semper*) à eternidade e terás o constante, incessante e perpétuo curso de nosso tempo presente, isto é, sempiternidade".

11 III.7.2.27-29.

12 *Cf.* Smith, 1974, 25, 74-75.

13 *Cf.* IV.8.1.1-11.

o tempo lhe é subordinado e, portanto, deve ser compreendido apenas no contexto da eternidade, os enigmas sobre o tempo, entretanto, bem como o exame de outras teorias filosóficas do tempo não são apenas um interessante e, em última instância, redundante exercício escolar. Os detalhes da teoria do tempo examinados por Plotino são tomados em ampla medida da abordagem do tempo feita por Aristóteles na *Física*, mas incluindo teorias posteriores a Aristóteles (estoicos, epicuristas), e o todo da discussão reflete também a posteridade de tais reflexões, sobretudo na escola aristotélica.[14] O quadro de Plotino, esboçado a partir de Aristóteles, é completado com perspectivas posteriores. As teorias do tempo são divididas, no capítulo 7, em três categorias. O tempo é:

a. Movimento.
b. O que é movido.
c. Algo pertencente ao movimento.

Isso é baseado na discussão aristotélica cujos candidatos são as duas primeiras categorias (*Física* 218b1-20). A noção própria de Aristóteles de que o tempo é número do movimento será provida por Plotino em conjunto com a terceira categoria. Plotino acrescenta as perspectivas dos estoicos, que ele situa entre (a) e (c), assim como a dos epicuristas. Mas pouco se pode duvidar que a influência dominante é Aristóteles, tanto por causa da longa discussão a ele consagrada quanto pela aceitação de sua perspectiva básica na apresentação crítica das diversas concepções de tempo. Seria preciso enfatizar que Plotino não apresenta simplesmente uma coleção de visões de interesse meramente histórico, mas prepara a base para a exposição de sua própria teoria do tempo, mostrando a inadequação das abordagens anteriores, assim como suas possibilidades, que são destacadas de modo inevitável na apresentação de sua própria solução. Além disso, na medida em que somos extensamente modulados de modo temporal, e, particularmente em nossa razão, faz sentido ter a mais completa compreensão possível

---

14 Ver o que é dito sobre III.7.9 nas páginas 245 e 246. (páginas 207-208 no original). A coleção sistemática e a comparação de ideias sobre o tempo são registradas em Diels. *Doxographi graeci*, 318.

em nossa condição humana. Apesar do fato de o verdadeiro si poder ser situado no nível do Intelecto e da eternidade, o si empírico, sobre o qual se filosofa de modo discursivo, é revestido pelas potências discursivas da alma (V.3.3.35-36), cuja vida é tempo. A essa extensão do mundo transcendente pode ser, se não iluminada por, ou, no limite, indicada pelo plano temporal da razão. Logo, o tempo é tão importante quanto a eternidade.

Plotino começa rejeitando a tese de que tempo é movimento. É interessante notar que, de fato, Plotino depois aceitará que o tempo é um tipo de movimento, o movimento da alma. Mas o critério para o exame das teses anteriores é restrito, assim como as próprias teses, à moção física. Para tanto, ele pode fazer uso das ideias de Aristóteles, as quais segue de perto.

O primeiro contra-argumento é baseado na premissa de que o movimento está no tempo, portanto devendo ser diferente do tempo. Mas a premissa não é questionada e devemos assumir que a discussão de Aristóteles é tomada como garantia (*Física* 221a ss). O segundo contra-argumento é que o movimento pode cessar, o tempo não. Isso não é encontrado precisamente em Aristóteles. De fato, Aristóteles questiona se deve haver mudança para haver tempo ("Mas sequer há tempo sem mudança" [*Física* 218b21]). Mas possivelmente Plotino entende não a ausência de qualquer mudança, mas a cessação do movimento num objeto particular. Aristóteles concebe tal situação como o "repouso no tempo" (*Física* 221b7-12). Enquanto esses dois argumentos podem ser vistos como destilações de Aristóteles,[15] é também possível neles discernir certa originalidade.[16]

Tendo nele insistido, mais que Aristóteles, como um argumento contra a identificação entre tempo e movimento, que o movimento pode ter lapsos, mas o tempo não, Plotino naturalmente assume a objeção de que o movimento do todo (ou do circuito celeste) não cessa e presume-se que seja um forte candidato à identificação com o tempo. Ele emprega novamente

---

15   Callahan, 1979, 98-101.

16   Strange, 1994, 41: "aparentemente original". Strange nota que Plotino (III.7.8.45-47; 10.6) parece tomar a noção de que as coisas estão "no tempo" como parte de nossa concepção comum do tempo e sugere que a premissa do segundo argumento (o movimento pode cessar, mas o tempo não) possa ser vista de modo similar.

contra isso o argumento de que esse movimento é "no tempo" na medida em que (1) pode-se distinguir no tempo um circuito completo de céus de um semicircuito que toma metade do tempo como completo, (2) o rápido e devagar das esferas internas e externas respectivamente, um fato admitido por proponentes da teoria, que apontam para seu ser no tempo, pois corre na distância recoberta em um certo período de tempo. Aristóteles não aduz esse argumento sobre o movimento dos céus apesar dos elementos que podem ser encontrados em suas obras.[17] Ele é encontrado em Plotino porque, para ele, o movimento celeste apresenta um maior problema por duas razões: (1) como já foi notado, ele insiste mais do que Aristóteles na ideia do lapso do movimento e (2) sua herança era provavelmente mais importante nesse período. Eudemo, Teofrasto e Alexandre interpretaram Platão como identificando tempo com movimento celeste.[18] A ideia era ainda corrente nos séculos IV e V.[19] Finalmente, a identificação entre tempo e esfera é abandonada por Plotino de modo tão sumário como por Aristóteles, provavelmente a partir do momento em que argumentos contra o movimento em geral fossem satisfatórios.

Ele novamente volta-se para o que pode ser reconhecido como a definição estoica de tempo como extensão do movimento. Este é primeiramente compreendido como distância espacial. Se a distância percorrida é tempo, argumenta, então na medida em que nem todos os movimentos são da mesma velocidade, diferentes movimentos recobrirão diferentes distâncias de modo que deveria haver um critério padrão de comparação que seria o tempo. Mas qual das muitas distâncias seria padrão? Mesmo que possamos tomá-lo de um padrão, por exemplo, a distância percorrida pelo movimento

---

17 O movimento do todo é sem fim, *Física* 222b6ss; *Do céu* 284a9. Ele rejeita a identificação entre todo e tempo, *Física* 218a33ss. Movimento lento e movimento veloz dependem do tempo, *Física* 218b13-14; *Do céu* 287a23. Em relação ao último, a referência na *Física* é ao movimento em geral. Nem parece que Plotino esteja seguindo literalmente Aristóteles na rejeição da identificação entre tempo e movimento do todo na medida em que ele é mais específico que Aristóteles, e se Aristóteles argumenta a partir da assunção de que uma secção do circuito "é um tempo", Plotino argumenta que uma secção é "em um certo tempo".

18 *Cf.* Simplício. *Física* 700.17ss.

19 *Cf.* Agostinho. *Confissões* XI 23 provavelmente se refere ao ariano Eunômio. *Cf.* Basílio. *Adv. Eunomium* I.21 e Callahan ,1958, 439ss.

do universo, ainda poderia se objetar que a distância é medida como espaço mais que como tempo. De modo que ele considera o movimento em si como extensão. Mas ainda assim isso seria pura massa ou magnitude, por exemplo, uma grande massa de calor ou massa em repetição como água corrente que corre "de novo e de novo". Essa repetição do "de novo" e "de novo" pode ser expressa um número abstrato, que nos auxilia a contar magnitudes sequenciais, mas nada em si mesmo provê um sentido de tempo. De fato, toda essa atividade de movimento tem lugar "no tempo"; de outro lado, o tempo não estaria em toda parte, mas locado num substrato particular (movimento). Esse exame da doutrina estoica prepara-nos para a posterior exploração crítica de Aristóteles, na qual alguns dos mesmos temas reaparecem: a inadequação do número como uma explicação do tempo, a ênfase na necessidade de investigar o que "o tempo essencialmente é" (III.7.8.58-59), bem como a importância do conceito de "ser no tempo". Um outro estímulo para o exame da teoria estoica foi certamente o fato de que muitos médio-platônicos, que aceitaram como uma interpretação de *Timeu* 37d5-7, a definição de Crisipo de tempo como a extensão do movimento no cosmos.[20]

No capítulo 9, Plotino examina a definição aristotélica de tempo como o "número ou medida do movimento". Sua crítica a Aristóteles não visa em nenhum sentido ser uma refutação exaustiva, mas uma investigação crítica na qual são iluminados os problemas e inadequações da concepção de Aristóteles que, espera, serão solucionadas em sua própria abordagem do tempo dos capítulos 11 a 13. Ao longo dessa crítica, alusões indiretas à abordagem de sua preferência emergem constantemente. Além disso, Plotino segue e maneja uma longa tradição de reflexão crítica sobre as ideias de Aristóteles elaborada pelos próprios peripatéticos. Portanto, Plotino está tão longe de uma rejeição de Aristóteles que tenta acomodar a teoria aristotélica a sua própria visão do tempo no universo, compreendendo apenas aquilo que os aristotélicos deixaram obscuro pelo direcionamento de suas ideias a um ambiente interno à escola (III.7.13.9-18).[21]

---

20   Fílon. *Opif.* 26ss; Alcino. *Didaskalikos* 14.6 (170.21ss Hermann); Apuleio. *De Plat.* 10.

21   Essa afirmação nos conduz ao débito de Plotino para com Aristóteles, como recordado

Plotino começa visando o que é mensurado e fazendo a distinção, tal como já havia feito em relação à teoria estoica, entre movimento regular e movimento irregular. Como é possível enumerar ou mensurar o que é irregular? A mesma dificuldade já havia sido levantada pelo discípulo de Aristóteles, Eudemo.[22] Aristóteles teria, no final, provavelmente respondido como Plotino (III.7.9.32-35) que o movimento irregular é medido em relação ao movimento regular e que é o movimento regular contínuo da esfera celeste que é o parâmetro primeiro de mensuração do movimento. A mesma solução pode também bastar para outra crítica de Plotino de que há diversos tipos diferentes de movimento regular e o mesmo tipo de medida não seria adequado a todos indistintamente. Mas há uma profunda objeção aqui. Ainda que estivéssemos lidando com um único tipo de movimento, seria preciso saber não apenas o que é ser (movimento) mensurado, mas o que é a medida. Se o número é a medida quando é abstraída daquilo que é medido, ficamos com um número abstrato, por exemplo, "dez cavalos": dez sem os cavalos. No caso de objetos contínuos, "é possível pensar", diz Plotino, "algo do número". Ele possui uma certa "natureza" de sua própria separação dos objetos enumerados. De igual modo o tempo, portanto, se é uma medida do número, deveria ter sua própria natureza. Como platônico, Plotino tem uma inclinação natural para dar proeminência e existência independente às entidades aritméticas, mas também opera com o problema já identificado na tradição aristotélica. Além do próprio Aristóteles, em muitas ocasiões, deixar claro que "número" em sua definição de tempo refere-se ao "número que é enumerado" antes de número que enumera, ou seja, concreto, em oposição ao número abstrato, que apresenta dificuldades para seus sucessores. Aspásio e Alexandre pretendem que se refere a números abstratos,[23] pois se o número fosse concreto, cada movimento teria seu próprio tempo (*cf.* III.7.9.20-21).

---

por Porfírio (*Vida* 14.5-7) e a seus comentadores (*ibid.* 12-14).

22   Simplício. *Física* 717.6-14.

23   Sempre emendam o texto de *Física* 219b7-8 de "O tempo obviamente é o que é contado, não aquilo com o que se conta" para "O tempo obviamente não é o que é contado, mas aquilo com o que contamos".

Se a medida/número é concebida como um contínuo medido com uma régua, surgem outros problemas (III.7.9.17-31). Seria como uma linha ao longo do que é medido. Então poderia ser medido apenas o que ela sublinha. Mas, então, por que seria uma medida mais que seu inverso? E o que determina a medida na "régua" que mede? (III.7.9.40-41). Voltamos, então, à questão original – o que é o número/medida? Supondo que o tempo seja um número abstrato (III.7.9.51-55) e tenha sua própria natureza como dez separado dos cavalos, o que ele é, conforme pergunta Aristóteles, antes de medir? Apesar de Aristóteles parecer em geral ver o tempo como algo independente da alma e objetivo, ocasionalmente confere um certo papel à alma. Ele diz, por exemplo, que o tempo não pode existir sem uma alma que o enumere (*Física* 223a21-29) e ainda podemos estar conscientes do tempo-movimento em nós mesmos, independentemente de qualquer movimento externo (*Física* 219a4-8). Plotino parece recortar e destacar esses comentários aristotélicos de modo a sugerir que a noção de tempo ideal e alma como causa do tempo deve ser encontrada em Aristóteles. O filósofo falhou, todavia, conforme Plotino, em explicar a natureza desse número preexistente à medida. Suas abordagens ao atribuir o discernimento do "antes" e "depois" ao número[24] não são satisfatórias, pois "antes" e "depois" são conceitos espaciais ou se usados com um sentido temporal, tal conteúdo temporal deve ser explicado. O tempo, então, é algo diferente de "antes" e "depois". O tempo, de tal modo, está presente no mundo espacial de modo independente da medida – mas isso faz pouco sentido em relação à afirmação de Aristóteles de que o tempo é número ou medida – ou o tempo depende de algum modo da alma. Essa será a ideia que poderá ser explorada na apresentação de sua própria concepção de tempo.

Antes, porém, de fazer tal apresentação, ele completa seu sobrevoo com a definição epicurista de tempo como acompanhamento do movimento. Essa tese é deixada para o final para uma discordância sumária, já que do ponto de vista de Plotino ela não diz nada, visto que não responde à questão do que é o que acompanha o movimento (III.7.10.1-4).

---

24 *Física* 219b1-2: "Pois o tempo é apenas isto – o número do movimento em relação ao 'antes' e ao 'depois'".

De qualquer modo, o conceito também traz a questão do que o tempo é porque ele próprio contém um conceito temporal, se o que acompanha é anterior, posterior ou simultâneo, ou seja, o que acompanha está "no tempo" (III.7.10.4-6). Esta é, afinal, uma investigação filosófica e não histórica (III.7.10.10-12) e, portanto, não há necessidade de dar maiores detalhes de teorias filosóficas inúteis.

III. A teoria do tempo de Plotino

No final, entretanto, não descobriremos o que é o tempo de um simples exame de suas manifestações no mundo. Muitas indicações de uma causa transcendente já emergiram do exame das teses de seus predecessores. Nesse sentido, a própria concepção de tempo de Plotino tanto emerge das concepções de seus predecessores e mostra-se em forte contraste com elas quanto recebendo seu contexto substancial do mundo inteligível e da eternidade. Logo, no capítulo 11 dá-se o retorno a esse mundo. O mundo do tempo é iluminado tanto pela insistência em sua origem no Inteligível quanto pelo contraste entre ambos.

Somos primeiramente instigados a imaginar como o próprio tempo descreveria sua "origem".[25] A "geração" do tempo, é claro, é mais apropriadamente concebida em termos causais que de sequência temporal. A processão do tempo da transcendência do Intelecto é exposta no quadro familiar da processão das hipóstases. Não que o tempo seja de algum modo uma hipóstase separada; Tempo e Alma são intimamente ligados, pois o tempo é a vida da Alma. Plotino toma cuidado em mencioná-lo a fim de marcar a posição subordinada do tempo. Quando "Alma" ou o que se torna Alma torna-se sem repouso no Intelecto e busca dele proceder, o tempo também se move. É significativo que o tempo seja mencionado após a Alma.[26] Plotino

---

25 De um modo igualmente vívido, a "natureza" (*phusis*) descreve como ela cria em III.8.4.

26 Por Alma, aqui, Plotino entende não a Alma do mundo, mas a Alma hipóstase. Em III.7.13.65-68 ele situa o tempo em nós e na Alma do todo no contexto da unidade das almas e da Alma ("somos todos um"). Anteriormente, porém, no capítulo 11, ele parece incluir a Alma

agora muda o sujeito para "nós" – "nós fazemos uma longa distensão de nossa jornada e identificamos o tempo como uma imagem da eternidade". O significado de "nós" nesse contexto foi muito disputado.[27] Se, como estou inclinado a pensar, ele tem um significado metafísico mais que um simples modo de dizer, então sugere a doutrina de que nós, almas individuais, somos "parte" da hipóstase Alma. Logo, o tempo, a vida da alma que deve ser identificada com a razão discursiva (*dianoia*), é muito mais nossa vida. Compreendendo que o tempo nos ajuda a entender o que somos, no limite do nível da razão discursiva. Isso não significa que nós, como seres humanos, determinamos o tempo (isto é, uma concepção subjetivista do tempo, tal como é encontrada em Santo Agostinho), pois o tempo neste mundo está em um nível inferior, como veremos, e "nós", como almas individuais, estamos de qualquer forma subsumidos na totalidade da alma e o tempo é diretamente comunicado ao mundo pela Alma do mundo.

A descida da Alma do Intelecto é descrita em termos familiares para nós no sistema plotiniano. O paralelo é feito explicitamente (III.7.11.47-48). A imanência no plano superior em um estado de "quietude", a atividade desprovida de repouso que quer ser senhora de si mesma e ser ela própria, conduz o movimento da anterior à existência independente em um nível inferior. Essa ausência de repouso e autoasserção, por vezes denominada *tolma*,[28] representa uma das tensões no sistema de Plotino, pois essa configuração crítica da processão como uma descida ao inferior é balanceada por uma talvez jamais completa reconciliação com descrições claramente positivas da processão como surgida da natureza generosa das hipóstases superiores (IV.8.6.7-16; *cf.* III.2.1.20-26; VI.7.8.13-14). E assim como a Alma constitui a si mesma como uma imagem do que lhe é anterior e então produz o mundo físico como uma imagem de si mesma, também a alma no contexto do tempo constitui sua própria vida como uma imagem da

---

do mundo como parte do *continuum* da alma que "começa" com a Alma hipóstase. Não há nada de extraordinário para Plotino nesse uso flexível dos termos.

27   Por exemplo, Beierwaltes (1967, *ad. loc.*) argumenta que isto se refere a Plotino e seus companheiros.

28   *Cf.*, em particular, V.1.1.4 e a nota de Armstrong (1966-88 *ad. loc.*).

eternidade e, em contrapartida, criando como uma imagem de si mesma o mundo físico *no tempo*. O tempo, portanto, em dois níveis: como vida da alma, e aqui Plotino usa a forma verbal de "tempo", aparentemente cunhada por ele especificamente para seu propósito, "a alma *temporalizou-se* a si mesma"; e como tempo percebido no mundo físico, no qual as coisas estão "no tempo". Logo, a Alma não está "no tempo". Antes o mundo físico está na Alma e sendo a vida da alma, é tempo. O mundo físico é "no tempo", mas Plotino prefere dizer que o mundo está na Alma do que o contrário, tal como uma rede lançada no mar da alma.[29]

A vida da alma é a vida da razão discursiva, na qual a alma realiza uma atividade após a outra. Essa vida é vista não apenas como atividade num suporte fixado tal como era, mas como atividade numa progressão linear da eternidade, ou seja, a verdadeira processão da eternidade é a vida temporal da Alma: "o tempo é a vida da alma num movimento de passagem de um tipo de vida (eternidade) para outro" (III.7.11.44-45; *cf.* a "longa distensão de nossa jornada" em III.7.11.19). Podemos querer nos perguntar nesse ponto que tipo de condição temporal, se há alguma, Plotino vincula à Alma se ela não é "no tempo". A razão discursiva é vista como algo "extenso" tal como era,[30] como "desdobrando-se a si mesma" (III.7.11.24). O movimento realizado é o de uma ideia à outra. Devemos pensar que isso implica em tempo do mesmo modo que o movimento no mundo. Mas longe de implicar em tempo, seu estatuto temporal não deve ser imaginado como similar ao do repouso físico, pois, conforme Plotino, se o circuito celeste cessar seu movimento (e então todo movimento físico cessaria) mesmo seu repouso estaria no tempo (III.7.12.15-19) e poderia ser mensurado (pela alma). O tempo no nível da alma transcende mesmo sua noção de repouso no tempo. Outro importante traço do tempo são as noções de "antes" e "depois". Agora Plotino vê essa característica não apenas nas coisas que estão "no tempo", mas no próprio tempo. Ele é um disparate, diz ele (III.7.13.30-40), para tomar o "antes" e "depois" no movimento neste mundo como tempo e negar que há "antes" e "depois" no "verdadeiro" e

---

29 IV.3.9.36-42.
30 "Uma extensão inextensa" (IV.4.16.22).

mais real movimento da alma.[31] Mas, além disso, Plotino sugere que esse "antes" e "depois" estão presentes mesmo no Intelecto que, em sua eternidade, está divorciado do tempo conjunto. Sua presença no Intelecto oferece o modelo de seu significado no tempo no nível da Alma. Eles são indicadores não da sequência temporal, mas da ordem da importância ou causalidade. "E, como o anterior e o posterior nas formas específicas não são temporais, assim não será a alma a realizar seus atos da inteligência do anterior e do posterior na sequência temporal" (IV.4.1.26-28). "Antes" e "depois" significam ordem (*taxis*) mais que tempo, tal como numa planta a ordem começa da raiz e se estende ao topo; pois o observador que vê a totalidade da planta a *dispõe* em uma ordem de níveis mais que de tempo (IV.4.1.29-31). Há, então, uma forma da razão discursiva num nível inferior tal como no Intelecto, no qual há movimento e mudança de uma coisa à outra, mas que não é mensurável pelo tempo no sentido de nossa concepção de tempo baseada no mundo físico.

Porém, tal é o modo como é pensado a partir de nosso estado discursivo habitual, sendo sempre dependente de e restrito a conceitos físicos. Ele pode expressar a si mesmo sempre com a necessidade de empregar a linguagem para expressar ideias (V.3.17.23-28).[32] Em sua necessidade de expressar suas ideias com palavras, o pensamento discursivo é contrastado com o Intelecto. É ela que realiza uma sequência.[33] Mas a razão discursiva nem sempre é tão limitada. Afinal, a alma *antes* de sua união com o corpo é diferenciada do Intelecto; e a Alma hipóstase, mesmo se no limite vinculada ao corpo do universo por meio da Alma do mundo, tem uma vida cognitiva diferente daquela do Intelecto e não encoberta por distrações externas. Evidentemente, por causa da natureza da alma como pensamento discursivo em processo houve uma grande tentação de visar e descrever tal movimento em termos temporais. Mas Plotino esforça-se constantemente para corrigir essa impressão. Tais problemas levam-no ao contexto da questão se as almas,

---

31   Também em III.7.12.12 "antes" e "depois" são atribuídos à alma.

32   Assim também em IV.4.16.12-16, em que ele distingue dizer e fazer.

33   Em IV.4.17 fala de modo cada vez mais forte de nosso estar atado "no tempo", que nossos raciocínios são sujeitos à influência externa por meio de imagens.

quando "separadas" do corpo têm memória (IV.4.15). Se a alma é conectada com o tempo, ele questiona, não teria memória? Teria a Alma do mundo memória? Mas, ele contrapõe, a Alma do mundo não está "no tempo", mas gera o tempo. Mesmo as almas individuais não estão "no tempo", mas suas afecções e atividades estão. De fato, as almas são eternas e o tempo é posterior a elas. O que está "no tempo" é menos que o próprio tempo. Que a alma é eterna não significa que ela está no nível do Intelecto ou da eternidade. Plotino pode aplicar a mesma descrição à razão discursiva em si ("eterna progressão": III.7.13.43-44). Ao enfatizar e insistir na relação subordinada do tempo com a alma (recordemos que ele o faz precisamente em III.7.11),[34] não está dizendo nada mais, nada menos que sua afirmação em III.7 de que a alma não está "no tempo", mas em um sentido é tempo. É verdade que no capítulo seguinte do outro tratado (IV.4.17) há uma visão mais pessimista da vida individual como presa ao tempo e impedida, mas no final é afirmado que o homem bom pode dispor sua potência e alma superior no domínio. Há mais de um tipo de razão discursiva. A inferior opera no tempo, mas no nível superior, Plotino procura acomodar movimento e ausência de tempo, um tipo de pensamento cujos estados não podem ser mensurados em intervalos temporais. Num sentido, tal conceito de razão discursiva traz consigo tantos problemas quanto o conceito de atividade intelectual no eterno e imutável presente do Intelecto.

Retornemos agora a III.7. No capítulo 12, Plotino propõe-nos imaginar o inverso da processão (que não pode ocorrer na medida em que todas as hipóstases são sempre ativas) com o retorno da alma ao Intelecto de modo que o tempo seja abolido. Então, é a processão da alma que "gera" o tempo. Notamos aqui que a retração é vista inicialmente como um processo no qual a dependência do mundo físico no tempo na alma está intimamente vinculada à sua atividade como alma: "uma atividade que não é dirigida a si mesma ou em si mesma, mas no realizar e produzir" (III.7.12.7-8). Algumas linhas depois, todavia, o processo de retração é visto como tendo dois estágios: do mundo físico (15-19) e do mundo da própria alma em retorno

---

34   Ver páginas 248 e 249.

ao Intelecto (19-20). Essa diferença sugere que os níveis da alma e da Alma do mundo (que é diretamente envolvida com a criação) são contínuos.[35] É importante ter consciência da flexibilidade que Plotino mostra nas posições que adota, nesse caso olhando para a alma ora como Alma hipóstase, ora como Alma do mundo ou incluindo as almas individuais.

O tempo, portanto, é a vida da alma. Este universo está "no tempo", e apesar de Platão parecer ter equalizado a esfera celeste com o tempo, se ele for interpretado com exatidão, poderá ser visto que o que ele realmente entendia é que a esfera celeste e os planetas "manifestam" o tempo (III.7.12.25-28). O tempo tal como o conhecemos é um tempo manifesto. Se o considerarmos como aquilo que mede, como medida ou como o que é mensurado, esses são atributos acidentais do tempo (III.7.12.42; 12.55; 13.11-12). Logo, a manifestação do tempo pode ser considerada como manifesta para nós como um intervalo distinto *mensurado* pelo movimento dos céus (por exemplo, do nascer ao pôr do sol) que pode, em contrapartida, ser usado como *medida* (que pode também ser visto como aquilo que *mensura*). Mas nada disso é o próprio tempo. Podemos ter consciência do tempo sem saber o que o tempo é em si; pois tomamos intervalos *de* tempo e os empregamos como medidas assim como quando medimos uma extensão por côvados no sentido de mensurar extensões específicas, mas sem saber o que entendemos por "extensão em si". A manifestação não produz por si tempo, mas nos indica o quanto temos um conceito (*ennoia*) de tempo; mas esse conceito não é o tempo em si. O maior instrumento para apreender tal conceito é o que é medido, isto é, o intervalo mensurado. É melhor chamar o tempo do que é mensurado mais do que chamá-lo de medida do movimento, que é a definição aristotélica. Mas Plotino tenta acomodar Aristóteles sugerindo que os aristotélicos talvez tenham realmente entendido como o que é mensurado (III.7.13.13-18). Assim o faz como

---

35 A simultaneidade dos dois movimentos, a "geração" do tempo como vida da alma e a "geração" do universo, é insistida em III.7.13.26-28, na medida em que o universo, não menos que a Alma, sempre existiu. Além do mais, Plotino precisa considerar (III.7.12.22-23) a afirmação de Platão na simultaneidade entre tempo e criação (*Timeu* 38d6: "O tempo e os céus vêm a ser no mesmo instante").

se Aristóteles ainda não tivesse definido o tempo em si. Isto faz com que novamente Platão seja evocado como quem nunca descreveu o tempo nesses termos aristotélicos, mas com "imagem móvel da eternidade".

O tratado termina com um conjunto de argumentos para demonstrar a substancial e real natureza do tempo como vida da alma (III.7.13.28-69), começando por retomar a referência ao argumento baseado no imaginar uma retração da vida da alma do universo com o qual ele tenta estabelecer a dependência do tempo neste mundo de uma causa transcendente (12.4-23). Que ele termine com essa insistência no tempo ou vida da alma não deve nos surpreender, pois isso é uma correção consciente da abertura do tratado na qual eternidade e tempo são atribuídos respectivamente ao imutável mundo inteligível e ao universo físico. O tempo que agora descobrimos vincula de modo próprio, isto é, em sua essência, ambos; e a vida da alma, é claro, constitui a unidade focal do individual em seu papel de mediadora entre os dois mundos. Como com frequência ocorre na teoria de Plotino, está enraizada na e serve à experiência.

9 A cognição e seu objeto

EYJÓLFUR KJALAR EMILSSON

Neste ensaio serão abordadas algumas heranças filosóficas referentes à relação entre a cognição e seus objetos em Plotino. Isso implica em, de um lado, investigar a conexão entre a epistemologia e a psicologia de Plotino, e, de outro, sua ontologia. Questões interessantes surgem das concepções de Plotino tanto acerca da relação entre percepção e objeto sensível, bem como entre pensamento e objeto inteligível. Há um conjunto de questões concernentes ao problema realismo *versus* empirismo e subjetivismo: há em geral uma conexão entre a cognição e objeto em Plotino de forma que o modo da cognição em certo sentido determina o objeto? Isso implicaria um certo tipo de idealismo. Pode-se ainda perguntar se o objeto imediato da cognição é sempre algo pertencente ao sujeito da cognição como oposto a algo extramental. Uma posição subjetivista situaria o que é extramental além da apreensão direta da cognição e envolve um ceticismo radical acerca dele. Ou seria Plotino nem um idealista nem um subjetivista de modo que os objetos aparecem desta ou daquela forma porque eles são tais como aparecem, independentemente do modo de apreensão? Diferentes narrativas podem, é claro, ser feitas sobre os objetos inteligíveis e sensíveis com relação a tais questões. Mas, de fato, gostaria de questionar. É ainda interessante questionar se há alguns princípios comuns subjacentes à concepção de Plotino nesse sentido, seja sobre os sensíveis, seja sobre os inteligíveis. Também gostaria de abordar isso neste texto.

I. A natureza da percepção

Plotino normalmente fala como um realista não representacional acerca dos objetos da percepção: o que percebemos são qualidades de objetos externos, qualidades que existem fora, independentes de nós.[1] Sempre insistimos que o que vemos é um objeto externo, rejeitando certas teorias acerca da visão na base das quais estaria a noção de que não vemos os objetos em si mesmos (IV.5.3.21-22). Contra a concepção que sustenta que vemos recebendo impressões físicas dos objetos que vemos, Plotino escreve que "se recebemos impressões (*tupoi*) do que vemos, não haverá possibilidade de olhar para as coisas atuais que vemos, mas olhamos para imagens e sombras dos objetos da visão, de modo que os objetos em si seriam diferentes das coisas que vemos" (IV.6.1.29-32).[2] E há muitas outras observações que esclarecem um realismo direto.[3] No entanto, há também algumas indicações do contrário. Primeiro, certas características da teoria plotiniana da percepção podem dificultar a conciliação com o realismo. Segundo, há algumas passagens em que são em primeiro plano e em última instância afirmações contra o realismo perceptivo. Terceiro, há considerações em que Plotino sustenta a concepção de que o que é exterior, se há algo exterior, é completamente diferente do que aparece para nossos sentidos. Gostaria agora de destacar tais elementos.

Antes disso, todavia, esbocemos algo sobre a concepção plotiniana da percepção. Os elementos envolvidos na percepção são os seguintes: um objeto externo qualificado (ou a qualidade de tal objeto) é o que é percebido. O sujeito da percepção é a alma individual e seu papel é descrito como aquilo que realiza um juízo (*krisis*) ou a recepção da forma (*eidos*) do objeto

---

1   Ver, por exemplo, IV.6.1.23-32; *cf.* IV.5.1.10-13. *Cf.* ainda Emilsson, 1988, caps. 4, 6 e 8.

2   Plotino argumenta de modo mais forte contra concepções da percepção e da memória que têm como modelo de impressão a cera e o selo; todavia, ele próprio pretende usar os termos *tupos* e *tupôsis* no contexto de percepção e memória, mas insiste que o *tupos* não pode ser interpretado fisicamente: ver III.6.1.7-14; III.6.3.27-30; e IV.3.26-33.

3   Ver IV.5.1.10-13, em que é dito que pelos órgãos dos sentidos a alma deve de algum modo unir-se aos próprios objetos sensíveis (*eis hen pôs pros auta ta aisthêta ienai*); *cf.* IV.4.23.16-19.

(considero-os como sendo diferentes descrições do mesmo objeto). Para que a percepção se realize, a alma deve estar em contato com o objeto externo. A alma por si mesma, sendo algo inteligível, não pode fazê-lo por si só, apenas apreende os inteligíveis e de modo algum pode ser afetada pelos sensíveis. Mas, ao perceber pelos sentidos, apreende os objetos sensíveis, fenômenos espaciais extensos, com os quais a alma deve entrar de algum modo em contato. Isso ocorre por meio dos órgãos sensoriais vinculados à alma: eles são afetados pelo objeto da percepção. Essa afecção sensorial, que Plotino também descreve como "assimilação", é transmitida à alma. Pelo estágio em que a alma está, isso não é tanto uma afecção (*pathos*), mas uma forma ou juízo. A narrativa usual de Plotino sobre a percepção é dada nesse sentido.[4] Uma questão que obviamente surge é como Plotino reconcilia o realismo no qual insiste como o papel que ele confere às afecções sensoriais. É, por exemplo, difícil ver como poderia ser um realista se sustenta que o que percebemos de modo imediato são afecções sensoriais e que elas são diferentes dos objetos externos da percepção. Em meu livro *A percepção em Plotino*, discuto os elementos da abordagem de Plotino sobre a percepção e proponho uma interpretação geral que procure fazer justiça a essas intuições realistas.

Não pretendo repetir os detalhes de minha abordagem anterior, mas penas resumir os pontos que são relevantes para nós agora. (1) A afecção (ou assimilação) na percepção é uma sensação, uma presença não conceitual, fenomênica, de uma qualidade externa pelos sentidos. (2) Essa qualidade fenomênica é em um sentido idêntica a, e em outro, diferente da qualidade tal como ela existe no objeto corpóreo externo. Ela é a mesma qualidade sem a matéria ou a massa, e, portanto, não é a qualidade em seu modo corpóreo normal. A qualidade fenomênica não é um item puramente inteligível, entretanto, na medida em que retém as características especiais do objeto corpóreo, percebemos as coisas extensas no espaço. Podemos talvez descrever esse processo dizendo que a qualidade que o órgão sensível toca é a qualidade do objeto, mas num modo híbrido de ser entre o corpóreo e o

---

4   Ver, em particular, a abordagem completa feita por Plotino da percepção em geral no capítulo 23 de IV.4.

inteligível, tendo algumas características em comum com cada um. Há alguma evidência de que Plotino sustentou tal visão, mesmo se não a expressa explicitamente em termos de diferentes modos de ser.[5] (3) O juízo atribuído à alma é um juízo sobre o objeto externo, não sobre a afecção. Assim, a ideia é que Plotino pode, com certa plausibilidade, sustentar seu realismo: mesmo que a alma esteja imediatamente consciente de sua afecção, o juízo (a percepção em si) é sobre o que é externo, e a afecção, a qualidade que o órgão toca, é indicada como idêntica com a qualidade externa.

Ainda penso que uma interpretação nesse sentido é possível. Certas dificuldades, todavia, atingem de um modo geral o tratamento dado em minha abordagem anterior e deve-se admitir que o realismo de Plotino é de um tipo vulnerável: um cético se apresentaria com as mãos em cunha visando a distinção entre afecção e qualidade corpórea externa. Na próxima seção investigaremos se a atitude de Plotino em relação ao ceticismo no primeiro capítulo do célebre tratado *Que os inteligíveis não estão fora do Intelecto e sobre o Bem* (V.5).

II. Uma possível evidência de subjetivismo ou de idealismo

Mencionei acima que há algumas passagens de Plotino que podem ser vistas como afirmando ou implicando um antirrealismo acerca da percepção. Por exemplo, Plotino escreve em um tratado: "E a potência da alma de percepção (*aisthêsis*) não carece dos objetos sensíveis, mas deve ser receptiva de impressões produzidas pela percepção (*aisthêsis*) do ser vivo; essas já são entidades inteligíveis" (I.1.7.9-14). Obviamente, há dois tipos de *aisthêsis* nessa passagem: a percepção da alma e aquela do ser vivo. Foi sugerido que a *aisthêsis* atribuída ao organismo é uma mera sensação e aquela da alma é uma percepção em sentido completo.[6] Naquele caso, a passagem poderia

---

5   *Cf.* especialmente IV.4.23.20-29, em que Plotino diz que as afecções sensoriais devem estar entre o sensível e o inteligível. Para uma discussão dessa passagem e sustentação da presente leitura, ver Emilsson, 1988, 90-91.

6   Blumenthal, 1971b, p. 71-72 e 1976, p. 47.

afirmar um antirrealismo ou, no limite, negar o realismo direto. É também possível, contudo, tomar a *aisthêsis* atribuída ao ser vivo como simples percepção (incluindo, mas sendo mais que, a sensação), e a da alma especificamente como sendo uma apreensão não sensorial de representações mentais, do tipo implicado na memória e no pensamento discursivo, o estágio superior da alma humana. Há muitos exemplos do uso feito por Plotino de *aisthêsis* como se referindo à apreensão não sensorial.[7] De meu ponto de vista, essa interpretação fornece um sentido melhor à passagem em questão e tem a vantagem de livrar Plotino do encargo de sustentar que a percepção é uma apreensão de entes inteligíveis, que é tanto contraintuitiva quanto contrária àquilo que habitualmente ele ensina. Pois ainda que na visão de Plotino a percepção, enquanto julgamento e forma na alma, envolva formas inteligíveis ou impressões, não é necessário afirmar que ela é *de* algo inteligível. Além do mais, essa última interpretação é facilmente harmonizada com outras passagens significativas sobre a percepção: a percepção é, então, concebida como um todo, afecção sensível e juízo ou recepção da forma inteligível na alma, para o organismo, ou, o que é o mesmo, o composto de corpo e alma.[8]

A passagem que é de longe a mais significativa para uma interpretação realista é V.5.1. Consideremos tal passagem agora de modo mais detido.[9] Como ficará claro, esse exame nos conduz da teoria da percepção para a teoria do Intelecto e para questões metafísicas.

A preocupação inicial de Plotino em V.5.1 é a questão acerca das condições para se atribuir um conhecimento perfeito e infalível daquilo que é real ao universal, o divino Intelecto. Ele argumentará que apenas se os objetos do pensamento do Intelecto, as Formas – que são ontologicamente primeiras – são internas ao Intelecto em si, terá delas tal conhecimento. Chegaremos a esta doutrina em seu próprio contexto mais tarde. Mas, no primeiro capítulo, Plotino observa que o conhecimento do Intelecto não

---

7   Ver Sleeman e Pollet, 1980, verbete *aisthêsis* b.

8   *Cf.* IV.3.26 e IV.4.23 e Emilsson, 1988, 91.

9   Também discuto a questão do antirrealismo em V.5.1 em Emilsson, 1994. O tratamento ali é todavia consideravelmente menos elaborado que aqui.

pode ser fundado na demonstração. Mesmo supondo que algo do conhecimento do Intelecto é fundado na demonstração, nem tudo que pertence a ele pode ser fundado deste modo. Algo deve ser evidente de modo imediato. Isso, é claro, é apenas um prolongamento da noção familiar de que nem tudo pode ser demonstrado, há algo que deve ser apenas assumido; e se a demonstração é suposta no conhecimento dado, o que é assumido deve ser conhecido como verdadeiro sem qualquer prova posterior. De tal modo, Plotino prossegue questionando de onde "eles" (trata-se de filósofos que não são denominados) supõem que o Intelecto pode ter autoevidência (*to enarges*) acerca daquilo que admitem ser conhecido de modo imediato.[10] Plotino continua o questionamento na passagem que contém uma observação crucial para nosso tema:

> Mas, de qualquer modo, o que eles admitem ser imediato, como se pode dizer que possui autoevidência? De onde é tomada a confidência de que as coisas são de tal modo? Deve ser questionado se o que parece claro na percepção, se ele tem sua existência aparente não nos substratos, mas nas afecções, e se intelecto e razão são necessários como juízes. Ainda que seja admitido que o que a percepção apreende está no substrato sensível, o que é conhecido por meio da percepção é uma imagem (*eidôlon*) da coisa, e a percepção não apreende a coisa em si, pois ela permanece externa. (V.5.1.12-19)

O que Plotino entende com a afirmação de que os sentidos conhecem apenas uma imagem[11] do objeto? E o que entende por "a coisa em si" que diz permanecer externa? À primeira vista, o ponto central da observação

---

10   É uma opinião difundida que o alvo de Plotino aqui é Epicuro e seus discípulos. Considero-o duvidoso, *cf.* Emilsson, 1988, 118-119. A escola peripatética ou platônicos influenciados por ela veem uma hipótese melhor. Podemos ver Plotino como elaborando o seguinte argumento contra os aristotélicos: "Se pensas que esse conhecimento é baseado na dedução de premissas autoevidentes e tais premissas são em última instância fundadas na percepção (*cf.* Aristóteles. *Segundos analíticos* II.19), estais em dificuldade pois a percepção em si é sempre suspeita".

11   Usualmente traduzo *eidôlon* e seus sinônimos por "imagem", mas às vezes como "representação" ou "expressão".

de Plotino pode parecer ser que na percepção apreendemos apenas uma representação subjetiva, algo que nos pertence como percipientes, e que é contrastado com o objeto na medida em que ele existe como algo que nos é externo e independente. Aquilo do que somos imediatamente conscientes na percepção seria uma representação sensível de uma imagem, existente em nossos órgãos sensíveis, do objeto externo. Além disso, parece contribuir uma tal interpretação antirrealista de nossa passagem que, no mesmo capítulo, V.5.1, nas linhas seguintes Plotino diz: se os inteligíveis são externos ao Intelecto, o Intelecto deve receber deles uma impressão apenas para conhecê-los; nesse caso ele seria como a percepção; o que o Intelecto conheceria seria uma mera impressão (ou representação) e não os inteligíveis em si mesmos; mas o Intelecto conhece os inteligíveis em si, que, de tal modo, devem ser internos ao Intelecto. A implicação parece ser que uma potência cognitiva que não contém os objetos que conhece, deve de algum modo adquiri-los. Mas não pode adquirir tais objetos em si, devendo, então, fazê-lo por meio de representações que lhe pertencem, sua potência cognitiva. Dado que esse é o fio condutor do argumento acerca da internalidade dos inteligíveis, pode-se naturalmente tomar "imagem" na passagem citada acima como uma imagem pertencente à faculdade sensível.

Todavia, nem tudo é como parece nesse contexto. Tal leitura antirrealista da passagem citada também possui dificuldades ao ser examinada: Plotino parece de fato destacar dois elementos na negação da suposição de que o Intelecto toma da percepção a premissa de sua autoevidência. Primeiro, considerando apenas a percepção, pode-se duvidar se o que é percebido é externo ou está apenas nas afecções; razão e intelecto são necessários como instâncias de juízo. Segundo, sendo garantido que o que ele aprende é externo, é, todavia, uma imagem.[12] Assim, se poderia supor que a imagem

12   Não é preciso tomar o *epei kai* ("pois também") em V.5.1.15, com o qual Plotino começa a sentença em que afirma que a percepção capta uma imagem, para introduzir uma razão para a afirmação imediatamente precedente, isto é, que intelecto e razão são requeridos como juízes da objetividade das afecções. Plotino é capaz de escrever muitas sentenças *epei* seguidas estabelecendo níveis de algo anteriormente estabelecido ou para explicar um problema anteriormente formulado. *Cf. epei* em II.9.12 e 15; em IV.3.23 e II.9.7.22 e 24.

aqui mencionada é, de fato, algo externo. Mas o que seria a "coisa em si" que permanece externa? Uma resposta natural que não implique antirrealismo é dada nas primeiras linhas do capítulo 2 do mesmo tratado. Aqui, Plotino resume os diversos elementos estabelecidos no capítulo anterior e fica claro que por "imagem" (*eidôlon*) que é apreendida pela percepção, ele entende a característica qualitativa de cada coisa como oposta à essência ou quididade da qual elas são uma expressão.[13] De tal modo, seria possível que "a coisa em si" em nossa passagem original do capítulo 1 seja a essência imperecível e inseparável da coisa, como oposta à matéria qualificada que constitui o objeto sensível.[14]

Tal perspectiva, conforme a qual as qualidades perceptíveis de um objeto são representações ou imagens de uma essência inteligível, que é a coisa real, é uma visão plotiniana padrão tal como é a afirmação de que a percepção falha ao apreender as essências.[15] A seguinte passagem mostra isso particularmente bem:

> [A assim chamada substância sensível] não é uma essência (*ti*), mas antes uma qualidade; e o princípio formativo (*logos*), por exemplo, do fogo, indica antes a essência, mas a imagem que ele produz é uma qualidade. E o princípio formativo é a essência, mas seu produto na natureza do corpo, sendo uma imagem (*eidôlon*) da forma, é uma qualidade. É como se, o Sócrates visível, sendo um homem,

---

13 Tais linhas relevantes seguem da seguinte forma: "Mas na medida em que devemos vincular conhecimento e verdade, o ser totalmente dado e o conhecimento da essência (*to ti*) de cada coisa e não de sua qualidade, senão teríamos dela apenas uma imagem (*eidôlon*) e um traço..." (V.5.2.5-8).

14 Quando Plotino contrasta qualidade e essência tal como faz aqui, não devemos compreender "qualidade" no sentido estritamente aristotélico, conforme o qual uma qualidade é algo acidental em oposição à característica substancial de um objeto. "Qualidade" é aqui o conglomerado de qualidades que constitui o objeto sensível, que, como tal, não tem essência (ver página 272).

15 Em geral, Plotino chama as formas perceptíveis na matéria de representações (*eidôla*, por vezes também *mimêmata* ou *eikones* ou usa outras palavras significando "imagem", "traço" ou "sombra"). Portanto, o sentido geral de "representação" em Plotino é "ontologicamente derivativo". Isso é padrão no platonismo, baseado em passagens como *República* VII 516a7; 520c4; *Fedro* 250b2-d5; *Sofista* 239d4ss; *Carta* VII 342b2 etc.

seu retrato pintado, sendo as cores e a tela do pintor chamadas de Sócrates. (VI.3.15.27-33)

As qualidades sensíveis são apenas expressões na matéria da ação de uma natureza interna imperecível e separada ou essência (*logos, to ti*).[16] Há outra passagem de um tratado anterior, V.9.(5), em que Plotino opera com a internalidade dos inteligíveis ao Intelecto tal como em V.5, comportando sua compreensão de "imagem". Ele afirmou que o Intelecto pensa os seres reais (*ta onta*) e formulou a questão se ele pensa "algo diverso". Em resposta, diz:

> [Ele] certamente não [as pensará] como objetos sensíveis, como eles supõem. Pois o objeto primário de cada tipo não é o objeto sensível: a forma na matéria nos termos sensíveis é uma imagem (*eidôlon*) da forma real, e cada forma que é em algo diverso vem a ele de algo diverso e é um similar (*eikôn*) daquilo de que ela provém. (V.9.5.16-19)

O tratado V.9 é menos sofisticado do que V.5, mas apresenta a mesma doutrina geral sobe a internalidade dos inteligíveis no Intelecto. Aqui, o objeto sensível é rejeitado como objeto ontologicamente primário e Plotino explica esse caráter da imagem em termos de seu "em algo diverso", que é em alguma matéria que toma a forma, e "de algo diverso", que é a causa inteligível, sem uma palavra sobre a natureza da percepção ou o antirrealismo sobre a cognição dos objetos externos. Logo, a palavra "imagem" aqui tem claramente o sentido que sugeri para V.5.1 num contexto similar.

Assim, há dificuldades nas bases internas de uma leitura antirrealista dessa passagem: tal leitura destoa da posição habitual de Plotino, e outra interpretação é naturalmente sugerida. Ainda assim, permanece a dificuldade do contraste entre a intelecção e a percepção no argumento de Plotino acerca da internalidade dos objetos da intelecção, pois isto ainda conta a favor de uma leitura antirrealista. Assim, perguntemos: há uma via de interpretação do contraste de Plotino entre intelecção e percepção em V.5.1 sem atribuir a ela uma perspectiva antirrealista? Poderia se fazer uma pausa antes de atribuir-lhe tal posição na abordagem de V.3, em que também argumenta

---

16   Ver também, por exemplo, II.4.9.7-15; III.8.2; IV.4.29.32-38.

pela internalidade dos objetos do pensamento no Intelecto e contrasta inte-lecção com percepção, não há sugestão desse tipo de subjetivismo. De fato, o sentido de "interno" que parece aqui ser posterior aos objetos do Intelecto é um sentido mais forte do que aquele em que as imagens sensíveis podem ser ditas internas à faculdade que as apreende. A apreensão de tais imagens conta para ele como cognição de algo externo também.[17]

Creio que há uma interpretação plausível que evita o subjetivismo ao mesmo tempo em que faz justiça ao contraste desejado por Plotino entre pensamento no nível do Intelecto e percepção. Esta é basicamente uma ex-pansão da interpretação curiosamente dada acima que identifica o contraste entre a representação e a coisa mesma em nossa passagem com o contraste entre qualidades sensíveis e a natureza ou essência da coisa que é a causa inteligível imediata das qualidades sensíveis. Como uma preliminar à ex-posição completa dessa interpretação, devemos recordar alguns aspectos da metafísica de Plotino.

Plotino distingue dois tipos de ato ou atividade (*energeia*): um ato interno e um outro ato. Essa distinção, cuja função primária é dar conta da progressão de um estágio superior para um inferior na hierarquia ploti-niana, que perpassa seu pensamento. Ainda que Plotino agora o descreva explícita e sistematicamente, um esquema exposto ao longo das linhas seguintes sugere que: o Uno tem uma totalidade contida em si como atividade interna[18] e um Intelecto imperfeito como ato externo, que é uma imagem do próprio Uno; esse Intelecto imperfeito reverte-se para sua fonte, na medida em que se torna provido de forma; essa é a atividade interna do Intelecto, idêntica à substância do Intelecto. Essa atividade interna, em contrapartida, tem a Alma como um ato externo. Plotino descreve com frequência o ato interno como a coisa real em si, e o outro ato como sua imagem ou representação.[19]

---

17   *Cf.* V.3.1-4 e V.6.1. Plotino afirma que nem a sensação do que ocorre em nossos corpos, nem o pensamento discursivo são conhecimento do que é interno às faculdades cognitivas em questão.
18   Sobre o Uno como atividade, *cf.* Gerson, 1994, 22-41.
19   Sobre a doutrina dos atos interno e externo, ver, por exemplo, II.9.8.22ss; IV.3.10.31ss; IV.5.7.17ss; V.1.3.6-12; V.4.2.27-30; VI.2.22.26ss.

Esse processo continua pelos níveis posteriores à Alma hipóstase até chegar às formas sensíveis e à matéria, que não tem atividade externa e a progressão chega ao fim. De tal modo, não é apenas a relação entre qualidades sensíveis naturezas inferiores que as produzem no molde de imagem e original, relação imagem-original que aqui é uma parte do esquema de dupla atividade. Isso fica claro, por exemplo, nos capítulos 1 a 7 de III.8. Princípios formativos produzem qualidades sensíveis e formas (atividade externa) como um resultado de reversão a e de contemplação de suas causas imediatas (atividade interna).

Consideremos agora o que há pouco afirmamos em relação ao realismo de Plotino: (1) a atividade interna do princípio formativo é a causa de qualidades sensíveis; as qualidades sensíveis são atos externos e, portanto, imagens de princípios formativos. (2) Na percepção, a qualidade apreendida pelos órgãos dos sentidos é a mesma qualidade que aquela que existe no exterior (com um modo diverso de ser; *cf.* páginas 257 e 258). Segue-se dessas duas premissas que na percepção não há outra atividade do lado do objeto em adição à atividade do princípio formativo: não é como se o princípio formativo primeiro causasse as qualidades externas que, em contrapartida, atua de modo separado nos sentidos. Antes, há apenas uma atividade: o ato interno do princípio formativo com uma qualidade sensível como um concomitante por produto. Logo, falando em termos metafísicos, a qualidade que os órgãos dos sentidos apreendem é ainda o ato externo do objeto do princípio formativo.

Sugiro agora que atribuamos a Plotino o seguinte princípio: uma potência de cognição que não pode por si mesma possuir a atividade interna de seus objetos pode ao menos apreender tais objetos por meio de sua atividade externa, isto é, suas imagens. Isso porque "não possuindo atividade interna" implica, na perspectiva de Plotino, que a potência deve ser afetada pelos objetos; e afetar é ter um efeito em algo diverso, que por definição é o trabalho de uma atividade externa, por oposição a uma atividade interna. Plotino não estabelece tal princípio de modo explícito. Parece plausível supor, todavia, que um princípio tomado neste sentido é o que subjaz a muitos de seus argumentos que têm o mesmo efeito. Voltarei a isso mais tarde.

Em todo caso, se Plotino adere a tal princípio, tem boas razões para contrastar percepção e intelecção no sentido dado em V.5.1: a faculdade dos sentidos não possui as causas inteligíveis dos objetos sensíveis, ou seja, não possui a atividade interna que constitui a essência inteligível desses objetos. O que tais objetos são em si mesmos é externo à faculdade da sensação. A faculdade pode agir por esses objetos, contudo, no sentido de vir a agir em suas atividades externas. Ou, para usar uma linguagem mais plotiniana, os objetos em si, ou seja, o *logos* imperceptível, pode agir externamente nos órgãos dos sentidos de um ser provido de sensação. Sustentar isto não é negar que o mesmo ato externo possa existir como uma qualidade objetiva ou quantidade de um corpo.

Objeções

Sustentei que pelo sentir a faculdade da sensação apreende qualidades externas em si, enquanto que não pode apreender a natureza interna do objeto sensível. Não seria isto uma violação do princípio há pouco estabelecido de que uma potência cognitiva pode apreender imagens do que é externo a ela, pois teríamos dito que os sentidos apreendem as qualidades externas em si? Esse princípio não afirmou que conhecemos imagens das qualidades? E, em segundo lugar, se os sentidos podem conhecer algo externo a si mesmos, apreendendo ou se exercendo na própria coisa, por que o Intelecto seria capaz de conhecer os inteligíveis em si de um modo análogo, ainda que sejam originalmente externos a ele?

Tais questões poderiam, penso, estar baseadas em uma incompreensão. Responder a elas pode talvez esclarecer a posição que estou sugerindo. A primeira questão pressupõe que qualidades, por sua vez, têm um tipo de atividade interna e externa, e que o princípio de sua atividade interna está além de nosso alcance; o que apreendemos por meio da percepção, então, é a atividade externa de qualidades, não a atividade externa do princípio formativo dos objetos. Não vejo razão para supor que esta seja a posição de Plotino. Agora Plotino parece explicitamente discutir o que é o agente real na percepção, se ele é a qualidade em si ou o princípio formativo subjacente. Ele diz, todavia, que as manifestações perceptíveis dos princípios formativos estão mortas, pelo que entende que o ciclo de atividade interna e externa chegou ao fim: "Este princípio formativo, então, que opera na forma visível, é o último, e está morto, não sendo mais capaz de produzir outro" (III.8.2.30-32). Qualidades, penso, não são, conforme Plotino, ativas em seu próprio modo de ser. É verdade que ele diz que qualidades opostas na matéria afetam uma outra (III.6.9). Entretanto, isso é compatível com sustentar que o agente real nesses casos é um princípio formativo, uma visão que também foi expressa no mesmo tratado (III.6.16). Isso é o que também é sugerido pela analogia do espelho, invocada e muito usada em III.6, para explicar as relações entre matéria, formas corpóreas sensíveis e suas causas inteligíveis: essas relações são vistas na analogia com um espelho, a imagem que nele aparece e o objeto real refletido no espelho (ver páginas 274 e 275). Além do mais, Plotino tem uma teoria peculiar sobre a transmissão do objeto para o percipiente na visão e na audição, uma teoria que sustenta que cada transmissão ocorre pela *sumpatheia*. Muitos detalhes dessa teoria são obscuros, mas é claro que *sumpatheia* é um processo que envolve ação psíquica, não sendo um processo mecânico.[20] Logo, ainda que a evidência seja escassa, o que ali é sugerido é que qualidades não são ativas em seu próprio modo de ser na percepção.

Voltemos à segunda questão: por que seria o Intelecto capaz de conhecer os inteligíveis em si mesmo sendo externos a ele, se os sentidos podem conhecer algo externo a eles pela apreensão da mesma coisa em si mesma. Suponhamos, para fins de argumentação, que o Intelecto estivesse numa situação similar à da faculdade da sensação. Nesse caso, ele deveria conhecer os inteligíveis por participação direta em sua atividade externa. O intelecto conheceria, então, esta atividade externa em si como posta à sua imagem (assim como a visão conhece a cor objetiva mais que uma imagem da cor). Assim também, a cognição que a alma tem do Intelecto é desse tipo: ele conhece os inteligíveis primários no nível do Intelecto pelo exercício (de fato, por ser a)

---

20   Ver IV.5, especialmente 3.35-38. Ver Emilsson, 1988, 47-62. Sobre a *sumpatheia* em Plotino de modo geral, *cf.* Gurtler, 1984, 395-406; e 1988, cap. 3.

da atividade externa dos inteligíveis primários (*cf.* V.1.3; V.3.4). Mas, nessa hipótese, em outro sentido, o Intelecto conheceria os inteligíveis em si mesmos, na medida em que poderia conhecê-los por sua atividade interna. Com tal abordagem aqui sugerida de como, em um sentido, percebemos um item externo em si e como, em outro sentido, esse item externo não é "a coisa em si mesma", Plotino tem razão em contrastar percepção e intelecção: a percepção exterioriza-se em direção ao que lhe é externo, e explicamos como o objeto da percepção é vinculado a uma imagem porque é daquilo que é externo.

Se as observações precedentes se sustentam, a celebrada doutrina de Plotino de que os inteligíveis são internos ao Intelecto deve ser interpretada como a afirmação de que a atividade primeira do Intelecto e a dos inteligíveis são uma e a mesma atividade. Em outras palavras, o Intelecto conhece os inteligíveis por sua atividade interna e isso não poderia ser o caso a menos que o Intelecto e sua atividade fossem idênticos.[21] É tentador fazer tal elaboração. A noção de que um certo modo de cognição é de um objeto interno ao sujeito conhecido significa que a atividade interna do objeto e a do sujeito são a mesma. De tal modo, a noção de que a forma da cognição é de algo externo significa que a atividade que é o objeto não é idêntica à atividade da potência cognitiva em questão. Logo, esse último tipo de cognição está ligado ao ato externo do objeto, e, portanto, de uma imagem dele. Na medida em que sujeito e objeto coincidem apenas na cognição do Intelecto dos inteligíveis, qualquer outra forma de cognição é de imagens.

Chegamos a essa posição por meio de um exercício de abstração para além dos textos. Mas, de fato, Plotino diz tão explicitamente quanto poderíamos dele esperar que a atividade dos inteligíveis e a do Intelecto são a mesma: "Mas ser é atividade: ambos [ser e Intelecto] têm uma atividade, ou antes, ambos são uma só coisa" (V.9.8.15-16). No mesmo sentido, ele afirma em V.3.5 que o inteligível é um tipo de atividade e a vida e o pensamento não lhe são impostos do exterior. E ele continua: "Se ele é atividade, e a primeira atividade, sendo também a primeira intelecção e a intelecção substancial: pois ela é a mais verdadeira; mas uma intelecção desse tipo, que é primeira e

---

21   Plotino afirma que ainda que sujeito e objeto fossem idênticos no plano do Intelecto, o pensamento, contudo, implica em dualidade entre sujeito e objeto, *cf.* V.1.4.27ss; V.2.10.8-14; V.6.1.

primordialmente intelecção, será o primeiro Intelecto" (36-39). Plotino afirma aqui que os inteligíveis são essencialmente ativos, que sua atividade é intelecção e que essa intelecção é o Intelecto universal. Em outras palavras, a atividade dos inteligíveis e aquela do Intelecto são idênticas. A mesma doutrina subjaz à bela analogia plotiniana da visão vendo-se a si mesma e da luz mesclada à luz, empregadas para ilustrar o pensamento do Intelecto (V.3.8).

E o segundo aspecto de tal tese, que a cognição do que é externo é cognição da atividade externa do objeto? Podemos ver de tal perspectiva em outros lugares do pensamento de Plotino? O uso primeiro que Plotino faz do modelo da dupla atividade está na abordagem da geração das hipóstases e esta é o lugar mais óbvio para se olhar. Nesse contexto, nossa questão torna-se a questão se, por exemplo, o Intelecto (ou o Intelecto incompleto, que "ainda" não pensa) por reversão e "contemplando" sua própria fonte apreende o Uno por meio de sua atividade externa. E uma questão paralela pode ser posta acerca da geração da Alma do Intelecto. Infelizmente, é notória a obscuridade de Plotino sobre todo esse tema e há diferenças significativas entre suas muitas abordagens desse processo.[22] O tema da geração ontológica é mais amplo e mais distante de nosso escopo para ser tratado aqui. Algumas observações, entretanto, são válidas.

Uma abordagem típica da geração do Intelecto do Uno é feita do seguinte modo: em acréscimo à sua própria totalmente autocontida atividade interna, o Uno tem também uma atividade externa ou potência.[23] Essa atividade externa é o Intelecto incompleto ou o Intelecto antes de se tornar Intelecto pensante. O Intelecto incompleto, que é descrito em termos aristotélicos como visão potencial, "olha" em direção ao Uno e torna-se a ele adequado. "É visado por ele não como Intelecto, mas como visão não ainda vidente, e emerge possuindo o que a própria visão multiplicou" (V.3.11.4-6). Logo, a "visão" do Uno emerge como o pensamento do Intelecto, Intelecto que se pensa a si mesmo.

---

22 As mais importantes passagens acerca da geração do Intelecto a partir do Uno são discutidas por Bussanich (1988).

23 Plotino, contudo, por vezes nega que o Uno atue. Ver, por exemplo, V.6.5.3 e o comentário com referências de Bussanich, 1988, 66-70.

Plotino escreve como se isso fosse uma matéria igualmente simples, embora muitos de seus leitores não terão tal visão. Uma parte do problema é que o discurso de Plotino aqui emprega, em termos visuais e psicológicos, que não podem ser tomados literalmente nesse campo. Todavia, tais metáforas são de tal modo congênitas ao pensamento de Plotino que o leitor não tem outra alternativa senão aceitá-las e seguir sua direção. A questão mais relevante para nosso propósito é: qual é precisamente o objeto imediato da "visão" do Intelecto incompleto quando ele "olha" para o Uno? Ele "vê" (a) o Uno em si tal como ele é em sua própria atividade interna ou "hiper-noesis", (b) o Uno tal como se manifesta a si mesmo por meio de sua atividade externa (que corresponde à versão do realismo que advoguei), ou (c) uma imagem do Uno que aparece no e é conhecido como um constituinte do próprio Intelecto (que corresponde à interpretação subjetivista)? Podemos dispor de (a) sempre que Plotino tem uma noção de visão do Uno em si. Isto é o que é sempre referido como uma experiência mística de união com o Uno.[24] É claro, entretanto, que a visão que o Intelecto incompleto tem do Uno é diferente da união mística.[25] O juízo sobre as alternativas (b) e (c) é mais precário. Concorre para (b) o fato de que Plotino por vezes diz que o Intelecto vê uma imagem do Uno (V.3.11.8-9 etc.), mas sempre diz que ele vê o Uno (V.1.6.41 etc.). Isso pode ser tomado como uma variação na forma de expressão mais do que uma inconsistência doutrinal se supomos que vendo (tanto no sentido metafórico aqui implicado quanto em sentido ordinário) é da atividade externa de seu objeto, logo, falando em termos ontológicos, de uma imagem dele, e que como no caso da visão ordinária, aqui também é o uso comum de visão como uma imagem "vendo a coisa". Interessante o fato que, no contexto da cognição que o Intelecto tem do Uno, Plotino use metáforas visuais sem modificar a noção de visão. Por contraste, quando ele usa metáforas visuais para descrever a cognição interna, tal como o autoconhecimento do Intelecto ou a "visão" mística, hiperintelectual, do Uno, ele modifica a noção ordinária, na medida em que ela implica uma polaridade entre sujeito e objeto. De outro lado, a

---

24   *Cf.* especialmente VI.9.9-10. E ainda VI.8.16.19-21, em que a visão de si é atribuída ao Uno.

25   Ver Bussanich, 1988, comentando V.3.11.15-16, 231-236.

identificação da visão que o Intelecto tem do Uno com o autopensamento do Intelecto sugerido por passagens como V.6.5.17, em que Plotino diz que "é contemplando o Bem que ele (Intelecto) se conhece a si mesmo", podem ser vistas como a favor de (c): se o Intelecto conhece o Uno como conhecendo uma imagem do Uno que nele existe, Intelecto, podemos dar certo sentido à afirmação de que contemplar o Uno e conhecer-se a si mesmo são o mesmo. Isso é notado num recente estudo esclarecedor de A. C. Lloyd e aceito por Bussanich.[26] Talvez possamos pensar acerca da visão que o Intelecto tem do Uno como análoga à mera sensação visual. De qualquer forma, uma mera sensação ordinária é de algo externo para um sujeito e, como afirmei, então da atividade externa do objeto. O que falha na visão do Intelecto do Uno é a transformação de tal sensação numa frágil percepção que passa a ter do Uno. Essa falha é porque a sensação como "sensação" do Uno não pode ser conceitualizada. O que Plotino descreve como a visão atualizada do Intelecto e identifica com o autopensamento do Intelecto acaba por ser interno a si mesmo ao tentar apreender o Uno, tentando conceitualizar sua sensação (isso pode ser comparado com a tentativa de ver a posição a cada instante das lâminas de um ventilador movendo-se rapidamente: acabo tendo uma imagem mental de uma certa posição, e ver o ventilador em movimento pode ser crucial para formar esse quadro, mas nenhuma imagem poderia ser formada vendo o movimento atual das lâminas naquela posição).

Logo, para resumir, há certa evidência que se pode adquirir da abordagem da geração hipostática como suporte de que a cognição de algo externo é a cognição do ato externo do objeto conhecido no sentido indicado pela noção de percepção ordinária acima exposta. Infelizmente, tal evidência é muito pobre e obscura para ser contada como decisiva, mas nada encontrei nesse ponto que refutasse minha hipótese. Há, além disso, abundante evidência de que o que um nível inferior apreende é o ato externo como oposto ao ato interno do nível superior – se realmente apreendesse o ato interno seria idêntico a ele, logo, não mais "inferior" (cf. V.3.4.20-31). Mas

---

26   Lloyd, 1987, especialmente 171-178; Bussanich, 1988, 227-231.

a evidência é frágil em relação a decidir entre uma perspectiva subjetivista e o tipo de visão que advoguei. Uma razão para isso é que no contexto da geração hipostática o que é apreendido e o sujeito da apreensão são ambos atos externos do nível anterior. O Intelecto imperfeito em si, por exemplo, é um ato externo do Uno. Não penso que Plotino sustente que há dois diferentes atos externos, um constituindo o sujeito e outro o que o sujeito apreende. Antes, é uma questão de para onde o "olhar" é dirigido no mesmo ato. A relevância disso para nossa temática é que uma apreensão de uma hipóstase superior pode bem ser uma apreensão objetiva de sua atividade externa e ao mesmo tempo de algo pertencente à própria hipóstase inferior, porque a hipóstase inferior é a atividade externa da superior.

Argumentei que Plotino não é um subjetivista no sentido em que o que apreendemos na percepção são imagens subjetivas do mundo exterior. O subjetivismo deveria ser diferenciado do idealismo subjetivo. Um idealista sustenta que não há mundo exterior independente de nós. Um subjetivista sustenta que o que percebemos são imagens que nos pertencem, podendo dizer que o mundo exterior em si mesmo é incognoscível. Assim, o subjetivista é como um cético em relação à natureza dos objetos tais como são, independentemente de serem percebidos; pode sempre duvidar da existência do mundo exterior; mas o uso que fazemos do termo "subjetivista" não implica na recusa do sentido completo da noção de um mundo exterior existente de modo independente.

Se minhas considerações acerca de V.5.1 estão corretas, Plotino nunca duvidou da adequação geral da percepção como cognição de qualidades externas ou objetos. Não faz o contraste cético entre o que é dado na percepção e os objetos físicos enquanto tais, independentemente de serem percebidos. Não sustenta, todavia, que seres sensíveis (objetos físicos) não são tipos de coisas de que possamos ter conhecimento. Mas as razões para tanto têm mais a ver com a natureza dos sensíveis enquanto tais do que com a faculdade da percepção. O objeto sensível é um conglomerado de qualidades na matéria (*cf.* VI.3.15, páginas 261-263 acima). Esse conglomerado é uma imagem de um arquétipo inteligível. Contudo, o arquétipo não é dado no conglomerado como tal. O arquétipo e a imagem são apenas homônimos:

têm apenas o nome em comum no mesmo sentido em que a casa e o quadro da casa podem ser chamados de casa. Uma imagem de uma casa seria dificilmente entendida como imagem de uma casa sem o conhecimento anterior de casas reais. De modo similar, o Sócrates inteligível, a alma de Sócrates, não é dado na imagem perceptível de Sócrates. Além disso, um conglomerado sensível, embora uma expressão de uma essência inteligível não tenha qualquer essência em si: o objeto que é o Sócrates sensível não é mais essencialmente um homem do que algo corado ou algo pálido.[27] Tudo isso desqualifica o objeto sensível como um objeto de conhecimento. Podemos acrescentar a isso que com frequência Plotino contrasta o conjunto de todas as coisas no plano inteligível – por vezes, citando a frase de Anaxágoras "uno é o todo" – com a dispersão no plano sensível (II.6.1; III.2.2). Tais observações indicam a espacialidade dos sensíveis e os contrasta com a não espacialidade dos inteligíveis, embora eles também tenham um papel na epistemologia. A unidade de todas as coisas no inteligível vem à tona na abordagem de como o Intelecto pode apreender os inteligíveis e todas as suas conexões de uma só vez (V.8.6). A dispersão característica do sensível também significa que pode não haver conhecimento das conexões entre os seres sensíveis e suas derivações. Há apenas fatos particulares separados (VI.4.1.18-28) e o objeto sensível como tal não contém qualquer explicação das relações entre esses particulares (*cf.* II.6; VI.7.2.9-13). Deve-se investigar suas causas inteligíveis para explicar sua extensão.

Se tais observações se sustentam, Plotino não é um idealista acerca do mundo sensível, pois se a percepção nos revela características objetivas do mundo, há um mundo objetivo e o mundo que apreendemos pelos sentidos não é uma criação dos sentidos. Entretanto, é claro que Plotino é um idealista muito sutil, do tipo kantiano, que redefine as noções de objetividade e externalidade no sentido em que o mundo sensível é de algum modo constituído por, ou definido em termos de nossas faculdades cognitivas, tanto percepção quanto pensamento, mas é ainda externo e objetivo. Posso, entretanto, não ver alusões desse tipo de pensamento em Plotino.

---

27   *Cf.* Gerson, 1994, 104-115.

Contudo, há estudiosos que pensam que Plotino é de algum modo um idealista acerca do plano sensível.[28] E é preciso admitir que o próprio Plotino sempre usa um tipo de linguagem que tende ao idealismo. Então, consideremos esse aspecto. Plotino sustenta e, de fato, enfatiza que as qualidades e quantidades na matéria, ou seja, a características imediatamente perceptíveis das coisas, são em certo sentido irreais. Ele, por exemplo, escreve: "[A substância sensível] é uma sombra, e sob o que é também sombra, uma imagem e um simulacro".[29] Tal linguagem pode sugerir um idealismo no sentido em que árvores e casas apenas parecem ser exteriores, mas não estão realmente lá. Nossas observações anteriores sobre a noção plotiniana de imagem podem, todavia, nos levar com grande salto a tal conclusão. No limite, uma parte da explicação da linguagem que sugere a não realidade é dada em tais passagens em que o sensível é contrastado com o inteligível. Este, de fato, é o que é real e original, e o sensível, sendo uma mera imagem dependente do inteligível, é sua sombra e uma aparência. As passagens que sugerem a não realidade do sensível são usualmente também associadas com uma certa visão da relação entre matéria e características sensíveis: as características que aparecem na matéria não são suas propriedades genuínas, pois a matéria não tem por si formas próprias. Além disso, Plotino vai longe quando nos convida a ver a relação entre arquétipos inteligíveis, suas imagens sensíveis e a matéria em analogia com um objeto sensível comum, a imagem especular de tal objeto e o próprio espelho.[30] As características que aparecem na matéria não pertencem à matéria no sentido similar em que as cores que aparecem num espelho não são propriedades genuínas do espelho. Contudo, compreendamos em detalhe os exemplos de Plotino, nos quais dois elementos parecem evidentes: primeiro, que por si a analogia do espelho não sugere que as características que aparecem na matéria são irreais no sentido de serem de algum modo produzidas por nossos sentidos e,

---

28   *Cf.* Wagner, 1982a, 59ss e a observação de A. H. Armstrong de que "ficamos com a forte impressão de que, para Plotino, não há dois mundos, mas um único mundo real apreendido de diferentes formas em diferentes níveis" (nota introdutória a VI.7, *Plotinus* VII, 79).

29   VI.3.8. Ver também III.6.6-19 *passim* e II.4 *passim*.

30   III.6.7.22-44; 9.16-19; 13.32-55; VI.2.22.29-36.

segundo, que a análise do que envolve o uso da imagem especular explica a linguagem das sombras e a não realidade sem necessidade de um idealismo. Assim, parece que podemos entender sua afirmação no sentido em que o mundo sensível exterior é irreal sem atribuir-lhe qualquer tipo de idealismo acerca desse mundo sensível.

Podemos, de tal modo, chegar à conclusão de que as características sensíveis são objetivas no sentido em que são independentes de nós enquanto percebidas, ainda que sejam irreais em certo sentido, meras aparências da realidade. Seria desejável haver a possibilidade de oferecer uma abordagem de sua deficiência de realidade que leva Plotino além da analogia do espelho. Não é o momento de se aprofundar em tal questão, e gostaria apenas de dar a direção da resposta que parece mais promissora: em tal escrutínio, o objeto sensível rompe-se, falha como objeto genuíno. Há apenas matéria, que não contém nada positivo, e características nela que não podem ser *suas* características na medida em que a matéria não é um objeto determinado, logo, de modo trivial, não há objeto que tenha dadas características. Contudo, pareceria a nós que há um objeto real exterior cujas características nos aparecem. Mas seria um erro similar confundir a imagem do espelho com o objeto real refletido.[31]

III. Os objetos do pensamento

Já mencionamos a famosa tese de Plotino de que os inteligíveis são internos ao Intelecto – que agora chamarei de tese da *internalidade*.[32] Vimos que em V.5.1 essa afirmação sobre os inteligíveis foi contrastada com a externalidade dos objetos da percepção. A tese da internalidade em V.5 está vinculada à noção de que o Intelecto conhece as coisas em si mesmas em oposição às suas imagens (*cf.* V.3.5; V.8.4-5). Conforme a linha interpretativa sugerida acima, conhecer "as coisas em si mesmas" implica que a atividade constitutiva do objeto de cognição do Intelecto e a atividade

---

31   Para uma abordagem diversa desse mesmo problema, ver Strange, 1992, 493-495.

32   Muitas análises feitas nessa seção também são tratadas em Emilsson, 1994.

constitutiva do sujeito são idênticas. Vimos que isto é próprio da perspectiva de Plotino. No mais, o conhecimento das coisas em si mesmas nesse sentido é descrito por Plotino como o autoconhecimento do Intelecto e como seu autopensamento (V.3.5.45-46; V.9.5.14-16). De fato, o Intelecto universal é o único estágio na hierarquia plotiniana em que há identidade entre sujeito e objeto de cognição, conhecimento das coisas em si e autoconhecimento. É preciso considerar mais detidamente o que isso significa. Antes de fazê-lo, vale expor algumas dificuldades preliminares implicadas na posição de Plotino.

É possível questionar porque o conhecimento do Intelecto não é conhecimento de imagens na medida em que o Intelecto conhece a atividade externa do Uno e a atividade externa do Uno é uma imagem do próprio Uno. A resposta é que, com relação ao Uno, o conhecimento do Intelecto é de fato conhecimento de uma imagem, como Plotino claramente afirma.[33] Isso não retira de tal cognição o conhecimento das coisas em si mesmas porque as coisas que Plotino chama de reais ou seres ontologicamente primários (*ta onta*) – os paradigmas de todas as outras existências – primeiro existem no estágio do Intelecto. A cognição do Intelecto é cognição *de tais* objetos em si mesmos. Em segundo lugar, dada minha abordagem da apreensão das imagens e das coisas em si mesmas em termos de apreensão de atividade externa e atividade interna, pode nos surpreender porque a cognição no nível da alma não pode ser qualificada de apreensão das coisas em si mesmas: certamente há atividades internas constitutivas de níveis da alma e tais atividades são formas de cognição. Por que não são autoconhecimento e conhecimento de seus objetos em si? Creio que a resposta é que o tipo de relação que descrevemos há pouco entre Intelecto e Uno implica que o que é conhecido no nível da alma não são atividades internas constitutivas dos objetos conhecidos, que são itens no nível do Intelecto, mas atividades externas, isto é, imagens, de tais objetos. Assim, mesmo se houver uma atividade cognitiva interna constitutiva da alma, a identidade entre sujeito e objeto não caracteriza tal atividade.

---

33 V.6.5.12-16; V.3.11.7-8. Plotino também chama o Intelecto de um todo de uma imagem do Uno, *cf.* V.1.6.46-47 e VI.8.18.35.

De tal forma, segundo Plotino, há um tipo de cognição que é idêntica com o objeto ou, em outras palavras, cognição na qual a atividade constitutiva do objeto de cognição e aquela constitutiva do sujeito são uma e a mesma. Além disso, os objetos conhecidos em tal cognição são o que Plotino considera como seres reais. Logo, em tal doutrina plotiniana, metafísica, psicologia e epistemologia formam uma unidade, sendo atualmente relacionadas entre si. Devemos nos voltar agora a essa fusão. É possível abordá-la de muitas formas. Uma abordagem completa implicaria, por exemplo, considerar os textos plotinianos sobre a gênese e estrutura do Intelecto. Não tomarei essa direção nesse estudo. Pretendo dirigir o foco em algumas passagens em que Plotino insiste na e argumenta pela identidade entre sujeito e objeto no pensamento do Intelecto, particularmente em V.3.

No capítulo 5 desse tratado, Plotino argumenta que Intelecto e inteligível são um e o mesmo. Infelizmente, momentos cruciais da argumentação ficam obscuros. É claro, todavia, que ele deseja combinar três ideias proeminentes: o completo autoconhecimento do Intelecto; a noção dos inteligíveis como seres ontologicamente primeiros como opostos a meras imagens ou representações; e a unidade entre sujeito e objeto na intelecção. Primeiro, ele estabelece que se o Intelecto possui genuíno autoconhecimento, não pode ser o caso que se conheça a si mesmo de modo parcial, sujeito que conhece de um lado, o que é conhecido de outro, como objeto de pensamento. Nesse caso, o Intelecto como um todo não conheceria a si mesmo de modo completo, pois o lado do sujeito não se conheceria de modo completo (1-15). As linhas seguintes (16-22) são as mais obscuras e estou longe de uma certeza acerca da seguinte exegese parafrásica que, contudo, parece fazer sentido, sendo compatível com o texto: o Intelecto conhece alguns objetos, os inteligíveis. Se ele tem um autoconhecimento autêntico, devemos em acréscimo atribuir a ele um ato reflexivo na medida em que apreende a si mesmo como sujeito. Mas essa apreensão incluirá os objetos apreendidos por esse pensamento do sujeito. Tais objetos que o Intelecto apreende ao apreender a si mesmo como sujeito são ontologicamente seres primeiros ou suas imagens. Se são imagens, o conhecimento do Intelecto não seria conhecimento de seres primeiros (na medida em que seria apenas de imagens). Mas o Intelecto tem conhecimento dos inteligíveis e os inteligíveis são os seres primeiros. Ao apreender a si mesmo como sujeito, o Intelecto apreende os seres primeiros que deve conter em si. Disso, Plotino conclui que se o que o Intelecto conhece são seres ontologicamente primeiros, não pode ser dividido em sujeito que não contém tais objetos, de um lado, e, de outro, objeto que os contém, pois tal divisão nos levaria à conclusão inaceitável de que ele conheceria apenas imagens ou impressões (*tupoi*). Isso, diz ele, implicaria que a verdade no Intelecto fosse sobre algo diverso dele. Retornarei a esse último ponto em breve. No restante do capítulo, Plotino elabora uma análise de como o Intelecto é uno com seus objetos e se conhece a si mesmo. O aspecto crucial dessa análise é a abolição das noções de mente e objetos de pensamento como algo existente de modo anterior e independente do pensamento, em favor de uma abordagem em termos de atividade pensante: o Intelecto não é nada além de atos de pensamento e os inteligíveis são constituídos em tal atividade pensante.[34]

Esse capítulo mostra que, para Plotino, o autêntico autoconhecimento do Intelecto (a noção que aqui se inicia) e a afirmação de que o conhecimento do Intelecto é de seres ontologicamente primeiros são intimamente conexas. Como isso é dado? A resposta, creio, é que o autêntico autoconhecimento (em sentido forte, para Plotino, o autoconhecimento exclui o conhecimento parte por parte) e o conhecimento de seres ontologicamente primeiros devem satisfazer condições similares: nenhum deles pode ser uma relação entre coisas distintas. Em termos da teoria plotiniana do ato:

---

34   *Cf.* V.1.4.27-28; VI.7.40.10-12. Disso não se segue que o pensamento seja anterior ao ser. Devemos entender os termos de Plotino como se fossem equivalentes (V.9.8.16-23). Creio ser um engano pensar que Plotino rejeita a visão de que o ser é constituído de pensamento em V.9.8.11 e 7.12ss (*cf.* Atkinson, 1983, 93 e Oosthout, 1991, 63-65). Em V.9.7.12ss ele nega que o Intelecto crie Formas individuais por atos singulares de pensamento, ou seja, trata-se da unidade ou do caráter conjunto das Formas no Intelecto (*cf.* linha 12: *homou panta*). A passagem posterior afirma que devemos conceber o ser como anterior ao Intelecto (*to on tou nou proepinoein*). Mas isso dificilmente pode significar que metafisicamente falando o ser como tal precede o Intelecto, pois Plotino explica cuidadosamente nas próximas linhas que, em realidade, ser e pensamento são equivalentes e que é de nosso ponto de vista, em nossas mentes que concebem de modo parcial, que um é concebido antes do outro (*epinoeitai thatera pro tôn heterôn*).

autoconhecimento e conhecimento de seres ontologicamente primeiros requerem que o ato constitutivo do cognoscente seja idêntico àquele que constitui o conhecido; o que é conhecido em cada caso não pode ser diverso do sujeito que conhece. A estrutura desse argumento estabelece primeiramente a identidade da atividade de sujeito e objeto no conhecimento de seres ontologicamente primeiros, mostrando, então, que tal identidade também o qualifica como autoconhecimento do Intelecto ou autopensamento.

Consideremos mais de perto a parte do capítulo em que Plotino insiste que a verdade no Intelecto não deve ser de algo externo. Diz ele:

> Pois, se [Intelecto e inteligível] não fossem o mesmo, não haveria verdade; pois aquilo que tentasse possuir realidades (*ta onta*) possuiria uma impressão diferente de tais realidades, e isso não é a verdade. A verdade não pode ser verdade de algo diverso, mas do que ele diz. (23-26)

A expressão "a verdade deve ser do que ele diz" é particularmente notável (*cf.* também V.3.6.23-24). Isso, é claro, é metafórico, pois literalmente, na verdade o Intelecto não diz nada de modo algum. Mas o que é esta verdade que ele "diz" e por que a escolha dessa expressão figurativa? Há um similar, mas mais completo, estabelecimento do mesmo ponto em V.5.2.18-20, em que Plotino de fato oferece sua resposta à questão sobre a fonte da certeza do Intelecto com a qual se inicia V.5 (*cf.* páginas 260-263 acima):

> E novamente, ele [Intelecto] não precisaria de demonstração e de confirmação de que isso é assim, pois ele próprio é assim e ele próprio é manifesto (*enargês*) a si próprio... De tal modo, [no Intelecto] há também a verdade real, que não concorda com algo diverso, mas consigo mesma, e não diz nada de diverso de si mesma, mas é o que diz e diz o que é.[35] (V.5.2.15-20)

---

35 Tradução de Armstrong modificada. A tradução é baseada numa correção proposta por Theiler e seguida por H-S2 e por Armstrong.

Logo, temos que a verdade no Intelecto "diz o que é" em acréscimo a ser o que diz. A expressão "não concorda com algo diverso" corresponde à afirmação de que "a verdade não pode ser verdade de algo diverso" do texto anterior. Em ambos os casos, Plotino contrasta verdade no nível do Intelecto com um tipo ordinário de verdade, que evidentemente "concorda com algo diverso" e é "de algo diverso". Mas que tipo de verdade é essa que concorda consigo mesma? O termo grego usual para "verdade", *alêtheia*, pode também significar "realidade", talvez não surpreendesse ser esse o sentido aqui empregado. Certamente é verdade que a realidade não pode concordar com algo diferente de si e seria completamente próprio que Plotino afirmasse que o Intelecto contém a realidade. Nesse sentido, a noção de *alêtheia* que Plotino deseja atribuir ao Intelecto é em parte aquela de realidade: essa "verdade" não é meramente suposta ao se dizer algo, mas ao ser algo. Contudo, há algo mais na noção de *alêtheia* que Plotino aqui emprega. Para dizê-lo de modo simples: a verdade no Intelecto não é meramente suposta como ser, mas também como "dizer". Essa é a característica que a verdade no Intelecto tem em comum com a verdade em sentido ordinário e sugere que *alêtheia* no Intelecto não pertence meramente à ordem da realidade, mas também à da significação ou do sentido.

A noção plotiniana é aqui a noção de algo no qual realidade e significação convergem: o real é o conteúdo dos pensamentos no Intelecto. Esses pensamentos não são pensamentos de algo diverso, nem são verdade porque concordam com algo diferente da realidade em relação à qual devem ser testados. Ao contrário, constituem a realidade. Logo, não são verdade no sentido ordinário de correspondência entre uma proposição ou pensamento e realidade. Além disso, esses pensamentos podem também ser ditos verdadeiros no sentido em que por eles algo é conhecido, nominalmente, esses mesmos pensamentos. Assim, se forçado a explicar o que esses pensamentos "dizem" e "de quem", a resposta deve ser que eles realizam seu próprio conteúdo conhecido pelo Intelecto. Mas o Intelecto, como vimos, é apenas esses atos de pensamento. De tal modo, a conclusão é que os pensamentos no Intelecto são autoconscientes. O próprio Plotino o indica, pois na primeira parte da passagem há pouco citada ele diz que o Intelecto é manifesto a si próprio. Considero isso como o ponto central em relação à afirmação de que a verdade no Intelecto "é o que diz" e "diz o que é".

Muitos comentários em acréscimo poderiam ser feitos: primeiro, sobre quais são as fontes da tese plotiniana da internalidade. É claro e notório que essa tese de Plotino deve muito a Aristóteles e seus discípulos: basicamente, Plotino segue Alexandre de Afrodísia unificando a noção de Deus como puro pensante de *Metafísica* 12 com o intelecto agente do *De anima* 3.[36] As Formas platônicas tornam-se aqui atos de pensamento que constituem o Intelecto divino universal.[37] Isso significa que a Forma platônica da beleza, para Plotino, é um certo ato de pensamento que tem as características que descrevemos: é beleza e o diz, isto é, ela é o pensamento que possui a beleza em geral como seu conteúdo. E esta é a beleza primeira tanto no sentido de que é a causa da beleza em todos os planos inferiores da hierarquia plotiniana quanto no sentido em que é a beleza original: não há beleza anterior da qual esse pensamento depende; a beleza é, pode-se dizer, criada nesse ato de pensamento (*cf.* V.9.5.12-13). O débito de Plotino para com Aristóteles nesse plano é também profundo em certos detalhes:[38] por exemplo, a noção aristotélica de que o intelecto divino é substância, logo, ontologicamente primeira em um sentido mais completo do que objetos materiais porque é puro pensamento e o puro pensamento é pura atividade/atualidade, está presente na doutrina que consideramos em V.3.5.

Há, todavia, um elemento epistemológico na tese plotiniana da internalidade que está ausente ou, no mínimo, não é proeminente em Aristóteles. Como foi notado acima, a preocupação original de Plotino em V.5, em que ele argumenta pela tese da internalidade de modo mais explícito,

---

36   Acerca do débito de Plotino para com Alexandre de Afrodísia nesse ponto, ver Armstrong, 1960; *cf.* Szlezák, 1979, 135-143.

37   Sobre os precursores médio-platônicos de Plotino nesse contexto, ver Jones, 1926 e Rich, 1954. É importante notar, contudo, que a identificação do plano das Formas (ser) com o Intelecto não é meramente um traço aristotelizante de Plotino: ele pensa ter um apoio platônico para tanto em *Sofista* 248e8-249a9, em que o ser é vinculado à inteligência (*nous*) e à vida. Ver Hadot, 1960 e Szlezák, 1979, especialmente 122-125.

38   A observação de Porfírio, em *Vida de Plotino* 13, que a *Metafísica* de Aristóteles está disseminada nos escritos de Plotino. O uso que Plotino faz de Aristóteles em sua teoria do Intelecto é tratado de modo sistemático por Szlezák (1979).

é como responder à questão de por que o Intelecto nunca "erra e crê no que não é verdadeiro". Ele também afirma que se os inteligíveis são externos e o Intelecto "apenas recebe em si imagens da verdade, terá falsidades e nenhuma verdade" (V.5.1.56-58). Qual é a preocupação epistemológica de Plotino aqui? Seria que apenas o conhecimento direto do que é ontologicamente primeiro não é suficiente para o Intelecto universal, visto que violaria o princípio platônico de que o conhecimento é de uma realidade completa? Ou há algo das imagens que ocasionam uma falha no que é primeiro, tornando-o epistemologicamente suspeito ou inadequado?

Na perspectiva de Plotino, há, particularmente quando o conhecimento é Intelecto. Em primeiro lugar, notemos que imagem-produto no sentido metafísico plotiniano do termo não é exatamente cópia, embora sempre implique esse sentido. As imagens têm seu conteúdo inteligível, logo, sua identidade, inteiramente em virtude de seus arquétipos. Em um nível puramente ontológico, isso significa "retire o arquétipo e a imagem perecerá" (III.6.13.37-38; VI.4.9.38-41). Em um nível epistemológico isso significa que para uma mente sem acesso ao arquétipo tudo se tornará inteiramente vazio de sentido. Podemos ver os germes de tal concepção em seu famoso primeiro tratado: *Sobre o belo*. O conhecimento de formas sensíveis depende de uma posse anterior das formas na alma daquele que julga. O arquiteto planeja a casa exterior em sua beleza usando a forma da beleza que ele tem na alma "como usamos uma régua para medir uma superfície" (I.6.3.4-5). Em V.5 essa noção é completamente explicitada e usada como argumento em favor da tese da internalidade. Plotino expõe as consequências da perspectiva que diz que os inteligíveis são externos e que o Intelecto deles recebe imagens:

> Mas, então, como saberemos que ele realmente os apreende? E como saberemos que isto é bom ou belo ou justo? Pois cada um deles será outro de si, e os princípios do juízo nos quais se pautará não serão nele, mas também serão externos, de modo que é onde a verdade estará. (V.5.1.28-32)

Assim, como qualquer platônico concordaria, as Formas são os princípios do juízo, e se o Intelecto divino não possui de modo imediato tais princípios, não reconhecerá as imagens de tais Formas em relação ao que são, isto é, precisamente imagens de tais Formas. Esse argumento evidentemente assume que nenhuma imagem contém seu princípio, pois o que é – autoevidente, "diz o que é". Seria possível considerar que, conforme Plotino, nenhuma imagem – nem atividade externa – diz o que é. Provavelmente porque Plotino sustenta que é por sua característica definidora de imagem que dependem de suas causas para serem o que são, de modo que o reconhecimento de seu conteúdo inteligível refere-se a e pressupõe o conhecimento de algo diverso, qual seja, o original. Assim, para receber uma mera imagem dos inteligíveis na ausência dos próprios inteligíveis seria como ouvir uma linguagem estrangeira sem entendê-la. Talvez a perspectiva de Plotino nesse ponto possa ser resumida da seguinte forma: a inteligibilidade de qualquer imagem depende da posse daquele que pensa de um inteligível primeiro do qual a imagem é expressão. A imagem necessariamente expressa o inteligível primeiro "em algo diverso", ou seja, alguma matéria ou potencialidade que expressa, mas não é idêntica ao conteúdo inteligível da imagem.[39] Isso não significa que sempre ascendemos ao Intelecto em toda e qualquer atividade cognitiva mundana. Normalmente entendemos o mundo que nos cerca pela significação de conceitos ou imagens pertencentes à ordem da alma.[40] Mas a questão pode ser posta acerca dos conceitos propriamente pertencentes à alma, de como um sujeito pensante conhece o conteúdo inteligível de seus conceitos. Daí que tais conceitos são em si imagens expressas por algo diverso, palavras ou imagens mentais, algum conteúdo inteligível (*cf.* nota 40). Não há inteligíveis em virtude de si mesmos. Isso conduz ao postulado de que um nível de conteúdo inteligível em si mesmo, não é expresso por algo diverso. Esse é um pensamento que constitui seu conteúdo inteligível. É

---

39   A noção de Plotino de que as imagens são sempre "em algo diverso" (*en allôi; en heterôi*) parece baseada no *Timeu* 52c, *cf.* V.3.8.13-14.

40   Plotino não tem nenhuma outra palavra da qual faça uso sistemático para se referir a tais conceitos na alma, mas elege uma expressão conforme o contexto. Ele sempre usa *logos*, *cf.* V.1.3.7-8; I.2.3.27; IV.3.30.9, mas também "forma" (*eidos*) na alma, *cf.* I.1.8.7-8, "impressão" (*tupos*), *cf.* I.1.7.12 e páginas 258 e 259 acima, e "representação" (*eidôlon, eikonisma, phantasia* etc.) de Intelecto, *cf.* I.4.10.

"ontologicamente primeiro" porque tal conteúdo inteligível não implica qualquer potencialidade.

As questões epistemológicas de Plotino que consideramos são modificadas pela discussão cética. O dilema que deve ser resolvido em V.3.5 e o que foi acima considerado acerca do autoconhecimento do Intelecto encontra um paralelo no dilema mencionado por Sexto Empírico ao argumentar que o autoconhecimento é impossível ao ser humano.[41] O argumento em V.5.1 há pouco considerado e a noção de verdade no Intelecto que "diz o que é e é o que diz" são provavelmente também motivadas por considerações céticas: poderia ser uma tentativa de bloquear o tipo de movimento cético que consiste em debater um critério de validade em relação a qualquer critério proposto.[42] A teoria de Plotino acerca dos pensamentos divinos é claramente articulada para tornar tais pensamentos autovalidados. Em geral, parece ser instrutivo ver as preocupações epistemológicas de Plotino – seu contraste entre conhecimento de imagens ou impressões e conhecimento das coisas em si mesmas, assim como sua insistência em que o conhecimento autêntico é idêntico a seu objeto e a verdade dada em virtude de si mesma – à luz das considerações céticas. Sua teoria, então, é construída de modo que seja impossível inserir qualquer hiato entre o Intelecto e objeto de sua cognição.

Mencionemos brevemente a noção de pensamento não discursivo que com frequência é associada ao Intelecto plotiniano. As características usualmente atribuídas a esse tipo de pensamento são as seguintes: sujeito e objeto do pensamento não discursivo são idênticos; o pensamento não discursivo é suposto como intuitivo, ou seja, não baseado no raciocínio; é não proposicional e uma apreensão do todo de modo simultâneo, *totum simul*.[43] Ora, com a possível exceção da não proposicionalidade, o pensamento no nível do Intelecto plotiniano possui todas essas características. Todavia, um elemento significativo do pensamento não discursivo em

---

41   *Contra os dogmáticos* 7.284-6, *cf.* Wallis, 1989, 917-925.

42   Ver *Hipotipóses pirrônicas* I.166.

43   *Cf.* Lloyd (1970), 261-274. Para maior discussão acerca do pensamento não proposicional em Plotino, *cf.* Sorabji, 1982 e 1983, 152-156; Lloyd, 1986; e Alfino, 1988.

Plotino é a carência, notadamente que tais pensamentos não são representacionais: os veículos de tais pensamentos não são representações das coisas das quais eles são pensamentos, mas antes, de algum modo, os próprios pensamentos são veículos de pensamentos. Esta é, evidente, a doutrina que há pouco discutimos. Pode ser dito que a não representacionalidade nesse sentido segue-se de, ou é outro modo de afirmar, a identidade entre pensante e objeto de pensamento. Mas se assim é, a não representacionalidade, todavia, aponta para uma importante característica da versão plotiniana daquela identidade. Ora, nem toda versão de tal identidade sustentará que os veículos de pensamento devem ser verdadeiros objetos de pensamento.

Há certa tendência em confundir essa característica da não representacionalidade com a não proposicionalidade. A verdadeira questão de algumas passagens, tais como V.8.5-6 e V.5.1.38-42 que foram tomadas como evidência de pensamento não discursivo e seu caráter não proposicional possuem, de fato, efeito relativo a seu caráter não representacional. As duas características são também facilmente confundidas mesmo não sendo iguais: isso requer uma certa perspectiva filosófica acerca das proposições para afirmar que todas as proposições são necessariamente representações. Considero, todavia, que isso significa que, conforme Plotino, o pensamento do Intelecto não é proposicional, ao menos não no sentido ordinário, porque se supõe ser intuição de muitas verdades ao mesmo tempo. Logo, a não proposicionalidade provavelmente segue-se do que é requerido pelo *totum simul*. Esta é a razão pela qual Plotino considera útil e apropriado vincular tal pensamento com a visão: devemos ver muitos fatos ao mesmo tempo num único olhar sem enquadrar em nossas mentes as correspondentes proposições numa sucessão temporal.

É esclarecedor comparar a abordagem feita por Plotino do conhecimento perfeito do Intelecto com algumas ideias que se desenvolvem posteriormente na história da filosofia. Wilfrid Sellars dirige um ataque ao que chamou de "O mito do que é dado".[44] Em particular, traçou na tradição

---

44   Ver Sellars, 1963, 69-70, 129-134 e 156-161.

do empirismo uma noção, muito mais implícita do que explícita, de itens que são simultaneamente supostos serem de um certo tipo e exemplos de conhecimento desse tipo. Isso quer dizer, na tradição empirista que uma determinada sensação (dados dos sentidos, impressão, sensação, qualidade fenomênica, ou como se quiser denominar) é suposto ao mesmo tempo como sendo algo, digamos, verde e uma consciência de ou conhecimento de algo verde. Tais itens podem ser vistos como provendo uma sólida fundação de sentido e conhecimento, pois parecem suprir a lacuna entre o que é e aquilo que é no interior de nossas mentes: a mesma coisa é F e nossa consciência direta de F. A noção plotiniana de inteligível como algo que "diz o que é e é o que diz" preenche as características formais da noção de Sellars do que é dado: o inteligível plotiniano é ao mesmo tempo algo (por exemplo, *beleza*) e o pensamento do (consciência do) que ele é. É preciso se dizer que na perspectiva em que Plotino mostra uma compreensão-chave do que entende pelo que é dado e, como oposta à posição empirista, sua abordagem não pode ser rejeitada no nível em que os dados propostos (os inteligíveis) são falíveis por serem o que são. As imagens sensíveis ou impressões de qualidades devem ter um conteúdo conceitual ou "inteligível" em condições de operarem como dados num sentido epistemologicamente relevante. Plotino, ao contrário, designa sua abordagem dos pensamentos divinos de um modo que esse tipo de ataque não caberia. Como vimos, o princípio epistêmico ou critério de, dito desse modo, beleza deve ser a coisa real da qual ele é o princípio, nominalmente beleza, e, sendo beleza, deve de algum modo "dizer" aquilo que é. Plotino vê nisso a impossibilidade de se separar o conteúdo inteligível daquilo que tem o conteúdo inteligível em questão ou da "mente" que o apreende. Deve-se dizer que seu programa é precisamente reduzir tanto a coisa quanto a mente ao conteúdo como pensamento.

A doutrina plotiniana do caráter dado dos conteúdos do Intelecto e os problemas que ele espera resolver com eles têm um paralelo em outra abordagem filosófica moderna (que, em última instância, guarda uma proximidade à questão do dado):[45] discussões recentes do ceticismo acerca do

---

45   Os dados da tradição empirista são, de acordo com Kripke, um conjunto de candidatos que Wittgenstein considera e rejeita como itens aos quais poderíamos tomar como referência

sentido e do autoconhecimento elaboradas primeiramente por Saul Kripke em *Regras e linguagem privada em Wittgenstein*. A possível contenção desse ceticismo é a noção de que não poderia haver qualquer fato relativo a nós que determine o sentido das expressões que usamos, tanto no conteúdo mental quanto na linguagem falada. Nos candidatos sobreviventes a determinantes de sentido Kripke menciona brevemente o platonismo em conexão com a perspectiva de Frege. O platonismo de Frege, é claro, é um tipo de platonismo conforme o qual os objetos matemáticos existem como "Ideias" platônicas independentemente de qualquer mente. As expressões possuem um certo "sentido" associado a elas enquanto são como um elemento não mental objetivo. Esse sentido determina a referência de um signo, que no caso da matemática é uma entidade matemática objetiva "platônica", por exemplo, a operação de adição. Mas para que se possa apreender o sentido associado ao signo, seria necessário ter ideias apropriadas em suas mentes, associadas ao signo. Conforme Kripke, isso tem relação com a alegada função dessas ideias de que o problema cético de Wittgenstein acerca do sentido significa para um platônico de tipo fregeano:

> [O problema cético] surge precisamente na questão de como a existência de qualquer entidade ou ideia em minha mente pode constituir "apreensão" de um certo sentido particular mais do que de outro... Para Wittgenstein, o platonismo é amplamente uma evasão inútil do problema de como nossas mentes finitas podem conferir regras supostas para serem aplicadas a uma infinidade de casos. Os objetos platônicos podem ser autointerpretativos, ou antes, não carecem de interpretação; mas, em última instância, deve haver alguma entidade mental implicada que faz surgir o problema cético.[46]

Suponha-se que se pretenda expandir o platonismo ao sustentar que os objetos platônicos são em si mesmos autoexplicativos (ou não carecem de interpretação), e se insistindo que o que ninguém, inclusive Deus, pode

---

para determinar o sentido. Isso é o que o famoso argumento da linguagem privada pretende mostrar, *cf.* Kripke, 1982, 41-43.

46   Kripke, 1982, 54.

ter acesso seria, na melhor das hipóteses algum tipo de representação de tais objetos. Suponha-se ainda que acredite que nenhuma representação (imagens, impressões) é autoautenticável. Esta é em grande medida a posição em que Plotino se situa em relação ao ceticismo acerca do conhecimento do Intelecto. Dada a validade da doutrina aristotélica do pensamento divino, a consequência natural seria sustentar que as Formas, seres ontologicamente primeiros, são de fato internos ao Intelecto, são seus pensamentos, conhecidos de modo imediato.

Ao dizer isso, não estou sugerindo que Plotino viu no problema cético acerca do sentido aquela preocupação de Kripke na abordagem de Wittgenstein e de outros filósofos contemporâneos, e propondo uma solução para o problema. Todavia, há características comuns interessantes. Antes de tudo, o argumento de Kripke contra o platonismo fregeano é análogo à objeção que Plotino levanta contra o platonismo "objetivo" clássico, conforme o qual as ideias são extramentais. Plotino parece ter sustentado que a representação (imagem) de F, seja sua representação mental ou expressão, seja uma corporificação material na natureza, pode mostrar a natureza geral que representa de tal modo que se poderia retirar o que é representado da pura representação. Isso é evidente, por exemplo, em sua observação em V.5.1.28-33, considerada acima, de que se o Intelecto tem meras representações dos inteligíveis, não seria capaz de reconhecer o justo pelo justo nem o belo pelo belo (*cf.* também as linhas 49-50 e páginas 281 e 282 acima). O Intelecto não teria condições de conhecer o que foi representado na representação a menos que tivesse acesso independente ao que ela representa como um critério de autoautenticação. Na linguagem de Plotino, isso é de tal modo porque nenhuma representação "é o que diz e diz o que é". O aspecto de autoautenticação do pensamento do Intelecto opera em Plotino como impossibilita qualquer forma de ceticismo e de indeterminação em relação ao que é o que. Nada menos é requerido se o Intelecto é capaz de ter conhecimento do real e, o que é o mesmo, do conteúdo de seu próprio pensamento. No que diz respeito à sua extensão ao prover sólidas bases para o pensamento no plano inferior, a mente humana é algo diferente que aqui deixarei intocado.

IV. O idealismo de Plotino

Enquanto o objeto sensível não é mais definido em termos de percepção, faculdade pela qual apreendemos tais objetos, o objeto inteligível é definido em termos de pensamento. Na medida em que o objeto inteligível é também o objeto ontologicamente primeiro, Plotino no limite torna-se um idealista.[47] Como vimos na seção III, há razões epistemológicas para tanto: Plotino crê que o intelecto divino é infalível e se autêntica a si mesmo, pensando que isso supõe a identidade dos objetos desse tipo de conhecimento com os atos de pensamento de tais objetos. Por mais distante que isso possa parecer, a tese da internalidade poderia resultar meramente da exigência de conhecimento seguro no plano da mente divina. Isso é, todavia, apenas metade da história. Plotino não está apenas preocupado em mostrar que pode haver algo dado num sentido epistemológico; preocupa-se também, e não menos, em mostrar que pode haver seres reais, substâncias ou essências,

---

47   A abordagem de Burnyeat, 1982, 16-18 põe em dúvida a visão de que Plotino tenha sido um idealista em "algum sentido interessante". Ele fornece dois argumentos sobre essa dúvida: (1) a matéria é realmente independente da forma, como a escuridão preexistente que é iluminada. (2) Acerca da noção plotiniana do autoconhecimento do Uno, (Burnyeat deixa aberta a questão se ele o possui) Burnyeat diz que "seria inadequado e parcial descrever o monismo último como uma mente". Discordo de ambos os pontos. (1) Como nota O'Brien, 1991, que, de modo verdadeiramente convincente mostra que a matéria também é causada pelo Uno. (2) Ainda que se conceda que seria equivocado qualificar a perspectiva de Plotino como "um monismo mental", na medida em que "mente" pode sugerir algo como o Intelecto plotiniano, dificilmente seria inadequado chamá-la de "monismo espiritual". O mais importante, todavia, é que em sua investigação sobre a presença do idealismo na Antiguidade, Burnyeat não considera a identificação feita por Plotino do ser primeiro com atos de pensamento – o que deveria ser tomado como senão essa doutrina? É interessante que ele também ignora, como um possível germe do idealismo, a noção aristotélica de Deus como simultaneamente um Intelecto e uma substância no sentido mais básico do termo. Isso não nos oferece um idealismo no sentido em que tudo que de algum modo existe é mental, nem mesmo a tese estrita de que absolutamente tudo tem uma causa mental. Contudo, a perspectiva de Aristóteles aqui conecta as noções de ser ou substância e a de pensamento de um modo notável e foi, como vimos, desenvolvida por Plotino e outros platônicos numa direção idealista: para Plotino, absolutamente tudo tem uma causa mental e tudo que recebe o nome de "ser" é de algum modo pensado, cf. III.8. O todo dessa tradição idealista platônico-aristotélica inspirou enormemente o movimento filosófico que é chamado de idealismo nos tempos modernos, isto é, o idealismo alemão. Cf. Beierwaltes, 1972 e Vieillard-Baron, 1979.

ou seja, coisas que satisfazem os critérios tradicionais gregos de prioridade ontológica. O mais importante deles é a autossuficiência: aquilo que de nada carece para ser o que é, é ontologicamente primeiro. Da abordagem feita acima, podemos ver que, do ponto de vista de Plotino, os pensamentos no nível do Intelecto satisfazem tais condições: cada um deles é completamente atual, é completamente o que é, e em geral satisfazem todas as condições relevantes das Formas platônicas. São seres autossuficientes e essencialmente ativos. Assim, os pensamentos divinos possuem tanto as exigidas propriedades epistemológicas quanto satisfazem as condições do ser. É isto uma forma pura de metafísica?

Esse é um longo e difícil tópico sobre o qual faria aqui apenas algumas observações diretivas. Um caminho para formular nossa questão é perguntar: dado o quadro geral dessas concepções de Plotino, poderia haver algo que satisfaça as condições do que é ontologicamente primeiro sem ser epistemologicamente primeiro? Plotino nos oferece alguns argumentos para conceber que o ontologicamente primeiro deve ser uma mente do tipo de seu Intelecto? Podemos daí extrair o seguinte tipo de argumento aristotélico: os inteligíveis, isto é, o ontologicamente primeiro, devem ser idênticos a alguma atividade interna que os constitui; tal atividade não deve implicar qualquer potencialidade, pois, de outro modo, não poderia ser atividade ontologicamente primeira, e apenas atividade que não é uma atividade pensante do tipo que foi descrita. Um argumento assim exposto parece estar vinculado, por exemplo, a V.3.5.31-48. Uma das premissas aqui é que a única atividade pura concebível é o pensamento, sobre isso não foi oferecida uma argumentação muito explícita. Suspeito que subjaz à posição de Plotino uma intuição que conecta as noções de ser, sentido ou inteligibilidade, e mente: o que é uma coisa é o que é inteligível acerca dela e a fonte de inteligibilidade deve ser um pensamento. A primazia do pensamento para Plotino já vincula os atributos quase intelectuais do Uno e o fato de que a atividade externa do Uno é um Intelecto imperfeito.

10 Autoconhecimento e subjetividade nas *Enéadas*

Sara Rappe

Plotino antecipa Descartes ao argumentar que a alma, como sujeito de percepção, não pode ser uma substância extensa, bem como ao argumentar que a mente necessariamente conhece a si mesma.[1] Como Descartes, Plotino também invoca uma instância introspectiva ou subjetiva em seu procedimento dialético.[2] Do ponto de vista metodológico, como será visto, Plotino partilha com Descartes uma tradição da filosofia da mente que emprega experimentos mentais como um método de persuasão.[3] A natureza especial dessa persuasão é efetuada por meio da representação textual de uma subjetividade altamente estruturada como se ela fosse acessível de modo imediato na própria consciência do leitor.

Nesse capítulo, pretendo apontar para o que pode ser denominado um método cartesiano de autorrepresentação, ou seja, no apelo filosófico a estados subjetivos, e questionar se e como isso se dá na pedagogia contemplativa de Plotino. Em particular, me concentrarei no uso feito por Plotino de experimentos mentais, a fim de discutir suas concepções de autoconsciência e subjetividade.

---

1 Acerca de possíveis conexões históricas e filosóficas entre os pensamentos de Plotino e de Descartes em relação ao tema do autoconhecimento, ver Lloyd, 1964 e Emilsson, 1991.

2 A obra seminal sobre a questão se há ou não algo como a noção de subjetividade e se havia ou não algum tipo de conhecimento dos estados subjetivos, *cf.* Burnyeat, 1982. Ver também Everson, 1991b para um exame da discussão de Burnyeat da subjetividade cirenaica.

3 Sobre experimentos mentais cartesianos, ver Wilkes, 1988, cap. 1 e também McDowell, 1986. Sobre o método cartesiano de autorrepresentação, ver Judovitz, 1988.

I. Subjetividade e autoconsciência

O que significa para alguém ser uma pessoa – qual a essência do eu humano? Na modernidade, na tradição cartesiana, uma resposta a essa questão é o que o eu é a mente, visto que a mente, por sua vez, é uma substância unicamente dotada de consciência reflexiva e de subjetividade.[4] Recentemente, historiadores questionaram essa concepção mentalista da personalidade argumentando que os antigos filósofos gregos manejavam suas psicologias e epistemologias perfeitamente bem sem o conceito de consciência.

Richard Rorty, em seu livro *A filosofia e o espelho da natureza*[5] afirma que Descartes inventou a noção moderna de mente. Antes de Descartes, havia a capacidade do intelecto de apreensão do imaterial, de verdades universais, mas apenas a partir de Descartes há mente. A grande virtude da mente cartesiana consiste em sua incorrigibilidade: é indubitável clareza de toda experiência dada como evidência na consciência.

Esse conceito de personalidade privilegia duas características da vida mental, quais sejam, a autotransparência da mente e a privacidade dos estados mentais. Seja qual for o estado em que a mente está, o sujeito da consciência, pela introspecção, não pode duvidar da existência de tal estado. Além disso, o acesso de que o sujeito da consciência goza em relação a seus próprios estados internos é privado: apenas o sujeito pode saber com certeza que ele está em um determinado estado mental.[6] A subjetividade cartesiana e a autoconsciência são dois pilares sobre os quais a epistemologia na era moderna se construiu: a esse ponto de vista privilegiado do subjetivo coincide a invenção da verdade subjetiva.[7]

Antes de Descartes, a antiga tradição cética capitalizou por estratégias que maximizavam a opacidade do mundo exterior *vís-à-vís* o sujeito percipiente. Em suas réplicas *ad hoc* às construções epistemológicas positivas da

---

4   Sobre esses dois critérios como atributos definidores de personalidade, ver Gill. Ver também David Wiggens. "Locke, Butler e o fluxo da consciência". *In:* Rorty, 1976.

5   Rorty, 1986.

6   Isto é um resumo de Gill, 1991.

7   Sobre a noção de verdade subjetiva e sua invenção, ver Burnyeat, 1982 e McDowell, 1986.

Estoa, os céticos acadêmicos normalmente argumentavam que: podemos talvez dizer como cada um dos objetos exteriores aparece, mas não podemos fazer uma asserção acerca do que são em sua natureza.[8] Pela primeira vez na história da filosofia, as *Meditações* de Descartes nos apresenta um texto no qual o isolamento do sujeito percipiente em relação ao objeto conhecido torna-se um *locus* de certeza epistemológica. A via para *remover* a dúvida epistemológica foi descoberta por meio do método da verdade subjetiva: como as coisas que aparecem exercem o papel de caminho para os que as coisas atualmente são:

> Sou o mesmo que sente, ou seja, que percebe algumas coisas, como pelos órgãos dos sentidos, pois de fato vejo a luz, ouço barulho, sinto calor. Mas se dirá que tais fenômenos são falsos e que estou sonhando. Ainda que seja assim, parece-me completamente certo que vejo a luz, ouço o barulho e sinto calor. Isso não pode ser falso, propriamente falando, trata-se do que em mim é chamado sentir; e usado nesse sentido preciso que não é outra coisa que pensamento.[9]

Como um pesquisador tentando conferir a noção de verdade subjetiva, afirma de modo perspicaz:

> Isso permite uma novel resposta a argumentos que concluem que nada conhecemos pelo fato de que somos falíveis em relação ao conhecimento do mundo exterior. Ainda assim, tais argumentos mostram algo sobre o conhecimento da realidade externa, podemos voltar à realidade interna que foi conhecida e refutar a afirmação de que nada conhecemos visto que apenas conhecemos esses fatos apenas como aparências subjetivas.[10]

---

8   A literatura acerca das estratégias céticas é vasta. As fontes primárias são o *Lúculo* de Cícero e o *Contra os dogmáticos* de Sexto Empírico, em relação ao debate entre céticos e estoicos sobre o critério de verdade. Um excelente sumário desse debate é feito por Frede, 1987.

9   Descartes. Segunda meditação, 9.

10   McDowell, 1986.

Para os críticos modernos do projeto cartesiano, o problema de Descartes perde-se em meio à confusão de empregar o critério de incorrigibilidade (isto é, valendo-se do cogito) a fim de provar a existência do sujeito e de empregar o mesmo critério para determinar a essência do sujeito como sendo algo mental. Também encontramos esse tipo de articulação na tradição neoplatônica, ou seja, a possibilidade de autoconhecimento é tratada como uma prova ou demonstração de que o *eu* é incorpóreo. Por exemplo, a proposição 15 de *Elementos de teologia* de Proclo afirma que "tudo aquilo que é capaz de reverter-se sobre si próprio é incorpóreo". A despeito do paralelismo desse texto com a distinção cartesiana entre *res extensa* e *res cogitans* repousando sobre o critério da autotransparência, o sentido de "reversão" na tradição neoplatônica não é adequado ao conceito cartesiano de estados mentais que são de modo incorrigível transparentes. Plotino pensa que, no nível mais elevado da identidade, o autoconhecimento não é apenas certo, mas absolutamente necessário. Mas de modo diverso do caso da *res cogitans* cartesiana, essa certeza subjetiva não é base para qualquer ato de cognição: pode fazê-lo apenas em circunstâncias extraordinárias, no ponto mais elevado da absorção intelectual.

Essa disparidade na avaliação epistemológica de estados mentais ocorre por duas razões. Primeiro, Plotino é sensível à falsidade empírica da afirmação de que estados mentais são apreensíveis de modo não passível de correção na consciência; ele reconhece que pode haver um hiato falível entre processos mentais e a apreensão consciente desses processos.[11] Em segundo lugar, para Plotino, o tipo de incorrigibilidade cartesiana seria fundamentalmente representacional em sua natureza própria, pois toda atividade discursiva da mente, tal como pensamento ou percepção, introduz um lapso representacional entre o cognoscente e o objeto conhecido.

O intelecto, como sujeito ou base de todas as representações, não pode figurar-se a si próprio como um objeto de pensamento ou de percepção:

---

11   Esse é um tópico que não exploro neste texto, havendo uma excelente obra sobre as ideias de consciência e inconsciência escrita por Warren. Mas, *cf*. IV.9.21, como um exemplo do modo como Plotino expõe que a autoconsciência não apreende necessariamente aos vários pensamentos de experiências que a mente pode ter num determinado momento.

autoconsciência não constitui autoconhecimento *eo ipso*.[12] Se o autoco-nhecimento deve ser válido, é preciso que seja capaz de circunscrever a estrutura intencional na qual os objetos são normalmente representados na consciência. Para Plotino, jamais qualquer representação *conceitual* do eu ou do sujeito da consciência pode ser completa e jamais pode transferir o eu que pretende representar. O falibilismo de qualquer adequação é a con-sequência mais geral da teoria plotiniana do conhecimento conforme a qual a verdade não pode ser expressa por meio de representações linguísticas ou conceituais. Pode ser apreendida apenas quando há uma identidade entre cognoscente e conhecido.[13]

É claro que o maior problema desse tipo de teoria é que ela parece necessariamente eliminar tanto a verificação quanto a experiência. Plotino tenta dispor essa teoria da autoidentidade noética na esfera da experiência por meio de uma detalhada investigação da subjetividade humana. Faz uso de alguns experimentos mentais a fim de representar algumas características da consciência que exibe, de modo mais ou menos perfeito, um grau de unidade entre o sujeito que conhece e o objeto conhecido. Tais experimen-tos mentais visam guiar o leitor a uma melhor compreensão do que, em sentido mais próprio, conhecer é e parece ser.

II. Argumentos não passíveis de correção

Na seção anterior, considerei o critério da incorrigibilidade como o fundamento da epistemologia cartesiana. O triunfo de Descartes sobre a dúvida cética concerne à existência do eu pela recuperação de uma antiga estratégia: ele insiste acerca da autoevidência da coisa em questão. Conforme

---

12   Sobre a associação da incorrigibilidade com o tema cartesiano da consciência, ver Gill, 1991 e Wilkes, 1991.

13   Um interessante paralelo da crítica à autorrepresentação como sendo equivalente ao autoconhecimento desenvolvida aqui pode ser encontrada em Kant: "...a simples representa-ção 'eu', em si mesma vazia de qualquer conteúdo, que nunca pode ser denominada de um conceito, mas apenas uma pura consciência, que acompanha todos os conceitos" (*Crítica da razão pura*, A 346; citada por Marion, 1993, 57).

Descartes, se estamos conscientes de nossos estados mentais, de modo que estamos conscientes ou temos conhecimento de nós mesmos. Sugiro que Plotino não invoca a incorrigibilidade da autoconsciência a fim de sustentar uma concepção de eu imaterial,[14] pois o eu não pode ser conhecido discursivamente. No que segue, pretendo mostrar que, ao contrário da opinião de muitos estudiosos, Plotino desenvolve um argumento da incorrigibilidade ao defender a possibilidade de autoconhecimento, apesar de não fazê-lo em favor de um projeto epistemológico. O interesse de Plotino na subjetividade provém mais da aspiração à autorrealização que da aspiração à certeza.[15]

O problema para Plotino não é simplesmente se o eu pode ser conhecido, mas é mais importante saber: como pode o eu ser conhecido? Se a mente consegue representar o eu para o eu, então está se situando em uma distância epistemológica trazida pela distinção entre a mente como sujeito e qualquer um de seus objetos possíveis. Este é o problema explorado por Plotino no tratado *Sobre as hipóstases que se autoconhecem e sobre o que está além*.

A primeira linha do tratado começa por questionar se uma entidade simples pode ou não conhecer-se a si mesma; e esta é uma questão carregada. Ela implica a teoria plotiniana da unidade noética, mas é também disposta como uma resposta aos argumentos céticos contra a possibilidade de autoconhecimento. Assim é que Plotino voluntariamente deixa certas estratégias céticas entrarem pela porta da frente para, depois, colocá-las para

---

14 *Cf.* nota 12.

15 Os comentadores sempre citam Lloyd (1964) em suas notas de rodapé quando querem liberar Plotino como sendo um progenitor do indivíduo mental moderno, mas ao fazê-lo, falham em notar que Lloyd corretamente distingue duas diferentes noções de autoconhecimento: uma que ele chama de doutrina da *conscientia*, que é uma abordagem formal ou prova da incorrigibilidade da consciência. Descartes, portanto, conforme Lloyd, nos faz crer que: "a proposição segundo a qual sei que estou doente e a proposição segundo a qual sou consciente de que 'eu' que estou doente são dedutíveis da proposição 'eu estou doente'". Em seguida, Lloyd diferencia esse modelo de outra noção de autoconhecimento, o autoconhecimento como um tipo de sentido interno, que primordialmente tem força psicológica. Essa segunda noção é associada na tradição platônica ao *gnôthi seauton*, e vinculada à doutrina do "deus interior", nos textos religiosos. O elemento central é o seguinte: a razão filosófica pretende nos apresentar uma demonstração formal, razoável, do autoconhecimento, enquanto a religião pretende nos conduzir à interioridade e ali nos encontrarmos a nós mesmos ou a deus, ou ambos.

fora pela porta dos fundos, após usá-las para corroborar suas próprias teorias. No capítulo 2, linhas 2-5, por exemplo, encontramos a familiar queixa cética de que a sensação é capaz de apreender unicamente o mundo exterior. Plotino teria admitido aqui que estados mentais tais como percepção são sujeitos a correção, na medida em que os objetos percebidos estão fora da faculdade perceptiva. Mas o que é especialmente interessante é que o corpo agora se torna explicitamente uma parte do mundo exterior: pois mesmo quando a alma percebe os processos internos do corpo, eles ainda são externos ao sujeito percipiente.

Esse delineamento da pessoa como alma, e, mais especificamente, como o sujeito da consciência, concorda com o enunciado plotiniano encontrado em diversos textos de que o que pertence propriamente ao ser humano individual, e o que pertence propriamente ao corpo da alma do mundo, o universo físico. Plotino claramente afirma que o corpo individual provido de alma é uma parte do cosmos cujo crescimento e declínio são controlados pela alma da natureza, pela alma do mundo. Por exemplo, a potência nutritiva da alma é ativamente uma contribuição da alma do mundo para o elemento corpóreo do ser humano, mesmo se a percepção, quando acompanhada pelo intelecto, "seja uma [faculdade] do indivíduo".[16]

Os antigos céticos não apenas negavam que poderia haver conhecimento do mundo exterior, mas também negavam a possibilidade de autoconhecimento enquanto tal. Encontramos em Sexto Empírico uma série de argumentos com a finalidade de impugnar a possibilidade de autoconhecimento: a alma não pode conhecer-se a si mesma nem como todo nem como parte, pois o lado subjetivo ou o lado objetivo desapareceriam.[17] Plotino,[18] ao refutar tais argumentos, procede por meio de uma hierarquia de crescente autoconsciência, começando da percepção e terminando com o autoconhecimento intelectual. Pode a faculdade do pensamento discursivo ter conhecimento

---

16   IV.9.3.27. Sobre essa passagem, ver Blumenthal, 1971, 29.

17   Sexto Empírico. *Contra os dogmáticos* I.310-311. Wallis, 1989 foi o primeiro estudioso a chamar a atenção para V.2 como sendo uma resposta ao ataque cético a possibilidade de autoconhecimento.

18   Nesse ponto sou efetivamente devedora da obra de Wallis (1989) sobre o ceticismo e o neoplatonismo.

de si mesma? É o pensante, *qua* pensante, autotransparente? Essa questão é de grande importância se quisermos saber se Plotino pensa ou não que podemos construir um argumento que prove que o eu pode se autoconhecer. Podemos usar a razão para demonstrar que somos seres racionais por natureza, que somos, nas palavras de Descartes, "coisas pensantes"?

Conforme Plotino, definitivamente, não. O autoconhecimento, se de algum modo existe, deve ser anterior às deliberações do pensamento discursivo. Aqui encontramos Plotino considerando a lacuna representativa que ele admite no caso da percepção, estendendo-a a todos os modos de representação mental: "[Os pensamentos do Intelecto] certamente não são premissas ou teoremas ou proposições. Estas são dadas acerca de coisas diversas [de si mesmas] e não são idênticas às realidades [que significam]" (V.5.1.30).O pensamento, ao representar estados de coisas, pode especificar exatamente que estados de coisas são necessários para a verificação de suas asserções, embora isso obviamente falhe como garantia de tais condições. É claro que o pensamento de coisas de tal ou tal modo não é idêntico ao seu ser de tal ou tal modo na maior parte das circunstâncias. O ponto parece talvez óbvio para ser tratado, mas é um ponto em que Plotino repetidamente insiste quando discute os concomitantes ontológicos do pensamento discursivo. Aparentemente, o que distingue de modo crucial estados mentais de atos do intelecto é que os primeiros se dirigem diretamente aos particulares no mundo, enquanto que os outros não. Para empregar um pouco do jargão moderno, pode-se dizer que uma das características mais salientes do pensamento discursivo é sua intencionalidade, o fato de ser sempre de objetos que são distintos de si.[19]

Quando Plotino descreve o pensamento discursivo, o associa a dois modos distintos de alteridade: alteridade conceitual, ou a transição de um conceito a outro, e alteridade ontológica, ou a não identidade do sujeito pensante com o objeto do pensamento. Isso domina sua discussão desse tópico. Em III.8.6.23, por exemplo, Plotino novamente contrasta o conhecimento intelectual, no qual a identidade entre cognoscente e conhecido

---

19 *Cf.* Searle, 1983, 1: "A intencionalidade é a propriedade de muitos estados mentais e eventos, os quais são dirigidos para ou sobre ou dos objetos e estados de coisas no mundo".

prevalece, com o pensamento discursivo: "[A alma] é diversa de seu objeto, e tem uma forma de apreensão discursiva que vê como se uma coisa estivesse olhando para outra".Como com frequência é destacado, Plotino emprega a linguagem da discussão feita por Aristóteles em *De anima* III.8, concernente a identidade entre o conhecimento e seus objetos,[20] na qual Aristóteles delineia duas vias possíveis nas quais a mente pode ser idêntica a seus objetos. Ela pode ser idêntica com o objeto em si *qua* composto hilemórfico, ou pode ser idêntica à forma, abstraída da substância composta. Aristóteles elege a segunda possibilidade.[21] Estipula, então, que a mente "pensa as formas por meio de imagens mentais"[22] a fim de representar seus objetos (sejam eles perceptíveis ou conceituais).

Plotino, seguindo Aristóteles, concorda que o pensamento no sentido ordinário implica representações mentais das formas: "A mente discursiva, fazendo um juízo sobre as impressões sensíveis, tem uma apreensão simultânea das formas..." (I.1.9.17-21). Contudo, a abordagem feita por Plotino da identidade epistêmica diverge daquela de Aristóteles: conforme Plotino, a habilidade da mente de manter uma representação da forma não torna a mente idêntica a seu objeto inteligível. O pensamento discursivo ainda vê seus objetos como substantivamente distintos de si mesmo. Ele volta-se ao mundo exterior e descobre o objeto sensível, ou volta-se do interior em direção as formas e descobre o objeto conceitual. Nesse caso, para ter certeza, a mente provê, nas palavras de Plotino, um tipo de "modelo" entre o interno e o externo,[23] mas o pensamento discursivo é sempre direto de modo inerente em direção a algum objeto.

No tratado V.3.1, Plotino nega que essa mesma estrutura discursiva esteja presente quando o intelecto conhece seus objetos. A questão torna-se, então, se o intelecto conhece apenas seus objetos, ou o faz também

---

20   *De anima* 431a1.

21   *De anima* 431b26-28.

22   *De anima* 431b1-2: "São as formas que a faculdade da intelecção pensa como imagens mentais".

23   I.1.9.21-22: "[Estamos falando sobre] a inteligência discursiva em si, que pertence a alma genuinamente. A inteligência discursiva genuína é a atualização dos inteligíveis e sempre uma cópia ou modelo do interno e do externo".

(necessariamente) conhecendo-se a si mesmo.[24] A resposta de Plotino para a questão é resolutamente que sim, mas é preciso traçar o caminho pelo qual ele chega a esta resposta.

Inicialmente, parece que Plotino tenha levantado mais problemas do que teria sido capaz de resolver. Já vimos o quão disposto é Plotino a admitir a estratégia cética de negar que possa haver conhecimento de um objeto que é externo ao cognoscente. Nos capítulos 1 e 3 de nosso tratado, lemos que o intelecto não tem tais problemas: apreende o que "é nele", e, presume-se, estando no intelecto de algum modo, é intelecto.[25] Há todos os motivos para se acreditar que o intelecto *pode* conhecer-se a si mesmo, dado que seus objetos são internos. Mas por que, poderíamos insistir, é *necessário* que ele conheça a si mesmo? Plotino levanta essa questão num de seus primeiros tratados (V.9.8.15), no qual, conforme diz um comentador, ele invoca a concepção aristotélica de *energeia* para demonstrar que o autoconhecimento do Intelecto é necessariamente pura atividade intelectual; logo, o intelecto está necessariamente engajado como um todo ao conhecer.

De qualquer modo, essa abordagem dialética dos argumentos de Plotino sobre o autoconhecimento faz com que ela tenha uma estrutura que repousa sobre princípios ontológicos formais.[26] Ali não parece haver quaisquer traços ancestrais da incorrigibilidade cartesiana, que repousa sobre um apelo à autoevidência do *cogito*. Todavia, geralmente é aceito que uma marca distintiva do procedimento de Plotino para resolver questões epistemológicas é a natureza amplamente introspectiva de seus argumentos.[27]

---

24   "O *Nous* tem o conhecimento de múltiplas coisas como são os objetos do intelecto. Mas o intelecto que conhece tais objetos também se conhece a si mesmo?" (V.3.1.22).

25   Acerca dessa estratégia, ver Lloyd, 1964: os neoplatônicos argumentam normalmente que a mente ou o pensamento podem pensar a si mesmos porque a identidade entre *nous* e *noêton* implica que todo *nous* é também um *on* ou *noêton*; e estão apenas retomando a solução insatisfatória de Aristóteles no *De anima* III acerca da aporia tradicional.

26   Conforme Lloyd, a demonstração neoplatônica da necessidade do autoconhecimento da mente repousa sobre a tese metafísica de que o pensamento e seu objeto estão no intelecto, sendo essa uma abordagem formal.

27   Ver Smith, 1981, 104-105: Smith discute o conceito de *enhorasis*, uma abordagem intuitiva do pensamento metafísico, e em particular do apelo a intuição em III.7.5: "O verbo *enhoratai* é um termo recorrente em Plotino para expressar a vida na qual podemos encontrar

Em V.3.7, Plotino associa sua demonstração do autoconhecimento da mente com alguma forma de necessidade filosófica: "Nossa argumentação demonstrou algo do tipo que tem condições de inspirar confiança? Não, foi algo necessário, não uma força persuasiva, pois a necessidade está no intelecto, mas a força persuasiva está na alma". Como pode ele pensar que desenvolveu um argumento que tem força de necessidade? É a questão de como alguém segue o argumento.[28] O argumento toma forma de uma *reductio*: primeiro assume que o intelecto pode estar em contato, não diretamente com a realidade, mas apenas com uma impressão de algum tipo. Plotino, então, prossegue dizendo que se este é o caso, as mesmas dúvidas sobre o conhecimento também podem ser levantadas no caso da percepção. Mas se temos um intelecto que não pode garantir que conhece, então temos que supor outro intelecto para verificar o primeiro, e assim por diante. Ou o conhecimento nos falta completamente, ou somos capazes de saber que sabemos. O intelecto deve, então, ser a instância primeira de autoconhecimento.

Plotino destaca a necessidade do autoconhecimento, e, de tal modo, alma conhece por meio do intelecto. Assim, se a alma conhece algo, ela participa de um tipo de autoconhecimento subsidiário: ao saber que o conhecimento é presente, a mente reconhece que seu conhecimento é tributário do autoconhecimento presente no intelecto, ou seja, a mente afirma sua própria capacidade de conhecer. Essa verdadeira afirmação é um autoconhecimento parcial que constitui uma demonstração do princípio do intelecto, cuja

a relação de elementos no inteligível. Ele pode ser encontrado no tratado *Sobre a eternidade e o tempo*, no qual também é dito que o raciocínio habitual não é adequado para apreender a natureza do eterno e sua relação com o Ser. Devemos dizer "o eterno em nós". Ver também Warren, 1964: um artigo que cita numerosos exemplos de introspecção como um método de investigação filosófica. Warren destaca o tema de se ou não os muitos exemplos que Plotino cita da atividade da consciência humana são capazes de representar os estados que Plotino está investigando. Tais exemplos de um lapso de autoconsciência associados com intensa concentração ou com ações habituais são em geral evocados como evidência para questões concernentes as origens da percepção, memória e imaginação na alma humana.

28   Para uma discussão detalhada do contexto dialético de V.2.2ss, ver Wallis, 1989. Wallis identifica essa passagem com uma resposta para as estratégias pirrônicas padrão que buscam eliminar ambas as noções de que o eu conhece a si mesmo, seja como um todo seja como parte. Em ambos os casos, conforme os céticos, o lado subjetivo ou objetivo desaparecem no momento da autoapreensão.

verdadeira natureza é conhecer-se a si mesmo. De outro modo, teríamos um intelecto que não é inteligente, o que é uma total impossibilidade.

É difícil parecer plausível que isso conte como uma demonstração completa, muito menos como irrefutável, pois parece meramente recolocar a questão. A resposta cética seria: "Isso é exatamente o que digo; há uma regressão ao infinito do cognoscente, e o intelecto, o verdadeiro princípio de conhecimento, não pode garantir nada, pois jamais conhece a si mesmo".

Essa demonstração do princípio de autoconhecimento, se é o caso, não pode ser dita uma abordagem formal. Considerando que seu propósito é preparar o estudante para uma afirmação intelectual por si mesmo. Plotino está convencido que não é por uma argumentação formal que o princípio do autoconhecimento pode ser estabelecido, mas apenas pelo autorreconhecimento por parte da alma desse fato indubitável da apreensão de si mesma.[29]

> Não se está realmente apreendendo-o [sc. *Nous*] por meio de uma imagem, mas é como tomar um pedaço de ouro como exemplar de todo ouro, e se o pedaço que foi tomado não é puro, purificá-lo em ato ou palavra mostrando que nem todo esse exemplar é ouro, mas apenas uma porção singular do todo desta massa; assim, é pelo intelecto presente em nós, quando foi purificado, que apreendemos o que o intelecto é... como. (V.8.3.12ss)

De modo similar, no tratado I.4, *Sobre a felicidade*, encontramos uma descrição da apreensão autorreflexiva, no qual o pensamento, retroprojetado sobre si, é vinculado a uma superfície calma que reflete, uma *katoptron*. Porque seu foco é no eu como autoconsciência reflexiva, e não no eu como pensamento discursivo, há tanto continuidade quanto divergência do argumento cartesiano da incorrigibilidade.

Uma apreensão direta da natureza do momento cognitivo como tal é o método empregado por Plotino. A mente atinge o autoconhecimento não desenvolvendo uma concepção do que ela é para conhecer, mas tomando

---

29 Tradução de Armstrong.

o autoconhecimento como um processo de desprendimento gradativo dos objetos da consciência:

> Se alguém é incapaz de descobrir a alma em seu estado desprendido, primeiro deixe-o apreender a alma discursiva, e, em seguida, por ela ascender para além. Mas se não é capaz nem mesmo disso, então [deixe-o apreender] a faculdade da percepção que mantém os inteligíveis ainda mais distantes, pois a percepção em si é vinculada de modo atual com as formas. (V.3.9.28-32)

Para resumir essa seção, podemos dizer que o autoconhecimento implica a realização de que a mente ou o eu não é um objeto de algum tipo. Nesse sentido, a autoapreensão não atinge o autoconhecimento automaticamente. Antes, a mente *torna-se* autotransparente pela concentração em si mesma, e o eu será descoberto não mais como qualquer das estruturas intencionais que ocupam a mente quando dirige-se diretamente ao objeto externo. Contudo, Plotino não se contenta em assumi-lo como um ponto de doutrina. Faz uso de experimentos mentais como meio de ilustração de seu recomendado método para cultivar o autoconhecimento. Esses experimentos também convêm a sua radical insistência em uma orientação específica para a verdade considerada: o estudante não deve se considerar como separado da realidade que busca compreender.

III. Experimentos mentais

Argumentou-se que Descartes, escrevendo no quadro da tradição do manual de meditação, um gênero destinado a um público introspectivo, usa a dúvida provisória como um método catártico, logo, imitando a progressão de uma meditação penitencial, na qual sua alma é purgada do erro da dúvida por meio de um desprendimento sensorial.[30] Descartes escreve na tradição meditativa formada anteriormente por autores cuja intenção

---

30   Rorty. "A estrutura das *Meditações* de Descartes". *In:* Rorty, 1986.

era atingir um estado mental que pudesse ser receptivo da graça divina, ou da luz do conhecimento divino. Nas Meditações, tais exercícios são também voltados para uma abordagem teórica dirigida para a epistemologia, que pretende ser ilustrada pela prática autorreflexiva do leitor. Como Gary Hatfield escreve acerca do *cogito*: O breve esboço do argumento na conclusão "de que a proposição 'eu sou, eu existo' é necessariamente verdadeira" é em última instância apresentada como repousando numa apreensão direta do próprio pensamento daquele que medita.[31]

Hatfield insiste que Descartes é profundamente consciente dessa seleção do modo meditativo de discurso. Ele insiste sobre a necessidade de uma base prática para a investigação metafísica cujas conclusões sempre contarão contra o testemunho dos sentidos e pressupostos ontológicos estabilizados por um longo hábito. Descartes escreve acerca das noções primeiras da metafísica que "por sua própria natureza elas são, como tais, inteligíveis, ou mais inteligíveis que aquelas estudadas pelos geômetras, logo, sendo contraditas pelos preconceitos dos sensíveis às quais estamos habituados desde nossos primeiros anos, não podendo ser apreendidas de modo perfeito exceto aquelas as quais damos extrema atenção". E na resposta ao segundo grupo de objeções, escreve: "Não aconselho a leitura desta obra a não ser àqueles que queiram meditar seriamente comigo".

A noção de um eu subjetivo que Plotino esboça para o mundo moderno é um eu que se representa a si mesmo numa instância introspectiva. Plotino, para o desenvolvimento dessa comunicação introspectiva entre autor e leitor, vincula a uma série de experimentos mentais que aparecem no texto, cujo propósito é reforçar o potencial de autoapreensão e assim orientar o discípulo num percurso de autoconhecimento.

Na abertura de V.8.1 há uma extensa meditação sobre a relação entre a sabedoria e os produtos cuja criação ela governa. A beleza real não é descoberta no artefato, mas no conhecimento produtivo que a ele concerne. A beleza de nosso mundo, diz Plotino, pode melhor ser apreciada se concebermos o cosmos como transparente. Somente podemos ver a beleza do

---

31   Hatfield, 1986, 4-10.

mundo se formos capazes de ver através do mundo. Apesar das observações do capítulo 1 poderem parecer elusivas, sendo falhas em algum ponto entre metáfora e especulação cosmológica, logo aparece o fato que Plotino espera que o leitor/ouvinte o possa seguir de bem perto.

Ele nos oferece menos que uma instrução de como recriar essa imagem da transparência do mundo para nós, descrevendo um exercício que envolve a visualização do mundo como situado numa esfera diáfana. O centro e as circunferências da esfera tornam-se metáforas do sujeito percipiente e do objeto visual respectivamente. O sucesso da analogia é devido em parte à armação retórica com a qual essa passagem é construída, com a qual Plotino inculca a impressão que essa imagem é uma descrição da via pela qual qualquer um de nós, como leitores, visamos o mundo: "Na medida do possível, tente conceber o mundo como um todo unificado, com cada uma de suas partes sendo idêntica a si mesma e distinta..." (V.8.9.1-3).

Aqui Plotino sugere que o leitor tenta perceber o mundo como unificado com o pensamento, pensá-lo como um objeto singular de pensamento, contendo, então, todos os desdobramentos de seus diferentes membros. Considere, diz ele ao leitor, como todas as condições de apreensão total estão diante de ti, o cognoscente. Tais direções são uma via para se chamar a atenção para as características mais gerais implicadas em qualquer encontro com o mundo, em qualquer objeto passível de apreensão. Podemos parafraseá-lo assim: Considere qualquer conjunto de objetos passíveis de apreensão – o mesmo conjunto é simplesmente o que entendo por "mundo".

É possível chamar essa passagem de uma meditação porque contém dois traços muito empregados nas meditações técnicas: o uso ativo, mas dirigido, da imaginação, e a presença sustentada dessa construção imaginativa como um método de mudança dos modos habituais de pensar a autoapreensão: "Assim como qualquer parte, por exemplo, de uma esfera é mostrado de todos os modos, a ela imediatamente segue a imagem do sol juntamente com todas as outras estrelas, e a terra e o mar e todos os seres sensíveis que podem ser vistos, como se estivessem numa esfera transparente" (V.8.9.3-7, trad. de Armstrong).

Essa meditação implica um complexo empenho da mente e da imaginação do estudante. Considerando uma imagem simples, a esfera, antes que o olho da mente, o leitor é ciente da imagem completa, exercitando-se a si mesmo a desenhar o universo inteiro dos seres sensíveis e não sensíveis em toda sua diversidade. Certamente, seria necessária uma certa prática e esforço para se atingir todas as condições para que a meditação fosse bem-sucedida.

Todos esses componentes da imagem devem ser reunidos em um único plano. Todos os seres sensíveis são visados na esfera diáfana num único lance: *euthus*. Uma importante característica da meditação é exercitar a concentração e a atenção do estudante. A prática de tal exercício leva tanto a uma capacidade de focar-se, um direcionamento intenso do olho do espírito a um objeto singular, sem deixar qualquer característica do objeto ser predominante no momento, e a um desprendimento. Nenhum dos seres, sejam animados ou inanimados, nenhum ser humano ou não humano, deve ter prioridade na meditação. Todos são igual e completamente subsumidos na categoria geral do conteúdo da esfera. Todos são, é preciso notar, equidistantes do centro. Essa equidistância é o que Plotino expressa ao dizer que os elementos são, como tais, sobre a superfície da esfera.

A prática da concentração em dados objetos por meio da visão da imaginação dispõe a mente para desenhá-los num vertiginoso giro da experiência sensível. Esse desenho, não sendo um fim em si, começa por capacitar o estudante a dirigir sua atenção: "Deveria de fato ser possível ver todas as coisas na [esfera da mente]". No final da meditação, o estudante tem diante dos olhos do espírito um vasto campo que consiste no visar panorâmico da totalidade do cosmos, que é simultaneamente intrincado com seus detalhes e especificidades. O propósito desta visualização interior é chamar a atenção para a qualidade da visão interior em si mesma, e, em particular, sua capacidade para ser ao mesmo tempo unitária e multifacetada numa via em que a visão exterior não é.

A passagem que examinamos há pouco é um dos numerosos textos em que Plotino usa o simbolismo da esfera para ilustrar a relação entre a consciência e seu conteúdo. Encontramos esses textos divididos em dois tipos diferentes, um macrocósmico e outro microcósmico. Sob o primeiro tipo, a visão é descrita como planetária, e o conteúdo da visão inclui uma enumeração das partes do cosmos e seus respectivos habitantes.[32] Sob o segundo tipo, Plotino usa uma descrição mais abstrata de um objeto geométrico, uma esfera iluminada simples, ao mesmo tempo, essa forma pode representar uma cabeça individual, ou uma cabeça de duas faces que contempla todos os seres sensíveis.[33]

Essa variação entre as perspectivas microcósmica e macrocósmica é a via pela qual Plotino ilustra dois diferentes modos de conceber o mundo. O macrocosmo é um mundo acessível publicamente, habitado e experimentado por incontáveis seres sensíveis, cada um com uma perspectiva distinta. O macrocosmo é o mesmo mundo, visto dos confins internos de uma consciência individual. Acima de tudo, esses textos sugerem que Plotino estava preocupado também com o tema de como representar a subjetividade como um constructo filosófico, assim como com a diretiva metodológica do modo como dirigir um apelo dialético ao subjetivo.

Nesse ponto, é tempo de recapitular e fixar onde estamos em relação aos termos da questão histórica com a qual começamos. Iniciando com a questão geral, que uso faz Plotino do apelo geral a incorrigibilidade ao argumentar pela necessidade do autoconhecimento, encontramos textos nos quais a autoevidência da consciência formava o último degrau de uma progressão dialética. Além do mais, esses textos foram complementados por uma série de experimentos mentais nos quais uma elevada forma estruturada de subjetividade foi representada como imediatamente presente ao leitor. Com efeito, os experimentos mentais oferecem ao leitor um espelho no qual ele observa sua própria vida interior. Esses textos provêm uma resposta a questão histórica, "quando e como os filósofos são levados a abordar pela primeira o conhecimento de seus próprios estados subjetivos?"[34] mesmo quando tratavam de outras questões. Primeiro, podemos comparar qualquer dos postulados ou implicações da subjetividade cartesiana com elementos do apelo de Plotino à subjetividade da consciência? Segundo, que obra filosófica seus experimentos

---

32 *Cf.* V.8.9.4-10; VI.7.12.4-30; V.1.2.28-40.

33 *Cf.* VI.4.7.22-37; VI.5.9.1-10; VI.7.15.25-26.

34 Burnyeat, 1982.

mentais realizam? São eles uma elaboração da argumentação de Plotino ou são pressupostos que oferecem um elemento de persuasão completamente aparte das teses metafísicas sobre as quais estão assentados?

IV. Internalismo, fenomenalismo e os limites do subjetivo

Plotino começa VI.5.9 com um tipo de experimento psicológico: digamos que alguém imagine um certo número de elementos como formando uma esfera em seu pensamento. Agora Plotino quer que olhemos para a relação entre o "produtor da esfera" (*to poioun*) e o conteúdo dessa esfera (*ta merê*).

Suponha-se que o indivíduo pensante hipotético em nossa passagem possa considerar qualquer grupo de *stoicheia*, qualquer possível conteúdo da esfera, com finalidade argumentativa. Não importa o quão diversas sejam as causas que inicialmente produzem tais elementos no mundo exterior, como o conteúdo da esfera é considerado unicamente como objetos de pensamento, pode-se dizer que sua causa produtiva é singular, nominalmente, o próprio pensante hipotético.

Esse experimento mental destaca de modo crucial um apelo a uma instância introspectiva a fim de sustentar a forma forte de internalismo expresso na conclusão do argumento, uma conclusão que guarda uma proximidade em relação à posição internalista da filosofia contemporânea: "Um indivíduo ou estado mental animal e tipos de eventos – incluindo o tipo individual intencional ou representacional – pode a princípio ser individuado em completa independência das naturezas de objetos empíricos, propriedades ou relações".[35] Em nossa passagem, o conteúdo da esfera ou, como pode ser dito, o conteúdo da consciência (consiste em eventos mentais simultâneos ou estados) tem apenas uma única causa no momento em que

---

35   Burge, 1986, 118-119. E continua: "A natureza mental de todos os estados mentais e eventos individuais são tais que não há necessária ou qualquer outra relação individuadora interna entre os seres individuais em certos estados, ou eventos, com suas naturezas, e a natureza física ou meio social dos indivíduos".

são pensamento, nominalmente, o pensante hipotético. Na medida em que o pensador não é uma substância separada de seus próprios pensamentos, os eventos/estados mentais desse pensante sejam de algum modo uma parte do mesmo pensante. De tal modo, o conteúdo da consciência pertence a uma substância mental (inteligente), não física. Essa conclusão lembra o internalismo cartesiano e repousa sobre uma metodologia que se remete a de Descartes: o argumento torna-se a um apelo à introspecção. Apensa o pensante, na medida em que está pensando, pode confirmar que ele é a causa de seus pensamentos. Algum outro indivíduo, para quem o percipiente esteja narrando seus pensamentos, pode ter condição de observar que a causa de uma percepção particular era, por exemplo, o homem, Sócrates.[36]

A este argumento é inserido um breve acréscimo para se postular o problema da intersubjetividade, ou seja, a validade pública de um mundo autoconsistente para uma pluralidade de indivíduos pensantes. A independência causal de estados mentais do entorno físico deve agora ser tomada como uma analogia: assim como a mente é fonte e causa de seu próprio conteúdo, a alma do mundo é fonte e causa do mundo físico, enquanto que a alma cósmica contém a pluralidade das almas individuais.[37]

A questão é o que justifica essa transição do tratamento da mente individual como um exemplo da independência causal do que é mental com relação ao físico, para uma inferência mais ampla, que deve haver alguma mente universal que exercita a independência causal com relação ao macrocosmo físico? E, ainda mais importante para nossos propósitos, como Plotino faz com que a introspecção possa ser inserida na estrutura do argumento? Na superfície, esse apelo parece uma decepcionante abordagem para

---

36   *Cf.* V.3.3.5.

37   Uma discussão da questão extremamente complexa das relações causais entre a alma individual no corpo e a Alma do mundo, ver Helleman-Elgersma, 1980, 42-52. Ha uma distinção entre as hipóstases Alma (alma universal) e Alma do mundo, que governa o cosmos como um todo. Elgersma chama a atenção para a obra de Blumenthal, que demonstra a inadequação da tese prevalente entre os estudiosos, introduzida por Zeller, de que essas duas almas seriam equivalentes. Se a alma individual é apenas uma parte da Alma do mundo, e não diretamente vinculada à Alma como hipóstase universal, então o cosmos seria inteiramente subsumido à autonomia do individual.

a persuasão. Começando de uma posição internalista, Plotino termina por invocar o princípio metafísico que subjaz a esse experimento, a doutrina do pampsiquismo. De fato, todavia, Plotino precisa desta doutrina do pampsiquismo para satisfazer a consistência intersubjetiva do mundo. O argumento parece exibir uma circularidade mascarada pela ingenuidade de um apelo ao caráter imediato da consciência.

A fim de compreender essa transição, voltemos a outro experimento mental. Aqui consideremos as analogias entre a exploração plotiniana da subjetividade e a variação *esse est percipi* do idealismo para o qual filósofos contemporâneos olham com tanto desprezo. A passagem que consideramos parece introduzir uma forma de fenomenalismo como um degrau no argumento, que visa mostrar que há Forma para todos os seres sensíveis, ou que todo ser sensível existe na hipóstase *Nous*.

Nesse texto, os corpos dos seres vivos, por meio dos quais eles expressam suas individualidades, são visados como uma unidade, objetivamente, como constituindo um corpo do mundo, e subjetivamente, como constituindo uma apresentação fenomênica. O que acontece no próximo degrau do experimento é que as qualidades que são conhecidas para compreender, na perspectiva neoplatônica, a suma realidade do indivíduo, são mostradas como não sendo muito capazes de conferir atributos pelos quais um ser individual pode ser discriminado de outro ser individual.[38] De tal modo, as qualidades do indivíduo podem ser apreendidas como elementos no plano unificado da apresentação sensível, enquanto é a consciência daquele que apreende à qual tais apresentações pertencem:

> Todos eles geram-se, num sentido, de um nascimento singular, não como um respiro particular ou um calor, mas como se fossem uma qualidade que sustenta e deixa intactas todas as qualidades em si, de doçura com fragrância, que era uma das qualidades do vinho e as características de todos os sabores, o brilho das cores e tudo que pertence ao tato. (VI.7.12.23-28, trad. de Armstrong)

---

38 II.6.3. Sobre a existência puramente qualitativa do indivíduo, ver a extensa discussão de Wurm, 1973.

Assim, a progressão da passagem é da descrição objetiva da qualidade, como doçura ou o cheiro, para sua natureza fundamental, como um tipo de despertar do percipiente.

Esse texto apresenta um experimento mental no qual o mundo objetivo se dissolve antes que a mente, deixando nesse plano o que pode ser descrito literalmente como um fluxo de consciência. Em nossa passagem, as substâncias individuais são vistas como consistentes de *qualia*, e essas *qualia*, em contrapartida, são simplesmente modificações da consciência, ou *nous*, que podemos considerar como sendo a "única fonte" descrita no texto. Em ambos os experimentos, Plotino nos mostra como a alma constrói um sentido contraído de eu quando ela concebe o mundo como externo a si; essa noção de externalidade é resultado do hábito de identificação com o corpo. Os experimentos mentais revelam uma vida para conceber o mundo como não externo ao eu. Gradualmente, as amarras que separam eu e mundo são desfeitas, quando as demarcações da interioridade não mais giram em torno do corpo, mas da totalidade das apresentações fenomênicas.

De tal modo, identificamos experimentos mentais nos quais a instância subjetiva foi tomada como um suporte para teses metafísicas fortes, incluindo a doutrina do pampsiquismo, bem como a doutrina platônica do mundo exemplar. Em ambas as passagens, aparece um quebra-cabeça estrutural. Um apelo à consciência supostamente imediato e, portanto, sem fundamento, torna-se método de credibilidade em relação ao que são obviamente dogmas internos ao platonismo. Por que empregar tal metodologia circular? Não correríamos o risco de nos perdermos no texto e em sua retórica da imediatez? A persuasão não é a meta final desse experimento; mas a participação. O sucesso dos experimentos mentais leva Plotino à validação da jornada contemplativa.

De fato, uma das mais fortes motivações de Plotino para abordar a subjetividade por meio desses experimentos mentais é destacar as limitações do subjetivo. O apelo a introspecção convida a um escrutínio das assunções que o cognoscente tem sobre si mesmo. Tomando-se a si mesmo como possuindo um estatuto epistêmico privilegiado, esses textos encorajam o leitor a duvidar tanto de sua própria identidade quanto a reconhecer seus próprios limites cognitivos.

Nos experimentos mentais que discutimos, uma das mais importantes configurações apresentadas é a relação entre a esfera e seus conteúdos. A pessoa, como cognoscente, ou sujeito de consciência, será identificada com a esfera, mais do que com qualquer um de seus conteúdos. Imediatamente, as definições do eu que são apropriadas para o cognoscente considerado como um ser sensível particular não são mais apropriadas para a pessoa subjacente ao exercício. O propósito de tais exercícios é suscitar uma apreensão da natureza do individual na medida em que ele é um cognoscente, sugerindo um contraste entre seu conhecimento de si como individual e sua identidade como cognoscente. A verdadeira instância que é assumida se alguém se identifica, não com o conteúdo da consciência, mas com a própria consciência separada de seus conteúdos, imediatamente começa a erodir a identidade do cognoscente. O centro da consciência é infinitamente expansivo, não incluindo em si qualquer identidade individual que o cognoscente possa possuir como uma característica não observável da totalidade da paisagem interior. Ou seja, todo elemento cognoscível sobre a identidade do cognoscente como sujeito é convertida ao estatuto de uma condição externa: corpo, personalidade, história de vida, paixões, e assim por diante. Essa separação dos confins de uma subjetividade histórica, na medida em que não consiste numa negação do eu empírico, permite a subjetividade ampliada da alma emergir detrás do véu do domínio objetivo.

V. A subjetividade e sua transcendência

No capítulo 18 de *Vida*, Porfírio relata como uma vez ele tentou "mostrar que o objeto do pensamento existia fora do intelecto"[39] e que essa crença constituía o principal obstáculo para sua adesão ao ensinamento de

---

39 Porfírio. *Vida de Plotino* 18.10.

Plotino,[40] que pensava que os inteligíveis, ou Formas, existem no *Nous*. A dificuldade de Porfírio parece se assentar na assunção que caracteriza a cognição comum como oposta àquela intelectiva, nominalmente, do mundo, ou do ser real, deve existir fora do cognoscente. Essa assunção é em contrapartida fundada sobre a necessidade superar o subjetivismo que aparentemente resulta da afirmação de que o intelecto não pode descobrir um objeto que existe anterior a si.

As objeções de Porfírio podem servir como introdução de uma dificuldade-chave na concepção do autoconhecimento que aqui desenvolvi. A progressão da introspecção deve resultar na crença de que o sujeito da consciência individual, que contém, mas não é idêntico a qualquer um de seus conteúdos, pode sempre mergulhar no solipsismo que pode sempre engolfá-lo. As criações da mente individual são inteiramente subjetivas; os objetos do intelecto, do *Nous*, são de modo preeminente objetivas.

O problema da descontinuidade entre a mente individual juntamente com o pensamento individual, e o intelecto como tal, juntamente com sua capacidade extensiva como Formas eternas, constituem a base do argumento "difícil" que já aparece no *Parmênides* platônico, que é gerado das implicações subjetivistas da abordagem das ideias como *noêmata*, ou objetos de pensamento, de uma mente individual.

> Mas, Parmênides, disse Sócrates, poderia não ocorrer que cada uma dessas formas seja um objeto de pensamento, que poderia não existir em nenhum outro lugar exceto na mente... (132c7) E, além disso, disse Parmênides, conforme a via na qual afirmaste que as outras coisas têm um contorno nas formas, não deves sustentar que cada uma dessas coisas consiste em pensamentos, na medida em que todas pensam, ou ainda que são pensamentos que nunca pensam? (132b3)

---

40 Muitos estudiosos tiveram um cuidado exemplar em mostrar as conexões entre essa tese central e o desenvolvimento histórico das interpretações estoica, peripatética e médio--platônica da criação demiúrgica combinada à autointelecção da divindade aristotélica. Uma das mais interessantes abordagens do problema é a de Rich, 1954, 123-133, que discute as formas platônicas como pensamentos na mente humana, um modelo evidenciado já no *Parmênides* como parte da "maior dificuldade" ou *aporia*.

Além da continuidade nas produções no pensamento que serve para limitar e condicionam o cognoscente com um lapso de opinião, ainda que verdadeira, ou conhecimento científico, mesmo coerente, deve haver algum uso da inteligência humana que pode conduzir a um tipo apreensão que liberta o cognoscente dos confins de seu próprio pensamento, dos confins de seu próprio intelecto, e permite um acesso ao intelecto como tal.

A metodologia de Plotino consegue sair das condições do pensamento particular e ter ocasião de despertar um tipo de apreensão que abrange tanto sujeito quanto objeto de intelecção como seu termo de referência. Ele espera que nessa condição fundamental da experiência consciente, a realidade do cognoscente engajada no confronto com o mundo como dado à consciência, proveja a melhor oportunidade para uma exploração da natureza da realidade inteligível.

Plotino dispõe no método de identificação direta da verdadeira primazia da cognição ou apreensão em seu aspecto mais geral, a verdadeira consciência que é a base para qualquer modo de cognição. Esse método assume de início que o intelecto em nós é o intelecto como tal, mas ainda não o reconhecemos. Plotino nos diz: "E para assumir outra via, o *nous* não pertence ao indivíduo, mas é universal" (III.8.8.41).

A alma atinge a identificação com o intelecto por meio da prática da concentração, mas não uma concentração em algo externo a si, pois esse apego e distração pela concepção de algo externo, uma realidade ontologicamente separada, é precisamente o hábito que obstrui a progressão mental no conhecimento.

VI. Conclusão

Uma das questões das quais partimos introduzir esse estudo sobre a apresentação plotiniana da subjetividade era "o que é uma pessoa?". Nos experimentos mentais considerados, Plotino trata o eu empírico como um objeto de consciência:

Se, antes de mais nada, separasses o corpo de um homem (e, obviamente, de si mesmo), e, então, a alma que o constitui e, em seguida, a percepção, desejos e paixões... o que fica da alma é isso que dizíamos ser uma imagem do Intelecto... (V.3.9.1-10, trad. de Armstrong)

O eu empírico não é o eu com o qual o cognoscente é identificado, na medida em que o eu autêntico emerge como puro sujeito de consciência, apenas descoberto quando os vários modos e objetos de cognição são progressivamente retirados.[41] O que nesse experimento confere a alguém o direito de demarcar sua própria subjetividade como se existisse fora das amarras de qualquer modo de cognição ou qualquer dos parâmetros psicológicos que normalmente caracterizam uma personalidade ou possessão de uma história da vida? O desprendimento recomendado aqui parece destoar do requisito de auto-honestidade que admitiria paixões, experiências sensíveis e estados corpóreos como pertencentes ao eu.

A fim de inserir essa abordagem em um foco bem delimitado, esboçamos uma objeção dirigida contra a *res cogitans* cartesiana, a pura subjetividade da consciência formada na tradição empirista:

Para o empirismo, o eu é um sujeito não passível de objetivação, assim como o olho é um órgão invisível. Mas... o eu empirista se dissolve ao ser submetido a um escrutínio empirista. O eu não é revelado por qualquer sentido, seja interno ou externo, de tal modo que não deve ser rejeitado como um monstro metafísico.[42]

O experimento mental que Plotino desenvolve ao remeter continuamente seu leitor a esse eu que jamais pode ser apreendido como um objeto definido, como isto ou aquilo. Portanto, o máximo que esse eu "atestado", ou sujeito de consciência, teria a dizer sobre si mesmo seria "sou, sou" ou "eu, eu".[43]

---

41 *Cf.* o agudo estudo das recomendações de Plotino de um desprendimento contemplativo do eu empírico feito por Schroeder, 1989.

42 Kenny, 1992.

43 V.3.10.36.

Esse eu especulativo, o olho de visão total desprovido de carne que foi repetidamente denunciado na era pós-moderna como uma abordagem superficial para reificar uma convenção linguística,[44] é facilmente identificável na tradição pré-moderna. Mas para a tradição moderna, esse eu foi parte de uma elaborada construção epistemológica que introduziu um enorme montante de bagagem metafísica excessiva, com a qual, o dualismo cartesiano e suas consequências internalistas.

As motivações de Plotino vão completamente em outra direção. De fato, seria pesado supervalorizar as afinidades que Descartes tem com Plotino em termos de alusões textuais a uma tradição religiosa. A característica mais significativa dos experimentos mentais de Plotino é sua associação com a prece ou a invocação, um uso que podemos ver retornando ao tratado *Sobre a beleza inteligível*:

> Visando tal imagem, disponha outra após ela, retirando sua massa. Remova tanto o espaço quanto a concepção imaginária de matéria que há em ti [conjuntamente]; não tente simplesmente apreender outra esfera, menor em massa [que a primeira]. E invocando o deus cuja concepção imaginária tu tens, reze para que venha. (V.8.9.11, trad. de Armstong)

Aqui a esfera é obviamente tratada como um ícone da deidade. Mas, mais do que a própria esfera, o mundo como um todo, na medida em que está contido na esfera, é concebido como um ícone, uma imagem sagrada do deus que pode ser encontrado face a face em seu manifestar-se.[45] Essa

---

44   Ou seja, reificando o pronome da primeira pessoa, que, como sujeito de todos os predicados autorreferentes, é um instrumento linguístico para indicar a presença de um ego substancial, mas que é, conforme alguns teóricos, um recurso metafísico. *Cf.* Kenny, 1992.

45   Há muitas passagens nas *Enéadas* em que a imagem da esfera é associada com a atividade de meditação contemplativa ou de prece. Plotino com frequência emprega a linguagem da irradiação solar para discutir esse tipo de meditação, mas também com frequência usa a linguagem do culto e da celebração, empregando o imaginário da dança como uma aplicação do mesmo modelo esférico. *Cf.*, particularmente, V.5.8.3-7, na tradução de Armstrong: "Assim, não devemos persegui-lo após ele [o Uno], mas esperar em quietude sua aparição, preparando-nos para contemplá-lo, como os olhos esperam o raiar do sol; e o sol raiando sobre o horizonte ('do Oceano', diz o poeta) dá-se a si mesmo aos olhos de quem vê". Ou, novamente, em VI.9.8.35ss acerca da imaginária da dança. Para os usos explícitos de ima-

meditação é também uma oração eclética, uma invocação que depende de visar o mundo como um todo tanto como oferta quanto como objeto de culto. O exercício ajuda o estudante a tratar o mundo como teofania, como uma imagem da deidade cuja presença real pode ser reconhecida.[46] Esse reconhecimento é mais facilmente atingido, conforme Plotino, numa busca introspectiva: as orações plotinianas empregam a fórmula "só para o só".[47]

Essa prática introspectiva implica a simplificação e esclarecimento das relações que a alma, como cognoscente, tem como todos os objetos possíveis de apreensão consciente. Uma das consequências desse esclarecimento é a restauração da própria completude da alma, uma apreciação do rico e criativo potencial que é acessível a todo ser humano como um direito de nascimento. Não totalmente circunscrito por suas limitações históricas, temporais e emocionais, o eu plotiniano envolve um vasto domínio cujas amarras que se estendem a tudo aquilo que circunscrito em qualquer momento cognitivo. A esse respeito, a reconstrução plotiniana do eu é dada num momento de atenção que pode ser atualizado em qualquer momento da história.[48]

---

gens do brilhar [da luz], ver VI.9.11.19-30 e V.1.6.10. Essa última passagem é novamente uma discussão da oração e da invocação.

46   Para uma excelente discussão da obra do cosmos tanto como em si mesmo divino quanto como imagem do divino, *cf.* Pépin, 1986.

47   Dodds, 1960, 16-17, discute a história dessa frase e cita evidências de que Numênio, que a teria empregado no fragmento 11 de seu *Peri Agathou*, e se a frase fazia ou não parte de uma fórmula de culto egípcia.

48   Muito agradeço ao editor, Lloyd Gerson, por suas úteis sugestões. Contudo, todas as concepções, bem como todos os erros aqui expressos são de inteira responsabilidade da autora.

11 Corpo e alma

STEPHEN R. L. CLARK

Porfírio relata que "certa vez, interrogou Plotino por três dias acerca da relação entre a alma e o corpo, tendo Plotino lhe respondido. Um homem chamado Taumásio, tendo interesse em assuntos gerais, disse que queria ouvir Plotino falando acerca de um determinado tratado, mas não podia esperar as perguntas de Porfírio e as respectivas respostas. Plotino disse: 'Mas se quando Porfírio coloca questões, não resolvemos suas dificuldades, nada seríamos capazes de dizer que pudesse ser posto neste tratado'" (*Vida de Plotino* 13.11-18). Porfírio em seguida afirma que as obras do "período médio" da produção de Plotino (tratados 22 a 45), escritas quando Porfírio estava com ele na escola, foram os maiores (*Vida* 6.31-37), mas é difícil identificar qualquer diferença específica que suas questões tenham feito (sobretudo porque Plotino escrevia sem interrupção e de modo muito prolixo). Plotino deve ter firmado suas convicções argumentando, estando preparado para defendê-las, mas o que ele diz no primeiro tratado, *Sobre o belo* (I.6) é muito próximo do que ele diz no tratado final, *Sobre o primeiro Bem e os outros bens* (I.7): "Quando vemos a beleza nos corpos, não devemos segui-la; devemos saber que eles são imagens, traços, sombras e muito distantes em relação àquilo do que são imagens... Feche os olhos e mude, assumindo uma outra maneira de olhar, que todos têm, mas poucos usam" (I.6.8.7-9, 25-27). "Devemos dizer que a vida no corpo é um mal em si, mas a alma atinge o bem pelas virtudes, não pela vida no composto, mas separando-se de tudo" (I.7.3.20-23).

A separação da dissociação a que Plotino nos exorta, é claro, é "uma jornada a pé" (I.6.8.23-25): o outro mundo não é um lugar aparte daqui, além da lua ou após o vale do paraíso. "Se estais olhando para o lugar em que a alma está [desde que deixou o corpo], deves olhar para o lugar em que [substância e realidade e o divino] estão; mas ao olhar, não deves olhar para ele com seus olhos ou do modo como olhas os corpos" (IV.3.24.27-29). A alma não é outro tipo de corpo, logo em fusão com carne e sangue, mas destinada a viver aquela união – embora Plotino não pareça dar asas à ideia de "corpos astrais", adquiridos na "passagem" da alma pelo vale do paraíso (IV.3.15.1-4). Sem alma, não poderia haver corpos – não havendo corpo separado da alma. René Descartes em que há dois tipos separados e não comunicáveis de substância (extensão[1] e pensamento) é algo que nenhum platônico poderia aceitar. Nem Plotino, diferentemente de Descartes, supunha que pudéssemos "conhecer" facilmente nosso ser "interno" ou "mental": "'Conhecer a si mesmo' é dizer que aqueles pelos quais a multiplicidade de seu eu tem a tarefa de se examinarem a si mesmos e saberem que não conhecem toda quantidade e tipos de coisas que são, ou não conhecem nenhuma delas, nem o que seu princípio é, ou pelo que eles mesmos são" (VI.7.41.22-26). Mas seria pedante negar que Plotino, em outro sentido, era um dualista. "Pois cada homem é duplo, um é o tipo de ser composto, outro, é ele mesmo" (II.3.9.31-32). São esses dois "dualismos", um aparente e outro real, que aqui será exposto. O segundo tipo, que requer que cada um de nós tenha um eu "interno" ou um "superior", já distinguível da matéria implicada como "outro" eu, é uma doutrina que talvez tenha recebido maior ênfase após a chegada de Porfírio, mas seria inadequado supor que isso representou uma inovação.

Porfírio incluiu muitos dos tratados que versam sobre a alma no quarto livro das *Enéadas*, e que podem, a despeito de sua desordem cronológica, servir como uma boa introdução ao presente tópico. Mas os argumentos de Plotino, e seus aforismos, acerca desse tema podem ser encontrados ao longo das *Enéadas*. Ressalto os tratados *Sobre a imortalidade da alma* (IV.7), *Sobre a essência da alma* (IV.1), *Sobre a descida da alma nos corpos* (IV.8), *Se as almas são uma* (IV.9), *Sobre as três hipóstases principiais* (V.1), *Sobre o dáimon que nos coube* (III.4),[2] *Sobre a presença do ser* (VI.4-5), *Aporias acerca*

---

1 Que estritamente, para Descartes, inclui tanto matéria quanto espaço.
2 Tudo que foi escrito antes da chegada de Porfírio à escola.

da alma (IV.3-5), *Contra os gnósticos* (II.9),[3] *Como a multiplicidade das Formas vem a ser, e sobre o Bem* (VI.7), *Sobre a felicidade* (I.4), *Sobre a Providência* (III.2-3), *Se os astros influem* (II.3) e *O que é o vivente e o que é o homem?* (I.1). Há a observação de Porfírio (*Vida* 8.1-12) de que Plotino nem revisava nem escrevia esboços preliminares de seus tratados. Tampouco deu-lhes títulos ou os dispôs na ordem agora canônica (*Vida*, 4.17-18; 24.5-16). O que ele diz acerca da alma é também verdadeiro sobre sua própria obra: "é como uma longa vida que, ao se distender, cada parte é diferente daquilo que lhe é posterior, mas o todo é contínuo em relação a si, mas com uma parte diferenciada de outra, e o anterior não perece no posterior" (V.2.2.26-30).

I. A necessidade da alma por parte do corpo

O que Plotino argumenta em suas conclusões pode surpreender quem o toma como um poeta ou místico. Não teria sido irracional para ele a vinculação entre experiência e intuição vivida em sua doutrina. Minha convicção de que tenho um nome e ancestrais não é algo que possa provar a alguém que decide duvidar disso. Por que eu deveria provar (que seria simplesmente óbvio para mim) que "[meu] nascimento não é senão um sonho e um esquecimento"?[4] Plotino, todavia, argumentou, e o que ele disse acerca de diferentes concepções do ser humano ainda tem força.

"O homem não poderia ser uma simples coisa, mas há nele uma alma, tanto quanto um corpo" (IV.7.1.4-6). Se esta alma fosse corpórea, então seria divisível, e qualquer uma de suas partes daria vida ao composto "alma", que seria a alma real (IV.7.2.9-11). Que tipo de corpo poderia ser este que, por sua própria natureza, vive? Fogo, ar, terra e água, bem como qualquer outro elemento corpóreo, são "em si mesmos desprovidos de vida": como poderiam, isolada ou coletivamente, produzir vida? A alma não pode, portanto, ser um corpo, seja porque corpos são sempre compostos (e assim carecem de um princípio ordenador), e porque nenhum fundamento corpóreo

---

3 Porfírio deixa Roma após o quadragésimo-quinto tratado ter sido escrito (*Vida*, cap. 5).

4 Wordsworth. *Ode* "Intimations of Immortality", seção 5: 1950, 460.

existente é essencialmente doador de vida. "Como pode a composição dos elementos ter qualquer tipo de vida?" (IV.9.5.18-19). Para explicar o fato que algumas coisas são vivas e todas devem ter algo que é essencialmente vivo, ao que damos o nome de alma.

> Pois certamente nem todas as coisas podem ter uma vida independente: caso contrário, isso seria uma regressão ao infinito; mas deve haver alguma natureza que é primordialmente viva, que deve ser indestrutível e necessariamente imortal, pois é a origem da vida de outros... Isso que é primordial e eternamente existente não pode estar morto, como uma rocha ou uma árvore, mas deve ser vivo. (IV.7.9.7-25)

Nenhuma base corpórea exerceria tal função – visto que nenhuma base deste tipo, destaca-se em seguida, deve também ser viva (VI.7.10.44-46). A aparente contradição pode ser evitada: nada que é extenso e divisível é vivo em virtude de suas propriedades corporais, mas nada que é identificado como algo é, para tal extensão, uma unidade – e vivo (pois o que a faz uma unidade também a torna viva). Pedras, como pedras separadas, são fragmentos retirados de uma terra viva (IV.4.27.9-12).

Além disso, nada que seja "unido a si mesmo em comunhão de sentido pode provir de corpos que são sem sentidos e incapazes de ser unidos" (IV.7.3.4-6). Na ausência de tal princípio indivisível unificador "haveria muitas almas dirigindo cada um de nós", sem qualquer percepção unificada (IV.1.2.9-10). De fato, é uma e a mesma alma que está "presente" tanto nos pés quanto na cabeça "como mostra a percepção" (IV.4.1.25-27). Os corpos podem apenas existir cada um ao lado do outro, e não podem penetrar outros "todo por todo": as almas são presentes por todos os corpos, embora não sejam corpóreas (IV.7.8[2].21-23). De modo similar, quando um corpo é cortado (e um ser vivo sente dor) isso ocorre precisamente porque a alma como tal não foi cortada (IV.4.19.9ss). "A dor é consciência de recuo de um corpo que foi desprovido da imagem da alma" (IV.4.19.2-3). Se o recuo fosse completo, não poderia restar nenhuma dor. "A imagem", ou traço, ou sombra, ou alma que, como era, configura o corpo de um animal ou planta, é o que a constitui como uma unidade (IV.4.18.4-8). Há "outra alma", sobre a qual falarei mais adiante, "nossa parte dominante ou essencial" (IV.4.18.15-16), mas a distinção esboçada por Plotino não é entre "a alma" e o corpo desprovido de alma. Não pode haver qualquer corpo que não seja informado e regulado por um princípio unificador, nem qualquer percepção que não seja percepção da alma. "Se algo é voltado a perceber alguma coisa, deve ser ele próprio uno e perceber qualquer objeto com um e o mesmo sentido... Pois não há uma percepção do nariz e outra dos olhos, mas há uma e mesma percepção de todos" (IV.7.6.3-9).

Filósofos posteriores, diante da dificuldade de explicar a "vida" ou "sentidos" ou "pensamento", por vezes apelaram para a noção de propriedades "emergentes". Cada uma das partes de que uma entidade é composta como um todo são "mortas" (sem sensação, sem pensamento), dizem eles, a entidade em si podendo ainda, por predicação, ser viva, sensível e pensante. Outras supostas propriedades emergentes que eles tomam como exemplo para tornar esse evento mágico mais plausível (como os átomos de oxigênio e hidrogênio não são aquosos, mas a água é) igualmente não ajudam. De tal modo, como "ser aquoso" é uma propriedade fenomênica que é um exemplo exatamente do tipo de coisa existente em algo desprovido de vida, sendo o universo não pensante complexo. No entanto, como sua "emergência" não é complexa, porque "ser aquoso" apenas significa estarem uma certa relação com outros átomos matematicamente predicáveis. Outros tentaram analisar as propriedades "superiores" completamente inseridas nas propriedades possuídas pelas partes (como talvez ocorra com a umidade física). Nesses últimos termos, algo "vivente" é apenas um agregado de movimento cujas partes se constituíram num modo particular que lhes deu uma vantagem evolutiva. Na medida em que nenhuma sensibilidade subjetiva, nem (como Plotino destaca: I.4.2.31-43) a própria razão podem ser capazes de prover tal vantagem, houve evolucionistas que negaram a existência do que é mais óbvio, nossa própria capacidade de pensamento e de sensação. Nem "emergência" nem "redução" oferecem muito mais como explicações; os emergentistas apelam a magia, e os reducionistas a nossa credulidade. Plotino argumenta que qualquer ser composto deve ser constituído de partes homogêneas ou heterogêneas. Mas uma alma composta seria, então, constituída de partes desprovidas de alma (partes diferentes umas das outras, e do todo), ou ainda as "almas" poderem ser quantificáveis como maiores ou menores do que o que as constituem: ambas as alternativas são absurdas (IV.3.2.29-35). O materialismo puro é fundado num erro extraordinário: primeiro postula-se um mundo formado por todas as propriedades fenomênicas ou subjetivas, e, então, surpreende-se que tal mundo não contenha nada que explique a existência de tais propriedades. Plotino disso estava ciente.

A rejeição tanto do emergentismo quanto do reducionismo parece fazer dele um aliado do dualismo cartesiano, com a crença (como acima explicado) que há *dois* tipos de substância, corpo e alma. A verdade é mais sutil: não pode haver qualquer corpo, nem mesmo a menor unidade visível, sem alma. Mas, *pace* os pampsiquistas, a alma, o vivido, de cada totalidade não é composta das almas de cada uma de suas partes. A explicação vai em outra direção: há seres menores porque a alma esquece cada vez mais de seu próprio ser, implicando-se perpetuamente em eventos particulares.

> Quando uma alma age assim por muito tempo, voando do Todo e pousando naquilo que é distinto, e não olha para o inteligível, fica à parte e é isolada e débil e confusa, e olha para uma parte e em tal separação do todo vincula-se a algo singular e voa para longe de tudo o mais... Ela agora está voltada para si própria e para o cuidado das coisas exteriores e está presente e repousa numa parte individual. (IV.8.4.13-22)

Mais no presente do que no futuro.

"Nenhuma das partes da alma, nem a alma como um todo estão no corpo como em um lugar... Nem está no corpo como em um receptáculo" (IV.3.20.10-12, 15-16). Nem é a alma uma propriedade do subjacente material (IV.3.20.28). Mesmo a analogia de um marinheiro e de um navio é inadequada: "essa é uma boa comparação em relação à capacidade da alma de ser separada do corpo, mas não supre de modo verdadeiramente satisfatório o modo de sua presença" (IV.3.21.6-8). De modo singular, Plotino fizera a comparação, alguns capítulos antes, para descrever os perigos de uma grande absorção nos cuidados corporais: assim como "os marujos de um navio numa tempestade se concentram cada vez mais nos cuidados de seus navios e chegam a um ponto que se esquecem de si mesmos, estando em perigo de serem devorados com o naufrágio de seus navios" (IV.3.17.23-26). Mas, nos dois capítulos, o ponto é que a "presença" da alma ou do marujo não é espacial. "Se a alma fosse sempre una, no sentido de ser uma unidade indivisível e autocontinente... então não haveria nenhum conjunto que, ao ser tomado pela alma, ficasse inanimado, mas a alma estaria assentada, por assim dizer, no centro de cada ser vivo, e deixaria sua massa total desprovida de alma" (IV.1.2.35-40). Como também Descartes observa: "se um anjo tivesse um corpo humano, não teria sensações como temos, mas simplesmente perceberia os movimentos que são causados por objetos externos e nesse sentido seria diferente de um homem real".[5] Está distante de ser a alma qualquer tipo de fantasma numa máquina, antes é a matéria que está próxima de ser uma fábula, dado que possui seu ser pela alma. Perdendo o corpo, seríamos como um anjo: perdendo a alma, o corpo se dissolveria (ver V.1.2).

Corpos extensos são unificados, e tem movimento pela alma; os efeitos dos corpos são experimentados pela alma. Por seu envolvimento com o ser corpóreo e extenso, a alma pode perder o contato com sua própria não corporeidade. Ela se recordaria ao tomar contato com os fenômenos da memória, do juízo e da autoconsciência. Um modelo meramente corpóreo de memória (como impressões num pedaço de cera) não explica porque novas impressões não obliteram as antigas (IV.7.6.38-50). Mesmo se as afecções pertencem ao corpo (provido de alma), os juízos (cuja classe inclui as percepções) são não corpóreos, não de tal modo que afetem a substância subjacente da alma (III.6.1.4-27). "A alma como todo percebe a afecção no corpo sem ser afetada por ele" (IV.4.19.13). *A fortiori*, aquelas formas de pensamento que compõem como o incorpóreo, desprovidas de partes, devem ser elas próprias incorpóreas. "Como algo que é de um tamanho pensa que não tem tamanho e pensa que é desprovida de partes com algo

---

5 Descartes 1981, 128 (Carta de janeiro de 1642).

que tem partes?" (IV.7.8.10-13). É esta última consideração que pode criar outra dualidade, aquela entre a alma humana e a sub-humana.

II.Animais e anjos interiores

O "dualismo", tal como é comumente entendido, postula dois tipos de substância, que se inter-relacionam de modo misterioso. Se a definição característica de "alma" é de automoção, ou provida de sensação, então as plantas e os animais podem ser vistos como seres anfíbios, tal como o ser humano (ver IV.8.4.32-33): compostos de corpos e almas. Se a essência da alma é juízo, e a capacidade de apreender a substância não corpórea, veríamos facilmente o lugar das criaturas não humanas inteiramente no campo do corpóreo (como os seguidores de Descartes fizeram com mais entusiasmo que seu mestre). Plotino não aceita nenhuma dessas hipóteses. O corpo de um animal ou planta tem um tipo de sombra, ou traço, de alma: quando um corpo se torna um corpo vivo é isso que ele adquire (IV.4.15.12-18). "E dor ou prazer corporal afetam um corpo que é assim qualificado; mas a dor desse corpo e o prazer desse tipo resultam para nós num conhecimento desprovido de paixão" (IV.4.18.7-11). Os animais (isto é, animais não humanos) não realizam aquilo que são na dor, pois a dor é algo que está neles.[6] Eles são "irados por causa de seu temperamento, mas não porque lhes aparece que foram maltratados" (IV.4.28.33-34). As afecções corpóreas podem nos encorajar a realizar juízos inferiores, mas sua natureza não comporta em si tais juízos. "O animal é o corpo que recebeu vida. Mas o homem verdadeiro é diferente, livre de tais afecções" (I.1.10.7-8). E quanto aos animais selvagens (*thêria*)? "Se, como foi dito, neles há almas humanas tendentes ao erro, a parte separada da alma não pertence aos animais, não lhes dotando de sua qualidade" (I.1.11.8-12).

Mesmo no homem "nem sempre a melhor parte domina" (III.4.2.6). Uma vez "fora do corpo [a alma] torna-se aquilo que nela predominava...

---

6   Não se segue que não tenham dor.

Aquelas, então, que guardaram o homem em si tornam-se homem novamente. Aquelas que viveram apenas pelos sentidos tornam-se animais; mas
se suas percepções foram acompanhadas por um temperamento apaixonado
tornam-se animais selvagens" (III.4.2.11-12, 16-18). "O homem que ordinariamente praticou a virtude torna-se homem novamente; mas aquele que
tem a mínima parte de uma criatura que vive em comunidade, uma abelha
ou algo desse tipo" (III.4.2.28-31). A alma que esteve num homem pode
voltar para ajudar a realizar a mínima coisa, desde que seja algo necessário
para o esplendor do "ser vivo completo", que é o todo (VI.7.7.1-6, 31-32).
"Pois Platão diz que a alma inteira vem a outros seres vivos, no sentido em
que a alma torna-se diferente e o princípio racional é modificado, a fim de
que o que foi formalmente a alma de um homem possa se tornar a alma de
um boi; de tal modo que um ser inferior lhes é dado" (III.3.4.42-44). Todas
as diferentes formas, e o ciclo da predação, não são mais que "transformações em cada tipo de animal que não poderia ser o mesmo para sempre"
(III.2.15.18-19). "Ele está como no palco, quando o ator que foi assassinado
muda sua roupa e retorna no papel de outro personagem" (III.2.15.22-23).
A única diferença, pode-se imaginar, entre os homens e as bestas é que os
homens são capazes de reconhecer que eles estão representando. Atores me-
díocres ficam com os piores papéis (III.2.17.49).

Mesmo na duração da vida de um ser humano há diversas partes a
representar, como Wordsworth, em outras palavras, disse:

> E, com nova alegria e orgulho,
> O atorzinho assume outro papel;
> Sentindo de tempo em tempo seu "estado de humor"
> Com todas os personagens, paralisados em sua época,
> Tendo um tipo de vida que traz com ela suas vestes.[7]

Os personagens, ou papéis, que representamos não são idênticos ao
verdadeiro eu.[8] Esse eu pode, de um lado, de tal modo "sepultar a si mesmo"

---

7   Wordsworth. *Ode*, seção 7: 1950, 461.
8   Ver Clarck, 1991.

em preocupações corpóreas como estando quase que desprendido de seu próprio ser eterno. Pode ter, de outro lado, desprendido-se como se estivesse reunificado, ou reidentificado, com o *dáimon* interior, ou anjo, que é seu princípio real. "Se alguém segue o espírito que está acima dele, torna-se ele próprio, vivendo a vida desse espírito, e dando preeminência à melhor parte de si mesmo para a qual está sendo conduzido" (III.4.3.17-21).

Há, num sentido, dois homens: o ser composto "daqui" e "o homem que Platão definia... como o que permanece sobre o que primariamente usa um corpo" (VI.7.5.23-25). "O homem, e, particularmente, o homem bom, não é o composto de alma e corpo" (I.4.14.1-4), mas a alma voltada para cima (ou para o interior) em direção ao intelecto. Tal ser humano provê o que lhe pertence: "ou seja, ele busca para o corpo que é unido a si; e mesmo seguro que é um corpo vivente, vive sua própria vida e não a vida que é aquela do homem bom"(I.4.4.27-31). "Mesmo se a morte dos amigos causa perturbação, ele não se agita, mas apenas aquilo que nele não possui inteligência (I.4.4.34-36):

> Pois efetivamente nos eventos de nossa vida presente não é a alma, mas a sombra do homem que chora e geme e cuida de todo tipo de coisa de um modo totalmente terrestre... Pois apenas a parte mais efetivamente boa do homem é capaz de tratar seriamente de coisas sérias; o resto do homem é um brinquedo. (III.2.15.47-51, 53-55)

A parte da alma que não desceu é sempre a mesma e não a mesma que aquela que opera: podemos identificar-nos com ambas, mas se deve olhar em todas as direções, por assim dizer, para fazê-lo. Nosso eu externo ou nosso eu superior podem ser desviados ou confundidos por percepções corpóreas, mas não perder-se totalmente, tanto como somos humanos é a chance de olhar para aquela outra parte. "Suas cabeças são firmemente assentadas no céu. Mas eles experimentaram uma profunda queda porque sua parte intermediária foi compelida a cuidar daquilo para o que se dirigiram, que carecia de seu cuidado" (IV.3.12.5-8).

Há quatro possibilidades relevantes. A primeira é a besta, incapaz em sua vida mortal voltar seu olhar para sua alma imortal, como aquilo que é governado pelo intelecto. A segunda é o ser humano comum, sensual, capaz de se lembrar de si próprio, mas de muito profundamente absorvido nos sentidos para tentá-lo. É possível que a alma superior de alguém, como aquela que é nobre, mesmo que a outra alma seja "a parte pior, será forçosamente constrangida pela alma superior" (IV.3.32.10-11). Uma vez livre daquela encarnação particular a alma superior pode recuperar a si própria. A terceira possibilidade é a alma aspirante, cujo intelecto, ou cuja alma de intelecto-inspirado, é ainda distinguível da vida ordinária, mas que ainda tenta recordar sua parte superior. Wordsworth novamente, dirigindo-se a alguém, diz:

> Tu, sobre quem a imortalidade
> Brilha como o dia, como um senhor sobre o escravo,
> Uma presença que não é disposta por outro,
> Tu, pequena criança.[9]

A quarta é o homem bom, no qual o intelecto é ativo: "ele é para si mesmo um espírito ou no nível de um espírito, e seu espírito guardião é Deus [ou um deus]" (III.4.6.3-4). Porfírio sugere que esse é o tipo que Plotino esboçou a partir de sua curiosa experiência no templo de Ísis: quando o *dáimon* de Plotino foi evocado, tornou-se um deus (*Vida* 10.15-31).

Homens bons, portanto, são aqueles identificados, em pensamento, com o que o intelecto requer, e tratam seus corpos vivos quase como animais que carregam – ou ainda como um jardineiro retira os vermes da parte estragada de uma planta "que é o que o corpo provido de alma está disposto" (IV.3.4.29-33).

> Consuma sempre meu coração; busca com desejo
> E agarrando um animal moribundo
> Não sabe o que é; e volta-me
> Ao artífice da eternidade.[10]

---

9   Wordsworth. *Ode*, seção 8: 1950, 461.
10   Yeats. *Sailing to Byzantium*: 1950, 218.

A divisão significativa não é entre "humanos" e "não humanos", mas entre o eu eterno e o eu temporal. "Lá", na eternidade, fomos (e somos) indivisíveis, e mesmo "aqui", na distensão temporal, a alma "não é dividida no modo que ela doa de si toda ao todo e é dividida de modo a estar presente em cada parte" (IV.2.1.20-22). Como ocorre que nós *estamos* "aqui"? Não, pensa Plotino, porque esse é o tipo de coisa que somos:

> Não, mesmo antes de se tornarem o que eram lá, os homens eram diferentes e alguns mesmo deuses, almas puras e intelectos unidos ao todo da realidade; éramos partes do inteligível, não separados ou cortados, mas pertencendo ao todo; e mesmo agora não somos separados. Mas agora, outro homem, desejando existir, aborda aquele homem... E nos tornamos o par daqueles, não aquele que éramos antes. (IV.4.14.17-23, 28-30)

Esse "outro homem" é provavelmente equiparável à natureza ativa restante, que procurou "controlar a si mesma e está naquilo que moveu e no tempo movido com ela" (III.7.11.14-17). "Não quis o todo presente a si simultaneamente" (III.7.11.21-22). "Lá" não havia (e não há) necessidade de memória, pois tudo é presente (IV.4.1.12-16). "Mas se emerge do mundo inteligível, e não pode atingir a unidade, abraça sua própria individualidade e quer ser diferente e, por assim dizer, põe sua cabeça para fora, no que adquire memória" (IV.4.3.11-13). Do que se recorda (terra e céu) determina o que ela é (IV.4.3.7-8). "A sombra de Héracles no Hades... recorda tudo o que ele fez durante sua vida", mas o próprio eu de Héracles, uma vez liberto da contaminação corporal, "recobrará sua memória mesmo daquilo que não teve em sua vida" (IV.3.27.8-9, 19-20). Durante sua vida, se "uma alma está em sintonia com outra, suas potências de composição de imagens não estão separadas, e a imagem torna-se uma daquilo que é dominante na melhor alma" (IV.3.31.9-13). "E do que a alma se recordará quando vier ao mundo inteligível?" (IV.4.1.1-2). Nada, podemos estar certos, dos feitos heroicos realizados em sua vida, com um dito que a acompanha: "Isto foi o que fiz (não os outros atos, não heroicos)". Num certo sentido, ela não se lembra de nada, pois tudo o que é necessário está presente para ela, eternamente. Se fosse necessária a recordação da duração de alguma vida particular como "ela própria", quem saberia?

III. Almas individuais e alma do mundo

Este elemento da teoria de Plotino pode bem nos levar a conclusão que é realmente errado pensar de si como sendo um eu entre muitos outros. A verdadeira sabedoria requer que rejeitemos a noção de "meu" corpo e a experiência tem alguns privilégios: mesmo se, nesses termos, as experiências da alma como múltipla, tendo acesso apenas às ocasiões individuais, deveríamos nos recordar que a verdade é a mesma para todos. Vindo a realizar realidade "eu" encontro apenas o que toda "outra" alma encontraria, e então recordo a minha, a nossa, unidade. A recordação em si "não será ter a recordação de si mesmo, ou que é o homem em si mesmo, Sócrates, por exemplo, que está contemplando" (IV.4.2.1-3). Como poderia, se o que ele contempla é tudo e apenas o que qualquer outra alma contemplativa está (desprovida de temporalidade) contemplando? Mesmo quando, estando no corpo, há experiências diferentes (parciais) em diferentes partes, "o que é julgado é o que é diferente, não o que julga" (VI.4.6.7-12).

Parece surpreendente que há, "realmente", apenas uma alma? Como poderia ser, se há tantos seres vivos diferentes, cada qual vinculados apenas à sua própria atribuição? Mas tal diferença entre os seres compostos não prova nada: "certamente, não é necessário que quando tenho uma percepção o outro deveria também ter exatamente a mesma experiência. Pois até mesmo em um só corpo, uma das mãos não percebe o que acontece com a outra, exceto a alma no corpo todo" (IV.9.2.7-10). O fato de que "sofremos com os outros ao ver sua dor e nos alegramos e relaxamos [em sua companhia]", aqueles atos recitados e mágicos reúnem os homens, e que uma simples palavra afeta coisas tão distantes também servem como evidência de que a alma é una (IV.9.3.1-9).

Pode ser esta alma una melhor entendida como a Alma do mundo? Para Plotino, não.

Não poderia haver mundo, cosmos, se não houvesse alma que o uni-fique. Plotino aplica o mesmo argumento ao mundo como um todo que é aplicado ao organismo individual: se tudo fosse corpóreo "não haveria uma alma que dirigiria o universo, mas inumeráveis almas separadas umas das outras... Pois falar sobre continuidade se isso não conduzir a uma unidade é fútil" (IV.1.2.9-12). Sem um princípio unificador, incorpóreo, o Todo se-ria completamente sem sentido, movendo-se a esmo (IV.7.3.30-31). Todo princípio corpóreo putativo poderia ter apenas um efeito, "pois não per-tence ao fogo as coisas frias, nem ao frio torná-las quentes" (IV.7.4.29-30), mas, de qualquer modo, aquilo que mantém o Todo unificado realiza mui-tas coisas diferentes (e tal deve ser o princípio não corpóreo, a alma). É por essa potência que o "céu é uno, pensando que ele é múltiplo em uma parte, em um lugar, e em outro" (V.1.2.39-40). "O universo estende-se até onde a alma for" (IV.3.9.46-47). O Todo não é como uma casa desprovida de alma: "existe, todo desperto e vivo de modos diferentes em diferentes partes e nada pode existir que não lhe pertença" (IV.4.36.13-15). Não houve um momento em que o cosmos não tivesse alma (IV.3.9.16-17), "pois como poderiam as partes terem alma se o Todo fosse sem alma?" (IV.3.7.7-8). A distinção entre a alma superior, separada, e a inferior, absorta no particular, aplica-se também aqui: "a administração do universo é como aquela de um ser vivo particular, no qual há um tipo que opera de fora... e outro tipo que trabalha de dentro" (IV.4.11.1-3). Nessa perspectiva, pode-se ver clara-mente que "nós", animais humanos, não somos mais que seguimentos do cosmos, do todo bem ordenado, e da sabedoria que os realiza de tal modo. Esse corpo-aqui faz apenas, e diz apenas, o que o todo decreta.

Porém, Plotino reconhece os muitos problemas que isso cria.

> Nessa assunção, não somos nós mesmos, nem há qualquer ato que é nosso. Não raciocinamos, mas nossos considerados raciocínios são os raciocínios de outro. Nem agimos, tanto mais no movimento de nossos pés; somos nós que os movimentamos por meio de nossas partes. Mas realmente, cada coisa separada deve ser algo separado; deve haver ações e pensamentos que são nossos; cada ação boa e má deve vir de si mesmo, e não devemos atribuir a realização de más

ações no limite ao Todo. (III.1.4.21-29)"Como se todas as coisas foram bem realizadas, podem aqueles que fazem agir de modo injusto
ou errar?" (III.2.16.3-4)

É certo que é das estrelas, o fuso da Necessidade, que "temos nossas
características morais, nossas ações características e nossas emoções: assim,
o que sobra que "nós"? Certamente aquilo que somos realmente, nós a
quem a natureza deu poder para governar nossas paixões" (II.3.9.13-14).
"Como em relação ao fato que somos principiados no universo, também
dizemos que no útero a alma que vem à criança é uma outra, não a da mãe"
(IV.3.7.29-31). A alma descendo na matéria passa pelos céus, tendo um
corpo celestial antes de descer tão longe para cá. Eis porque nossas fortunas
terrestres e vidas "são indicadas pelas figuras realizadas pelos corpos celestes" (IV.3.12.23-24). "Todas as almas iluminam os céus e dão-lhe a maior e
primárias parte de si mesmas, mas iluminando o resto do mundo com suas
partes secundárias" (IV.3.17.8-10). Assim, ainda se o que somos e fazemos
é figurado nos céus, não se segue que não seja *nossa* natureza a que é responsável. A Alma do Todo não simplesmente se estende a tudo que somos e faz,
mas é dada a "nós" de tal modo que nos esquecemos que ela efetivamente
está dividida (IV.3.15.11-15). "Assim, devemos alçar voo daqui e nos se-
pararmos do que nos foi acrescentado, e deixarmos o composto... À outra
alma... pertence a ascensão ao mundo superior". Aquele que fracassa em tal
fuga "está longe dessa alma superior e vive sob o destino e, então, as estrelas
não apenas dão-lhe sinais, mas também se tornam uma parte e seguem pelo
todo, do qual ela é uma parte" (II.3.9.20-21, 24-31).

O sábio estoico realiza o que dele a natureza requer, sabendo o que
sempre fez (mesmo quando não era sábio). O sábio plotiniano não é tal forma indivisa, mas um agente real cujo corpo vivente pode ser guiado pelos
movimentos daquele corpo maior, o cosmos, mas que não é idêntico a ele.
Sua alma é uma versão particular da Alma (ou mesmo a própria Alma está
presente em todas as suas manifestações temporais), mas não é, todavia, derivada da alma do cosmos: aquela última alma é nossa irmã, não nossa mãe,
e apenas como derivativa. Esta alma irmã dispôs o cosmos para nós, e olhou

para o Intelecto, enquanto nossas almas vêm habitar um mundo já pronto, e olha para nosso intelecto parcial (IV.3.6.13-17). Nossas vidas são realmente *nossas* escolhas, e não apenas o trabalho realizado por aquela nossa irmã, porque somos nós que, "antes do tempo", escolhe aquele conjunto do qual usufrui (III.4.5.2-5). De modo equivalente, "cada alma desce a um corpo disposto para ela conforme sua semelhança com as disposições da alma" (IV.3.12.37-38). Escolhemos com o papel já pronto, mas é ainda inteiramente dependente de nós como o representaremos.

> A injustiça que um homem faz para outro é certamente uma injustiça do ponto de vista daquele que a faz, e o homem que a perpetua não está livre de culpa, mas como contido na ordem universal não é injusto naquela ordem, ou em relação àquele que a sofre, mas foi ordenado que ele não deveria sofrê-la. (IV.3.16.18-22)

"Nenhum ser real jamais cessa de ser" (IV.3.5.6): disso não se segue que qualquer ser mortal individual seja eternamente um ser realmente distinto. Alguns indivíduos, após todo seu percurso, são encarnações de uma-e-mesma alma particular. Mas, embora a alma do cosmos tenha maior potência e pureza, não é a única alma real. O indivíduo Sócrates, a cada nova forma assumida, permanece sobretudo da forma como o teorema pertencente a uma ciência: "cada teorema contém a ciência como um todo em potência, mas a ciência não é menos um todo" (IV.3.2.53-55; ver IV.9.5.23-29).

IV. Voltando do corpo

Conforme Porfírio (não necessariamente o melhor testemunho), Plotino "parecia ter vergonha de estar num corpo", e assim "nunca queria falar de sua ascendência ou de seus pais ou de sua terra natal" (*Vida* I.2-5). Talvez isso seja como os outros pensavam que Plotino deveria se sentir (*cf.* IV.9.7.4-5: "a alma... não deveria aborrecer-se consigo mesma pois... ocupa um lugar intermediário entre as realidades"). O oráculo comemorativo de Apolo diz que Plotino, "livre desse tabernáculo... e da tumba que recebia

[sua] alma daimônica, alcança a companhia dos espíritos celestes, aplacada por auras deleitosas" (*Vida* 22.95). Conforme o oráculo (e Porfírio), ele fez "tudo para libertar-se 'fugir da amarga onda desta vida que bebe sangue'" (*Vida* 23.6-7). Isso não quer dizer que ele desejava que sua vida terminasse.

Alguém que procura afastar os desejos irracionais e paixões, talvez possa ver o deus imortal em si mesmo, ou então (de modo equivalente) "autocontrole e justiça... estando nele como estátuas esplêndidas enferrujadas com o tempo em que as tomou" (IV.7.10.10, 31-32, 44-47; ver também I.1.12.12-17). O tempo que enferruja envolve algumas almas, estando sob tal domínio enquanto estão "no corpo", na medida em que fazem parte de uma ordem com as outras coisas. "A melhor alma tem poder sobre tudo, o mais sobre o menos" (III.1.8.11-15), mas qualquer alma no corpo encontra no corpo algo de um impedimento para pensar e uma fonte de prazeres, desejos e dores (IV.8.2.43-45). Todos nós estamos "aqui" porque fomos seduzidos, como ocorreu, por nossas próprias imagens no "espelho de Dioniso" (IV.3.12.1-3). Tal sedução não pode ser revertida pelo suicídio, nem por qualquer autodestruição. "Enquanto temos corpos, devemos permanecer em nossas casas, que formam construídas para nós por uma boa alma irmã" (II.9.18.14-16). O suicídio, na maior parte dos casos, mostra efetivamente que pensamos muito em nossos próprios corpos, em demasia (I.9). "Uma vez lhe contei", narra Porfírio, "que eu estava pensando em retirar-me desta vida. Ele veio a mim de repente... e me disse que esse impulso para a morte não vem de uma decisão racional correta, mas de uma indisposição da bile, e mandou-me viajar em férias" (*Vida* 11.12-16).

Nossa queda na matéria (I.8.14.44) é ao mesmo tempo a ocasião e a causa de nossas crenças errôneas ou sentimentos que somos, cada um de nós, seres desde então dependentes de uma circunstância material, e independentes de todos os outros seres. Nossos corpos viventes são como vermes numa planta, ou como a parte estragada de uma planta da qual, como o jardineiro, devemos cuidar. "O homem bom reduzirá e gradualmente extinguirá suas vantagens corporais ao negá-las, e dispensará autoridade e poder. Cuidará de sua disposição corporal, mas não desejará ao mesmo tempo jamais ter a experiência da doença, nem de dor" (I.4.14.19-23). "Devemos entender que tais coisas não atingem o homem bom da mesma forma que atingem os outros; nenhuma dessas experiências penetra seu interior" (I.4.8.10-13).

É difícil persuadir nossos bons contemporâneos de que isso não é algo senão patológico. Parece óbvio a eles que pessoas "normais" desejam prazeres corpóreos, e reconhecem quaisquer dores, suas próprias ou de outros, como um tipo de mal que jamais poderia de fato ser transformado em bem. Sugerir, como faz Plotino, que não deveríamos ser profundamente afetados pelos sofrimentos dos outros (I.4.8.13-24) meramente confirma, para eles, a essencial "desumanidade" do dualismo. Mas não há razão para duvidar que Plotino era compassivo no melhor dos sentidos: lembre-se seu cuidado com os órfãos, e – mesmo no caso em que retornem não sendo filósofos – de suas propriedades (*Vida* 9.13-16). Não era mesquinho em relação às dores dos outros (nem com as suas), mas sabia "resistir aos golpes da fortuna como um grande lutador bem treinado" (I.4.8.24-26). A "compaixão" espúria que ele e outros filósofos criticaram não é uma compaixão genuína: esta não é partilhada por aqueles que procuram livrar os outros dos sofrimentos (sendo eles próprios indiferentes ao vê-los), nem por aqueles que os sofrimentos os fizeram piores. Aqueles que não tomam mais do que o necessário, encontrando seu bem-estar em algo que é completamente suficiente, têm melhor disposição para a virtude. Sem dúvida – como diz Plotino – devemos saber o que é belo, no mundo, nos belos corpos, na justiça e na ordem moral (I.6.4.4-13). Por tal razão, é sábio não imaginar que podemos "possuir" tal beleza, exceto tornando-nos belos.

O problema é que, sendo corpóreos, queremos possuir as coisas em si por causa do ser corpóreo. Sendo corpóreos, somos separados uns dos outros, e facilmente assumimos que *nosso* bem é algo diferente do bem dos outros. A convicção de Plotino é que há algo espúrio no mundo distendido no espaço e no tempo, em que qualquer ponto aparente é igualmente Agora, Aqui, e Eu, mas se encontra diante de outro ponto opaco (de tal modo, são ao mesmo tempo, diferentes e o mesmo). Aqui temos que decodificar cada sentido diferente, "lá", a totalidade de nosso corpo fala, "e nada é oculto ou simulado" (IV.3.18.21-24). "As regiões celestiais são melhor adaptadas a participar (na alma). Mas o corpo da terra é o último e menos naturalmente adaptado a participar na alma e distante da natureza sem corpo" (IV.3.17.5-8). Sou um, mesmo sendo meu corpo extenso no espaço e no tempo, indefinidamente divisível, e constantemente perdendo contato com o que ele era. Ao me tornar consciente de minha própria unidade minha atenção é já desviada do mundo dos sentidos (que apenas revela faltas de unidade). Reconhecer que "meu corpo" é uma parte de um todo maior, que mesmo "meu intelecto" apenas realiza "uma potencialidade que o intelecto universal inclui" (IV.8.3.15-16), e que posso tão facilmente ser o mesmo em muitos corpos diferentes como em muitas diferentes ocasiões, posso começar a recuperar-me a mim próprio. "Por vezes, desperto de meu corpo", diz Plotino, "e estando inteiramente em mim mesmo, distancio-me de todas as outras coisas" (IV.8.1.1-3). "O homem e, especialmente, o homem bom não é composto de alma e corpo; a separação do corpo e desfazer-se dos assim chamados bens tornam plena esta realidade" (I.4.14.1-4). O verdadeiro si nem pensa coisas por uma outra conclusão desconhecida (IV.3.18.2-5), nem se lembra de coisas que não são sempre presentes para ele (IV.3.25.27-30).

Realmente, não há nada que seja verdadeiramente nosso que possamos perder. O que parece ter sido perdido e separado de nós, nesse mundo mutável, está Lá, onde "todas as coisas são plenas de vida, e, podemos dizer, esqueletos com vida" (VI.7.12.23-24). A fábula de Esopo do cão que perde seu osso *real* porque com ciúmes quis o osso que viu refletido na água poderia ser lembrada por Plotino. Estamos "aqui" porque nossas almas se enganaram com reflexos do Real, e nossa única via de fuga é recordar o que realmente é. E, então, retornaremos.

> Então, numa estação de calmaria
> Pela terra distante em que estivemos,
> Nossas almas reconhecem aquele oceano imortal
> Que nos levou para lá.[11]

As últimas palavras de Plotino, tal como nos foram narradas, foram: "'Busca unir o deus que está em ti ao divino do Todo'. Então, uma serpente

---

11   Wordsworth. *Ode*, seção 9: 1950, 462.

saiu debaixo da cama em que estava deitado e desapareceu por um buraco na parede, e ele deu seu último suspiro" (*Vida* 2.26-27). O simbolismo é de Porfírio, não de Plotino: a finalidade, de ultrapassar as sombras, era de Plotino.

12 A liberdade humana no pensamento de Plotino

Georges Leroux

À memória de Jean Trouillard

A liberdade pertence à categoria de conceitos que afetam todo a meta-física de Plotino. Como não são meramente seres dispostos em uma hierarquia, mas também momentos num processo infinito pelo qual o Uno expressa-se a si mesmo e se oferece a si mesmo como o Bem, todos os aspectos dessa metafísica, sejam subjetivos ou objetivos, são afetados pela liberdade. A metafísica deve oferecer uma abordagem desse processo; deve expressar sua dinâmica e oferecer uma explicação de seus principais estágios em forma narrativa. Em consequência, a princípio isso não é nada mais que a liberdade de cada ser implicar ou agir, conforme sua própria natureza, no contexto de um todo concebido como sistematicamente dependente de uma manifestação do Uno. "Liberdade" tem o mesmo sentido em todos os níveis: aquela que tem um ser para ser o que é. Esse sentido pertence à iden-tidade entre Bem e Ser: "É óbvio que o Bem está no Ser, e no Ser poderia claramente estar cada ser individual em si mesmo" (VI.5.1.23-25). Pode-mos legitimamente perguntar, então, em que sentido é possível dizer que a liberdade não é idêntica à necessidade? E ainda, em que sentido haveria um lugar para a liberdade num emanacionismo universal?

De modo paradoxal, é possível nos voltarmos ao conceito de necessi-dade a fim de caracterizar uma dinâmica metafísica do processo. Interpretar Plotino em um sentido fiel às suas intuições, todavia, é útil distinguir dois tipos de necessidade. De um lado, há uma forma preeminente de necessida-de, que é essencialmente disposta numa relação de polaridade com os aca-sos da contingência, mas não menos oposta aos constrangimentos de um determinismo vulgar. Conforme a interpretação de Plotino desse conceito em IV.8, é necessário o ser que não poderia ser diferente de si mesmo e que retira sua existência apenas de si mesmo. No caso do Uno, portanto, essa necessidade deve ser compreendida como autoengendramento e autocausalidade (VI.8.14.41-42), e é nesse sentido que liberdade e necessidade opostas tanto ao acaso quanto à contingência. Essa necessidade preeminente – o que existe por si mesmo – difere de outra, menos necessidade, concepção inerente a tradição fatalista, cuja necessidade (*anankê*) é interpretada como inexorabilidade ou destino (*heimarmenê*). O universo é representado como uma cadeia causal e a liberdade é particularmente excluída. Longe de ser a liberdade do que causa a si mesmo, essa necessidade aparece como consequência de uma determinação externa e é o oposto de uma potência. Plotino sempre insistiu na pobreza desse eminente conceito de necessidade, como oposta aos conceitos que ele, todavia discute em seus tratados *Sobre o destino* e *Sobre a Providência* na terceira *Enéada*.

O processo metafísico tomado como um todo é distinto por dois movimentos simétricos, para os quais Plotino propõe uma série de imagens diferentes – a imaginária de descida e ascensão, de irradiação e concentração, é a mais conhecida. Esse pode ser o processo pelo qual o Uno possibilita a diferenciação que então se desenrola para expressar-se como Vida, ou pode ser o movimento pelo qual essa Vida, expressa na diversidade das almas, busca infinitamente encontrar seu ponto de partida e unir-se a ele. Em cada um desses casos, o problema da liberdade não é diferente de seu problemático e negativo contraponto da necessidade. Apenas essa necessidade pode constituir a verdadeira positividade na qual o monismo de Plotino pode encontrar sua legitimidade. Ele contém a liberdade em si mesmo, o que de muitos modos vincula a filosofia de Plotino à metafísica moderna de Espinosa ou Bergson: para eles, assim como para Plotino, a liberdade é acompanhada de uma inabarcável e irredutível necessidade. É tal posição paradoxal? Essa é a questão a ser abordada neste ensaio, com uma referência particular à liberdade humana.

Devemos começar especificando que o conceito de liberdade aparece apenas de modo indireto na metafísica de Plotino. Um esforço para reconstruir esse conceito pode ser baseado apenas em dois grupos de textos: *Sobre a liberdade e a vontade do Uno*, VI.8, e um grupo selecionado de comentários relativos à atividade da alma. O ensinamento do mestre (VI.8) mostra que a liberdade humana constitui apenas o último nível possível de uma liberdade superior, preeminente e inefável, característica do Uno. Nesse sentido, Plotino permite-se ir tão longe a ponto de perguntar acerca da liberdade do próprio Uno. Mesmo que *a priori* ela possa ser vista como uma questão danosa, na medida em que isso implica alguma forma de subjetivização, que é intolerável, ainda a formula em VI.8, mesmo que apenas para excluir a tese da contingência do Uno. Mais do que qualquer outra tese, essa exclusão de um advento contingente do Uno, a refutação de qualquer formulação que implicasse alguma forma de gênese, demarca a intuição central de Plotino e o coração de sua concepção de liberdade. Plotino, com efeito, adere à necessidade como uma forma superior de qualquer existência e qualquer essência, mais do que a liberdade concebida, por exemplo, na filosofia moral de Aristóteles, como poder de escolher e de agir, na medida em que esse último conceito é imediatamente marcado por hesitação e contingência, sendo, por essa razão, inconciliável com a visão de mundo neoplatônica. Nessa necessidade, o predicado mais importante dirige-se contra os acasos como débeis, servis, sendo ações contingentes aquelas de poder, soberania e atividade. Logo, a existência realiza-se a si mesma apenas quando atinge a imutabilidade conferida pela virtude; em tal virtude, descobre ao mesmo tempo sua liberdade e sua necessidade.

A despeito dessas premissas metafísicas fortes, uma forma de liberdade ética é predicada da alma, considerada num sentido ambivalente e assistemático, tal como concebível no contexto da ação humana. Aqui devemos notar, todavia, que cada texto pertencente a esse conjunto oferece uma resposta diferente ao problema da liberdade, ainda mais porque esse problema não é nem central nem explicitamente formulado. Quando buscamos realizar uma reconstrução desses textos, a distinção entre os conceitos de descida (processão) e ascensão (purificação) permite-nos separar duas séries de preocupações: a primeira constitui a metafísica da alma e de seus movimentos e inclinações; a segunda concerne à ética propriamente dita. Em ambos os casos – e essa observação demanda uma elaboração filológica que não podemos aqui oferecer – é necessário insistir no caráter incompleto e impreciso do léxico filosófico da liberdade. As distinções entre voluntário, deliberado, determinado, livre, e autodeterminado, que posteriormente se tornarão tão importantes, não são discutidas nem na descrição da ação moral, que é principalmente concernente à ética aristotélica e aos comentários de Alexandre de Afrodísia, nem na explicação da processão metafísica. Em particular, é claro que, para Plotino, assim como para a filosofia grega em geral, o voluntário de nenhum modo implica escolha deliberada. Examinaremos brevemente esse ponto.

I

A primeira série de ideias, portanto, implica a metafísica da processão. A dificuldade aqui é a natureza voluntária da descida da alma (particularmente em *Enéadas* II.9, IV.3 e IV.8). Esse tema pertence ao conjunto de *quaestiones vexatae* de interpretação:[1] pode a alma descer voluntariamente, ou seja, move-se livremente para um estágio inferior de realização e, em particular, para o corpo? Que alma ou que tipo de alma é livre para tomar esse caminho? A Alma do mundo e as almas individuais representam o mesmo tipo de ser, sendo que todos derivam da alma hipostática:[2] também diferem substancialmente dela por causa primordialmente de seus diferentes pensamentos. Como Plotino ensina em diversos tratados (notadamente IV.3 e IV.9), o universo possui uma única alma; aquilo que devemos conceber da liberdade individual pode apenas ser dado se separamos essa liberdade do destino global do mundo vivente. Em relação a isso, a existência eterna de formas de individuais reforça seu

---

1   O melhor resumo do tema, acompanhado de uma bem elaborada discussão crítica, pode ser lido em O'Brien, 1993, notadamente, 5-18.

2   Sobre essa questão, ver as numerosas obras de Blumenthal, especialmente, Blumenthal, 1971b, 55-63 e Blumenthal, 1987, 557. Blumenthal insiste numa equilibrada interpretação que leva em consideração os aspectos unitários e específicos do problema. Rist, 1970 afirma que Plotino sustentou a tese das Formas de seres individuais. Uma apresentação dos estudos mais recentes, acentuando as dificuldades de interpretação, pode ser lida em Corrigan e O'Cleirigh, 1987, 581-584.

destino específico. É verdadeiramente interessante notar que o escopo da discussão plotiniana da individualidade é primordialmente ontológica mais do que ética – ou seja, a discussão é animada por um desejo de apreender, paradoxalmente por limitá-la, a identidade da alma individual como o ser que subsiste, muito mais no sentido em que ela é motivada pela demanda de prover uma fundamentação para a ética. Em nenhum momento nesse grupo de tratados aparece o problema da liberdade tomada num determinado papel, pois o destino do indivíduo parece participar num movimento que o diferencia, isto é, que configura uma distinção entre ele e a verdadeira necessidade que diferencia os seres. Unidos como partes do Intelecto (IV.3.5.15-16), as almas permanecem nele centradas. Mas as almas individuais não mantêm esta orientação, mesmo mantendo uma parte de cada uma orientada para o Intelecto.

A verdadeira imagem da descida é em si inapropriada se pretende conotar um movimento espacial, pois o sentido padrão desse movimento voluntário é a autodeclinação (VI.4.16). Além disso, como ele expressa uma inclinação da alma individual, isso é certamente voluntário (IV.7.13-14), embora não intencional e não deliberado (IV.3.13.17-18).[3] Esse movimento resulta de uma vontade culpada por ser ela mesma (V.1.1.5), mas na medida em que participa na dinâmica geral daquele fluxo que constitui o verdadeiro coração da metafísica, a autodeclinação é determinada.[4] Ela então expressa e preenche a necessidade interna da processão do Ser (II.9.3.11-14), uma necessidade que representa a cadeia de consequências e que não deve ser confundida com a absoluta e preeminente necessidade de autocausação característica do Uno. A despeito das diferenças de ênfases entre IV.8, que é cronologicamente anterior, e II.9, que pertence à

---

3   Seguindo a edição de 1962 de Harder e Theiler, esse texto deveria ser lido com a correção na linha 17; ver o comentário de O'Brien, 1993, 14.

4   Esse é o modo pelo qual Festugière (1953, 65-69) expõe a matéria. Dodds (1965, 24-26) levantou a hipótese de que os aspectos relacionados à liberdade podem dar lugar a uma posição mais determinista como resultado da ruptura de Plotino com os gnósticos. Todavia, essa abordagem é relativamente confusa, especialmente no que concerne à cronologia das *Enéadas*, como a análise de O'Brien mostrou (1993). Ver também a crítica de Blumenthal (1971b, 5). Uma discussão sintética das teses filosóficas pode ser lida em Himmerich, 1959, 66.

polêmica antignóstica, o ensinamento de Plotino nesta matéria é coerente e consistente.[5]

Essa matéria da liberdade de descer ecoa dificuldades já encontradas em Platão. Plotino não perde sua chance de expor que o que ele pensa é, em muitos sentidos, um paradoxo (IV.8.1.26). Sua interpretação do *Fedro* e do *Timeu* é estimulada não apenas pelo que lhe parece ser uma contradição concernente à liberdade, mas também pelo papel do mito na expressão da negatividade e o processo de diferenciação. É possível, seguindo o *Fedro*, buscar a base da liberdade do mito na metafísica? Interpretando as doutrinas de Platão a esse respeito, Plotino chega à seguinte conclusão:

> Não há, portanto, contradição entre o nascimento da semente e a descida para a perfeição do Todo, e entre o juízo e a caverna, e entre necessidade e liberdade (visto que a necessidade contém a liberdade) e o ser no corpo como um mal; nem [há algo inconsistente aqui] o voo de a partir do Deus de Empédocles e o espanto, nem do erro sobre o qual é feito o julgamento, nem o repouso de Heráclito no voo, nem em geral a voluntariedade e a não voluntariedade da descida [da alma]. Pois tudo que vai para o que é pior o faz de modo involuntário, mas, na medida em que procede por sua própria moção, quando experimenta o pior é dito ser punido por aquilo que ele fez. (IV.8.5.1-10)

Essa passagem é importante por duas razões: primeiro, porque reforça a compatibilidade metafísica entre liberdade e necessidade, e, segundo, porque introduz um tipo de responsabilidade que aproxima queda e erro. Nessa queda, que compreende o movimento específico de livre determinação e submissão a um tipo de destino, reside o paradoxo primitivo da liberdade humana: em primeiro lugar, a liberdade básica de proceder, que resulta de uma autodeclinação original, e da liberdade empírica da existência corpórea, que é o lugar da queda e do erro, ou seja, das vitórias do desejo.

Empregando o vocabulário kantiano do empírico para caracterizar a liberdade vivida, que é a liberdade na existência, compreendemos a natureza específica da liberdade pré-empírica, que é a liberdade da alma descida.

---

5   Concordo nesse ponto com a análise de O'Brien, 1993, 12s.

Tão distante quanto é a liberdade em relação às contingências da vida composta, tal liberdade é mais pura e mais genuína.

Logo, Plotino está verdadeiramente consciente da tragédia da individualização. Ele vê a contradição entre duas demandas incontornáveis: a necessidade do querer pertencente à existência inferior e a impossibilidade de permanecer no plano do inteligível. Ele sustenta, todavia, que, em geral, a descida pertence a ordem metafísica da processão (II.9.8; IV.3.13.18) e, então, toca uma necessidade aparente. Portanto, não é exclusivamente um erro, como a dramaturgia gnóstica reformula a partir do mito platônico, pois a iluminação que a acompanha nessa inclinação em direção à inferioridade é uma expressão de delicadeza (I.1.12.21-28) e um repouso na necessidade de outros seres (IV.8.5.10-15). Nesse ponto, portanto, a ontologia supera as obscuridades – e, em certo sentido, os absurdos – do drama mítico da queda. Além disso, o corpo exerce um papel essencial no processo, afetando a alma: os corpos são responsáveis por receber a forma, logo, por receber a alma, conforme o princípio segundo o qual cada ser recebe forma de acordo com sua capacidade (VI.4.3.10). Alma, corpo e matéria em interação um com os outros são coextensivamente responsáveis por aquilo que se tornou mal.[6] Não é exclusivamente a matéria ou o mundo material que introduz o mal na estrutura metafísica, mas, de modo correlativo, o fato de que a incorporação da alma no composto a submete ao empurrar e puxar do desejo e abre a possibilidade de falha e defeito. Esse quadro, que é essencial para se compreender o destino da liberdade, é abordada no capítulo 7 deste volume e forma uma base necessária para se tratar o problema da especificidade da liberdade humana que toca a alma humana no composto. Cada alma doa forma a um determinado corpo; o corpo da Alma do mundo é mais puro e mais durável que os corpos de seres vivos individuais.

Embora a questão do caráter voluntário da encarnação diga respeito primordialmente ao contexto da alma, e embora Plotino não pareça

---

6   Ver as numerosas discussões na obra de O'Brien, 1993, 42-49 e O'Brien, 1971, 114-146. As passagens paralelas de I.2.4 e V.1.1 são menos precisas acerca da natureza voluntária da descida. Mas a expressão *to autoexousion* (V.1.1.5-6 e IV.8.5.26) é rara e indica a liberdade que é específica da alma humana – uma autodeterminação de seu movimento.

preocupado com a questão de se o Intelecto é livre para proceder, devemos pensar que seu modo de tratar essas questões exclui a subjetivação do Intelecto, mesmo se esse Intelecto encontra a si mesmo implicado numa relação complexa de retorno (*epistrophê*) e reconstituição de sua identidade em relação ao Uno, uma relação que nos faz pressupor o tipo de ser do qual a liberdade pode ser predicada. Na metafísica de Plotino, o Intelecto não é equiparado à Mente como sujeito. O Intelecto não apenas carece de desejos inferiores (IV.7.13.3), mas, devemos insistir, qualquer desejo é eternamente satisfeito no Intelecto pela contemplação do Uno. Embora tenhamos que manter a ideia de liberdade nesse contexto, ele pode apenas assumir a forma de um quase-sujeito, pois quando Plotino fala de vontade do Intelecto de tudo possuir, isso tem um sentido metafórico (III.8.8.34). Essa posição é generalizada em VI.8, em que Plotino insiste na impossibilidade de predicar a liberdade de seres superiores para os quais a ação é inexistente (VI.8.4). O princípio cardeal aqui é a necessidade, que é identificada com a natureza e, em última instância, com a liberdade preeminente característica do Uno. Logo, o paradoxo de uma liberdade cuja essência é preenchida na necessidade não começa a ser impedida até encontrar o ponto em que Plotino aceita questionar acerca da liberdade da descida; desse ponto, é possível pressupor que essa descida deve, ao mesmo tempo, ser necessária e voluntária. Aceitando essa possibilidade, torna-se possível uma liberdade que é finalmente assentada na alma, tendo nela seu foco. A alma não pode se impedir de descer; é aqui, num momento natural, que ela dispõe sua existência. Mas essa disposição não é completa sem a ascensão, que liberta a alma do desejo. A liberdade exercida pela alma se constituirá como uma superação de seu momento meramente natural e voluntário.

II

Não é fácil entender como a existência da alma no composto permite a concepção de um tipo de liberdade que, pela primeira vez no processo metafísico, não se anula ao se identificar com a necessidade. Essa, todavia, é a posição de Plotino numa segunda série de textos nos quais está presente sua ética da liberdade. A existência humana é o lugar da liberdade autêntica: uma liberdade de exercício que passa a não se identificar com a necessidade transcendental do Bem. Essa liberdade ativa é identificada com o movimento para a purificação e implica uma certa responsabilidade, por exemplo, de disciplinar as paixões. Não se pode pensar no mesmo sentido acerca da descida voluntária, que é a forma necessária dessa tendência, nem a liberdade de reascensão. São, por assim dizer, duas liberdades diferentes. Permanecendo voluntária, a descida é também necessária; sua liberdade característica é pré-empírica, portanto, conceitualmente absorta pela realidade da necessidade. A ascensão, de outro lado, expressa a liberdade de assumir o risco, o sentido de escolha ou de fazer um esforço, e é proporcionalmente próxima de uma concepção moderna de liberdade.[7] De tal modo, essa liberdade escapa do determinismo do sistema, visto que a alma deve se esforçar para redescobrir sua pureza, embora nem todas as almas se libertarão a si mesmas. Essa é uma maneira de compreender como a liberdade de libertação é uma forma autêntica de liberdade para Plotino.

Subjacente a essa proposição há uma complexa antropologia filosófica. A teoria da alma individual, derivada de Platão, sustenta que apenas a parte superior da alma é imutável – a parte racional e divina, a parte superior de *Timeu* 69d. Essa parte da alma, além disso, é impassível, como no pensamento de Aristóteles (*De anima* 408b2). Quando o tempo é examinado na reflexão de Plotino sobre a liberdade, essa tese torna-se fundamental. Em muitos tratados parece suficientemente claro que Plotino deseja estabelecer um sujeito impassível, capaz de confrontar a contingência das paixões e se mostrar capaz de liberdade.[8] A liberdade é efetivamente um predicado pertencente à alma humana, ainda que mantenha sua origem espiritual em si mesma e cumpra seu destino na ascensão e união com o Uno. Diferentemente de Platão, Plotino sustenta a continuidade de uma parte não descida da alma (IV.8.8).

---

7   Trouillard (1949) pensa que a liberdade de descida é marcada por uma grande confusão, enquanto que a liberdade de ascensão é a única verdadeira liberdade na obra de Plotino. Ver seu comentário de IV.8.5 (353-357).

8   Ao lado de I.1, ver a discussão da impassibilidade dos incorpóreos em III.6.5 e IV.6.9.

Conforme as premissas dessa antropologia, portanto, a liberdade é característica apenas da alma superior.[9] A separação da alma do corpo em que está realiza essa identificação possibilitando isolar a forma da alma. Pela ascese filosófica, tal separação é completa e retorna a seu destino original, a libertação.

Um dos primeiros capítulos de *Enéada* I.1 estabelece de modo inquestionável essa antropologia: apenas aquilo que é composto tem experiência sensível e paixões; apenas esse composto tem desejos (I.1.6.4-7); e a vida racional – a prática do pensamento – é uma prerrogativa apenas da alma, isolada em sua essência noética. O problema da liberdade encontra uma resolução fundamental nesse ponto, em dois sentidos: primeiro, como uma tendência para o Bem (I.1.5.27), e, segundo, como resistência às e controle das paixões. A tendência para o Bem não é uma afecção ordinária (*pathêma*), mas antes uma inclinação própria da alma como tal. Isso implica uma força direcionada na alma: sua soberania ou maestria que é criada com a reflexão e a inteligência:

> Dessas formas, das quais a alma em si recebe sua maestria sobre os seres vivos, tornam-se raciocínios, opiniões e atos da inteligência intuitiva, e ali é precisamente onde "nós" estamos. Aquilo que precede é "nosso", mas em "nossa" presidência (*hêgemonia*) sobre os seres vivos são os elementos que se estendem desse ponto em diante.[10] (*hêgemonia*, I.1.7.14-19)

Ora, tal soberania é a potência da razão. Ao se abrir ao pensamento da alma, entendido como iluminação (I.1.8.15), para o pensamento subjetivo

---

9   Essa é a conclusão de Rist, 1967, 130-138, que é, embora muito breve, uma das melhores abordagens da questão.

10   Essa importante passagem deu lugar a um rico corpo de comentários sobre a ideia do "si" na obra de Plotino e ao problema de um humanismo interior. Ver primeiramente O'Daly, 1973 e Prini, 1968, e o capítulo de Himmerich, 1959, "Ich", op. cit., cap. 8. Esse tema do verdadeiro si retoma a temática do *Alcebíades* de Platão, sobre cuja tradição foi dedicado o notável estudo de Jean Pépin (1971). Ver também o texto de *República* 589a7 e a passagem paralela de Plotino, em V.1.10.10. Contra Porfírio (*Ad Marcellam* 8.15-17 e *De abstinentia* 1.29.9), Plotino não quer identificar esse Si com o Intelecto. Ver sua muito sutil discussão em V.3.3.31, em que sua argumentação parece ser motivada pela preocupação de manter a vida da alma com suas tensões e sua própria natureza temporal.

do eu como tal, Plotino possibilita a reflexão na liberdade: nessa soberania solitária, a alma imóvel e impassível é "livre de qualquer responsabilidade pelos males que o homem realiza e sofre; aqueles concernentes ao ser vivo, a entidade mista" (I.1.9.1-3). Assim como no caso do mau, ele reside no poder momentâneo da parte má daquele ser multiforme que é o Homem – a vitória do desejo, da ira e da imaginação. Podemos, então, perguntar como, para Plotino, o eu livre, a alma soberana, pode trazer à vida essa identidade que pode apenas existir no mundo composto? É uma relação altamente problemática aquela que existe entre a alma soberana, tal como identificada seja com o princípio hegemônico da razão seja como eu impassível, e o eu empírico que age no mundo composto. Quando Plotino escreve que "somos muitos" (*polla gar hêmeis* [I.1.9.7]), ele pode ter querido insistir na necessidade de unificar a natureza plural da experiência subjetiva. Ao mesmo tempo em que identifica o verdadeiro eu, destaca sua essencial alteridade. Contudo, esse pensamento permanece impreciso em relação à possibilidade de reconciliar as duas concepções tópicas do eu que parecem afetar sua psicologia moral: razão impassível e subjetividade empírica que é expressa no eu.

Ao expor sua antropologia, Plotino insiste nos aspectos de separação e força que resultam da divisão das várias partes da alma, aspectos que são reforçados pela vida no composto.[11] A alma soberana não é apenas aquele ser que realiza, numa via provisória e momentânea, uma identificação com o Intelecto (V.3.3.34). É também poder sobre o inferior – poder de perspectiva e resistência. Isso o vincula àquilo ao qual resiste. Aquela parte que permanece impassível, não tendo descido, permanece, contudo, ativa na medida em que a razão tem um papel na vida do composto, ou seja, na entidade mista. A natureza da subjetividade é, portanto, complexa (como pode ser visto em outro ensaio deste volume) precisamente por causa da superdeterminação de seu contexto de libertação moral. O eu apenas é o que é por livre conversão para aquilo que ele não é, ou seja, o Intelecto. Desse ponto de vista, a tese de que a alma soberana é desprovida de erro confere

---

11 As partes da alma são potências (*dunameis*), que fazem com que a alma seja um todo composto. Ver VI.9.1.40.

imediatamente à concepção plotiniana de liberdade o mesmo caráter intelectualista que determina o conjunto da psicologia moral grega. Em sua essência intelectual e impassibilidade, a alma é incapaz de exercer liberdade contrária ao Bem – ela é uma liberdade que é exclusivamente devotada ao Bem. O erro e o mal, em consequência, não são livres no sentido forte da palavra: não escolheram pela parte soberana da alma e não participaram da dinâmica profunda da metafísica, da qual constituem um abismo material inabarcável. Antes, representam o poder do elemento inferior, resultando de ilusões irracionais. A alma má está cheia de maus desejos (I.6.5.26), mas a alma em tal estado não é livre. Está apenas fraca e cega (I.8.14). Nisso, Plotino permanece profundamente fiel ao intelectualismo platônico (III.2.10; I.8.5.26). "Ninguém faz o mal voluntariamente" é o princípio que caracteriza essa tradição.

A vida humana é vida composta; é o teatro da paixão e do desejo. Sem dúvida, o problema da origem do desejo é menos crucial do que o de sua diversidade e poder. A psicologia plotiniana é extraordinariamente rica no que concerne à análise do desejo e da inclinação. O vocabulário desta área é complexo (*hormê, orexis, epithumia, ephêsis*, por exemplo, IV.7.13.1-6), tendo intersecção com o que podemos chamar de léxico da liberdade, na maior parte derivado de Aristóteles e dos estoicos (*ekousin, eph'hêmin, boulêsis, autexousion*): com frequência, há um vínculo indistinto entre uma simples inclinação e um movimento voluntário de completo querer espontâneo. Mas como dissemos acima, esse vocabulário não se desenvolve de modo claro na direção de um vocabulário conceitual distinto de voluntariedade e liberdade como poder autônomo diverso de uma inclinação.[12] O desejo é constitutivo do voluntário. Além disso, a inclinação de agir é adventícia à alma (IV.7.13.4). Como desejo, essa tendência tem sua origem no corpo vivo (IV.4.20-21),[13] que é ela própria um produto da natureza. Os ciclos de desenvolvimento do desejo são sujeitos à sobrevivência da natureza e a

---

12   Essas análises são elaboradas por Zeeman, 1946, que corroborou os resultados obtidos pela metodologia filosófica dos primeiros comentadores dessa questão, como, por exemplo, Gollwitzer, 1900, 1902.

13   Seguindo o comentário de Blumenthal, 1971b, 38ss.

alma pode resistir a esse desejo assim como pode resistir a algo corpóreo. Nessa análise fascinante, as tensões são fundamentais: no estado separado, a alma soberana é um poder insaciável; no composto, a parte racional contém um certo poder, uma certa força. Apenas a parte superior determina se o desejo será satisfeito (II.2.28). O vínculo entre desejo e memória é em si problemático (IV.3.26.35), assim como o modo como ela afeta o trabalho da razão. Se alguém puder controlar seus próprios desejos, se tornará senhor de sua própria memória? Essa questão dá alguma ideia da sutileza das considerações da psicologia moral na qual o problema da liberdade é tratado. Devemos abandonar a tentativa de encontrar uma doutrina da liberdade no pensamento de Plotino, que é expressa no vocabulário convencional do livre-arbítrio. Mas, de outro lado, podemos encontrar tal doutrina em sua rica e consistente reflexão sobre o poder e soberania da alma.

A natureza essencial desse controle é problematizada como um efeito da vontade (IV.4.12.44): "Mas no trabalho do qual alguém é mestre, e único mestre, do que precisaria excluir a si mesmo e sua própria vontade?". Nessa crítica de noção aristotélica de alma como enteléquia, Plotino quer primordialmente sustentar a possibilidade de uma oposição entre razão e desejo (IV.7.9). O modelo tópico e dinâmico da alma elaborado por Platão, sobretudo o do livro IV da *República*, parece essencial para Plotino.[14] A possibilidade de ações contrárias é evocada duas vezes na discussão que visa especificar a espiritualidade da alma, e na lista das funções subjacentes a essa possibilidade, a vontade claramente intervém (IV.7.8.5-13). Como essa oposição é a base de uma psicologia moral em que a soberania da razão pode expressar em si um vitorioso esforço contra as potências inferiores, podendo, então, ser concebida como constituindo a fundação da reflexão de Plotino sobre a liberdade empírica.

Plotino reconhece que nesse sentido nossa identidade é também implicada em nossa existência corpórea empírica – seria incorreto dizer que

---

14 Num importante artigo, Igal, 1979, argumentou contra Blumenthal a favor da hipótese de uma evolução em direção a um modelo mais unitário, quase hilemórfico da antropologia plotiniana. Penso, todavia, que o dualismo platônico permanece como elemento fundamental e isso aparece de modo explícito nas observações concernentes à libertação da alma.

nós mesmos não existimos no composto concreto, mesmo sendo verdade que de modo preeminente somos apenas nossa alma impassível e soberana (I.1.10.5). Somos seres duais, e essa dualidade implica uma dupla liberdade: a liberdade soberana da alma perfeita e a liberdade empírica de um eu existente na ação.

Devemos reiterar que Plotino, assim como toda a tradição platônica, ao reconciliar essas duas identidades está longe de dirimir suas dificuldades. Pois enquanto é verdade que tal liberdade é capaz de realizar a essência transcendental da alma, notadamente pela prática da purificação filosófica (e isso segue toda a tradição protréptica derivada do *Alcebíades*), a questão permanece: como a liberdade pode ser exercida na vida empírica? A questão tem duas facetas: primeiro, como podemos nos libertar dos constrangimentos de uma vida de multiplicidade? Essa primeira faceta relaciona-se com a origem da filosofia e do desejo de união concebido como uma expressão da nostalgia de nossas origens. O mundo do corpo pode destruir esse desejo; o risco é tão genuíno quanto o é a liberdade para tanto. Mas na questão da libertação individual podemos levantar mais questões básicas: como alguém pode acreditar ser livre nesta vida, e nas decisões morais, visto estar como que distanciado – para não dizer separado – como estamos da verdadeira inspiração da liberdade soberana? Deveria já ser livre para libertar a si mesmo? Essa segunda faceta toca a verdadeira possibilidade da ética e da política. Se toda liberdade é purificação e separação da existência, então o que significa viver livremente? A reação de Plotino nesse ponto é complexa: aceita a dupla existência ao mesmo tempo em que mantém o privilégio do outro homem – aquele que é livre porque se libertou e purificou (I.1.10.7). Em nosso exame da teoria plotiniana da liberdade, para a qual apresentamos o contexto metafísico, devemos agora discutir esses dois lados de seu pensamento: liberdade como poder de libertação e liberdade na vida. Essa distinção será um instrumento útil para ir além do que pode ser visto com um certo impedimento por parte de Plotino em relação à liberdade empírica e uma preferência pelo ideal espiritual de libertação.

III

Nessa distinção, encontramos profundamente articulado o segundo momento importante da liberdade, que é também o mais evanescente no pensamento de Plotino: o momento da ascensão. Como seu interesse na ética e na ação humana é em geral inteiramente subjugado ao ideal de contemplação herdado de Platão, a libertação metafísica constitui para Plotino a máxima exigência, enquanto que a liberdade de agir é meramente sua expressão e consequência. As dificuldades de interpretação encontradas nesse duplo enquadramento e levantadas pelos primeiros exegetas desses temas da obra de Plotino, notadamente, Pe. Paul Henry,[15] não devem nos surpreender. Pe. Henry com frequência apoia-se em soluções verbais de suas dificuldades, talvez porque tenha sido induzido a encontrar uma doutrina completa da liberdade na obra de Plotino, uma doutrina que deve ter provido uma refutação do panteísmo. Seria mais útil, todavia, adotar uma perspectiva que aborda os constrangimentos de uma metafísica determinista e profundamente monista, abordando questões que a tradição já não possibilita tratar de modo independente.

O problema principal é mais ou menos o seguinte: a liberdade existe apenas no plano superior da alma, o plano em que a alma pode se tornar idêntica ao Intelecto, participando da hipóstase superior, e tendendo para o bem. Tal como no pensamento de Kant, é *a priori* apenas uma liberdade transcendental para o bem, que exclui qualquer liberdade para fazer o mal. A consequência dessa posição pareceria que nenhuma liberdade inferior, imanente ao ser humano, vinculada à vida corporal, e afetada pelas paixões, pode existir: "Logo, o livre-arbítrio é em todos os níveis apenas encontrado no sentido de identidade com o nível apropriado de ser inteligível, e atinge o limite da conexão de todas as coisas com o Uno".[16] Essa fórmula é correta: nenhuma liberdade empírica pode ser mais do que um reflexo da liberdade transcendental. Logo, a liberdade é sempre libertação da existência presente

---

15 Numa série de três artigos. Ver Henry, 1931.
16 Blumenthal, 1987, 559, retomando as conclusões de Salmona, 1967.

e um retorno para o Uno. Isso implica, como Jean Trouillard destacou, que um elemento da liberdade divina está presente em cada alma no nível em que qualquer libertação pressupõe o poder de libertar-se a si mesma. Esse poder é divino; é coextensivo à origem divina da alma e ao seu destino imortal e beatífico. O apelo a um predicado de divindade não é, certamente, apenas uma metáfora: ele expressa completamente a essência da alma e refere-se à analogia de liberdade que estrutura VI.8. A liberdade humana pode ser imaginada apenas por sua participação original e essencial na liberdade do Uno pela mediação, simultaneamente ontológica e espiritual, do Intelecto. Pode-se falar de uma liberdade essencial, então, pelo qual a alma é livre na medida em que retorna a sua fonte, e de uma liberdade pela qual a alma é livre em cada ato espiritual que a liberta nesta vida.[17]

Vimos a importância central da parte não sujeita ao erro da alma (IV.8.8) para a antropologia metafísica de Plotino. Poderia o divino elemento que há pouco discutimos ser identificado com essa parte? Livre de falta e de erro (como I.1 insiste),[18] essa parte da alma representa nossa identidade profunda, nosso verdadeiro eu.[19] Examinada da perspectiva da liberdade, ela é uma matéria de consciência e autoapreensão. Plotino ocasionalmente arrisca usar uma expressão que implica que precederia o pensamento (V.6.1.2), mas a identidade do eu e o elemento soberano permanece o elemento mais constante. Embora seja verdade que a alma deve querer esquecer o que é inferior (IV.3.32.10), esse querer nunca assume um

---

17 Essa distinção retoma a distinção proposta por Kristeller, 1929, em seu brilhante estudo, entre um ponto de vista objetivo e um ponto de vista atual (subjetivo) na filosofia de Plotino. Em seu sintético artigo, Blumenthal, 1987, 549ss, apresenta uma distinção semelhante entre metafísica e ética, na medida em que insiste na importância da obra de Trouillard, que procurou dispor (erroneamente, segundo Blumenthal) a prevalência da perspectiva ética e espiritual. Conforme Kristeller – e devo dizer que creio que ele apresentou uma das mais confiáveis interpretações desse duplo movimento – essas duas perspectivas operam igualmente na mente de Plotino e são igualmente constitutivas de seu gênio. O aspecto kantiano dessa interpretação, que de um lado faz com que metafísica e ética se relacionem mutuamente, também corre o risco de um certo formalismo. Não tenho dúvida de que a metafísica de Plotino não é uma objetivação metafórica da vida espiritual.

18 Ver os comentários de Trouillard, 1953, 19-29. É essa parte que representa o ego profundo, o si.

19 Ver a discussão de Himmerich, 1959, 92-100.

estatuto que pode modificar a tese intelectualista pela formação de um sujeito empírico autônomo. O que, então, é o elemento desprovido de erro? Apenas a forma preexistente do Homem pode explicar nossa identidade e os limites de nossa liberdade: temos que descobrir essa identidade superior (VI.5.7.1-2) que nos livra da natureza fixa de nossas posições na vida. Os limites da identidade pessoal, que são discutidos em outros lugares neste volume, devem sempre ser lembrados quando se pergunta: "Quem é o sujeito da liberdade?".

Além disso, se Plotino afirma que não somos a fonte de nossos próprios males (I.8.5.26-34), isso não está em condições de dissolver todas as formas de identidade – nossa identidade é antes afirmada na busca pelo Bem. Mas, de modo paradoxal, quanto mais nossa identidade segue o caminho em direção ao Bem, mais se distancia de si mesma afirmando-se no universal inteligível. Essa ideia é muito bem expressa no comentário de Dean Inge, que nesse ponto é próximo de P. O. Kristeller. Inge sustenta que contrariamente ao que ocorre no pensamento moderno, a alma de Plotino não é um centro fixado na experiência, mas consiste numa entidade que viaja na e através da experiência – um nômade.[20] Impassível, a alma permanece completamente espiritualizada. Falível, aceita o risco da experiência e as tensões do desejo.

Portanto, quando essa alma encontra-se no estado da existência corpórea, sua liberdade é aquela de sua virtude – seu mérito (IV.7.7). Ações voluntárias são apenas livres na medida em que supõem uma escolha de motivos que não pertence ao corpo; constituem autenticamente inclinações livres. A alma pode, com efeito, realizar ações contrárias (IV.7.4 e III.1.9) e tomar decisões: querer é um trabalho que propriamente pertence à alma; o ato de um olhar que está fixado na pura e impassível Razão. A reflexão de Plotino sobre essa questão está inteiramente na forma de anotações dispersas, mas quando consideramos o problema de reuni-las, concluímos que são completamente coerentes.[21] O caráter intelectual da vontade aparece

---

20   Ver Inge, 1929, vol. I, 203. A mesma ideia aparece na introdução de Émile Bréhier à sua edição do tratado IV.3, 27, na coleção Budé.

21   Zeeman, 1946 realizou uma útil investigação lexicográfica sobre os tópicos da vontade

mais especificamente na análise oferecida nos primeiros capítulos de VI.8, que pode ser considerada como uma síntese de seu pensamento sobre esse tema. Considerando a posição de Aristóteles concernente ao voluntário e involuntário, Plotino subitamente retorna a essa discussão para mostrar como a vontade é completa apenas no ato de participação no Intelecto. A deliberação concreta (*prohairesis*), tão importante na análise da Ética nico-maqueia (livros III e VI), para Plotino, é apenas um estágio, momentâneo, ele próprio inspirado na visão do Intelecto, parte de um processo pelo qual a alma se orienta para o Bem. O conceito de voluntariedade, autodeter-minação, e daquilo que depende de nós, não são realmente diferenciados quando assumimos a perspectiva dessa única teleologia do Intelecto.[22] Quando refletimos em sua rica elaboração nos primeiros capítulos de VI.8, vemos que é completamente inspirada na ética platônica.[23]

A essa psicologia moral da liberdade, III.4 acrescenta uma interessante nota mitológica quando Plotino introduz a influência de um *dáimon* ati-vo, um espírito guardião (III.4.3.14) cujo estatuto é tomado dos textos de Platão, mais especificamente do livro X da *República*. Plotino confere uma grande importância a escolha do *dáimon*, que ele identifica com a escolha de vida, ou seja, com a vontade ou disposição da alma em sua completude, em certa vida empírica, com seus acasos e seu conjunto de dificuldades – descritas em VI.8 – não tocam completamente a vontade. Essa muito sutil exegese da demonologia de Platão parece preocupada apenas com uma coi-sa: manter um lugar na vida para a liberdade e não suprimi-la com um de-terminismo que transformaria nossa existência em nada mais que uma série de consequências de nossas vidas anteriores. Nossa vida não é dirigida por um *dáimon*: "O espírito guardião, portanto, sempre e de todas as maneiras, realiza sua tarefa com sucesso? Nem sempre, na medida em que a alma tem uma disposição particular em circunstâncias particulares, tendo vida e

---

e da liberdade em Plotino.

22   Rist, 1975, mostra como Plotino se distancia das posições aristotélica e estoica, mar-ginalizando a experiência de deliberação e escolha. Essa atitude é particularmente clara na discussão sobre a queda da alma.

23   Tentei mostrá-lo em detalhe em meu comentário do tratado VI.8; *cf.* Leroux, 1990.

um propósito (*prohairesin*) conforme esse tipo e circunstâncias" (III.4.6.8-10). Essa não é uma vã existência, pois é um aspecto da verdadeira liberdade: o risco de aniquilação é constante e a possibilidade de escravidão é real, mesmo se, como esse intelectualismo afirma de modo paradoxal, uma orientação para o mal não possa ser chamada "livre". Plotino é claro: assim como há impulsos involuntários, a alma não é verdadeiramente o deus em sua essência (I.2.6.3). Há uma vontade não empírica de autodeclinação (IV.4.44.32).

O que é difícil na liberdade concreta nessa vida é, então, que ela deve tentar manter uma orientação interna para o Intelecto. Isso implica a prática da virtude, que constitui o motivo primário de uma ética centrada em nossa assimilação a Deus, para usar a expressão de Platão. Plotino consagra todo um tratado (I.2) a um comentário desse ideal. Diversos tratados na primeira *Enéada* revelam a franca visão platônica dessa ética: a aspiração (*ephêsis*) ao Bem; o ideal de autonomia (*autarkeia*) no contexto da sabedoria (I.4.4). Todo o tratado *Sobre a felicidade* (I.4) define a finalidade da vida do homem sábio, de tal modo mostrando como a vontade é essencialmente uma orientação ou uma tensão voltada para o interior – nessa passagem, a vontade é definida como uma liberdade de retirar-se da exterioridade (I.4.4.15-17). Essa distinção entre interioridade e exterioridade, mesmo se nunca é exposta, permanece constitutiva de uma ideia de liberdade tornada dinâmica pelo Bem.[24] O impulso intrínseco de liberdade é uma conversão (*epistrophê*) para o interior e uma autoidentificação interna com a vida inteligível (V.1.12.13-14). Assim fazendo, a alma apenas reproduz na vida a aspiração universal de todos os seres para o Bem (VI.7.20) – seu desejo é sua liberdade; sua liberdade é seu desejo. Plotino continuamente reafirma esse ideal de sabedoria, insistindo no caminho de uma completa identidade entre livre arbítrio e sabedoria voltada para realizar a semelhança com Deus, mediada pelo Intelecto.

As mais ou menos explícitas menções da natureza livre dessa orientação são muito numerosas: vão da expressão da mera tendência ao Bem até

---

24   Ver Salmona, 1967, cap. 2, "*Interiorità e liberazione*", 30-70, que apresenta essa temática de um modo verdadeiramente inspirado. Ver também Trouillard, 1957 e Fraisse, 1989.

a plano do desejo da alma de existir na dimensão inteligível (por exemplo, IV.3.32.22) como expressão de seu desejo de união com Deus (por exemplo, VI.9.9.34). A alma está em outro sentido vinculada ao Intelecto, considerando que ela não quer deixá-lo (V.1.5.2). Essa *apostasis* não é apenas a queda da alma, mas a possibilidade de uma ruptura mais definitiva. Essa vontade espiritual manifesta uma liberdade autêntica, tanto mais porque ela é diferente do movimento circular da alma universal. Plotino evoca a persistência do desejo de Deus num contexto cosmológico (II.2.2). Esse desejo nos conecta a Ele e também deriva Dele (II.9.15.7).[25] As manifestações desse desejo na obra de Plotino são tão constantes e tão fortes que não se pode senão ficar impressionado pela profundidade desse desejo (por exemplo, em VI.7.31).[26]

Desse modo, a realidade da vida espiritual influencia o desenvolvimento da psicologia moral nesse ponto – a experiência de união, mesmo no simples exercício de pensamento, já anula a vontade de diversificar e libertar a alma (III.7.34.19). É, portanto, o progresso dessa união para uma libertação superior que plenifica a natureza da vontade livre. Plotino expressa o princípio dessa vontade numa busca eterna pelo objeto superior, aquilo que é elevado (I.4.7.6; V.3.16.24; VI.7.19). Seu tratado sobre Eros (III.5), comentando o *Banquete*, procura fornecer direções platônicas para essa filosofia do desejo.[27]

Além disso, outro desejo, vinculado a ação e a exterioridade, pode contradizer essa vontade espiritual: esse desejo é um obstáculo ao autoconhecimento e pode bloquear o movimento para a conversão. Essa má *orexis* (V.3.6.39) é o efeito da parte inferior da alma; ela não pode ser confundida com a *thelêsis* dirigida pelo Intelecto (V.3.11.3), e muito menos com a *ephêsis* dirigida ao Uno e ao Bem. Seu poder, vindo da exterioridade, é tanto mais real quanto constitui um peso, um constrangimento, um impedimento à liberdade. Mas nunca é livre por si, pois não está voltado para o Bem.

---

25   Esse tema foi estudado no importante livro de Arnou, 1967.
26   Ver o comentário de Hadot, 1988.
27   Ver o comentário de Hadot, 1990.

É em VI.8, para o qual devemos voltar, que a dialética dessa liberdade é tomada em sua mais perfeita expressão. A parte desse tratado que aborda a liberdade humana percorre os sete primeiros capítulos, como vimos antes. Aqui, Plotino busca formular um conceito que será capaz de incluir o sentido no qual o Uno é em si livre e autocausado, tal como se discutirá na seção seguinte. Após considerar brevemente a psicologia moral de Aristóteles, e particularmente seus conceitos de voluntário e involuntário, Plotino rapidamente a substitui pela ética platônica do Bem. Sua leitura da *Ética nicomaqueia* (livro III) é permeada por elementos estoicos, que, sem dúvida, provém das discussões presentes nos comentários de Alexandre de Afrodísia: Plotino não está meramente interessado na voluntariedade como tal, mas num conceito de autodeterminação que seja capaz de garantir que algo seja dependente de nós (*eph'hêmin*, VI.8.2.33-37). As definições de Aristóteles de voluntariedade estavam baseadas na ausência de constrangimento e na presença de conhecimento (EN III.7.1135a23), mas Plotino não pode aceitar uma definição puramente formal de vontade livre. Para Plotino, o voluntário (*hekousion*) não depende de critérios que definem o que é livre (*eph'hêmin*) conforme Aristóteles. Deve ser dada uma bem-acabada definição platônica, essencialmente fundada na consciência do bem moral. É voluntária uma ação que visa o bem. O início da discussão plotiniana é sensível ao contexto fatalista da época (VI.8.1.23-29), que tem um certo eco nos tratados *Sobre a Providência* (III.2 e III.3).[28] Mas a preocupação fundamental é a natureza do princípio interior de autodeterminação, e Plotino não cessa de discutir a concepção estoica.[29] A razão platônica é o coração de seu pensamento. Como então pode definir essa autodeterminação senão por meio de uma psicologia da ação que dá precedência ao Intelecto? Quanto mais uma ação se conforma ao Bem, tanto mais é autodependente e menos escravizada pela exterioridade (4.33-35). A autodeterminação plenifica, no que parece ser um estágio superior de liberdade, a livre determinação de si mesmo (*autexousion*) que caracteriza

---

28 A análise filosófica dos argumentos apresentados por Plotino nesses tratados foi bem elaborada por Parma, 1971 e Schubert, 1968. Não pude ler o estudo de Boot, 1984.

29 Para uma comparação dessas duas concepções, ver o ensaio de Graeser, 1972, 112-125.

"alguém cujas ações dependem das atividades do Intelecto e que é livre das afecções do corpo" (3.19-21). Essa liberação é concreta; é completa na ação em circunstâncias específicas (5.10-27), ainda que Plotino sustente que a liberdade autêntica reside fora da ação. De fato, ela essencialmente pertence à razão e à virtude, tanto como do que precede a ação. Esse quinto capítulo do tratado expressa mais que outros a subordinação da liberdade concreta a uma liberdade espiritual superior, uma sendo, pode-se dizer, a consequência da outra no ponto em que libertação, existência no Intelecto e união com o Bem são realizadas todas juntas. Ascese, disciplina das paixões pela ação, não é, portanto, o primeiro momento da liberdade, pois a essência da virtude reside numa fruição de ação, ou seja, na imaterialidade que é identificada com a vida do Intelecto – nesse sentido, podemos dizer que a virtude é um segundo intelecto.

> Se, então, a virtude é um tipo de outro intelecto, um estado que, num sentido, intelectualiza a alma, estando novamente em nosso poder, não pertence ao plano da ação, mas ao do intelecto em repouso, sem ações... Devemos afirmar que virtude e intelecto têm a maestria e que devemos nos referir como estando em nosso poder e liberdade para eles... (VI.8.5.34-37 e 6.6-10)

A liberdade de se engajar na *práxis*, a liberdade de escolher e de agir, é então destinada a ser disposta por uma pureza espiritual, livre determinação. Isso não afasta a autenticidade daquela liberdade, pois acompanha a batalha diária da existência empírica. Mas não pode ser concebida em e por si mesma. Essa parte de VI.8, verdadeiramente profunda espiritualmente, constitui uma completa reinterpretação da psicologia moral da Antiguidade. Aqui encontramos uma notável elaboração do intelectualismo clássico, tanto mais porque Plotino reinterpreta o sentido da mente como vontade livre. Plotino não apenas expressa uma doutrina da fundamentação da liberdade humana, mas efetivamente mostra como essa fundamentação implica uma ética ascética, única que pode garantir libertação.

As conclusões afirmativas desse conjunto de textos concernem ao fato de que a liberdade empírica e seus fundamentos espirituais são reforçados por um dos tratados anteriores de Plotino, *Sobre o destino* (III.1). Esse tratado oferece um conjunto de argumentos antifatalistas dirigidos contra o determinismo dos atomistas, dos estoicos[30] e dos astrólogos. Nutridos por uma concepção de sujeito livre, senhor de si mesmo, os argumentos plotinianos rejeitam a concepção de uma necessidade vulgar que arruinaria a liberdade da atividade da alma. Já nesse tratado, portanto, Plotino vinculava liberdade e soberania da alma:

> Quando, nesse impulso, a alma tem como dirigente sua própria e imperturbável razão, então esse impulso pode ser dito estar em nosso próprio poder e livre; esta é nossa própria ação, que não provém de algo diverso, mas do interior, de nossa alma quando ela é pura, de um princípio primário que dirige e está controlado, não sofrendo erro por causa da ignorância ou defeito por causa da violência das paixões... (III.1.9.10-15)

Logo, a racionalidade e a soberania conferem à alma o poder de ser a causa de sua própria ação, que é o poder em que consiste a liberdade. Esse poder é real: não é anulado por determinações externas que operam nas teorias fatalistas. Certamente, a liberdade pode variar conforme o indivíduo, como Plotino dirá mais tarde (IV.3.15), mas não é destruída nem pelo destino nem por leis que regulam a ordem cósmica. Os dois tratados tardios *Sobre a Providência* (III.2 e III.3), assim como o tratado sobre a influência dos corpos celestes (II.3) ressaltam esse ensinamento novamente, modulado pelo encontro de uma argumentação providencialista – a influência da Providência, é claro, é real, mas não tão real que possa cancelar a liberdade (III.2.9.1 e II.3.1.1).

Essa defesa da liberdade é enunciada no contexto de uma teoria extremamente complexa da causalidade natural. Aqui, Plotino distingue causas próximas e causas distantes, que trazem consigo efeitos na causalidade específica da alma, que é verdadeiramente uma causalidade originária (III.1.8.8; III.2.10.12-19). Naturalmente, a moção dos céus e

---

30 Graeser, 1972, 48ss, levanta muitas infidelidades na apresentação de Plotino das teses estoicas.

os efeitos da simpatia universal conta muito na determinação da moldura geral da causalidade (ver também IV.4.31). Entretanto, a tese mais constante desses tratados, situada no coração de um majestoso hino à beleza da natureza e à racionalidade que forma seu caráter necessário, é ainda o seguinte: os seres humanos possuem um inalienável princípio de liberdade (III.3.4.6). Aqui, mais do que em qualquer outro lugar de sua obra, exerce influência a força do princípio do que depende de nós (*to eph'hêmin*), a origem da obra própria de um ser humano. O lugar conferido à responsabilidade (III.2.7) é mais significativo para a interpretação desses tratados do que qualquer elemento determinista que possa ser lá encontrado.[31] Plotino, por sua vez, ressalta a distinção, que é central em sua antropologia, entre um eu superior, impassível e um eu frágil, vulnerável, assolado pela desordem de seus desejos.[32]

Plotino também reitera seu intelectualismo e insiste no caráter involuntário do mal. Mas, em sua concepção, isso não exclui a responsabilidade total pelas ações, sejam boas ou más: o homem não virtuoso permanece responsável, age por si mesmo, mesmo que sua ação não seja voluntária no sentido platônico desse conceito. Essa doutrina concorda com o todo da psicologia moral das *Enéadas*, e de modo mais notável com os primeiros capítulos de VI.8. O homem é um princípio livre quando age em direção ao Bem: ele, então, se identifica com a liberdade, é *archê autexousios*. Realiza a completa natureza de sua liberdade quando toma por guia a pura e impassível razão (III.1.9.11).

Na concepção plotiniana da liberdade humana, portanto, o que mais nos impacta é a força das premissas metafísicas. De uma maneira completamente diferente de Aristóteles, que parece estar exclusivamente interessado nos problemas da escolha e contingência, Plotino concebe a liberdade como a verdadeira propriedade da vida virtuosa. Insistindo

---

31 Concordo aqui com o excelente capítulo de Rist, "A livre escolha humana", em Rist, 1967, 130-138, que propõe uma equilibrada interpretação, considerando o conjunto de sua obra, mais que a de Clark, 1943, 16-31, que me parece certamente exagerar o determinismo em suas análises da ação.

32 Esse tema aparece em I.1.10; II.9.2 e IV.4.18.

nesse tema, ele se apropria da tradição platônica centrada na origem divina da alma e no ideal de similitude com Deus. Sua posição relativa à liberdade da alma no processo de descida para a existência no corpo é a expressão de seu desejo de preservar a necessidade metafísica da processão, mas devemos lembrar que ele está ainda inclinado a integrar nesse enquadramento uma liberdade da descida que se assemelha à forma do consentimento. Comparada com essa liberdade passiva – a liberdade de ascender – a liberdade de retornar é a manifestação de uma poderosa concepção de vida espiritual. É, portanto, no ato de ascensão, um ato que é identificado com a purificação e dirige-se a Deus, que a liberdade encontra sua plena dimensão como essência da natureza humana. Primeiro e sobretudo, em seu esforço de triunfo sobre as amarras da existência corpórea, a virtude pode ser aqui concebida como livre resistência. Mas essa vida não seria possível se não fosse animada, do interior, por uma orientação para a razão impassível e para a contemplação. A liberdade humana, no pensamento de Plotino, é a verdadeira liberdade; se é afirmada não apenas contra todas as formas de determinismo vulgar – e de modo mais notável contra o fatalismo – mas também contra as sofisticadas concepções expostas pelos estoicos. A liberdade humana refere-se a pura origem do eu superior, à vocação da alma para retornar como portador desse eu na existência presente, à soberania moral do sujeito espiritual. O modelo eminente da liberdade humana é, ainda, a liberdade absoluta do Uno: apenas o Uno pode repousar em seu ato de extrema vigilância como absolutamente livre, como causa absoluta de Si Mesmo. A grandeza da visão de Plotino é dimensionada pela experiência espiritual de um filósofo que sempre tentou fundir a harmonia da hierarquia metafísica como expressa pela necessidade e a urgência de purificação como a injunção espiritual do retorno.

13 Uma ética para o sábio da Antiguidade Tardia

John M. Dillon

"A meta", diz Plotino em seu tratado *Sobre as virtudes*, que consiste em sua discussão mestra dos princípios da ética (I.2.6.2-3), "não é estar isento de erro, mas *ser deus*". Essa observação, embora não tenha um significado tão híbrido quanto possa parecer à primeira vista, pontua, todavia, é um importante aspecto do pensamento ético de Plotino, um aspecto que deve ser enfatizado de início em qualquer discussão do problema.

Com que finalidade, pode-se perguntar, Plotino de fato formula sua teoria ética? Isso pode parecer ingênuo, mesmo uma questão distorcida, mas penso que devemos ver que há um problema. Plotino tem, é claro, uma postura ética. Podemos derivar isso de uma passagem da *Vida de Plotino* escrita por Porfírio, e de muitas observações dispersas em seus escritos. Como muitos filósofos tardo-antigos, especialmente aqueles de confissão platônica ou pitagórica, tenderam ao ascetismo em suas vidas pessoais, ao celibato, tanto hétero quanto homossexual, e mesmo ao vegetarianismo.[1] Ele também foi, como sabemos (*Vida*, cap. 9), um tipo de guardião cuidador de órfãos, que assumiu sua responsabilidade financeira e educacional muito seriamente e foi muito procurado nessa função. Era também uma pessoa de poderosos poderes psíquicos pré-naturais (*ibid.*, caps. 10-11), que os usou com propósitos virtuosos.

Contudo, há outro aspecto significativo do caráter de Plotino que igualmente emerge de modo claro da *Vida*, que nos aponta a direção de uma resposta à questão inicial. É sua ampla e constante preocupação com a

---

1 Cf. *Vida de Plotino*, cap. 2, onde lemos que Plotino não gostava sequer de fazer uso de medicamentos derivados de partes de animais, baseado em sua recusa de comer a carne de animais mortos – uma posição de interessantes ressonâncias modernas!

vida mental. Como Porfírio nos conta a propósito de seu método de composição (cap. 8):

> Mesmo se falava com alguém, engajado em uma conversação contínua, mantinha sua atenção no pensamento. Podia manter parte da atenção necessária à conversação e, ao mesmo tempo, manter sua mente fixada sem distração naquilo que estava considerando. Quando a pessoa com quem falara ia embora, não se dispersava do que havia escrito, porque sua visão, como disse, não se voltava à revisão. Seguia rapidamente para o seguinte assim como se não tivesse intervalo entre a conversação. Nesse sentido, estava simultaneamente presente a si e aos outros, e nunca relaxava sua atenção sobre si, exceto quando dormia: mesmo o sono, o reduzia comendo uma quantidade mínima de comida, por vezes não mais que um pedaço de pão, e com seu contínuo voltar-se para a contemplação intelectual. (trad. de Armstrong)

O que significa a ética para um homem como este? Plotino começa sua investigação acerca da natureza da virtude em *Enéada* I.2, seguindo um caminho significativo ao se inspirar no tão citado texto platônico de *Teeteto* 176a-b:

> Considerando que os males são daqui, e "habitam necessariamente esta região", e que a alma quer fugir dos males, devemos fugir daqui. Em que consiste essa fuga? "Assemelhar-se a deus", diz Platão. E nos tornamos semelhantes a deus "se formos retos e divinos com o auxílio da sabedoria", que, em geral, está num estado de virtude. (trad. de Armstrong, levemente modificada)

Mas essa identificação da rota de "fuga" pela prática mundana das virtudes é posta em questão diretamente pela aporia de se a divindade à qual queremos nos assemelhar possui todas ou alguma das virtudes (I.11ss). Se essa deidade seja a Alma do mundo (ou, mais exatamente, seu "elemento dirigente" [*hêgoumenon*]), não teria qualquer aplicação em relação as virtudes em sua forma normal, "política" – as virtudes tais como expostas na *República* – e mesmo que nos pertencessem, sua prática não realizaria nosso propósito. De fato, todavia, como a própria alma do mundo, estamos vinculados a uma deidade superior, o intelecto transcendente, e esta é uma característica que está acima de qualquer virtude – mesmo as virtudes "purificadoras" que Plotino retoma do *Fédon*[2] – de modo que pareceria, em relação à aproximação da divindade, na medida em que é a finalidade do sábio, que a prática de virtudes em qualquer sentido ordinário não seria indicada.

Que Plotino tome seriamente o ideal de autodivinização, penso que não pode ser posto em dúvida. Ele via a si próprio (como Empédocles, muito antes dele) como habitante de um plano superior, exilado num espaço físico, na esfera sublunar, cuja morada não seria aqui, mas lá. Suas observações autobiográficas no início de um dos primeiros tratados, IV.8, são reveladoras dessa conexão:

> Por vezes, desperto-me de meu próprio corpo e entro inteiramente em mim mesmo, separando-me de todas as outras coisas; vejo uma beleza maravilhosamente grande e sinto que, acima de tudo, pertenço a melhor parte; vivo, então, a melhor vida e identifico-me com o divino; e repouso firmemente naquilo em que me tornei em relação a essa suprema atualidade, estando acima de tudo mais, no plano do Intelecto. Então, após repousar no divino, quando retorno do Intelecto para a razão discursiva,[3] surpreendo-me como sempre desço, e como minha alma retornou ao corpo, visto que ela é o que lhe foi mostrado para ser ela própria, mesmo quando no corpo.

Quando se tem esse tipo de atitude com relação à existência corpórea, qualquer visão que se poderia ter acerca de questões éticas pode ser tomada como exibindo uma perspectiva verdadeiramente diferente. E assim ocorre.

Proponho proceder primeiramente levantando a questão do modo como a temática ética é abordada, a partir dessa perspectiva, na tradição platônica tardia para, então, examinar o quanto Plotino ocupa-se desse modelo.

---

2 Para uma discussão da distinção que Plotino faz entre os dois graus de virtude, "política" e "purificadora", ver Dillon, 1983, 92-105.

3 *Logismos*, ou seja, no presente contexto, o nível da consciência próprio da alma no corpo.

Se tomarmos como guia do que considerei "ética" no platonismo tardio do século II d.C. o *Didaskalikos*, ou *Manual do platonismo*, de Alcino,[4] encontraremos uma abordagem desse tema (nos capítulos 27-34 da obra). Ele inicia-se pela natureza do bem supremo, ou felicidade (*eudaimonia*). Volta-se, então, ao *telos*, ou "fim de todos os bens", e a questão da finalidade última da vida humana. Em seguida, aborda o tema da virtude, e das virtudes particulares. No caso de Alcino, isso é seguido pelo capítulo 30, que trata das *euphuiai*, ou "boas disposições naturais", e de uma discussão sobre a (originalmente estoica) teoria do "progresso moral" (*prokopê*), sendo seguido por um capítulo sobre a questão de se é possível errar voluntariamente. Alcino discute, então, as emoções (*pathê*), e, por fim, o tópico da amizade e do amor. O relativamente contemporâneo tratado médio-platônico, *Sobre Platão e suas doutrinas*, aborda em grande medida as mesmas questões, com a mesma ordem de tópicos (II, capítulos 1-23), de modo que podemos tomá-los como uma abordagem padrão desse tema. Como veremos, Plotino tem algo a dizer sobre os primeiros tópicos, atualizando e incluindo uma discussão sobre as virtudes, mas pouco ou nada acerca dos posteriores, mais especializados.

Em sua edição de *Plotino*, Porfírio agrupa na primeira *Enéada* os tratados que ele discerne como relativos a tópicos "predominantemente éticos" (*êthikôterai hupotheseis*: *Vida*, cap. 29). Devemos notar as precauções comparativas, que indicam que Porfírio está bem consciente do que é óbvio que qualquer leitura das *Enéadas*, que qualquer aspecto da filosofia de Plotino pode manifestar-se em qualquer um de seus tratados, e que é uma certa de uma distorção agrupá-los nas divisões tradicionais da filosofia.

Entretanto, Porfírio sabe o que está fazendo, e de fato um bom conspecto do que se passa na especulação ética de Plotino pode ser derivado de um estudo dos tratados da primeira *Enéada*. Proponho abordá-los em ordem cronológica, destacando o que me parece ser característica saliente. O que devemos concluir, penso, é muito mais uma ética para o sábio tardo--antigo do que a apresentação de um guia prático para o homem comum.

---

4   Ver a excelente edição recente da coleção Budé de Whittaker, 1990 e Dillon, 1993.

Primeiro, todavia, coloquemos uma questão levemente anacrônica provinda da filosofia moral contemporânea, na medida em que auxilia, creio, a esclarecer a posição de Plotino. Nos termos de G. E. Moore, Plotino tem uma ética "naturalista" – ou seja, recai naquilo que Moore qualifica como falácia "naturalista" ao sustentar o valor primário positivo de palavra ou palavras – para Moore, "bem", para Plotino *kalos* e *agathos*. Elas poderiam ser definidas em outros termos?

Parece-me que não há como questionar que Plotino *seja* um "naturalista" nesse sentido, e que a apreensão desse fato é a chave para compreender a natureza de sua teoria ética. Para Plotino, como veremos, o "bem" ou o "ótimo" é simplesmente aquilo que conduz a nosso conhecimento de, ou comunhão com o verdadeiro ser, ou seja, o mundo inteligível das formas, o conteúdo da hipóstase do intelecto (*nous*) – e, mais remotamente, à união com o Uno. Qualquer tentativa de Moore de tornar problemática a questão: "É então uma afirmação como 'a contemplação das formas é o bem' uma tautologia ou não?" se chocaria com a inequívoca afirmação de que *sim*: isso é tudo que *agathos* significa, "conduzir a contemplação das formas", assim como *kalos* significa "manifestação do mundo das formas num plano material" ou algo parecido. Não há "falácia" implicada aqui, parece-me, na medida em que alguém é perfeitamente claro e solidamente consciência do que está fazendo, como Plotino certamente é. Se alguém pode ser acusado de introduzir "uma definição persuasiva", nos termos de C. L. Stevenson, isso é outra questão.

Sendo como tal, esta é a pedra angular da ética de Plotino, e isso significa que uma certa dimensão da teoria ética moderna, influenciada como é pela tradição judaico-cristã, tanto quanto pela grega, não pode ser encontrada nela – aquele aspecto concernente ao amor ao, ou o cuidado com o próximo, *por sua própria condição*. O pensamento ético grego em geral, seja platônico, peripatético, estoico ou epicurista, foi frequente e justamente caracterizado como comparativamente autocentrado e intelectualista, em comparação as teorias modernas,[5] mas o pensamento de Plotino, penso que

---

5   A teoria de Aristóteles acerca da perfeita amizade, como exposta no livro 8 da Ética nicomaqueia, constitui uma exceção, talvez, implicando o amor de outras pessoas por sua própria

pode ser dito, é mais do que isso. Seu cuidado com os outros, como podemos ver na *Vida* de Porfírio, foi de fato exemplar, mas sua mente estava firmemente fixada num plano noético, e em seu próprio propósito de união com ele, e é essa preocupação que domina sua teoria ética.

Dito isso, voltemos aos textos. O primeiro deles, o tratado *Sobre o belo* (I.6) é aquele que Porfírio identifica como o primeiro dos tratados – embora não tenha sido escrito muito cedo em seu desenvolvimento intelectual, pois ele apenas começou a escrever com cinquenta anos (*Vida*, cap. 4) – ocupando uma posição significativa. À primeira vista parece ser um ensaio de estética, pois começa com uma crítica das teorias existentes sobre a beleza, ou *to kalon*, mas de fato, para Plotino, não há esfera estética independente e a matéria em questão é primordialmente ética.

A abertura do tratado (cap. 1) menciona a definição tradicional de beleza, ou "o belo", tal como originalmente proposta pelos estoicos,[6] "uma boa proporção das partes entre si e com o todo, com a adição de boa coloração". Os argumentos que ele emprega são de força indubitável (pois identifica bem que tal definição traz a dificuldade de explicar a beleza de uma substância simples como o ouro, ou de um evento simples, como um raio de luz na noite),[7] mas com os quais não devemos nos ocupar neste contexto.

---

condição. Há também uma interessante passagem nas *Leis* de Platão (V.731d-e), da qual Lloyd Gerson me lembrou, em que Platão ataca o que ele identifica como a atitude tradicional que "todo homem é por natureza amante de si mesmo", e condena o excessivo amor de si mesmo (*hê sphodra heautou philia*) como o caminho para o mal. Mas penso que isso é um ataque ao autocentramento vulgar, não naquele profundo autocentrar-se que é o coração da ética platônica.

6   Por exemplo, *SVF* III (Ário *apud* Estobeu: "boa proporção das partes entre si e com o todo". Cf. 279 (Cícero. *Tusculanas* 4.31) e 392 (Fílon. *De vita Mosis* 140), que acrescenta um "bom colorido" a definição.

7   Não vejo, todavia, a força do seguinte argumento (1.29ss): "Se o todo é belo, as partes devem também serem belas; um belo todo não pode certamente ser composto de partes feias; todas as partes devem ser belas". Por que deveria ser assim? Se a beleza reside na *symetria* das partes, por que é preciso que as partes como tais sejam belas? Uma dada "parte", suponhamos, a mão, pode ser bela, e belas porque adornada com, digamos, belos dedos, mas cedo ou tarde, certamente, isso pode ser dito de uma "parte" da qual faz pouco sentido dizer que é belo ou feio, por exemplo, o seguimento de um dedo.

O que é importante é a conclusão que Plotino deseja encaminhar, que é (2.13-14) que "as coisas neste mundo são belas por participação na *forma*". Usando a imaginária do *Banquete* (206d), fala da alma como instintivamente reconhecendo a presença da forma na matéria como *kalon*, mas distanciando-se de instâncias do domínio imperfeito da matéria como *aischron* (2.1-8). Nesse sentido, todo esse ensaio é atravessado por reminiscências do discurso de Diotima no *Banquete*, do mito central do *Fedro* (particularmente a perda das asas da alma [250e ss]) e do símile da caverna de *República* VII. Para Plotino, o estatuto da beleza pode apenas nos recordar de um conhecimento das formas. A ascensão para as formas, ou seja, a verdadeira Beleza (caps. 4-6) é realizada pela prática das virtudes, vistas como "purificações" (*katharseis*), tais como retratadas no *Fédon* (69b-e). Essa distinção entre virtudes "catárticas" e "cívicas" (como dispostas em *República* IV) provê um elemento importante em seu último (mas ainda "antigo") tratado *Sobre as virtudes* (I.2), discutido brevemente.

A instância ética que emerge de I.6, portanto, é distintamente autocentrada e extramundana. Para citar o início do capítulo 7:

> Devemos, portanto, ascender novamente ao Bem, que todas as almas desejam. Quem quer que o tenha visto sabe o que quero dizer quando afirmo que ele é belo. Ele é desejado como bem, e o desejo por ele é dirigido para o bem, e alcançá-lo é para aqueles que vão ao mundo superior e são convertidos e despojam-se do que ganhamos em nossa descida – assim como para aqueles que vão a celebrações de ritos sagrados há purificações, e despojamento das vestes que tinham antes, subindo despidos; até que, ultrapassando na subida tudo aquilo que é estranho a Deus, encontra-se a si mesmo só a só, simples, solitário e puro, para aquele de quem tudo depende e para quem todos olham e são e vivem e pensam; pois ele é a causa da vida, do pensamento e do ser. (7.1-12; trad. de Armstrong)

O tema da "semelhança com Deus" como termo da atividade ética, que se torna de central importância no último tratado já mencionado, I.2, já aparece aqui. É claro que, para Plotino, qualquer ação deve ser avaliada primordialmente da perspectiva de sua capacidade nos assemelhar com o plano divino. Todas as preocupações terrestres, tais como amor pela família ou parente, sem mencionar o cuidado com os pobres e oprimidos, e todas as paixões, tais como piedade ou dor, devem ser retiradas (como as vestes na cerimônia iniciática) no processo de purificação.

A posição de Plotino aqui (que, no limite, é toda estoica, com o acréscimo do aspecto transcendente) é bem ilustrada por uma passagem do tratado tardio *Sobre a felicidade* (I.4), no qual nos deteremos no momento. A própria passagem, todavia, pode ser citada agora (Plotino está destacando que ainda que o sábio administre as necessidades de seu corpo, o fará ainda mantendo uma firme distinção entre ele próprio e seu corpo):

> Ele conhece suas necessidades, e lhes fornece aquilo sem retirar nada de sua própria vida. Seu bem-estar não será reduzido mesmo quando a fortuna volta-se contra ele, a vida boa ainda permanece ali do mesmo modo. Quando seus amigos e pessoas próximas morrem, sabe o que a morte é – como aqueles que morrem o sabem, se são virtuosos. Mesmo se a morte dos amigos e parentes cause dor, ele não sofre, mas apenas aquilo que nele não é inteligência, e não receberá em si os sofrimentos próprios daquele elemento. (4.29-36; trad. de Armstrong, levemente modificada)

O que é uma *katharsis* moral envolve, portanto, extrair as paixões e os interesses materiais que estão e ele vinculados e o estimulam, e voltam toda sua atenção para a assimilação ao mundo inteligível.[8]

A breve nota ou fragmento sobre o suicídio, *Sobre a separação do corpo* (I.9), é imbuído do mesmo espírito. Plotino é, de fato, contra o suicídio na maior parte dos casos, a despeito de sua crença profunda de que é muito melhor para a alma estar livre do corpo, pois geralmente não é possível efetuar essa libertação deliberadamente sem perturbação mental. É interessante como ele não faz uso do argumento formulado por Sócrates no *Fédon*

---

8   Há uma completa exposição da doutrina de Plotino da beleza intelectual e de nosso modo de apreendê-la em seu tratado tardio V.8, cuja leitura é vivamente recomendável, mas que não podemos abordar aqui.

(62b), de que fomos postos aqui pelos deuses como guardas, e que não devemos desertar de nossos postos (embora ele faça referência a nossa possibilidade de ter um "tempo dado" [I.16]). Ele está simplesmente preocupado com o estado de nossa alma quando partimos desta vida. Mais uma vez, sua posição não é muito distante daquela dos estoicos. Enquanto sustenta que não há justificativa para o suicídio na medida em que não há possibilidade de progresso moral (*to prokoptein*), se essa possibilidade não mais existe – e isso é algo que apenas o homem sábio compreenderá claramente – de modo que ele não é absolutamente oposto ao "retirar-se" (*exagôgê*),[9] se puder ser conduzido.

Podemos agora voltar ao tratado mencionado no início, *Sobre as virtudes* (I.2) e seu vizinho *Sobre a dialética* (I.3), que pertencem ainda ao período "antigo" da carreira literária de Plotino, antes da chegada de Porfírio à escola em 264. Como disse, estamos preocupados com uma análise do que podemos entender ao dizer que devemos ser semelhantes a Deus pelo exercício das virtudes, na medida em que concordamos que Deus não pode possuir as virtudes como normalmente concebidas, pois não teria como exercê-las. Certamente, como Plotino deixa claro no capítulo 1, o exercício das virtudes "cívicas" é inapropriado à divindade (que, no presente contexto, pode ser tomada primordialmente como a hipóstase Intelecto), mas, mesmo as virtudes "catárticas" não podem propriamente ser atribuídas a ele, podem apenas no limite servirem como meios de ascensão para ele:

O que queremos então dizer quando chamamos essas outras virtudes de "purificações", e como nos tornamos realmente semelhantes (sc. a Deus) sendo purificados? Pois a alma é má quando contaminada com

---

9   Uma das interessantes questões derivadas é o fato de que o comentador aristotélico tardo-antigo Elias, em seus *Prolegomena* (6.15.23-16.2), refere-se a uma monografia (*monobiblon*) de Plotino *Sobre o retirar-se racional* (*Peri eulogou exagôgês*), cuja abordagem não corresponde proximamente àquilo que temos em I.9. Elias reporta Plotino como rejeitando todas as cinco razões tradicionais estoicas para o suicídio, e dizendo que o suicídio é errado em qualquer circunstância, enquanto que em 1.16ss ele diz: "E se cada homem tem um tempo destinado a ele, não é bom partir antes dele, mas, *infelizmente, como* afirmamos, é necessário". Ele deixa claro também no tratado I.4 que o sábio será capaz de decidir em que circunstâncias "retirar-se" (8, 9-10; 16, 21-29).

o corpo e partilha suas experiências e as dispõe em toda sua perspectiva (*panta sundoxazousa*), será boa e possuirá a virtude quando
não mais tem o mesmo ponto de vista, mas continua sua própria
por si mesmo – isso é inteligência e sabedoria – e não se prende as
experiências do corpo – isso é autocontrole – e não teme partir do
corpo – isso é coragem – e é guiada pela razão e pela inteligência,
sem oposição – e isso é *justiça*. Não estaria errado quem chamasse
esse estado da alma de "semelhança com Deus", no qual sua atividade é intelectual, e está livre nesse caminho das afecções corpóreas.
Pois o divino também é puro, e sua atividade é de um certo tipo que
quem imita tem sabedoria. (3.11-23; trad. de Armstrong, levemente modificada)

Esses análogos "catárticos" das quatro virtudes de *República* IV são
enumerados novamente no capítulo 6 (20ss). Eles formam o ponto de
partida para uma notável doutrina dos graus de virtude que foi elaborada
primeiramente por Porfírio, e depois por Jâmblico, até completar os sete
graus de virtude diferentes – uma elaboração escolástica avessa ao espírito
da filosofia de Plotino, e que não precisa nos preocupar aqui.[10]

Todavia, por trás dessa doutrina mostra-se um importante e mais característico traço da psicologia de Plotino, que vem a ser melhor explicitado
posteriormente em I.4,[11] mas pode ser esboçado de modo proveitoso agora.
Plotino mantém fortemente a opinião de que há em nós um elemento,
que ele identifica com a alma, e que vê como nosso verdadeiro si, que é de
algum modo não sujeito as "paixões" (*pathê*), tanto no sentido de não sentir
emoções quanto de não ser afetado por prazeres e dores físicas.

Essa doutrina certamente toma seu ponto de partida em várias concei-
tuações platônicas, notadamente do *Fédon*, mas nas mãos de Plotino começa

---

10 Para uma discussão mais ampla desse ponto, ver meu artigo citado na nota 1. É interessante notar nessa conexão que Porfírio, em sua interpretação de I.2 em suas *Sentenças*, cap.
42, deriva dois graus superiores de virtude, as contemplativas e a paradigmáticas, tomadas
da discussão de Plotino nos capítulos 6-7, em que não parece haver a intenção de Plotino de
postular outros graus de virtude.
11 E ainda, por exemplo, o tratado do "período médio", III.6.1-5, *Sobre a impassibilidade
dos incorpóreos*.

algo muito mais radical que qualquer coisa visada por Platão. Como já foi destacado por Eyjólfur Emilsson,[12] "com Plotino podemos ver um desenvolvimento em direção a uma distinção alma-corpo próxima de algo familiar a alguns filósofos modernos... Plotino apresenta tal quadro da alma humana em que há um hiato ontológico entre ela e os corpos, e mesmo entre ela e o corpo humano" (I46).

Isso emerge vividamente na última parte de I.4, em que Plotino está preocupado em despedir-se da noção de que a vida boa (*eudaimonia*) seria completamente dependente de circunstâncias externas. No capítulo 13 (6ss), ele discorda ainda do ideal estoico de *apatheia* como estando baseado numa psicologia inadequada:

> Mas o "supremo aprendizado"[13] está sempre em suas mãos e sempre com ele, ainda que ele esteja no notório "touro de Fálaris" – que seria ingênuo chamar de agradável, mesmo se tais pessoas (sc. os estoicos) dizem isso; pois, conforme suas filosofias professam que esse estado é agradável, sendo exatamente o mesmo que quando se está na dor.[14] Conforme pensamos, sentir dor é uma coisa, mas há outra coisa que, mesmo quando compelida a acompanhar o que sofre dor, permanece em sua própria companhia e não deixará de ter a visão do bem universal.

É essa "outra coisa" que, como será destacado, é a verdadeira alma, na medida em que o que está sujeito a paixões é o que Plotino chama de "o composto" (*to sunamphôteron*),[15] a combinação do corpo com o que dever ser denominado de "força animal". Isso é o que ele involuntariamente refere ao estatuto da alma, embora o prefira ver como uma espécie de "iluminação" (*ellampsis*) ou "traço" (*iknos*) da alma no corpo, que, embora não

---

12 Em seu mais útil livro, 1988, particularmente o capítulo 8. Ver ainda Dillon, 1990, 19-31. É preciso ter cuidado em especificar, como vimos, que a distinção na doutrina de Plotino é entre alma e *corpo animado*. Mas, basicamente, a observação de Emilsson é perfeitamente válida.

13 Ou seja, a contemplação do Bem, o *megiston mathêma* de *República* VI.505a.

14 Porque a alma estoica é unitária e material.

15 No capítulo 14 do presente tratado, mas também, de modo mais notável, em I.1, ao qual retornaremos.

corpóreo, já não é alma no sentido pleno do termo. É nesse nível do ser humano que as paixões são experimentadas, Plotino sustentará, e não no nível da alma propriamente dita. De volta aos capítulos 8 de I.4 (1-6), ele produz a seguinte imagem da alma propriamente dita:

> Tão distante quanto suas próprias dores podem ir, quando são muito grandes, ele as suportará tanto quanto puder; quando são demasiadas para ele, delas se despojará.[16] Ele não está aprisionado em sua dor; *sua luz brilha nelas, como a luz ao lançar-se para fora de uma lanterna com a grande fúria do vento e da tempestade.*

Essa imagem da alma como uma luz atingida pelos elementos sem uma impenetrável, embora translúcida, barreira expressa muito bem, penso, a visão da relação da alma com o corpo (animado) que Plotino situa encontra já elaborada anteriormente. Ele confere uma nova conformação ao ideal estoico de *apatheia*, que, como vimos acima, Plotino declara ser incoerente com os próprios princípios materialistas estoicos. Essa forma de dualismo alma-corpo é uma posição difícil de sustentar (ele faz um esforço heroico a esse respeito em III.6.1-5), mas é central na elaboração ética de Plotino.

Voltemos, contudo, ao tratados I.2 e 3. Sugeri que essa meta singular de união com Deus, que é a única forma aprovada de atividade ética não deixa realmente muitas vias para o que concerne à integração com nosso homem comum que constitui a arena tradicional da ética. Plotino levanta essa questão no final do tratado (2.7.14ss):

> A questão se aquele que possui as maiores virtudes possui as menores em ato ou apenas de algum modo deve ser considerado em relação com cada uma das virtudes particulares. Tome-se, por exemplo, a sabedoria prática (*phrônesis*). Se alguém age com outros princípios, como pode ainda tê-la, mesmo de modo inativo? E como se um tipo de virtude naturalmente permite tanto, mas outra algo muito diverso, e um tipo de autocontrole (*sophrosunê*) mensura e limita (sc. as paixões), enquanto que outras as abolem totalmente? E o mesmo

---

16 Confirmando aqui um notório *dictum* de Epicuro, *cf.* Fr. 447 Usener.

vale para outras virtudes, uma vez que foram movidas pela sabedoria prática de seus lugares.

Plotino responde sua própria questão afirmando que, como virtudes "cívicas" ou vulgares podem estar presentes no sábio de algum modo potencial, não agindo de acordo com elas:

> Mas quando ele atinge princípios superiores e medidas diferentes agirá conforme esses. Por exemplo, não exercerá o autocontrole como consistindo na observância de medida e limite, mas se separará de tudo, na medida do possível, em sua natureza superior e viverá, não a vida de um bom homem que requer virtude cívica, mas ultrapassando-a, escolherá outra, a vida dos deuses: pois é como eles, não como os homens bons, que devemos nos parecer.

Esse é uma bela afirmação não comprometedora com a qual se fecha o tratado. Plotino não está sugerindo, é claro, tolerância com qualquer forma de antinomianismo, ou discordância de normas morais de uma sociedade, tal como recomendado por certas seitas gnósticas contemporâneas. Nenhuma dessas sugestões o teriam atraído. Observaria, é claro, as regras comuns de comportamento; mas subsumindo-as em algo superior.[17] Pode-se acreditar que Plotino teria prontamente ajudado uma senhora a atravessar a rua – mas poderia muito bem deixar de dizer isso a ela. E se ela fosse atropelada por uma carroça passante, permaneceria completamente imóvel.

Um último importante complemento à concepção de Plotino acerca da natureza da *eudaimonia*, como finalidade a ser visada pela prática das virtudes, é oferecido no tratado do "período médio" de sua produção, I.5, *Se*

---

17   Nesse sentido, no final de I.3, é pontuado exatamente que embora as virtudes inferiores sejam imperfeitas sem a ascensão dialética e a sabedoria teórica (*sophia*), elas não serão eliminadas por sua aquisição, mas antes terão uma compleição: "Assim, a sabedoria vem após as virtudes naturais, levando o caráter (*ta êthê*) à perfeição; ou melhor, quando as virtudes naturais existem, mesmo de modo incompleto, são aperfeiçoadas conjuntamente: como último progresso, aperfeiçoam o agente" (6.19-23). Considero que seu sentido é dado por esta última frase, pois não penso que Plotino queira dizer que o progresso nas virtudes inferiores leve as superiores à perfeição. Mas dizem os gregos que "quando uma (*hê hetera*) progride, aperfeiçoa a outra (*tên heteran*)".

o bem viver aumenta com o tempo. Plotino parte aqui da interessante *aporia* de se, mesmo que pudéssemos vincular o passado e o futuro ao presente ao calcularmos algo como a duração de uma doença ou uma crença,[18] então poderíamos declarar que a felicidade de ontem pode ser acrescentada à de hoje, ou melhor, à felicidade do momento, a fim de ter *mais* felicidade. É certamente verdade que tenderíamos a crer que alguém que foi *eudaimôn* por muitos anos atinja um grau superior de *eudaimonia* em relação a outro que a tenha alcançado ontem, mas estaríamos certos?

A resposta de Plotino a esse problema, mais uma vez, revela claramente o pressuposto básico de sua ética. O fato é que, diz ele, a verdadeira *eudaimonia* não é algo pertencente ao tempo, mas vincula-se ao plano da eternidade, de modo que não pode ser medida de modo temporal. É certamente razoável dizer que a duração do tempo pode capacitar alguém a subir um degrau em direção à realidade inteligível, mas uma vez atingida sua perfeita visão (assumindo que isso seja possível), então a duração do tempo deixa de ser algo significativo.[19] Ele aborda a relação da *eudaimonia* com o tempo mais particularmente no capítulo 7:

> Mas, por que, se podemos apenas considerar o presente e não somá-lo ao passado, não podemos dizer o mesmo do tempo? Por que somarmos o passado ao presente e dizermos que é mais? Por que, então, não diríamos a felicidade estar dividida conforme as divisões do tempo (se o medimos pelo momento presente e, de outro lado, o tomamos como indivisível).
>
> Ora, é razoável medir o tempo mesmo quando ele não existe mais, na medida em que podemos contar coisas que aconteceram no

---

18   Mesmo aqui, poderíamos fazer a distinção entre dizer que A tem uma gripe pior que B porque ficou gripada por três dias, e dizer que, em qualquer momento, A estava mais doente que B, pois A não estaria necessariamente doente porque sofreu *por mais tempo*, a menos que seu sofrimento em um dado momento tenha sido *mais intenso*.

19   *Cf.* cap. 3: "O que, então, dizer sobre seu estado, que 'ele foi *eudaimôn* por mais tempo, e que teve o mesmo objeto [sc. o mundo noético] diante de seus olhos por mais tempo? Se durante esse tempo maior ele obteve um conhecimento mais acurado, então o tempo lhe acrescentou algo. Mas se conhece exatamente o mesmo durante todo esse tempo, aquele que viu uma só vez tem o mesmo".

passado, mas não mais existem, tais como a morte, por exemplo; mas não é razoável dizer que a felicidade que não mais existe está ainda presente, e que é mais do que a presente. Pois a felicidade requer existência atual (*sumbebêkenai*), mas o tempo está no e é do ser presente e não daquele que não existe mais.

Em geral, portanto, a distensão do tempo significa a dispersão de um único presente. Eis porque é razoável chamá-lo de "imagem da eternidade" (*Timeu* 37d5), pois tende a fazer desaparecer o que é permanente na eternidade por sua própria dispersão...

> De tal modo, se a felicidade é uma forma de vida boa obviamente a vida em questão deve ser aquela do ser real; pois ele é o melhor. Assim, não deve ser contada entre as coisas do tempo, mas da eternidade; e isso não é nada mais nem menos, nem qualquer extensão, mas um "isto-aqui", inextenso e não temporal. (7.1-25; trad. de Armstrong, adaptada)

Essa é uma conclusão contraintuitiva que torna Plotino singular. Em resposta ao argumento (caps. 8-9) que um homem que está num estado de felicidade no presente, mas pode também gozar da memória dos estados passados de felicidade, é plenamente melhor que um homem que seja *eudaimôn* no passado, mas não tenha tais memórias, ele dirá que o homem que é verdadeiramente *eudaimôn*, como tal, não faz uso da memória mais do que faz o puro intelecto no mundo inteligível, de tal modo que sua *eudaimonia* passada nada pode acrescentar a seu estado presente.

O conceito de impassibilidade essencial da própria alma (do qual segue a ausência de tempo de seu próprio estado, *eudaimonia*) é muito mais o tema de outro tratado tardio (I.1), que Porfírio colocou no início de sua edição, na medida em que trabalha, falando de modo familiar, com o tema do *Primeiro Alcebíades*, que tradicionalmente era o ponto de partida de qualquer percurso no platonismo da Antiguidade Tardia, qual seja, "conhece-te a ti mesmo".[20]

---

20   Embora de fato Plotino tome seu ponto de partida de algumas observações de Aristóteles

Nesse processo, todavia, de estabelecimento da impassibilidade da alma, Plotino é constrangido a demonstrar que as paixões e afecções não pertencem propriamente à alma, mas a algo diverso, ao "composto" (*to sunamphôteron*) acima mencionado, a combinação do corpo e daquele princípio vital que é um "traço" ou "iluminação" da alma. Nessa conexão, ele desenvolve uma interessante teoria do centro da consciência, o "nós" (*hêmeis*), tal como o chama (por exemplo, caps. 7-8), que é inferior a nossos elementos superiores, a alma pura e intelecto "não descido", e superior aos processos subconscientes desenvolvidos ao longo do tempo de vida do corpo vivente.[21] É essa entidade que seria o sujeito próprio do comportamento ético "vulgar", a prática das virtudes "cívicas", que estão ainda voltadas à moderação ou "boa sintonia" das paixões e o processamento direto das percepções, enquanto que a verdadeira alma se mantém a si mesma distante de tudo isso:

> Digamos que é o composto que percebe, e que a alma por sua presença não doa a si mesma como tal seja ao composto seja a qualquer um de seus membros, mas realiza, fora do referido corpo e de um tipo de luz que ela produz por si mesma,[22] a natureza do ser vivente, algo diferente, ao qual pertence a percepção e todas as outras afecções que são atribuídas ao corpo vivente.
> Mas, então, quem é este *nós* (*hêmeis*) que percebe?
> É porque somos separados desse tipo de corpo vivente, mesmo se outros elementos também, de mais valor que somos, entram na composição de toda a essência humana, que é feita de muitos elementos.
> E o poder da percepção próprio da alma não precisa ser de objetos sensíveis, mas antes deve ser receptivo de impressões (*tupoi*) produzidas pela sensação no ser vivo; elas já são entidades inteligíveis. (I.1.7.1-12; trad. de Armstrong, levemente modificada)

---

no *De anima* 408b1ss.

21   Acerca dessa entidade, ver a excelente monografia de O'Daly, 1973.

22   Devo dizer que prefiro ler aqui *par'autês*, com a correção do Laurentianus (A), e com Ficino, ao *par'autên* do manuscrito assumido por H.-S., considerando que o sentido pode ser o "de si mesmo", como Armstrong o traduz. O sentido básico é o mesmo de qualquer modo, penso.

Essa distinção entre percepções primárias e o que a alma reconhece das que já são entidades inteligíveis (*noêta*), foi feita em III.6.1-5, e num interessante capítulo (23) de IV.4, mas aqui reiterado. O medo, por exemplo, e sua percepção (do veneno de uma serpente, por exemplo), são experiências de *sunamphôteron*. Temos, contudo, em nós, uma entidade que não experimenta medo, mas simplesmente "nota" o medo – e apenas recebe algum tipo de inteligível análogo a imagem visual da serpente. As virtudes dessa entidade são virtudes "catárticas", e sua atividade própria é a contemplação e a autodivinização. O "nós" não é necessariamente idêntico a essa entidade (ao menos não é na vasta maioria dos seres humanos), mas pode vir a ser, sendo aquilo para o que devemos nos direcionar.

Suponho que possamos esboçar a questão, visto que Plotino deseja fazer uma tão forte distinção entre a alma propriamente dita e o "composto", não podemos postular uma ética separada para o composto – que implicaria na prática das virtudes cívicas mais do que das catárticas, e a prática da moderação das paixões mais do que sua extirpação?

Penso que a resposta de Plotino a essa peça do quebra-cabeça seria que o composto não é uma entidade suficientemente autônoma para merecer um sistema ético distinto. A coisa a ser propriamente feita com o composto é purificá-lo, ou melhor, separar dele nosso verdadeiro si. Além disso, é com ele que todo discurso platônico tradicional sobre a "purificação" está preocupado, não com a alma propriamente dita, como Plotino deixa claro em III.6.5.13-29:

> Mas o que poderia ser a "purificação" da alma, se ela não foi de modo algum maculada, ou qual é sua "separação" do corpo? (No caso da alma intelectiva, isso consiste em "distanciar-se" das preocupações corpóreas). Mas a purificação da parte sujeita as afecções (*to pathêtikon*) é o "despertar" de imagens inapropriadas e não vê-las, e sua separação é efetivada pela não inclinação para baixo e não ter uma imagem mental (*phantasia*) de tais coisas.
>
> Mas a separação poderia também significar distanciar-se das coisas das coisas das quais estava separada quando não estava sob um sopro vital (*pneuma*) perturbado pela glutoneria e envolto em carnes impuras, mas

aquela na qual ela reside é tão bela que pode habitar (*ocheisthaî*) em paz.
(trad. de Armstrong)

Esse trecho incorpora uma das raras referências de Plotino a doutrina médio-platônica do "veículo pneumático da alma"[23] adotada novamente por seus sucessores, de Porfírio em diante, mas mostra como ele via esse plano dúbio do ser humano. Tudo que se pode fazer com ele é sintonizá-lo e modulá-lo na medida em que isso evita no limite possível a perturbação da alma. Não deveria haver qualquer preocupação com ele propriamente dito.

O último tratado, *O que são os males* (I.8), conserva algo desses elementos, pois ele serve para prover uma fundamentação metafísica da posição ética de Plotino. Para um sistema filosófico essencialmente monista, tal como o de Plotino, a origem e a natureza do mal é uma dificuldade e uma questão delicada. Não é possível que pudesse haver outra entidade positiva ou força no mundo, independente do primeiro princípio, embora seja necessário identificar de algum modo que realizada outras coisas além do Uno, particularmente no mundo físico, menos perfeitas. No nível do Intelecto ou da Alma, esse elemento pode ser caracterizado como "alteridade" ou "matéria inteligível" (como, por exemplo, em II.4), mas ainda não pode ser chamada de "mal" (*kakon*). Isso apenas acontece no mundo físico, mais propriamente, no mundo sublunar.

Em I.8.3.23-25, Plotino faz a curiosa afirmação que "assim como há um bem absoluto e um bem como qualidade, também deve haver um mal absoluto e o mal derivado daquilo que é inerente a algo diverso". Isso é envolto por um perigoso dualismo, pode-se pensar, mas parece que tudo que Plotino quer dizer que há uma fonte do mal no mundo físico, independente da alma, e que não há nenhum aspecto da alma ao qual seja mal de modo inerente. E é importante para ele dizer isso, visto que o mais influente de seus antecessores, Numênio, que foi também o mais dualista, sustentou a existência de uma Alma do mundo má (Fr. 52, *Des Places*), e isso era excessivo na apreciação de Plotino.

---

23   Dodds faz uma boa abordagem da gênese dessa doutrina em 1963, 313ss.

Para Plotino, o mal primordial não é existente (no sentido de que é outro que o ser),[24] o absolutamente deficiente, o absolutamente imensurável (como é dito no capítulo 3 do mesmo tratado). Chega-se a consequência incidental, mas inaceitável consequência de uma superabundância espontânea do Uno, ou do Bem. Como é dito no capítulo 7:

> Na medida em que somente o Bem existe, deve haver o fim último do processo de derivação (*ekbasis*), ou se se preferir dizer deste modo, um progressivo descender (*hupobasis*) ou partir (*apostasis*): e esse último, após o qual nada mais pode vir a ser, é o Mal. Mas é necessário que haja aquilo que vem após o Primeiro, e então aquilo deveria ser o Último, e ele é Matéria, que nada possui de modo algum. E daqui deriva a necessidade do Mal. (18ss)

Não desejo deter-me, no presente contexto, na *questio vexata* da origem da matéria, sobre a qual Denis O'Brien produziu recentemente uma penetrante monografia (*contra* Kevin Corrigan).[25] Do ponto de vista ético, o resultado importante da identificação feita por Plotino entre origem da matéria e natureza do mal é que ela não possui nada de essencial relativo à alma e que a alma pode, então, purificar-se ao identificar e rejeitar a ausência de medida (*ametria*) e a ausência de forma (*to aneideon*) no mundo físico, e voltar à pura Forma.

Nos dois capítulos finais do tratado (14-15), Plotino apresenta um quadro extraordinário da confrontação entre alma e matéria, nenhuma das quais pode realmente afetar a outra, na sombria batalha do mundo físico, concluindo com a tocante imagem da matéria no mundo como de um prisioneiro amarrado por cadeias de ouro, pelas quais ele está completamente atado. Essencialmente, a matéria desenrola-se por uma tela de ilusão atrativa, através do qual a alma pode ver, sendo que o mal não é capaz de fazê-lo. De tal modo, I.8 reforça a constituição básica da ética de Plotino.

---

24   Ele o descreve, com uma frase forte, como "uma espécie de forma de não existência" (*hoion eidos ti tou mê ontos*, cap. 3.5). Então, especifica: "Não ser não significa aqui não ser absoluto, mas apenas algo diverso em relação ao ser; não não ser, todavia, no mesmo sentido em que movimento e repouso são coordenados com o ser, mas como uma imagem (*eikôn*) do ser, de algo ainda mais não existente".

25   1991. *Cf.* Corrigan 1986a, 167-181. E seu texto neste volume.

Um tópico final dever ser incluindo nessa exposição, embora para os antigos, estranhamente constituindo mais uma parte da física do que da ética, que é a questão do destino e da livre escolha. Para nós, a postulação da livre escolha pode ser vista como constituindo um pré-requisito para uma teoria ética, mas os pensadores antigos, sejam platônicos, peripatéticos ou estoicos, parecem ter se concentrado mais nas implicações metafísicas dos conceitos de destino ou providência, e em suas consequências para a apreciação do "aquilo que depende de nós" (*to eph'hêmin*), da qual eles certamente não ignoraram as implicações morais.

Plotino trata de vários aspectos desse tópico, primeiro no ensaio *Sobre a vontade e a liberdade do Uno*, que Porfírio situou em sua sexta *Enéada* (VI.8), na medida em que ele vincula à doutrina plotiniana do Uno, e em um longo tratado *Sobre a Providência*, que Porfírio dividiu em dois (III.2-3) e colocou na terceira *Enéada*, que trata primordialmente de questões físicas.A posição de Plotino a respeito da livre escolha e da determinação é de considerável interesse, tendo um importante papel em sua doutrina ética como um todo, mas será possível apenas tocá-la em nosso contexto. Em VI.8 (do qual a primeira seção – capítulos 1-6 – trata da liberdade humana) Plotino deixa claro que o que vulgarmente seria visto como uma característica essencial da liberdade, ou seja, a habilidade de decidir entre diferentes alternativas na ação, não é de modo algum algo elevado ou surpreendente, mas uma função de nosso estado inferior e imperfeito como intelectos existentes em corpos. Os seres situados num nível superior de consciência, ou seja, puros intelectos, já sabem, sem deliberação, a direção correta da ação, e sua liberdade é simplesmente realizá-la. Eles não carecem de "liberdade de escolha". Nossa finalidade seria aproximarmo-nos o máximo possível que podemos, estando no corpo, de seu estado, assim escolhendo o quanto possível. O que pensamos ser livres escolhas e decisões são na verdade apenas reações condicionais a impulsos externos, ou a realização de desejos gerados por nossas próprias necessidades corpóreas, sendo, então, de uma perspectiva superior, "sem liberdade" (*cf.* especialmente o cap. 2).

Em III.2-3 fica claro que Plotino é, de fato, muito afetado pelos argumentos estoicos sobre o determinismo, não fazendo grande uso das respostas platônicas ou peripatéticas tradicionais a eles, como aparecem no tratado *Sobre o destino* do Pseudo-Plutarco, da breve exposição de Alcino no capítulo 26 do *Didaskalikos*, ou o tratado de Alexandre de Afrodísia *Sobre o destino*. Se Plotino não é um determinista estoico, isso é apenas, penso, devido a uma concepção derivada daquilo que ele vê como o elemento superior em nós, o intelecto "não descido", como sendo de fato um componente autônomo da hipóstase Intelecto, sendo em seu próprio estatuto (na medida em que cada intelecto no Intelecto, em um sentido, é coextensivo em relação ao todo) um princípio condutor do universo. Se alguém é o autor da ordem universal, ou seja, das disposições providenciais do *Logos*, então não pode ser propriamente visto como constrangido ou determinado por essa ordem, na medida em que ela não lhe é externa. Podemos ver algo dessa doutrina emergir de uma passagem de III.3.4, mas que deve ser conectada com a doutrina de VI.8.1-6 antes que suas implicações completas se esclareçam. As concepções de Plotino de livre escolha e determinismo são certamente austeras, mas não fatalistas em um sentido vulgar, e diferem de modo significativo nesse sentido daquelas dos estoicos.[26] Constituem também um pano de fundo apropriado para sua ética, focada como é na reassimilação ao Intelecto.

Devemos, por fim, tratar a questão pensada a partir da observação de Porfírio no capítulo 14 de sua *Vida*, segundo a qual os escritos de Plotino são "permeadas tanto de doutrinas estoicas como de peripatéticas de forma disfarçada", na medida em que as preocupações éticas estão em acordo ou em conflito com aquelas de seus predecessores.

Como para Platão, se as questões de Plotino sempre permanecem em seus ensinamentos, e qualquer desvio seria inadvertido. Todavia, sua forte distinção entre intelecto e alma, e sua igualmente forte distinção entre alma e corpo animado, pareceriam conferir-lhe uma perspectiva distinta. Em particular, a doutrina dos dois graus de virtude, as "cívicas" e as catárticas, pelas quais ele opera com distinções feitas por Platão, particularmente no

---

26 Parece ser adequado notar, contudo, que o sábio estoico foi levado a ser "livre" pelo ato de aceitar a inexorável ordem do *Logos*, como é evidenciado pela imagem de Zenão do cachorro amarrado à carroça que o puxa (*SVF* II.975).

Fédon, não é encontrada no próprio Platão. E ainda, em sua atitude em relação ao suicídio, bem como ao destino e livre escolha, Plotino parece mais próximo dos estoicos, apesar de, como vimos, nas críticas das suas doutrinas da *eudaimonia*, ele mantenha distância em relação a eles.

Em relação a Aristóteles, a situação é mais complexa. Podemos dizer que a ética de Plotino é aristotélica, como, por exemplo, era aquela de Plutarco ou de Alcino, ou antiaristotélica, como aquelas de Ático ou de Numênio? Parece-me que de fato Plotino ignora amplamente muitas doutrinas da Ética *nicomaqueia*. Onde ele trata, por exemplo, da doutrina da virtude como justa medida, do silogismo prático ou da amizade? Não se opõe a elas, penso, mas simplesmente não está preocupado com elas.[27] Em um importante tópico de disputa entre peripatéticos e estoicos, relativo ao mérito da *metriopatheia* e da *apatheia*, a moderação ou extirpação das paixões, como ideal ético, ele estava certamente do lado dos estoicos (embora reconheça, como vimos, que *metriopatheia* seja algo apropriado às virtudes cívicas). Uma doutrina básica de Aristóteles com a qual Plotino estava em completo acordo era aquela em que Aristóteles não estava de modo algum em acordo com Platão, que é a identificação da finalidade da vida com a contemplação e divinização, tal como exposta em Ética *nicomaqueia* X.7. Mas no conjunto é mais fácil dizer que o tom das elaborações éticas de Plotino é mais estoico que aristotélico.

O sistema ético plotiniano, portanto, como dissemos, é descompromissado, autocentrado e extramundano. Se entendermos que uma teoria ética deve incluir um elemento de cuidado com os outros *por sua própria condição*, então penso que não se pode dizer que Plotino tenha uma teoria ética. Mas isso no limite não seria completamente correto. Não é claro de modo algum que um sistema ético precise envolver mais que um conjunto de preceitos reguladores de nosso comportamento e atitudes relativas a nossos próximos, ou aos seres vivos em geral, e mesmo em relação ao nosso entorno

---

27   Isso não significa que não empregue com frequência as formulações de Aristóteles para elaborar sua própria doutrina, mas quando o faz, sempre as usa com fins não aristotélicos como, por exemplo, no caso do *De anima* 408b1ss em I.1, em conexão com sua doutrina do eu, ou de *Ética nicomaqueia* I.8 em conexão com sua doutrina da felicidade em I.4.

inanimado, sem especificar os motivos diretivos desse comportamento. Podemos observar que o comportamento prático de Plotino é de admirável cortesia, consideração e espírito público, mas devemos reconhecer que tudo isso para ele é, em última instância, como é dito em sua última afirmação, em seu leito de morte, a seu amigo, o médico Eustóquio, que ele "une o divino em si ao divino no universo" (*Vida* 3.26-27).

14 Plotino e a linguagem

FREDERIC M. SCHROEDER

I. Representação

O supremo princípio metafísico de Plotino, o Uno ou Bem, é inefável (V.3.13.1; *cf.* V.3.14.1-8; V.5.6.11-13; VI.9.5.31-32).[1] Assim, Plotino hesita em atribuir a ele o "bem", "é" (VI.7.38.1-2), ou mesmo "uno" (VI.9.5.30-33). Se o coração de seu projeto filosófico é elaborar afirmações com sentido acerca desse princípio, além de nossa compreensão de tudo o mais ser moldada por ele, podemos perguntar por que, a luz desse aparente desaparecimento da linguagem, ele teria continuado sua investigação (sua obra estende-se por novecentas e setenta e quatro páginas da edição Oxford).[2]

É claro que ao dizer que o Uno é inefável, Plotino já fez uma afirmação, embora negativa, acerca do Uno. Desse modo, no limite, essa afirmação negativa é permitida. Exames posteriores das possibilidades da linguagem negativa oferecem caminhos mais frutíferos além do aparente fechamento imposto pela restrição da inefabilidade. Antes de considerarmos a questão da inefabilidade do Uno, será útil examinar os usos que Plotino faz da negação. Plotino usa a negação para eliminar a confusão de uma realidade incorpórea acessível apenas à mente ou ao espírito com uma realidade corpórea percebida por nossos sentidos.

Podemos começar nosso exame da negação explorando usos complementares das linguagens positiva e negativa. Numa discussão da onipresença

---

1   *Cf.* Platão. *Parmênides* 142a; *Carta* VII 341c5.
2   As referências serão à *editio minor* de Hernry e Schwyzer, 1964-1982.

da hipóstase da Alma (VI.4.7-8), Plotino nos pede para imaginar a mão ao aplicar sua força numa prancha. A força da mão está presente em toda a prancha, sem divisão, mesmo onde a mão não está presente. Assim deve estar a Alma presente aos muitos elementos particulares do mundo corpóreo, sem divisão. Então, Plotino qualifica tal imagem. A mão é ainda corpórea, não sendo a melhor ilustração da Alma, que é incorpórea. Pede-nos, então, que imaginemos um corpo luminoso no centro de uma esfera transparente. Somos agora convidados a subtrair a massa corpórea do corpo luminoso da figura. Pois não era como corpo, mas como luminoso que o objeto luminoso expande sua presença na superfície da esfera. A luz em si é incorpórea.

Em ambas as figuras, da mão na prancha e da esfera, os termos de comparação, mão e fonte de luz, são formulados para demonstrar presença sem divisão. Para que se atinja esse fim, o caráter corpóreo da fonte deve ser removido. Logo, a mão interessa não por sua natureza corpórea, mas por sua força. A fonte de luz é valorizada não por seu caráter corpóreo, mas por ser uma fonte de luz que é incorpórea. Em ambos os casos, Plotino pratica a abstração (*aphairesis*), um procedimento pelo qual ele torna a comparação útil negando aqueles aspectos que a desabilitariam (V.4.7.19).[3] A abstração é uma forma de negação não privativa, ou seja, não afasta nenhum atributo que seja próprio a tal sujeito (*cf.* IV.7.10.30; V.3.9.3; V.5.7.20; V.8.9.11; VI.2.4.14; VI.8.8.14; VI.8.21.26, 28). Por contraste, a *sterêsis* ou privação é uma forma de negação privativa que Plotino reserva para a matéria/mal (I.8.1.17-19, sobre a matéria-mal como privação de bem; como privação de forma: I.8.11; *cf.* II.4.13).[4]

A linguagem negativa deve proceder evitando a confusão do inteligível com a realidade sensível. Todavia, permanece insatisfatória. O que parecia uma afirmação positiva (por exemplo, a Alma é luz) resulta como negativa (A Alma é como a luz porque *não* é corpórea). O que a Alma é, num sentido positivo, não está aqui, embora sem dúvida esteja em algum lugar.[5]

---

3 O uso de *huphairein*, V.4.7.33, é obviamente equivalente ao uso de *aphaireisthai* em V.4.7.19.

4 *Cf.* Mortley, 1975, 374.

5 *Cf.* Alfino, 1988, 279.

Como, então, podemos fazer uma afirmação acerca da realidade incorpórea e inteligível que não se confunda seu sujeito com a realidade corpórea e sensível? A realidade inteligível mantém com a realidade sensível aquela relação entre o original com a imagem. Para compreender a natureza de tal relação, devemos primeiramente fazer uma distinção entre dois modelos de relação entre original e imagem. Usando um artefato corpóreo e sensível como modelo, um artesão pode fazer outra coisa que é como ela no sentido em que é efetivamente sua duplicata. Ele faz uma cadeira ou uma mesa conforme o modelo de outra. Cada uma é como a outra. A relação de semelhança mantida entre eles é de similaridade, uma relação simétrica. Num segundo sentido, o artista representa o modelo na imagem por meio de um acúmulo de características similares, uma cor aqui, certa curvatura ali, de modo que o todo pareça com o original, sem ser outra versão dele. A imagem, então, é como o original, mas a relação não é de duplicação. Um artista pinta um retrato de seu modelo. Entre tal modelo e o pintor há, é claro, uma relação de semelhança, no sentido da relação simétrica de similaridade há pouco mencionada. De outro lado, há também uma relação de imitação que transcende e já abarca aquela relação simétrica. Plotino, então, distingue dois sentidos de semelhança: (1) uma relação simétrica de semelhança, que existe entre duas coisas que mantêm uma com a outra uma relação de mútua similaridade; e (2) uma relação simétrica de semelhança, que existe entre um modelo e sua cópia (na e acima da relação simétrica de semelhança [I.2.2.4-10; *cf.* I.2.7.27-30]). Podemos chamar o segundo tipo de relação de "representação".

No sentido do exemplo do modelo e seu retrato há uma relação simétrica de semelhança. Logo, certo tipo de curvatura está presente tanto no eventual nariz achatado do modelo quanto em seu retrato. O modelo de fato tem nariz achatado, enquanto que o retrato tem apenas a *aparência* de um nariz achatado que é representado no retrato. O atributo "nariz achatado" é contido verdadeiramente no modelo. A relação de imitação entre o original e a imagem é um tipo de semelhança que, diferente da mera similaridade que ele envolve, é assimétrica. Logo, predica-se "nariz achatado" tanto do sujeito quanto do retrato, mas num sentido em que não se confunde o original com a imagem. A imagem retrato também analisa e isola características que no original são dadas em unidade. Portanto, o artista que produz o retrato analisa "nariz achatado" com um certo tipo de curvatura ou, vendo que há uma certa cor requerida para se pintar os olhos, a emprega com esse propósito. Já no original, a curvatura não é de fato separada do nariz achatado, nem a cor é de fato separada dos olhos. Esses atributos são parte do que o original é. Então:

> É como se o Sócrates visível sendo um homem, seu retrato, sendo cores e tela pintada, fosse chamado Sócrates no mesmo sentido, sendo que, há uma forma racional conforme a qual Sócrates é, o Sócrates perceptível não devendo ser exatamente ser dito Sócrates, mas cores e formas que são suas representações na forma; e essa forma racional em relação à verdadeira forma do homem é afetada no mesmo sentido. (VI.3.15.31-38)[6]

A distinção que fazemos entre substância e qualidade quando falamos de objetos no mundo sensível não pertencem ao mundo inteligível, porque é decalcada de sua totalidade orgânica:

> Há realmente, ao se possuir uma característica individual de substância, não é qualitativa, mas quando o processo do raciocínio separa a individualidade distintiva nessas realidades, não separando-as do mundo inteligível, mas antes apreendendo-a e produzindo algo diverso, produz o qualitativo como uma parte da substância, apreendendo o que aparece na superfície da realidade. (II.6.3.10-20)

O processo de raciocínio retratado nessa passagem individua e analisa atributos no mundo inteligível da mesma maneira que o artista em nosso exemplo.

Quando falamos de relação entre as Formas e os seres particulares como a relação entre modelo e cópia, nossa linguagem sugere algum tipo de produção. Um artista faz uma cópia de um modelo sendo a mediação

---

6   Trad. de Armstrong, 1966-1988.

entre eles. No *Timeu* de Platão (28a5-b1) tal relação é retratada na forma da produção do mundo pelo Demiurgo conforme o modelo das Formas. Esse relato é interpretado literalmente por Aristóteles e sua escola, bem como por Plutarco, que vê a produção do mundo como temporal, mas visto de modo alegórico por Xenócrates, Crantor e pela Academia platônica, que o toma como uma demonstração que caracteriza a relação entre os mundos inteligível e sensível, fixada eternamente.[7] Plotino subscreve essa última interpretação. Ele, todavia, usa a imagem do Demiurgo para descrever a mediação entre as hipóstases e o mundo sensível. Portanto, o Intelecto, sendo eternamente mediador entre o Uno e a Alma, é um Demiurgo (II.3.18.15) e a Alma, sendo mediadora eterna entre o Intelecto e o mundo sensível, é também um Demiurgo (IV.4.9.9).[8]

II. Reflexão

Plotino claramente não interpreta a produção do mundo pelo Demiurgo platônico de modo literal. Já a interpretação figurativa do Demiurgo tem seus usos. Ela introduz uma separação entre as realidades inteligível e sensível que nos leva a compará-los e desenvolver um método cuidadoso de predicação que impedirá a confusão do inteligível com a realidade sensível.

De outro lado, Plotino, que de qualquer forma é crítico da interpretação literal do Demiurgo, não está completamente satisfeito com seus próprios usos metafóricos do relato. Preocupa-se em particular com aquela separação verdadeira que é tão conveniente para os propósitos de comparação em que há antes uma relação de dependência ôntica entre eles estabelecida no processo do sensível a partir da realidade inteligível. Plotino afirma essa relação:

Em cada uma e em todas as coisas há uma atualidade (*energeia*) que pertence à substância e uma que deriva da substância; e aquela que

---

7   Acerca da posição do que forma, *cf.* Plutarco. *De animae procreatione* 1016cd e acerca do outro, *cf.* Proclo. *In Tim.* 89b (Diehl I 290/30 291/3); *cf.* Schroeder, 1992, 36 e nota 37.

8   Sobre o sujeito da representação, ver Schroeder, 1978 e 1992.

pertence à substância é a atualidade ativa que está em cada coisa particular, e a outra atividade deriva da primeira, e deve em tudo ser sua
consequência, diferente da coisa em si mesma: tal como no fogo há
um calor que é o conteúdo de sua substância, e outro que vem a ser
daquele calor primeiro em que o fogo exerce a atividade que é na-
tiva de sua substância ao permanecer inalterada como fogo. Assim
também ocorre no mundo superior; e de modo mais eminente, pois
o Princípio "permanece (*menontos*) em sua própria forma de vida", a
atividade gerada de sua perfeição e sua atividade coexistente adquire
existência substancial, pois provém de um grande poder (*dunamis*),
o maior de todos, e chega ao ser e à substância. (V.4.2.27-37)

A expressão "permanece em sua própria forma de vida" é tomada do
Timeu (42e5-6), em que o Demiurgo, após a criação da alma e antes de
antes de deixar a criação dos corpos mortais à sua filha, "permanece em sua
própria forma de vida". No mesmo capítulo, Plotino aplica essas palavras
ao Uno, em sua produção do Intelecto (V.4.2.21). Plotino está claramente
tomando liberdades com o texto de Platão para obter um resultado particular. A separação entre mundos inteligível e sensível que é sugerida pelo uso
da imagem do Demiurgo é contrabalanceada por noções de permanência
do lado da fonte e processão do lado do produto.[9]

Nesse modelo, o produto não é desvinculado de sua fonte, mas permanece dela dependente: "Assim como não é possível haver substância sem
potência, não é possível haver potência sem substância" (VI.4.9.23-24).
Tais potências (*dunameis*) que procedem do mundo inteligível, como luz
da luz, são já fundadas em suas respectivas substâncias (VI.4.9.25-28). Plotino
mantém a objeção de que um pintor pode produzir uma pintura e retirar seu
modelo, de modo que o produto não é dependente de sua fonte (do modelo

---

9   *Cf.* Schroeder, 1992, 28-30; Dörrie, 1985, 147 e nota 29, em acréscimo a esse texto, aduz
III.4.1; V.1.3.11; V.3.12.34. Nesse artigo, Dörrie argumenta que o platonismo, em contraste
com o Peripatos, está convencido de que podemos pensar sem a linguagem, desenvolvendo
sistematicamente um uso da linguagem que depende do sentido ordinário das palavras de
modo que o estudante mais avançado veria que o sentido esotérico se refere propriamente a
uma realidade inteligível que transcende a fala. Ele vê nisso o uso de "permanece" (*menein*)
no contexto.

de representação). Ele substitui a imagem de uma pintura pela imagem de um espelho. É verdade que, numa imagem especular, a imagem apenas continua a existir pelo tempo que o objeto refletido continua em frente à superfície que o reflete. Quando o objeto é retirado, a imagem não mais existe. Já no caso da realidade inteligível, o objeto refletido no espelho do mundo sensível é eterno e permanece onde está em sua relação com a realidade sensível.[10] Assim, o produto permanece dependente de sua fonte. Podemos nos referir a essa última relação entre o original e a imagem como uma "reflexão".

Consideremos agora como o modelo da reflexão corrige o modelo da representação. O artista representa os atributos da imitação no original por meio de atributos de similaridade, as linhas curvas do "nariz achatado", e assim por diante. Já os atributos do original não estão realmente presentes na imagem, mas apenas nela representados. No modelo da reflexão, os atributos do original estão realmente presentes na imagem, permanecendo em sua dependência e continuidade. Já o produto não é confundido com sua fonte, pois ele "permanece" naquilo que é. Onde o modelo de representação nos faz evitar a confusão da realidade inteligível com a sensível, o modelo de reflexão introduz um otimismo com relação à linguagem. Se o modelo é realmente presente na imagem, então certamente a imagem promete possibilidades verídicas.[11]

III. Iluminação

A reflexão é uma instância de iluminação e a luz é a metáfora mestra em Plotino.[12] Toda a linguagem figurativa diversa da imaginária da

---

10   *Cf.* Schroeder, 1992, 31-32.

11   Sobre o modelo da reflexão em geral, ver Schroeder, 1980; 1984; 1992, 24-65.

12   A metafísica da luz (*Lichtmetaphysik*) perpassa a obra de Beierwaltes; seu texto fundamental a respeito é Beierwaltes, 1961; Ferwerda, 1965, 6-7, 34, 46-47, 59-60, 194, argumenta contra a posição de Beierwaltes. Essencialmente, ele afirma que Plotino distingue entre as relações simétrica e assimétrica de semelhança. É apenas no modelo que os dois termos podem ter a mesma qualidade em comum. De meu argumento neste texto (na parte "Representação")

luminosidade é qualificada em direção a preencher as condições para a iluminação. A luz que vemos sem nossos olhos é, na perspectiva de Plotino, incorpórea, ainda que sua fonte seja corpórea (IV.5.7.41-42). É por essa razão que a imaginária da luz e de sua fonte é preferível à figura da mão e da prancha em VI.4.7-8. A fonte da luz é fonte de luz, não como corpórea, mas como luminosa. Assim, remover o corpo por abstração não é retirar algo essencial. Na medida em que o caráter corpóreo da mão é essencial para seu exercício de força na prancha, remover tal corporeidade é tornar a mão e a força por ela exercida uma ilustração imperfeita da presença do incorpóreo no corpóreo. Assim, não é preciso qualificar a luz para torná-la incorpórea. E a reflexão é uma instância óbvia de iluminação (IV.5.7). Portanto, reflexão e iluminação não pressupõem o caráter corpóreo de sua fonte.

A luz e a sua presença nos objetos por ela iluminados são inseparáveis. A reflexão, é claro, é uma espécie de iluminação. Para Alexandre de Afrodísia, a reflexão deve ser abordada pela justaposição do sujeito da reflexão e da superfície refletida. A reflexão é um efeito conjunto produzido por ambos (*De anima* 42.19-43 [Bruns]). Plotino critica essa ideia dizendo que a luz é uma atividade (*energeia*) que procede de uma fonte luminosa, mais que um efeito provindo tanto da fonte de iluminação quanto do objeto iluminado. Desse modo, a atividade de projeção da imagem a ser refletida é um efeito apenas da fonte: se a superfície reflexiva estiver presente, então refletirá a imagem. Presença e ausência pertencem propriamente apenas ao objeto

---

pode ser visto que não é o caso. Sua crítica de Beierwaltes implica que antes da absoluta alteridade e transcendência do Uno, o valor de qualquer linguagem figurativa seja relativizado, isto é, que há um tipo de democracia da linguagem figurativa que aqui descrevo. Beierwaltes, 1971, responde de modo bem-sucedido às críticas de Ferwerda. *Cf.* minha defesa de Beierwaltes em Schroeder, 1992, 33, nota 29, em que considero outros estudiosos que resistem à *Lichtmetaphysik* de Beierwaltes. Crome, 1970 também vê uma relativização da fala antes de começar a descrição do transcendente; acerca de minhas diferenças com Crome, ver Schroeder, 1985, 82-84; Mortley, 1986, II, 238 corretamente avalia a posição de Beierwaltes: "Beierwaltes apontou para o modo como o simbolismo da luz torna-se mais que apenas uma imagem do neoplatonismo: a imagem da luz torna-se um modo que positivamente reúne e dirige os termos de suas análises". Oosthout (1991, 120-121) objeta que a luz ilustra meramente o princípio de processão da atividade de uma potência. Para meu ponto de vista contrário de que a luz é uma categoria mais ampla, ver Schroeder, 1994.

refletido e não descrevem um ato de reflexão. Logo, o ser luz é estar presente. Ela é pura presença (IV.5.7.35-49).[13] Portanto, a luz, tanto sensível quanto inteligível, não é apenas algo acessível, mas automanifestação.

A luz é tanto o meio da visão que confere transparência às coisas vistas quanto transparente em sua própria natureza. Quando visamos outros objetos, a luz é um objeto marginal de consciência. Mas pode se tornar o objeto focal da consciência (V.5.7.1-10). Esse modelo de consciência é também aplicado à consciência que o Intelecto tem do Uno. Se o intelecto abstrai (*aphêsei*) os objetos da visão (as Formas), vê a luz pela qual as via, nominalmente, o Uno (V.5.7.16-21). O Uno é luz *proprio sensu*: ele é o absolutamente transparente que é visto quando tudo o mais é abstraído.

Devemos recordar aqui que Plotino reformula a arquitetura platônica do universo inteligível. Em Platão, o filósofo volta-se das sombras da caverna para a luz do sol. Volta-se do mundo sensível para a apreensão do mundo inteligível.[14] Na presente passagem de Plotino, não vemos nenhum girar em direção a algo, nenhuma metáfora espacial é evocada para descrever a iluminação. Vimos como o modelo de reflexão supre a distância introduzida pelo modelo da representação. Aqui devemos ver como a linguagem da iluminação também insiste na continuidade entre apreensão dos objetos sensíveis e Formas que os iluminam.[15]

A imaginária da "emanação" é usada quando Plotino compara a processão de todas as coisas a partir do Uno tanto ao brotar de uma raiz quanto a uma fonte inesgotável (III.8.10.5-10). Plotino nega de modo distinto que a luz, que é incorpórea, emane de sua fonte (IV.5.7.46; *cf.* II.1.8.1-3). Ele descreve a emanação do Intelecto a partir do Uno introduzindo, em acréscimo à imaginária da luz procedendo de sua fonte, outras imagens de emanação, a da neve e do calor e a de florescer e exalar [perfume] (V.1.6.27-37).

---

13 Schroeder, 1992, 25-28.

14 *Cf. República* 514b2; 515c7; 516c6; 518d3; 521c5-6; 525c5; 526e3; e Beierwaltes, 1991a, 180.

15 A linguagem da conversão é também empregada por Plotino, mas de modo significativo é usada no contexto, não como voltar-se de uma coisa para outra, mas como um voltar-se para o interior para ser se tornar consciente daquilo que já forma nossa consciência. *Cf.* V.3.1.3-4 e a evidência apresentada por Beierwaltes, 1991a, 175-182.

A imaginária da emanação é bem-sucedida no nível em que ela expressa a relação de dependência que existe entre a fonte e seu produto, mas malsucedida na medida em que isso figura-se como algo corpóreo. Uma comparação com V.4.2.27-37 citada acima mostrará que o princípio da processão de uma atualidade (*energeia*) da potência (*dunamis*) está aqui em questão. Vimos o princípio que melhor corresponde à processão da luz de sua fonte. Potências produzidas do inteligível em direção ao mundo sensível são como luz da luz (VI.4.9.25-27). Os exemplos da nascente e da correnteza, neve e calor, e florescer e exalar operam como ilustrações desse princípio. Já sua paradigmática instanciação é a processão da luz de sua fonte. Assim, a processão da realidade sensível a partir da inteligível não é meramente *relacionada* à processão da luz de sua fonte. É processão como tal.[16]

IV. A sentença proposicional

Quando falamos, não com exclamações, mas com sentenças proposicionais, a linguagem, na expressão de Beierwaltes, é um fenômeno de diferença.[17] A sentença proposicional consiste de um sujeito, de uma cópula e de um predicado. Essa sentença, no entanto, ostensivamente não pode representar uma realidade inteligível que transcende a diferença requerida pela forma da afirmação. Logo, uma afirmação do tipo "o Uno é *x*" necessariamente não é adequada à simplicidade e unidade do Uno, seja qual for o predicado empregado, adicionando-lhe algo (isto é, alguma coisa). Logo:

> Ele [o Uno] é, então, verdadeiramente inefável: pois o que quer que digas sobre ele, estarás sempre falando acerca de "algo". Mas "além de todas as coisas e além da suprema majestade do Intelecto"[18] é a única de todas as formas de falar sobre ele que é verdadeira; não

---

16   *Cf.* V.1.3.10-12; II.1.8.1-4; e Dörrie, 1976, 34-35.

17   Beierwaltes, 1985, 102-107; *cf.* Beierwaltes, 1991a, 129-138.

18   *Cf.* Platão. *República* 509b9.

sendo seu nome,[19] mas diz que ele não é uma dentre todas as outras coisas. (V.3.13.1-5)

Mesmo uma afirmação que tentasse omitir a cópula falharia:

Logo, quando ele [o Uno] diz "eu sou isto", se isso significasse algo diferente de si mesmo com "isto", estaria mentindo; mas se está falando de alguma sua propriedade incidental, estaria dizendo que ele é múltiplo ou dizendo "sou sou" ou "eu eu". Ora, supôs que fosse apenas duas coisas e disse "eu e isto". Isso já suporia ser necessário que fossem muitos, pois, como as duas coisas são diversas e na maneira de sua diversidade, está presente o número e muitas outras coisas. (V.3.10.35-40)

O Uno é também inefável pois qualquer afirmação proposicional presumiria uma limitação em sua essencial indeterminação (VI.9.3-4).[20]

Essa linha de investigação invitaria novamente ao pessimismo em relação à capacidade da linguagem. A linguagem nunca *desvenda* o Uno: "como, então, falar sobre ele [o Uno]? Dizemos algo sobre ele (*ti peri autou*), mas não dizemos o Uno em si mesmo (*ou mên auto legomen*)" (V.3.14.1-3). Essa passagem oferece dois usos do verbo "dizer" (*legein*): (1) um uso intransitivo – *legein* com a preposição *peri* ("sobre") e o genitivo ("discorrer" ou "falar sobre" o Uno) e (2) um uso transitivo – *legein* com acusativo ("dizer" ou "desvendar" o Uno). A primeira opção é aberta à linguagem, mas não a segunda (*cf.* VI.7.38.4-5).

Podemos fazer uso da linguagem para falar sobre, ou discutir acerca do Uno, na medida em que estivermos conscientes das limitações da linguagem. Um instrumento afiado pode ser melhor do que qualquer outro, mas é preciso usá-lo com o devido cuidado. O projeto da teologia negativa que já discutimos tem como sua meta fazer com que a linguagem faça coisas que ela normalmente não faria observando *sinais* apropriados para cada estágio de seu progresso em direção ao Uno. A teologia negativa não é uma expressão

---

19   *Cf.* Platão. *Parmênides* 142a3.
20   *Cf.* O'Meara, 1990, 148.

do silêncio místico, mas é sempre uma função da linguagem usada a serviço da filosofia.[21]

Se dizer não pode desvendar o Uno, pode ser desvendada a natureza do Intelecto? A afirmação "ele é" (*estin*) é mais verdadeira das coisas que dizemos sobre o Intelecto (*tôn peri auto*)[22] e é ele mesmo (*auto*). Por contraste, "é" (*estin*) não é predicável do Uno (VI.7.38.1-2). Portanto, não é o caso que Plotino inteiramente desacredite da linguagem em uma função de desvelamento.

À parte da simples afirmação "ele é", que é mais apropriada ao Intelecto, há predicações feitas sobre o conteúdo do Intelecto que envolvem sujeito, cópula e predicado. Cada Forma no Intelecto contém cada outra Forma pela interioridade de suas relações com outras Formas. Podemos dizer, por exemplo, "a beleza é boa". Contudo, não devemos pensar que algum fragmento de bondade é separado da Forma da Bondade e vinculado à Beleza. Cada Forma é toda as outras Formas e cada intelecto é cognitivamente idêntico com cada uma e todas as Formas (V.5.1.19-43; V.8.3.30-34; V.9.8.3-7).[23]

Já vimos como, para Plotino, ainda que a iluminação seja apenas uma atividade da fonte, é reflexão (ela própria uma instância de iluminação) da atividade da fonte de reflexão e não requer a presença de uma superfície reflexiva para sua compleição. Em nossa abordagem anterior da reflexão, o contexto era da relação entre um modelo superior e uma imagem inferior, por exemplo, a Forma inteligível é refletida no mundo sensível. Contudo, no Intelecto, uma Forma é transparente a todas as outras Formas:

[Os deuses de lá] veem tudo, não aquelas coisas que vêm a ser, mas aquelas que pertencem ao ser real, e veem-se a si mesmas nas outras coisas; ou, todas as coisas são transparentes, e não há nada de obscuro

---

21 *Cf.* Mortley, 1986, II, 251: "... de fato, a via negativa e o silêncio do místico não são referidos de modo fechado. O uso de negativas é cada vez mais visto como uma técnica linguística... a via negativa é sempre uma parte da linguagem: é um instrumento linguístico".

22 Aqui Plotino usa *peri* com acusativo mais que com genitivo (como em V.3.14), mas o efeito é o mesmo: *cf.* Schroeder, 1992, 68, nota 6.

23 *Cf.* Schroeder, 1992; Trouillard, 1961.

ou opaco; tudo e todas as coisas são claras à maior parte de todas as coisas; pois a luz é transparente à luz. Cada uma possui todas as coisas em si e vê todas as coisas em todas as outras, de modo que tudo está em toda parte e cada uma e todas é tudo e a glória é difusa. Um tipo diferente de ser mostra-se em cada uma, pois em cada uma todas são manifestas (*emphainei*). (V.8.4.3-11)

O verbo aqui traduzido por "são manifestas" (*emphainein*) é usado de modo reflexivo (Platão. *República* 402b6; Plotino I.4.10.14). Mais adiante (linhas 23-24) diz: "Aqui, todavia, uma parte não proviria de outra, e cada um seria apenas uma parte; mas lá cada uma provém apenas do todo e é parte e todo ao mesmo tempo: tem a aparência de uma parte, mas o todo é visto nela (*enhorasthai*) por um olhar penetrante". O verbo *enhorasthai* (aqui traduzido por "visto nela") é também empregado em sentido reflexivo (IV.5.7.45; I.4.10.15). Plotino prossegue (V.8.4.42-43): "Todas as coisas desse tipo são como imagens vistas (*enhorômena*) por elas em sua própria luz". Novamente, o verbo *enhorasthai* ("vistas", ou, mais precisamente, "vistas em") associado ao reflexivo é usado para demonstrar a reflexão de cada Forma em todas as outras. O que é realmente notável nessa passagem é a noção de que as Formas, em sua mútua reflexão, são como imagens (*agalmata*). Estamos de tal modo habituados à ideia de que a relação entre imagem e original (seja representacional, seja reflexiva) deveria descrever a relação entre a Forma e o ser particular que não estamos preparados para a transposição dessa relação ao plano do Intelecto e das Formas no qual prevalece uma relação ôntica entre iguais.

No mundo sensível, vemos instâncias de reflexão, seja no espelho como artefato ou em outra superfície reflexiva, como a água. Na perspectiva de Plotino, podemos ser enganados por nossas observações da reflexão e levados a crer que uma superfície reflexiva é requerida pelo sujeito para projetar sua imagem reflexiva. De fato, tudo projeta de uma imagem, mas a imagem nem sempre é recebida. A imagem refletida está sempre lá, mas sob as condições opacas do mundo dos sentidos, nem sempre aparece (IV.5.7.33-49). Contudo, no Intelecto, onde não há opacidade, a imagem da reflexão é sempre recebida e é recebida pelo Intelecto em todas as suas partes. Cada Forma é simultaneamente uma fonte e um receptáculo de reflexão sob a condição de total transparência onde nada há para prevenir tal reflexão.

Gostaria de usar a frase "proposição especulativa" sem envolver-me nas dificuldades suscitadas em seu uso por Hegel.[24] Para esta finalidade, exploro a etimologia da palavra "especulativa", derivada do latim *speculum*, isto é, "espelho". Em relação ao plano do Intelecto, podemos fazer a afirmação "A justiça é bela". Ora, no plano do Intelecto, ambos os termos da proposição, "justiça" e "bela" foram purgados pela abstração de suas associações com o mundo sensível. Logo, dizer que justiça é bela não é dizer que ela é "uma coisa bela". Além disso, a beleza é absolutamente transparente à justiça assim como a justiça é absolutamente transparente à beleza. Uma espelha a outra. Exceto pela forma da sentença proposicional, seria difícil dizer qual é o sujeito e qual o predicado, assim como seria difícil dizer qual é o espelho e o qual é o objeto refletido. Podemos referir a cada termo o que chamo de proposição especulativa como um sujeito-predicado. A cópula está expressando não uma relação externa, mas interna. Cada termo da proposição especulativa reflete o outro numa total transparência.[25]

Plotino nos oferece um vívido retrato do que tal tipo de discurso pode parecer com seu exemplo dos hieróglifos egípcios:[26] "Inscrevendo em seus templos uma imagem particular de algo particular, eles manifestaram a não discursividade do mundo inteligível, aquela em que cada imagem é um tipo

---

24 Beierwaltes, 1972, 22, 45, 69 e 152 (sobre V.3.10.37: "Eu eu" e "sou sou" como uma forma de evitar a cópula) emprega o termo hegeliano *spekulativer Satz* para interpretar a ruptura plotiniana das barreiras da sintaxe.

25 Sobre a questão de se há pensamento proposicional no Intelecto, *cf.* Lloyd, 1970, que o nega, e Sorabji, 1982, que o afirma (*pace* Lloyd, 1970; posteriormente Lloyd revisa sua posição em Lloyd, 1986 e 1990, 168), e Alfino, 1988, que o nega. Se por pensamento proposicional entendemos que o Intelecto ao pensar as Formas pensa também suas definições e se depois o termo da definição é introduzido sem predicação, então não vejo a presença de pensamento proposicional no Intelecto plotiniano, mesmo se admitirmos a postulação de que é proposicional na forma.

26 Plotino, sem dúvida, está pensando não nos hieróglifos acompanhados de signos fonéticos, mas no ideograma não fonético que representa uma ideia como "vida" ou "felicidade": *cf.* de Keyser, 1955, 60-62.

de conhecimento e sabedoria e é sujeito de afirmações, todas reunidas em uma e não sendo discurso nem deliberação" (V.8.6.6-9). A descida para a escrita cursiva e o pensamento discursivo a ela correspondente foram um último desenvolvimento e um declínio, tanto na escrita quanto no pensamento (linhas 9-12).

V. Perspectiva

Na arte tardo-antiga e alto-medieval, há um hábito de mensurar a perspectiva não do ponto de vista de um espectador ideal, mas do objeto central da obra. A ótica de Plotino corresponde a essa prática de apresentação da perspectiva.[27] Em outro ensaio argumento que esse princípio informa a compreensão plotiniana da organização do espaço interno em arquitetura.[28] O progresso da alma em direção ao Uno é comparado a um homem entrando em uma grande casa, admirando suas dimensões magnificentes e, então, vendo o dono da casa. Como ele fixa seu olhar no dono da casa, "estreita sua visão naquilo que contempla, de modo que o que foi visto antes (*to horaton*) agora tornou-se visão (*opsis*) em si e se esqueceu de todos os outros objetos de contemplação" (VI.7.35.7-16). Tomo *opsis* (visão) aqui como significando que o ângulo de visão que pertence não mais ao espectador, mas ao dono da casa, que se tornou o ponto central do qual a perspectiva é mensurada. Em outra passagem, novamente descrevendo o progresso da alma para o Uno, Plotino fala de como um homem entra em um templo e passa por uma série de salas, cada uma das quais contendo uma estátua de um deus. Por último, entra no santuário e vê, não a estátua, mas o próprio deus, que não é um objeto de visão (*horama*), mas outra forma de ver (*allos tropos tou idein*, VI.9.11.17-23). Embora os objetos vistos estejam numa série mais do que no mesmo plano, é verdade que o deus, uma vez visto, torna-se o princípio organizador de todo o quadro. Tomo "outra forma de ver" como representando o ângulo de visão pertencente ao

---

27 *Cf.* II.8.1 e minha discussão em Schroeder, 1992, 21-23.
28 "Plotinus and Interior Space" ["Plotino e o espaço interior"]. *Cf.* Schroeder, 1996.

deus.[29] Na pintura da alta Idade Média, a Virgem, que é o ponto central, pode organizar os objetos na pintura como vistos de sua perspectiva, de modo que, por exemplo, os objetos que pareceriam menores do ângulo da visão da pessoa olhando para a pintura, parecerão maiores da perspectiva da Virgem. Ora, o Uno claramente não pode ver e definitivamente não pode ser qualquer objeto diverso de si mesmo. Tal visão violaria o princípio eleático, admitindo dualidade. Mas tudo que é inferior ao Uno (se podemos usar a linguagem espacial vertical) pode ser organizado como mensurado do ângulo de visão que pertenceria ao Uno (se o Uno tivesse visão). Em ambas as instâncias, essa maneira de organização da perspectiva pertence a uma piedosa humildade.

De nossa perspectiva, o Uno, e ainda o todo do mundo inteligível, é transcendente e completamente outro. Mas para Plotino, a diferença pertence apenas ao nosso plano e não ao plano do Uno (VI.9.8.33-35). A alteridade diz respeito a uma diminuição de ser. No modelo da representação, assumimos nossa perspectiva híbrida de espectador pelos refinamentos da teologia negativa. Contudo, o modelo da reflexão obviamente vai em outra direção, pois todas as coisas procedem de sua fonte e centro.

Os fatigantes exercícios de teologia negativa que subjazem no modelo de representação habituam-nos a falar sempre do mundo inteligível como padrão ou modelo e do mundo sensível como cópia ou imagem. Já vimos como Plotino pode nos surpreender localizando a relação entre imagem e original na mútua reflexão das Formas no Intelecto (V.8.4.42-43). Ele pode ainda nos espantar oferecendo uma imagem do mundo inteligível para ilustrar um fenômeno do mundo sensível. Assim, ele compara a processão da luz sensível a partir de sua fonte com a processão da alma inferior a partir da alma superior (IV.5.7.33-51). O fogo sensível "brilha e ilumina como se fosse uma Forma" (I.6.3.25-26).[30] Na única passagem em que

---

29 Outras interpretações, que considero em "Plotino e o espaço interior", implicam uma abordagem metafórica que transferiria "visão" e "outro modo de ver" para nós. Obviamente, se tais textos admitem uma construção estrita, então tal interpretação será preferível. *Cf.* Schroeder, 1996.

30 *Cf.* Schroeder, 1992, 3.

fala da experiência do mundo inteligível em primeira pessoa, Plotino fala da descida desse êxtase para o mundo sensível como uma interrupção em sua própria atividade (IV.8.1.1-11).[31] Nesse sentido, há uma inversão da relação entre sentido e intelecção, de modo que a alma "viu" (*eiden*) o mundo inteligível, mas "entendeu" (*katenoêsen*) o mundo sensível (II.9.16.48-56).[32] Jerphagnon argumenta corretamente que Porfírio oferece em *Vida de Plotino* um tipo de biografia docetista (minhas palavras) na qual o sábio Plotino, sua pessoa e os eventos de sua vida são conjuntamente valorizados como um tipo de janela de vidro através da qual brilha a luz inteligível.[33]

A poderosa imaginária da "emanação", por exemplo, de uma fonte de muitos braços ou de uma raiz que é fonte da múltipla vida de uma planta em III.8.10, deve ser interpretada de modo perspectivista. Em cada um dos casos, Plotino maximiza o potencial para a unidade.[34] Não é apenas o caso de que cada exemplo representa de modo imperfeito a unidade do Uno. Trata-se também de que em cada imagem a unidade da entidade em questão é medida da perspectiva da unidade primeira do Uno que em contrapartida codifica o significante.

VI. Linguagem e declaração

Vimos que a linguagem pode dizer algo acerca do Uno, mas nunca desvelá-lo. Há uma terceira via na qual a linguagem pode se referir ao Uno, que podemos chamar de "declaração". Na declaração, nossas palavras podem não desvelar o Uno, mas nossa discussão é exaltada como apontando profeticamente para o Uno, refletindo e sendo preenchida pela presença do Uno.

Plotino argumenta (V.3.14) que não possuímos o Uno no sentido em que o podemos desvelar, mas podemos possuí-lo no sentido em que ele

---

31 *Cf.* Schroeder, 1992, 5-6 e O'Meara, 1974, com preferência à tradução de MacKenna (MacKenna, 1962) àquela de Armstrong (1966-1988), que apresenta a experiência da realidade inteligível como se fosse uma interrupção da experiência cotidiana.

32 *Cf.* Schroeder, 1992, 20 e nota 7 para uma bibliografia a esse respeito.

33 Jerphagnon, 1983.

34 Beierwaltes, 1991a, 158: "*Steigerung* oder *Intensivierung* des... Einheitspotencials".

é o objeto intencional de nossa discussão. Outro tipo de posse é "ter (ou apreender) em direção a" (*echein pros*: linha 13) o Uno num momento de declaração mântica da presença do Uno. Nesse momento, nós próprios e nossas palavras são envoltos ou possuídos (*katochoi*) pelo Uno. O Uno, que é maior que o que é dito, envolve a fala anterior ou posterior (*paraschôn*) (juntamente com o Intelecto e a percepção: linhas 17-19).[35] É claro que o Uno não nos doa a linguagem como os pais ensinam os filhos a falar. Mas a fala deve proceder do Uno assim como ocorre com as outras coisas em nosso mundo.

Podemos recordar aqui o colorido uso de *echein* ("ter", "conter"). O Uno, que não pode ser contido por nossa linguagem, pode conter tal linguagem tanto em seu sentido primário de fala como por sua posse de nossas palavras. Claramente, nossa linguagem habitual segue o modelo da representação, já a declaração segue o modelo da reflexão. Da densa transição entre as modalidades do possuir, da linguagem que tem o Uno como seu objeto intencional (embora transcendente) para a declaração como um ser contido pelo Uno que de início deu-nos a linguagem, podemos ver que a fala mântica em questão não exclui, mas antes abarca e exalta a linguagem proposicional.

Vimos que Plotino mensura a perspectiva pela figura central da cena mais do que pela do espectador. Se aplicarmos esse princípio à linguagem, então veríamos que o valor e a escala de nossas palavras são mensurados não do falante, mas do objeto de nosso discurso. Em uma das mais belas e admiráveis passagens de Plotino, a Natureza rompe seu silêncio para descrever sua contemplação criativa (III.8.4.3-14). Empregando os instrumentos habituais da crítica literária, podemos ver essa passagem como um exercício de personificação. Talvez devêssemos ser mais sutis. Se a perspectiva do discurso é medida do objeto da fala, podemos antes entender que a Natureza fala no limite no sentido que as palavras de Plotino a seu respeito têm seu lugar, não no falante, mas no objeto do discurso. No verdadeiro discurso

---

35 Para a tese de que essas palavras devem ser aplicadas ao Uno tanto como ao puro intelecto, o estágio mais elevado da alma humana que está em identidade com o Uno, *cf.* Schroeder, 1992, 69. Essa construção é sustentada pelo capítulo seguinte cujo tema é como o Uno pode dar aquilo que não tem.

de Plotino, a Natureza não é tanto personificada como hipostasiada e não é possuída por suas palavras, mas as possui. O mesmo pode ser dito do modo de Plotino dar voz ao cosmos: "Olhando para ele, alguém poderá realmente ouvi-lo dizer: 'Um deus me fez'" (III.2.3.19-21) e da afirmação: "Assim, esse cosmos existe por ele [o Uno] e todos e cada deus, e tudo o que depende deles, profetiza aos homens e proclama que lhes é caro" (II.9.9.39-42).[36]

VII. Os limites do discurso

Nunca há um fim para o discurso plotiniano, pelo fato de que os limites do discurso sempre nos conduzirem a querer mais. A alma, em união com seu objeto de contemplação, ainda sente-se distante daquilo que possui e de como expressá-lo em palavras. Há uma tensão dialética entre silêncio e intuição, de um lado, e palavras e análise discursiva, de outro (III.8.6.21-29).[37] A tensão entre dizer e possuir que observamos acima é também uma dialética na natureza. Possuir pertence ao plano da intuição, dizer ao plano da análise discursiva, de modo que o mesmo relacionamento dialético que existe entre intuição e análise discursiva pertence ao dizer e ao possuir. A inquietação da alma, seu contínuo querer expressar o que ela possui e a distância de si própria daquilo que possui e sua intuição, pertencem a estrutura mesma do universo plotiniano. Intelecto e Uno são ricos alvos epistêmicos. Mesmo no momento de visão, sentimos nos dirigir para a linguagem (declarativa). A Alma, portanto, mesmo no momento de sua união (*sunousia*) com o Uno, proclama (*angellonta*) tal união (VI.9.7.22-23). Ao fazê-lo, torna-se o instrumento reflexivo e declarativo do Uno que, como sabemos por V.3.14.18-19, extrapola a linguagem.[38]

Declaração e profecia são unidas em V.3.14 na medida em que declaramos o Uno "inspirados e possuídos" (*enthousiôntes kai katochoi*:

---

36 *Cf.* Schroeder, 1992, 72-73; O uso de Plotino de figuras de retórica (como, por exemplo, seu uso aqui da prosopopeia) seria um excelente tema para uma investigação posterior.

37 *Cf.* Schroeder, 1992, 76-77.

38 *Cf.* Schroeder, 1992, 79-80.

V.3.14.9).[39] Mas a linguagem proposicional jamais pode expressar de modo total o Intelecto ou o Uno. Não pode sequer fazê-lo também o ato de interpretação que, por sua natureza, busca exaurir um texto (infelizmente, realmente acreditamos, com os positivistas, que poderia haver algo como uma interpretação definitiva). Como Trouillard observa, o pensamento discursivo para Plotino é "orientado para o futuro, jamais descobrirá qualquer verdadeira totalidade".[40] É claro que o tempo futuro jamais pode realmente aplicar-se à ausência de tempo do mundo inteligível, mas seu uso pode indicar que há sempre mais por vir, que o sujeito é inexaurível. O discurso é declarativo ao apontar profeticamente, além de suas imagens, para seu objeto intencional. Logo, embora o Uno seja inefável, "falamos e escrevemos impelidos para ele" (VI.9.4.12-13).[41] Podemos apenas apontar, dar um sinal a respeito ou indicar (*sêmainein*) o inefável (V.3.13.5). O verbo grego aqui empregado também pertence à linguagem profética. No mesmo sentido, conforme Heráclito, "o deus a quem pertence o oráculo de Delfos não desvela nem oculta, mas o faz ser visto por sinais (*sêmainei*)".[42]

O Intelecto é nosso rei e a percepção é nosso mensageiro. Podemos também ser reis.[43] Podemos possuir o Intelecto em dois sentidos: seja como temos leis escritas, seja ao termos a mente do legislador (V.3.3.4 – V.3.4.4).[44] O legislador Minos produzia suas leis pelo contato inefável (*sunousia*) com a mente de Zeus (VI.9.7.21-26).[45] Presumivelmente tais leis não estavam presentes em sua mente como textos escritos, mas na forma de uma inspiração. Talvez aqui possamos pensar novamente na passagem em que Plotino

---

39   *Cf.* Platão. *Íon* 533e6-7; podemos também pensar aqui na poesia; *cf.* Platão. *Apologia de Sócrates* 22c1; tanto o Íon 534b3-7 quanto *Apologia* 22c1-2 associam poesia e profecia; *cf.* Schroeder, 1992, 69-70.

40   *Cf.* Trouillard, 1961, 132; *cf.* 130-131; *cf.* Mortley, 1986, I, 131.

41   *Cf.* Schroeder, 1992, 78.

42   Diels e Kranz, vol. I, 1964, B 93. Harder-Beutler-Theiler Vb, 1960, propriamente referem V.3.13.6-9 ao preceito délfico do conhecimento de si de VI.7.41.22-25. Além disso, o contexto mântico é completado no capítulo seguinte, V.3.14.

43   A referência é a Platão. *Filebo* 28c7.

44   *Cf.* V.3.4.20-27.

45   Para a associação de Minos com Zeus, ver Platão. *Leis* 624a1; *Minos* 319e1; *cf.* Schroeder, 1992, 72.

vê os hieróglifos egípcios como o modelo perfeito de linguagem sem a sintaxe do pensamento discursivo (V.8.6.6-9). As leis na mente do divino rei são legadas por sua escrita celeste. Todas as nossas tentativas de pensamento discursivo são restaurações parciais dessa verdadeira linguagem.

VIII. Conclusões

O modelo da representação parte do mundo sensível e tenta apreender a realidade inteligível numa via em que os dois planos não sejam confundidos um com o outro. A cuidadosa comparação que lhe subjaz sugere uma separação entre as realidades inteligível e sensível. O modelo da reflexão, que contrabalança o modelo da representação, começa antes do mundo inteligível e demonstra tanto a presença real do inteligível na realidade sensível quanto a dependência ôntica dessa última em relação ao seu princípio formativo. Ele indica continuidade mais do que separação.

O modelo de reflexão abre uma avenida de mensuração da linguagem e suas figuras a partir do centro inteligível. A declaração, que participa do modelo de reflexão, participa de tal perspectiva, enquanto que o discurso proposicional, que pertence ao modelo da representação, mensura a perspectiva a partir do mundo sensível.

A relação entre as duas perspectivas não é exclusiva, mas dialética. Uma requer a outra. A fala nunca pode exaurir seu sujeito como interpretação, que, para Plotino, nunca é definitiva e pertence a um círculo hermenêutico envolvendo as realidades inteligível e sensível. Uma afirmação declarativa clama por uma análise discursiva. Uma afirmação pertencente ao plano proposicional e à análise discursiva nos conduzirá a percepção de que há algo maior não abarcável pelos limitados confins da discursividade.

Necessariamente, porque o que é discutido não é algo qualquer, a conversação plotiniana sempre tentará uma abordagem que vise capturar com frustrante parcialidade um discurso sem sentido que já conhecemos, mas que esquecemos. Já a linguagem, sempre mântica, é transparente para revelar o Uno em e por meio das operações discursivas da mente.

15 A causalidade do Primeiro Princípio em Plotino e em outros filósofos do platonismo tardio

Cristina D'Ancona Costa

Na história da filosofia, Plotino é apresentado como o fundador não apenas de uma escola, mas de toda uma corrente de pensamento, que se habituou chamar de "neoplatonismo". A partir de Hegel, a relação entre os pensadores posteriores pertencentes a essa corrente e seu fundador foi apresentada como a crescente sistematização de um rico e, de certo modo, caótico, pensamento em uma estrutura dedutiva. Esse processo é visto como tendo alcançado seu ápice em Proclo, que se distingue a si mesmo de Plotino precisamente na medida em que confere à filosofia neoplatônica uma ordem sistemática.[1] Todavia, muitos relevantes estudos contemporâneos mostram que esse modelo não exaure a complexidade do desenvolvimento histórico do pensamento neoplatônico.[2]

A primeira parte deste estudo tratará das mais proeminentes características da interpretação de Plotino da doutrina platônica das Ideias, e de seu significado para elucidar o conjunto de teses filosóficas provindas dessa interpretação, que os pensadores platônicos tardios endossaram como sendo uma herança comum de sua filosofia. Na segunda parte, tentarei reunir as razões pelas quais, no desenvolvimento do pensamento neoplatônico, a representação de Plotino da realidade suprassensível abre caminho para um quadro mais complexo.

---

1   G. W. F. Hegel, 1971, 469.

2   Ver nota 57.

I

Em duas passagens bem conhecidas (III.6.6.65-77 e V.5.11.16-22) Plotino compara as pessoas que creem que os corpos são os seres reais (*onta*) com sonhadores que consideram como realidade subsistente as imagens de seus sonhos, a despeito de sua verdadeira natureza. É evidente a partir do contexto que aqui ele não está criticando as noções que temos ordinariamente, mas a posição filosófica que sustenta que apenas os corpos satisfazem os pré-requisitos de uma realidade plena: nominalmente, os estoicos.[3] Por contraste, as características dos seres reais são concebidas como totalmente diferentes dos corpos. Os seres corpóreos são sujeitos a mudança, os seres reais são imutáveis. Os seres corpóreos carecem de outros princípios para sua subsistência, além de necessariamente possuírem magnitude e ocuparem um espaço; os seres reais têm sua base em si mesmos (*idrumena eph'heautôn*), e são independentes do lugar e da magnitude. Plotino levanta todos esses elementos dizendo que os verdadeiros seres possuem uma *hupostasis noera*, uma realidade inteligível (V.9.5.43-46).

Essa ideia permanece na concepção de que, na busca pela explicação dos fenômenos, um regresso ao infinito pode ser evitado apenas pela concepção de que tem estabilidade e inteligibilidade.[4] Isso significa que Plotino pensa que os dois tipos de ser, o inteligível e o sensível, são totalmente opostos? Parece que não, pois em diversas passagens ele endossa o modelo platônico de uma relação de imitação entre as realidades sensível e inteligível. Por exemplo, em VI.4.2.1-6, Plotino segue o *Timeu* 48e6-49a1, ao apresentar o mundo visível como diferente do verdadeiro universo (*to*

---

3   Sobre a crítica plotiniana à tese estoica de que os seres reais são corpos, ver as passagens relacionadas e comentadas por Graeser, 1972, 24-26 e 36-37. Acerca do sentido filosófico do tópico do tomar consciência, ver a famosa passagem de IV.8.1.1-11.

4   Acerca da noção platônica da relação entre estabilidade e inteligibilidade, ver Vlastos, 1965; Ketchum, 1980; Kahn, 1981; Frede, 1988; Turnbull, 1988. Plotino equipara ser verdadeiro (por exemplo, realidade inteligível: V.9.3.1-4) e realidade imutável. Ver, por exemplo, III.7.6.12-14, em que *to alêthôs einai* é explicado como *to oudepote mê einai oud'allôs einai touro de ôsautôs einai touto de adiaphorôs einai*. Ver, ainda, VI.5.2.9-16 e III.6.6.8-23.

alêthinon pan), mas ao mesmo tempo como dependente dele (*ex ekeinou êrtêmenon*) visto ser um *mimêma*, uma imitação daquele.

Contudo, dizer que Plotino retoma de Platão a ideia de que os fenômenos imitam modelos inteligíveis implica que ele assume que tal doutrina pode ser isenta de muitas das complicações dela derivadas. Como uma prova desse fato, muitos tratados nas *Enéadas* tratam de dificuldades relativas à participação dos seres individuais nas Formas. De modo particular, VI.4 e 5, enfrentando a presença da realidade suprassensível no sensível, apresenta uma discussão das objeções elaboradas no *Parmênides* platônico contra a relação entre as coisas sensíveis e as Formas.[5] No final dessa discussão, as realidades inteligíveis são concebidas como tendo um conjunto de características que serão endossadas pelos pensadores neoplatônicos posteriores.

Na primeira parte do *Parmênides*, a teoria das Formas é submetida a uma série de críticas. A primeira delas é que um ser individual que participa de uma Forma ou participa da totalidade dessa Forma ou de uma parte dela (131a4-6). No primeiro caso, a Forma é creditada como estando em cada ser individual com sua natureza total; mas na medida em que a hipótese das Formas requer que elas existam à parte dos indivíduos, daí se seguiria que a Forma seria separada de si mesma. A resposta dada por Sócrates a esse dilema falha ao demonstrar que há uma vida na qual o *eidos* pode ser apresentado em seus participantes, mas preservando sua separação. De fato, a abordagem de Sócrates compara a presença de uma Forma em muitos indivíduos ao modo pelo qual o dia pode estar presente em diferentes lugares prepara sua admissão de que o ser individual tem uma parte da Forma.[6] A réplica de Parmênides equipara a analogia de Sócrates sobre o dia com outra analogia, conforme a qual uma forma pode estar presente ao mesmo tempo em muitos indivíduos (*en tauton ama pollachou*, 131b7) como a vela de um navio pode recobrir muitos homens. Aceitando essa equação, Sócrates não tem escolha senão admitir que a Forma está presente em seus participantes

---

5   Esse fato já foi reconhecido por Bréhier, 1936, 161-167. Muitos estudos contemporâneos tratam desse tema: Fielder, 1976, 1977, 1978, 1978a, 1980, 1982; Lee, 1982; Regen, 1988; D'Ancona, 1992a.

6   Ver Allen, 1983, 116-117.

apenas em parte, assim como apenas uma parte da vela recobre um homem entre muitos.

Quando Porfírio intitula o tratado composto de VI.4 e 5[7] com as palavras do *Parmênides* platônico – *Sobre a presença do ser, Uno e o mesmo, em toda parte como um todo* (*peri tou to on en kai tauton on ama pantachou einai olon*)[8] – assume que o propósito plotiniano foi postular o modo pela qual os dilemas sobre a relação entre as realidades inteligível e sensível poderia ser resolvida. Em contrapartida, estudiosos contemporâneos concordam que esse tratado concerne às aporias do *Parmênides* acerca das Ideias.[9]

A solução de Plotino começa com a observação de que nossas dificuldades em compreender a onipresença das realidades inteligíveis resultam da crença de que o ser (*to on*) tem a mesma natureza que o mundo sensível, e, portanto, de se conceber sua onipresença como uma distribuição em todas as partes (VI.4.2.27-30). Plotino introduz seus conhecidos exemplos que ilustram a presença do inteligível[10] com a observação de que subdividir o ser inteligível em seus participantes é como subdividir "o que domina e reúne (*to kratoun kai sunechon*)" nas partes do que é controlado (VI.4.7.8-9).

Plotino adota aqui a descrição aristotélica da relação entre alma e corpo dada no *De anima* 411b5-14, em que Aristóteles argumenta que a alma é indivisível na medida em que é o princípio que fornece unidade ao corpo. Ao fazê-lo, Plotino estabelece dois pontos relevantes. Primeiro, elimina as críticas contra a doutrina das Formas que se baseiam na interpretação da presença das Formas naquilo que dela participa em um sentido espacial. Segundo, pontua o fato de que a causalidade das Formas em seus participantes não equivale a uma ação ou produção. Trata-se de "dominar e reunir"

---

7 Sobre a unidade dos tratados VI.4 e 5, *cf.* Beutler-Theiler, 1962, II b 396.

8 Ver Porfírio. *Vida de Plotino* 5.8-9.

9 Ver nota 5.

10 O ser verdadeiro é um e é o mesmo em toda parte, do mesmo modo, tal como uma mão pode controlar todo o corpo (VI.4.7.9-22), ou como uma luz provinda de um pequeno foco luminoso num corpo esférico transparente (22-39), ou, finalmente, como a luz do sol, "se o sol fosse apenas um poder desprovido de corpo" (39-47). Em VI.5.8.1-10, Plotino afirma explicitamente que a ideia da onipresença do ser gera muitas dificuldades (*to dusphraston kai to aporotaton*) para a doutrina da participação das Ideias.

os corpos, ou seja, dar-lhes sua *ratio* interna e o princípio de sua unidade, assim como a alma é causa da vida no corpo organizado.

O primeiro argumento pretende resolver não apenas a aporia elaborada no *Parmênides* sobre a presença das Formas naquilo que delas participa, mas também à objeção de Aristóteles acerca da separação. Em *Metafísica* 1086b6-7, Aristóteles argumenta que a maior causa das dificuldades da teoria das Formas consiste em sua separação. A dificuldade diz respeito precisamente ao fato de que a doutrina das Formas postula um conjunto de princípios que se pretende subsistirem, ao mesmo tempo, separados do sensível (*tines ousiai para tas aisthetas*, b8) e como inerentes às coisas sensíveis, dando-lhes certas características. Essa posição conduz, na visão de Aristóteles, colapso dos universais em particulares. A observação de Plotino de que o ser real – isto é, a realidade inteligível – não implica a localização dos corpos é também dirigida à tal crítica, pois como ele rejeita a visão de que "ser em" tem o mesmo sentido no caso dos corpos e no caso dos caracteres inteligíveis. Assim como uma realidade escapa da extensão local, do mesmo modo ela é indivisível; em consequência, ela pode ser concebida como presente numa realidade extensa sem subdivisão (VI.4.8.34-38; ver também VI.5.11.1-11).

De tal modo, quando Plotino conclui que se essa realidade indivisível é participada por algum indivíduo, "permanecerá toda ela própria e toda nas coisas visíveis" (VI.4.8.42-43), ele não está escolhendo entre as duas possibilidades apresentadas no *Parmênides*, nominalmente, participação na Forma ou como um todo ou como parte. Ambas essas possibilidades são, de fato – no *Parmênides* platônico assim como em Aristóteles – concebidas como características presentes tanto na Forma participada como no participante individual de uma e mesma maneira. Mas, conforme Plotino, a Forma participada não pode partilhar como o participante individual as marcas da realidade corpórea, nominalmente, a especialidade e a subdivisão em partes (VI.4.11.6-9; ver também VI.4.13.14-18 e VI.5.3.1-8). Essa análise do estatuto do modelo inteligível dará origem à formula característica da causalidade neoplatônica, conforme a qual as causas suprassensíveis são ao mesmo tempo em toda parte e em parte alguma.

Plotino distingue de modo claro a Ideia como propriedades de um indivíduo que dela participa e a Ideia como paradigma racional de todas as instanciações particulares (VI.5.6.11-12). A Ideia participada obviamente é particular, na medida em que é uma propriedade de uma entidade particular. Mas o paradigma racional considerado em si mesmo tem que estar "em toda parte (*pantachou*)" nesse sentido em que cada instanciação está presente a mesma "fórmula", como tal, ainda que nenhuma entidade individual a possua como sua propriedade específica (VI.5.6.12-15). Segue-se que o paradigma racional está ao mesmo tempo presente em todas as entidades que dele possuem uma instanciação particular, e deles separado. Considerada em si mesma, a Ideia permanece livre de qualquer relação com seres particulares (VI.5.8.35); considerada como a mesma "fórmula" que está presente em todas as suas instanciações particulares está presente em tudo.

Esse duplo estatuto de transcendência e imanência pode ajudar a resolver outro grupo de objeções acerca das Ideias, conforme o qual elas são inúteis do ponto de vista da explicação da realidade fenomênica, precisamente por causa de sua separação. A resposta de Plotino a essa crítica aristotélica consiste em uma análise da causalidade das realidades inteligíveis, intimamente ligadas com a ideia de sua presença "em toda parte e em parte alguma".

Um dado princípio de um dado grupo de participantes particulares do caráter que define sua natureza não carece de "fazer" algo para ser sua causa. O que se requer é a permanência desse princípio como a "fórmula" de todos seus diferentes tipos de instanciação. Plotino usa o verbo platônico *menein* (que no *Timeu* 42e5-6 descreve o estatuto do Intelecto demiúrgico) para recobrir um duplo conjunto de sentidos: primeiro, a imutabilidade não é uma característica suplementar dos modelos inteligíveis mas a verdadeira natureza de sua causalidade; segundo, as Formas não podem ser encarregadas de serem causas eficientes dos sensíveis, pois elas não são responsáveis por seu movimento, mas apenas por sua estrutura racional.

Quando Plotino tenta explicar como uma realidade indivisível pode ser uma causa, ele argumenta que ela não passa pela matéria, mas "permanece" em si mesma, ou *tês ideas dia pasês [= tês ulês] diexelthousês ai epidramousês, all'en autêi menousês* (VI.5.8.20-22).

No contexto da discussão da onipresença do inteligível no sensível, Plotino enfatiza o primeiro sentido de *menein*, ou seja, a imutabilidade que é implicada numa verdadeira natureza de causalidade eidética (VI.4.7.22-29. Ver também I.7.1.13-19 e 23-24; VI.5.10.8-11).

Na discussão acerca da causalidade do *nous* demiúrgico em relação ao cosmos, Plotino enfatiza a diferença entre causalidade eidética e causalidade eficiente. Os paradigmas inteligíveis não carecem de instrumentos, nem de deliberação para comunicar suas propriedades aos participantes. Em III.2.1.38-45, Plotino contrasta a produção de efeitos por meio de uma atividade com a causalidade dos princípios com o agir apenas pela imutabilidade de sua natureza. O inteligível – aqui considerado em seu duplo aspecto de Intelecto (*nous*) e paradigma inteligível (*kosmos alêthinos*) – não "age" no sentido de produção. É, portanto, por sua não produção, *mê poiein*, que ele dá origem à grande e magnificente realidade do cosmos visível. Ele o faz precisamente por causa do ser que ele é, ou seja, por seu *eph'heautou menein* (ver também III.2.2.15-17 e V.8.7.24-31).

Conforme Plotino, ambas essas características da realidade inteligível – a capacidade de ser presente "na" realidade física de um modo não localizado e a capacidade de ser causa de efeitos por ser o modelo imutável de sua estrutura interna – caracterizam o primeiro princípio em si, qual seja, o Uno.

A onipresença caracteriza o Uno na medida em que ele é concebido como a condição *sine qua non* da verdadeira realidade de todas as coisas. No famoso início de VI.9, todos os seres (*panta ta onta*) têm seu ser pelo Uno: *toi eni esti onta* (VI.9.1.1-2). Plotino explica essa relação por meio de uma série de exemplos, começando de nomes coletivos, prosseguindo para magnitudes contínuas, corpos, qualidades, alma e, finalmente, intelecto. Essa série é dada com a intenção de mostrar que a unidade sempre é a condição básica do ser. É impossível dizer o que uma realidade é sem considerá-la como uma unidade (VI.9.1.4-2.8; ver também V.3.15.11-15 e V.5.4.31-38). Em consequência, a unidade é a condição para a predicação, e, na medida em que "ser" no modo platônico de pensar significa essencialmente "ser inteligível",[11] a fim de garantir que aquela unidade é a condição de predicação tanto quanto afirmar que ela é a condição do ser.

Em um capítulo posterior do mesmo tratado, Plotino expande essa ideia ao dizer que quando não somos em "torno" do Uno – isto é, quando qualquer entidade, incluindo nós mesmos, perde sua unidade – a dispersão lhe atinge e não mais será por muito tempo (*ouketi esometha*: VI.9.8.41-42). O Uno é concebido como dando-nos continuamente sua participação, por tanto tempo em que ele é o que é: *aei chorêgoutos eos an ê oper esti* (VI.9.9.7-11; ver também V.6.3.2-4, e compare com VI.6.18.46-47, em que o mesmo caráter é atribuído à realidade inteligível). A primeira característica da causalidade eidética, qual seja, a onipresença em seus efeitos, é intimamente vinculada nessa passagem com a segunda característica, ou seja, a imutabilidade como a *ratio* da causalidade dos modelos inteligíveis.

É, de fato, "sendo o que é" que uma causa inteligível comunica-se a si mesma a todas as entidades que partilham seu caráter. Mas vimos que, conforme Plotino, todos os seres partilham do caráter de unidade. Logo, o Uno é concebido como a causa de todos os seres. O modelo dessa causalidade é análogo àquele das Ideias. Ambos, o Uno e as Ideias, são causas de imutavelmente serem o que são.

Em V.4.2.19-22, Plotino diz que se algo vem a ser do Uno, que permanece em si mesmo, isso ocorre precisamente por causa da eterna permanência de sua natureza (ver também V.3.10.16-17 e 12.33-38). Tal causa é concebida como transcendente em relação a seus participantes, nominalmente, os seres subsistentes à parte deles e anterior em relação a eles. Ela é dada, de fato, como o único princípio que é capaz de explicar todas as diferentes instanciações de um dado caráter. Em consequência, ele é concebido como delas separada, e anterior às séries que dela se originam. Como a "Beleza em si" platônica em relação às muitas coisas belas, a causa eidética transcende seus participantes, na medida em que é o princípio requerido

---

11   A dicotomia platônica entre ser e devir (*Timeu* 27d5-28a4) implica a identidade entre seres reais e itens inteligíveis (*cf.*, por exemplo, *Fedro* 247d5-e3) que é um conceito central da metafísica neoplatônica. Ver, por exemplo, em Plotino, V.8.5.18-20; V.9.3.1-4; VI.6.18.31-35.

para explicar o fato de que muitos indivíduos partilham uma propriedade comum. Essa característica é atribuída também ao Uno.

Quando Plotino está olhando para a participação de todas as realidades na unidade como uma propriedade comum, trata o Uno como o *auto kath'auto* de seu caráter. Mas a beleza concerne apenas ao conjunto de coisas belas; ao contrário, a unidade concerne a tudo o que é. Portanto, o Uno transcende todas as realidades.

Em duas bem conhecidas passagens, V.2.1.1-2 e III.8.9.44-54, Plotino destaca o fato de que a transcendência do Uno não pode ser separada de sua onipresença. Enquanto que a primeira passagem é apenas uma breve asserção de que o Uno está em todas as coisas e em nenhuma delas, na segunda Plotino emprega uma *reductio ad absurdum* a fim de demonstrar que a onipresença do Uno não pode ser interpretada como imanência nas coisas. O Uno, não obstante a presença universal que resulta de sua causalidade, é totalmente transcendente (*ouden tôn pantôn, alla pro tôn pantôn*).

Em muitas passagens, esse duplo estatuto de transcendência e de imanência – *pantachou kai oudamou* – é formalmente apresentado como a explicação da derivação de todas as coisas do Uno. Um excelente exemplo é III.9.4.3-9. Se o Uno fosse apenas "em todas as coisas", sem ser simultaneamente "em parte alguma", ele teria a mesma natureza que seus efeitos. Mas, na medida em que é transcendente, "aqui e agora", ele pode satisfazer a exigência básica da causalidade dos princípios inteligíveis: preceder todas as instanciações particulares dele provenientes. Nesse sentido, ele é *pro pantôn en*, e essa é a razão pela qual ele é capaz de produzir todas as coisas, independente de coincidir com seus produtos, o que seria absurdo na concepção de Plotino.[12]

Todos os pensadores neoplatônicos posteriores endossarão muitas teses da visão plotiniana da causalidade inteligível, assim como sua extensão para o Uno. Porfírio começa suas *Sentenças* estabelecendo que, enquanto os corpos são sempre localizados no espaço, nenhuma das realidades suprassensíveis têm esse estatuto.[13] A segunda *Sentença* sustenta que as entidades

---

12   Ver também III.8.9.24-29; V.5.8.23-27; 9.11-26; V.9.4.24-28; VI.7.32.12-14; VI.8.16.1-12.
13   Porfírio. *Sentença* I, Lamberz, 1.2-3.

incorpóreas e autossubsistentes, quais sejam, os inteligíveis, estão em toda parte, *pantachê*, de um modo simples e não espacial.[14] Porfírio emprega a metáfora de uma "inclinação" (*ropê, repein*) para fazer a distinção entre o caráter de separado da substância dos inteligíveis e a relação (*schesis*) que eles possuem com os corpos.[15] Na *Sentença* 27, Porfírio atribui o duplo estatuto de *pantachou kai oudamou* aos incorpóreos.[16]

Além disso, Porfírio dedica uma *Sentença* a estabelecer que há uma hierarquia entre os incorpóreos, do ponto de vista de seu ser *pantachou kai oudamou*. Todos eles compartilham essa característica, mas apenas o Primeiro Princípio, que aqui é chamado simplesmente de "Deus", é "em toda parte e em parte alguma" sem qualificações. Intelecto e Alma são *pantachou kai oudamou* apenas em relação a seus participantes.[17] Ao descrever a causalidade do Primeiro Princípio em termos de sua simultânea onipresença e separação, Porfírio cita Plotino literalmente.[18]

A temática plotiniana do *menein* das causas inteligíveis aparece na *Sentença* 34 como a explicação da onipresença do ser real no universo físico, que, em contrapartida, claramente ecoa a doutrina e a terminologia de VI.4-5.[19]

Mário Vitorino, o neoplatônico cristão latino do século IV d.C., que traduziu para o latim os *Libri platonicorum*, depois citado por Santo Agostinho, e provavelmente idêntico às *Enéadas*,[20] adapta o modelo plotiniano da causalidade do Uno ao Deus de sua teologia trinitária. Plotino afastou qualquer interpretação "panteísta" da onipresença do Uno com reiteradas

---

14   Porfírio. *Sentença* 2, Lamberz, 1.5-6. Ver também a *Sentença* 33, 35.4-21.

15   Porfírio. *Sentença* 3, Lamberz, 2.2, 3, 7, 8; *Sentença* 28, 17.5; *Sentença* 30, 21.1; 32, 35.3; 37, 45.1,2,5.

16   Porfírio. *Sentença* 27, Lamberz, 16.5-16.

17   Porfírio. *Sentença* 31, Lamberz, 21.9-16.

18   Porfírio. *Sentença* 31, Lamberz, 21.16-22.5; ver III.9.4.3-6.

19   Porfírio. *Sentença* 34, Lamberz, 38.6-39.12.

20   Theiler, 1993 rejeita a identificação dos *Libri platonicorum* mencionados por Agostinho nas *Confissões* VII.9.13 e VIII.2.3 com as *Enéadas*; Henry, 1934, 69-45, provê um volumoso conjunto de provas para mostrar que esses "livros" eram, de fato, primordialmente as *Enéadas*. Sobre os *Libri platonicorum* agostinianos, ver também Courcelle, 1934, 159-176; 1950, 93-138; 1954; Pépin, 1954; O'Meara, 1958; O'Connell, 1963. Sobre a tradução das *Enéadas* feita por Vitorino, ver Henry, 1950; Hadot, 1968; Hadot, 1971.

afirmações de que o Uno deve conter todas as coisas e gerá-las, não "sendo" ele mesmo todas as coisas por ele produzidas (ver, por exemplo, a última sentença da supracitada passagem de III.9.4.8-9: *plêroun oun dei auton kai poien panta, ouk einai ta panta, a poiei*). Com toda probabilidade, Vitorino tem em mente tal ideia quando sustenta a tese de que Deus é *causa... dator te pater* dos seres, seguindo a cláusula: *te non est dicere haec* – por exemplo, dos seres – *esse ipsum* – ou seja, Deus – *quibus ut essent, dedit.*[21] A famosa passagem de V.2.1.1-2 acerca da relação entre o Uno e *ta panta* é citada literalmente por Vitorino,[22] uma característica marcante da concepção plotiniana do Primeiro Princípio, que é transmitida nesse sentido aos leitores do latim da época de Santo Agostinho.

Vitorino endossa tanto a concepção de simultânea onipresença e separação do Uno quanto a doutrina da imutabilidade como a *ratio* da causalidade de princípios incorpóreos. Deus é descrito como o *manens vel mansio... quies, quietus*,[23] que, em seu verdadeiro repouso, dá origem aos seres. Em uma passagem do *Adversus Arium* as duas doutrinas são vinculadas. Deus é *in semet ipso manens, solus in solo, ubique existens et nusquam.*[24] Por sua vez, Agostinho repete que a criação de Deus não implica qualquer mudança (ver, por exemplo, *De Trinitate* V.1.2: *sine nulla sui mutatione mutabilia facientem, nihilque patientem*), e repetidamente chamará Deus de *ubique praesens, ubique totus.*[25] Nas *Confissões*, o duplo estatuto de *pantachou kai oudamou* que caracteriza o Uno plotiniano é referido a Deus *ubique totus es...et nusquam locorum es.*[26]

Na Escola de Atenas esse modelo de causalidade é explorado sistematicamente. Embora nos escritos que restaram de Siriano as fórmulas do "em

---

21 Mário Vitorino. *Ad Cand.* 12.1, Hadot, 1968, II, 18.

22 Mário Vitorino. *Adv. Ar.* IV.22.6-10, Hadot, II, 49.

23 Mário Vitorino. *Adv. Ar.* IV.24.32-36, Hadot, 1968 II, 51. Ver também *Ad Cand.* 15.1, Hadot, II, 20 (*secundum nullum progressum semper in semet manens*); *Adv. Ar.* I.52.21, Hadot, 1968, II, 31 (*quiescente quod est esse patricum*); *Adv. Ar.* IV.21.19-25, Hadot, 1968, II, 48 (*Primum in rebus eternis, divinis maximeque primis manentia quieta et in eo quod sunt existentia nulla sui motum mutatione generarunt*).

24 Mário Vitorino. *Adv. Ar.* I.50.9-10, Hadot, 1968, II, 29.

25 As passagens relevantes são comentadas por O'Connell, 1963. Ver também Teske, 1986.

26 Agostinho. *Confissões* VI.4. Ver também V.16: *ubique presens*.

toda parte e em parte alguma" e do *menein* do princípio ao produzir seus efeitos não estejam presentes, o ensinamento de Proclo substancialmente contribuíram para a sistematização da doutrina plotiniana da causalidade. Foi Siriano quem usou por primeiro a bem conhecida fórmula da causalidade "por ser ele mesmo (*autôi tôi einai*)", que resume os dois sentidos implicados na doutrina plotiniana da imutabilidade da causa e da ausência de qualquer "ação" no sentido da produção do artesão.

Em seu comentário sobre a *Metafísica* de Aristóteles, Siriano sustenta que o paradigma inteligível produz por ser ele mesmo (*autôi tôi einai*). O contexto dessa asserção é altamente interessante, pois Siriano está comentando a passagem da *Metafísica* em que Aristóteles diz que o argumento que visa estabelecer as Ideias como entidades existentes separadamente dos seres sensíveis (isto é, a doutrina do uno-em-muitos) repousa na assunção da homonímia entre a *ousia* das coisas sensíveis e a (suposta) *ousia* dos itens suprassensíveis (1079a31-b3). A réplica de Siriano apoia-se na noção de homonímia. Ele distingue entre uma homonímia meramente causal e uma outra que existe entre entidades que têm algo em comum de modo atual. O modelo e a imagem que dele é feita possuem inegavelmente um vínculo real, de modo particular – acrescenta Siriano – quando o *paradeigma*, tendo trazido à existência a imagem por meio de seu próprio ser, *huphistan autôi tôi einai*, é capaz de "converter" a imagem em si mesmo,[27] ou seja, de estabelecer o efeito como algo que é mais semelhante à causa do que diferente dela. Proclo explicará essa ideia sustentando que na relação entre um princípio inteligível e seus efeitos a similaridade prevalece sobre a diferença: se não fosse assim, as coisas derivadas não seriam membros das "séries" que se originam do princípio.[28]

Não apenas os paradigmas inteligíveis, mas também o Intelecto opera conforme o modelo plotiniano da imutabilidade. Siriano descreve a capacidade do Intelecto demiúrgico como a capacidade de produzir todas as coisas por seu ser, conforme sua natureza intelectual: *autô tôi einai kata tên*

---

27   Siriano. *In Aristotelis Metaphysicam commentarium*, Kroll 114.35-115.3.
28   Proclo. *Elementos de teologia* 28, Dodds 32.10-34.2; 32, Dodds 36.3-10.

heautou idiotêta.[29] Em seu comentário à *Metafísica* 1086b14-22, em que Aristóteles está novamente criticando a teoria das substâncias separadas, Siriano endossa a distinção plotiniana entre uma produção que envolve deliberação e mudança e uma outra que pertence unicamente à natureza mesma do princípio. O Intelecto é causa de seus efeitos *autôi tôi einai*, diferente de princípios que agem por deliberação e mudança.[30]

O modelo de causalidade *autôi tôi einai* é amplamente adotado por Proclo,[31] que recorreu a ele em toda sua obra para indicar o tipo específico de ação da realidade inteligível. Não importa se Proclo pretende distinguir dois níveis de causalidade dos princípios suprassensíveis. O tipo de ação *autôi tôi einai*, estritamente compreendida, é apropriada apenas para realidades inteligíveis (na linguagem de Proclo, o *noêton platos*), enquanto que as hênades – o nível supremo do universo procriando, por exemplo, as séries de princípios que culminam no Uno – agem por sua "anterioridade ao ser (*tôi proeinai*)".[32] Essa distinção visa evitar atribuir "ser" ao nível superior da realidade, concebido como superior ao ser. De fato, essa obscura distinção, no limite partilha da ideia plotiniana original de que, no caso dos princípios suprassensíveis, "produzir" coincide com "ser ele mesmo".

Como uma matéria de fato, a distinção procliana não sobreviverá nas duas principais adaptações da metafísica de Proclo, quais sejam, o *De divinis nominibus* do Pseudo-Dionísio Areopagita, e o texto árabe denominado de *Liber de causis*, um breve tratado sobre os primeiros princípios tomado de *Elementos de teologia* de Proclo. Nem o Pseudo-Dionísio nem o autor do *De causis* seguirá Proclo ao distinguir dois sentidos de imutabilidade dos princípios em sua produção, um correspondente ao Uno acima do ser, e o

---

29 Siriano. *In Aristotelis Metaphysicam commentarium*, Kroll 117.16-28.

30 Siriano. *In Aristotelis Metaphysicam commentarium*, Kroll 163.27-34.

31 Ver, por exemplo, *Elementos de teologia* 18, Dodds 20.3-22; 120, Dodds 106.7-8; *In Tim.* II, Diehl I, 268.6-13; 335.25-336.3; 390.9-21; 395.10-22. Sobre o tópico da produção *autôi tôi einai*, ver Trouillard, 1977. A lei plotiniana da imutabilidade do princípio em sua produção é totalmente assumida por Proclo: *cf. Elementos de teologia* 26, Dodds 30.10-11. Ver também *In Tim.* II, Diehl I, 396.24-26, em que o Intelecto demiúrgico permanece eternamente em si mesmo em por causa de seu *menein* produz o universo.

32 Proclo. *Elementos de teologia* 122, Dodds 108.8-9. Sobre esse tema, ver Trouillard, 1960.

outro ao ser real, ou seja, as causas inteligíveis. Assim, ambos atribuirão tal modelo de causalidade especialmente – para não dizer exclusivamente – ao Primeiro Princípio em si.

O Pseudo-Dionísio sustenta repetidamente que Deus cria toda realidade por seu ser: ele é causa de todos os seres por seu ser,[33] dando ser a todos os tipos de seres por seu ser.[34] A adoção do conceito de causalidade *autôi tôi einai* é particularmente consistente na teologia afirmativa dionisiana, conforme a qual "ser" é o melhor dentre todos os nomes divinos,[35] embora do ponto de vista complementar da teologia negativa Deus seja acima do ser, *huperousios proon*.[36] Ser é o primeiro e maior dentre os atributos divinos. Na tradição platônico-plotiniana, "ser" coincide com o estatuto de inteligibilidade, que é, em contrapartida, a condição de todas as outras perfeições mais específicas, como "vida" ou "intelectualidade". O Pseudo-Dionísio partilha da ideia neoplatônica da prioridade do "ser" entre todos os inteligíveis. O traço característico dessa interpretação consiste em pensar que se "ser" é o primeiro produto do Primeiro Princípio, isso implica que em nosso discurso afirmativo sobre Deus, "Ser" é o primeiro e mais apropriado nome.

Não obstante a óbvia diferença das teses teológicas que baseiam Plotino e o Pseudo-Dionísio, o Primeiro Princípio do universo dionisiano age em sua criação precisamente do mesmo modo que o Uno plotiniano. Ele é descrito em muitas passagens como irredutível e imutável em sua produção (*eph'eautou menon*),[37] como o mundo inteligível platônico, ele é sempre o

---

33 Pseudo-Dionísio Areopagita. *De divinis nominibus* I.5, Suchla 117.11-12.

34 Pseudo-Dionísio Areopagita. *De divinis nominibus* V.5, Suchla 184.5-6. Ver também IV.1, Suchla 144.1-5.

35 Pseudo-Dionísio Areopagita. *De divinis nominibus* V.5, Suchla 184.2-3: *archegikoteron ôs on o theos ek tês presbutêras tôn allôn doreôn umneitai*; ver também V.4, Suchla 182.17-18: *tagathon ôs ontôs on kai tôn ontôn apantôn ousiopoion anumnêsomen*; V.4, Suchla 183.4-5: *o theos ou pôs estin on, all'aplôs kai aperioristôs olon en eautôi to einai suneilefôs kai proeilephôs*.

36 Pseudo-Dionísio Areopagita. *De divinis nominibus* IV.20, Suchla 166.14; V.4, Suchla 182.19; V.8, Suchla 188.9-10 (*huperousios*); V.4, Suchla 183.7-8: *oute en oute estai oute egeneto oute ginetai oute genêsetai, mallon de oute estin*; *Ibid.*, 183.12-13 e 17; V.8, Suchla 186.9 e 15; *Ibid.* Suchla 187.4-5; V.10, Suchla 189.7 (*o proon*).

37 Pseudo-Dionísio Areopagita. *De divinis nominibus* IX.4, Suchla 209.9.

mesmo (*aei kata ta auta kai ôsautôs echon*).[38] Ele é onipresente (*pasin ôsautôs paron*).[39] Em muitas passagens, as formulações do Pseudo-Dionísio parecem ecos daquelas de Plotino: veja-se, por exemplo, a passagem em que Deus – que aqui é denominado *ho proon*, "o que é anterior ao ser" – está presente em todas as coisas e em toda parte, em si mesmo como unidade e do mesmo modo (*parôn tois pasi kai pantachou kai kata en kai to auto kai kata to auto*).[40] O Pseudo-Dionísio endossa a tese plotiniana básica da transcendência do princípio como correlativa a sua onipresença. Deus é concebido como recobrindo todas as criaturas, e, ao mesmo tempo, "permanecendo" em si mesmo.[41] Tal como ocorre com as hênades proclianas, o Deus dionisiano está em toda parte por meio de sua providência, e sua capacidade de "compreender" em si mesmo todas as entidades inferiores é qualificada por sua transcendência.[42]

Um quadro similar aparece de modo claro no *Liber de causis*. Na proposição 19 é dito que a Causa Primeira governa (*tudbbiru: regit*) todas as realidades criadas sem qualquer mistura com elas (*gayra anna takhlitu biha: praeter quod commisceatur cum eis*).[43] O autor atribui à Causa Primeira a característica da imobilidade ao produzir efeitos que pertencem às hênades divinas, conforme a proposição 122 de *Elementos de teologia* de Proclo, que inspira diretamente essa proposição do *Liber de causis*.[44] Assim como o Pseudo-Dionísio, o autor do *Liber de causis* diz que Deus age por seu ser

---

38   Ver IX.8, Suchla 212.16-17: *ti de allo* [= ê theia stasis] *ge para to menein auton en eautôi to theon*; X.2, Suchla 215.12: *en tôi aei kineisthai menonta eph'heautou*; XI.1, Suchla 218.12-13: *kai proeisin epi panta endon olê menousa* [= e theia eirênê di'uperbolen tês panta uperechousês enôseos.

39   Pseudo-Dionísio Areopagita. *De divinis nominibus* IX.4, Suchla 209.10.

40   Pseudo-Dionísio Areopagita. *De divinis nominibus* V.10, Suchla 189.10-11.

41   Pseudo-Dionísio Areopagita. *De divinis nominibus* V.10, Suchla 189.11-12.

42   Pseudo-Dionísio Areopagita. *De divinis nominibus* IX.9, Suchla 213.12-14. Comparar com Proclo. *Elementos de teologia* 122, Dodds 108.1-4.

43   *Liber de causis*, seção 19, Bardenhewer 95.2-3 (ver o texto latino em Pattin, 1968, 177.97-98). Esse lema depende *ad verbum* de *Elementos de teologia*, prop. 122 (ver nota 42).

44   *Liber de causis*, seção 19, Bardenhewer 95.5: *al-'illa al-ula thabit qa'im bi-wahdaniyyatiha: causa prima est fixa stans cum unitate sua* (= Pattin 177.3). Compare com Proclo. *Elementos de teologia* 122, Dodds 108.5.

– *biannihi faqat: per esse suum tantum*[45] – significando não apenas que não carece de deliberação, instrumentos ou moção para criar, mas também que ele age doando ser, na medida em que ele é o primeiro e puro Ser (*anniya faqat: esse tantum*).[46]

Os teólogos e filósofos medievais que usaram as fórmulas do *Liber de causis* para explicar a relação entre Deus e o mundo reproduziram uma adaptação da doutrina neoplatônica da causalidade das entidades suprassensíveis. A inovação da equiparação entre Deus e o puro Ser não impede essa adaptação de transmitir as características do pensamento plotiniano original.

Contudo, ainda que as teses básicas da interpretação plotiniana da teoria das Ideias de Platão sejam partilhadas pacificamente pelos pensadores neoplatônicos posteriores, isso ocorre não por meio das soluções que foram propostas para resolver suas dificuldades intrínsecas. Na seção seguinte, tentarei indicar as dificuldades apontadas em relação à derivação da multiplicidade de um primeiro princípio único e absolutamente simples, e a solução de Plotino para ela. Finalmente, sugerirei algumas razões para o abandono dessa solução pelos pensadores neoplatônicos posteriores em prol de uma abordagem completamente diferente desse problema crucial da metafísica neoplatônica.

II

Conforme a apresentação que foi feita na primeira seção, Plotino atribui ao Uno um tipo de causalidade que tem as mesmas características da causalidade dos itens inteligíveis. A única diferença para a qual foi chamada a atenção é que, enquanto qualquer outro princípio inteligível é "em toda parte e em parte alguma" apenas em relação a um determinado conjunto de entidades derivadas, e produz por sua imutabilidade apenas um tipo

---

45 *Liber de causis*, seção 19, Bardenhewer 96.8 = Pattin 178.25.

46 *Liber de causis*, seção 8, Bardenhewer 79.1 = Pattin 158.2. Sobre a doutrina do ser no *Liber de causis*, ver D'Ancona, 1992a. Sobre a doutrina da proposição 8 do *Liber*, *cf.* D'Ancona, 1990a.

específico de efeito, qual seja, seus participantes, o Primeiro Princípio é "em toda parte e em parte alguma" sem qualificações, e o que ele é capaz de produzir por sua imutabilidade coincide com sua própria realidade.

É evidente que esse ponto está longe de não ser controverso, e devemos creditar a Plotino a consideração do caráter complexo de tal asserção. Na medida em que meu propósito aqui é do modelo de causalidade que está implicado na concepção plotiniana do Primeiro Princípio, deixarei de lado os problemas acerca da "liberdade" do Primeiro Princípio ao produzir o universo, assim como aqueles relativos ao "limite" de sua produção, ou seja, a concepção plotiniana de matéria. A questão a ser tratada é a seguinte: o modelo de causalidade inteligível pode explicar o fato de que o Uno produz *ta panta*, isto é, todas as realidades?

A dificuldade aparece porque Plotino sustenta que o Uno é o princípio universal de tudo aquilo que é, tomando como uma imaginária completamente irracional a hipótese de um outro princípio, responsável pela produção da matéria e pela existência da multiplicidade.[47] Isso implica que o Uno é responsável não apenas pela unidade de todas as coisas que, no modo como são, participam da unidade, mas também por sua multiplicidade real.

Em consequência, as teses básicas do modelo de causalidade descrito na primeira parte parecem ser negadas. Efetivamente, todas derivam da concepção da relação entre a causa e seus efeitos como uma similaridade entre as instâncias particulares de uma determinada forma e a própria Forma. Mas se o Uno dá origem à multiplicidade *qua* multiplicidade, ou seja, como diferente do princípio tomado como similar a ela, como no mundo é possível preservar as características da causalidade eidética nessa produção? Por exemplo, a imutabilidade da causa em sua produção não é nada além de uma análise da identidade formal entre o efeito e a causa. Então, se o Uno produz a multiplicidade – ou seja, o que é diferente de si – não pode fazê-lo no modo da causalidade eidética: não pode, por exemplo, produzir

---

47 *Enéada* II.9.4. Sobre esse capítulo, ver Roloff, 1970, 166-9; sobre a polêmica plotiniana contra a cosmologia gnóstica em geral, ver Elsas, 1975; O'Brien, 1981, 1992b; Evangeliou, 1992; Pépin, 1992. Sobre a geração da matéria, ver O'Brien, 1971, 1991c; Corrigan, 1986; Narbonne, 1993.

a multiplicidade qual multiplicidade por seu *menein*, como o faz quando é considerado como causa separada da unidade nas coisas.

Plotino parece apontar para tal perplexidade quando, em V.1.6.3-8, nos diz que a alma deve saber que a multiplicidade existe, e:

> Responder à questão repetidamente discutida também pelos antigos filósofos, como do Uno, se ele é como dizemos que é, algo diverso, se a multiplicidade ou uma díade ou um número, vêm à existência, é porque, ao contrário, não permanece em si mesmo (*all'ouk emei-nen ekeino eph'heautou*), mas essa vasta multiplicidade dele fluindo como aquilo que é visto existir nos seres, mas que pensamos ser correto referir ao Uno (*anateis de auto pros ekeino axioumen*).

O coração do dilema pode ser apresentado na seguinte alternativa: se o Uno não é o princípio da multiplicidade *qua* multiplicidade, e, consequentemente, ele não é o princípio primeiro é universal, ou se ele produz a multiplicidade *qua* multiplicidade e, portanto, não pode "permanecer em si mesmo", ou seja, altera sua natureza na produção a fim de ser capaz de produzir o que é dele diferente.

A solução de Plotino considera a segunda alternativa do dilema a fim de mostrar que pode ser concebida uma via em que o Uno dá origem à multiplicidade sem contradizer a tese básica da causalidade que deve ser atribuída a ele, ou seja, aquela na qual o princípio permanece inalterado e não é diminuído. Em V.2.1.3-5 pergunta: "Como, então, todas as coisas provêm do Uno, que é simples e não tem em si variação, nem qualquer tipo de duplicidade?" É evidente pelo uso do termo variedade (*poikilia*) que ele não está pensando, ou não a princípio, na multiplicidade do mundo sensível, mas na multiplicidade do plano inteligível.

Perguntar como o Uno pode ser concebido como princípio daquilo que é diferente dele significa primordialmente perguntar como o Uno pode produzir itens inteligíveis. Eles, de fato, são variedade por definição, na medida em que são fórmulas racionais de qualidades. A fim de que o Primeiro Princípio é efetivamente primeiro é universal, Plotino deve explicar a necessidade de produzi-las (e, por meio delas, todas as realidades subsequentes) em um duplo sentido: na medida em que elas são *instâncias de unidade*, e na medida em que elas são uma variedade verdadeira e original.

De modo direto, a explicação de Plotino da derivação da multiplicidade *qua* multiplicidade a partir do Uno apoia-se na ideia que, nesse segundo caso, o princípio doa a seus participantes algo que ele não possui. Longe de conciliar essa *crux* de sua metafísica, Plotino a declara. Na continuação da passagem acima citada ele diz que: "É porque não há nada nele que todas as coisas dele provêm: a fim de que o ser possa existir, o Uno não é ser, mas o gerador do ser" (V.2.1.5-7). Plotino analisa de modo complexo essa relação entre o Uno acima do ser e o ser, ou seja, a realidade inteligível ou, o que para ele é o mesmo, o Intelecto. Os estudos contemporâneos submeteram essa análise a um exame detalhado por causa de sua crucial importância bem como de suas características controversas, um debate no qual no qual nosso presente propósito impede de tomar parte.[48] É necessário focar-se no tipo de causalidade pela qual o Uno produz o que ele não possui. Na passagem acima citada, assim como em todas as passagens relevantes dedicadas à geração do Intelecto pelo Uno, Plotino repetidamente nos diz que o que o Primeiro Princípio faz surgir em seu primeiro produto, ou seja, o Intelecto, não é encontrado como tal no próprio Princípio. Veja-se, por exemplo, VI.9.3.40-41, em que, tratando da relação entre o Intelecto é o Uno, Plotino sustenta que: "Na medida em que a natureza do Uno é geradora de todas as coisas ele não é nenhuma delas",[49] ou, ainda, V.3.15.35-41:

> Como, então, o Uno produz aquilo que ele não tem? ...Foi dito que, se tudo provém do Uno, é preciso ser algo diferente dele; e ao ser diferente, não é uno: pois se fosse, seria aquele Uno. Mas se não é uno, mas duplo, é necessariamente múltiplo, pois é já o mesmo e outro e qualificado e tudo o mais.

---

48 Ver Rist, 1962; Igal, 1971; Santa Cruz de Prunes, 1979; Szlezák, 1979, 52-108; Smith, 1981; Gatti, 1983; Corrigan, 1986a; Schroeder, 1986; Lloyd, 1987; Bussanich, 1988; D'Ancona, 1990a.

49 Sobre essa passagem, ver Hadot, 1988, 133-134 e Bussanich, 1988, 169. Ver também I.8.2.17; V.1.7.19-20; V.2.1.5-7; V.3.11.18; VI.7.17.3-6; VI.9.6.26-35.

Veja-se ainda VI.7.17.32-41, em que Plotino é mais explícito ao indicar que o que é dado que o Uno doa a seu produto final sem o ter em si mesmo:

> A vida do Intelecto, portanto, é toda potência, e a visão que provém do Uno é a potência de se tornar todas as coisas, e o Intelecto que vem a ser é manifesto como a verdadeira totalidade das coisas (*o de genomenos nous auta anephanê ta panta*). Mas o Bem permanece entronado sobre elas, não que ele possa ter uma base, mas que ele pode ser base da "Forma" da primeira das "Formas", sendo ele próprio sem forma (*ina idrusêi eidos eidôn tôn prôtôn aneideon auto...*). De tal modo, também o Intelecto é um traço daquele Bem; mas na medida em que o Intelecto é uma Forma e existe em extensão e multiplicidade, aquele Bem é sem figura e sem forma; pois esse é o modo como ele produz formas.

A multiplicidade que o Uno dá sem ter em si mesmo é a multiplicidade das Formas, a variedade de *eidê* que, em contrapartida, são responsáveis pela estrutura racional de vários objetos de nossa experiência. O Uno é o princípio das Formas precisamente por não ser uma Forma. Ao produzir a multiplicidade inteligível de determinações o Uno "doa aquilo que não tem", para retomar a expressão da passagem supracitada de V.3.15. Plotino expressa essa ideia por um conjunto variado de fórmulas, dentre as quais prevalece o tema do Uno como a potência produtora de todas as coisas (*dunamis tôn pânton*) dando origem ao Intelecto, que possui os modelos inteligíveis de toda a realidade (*ta panta*).[50] Ele enfatiza que o Uno é o princípio do ser – Formas e Intelecto – a despeito do fato de que ele não possui nem ser nem Forma, mas precisamente está acima deles (V.5.6.1-11; ver também V.3.14.18-19).

O problema que agora devemos considerar diz respeito ao fato de que o modelo de causalidade conforme o qual o Uno "produz aquilo que não possui" parece dificilmente consistente *prima facie* em relação àquela

---

50   III.8.10.1-2: *dunamis tôn pantôn*; V.1.7.10 (*to en dunamis pantôn*); V.3.15.32-33 (*to de dunamis pantôn*); VI.8.9.45 (*dunamin pasan autês ontôs kurian*).

segundo a qual o Uno confere a todas as realidades a unidade que elas possuem. A correta conclusão a se chegar, ao que tudo indica, é que o Uno é concebido por Plotino como tendo dois tipos diferentes de causalidade, uma reservada à comunicação da unidade e outra, realmente diferente, que explica sua produção da multiplicidade. Contudo, a evidência que se apresenta opera contra essa interpretação. Plotino não parece disposto a distinguir dois conjuntos de regras na causalidade do Uno.

Talvez a resposta a essa questão possa ser abordada pela consideração da seguinte passagem, em que Plotino compara a instância particular de uma dada Forma com a Forma em si – nesse caso, a Forma da "Beleza":

> Mas, na medida em que ele é o princípio da beleza produz a beleza daquilo de que ele é princípio, e o torna belo não apenas em aparência, mas produz a verdadeira beleza que nele vem a ser sem figura, mas com figura em outro sentido; pois o que é chamado essa coisa verdadeira (figura) é figura em outro, mas por si mesmo sem figura (êph gar legomênê auto touto monon morphê em alloi, eph'heautês de ousa amorphon). De tal modo, aquilo que participa na beleza é figurado, mas não a beleza (VI.7.32.34-39).

Plotino está diante da seguinte questão: é a Forma que é responsável pela beleza de tudo que é belo em si, ou não? Ele responde que ela não possui a beleza que ela doa. Não há qualquer questão aqui acerca da distinção entre o tipo de beleza inteligível do complexo de cores, linhas, superfícies, nas quais consiste a beleza de uma dada coisa sensível. O que Plotino quer circunscrever é a diferença entre a Forma da "Beleza" em si é os vários critérios racionais da beleza em qualquer instância particular de beleza. A diferença consiste no fato de que a Forma em si é sem forma com relação aos critérios de instâncias particulares. A Forma da Beleza não possui em si nem a estrutura racional de uma sinfonia como tal, nem a de um rosto belo como tal. Ela é o princípio de qualquer estrutura racional e serve como a base de todas as instâncias particulares de beleza pertencentes a nossa experiência, mas não pode coincidir com qualquer uma delas. Em consequência, é desprovida de forma em relação a elas, tornando-se uma forma específica quando está "em outra", notadamente, em suas instâncias específicas. Aquilo que tem uma forma específica é o participante: a Forma em si doa a ele algo que a Forma não possui como tal. O que a Forma possui, ou, mais precisamente, o que ela é, é a capacidade de gerar tanto o modelo racional conforme o qual uma sinfonia é bela de ser ouvida ou uma conforme a qual um rosto é belo de se ver.

Essa solução plotiniana do paradoxo da autorreferência das Formas visa não apenas iluminar a herança comum da escola platônica, mas também prover um modelo para a compreensão da relação entre as várias Formas e seu princípio. Todas as instâncias de beleza são o que elas são em relação a Beleza em si, que dá origem a elas precisamente por seu não ser qualquer tipo particular de beleza, mas a "fórmula" de todas elas. Em contrapartida, a "fórmula" da Beleza difere da "fórmula" da "Justiça" ou da "Sabedoria", para recordar os exemplos plotinianos no capítulo imediatamente seguinte ao da passagem supracitada. Como resultado, todas as diferentes Formas partilham do fato real de seu ser Formas em relação a um princípio que as gera precisamente por não ser uma dentre elas, ou seja, por seu ser sem forma em relação a elas.

> Nem, portanto, pode ele ser uma forma ou qualquer tipo de potência individual, nem tudo aquilo que veio a ser e existe aqui, mas ele deve ser acima de todas as potências e de todas as formas. O princípio é sem forma, não que ele careça de forma, mas é aquilo de que toda forma inteligente provém. (VI.7.32.6-10. Ver também V.1.7.19-20)

A produção da multiplicidade das Formas inteligíveis pelo Uno não é, então, um tipo alternativo de produção em relação à comunicação da unidade, mas uma análise diferente da via na qual os princípios suprassensíveis operam. Quando consideramos o Uno como o princípio de unidade de todas as coisas que são, estamos olhando para a relação de similitude que é implicada no modelo de uma causalidade eidética. Quando perguntamos como o Uno pode gerar a multiplicidade das Formas, e Plotino responde que isso ocorre por causa de ser o Uno separado de todas as Formas e sem forma em relação a elas, temos ante nós a resposta plotiniana para o paradoxo da autopredicação, que se estende à relação entre o conjunto de Formas e seu princípio.

Uma consequência crucial dessa ideia é que o princípio é concebido como sendo a potência (*dunamis*) de todas as instâncias específicas de si. Se a Forma da Beleza é sem forma em relação aos modelos racionais de uma sinfonia e de um rosto que são belos, e se – por definição – ele tem que ser o princípio de ambos, isso implica que ele não é "uma" beleza, mas a potência de originar todos os possíveis tipos de beleza. Se o Uno é sem forma em relação a todas as Formas, isso significa que ele tem o poder de gerá-las em sua totalidade, ou seja, que ele é a *dunamis tôn pantôn*, sem ser uma entre elas. Nas palavras de Plotino:

> – O que são "todas as coisas"? – Todas as coisas das quais o Uno é princípio. – Mas como é o Uno princípio de todas as coisas? É porque as traz ao ser, produzindo cada uma em sua existência? – Sim, é porque as traz à existência. – Mas como faz isso? – Possuindo-as de antemão. – Mas as têm de modo não distinto: elas são distintas no segundo nível, na forma racional. Pois isso é já atualidade; mas o Uno é potência de todas as coisas. – Mas de que modo é a potência? – Não do mesmo modo em que a matéria é chamada de potência, porque ela recebe: pois a matéria é passiva; mas esse modo [material] de ser uma potência está no extremo oposto de produzir. (V.3.15.26-35)[51]

Admitir que a variedade das Formas em sua atualidade, *energeia*, provém da *dunamis* do Uno-sem-forma é tanto admitir que o Uno as possui de antemão, quanto que todos os possíveis critérios de beleza estão implicados na Beleza em si.

Consciente de como tem necessidade estrita de salvaguardar o primeiro princípio de sua filosofia de qualquer multiplicidade, Plotino não hesita em sustentar que todas as causas inteligíveis estão nele de "antemão". Em VI.8.18.38-40, após ter chamado o Uno de "causa da causa", ou seja, do Intelecto, ele acrescenta que: "Ele (isto é, o Uno) é em um grau máximo algo

---

51   Os travessões não estão na tradução de Armstrong. Eu os inseri para ressaltar a forma dialógica implícita no texto de Plotino.

como a mais causadora e verdadeira das causas, possuindo conjuntamente as causas intelectuais que dele derivam, é geradora do que não é como ele ocasionou, mas como ele próprio quis".[52] As passagens das *Enéadas* nas quais Plotino se refere ao Intelecto como a melhor ou primeira imagem ou traço do Uno (*agalma ou ichnos tou henos*)[53] visam recordar a mesma ideia, assim como a observação, dirigida contra os gnósticos, de que o *nous* segue imediatamente o Primeiro Princípio, sem qualquer princípio intermediário: *mataxu ouden*.[54]

Falta aqui espaço para tratar esse tópico, compelindo-me a manter o foco no problema da causalidade do Uno. Plotino parece ter uma clara consciência da dupla significação de sua tese fundamental, ou seja, que a hipótese das Formas repousa na base da causalidade do Uno-Bem. Essa ideia está implicada na proeminente característica da interpretação plotiniana da filosofia platônica, conforme a qual o mundo inteligível é produzido pelo Uno acima do ser e do Intelecto.

O primeiro e mais óbvio sentido dessa ideia é analogamente à forma como descobrimos a Forma como princípio separado de uma multiplicidade que possui um caráter inteligível, descobrimos o Uno-Bem como princípio separado do caráter partilhado por todas as Formas. Seguindo essa via de pensamento, o Uno age como qualquer outro item inteligível, ou seja, na medida em que é em si mesmo o caráter – unidade – que os participantes possuem de uma maneira derivada. Há, todavia, um segundo sentido, conforme o qual, enquanto uma Forma inteligível é responsável apenas pela similaridade a ele que está em seus participantes, o Uno-Bem é responsável também pelos princípios de distinções eidéticas, que são os verdadeiros seres e que se "voltam para" ele, *anagein... pros ekeino*, como vimos na supracitada passagem de V.1.6. Seguindo essa via de pensamento, o Uno age como um item inteligível na medida em que esse último é concebido como um princípio que doa aquilo que não possui, mas que tem o poder de produzir (V.3.15.27-30).

---

52   Ver também V.5.9.7-11.
53   III.8.11.19 (*ichnos tou agathou*); ver também V.5.10.2; V.1.6.14 (*agalma to prôton*).
54   II.9.1.12-16; V.1.6.48-49.

É claro que essa é uma resposta sutil e difícil para se dar ao problema da origem da multiplicidade do Uno. As variadas e complexas descrições da gênese do *nous* são amplamente o resultado dessa dificuldade. Mas o compromisso plotiniano com a ideia de que o mundo inteligível, com toda sua variedade, provém estritamente do Primeiro Princípio, é o grande mérito resultante da exposição dessa dificuldade. Os pensadores neoplatônicos posteriores a Plotino não seguiram seus passos nessa questão.

Estudiosos contemporâneos chamam a atenção para a densa complexidade do plano suprassensível no neoplatonismo pós-plotiniano.[55] O que Plotino considera um erro – inserir hipóstases suplementares entre o Uno e o Intelecto, e entre o Intelecto e a Alma[56] – torna-se uma regra nos desenvolvimentos posteriores dessa corrente de pensamento e, em particular, no neoplatonismo ateniense. Como resultado desse processo, no quadro final do universo neoplatônico, o Primeiro Princípio não dá origem de modo imediato à multiplicidade inteligível dos seres verdadeiros, mas a outros princípios que são responsáveis por seu estatuto como simples, mas, ao mesmo tempo, diferentes, realidades. Em Proclo, esse quadro atinge sua melhor formulação, no sentido em que o processo de remover o Primeiro do mundo das Formas não chega ao paradoxo de recusar atribuir a ele o caráter de "princípio". A essa conclusão chegará Damáscio, para quem ser um "princípio" implica uma relação com as entidades originárias, e esse caráter relativo não é compatível com a transcendência absoluta do Primeiro.[57] Proclo sustentava que o Uno é de fato princípio da multiplicidade, mas, ao mesmo tempo, considerava insatisfatório, no limite de um certo alcance, a concepção plotiniana desse ponto. O que esse desenvolvimento procliano implica trataremos mais tarde; agora,

---

55   Conforme Hadot, 1968, 99-100, a principal causa dessa inextricável complexidade repousa sobre o fato de que o *nous* plotiniano foi dividido por Jâmblico em dois princípios distintos, o paradigma inteligível e o divino Intelecto. Sobre a tese plotiniana da coincidência entre Intelecto e paradigma inteligível, ver Armstrong, 1960. Acerca das concepções posteriores da estrutura do mundo inteligível, ver Pépin, 1956; Trouillard, 1957; Dillon, 1969; Wallis, 1972; Beierwaltes, 1973; Steel, 1978; Blumenthal, 1981; Sheppard, 1981; Evangeliou, 1988; D'Ancona, 1991.

56   Ver nota 55.

57   Damáscio. *De princ.* I.7, Westerink-Combès I, 37.20-38.12. Ver Combès, 1975 e Linguiti, 1990, 15-21; 35-43.

indiquemos alguns pontos mais evidentes da crítica de Proclo à concepção plotiniana da relação entre o Uno e o plano inteligível.

Na *Teologia platônica*, Proclo critica a opinião dos "antigos, que seguem a filosofia de Plotino", na medida em que situam o *nous* imediatamente após o Uno, falhando no reconhecimento de que outros graus das realidades divinas existem entre eles. Por contraste, o melhor intérprete do pensamento de Platão, Siriano, distingue diferentes níveis no mundo inteligível que está abaixo do Uno.[58]

Uma passagem paralela no *Comentário ao Parmênides* mostra que não apenas os seguidores de Plotino, mas o próprio mestre é criticado por Proclo. Tratando da ordem na qual os caracteres de multiplicidade são removidos do Uno na primeira hipótese do diálogo, Proclo endossa o modelo exegético provido por Siriano: todos os caracteres removidos do Uno na primeira hipótese correspondem na hipótese subsequente correspondem àquelas que caracterizam os graus subordinados do plano suprassensível.[59] Em consequência, para destacar que tipo de multiplicidade não pode estar no Uno é simultaneamente encontrar que tipo de multiplicidade existe imediatamente após Ele. Tendo recusado como absurda a possibilidade de que esse é o caso em relação à multiplicidade sensível, Proclo cita Plotino literalmente para apresentar a possibilidade de que esse é o caso em relação à multiplicidade das Ideias, o *noeron plêthos*.[60] Essa possibilidade é rejeitada pela mesma razão dada na *Teologia platônica*: situar o Intelecto com seus conteúdos inteligíveis imediatamente após o Uno é um quadro muito simples para representar a complexidade do mundo suprassensível.

Mas Proclo não restringe a si próprio na sustentação de que a concepção plotiniana falha em apreender a complexidade das hierarquias divinas. Ele nos dá a chave de compreensão das razões pelas quais ele não segue

---

58   Proclo. *Teologia platônica* I.10, Saffrey-Westerink, I.42.4-10. Sobre a relevância de Siriano no desenvolvimento da escola neoplatônica ver Dodds, 1963, XXI-XXV; Merlan, 1965; Wallis, 1972, 144-145; Sheppard, 1981; Madigan, 1986; Saffrey, 1987.

59   Ver Saffrey-Westerink, 1968, LXVIII-LXXXIX e Saffrey, 1984.

60   Compare-se com Proclo. *In Parm.* VI, Cousin, 1089.30-1090.5 (ver a tradução de Morrow e Dillon, 1987, 438), com *Enéadas* V.1.8.23-26. Sobre essa passagem plotiniana, ver Schwyzer, 1935 e Atkinson, 1983, 196-198.

Plotino quando sustenta que a emergência da multiplicidade do Uno não nos leva a sustentar que as causas inteligíveis de toda realidade subsequente nele existem de antemão, ainda que sem sua multiplicidade. Essa tese, que sumariza a solução plotiniana do dilema da origem da multiplicidade a partir do Uno, é criticada por Proclo no contexto de seu comentário ao lema do *Parmênides* 137c9-d3, em que Platão diz que se o uno é uno, não pode ser um todo ou ter partes:

> Há outras autoridades, todavia, que disseram que na medida em que o primeiro princípio é causa de todas as coisas, não obstante sua superioridade em relação à Vida, ao Intelecto e ao Ser em si, ele possui em si de algum modo as causas de todas aquelas coisas de modo inominável e inimaginável (*anepinoêtôs*) e do modo mais unificado, e numa via incognoscível para nós e cognoscível para ele, e a causa superior de todas as coisas nele são modelos anteriores a modelos (*paradeigmata pro paradeigmatôn*) e a entidade primordial em si é um todo anterior aos todos, não carecendo de partes.[61]

A razão pela qual o filósofo aqui criticado por Proclo, nominalmente, Plotino,[62] sentiu-se compelido a atribuir ao Primeiro Princípio as *paradeigmata*, ainda que do modo mais unificado, vincula-se ao fato de que ele pretendia evitar a conclusão de que não há modo de distinguir o Primeiro Princípio do nada se "absolutamente tudo for dele removido".[63]

Tendo como garantido que Proclo delimitou a resposta plotiniana à *crux* de toda a metafísica neoplatônica, rejeitando-a, estamos em condição de fazer a seguinte questão: se o Primeiro Princípio não possui em si os *paradeigmata pro paradeigmatôn*, como eles têm origem? Uma resposta completa a essa questão está além dos limites deste ensaio, mas um esboço sintético da via procliana de pensá-la pode ser dada.

---

61 *In Parm*. VI, Cousin, 1107.9-17, tradução de Morrow e Dillon, 1987, 452, com as seguintes modificações: interpreto como um concessivo a cláusula *pantôn aition on to prôton*, e indico em asteriscos as palavras "mas cognoscível em si", vindas da tradução latina de Guilherme de Moerbecke (ver Steel, 1985, 390.00-1).

62 Acerca da evidência desse ponto, ver D'Ancona, 1991, 285-287.

63 Proclo. *In Parm*. VI, Cousin, 1105.32-1106.1; ver Morrow e Dillon, 1987, 451.

É usual assumir que os neoplatônicos atenienses, e Proclo em particular, acrescentaram um "degrau" no processo de derivação da multiplicidade a partir do Uno, inserindo entre o Uno e a realidade inteligível o par de princípios "Limite-Ilimitado", responsáveis respectivamente pelos elementos de identidade, estabilidade e determinação, bem como alteridade, "moção" e indeterminação no mundo das Formas. Mas os degraus são no limite dois, pois a multiplicidade das Formas inteligíveis é concebida por Proclo como presente de antemão e de um modo "oculto" no princípio que é um tipo de sol para todos os inteligíveis, a "mônada" do Ser (*autoon, auto to on*).[64] Esse princípio, em contrapartida, deriva do duplo "Limite-Ilimitado", como sua primeira "mescla".

Como essa doutrina Proclo não se limita a endossar a leitura plotiniana da inter-relação entre identidade, alteridade e ser do *Sofista* e do *Timeu*,[65] ainda que com uma modificação relevante ao interpretar o duplo princípio e sua mescla como hipóstases que transcendem as Formas, tomados como princípios constitutivos de cada Forma. Ele propõe, além disso, sua própria interpretação da origem da multiplicidade inteligível. O Primeiro Princípio dá origem ao par determinação-indeterminação; a mistura de determinação e indeterminação provê o "modelo" de qualquer Forma. Tal modelo é tomado como tendo a capacidade de originar todas as Formas, e esse fato é expresso na linguagem procliana ao dizer que ele é a "mônada" do Ser. Nesse sentido, o princípio que possui de antemão a variedade inteligível das Formas deixa de ser o Uno, ao qual é atribuído o permanecer totalmente transcendente é separado, e dando origem ao processo de produção de multiplicidade apenas por meio de seu primeiro e decisivo nível, ou seja, a produção do par "Limite-Ilimitado".

Pode-se levantar a seguinte objeção: a dificuldade de explicar como um princípio absolutamente simples pode produzir a variedade dos itens

---

64   Ver, por exemplo, *In Tim*. II, Diehl I, 230.8-231.9; 420.3-11; IV, Diehl III, 15.11-21; 100.8-20; *In Parm*. I, Cousin, 620.8-17; 699.18-28; 703.33-704.12; 707.28-708.26; 710.11-27; VII, Cousin, 1219.33-39; *Teologia platônica* II.4, Saffrey-Westerink, II.34.9-35.9; III.3, Saffrey-Westerink, III.13.12-16; III.6.23.11-24; III.9.34.21-35.7; 38.8-39.8; III.10.42.6-12.

65   Sobre a interpretação dos *genê* do *Sofista* como princípios do mundo inteligível, ver Nebel, 1929; Rist, 1971; Wurm, 1973; Strange, 1981. Sobre sua transformação em hipóstases entre o Uno e o mundo inteligível, ver Merlan, 1965; Sheppard, 1981; D'Ancona, 1992b.

inteligíveis está longe de resolver a questão por tal multiplicação de graus intermediários. De fato, a proliferação de entidades intermediárias na metafísica procliana, chegando, por vezes, a um incontrolável caleidoscópio,[66] está exposta ao risco de meramente obscurecer essa dificuldade. O problema foi levantado por Plotino nos seguintes termos:

> Mas como ele lhes origina [isto é, ser, intelecto, pensamento e consciência]? Possuindo-os ou não os possuindo? Mas ele deu o que ele não possui? Mas se ele os possui, não é simples; se não os tem, como a multiplicidade dele provém? (V.3.15.1-3)

Esse problema pode ser respondido com dificuldade pela introdução de princípios intermediários que são mais simples que as Formas, mas mais complexos que o Uno. Nesse caso, de fato, a alternativa citada permanece sem solução. Devemos notar que Proclo não tentou resolvê-la por tais meios.

Ainda assim, a origem da multiplicidade é altamente problemática também para ele, o que é comprovado pelo fato de que ao longo de sua obra é possível encontrar duas formas distintas de abordagem da questão.

A primeira abordagem é essa que apresentei de modo resumido: o Primeiro Princípio origina o par de *archai* "Limite-Ilimitado"; em contrapartida, esse duplo gera, por meio de sua "mistura" a "mônada do Ser" – o mundo inteligível (o *noêton platos*, na linguagem de Proclo). Ser "divino" em sua natureza, o mundo inteligível é de modo atual uma hierarquia de deuses, ou seja, as Ideias supremas, organizado conforme "tríades". A primeira e principal tríade que governa os deuses inteligíveis consiste de Ser, Vida, Intelecto. Isso leva a recordar que em qualquer Ideia há a mistura de Limite e Ilimitado ("Ser"); a capacidade de se comunicar com outras Ideias ("Vida"), e, finalmente, a capacidade de "retornar" a si mesmo e ao Uno ("Intelecto"). Após os deuses inteligíveis, há outros deuses, ou seja, os "inteligíveis e intelectuais" e os "intelectuais". Abaixo deles, encontramos a classe das Almas, com suas hierarquias internas.

---

66 Ver, por exemplo, a passagem do *In Parm.* IV, Cousin, 969.16-32, em que o mundo inteligível é concebido como uma hierarquia de oito níveis principais de Ideias (*cf.* a tradução de Morrow e Dillon, 1987, 316-317).

A segunda abordagem difere da primeira no sentido em que, após o Uno, há princípios que são chamados de hênades, e são ditas ter sido produzidas pelo Uno de um modo especial, ou seja, sem qualquer "alteridade" ou, como diz Proclo, conforme o modo da unidade (*kath'enôsin*).[67] Esses princípios cooperam com o Uno ao produzir o tipo supremo de Ideias. Conforme a proposição 137 de *Elementos de teologia*, cada hênade "coopera com o Uno na produção da existência real que dele participa".[68] Logo, as hênades são superiores ao *noêton platos* e transcendentes em relação ao *on*; elas são com frequência chamadas de *huperousioi*.[69] Enquanto na primeira abordagem todas as ordens divinas aparecem como subordinadas ao par "Limite-Ilimitado", nessa segunda abordagem, as hênades, que são, de modo incontrovertido, deuses, aparecem como dele independentes.

Pode-se perguntar se as duas abordagens são incompatíveis ou, antes, complementares, e essa questão pode ser respondida apenas por meio de uma análise que supera a finalidade deste ensaio. O que é importante enfatizar aqui é o fato de que Proclo sente-se compelido a prover duas explicações para a origem da multiplicidade, uma apoiando-se na ideia de que se o plano inteligível tem uma variedade intrínseca, isso é devido a presença de uma hipóstase – o Ilimitado – que mescla-se com o Limite; e outra que tenta explicar como é possível que a variedade das Ideias vem do Uno, sem estar de antemão "no" Uno.

Gostaria de chamar a atenção aqui para a proximidade da relação entre a rejeição procliana da doutrina de Plotino da presença de "antemão" das causas inteligíveis no Uno como *dunamis tôn pantôn*, e a tentativa de explicar a origem da multiplicidade inteligível por meio de hipóstases intermediárias, que realizam a tarefa de evitar um "contato" estreito do Primeiro Princípio com o mundo inteligível. Suspeito que a inevitável importância da assim chamada doutrina dos princípios no último estágio do neoplatonismo pagão exerce um importante papel na explicação desse modo procliano de pensar. Observei que a doutrina dos princípios é empregada por

---

67   *Teologia platônica* III.3, Saffrey-Westerink III, 11.23-13.5.

68   *Elementos de teologia* 137.120.31.

69   Ver D'Ancona, 1992c, 281-290.

Plotino de modo escasso,[70] enquanto que em Jâmblico, Siriano e Proclo ela tem um papel decisivo na estrutura da metafísica neoplatônica. Esse fato pode nos ajudar a compreender as difíceis teses nos quadros plotinianos e proclianos da relação entre o Uno e as Formas.

Falando de modo geral, a solução plotiniana parece repousar nas bases do modelo provido por Platão no livro VI da *República*, no qual as únicas realidades do mundo suprassensível são o Bem – que está além do ser em importância e potência (*epekeina ousias presbeiai kai dunamei*) – e as Formas ou seres reais.[71] Na base da solução procliana descobrimos como uma característica proeminente o modelo da antiga Academia, conforme o qual o Uno e a Díada Indefinida são responsáveis pela produção de diversos níveis inextrincável complexidade da realidade.[72] No quadro plotiniano, o Primeiro Princípio deve explicar a variedade de seres reais no divino Intelecto; na procliana, ele é concebido como responsável apenas pelo primeiro "grau" de uma progressão linear, no qual cada nível de realidade é deduzido do anterior. Para empregar as palavras de Proclo, isso significa que cada nível da realidade está presente no anterior *kat'aitian*, por exemplo, conforme o modo de ser da causa. Não surpreende que, dado esse modelo, é necessário evitar a contiguidade entre o Uno e a multiplicidade inteligível. Como diz Proclo, de fato, "causa da pluralidade é em si, em um sentido, pluralidade causal (*kat'aitian to plêthos*), assim como o uno, a causa da unidade, é causalmente uno.[73] Finalmente, é interessante observar que na posteridade da metafísica neoplatônica esse desenvolvimento peculiar será abandonado. A produção direta das perfeições inteligíveis será novamente concebida como compatível com a absoluta simplicidade do Primeiro Princípio. Por exemplo, conforme o Pseudo-Dionísio Areopagita, a Causa Primeira é absolutamente transcendente – ela de fato ultrapassa o próprio Bem, sendo chamada de *autouperagathotês* – mas, simultaneamente, possui em si de antemão o ser em si (*auto to einai*), e os princípios do ser (*archai tôn ontôn*),

---

70   Ver Szlezák, 1979, 34-36.

71   Ver, por exemplo, VI.7.16.22-31.

72   Ver O'Meara, 1989.

73   *In Parm.* I, Cousin, 712.2-5, tradução de Morrow e Dillon, 1987, 85.

sem qualquer multiplicidade (*aschetôs kai suneilemmenôs kai eniaiôs*).[74] Esse é apenas um dentre os exemplos possíveis da sobrevivência da abordagem plotiniana da causalidade do Uno na história do pensamento da Antiguidade Tardia e da Idade Média.

---

74   Pseudo-Dionísio Areopagita. *De div. nom.* V.6, Suchla 184.17-185.3.

16 Plotino e a filosofia cristã

Um estudo da relação entre Plotino e a filosofia cristã é muito menos do que uma investigação da abrangência da influência do platonismo sobre o cristianismo. Trata-se do efeito no cristianismo de um filósofo platônico do terceiro século de nossa era em particular: uma tarefa mais factível em tese, porém mais difícil de realizar de modo preciso. Isso porque o platonismo influenciou filósofos cristãos antes de Plotino (em particular, Justino Mártir, Clemente de Alexandria e Orígenes) e foi influente por centenas de anos em diversos cristãos, muitos dos quais conheciam Plotino apenas como um nome proeminente na tradição. Contudo, discutir a influência de Plotino no cristianismo não é apenas discutir o pensamento daqueles que conheceram Plotino de primeira mão, e admiravam (ou reagiam contra) aquilo que ele pensava; é preciso também considerar o pensamento daqueles cujo entendimento do platonismo foi afetado *indiretamente* por elementos do platonismo estabelecidos como pensamento dominante por Plotino e que nos tempos modernos começamos a chamar de neoplatonismo.[1]

Não apreendemos de modo imediato da influência do neoplatonismo como um todo sobre o cristianismo: aquilo que novamente é muito mais um lugar comum, pois Plotino foi o fundador do neoplatonismo, talvez não menos que o mais típico neoplatônico, e muitos de seus sucessores desenvolveram suas intuições básicas com adições próprias, em vias que ele não pensou e que talvez não tivesse aprovado. Ao tratar da influência *indireta* de Plotino podemos nesse ponto fazer pouco mais que observar que os últimos neoplatônicos da Antiguidade reforçaram muitas de suas

---

1 Para os propósitos da presente discussão devemos deixar de lado a tão controvertida questão do papel do professor de Plotino, Amônio Sacas, no desenvolvimento do tipo de platonismo que é o neoplatonismo.

proposições originais, e também de sua reputação, muitos dentre os quais conheceram seu pensamento de primeira mão e outros que conheceram seu pensamento por meio de fontes de segunda mão, e fontes de segunda mão tanto cristãs quanto pagãs. Voltaremos a esse tema, mas que saibamos desde já que do sexto até o décimo quinto século o texto das *Enéadas* foi desconhecido na Europa ocidental, pois ainda estava apenas em língua grega (e, posteriormente, árabe), sendo por vezes vertido à língua ocidental com propósitos filosóficos específicos.[2] De outro lado, a influência indireta de Plotino pode ser encontrada não apenas em escritores de um período tardio, que eram "claramente" neoplatônicos, mas também na vasta maioria dos comentadores gregos de Aristóteles – após Alexandre de Afrodísia e com exceção de Temístio – cujo neoplatonismo foi apenas reconhecido de modo geral recentemente pelos estudiosos modernos.[3]

Note-se a propósito, que "neoplatonismo" é o nome moderno para um tipo específico de platonismo que, a partir da época de Plotino e suas diferentes versões posteriores, tornou-se dominante nas escolas platônicas da Antiguidade Tardia, influenciando também o cristianismo. Seu surgimento não foi a causa imediata do esquecimento de antigos tipos de platonismo ou mesmo, por isso, de se tornarem obsoletas. Já no tempo de Plotino algumas formas de platonismo tinham ar de sociedades mais antigas para serem assumidas por cristãos e mesmo pagãos, bem como por pagãos movendo-se para o cristianismo tanto quanto para aqueles que rejeitavam a nova religião e perseveraram até o fim naquilo que entendiam como sendo o "helenismo" tradicional. Dentre os escritores cristãos, todavia, temos também notícia de que "platonismo" pode ter sido, em certos momentos, pouco mais que um certo vocabulário, sendo as palavras e frases platônicas radicalmente redirecionadas a novos propósitos. Gregório de Nissa, como veremos, provê bons

---

2   Note-se, todavia, o comentário de Walzer, 1967, 644, que a "filosofia nunca atingiu no mundo islâmico a posição que manteve no mundo antigo por mais de mil anos". Devemos acrescentar, considerando o efeito da filosofia em geral em várias sociedades, circunscrevendo a influência de Plotino em particular, que a filosofia nunca teve o *status* no mundo islâmico, apesar dos esforços de Farabi, Avicena, Averroes e outros, que teve no Ocidente europeu católico.

3   A melhor introdução ao neoplatonismo dos comentadores pode ser encontrada em Sorabji, 1990.

exemplos a esse respeito. Finalmente, na medida em que geralmente é dito que os platônicos cristãos após Plotino são cristãos neoplatônicos, é preciso definir quais dentre eles podem melhor ser descritos como platônicos de um tipo pré-plotiniano mais amplo, quais são neoplatônicos plotinianos e quais são neoplatônicos influenciados por uma versão pós-plotiniana de neoplatonismo e, portanto, apenas indiretamente influenciados pelo próprio Plotino. Em alguns, talvez muitos, casos o efeito do filosofar de Plotino foi direto de pensadores cristãos para uma certa maneira platônica de pensar e apenas de um modo limitado podem ser qualificados como plotinianos.

Nem Plotino nem seus sucessores se autodenominaram "neoplatônicos": eram simplesmente platônicos. Converter alguém a uma maneira platônica de pensar nunca teria sido chamado convertê-lo ao neoplatonismo. Tanto na Antiguidade quanto até posteriormente, no século XIX (e mesmo ainda no século XX), o problema de quem é platônico, quem é neoplatônico, e quem é um plotiniano é complicado pelo fato de que a tradição platônica ter sido pensada e difundida como sendo relativamente uma unidade. No século XV, teria sido difícil persuadir Marsílio Ficino ou Pico della Mirandola acerca da significativa diferença entre Plotino e Proclo (ou mesmo entre Platão e Proclo); o mesmo vale para os Platônicos de Cambridge do século XVII e para muitos pensadores platônicos cristãos. Se tal situação agora mudou é porque os estudiosos modernos distinguiram de modo enfático as diferenças por vezes radicais dos muitos modos de platonismo, e porque levou-se a crer que muitos "platônicos" mais do que distorcer noções marginais, o fizeram em relação a noções básicas do próprio Platão, enquanto ainda permanecem no interior da tradição platônica.   Na medida em que antiguidade é um conceito apenas comparativo que é preciso dizer de um filósofo que ele é um plotiniano que diminui Proclo, ou que ele pensa que Proclo é consideravelmente mais um autêntico platônico – ou seja, que é professor da herança espiritual de Platão – que Porfírio. É claro, neoplatônicos antigos e renascentistas diferem entre si, mas a noção de que estão inseridos no interior da tradição platônica são, ao mesmo tempo, *radicalmente* diferentes é uma tese moderna. Acima de tudo, é uma maneira moderna de dizer que Plotino é um filósofo autêntico enquanto Proclo não é.

Se Plotino introduz uma nova forma de platonismo, quais são suas principais características? O que Plotino enfatiza, ou diminui, na tradição platônica, no sentido que o distinguem de outros? Isso conduz a uma questão mais básica: o que os antigos, tanto cristãos quanto pagãos, viram como a tese mais importante da filosofia platônica, tanto antes de Plotino quanto em sua versão plotiniana? Para responder a tais questões seria preciso nada menos do que uma exposição de larga escala do pensamento de Plotino como um todo, bem como uma comparação detalhada de tal pensamento com as ideias de muitos de seus predecessores médio-platônicos. Tal empreendimento – de novo – está além do escopo deste ensaio introdutório, sendo talvez suficiente se, dentre as contribuições pessoais de Plotino, pudéssemos separar aquelas áreas nas quais ele desenvolveu (e, de modo particular, aquelas que ele levantou) alguns temas médio-platônicos ainda embrionários de outras áreas nas quais, por suas próprias razões filosóficas, ele fundou de modo mais radical novos planos. Ainda que tais distinções possam parecer apenas arbitrárias de momento, no limite podem operar como base para esboçar as seguintes questões: o quanto Plotino teve um efeito particular sobre noções platônicas que os pensadores cristãos, especialmente aqueles dos primeiros séculos, foram imbuídos? O quanto as ideias dos pensadores cristãos são tributárias de Plotino que eles não poderiam ter tomado de pensadores anteriores na tradição platônica? E, a mais difícil de todas, quanto o pensamento de Plotino levou os pensadores cristãos a pensarem de modo mais filosófico, e, em geral, de modo mais inteligente, com a tradição platônica do que teriam sido capazes de fazê-lo se não tivessem tido acesso direto ou indireto a tais ideias?

É conhecida a descrição de Plotino como um *Plato dimidiatus*, como um "meio Platão",[4] descrição que indica que, por diversas razões, muitas das características dos diálogos platônicos foram omitidos ou subempregados na apresentação que Plotino faz do platonismo: a elaboração mais "socrática", e mesmo o lado mais cético dos antigos escritos; além de todos os temas sociais e políticos, bem como aquilo que concerne à vida pública que permeia o

---

4   Por Theiler, 1960, 67.

conjunto da obra de Platão, mesmo quando ele parece tratar da moral pessoal e nas mais abstrusas questões lógicas e metafísicas. Além disso, Plotino cita de modo seletivo diálogos tal como o *Sofista* e o *Teeteto*, dentre aqueles que cita regularmente.

Tais reflexões muito auxiliam na identificação do que é distintivo de Plotino: o título de *Plato dimidiatus* (ou mesmo "Platão mais fragmentado") pode ser atribuído virtualmente a todos (se não a de fato todos) os escritores pré-plotinianos na tradição platônica, e talvez também se retrocedermos à primeira geração posterior à morte do mestre, à era de Espeusipo, Eudoxo e Xenócrates, e ainda com incontornável adequação se passamos do período clássico do pensamento antigo aos períodos helenístico e romano. O fim da polis como foco essencial da vida humana conduziu a um certo retirar-se da filosofia em relação às questões concernentes à sociedade como um todo, que marcaram Platão de modo intenso.

Nossa busca pelos traços distintivos de Plotino deve se concentrar em teses especificamente metafísicas e, em particular, na mistura feita por Plotino de várias formas das tradições platônica e pitagórica que existiam antes de sua época. Porfírio diz que Plotino combinou os primeiros princípios platônicos e pitagóricos melhor que seus predecessores (*Vida de Plotino* 20), e isso pode significar, *inter alia*, que combinou tradições que identificaram como primeiro princípio (que era normalmente denominado como Uno) não apenas o Uno neopitagórico (supostamente também discutido na primeira hipótese da segunda parte do *Parmênides*[5]), mas também o Bem do livro VI da *República*, que é dito ser "além da existência finita e da natureza [das outras Formas]". Além do mais, desenvolvendo a via do antiaristotelismo de filósofos médio-platônicos como Ático, Plotino argumenta (e não faz meramente uma asserção) que o primeiro princípio não é o intelecto aristotélico, mas transcende o dualismo aristotélico entre sujeito mental e objeto.[6]

---

5   Ver especialmente Dodds, 1928. A temática foi recentemente reaberta de um modo novo e modificada por Tarrant, 1993. O capítulo 6 do livro de Tarrant (148-177) é intitulado "O *Parmênides* neopitagórico".

6   Ver, em particular, Whittaker, 1969.

Não é apenas a concepção aristotélica de Deus como pensamento do pensamento que Plotino subordinou a seu primeiro princípio "neoplatônico". Como Porfírio também nos diz (*Vida* 14), ele assimilou grande parte do estoicismo. Muito disso pode ser encontrado na ética, mas Plotino também opera com a noção estoica de "simpatia" do cosmos físico em sua terceira "hipóstase", denominada Alma. Ele foi auxiliado em tal reconstrução por sua transposição imaginativa de um princípio platônico de psicologia numa lei metafísica, na medida em que, sendo humana ou divina, a bondade é necessariamente produtiva. Retomando a noção relativa ao ser humano de que o amor à beleza é querer criar beleza (*Banquete* 206b) e temas correlatos, aplica aos deuses em geral, tal como aparecem no *Fedro* (247a) e ao Demiurgo em particular, de *Timeu* 29e, que a mesquinhez não é uma característica divina; além do que, é ausente nos seres vivos mais elevados, sejam humanos ou divinos. O resultado dessa mistura de princípios platônicos psicológico-metafísicos, vistos como indicativos de algo acerca da natureza do amor (Eros) em si, com a noção estoica de um universo panteísta, habilita Plotino a formular como uma lei tanto cósmica como metafísica a famosa tríade (permanência em Deus ou Uno, processão e retorno a Deus) que atraiu místicos cristãos de Gregório de Nissa a Tomás de Aquino e outros.[7] E, como veremos, os efeitos desse princípio no cristianismo não foram limitados àquilo que foi chamado teologia cósmica: ele exerceu um papel importante na ética e na teoria e prática da ascese.

Plotino construiu sua síntese neoplatônica de elementos díspares que foram por ele dispostos numa visão do universo em que um único primeiro princípio, o Uno, é o primeiro de três "hipóstases" ou tipos de realidades constitutivas que são estritamente subordinadas uma à outra: do Uno provém o Intelecto Divino, e dele a Alma. Esse conjunto de divindades subordinadas, uma forma final de diversas abordagens feitas pelos predecessores de Plotino

---

7 Um poderoso estabelecimento da importância desse princípio e da originalidade de Plotino em sua formulação pode ser lido em Trouillard, 1955b. Talvez uma excessivamente exótica abordagem de algo de seus efeitos sobre (alguns) cristãos pode ser lida em Balthasar, 1961. Uma abordagem a-histórica e malsucedida da influência desses elementos no cristianismo em geral (descrito como o "esquema de mundo alexandrino"), ver Nygren, 1953.

para organizar desarrumado conjunto de "conteúdos" do universo que Platão e seus sucessores imediatos legaram à sua posteridade filosófica, foi organizado mais como um conjunto de dificuldades (e uma potencial fonte de heresia) para aqueles cristãos que os conheceram como um subordinacionismo pré-plotiniano tal como foram para (alguns dos) os antigos partidários da mesma religião.

A mais importante proposição de Plotino talvez tenha sido seu não tão bem-sucedido argumento (de fato, contra o próprio Platão, mesmo sem admiti-lo) de que tudo no mundo, inclusive a matéria, deriva em última instância do Uno. Isso produziu um certo número de confusões entre os cristãos na medida em que a abordagem plotiniana da produção divina era (de novo, parece, contrária à intenção de Platão no *Timeu*) a-histórica. Tudo depende do Uno no sentido em que nada existe sem a potência produtiva do Uno, ainda que não haja início do universo físico, sendo que a matéria sempre existiu, embora sempre tenha sido dependente do próprio Uno para sua existência.[8] Mas os cristãos normalmente afirmavam que todos os objetos físicos (se não também todos os objetos não físicos), em última instância, são produzidos *ex nihilo* com uma origem temporal. Logo, a versão plotiniana do platonismo anterior, na medida em que sua metafísica é anti-histórica, não é mais satisfatória para a maioria deles do seus não menos particulares predecessores do Médio Platonismo. Se o Uno plotiniano é tão dramaticamente transcendente, e se o platonismo de Plotino é um sistema unificado no qual o Uno é responsável pela existência de todas as demais coisas, isso significa, em termos neoplatônicos, que a causa única e indivisível de tudo aquilo que, de qualquer modo, participa da multiplicidade, de modo que Plotino dá um passo decisivo para toda a tradição da teologia negativa – ou seja, à noção de que dizemos do primeiro princípio aquilo que ele não é, não aquilo que ele é – já desenvolvida de muitas formas pelos médio-platônicos,[9] visível também em Fílon de Alexandria e

---

8   Para uma introdução a alguns dos problemas da abordagem de Plotino da produção do que não é o Uno, *cf.* Gerson, 1993.

9   Ver Dillon, 1977.

nas demais fontes que atraíram os cristãos platonizantes.[10] É provavelmente adequado dizer que a influência de Plotino, seja direta ou indireta, teve um papel maior não na fundação, mas na manutenção da tradição filosófica da teologia negativa, por meio de escritores como Gregório de Nissa (*ca.* 335-394) e o Pseudo-Dionísio (início do século VI), como um elemento permanente do cristianismo.

Um dos efeitos da abordagem de Plotino para integrar a matéria num único universo causado em sua totalidade pelo Uno é uma comparativa valorização do mundo da natureza física, contra os gnósticos (como exposto de modo particular em *Enéada* II.9), e a uma versão mais leve do dualismo entre corpo e alma presente no *Fédon*, sob a influência de outros diálogos platônicos, tais como o *Timeu*. Em vez de uma pura forma metafísica de dualismo imaterial-material (ou alma-matéria), Plotino sustenta apenas um "dualismo" moral, que deve manter os objetos materiais e o corpo, longe dos males em si mesmos na forma em que eles existem, e são fontes de tentação, talvez inevitável tentação, para a alma.

A perspectiva de Plotino nunca pesou sobre a fórmula porfiriana "*omne corpus est fugiendum*" deprecada por Agostinho nas *Retratações* (I.4.3) e que deve ser vista como uma reversão parcial a um dualismo mais cru que as próprias *Enéadas* estavam preparadas para tolerar. Além do mais, há um certo conflito entre a noção platônica de que a alma é naturalmente imortal, que Plotino endossa completamente (e que era inaceitável para os cristãos que sustentaram que ela foi feita imortal por Deus ou por sua graça),[11] e crença cristã, sempre fundamental, na ressurreição do corpo: primeiro o de Cristo, depois de cada membro da raça humana. É verdade que, na medida em que sustentam a ressurreição do corpo, os cristãos sempre foram inclinados, mesmo antes de Agostinho,[12] a definir o ser humano (ou pessoa) de maneiras que parecem ter sido sugeridas por Plotino, que o homem "real" é em certo sentido apenas a alma, mas, de modo geral, abordaram o problema falando talvez mais platonicamente acerca da perfeição da alma

---

10 Acerca de Orígenes, por exemplo, ver Crouzel, 1962.
11 *Cf.* Taciano. *Oratio ad graecos* 13 e Nygren, 1953, especialmente 280-287.
12 *Cf. Ep.* 137 e Hölscher, 1986, 213-220.

humana do que assumindo aquela doutrina em um compartimento separado de suas mentes, recusando justapô-la (e ver sua possível discrepância) à teologia da ressurreição corporal.

Mesmo a despeito de tudo isso, não há dúvida de que a abordagem de Plotino acerca do retorno da alma pela potência de Eros do mundo inferior ao mundo celeste – note-se que Agostinho repreendeu-se a si mesmo nas *Retratações* (I.3.2) por assimilar o reino de Deus ao universo inteligível platônico em seus primeiros escritos – foi um incentivo a mais aos cristãos (direta ou indiretamente) para seguir o modo como ele trata a alma, seguindo o *Banquete* de Platão, tal como Porfírio diz (*Vida* 23), em sua escala de ascensão divina para Deus. Como veremos, logo após a morte de Plotino, um efeito do Concílio de Niceia (325 d.C.) pode ter sido tornar essa dimensão da herança platônica particularmente atrativa aos cristãos.

Contudo, a doutrina plotiniana da parte não descida da alma, não afetada pelo pecado – doutrina que deve ser vista como essencial para que sua ética seja consistente – não poderia ser aceita pela ortodoxia cristã: mais do que ser um suporte para a ortodoxia cristã, levava a um permanente convite à heterodoxia, àquela verdadeira heterodoxia que os antigos cristãos hostilizavam pela noção "platônica" da imortalidade natural da alma esperada por si. A revisão feita por Jâmblico da ética plotiniana, na medida em que a alma toda decai (precisando de algum modo ser recuperada, teurgicamente, pela ação dos deuses)[13] foi mais aceitável aos cristãos, logo recebendo uma nova descrição pelos cristãos como mera magia, como oposta ao sacramentário cristão, talvez paradoxalmente transformou a "heresia" plotiniana da parte não descida da alma em algo mais atrativo.

Embora esteja longe do propósito deste ensaio acompanhar as noções antigas do autoaperfeiçoamento, e de quão longe elas estão do e como foram superadas pelo cristianismo com sua doutrina dos atos de um Redentor, sendo ele próprio Deus, além de a perfectibilidade humana dever ser realizada por ele, não podendo ser inteiramente ignorada. Ainda duas doutrinas tenham aparentemente muitas bases em comum, como é o caso

---

13 *Cf.* Rist, 1992.

das noções cristã e platônica da perfectibilidade última do ser humano (ou da alma humana), há também algo de confusão entre elas. Na história do cristianismo pode-se traçar a tensão e o antagonismo entre aqueles cristãos que acolheram bem a teoria platônica do autoaperfeiçoamento como um tipo de acréscimo do cristianismo e aqueles que a transformaram numa curiosa ilusória paródia, quiçá blásfema, da verdade cristã. Por vezes, os dois tipos de reação podem ser vistos em um mesmo autor, como no caso de Agostinho, e, por vezes, podem ser encontrados, mesclados, ao mesmo tempo na vida de um autor. Nessa longa história da interação geral entre platonismo e cristianismo, a influência da peculiaridade da versão *plotiniana* da perfectibilidade humana pode ter sido adequada.

O diálogo entre platonismo e cristianismo começa cedo e uma história completa desse tópico teria que detalhar como ambos eram tanto compatíveis quanto incompatíveis, como tanto o platonismo auxiliou o desenvolvimento da teologia cristã, quanto distorceu seu desenvolvimento. E teríamos que ter presente o quanto problemas teológicos posteriores acerca de que tipo de pensamento teria desenvolvido o cristianismo como sendo o cristianismo "verdadeiro" e que tipo de pensamento o distorceu, o que, nesse caso, demandaria um tipo de abordagem, lamentavelmente implícito, se não claramente explícito, de que tipo de doutrina um "cristianismo ortodoxo" seria. Mas, muito dessa problemática complexa pode ser evitado, pois Plotino não foi o primeiro platônico a influenciar o cristianismo, nem tampouco foi o último, e, como já afirmado, nossa preocupação prioritária é identificar as áreas específicas nas quais o pensamento de Plotino, direta ou indiretamente, foram decisivas. Uma questão que não pode ser contornada, todavia, diz respeito a aspectos específicos do cristianismo que Plotino estava apto a influenciar – dado o momento em que viveu e o exato desenvolvimento do pensamento cristão imediatamente após esse momento.

Plotino não menciona o cristianismo, e com a possível exceção de VI.8, parece não haver passagens nas *Enéadas* indicando qualquer preocupação com o que pode ser cruelmente chamado de marginal cristandade de seu tempo. No capítulo 16 da *Vida de Plotino*, contudo, Porfírio nota que ele e outros pupilos eram encorajados a refutar as visões de certos sectários que possuíam vínculos cristãos, que ele identifica também como gnósticos, rótulo usado pelo próprio Plotino em muitas passagens das *Enéadas*. Após a morte de Plotino, se não antes, Porfírio tornou-se um implacável adversário de todas as formas de cristianismo, embora seja particularmente notável que ele não associa Plotino a essa hostilidade mais geral.

Portanto, a atividade de Plotino como filósofo dá-se numa época em que muitos platônicos (há exceções como Celso, cuja obra Orígenes consagrou uma longa réplica) ainda não estavam voltados para o "tratamento" do cristianismo, tal como veio a fazer Porfírio. Mas as *Enéadas* foram publicadas, diferentemente de quanto compostas, durante a maior das perseguições anticristãs, deflagradas pelos imperadores Maximiano e Diocleciano; e uns vinte anos após sua publicação, o general Constantino, que surge das lutas do século IV como o imutável mestre do mundo romano e um cristão – com o bispo de Córdoba como seu consultor teológico – foi hábil em reunir e convocar o mais importante dos concílios cristãos (exceto o concílio de Jerusalém descrito nos *Atos dos Apóstolos*), o Concílio de Niceia.

Embora o Concílio de Niceia estivesse longe de ter o platonismo ou diretamente qualquer outra matéria filosófica em sua agenda, seus efeitos no futuro das relações entre cristianismo e platonismo, e, portanto, em posturas cristãs em relação ao próprio Plotino, foram de grande importância. Uma das questões primordiais do Concílio era a "heresia" de Ário, um sacerdote de Alexandria que entrou em conflito com o bispo Alexandre por sustentar que Cristo, o *Logos*, a Segunda Pessoa da Trindade cristã, era inferior a, não da mesma substância que, Deus Pai, e ainda que ele era uma criatura intermediária entre Deus Pai e o universo criado.

Há uma difícil disputa acerca de se o próprio Ário foi de algum modo, direta ou indiretamente, influenciado por noções platonizantes de uma hierarquia dos seres divinos tal como aquela de Plotino de Uno, Intelecto e Alma,[14] ou se suas teorias derivam de uma mistura de antigas, mas ainda não condenadas, teologias cristãs e elementos de exegese bíblica talvez dependentes da misteriosa, porém obviamente influente figura de Luciano de

---

14   Ver, por exemplo, Rist, 1981, 170-173; Hanson, 1988, 84-94.

Antioquia.[15] Mas a origem precisa do arianismo (ou origens se, no limite vem a ser o caso, o arianismo foi uma síndrome teológica muito mais que um simples conjunto de doutrinas necessariamente fixas), não é nossa preocupação nesse momento.

O que ofereceu matéria para a recepção do platonismo, especialmente o platonismo de Plotino, no cristianismo, foi o que, após Niceia, várias formas de platonismo que podem ser vistas como (ou afirmadas serem vistas como) o subordinacionismo de Ário era impossível para os cristãos ortodoxos. Uma parte tradicional do platonismo foi, portanto, excluída, e os cristãos que leram Plotino após Niceia, se quisessem continuar ortodoxos, como muitos queriam, ou pensavam que queriam, agora era necessário mirar as hipóstases plotinianas do Uno e do *Nous* como formas do pensamento de Deus (logo, não como conceitos) em um sentido mais médio-platônico, e no que diz respeito à maior parte a suas fontes neoplatônicas, se existiam, referindo-se ao primeiro princípio mais como o Bem do que como o Uno.[16] A alternativa era correr o risco de ser condenado como arianos se fossem indulgentes mesmo nas mais sofísticas especulações sobre Cristo como *Logos* subordinado, o que não era totalmente deslocado mesmo no tempo de Plotino, tal como mostra a trajetória de Orígenes, seu pouco lembrado antigo contemporâneo, e que pode ser encontrado também nos escritos do "platônico" judeu Fílon de Alexandria, lido por cristãos no mínimo como auxiliar na exegese do Antigo Testamento.

Se Atanásio, o sucessor de Alexandre, e os pró-nicenicos tiveram (eventualmente) uma relativamente completa vitória no que diz respeito ao dirimir o subordinacionismo (incluindo então sua forma plotiniana) do quadro do cristianismo, havia outras áreas nas quais o Concílio de Niceia, e particularmente o prestígio do próprio Atanásio, deram liberdade a noções platônicas e plotinianas, pois mesmo que Atanásio tenda a considerar os filósofos como sendo de vã importância no novo mundo cristão,[17] e pode tratar o arianismo tal como um cão de guarda cheirando

---

15   Acerca de Luciano, ver Rist, 1981, 170-173; Hanson, 1988, 79-83.

16   Acerca de Gregório de Nissa como um exemplo disso, ver Balás, 1966, 54-75.

17   *Cf.* Rist, 1981, 173-178.

drogas, seu amor pela via ascética para a santidade tão somente encorajou (involuntariamente) o ascetismo platônico e plotiniano (o qual ele parece ignorar ou tratar com desdém), a entrar no âmbito cristão e encontrar entusiastas boas-vindas.

Plotino não entrou no mundo cristão durante sua vida, nem mesmo logo após seus escritos terem começado a circular. Além do que o processo de assimilação foi tal que os efeitos anti-subordinacionistas do Concílio de Niceia e a teologia dele dependente já era visível antes que Plotino se tornasse significativo nos escritos cristãos. Há, todavia, uma interessante exceção: Eusébio de Cesareia. Eusébio conheceu pequenos trechos de Plotino, ou mesmo parece fazer um pequeno uso de seu conhecimento. No entanto, como expositor da doutrina de Ário e de um certo subordinacionismo, ele nos dá uma oportunidade de imaginar que efeitos a metafísica plotiniana teria sido capaz de produzir no cristianismo se o Concílio de Niceia não tivesse intervindo.[18]

Um resultado do Concílio, portanto, foi corroborar a teologia negativa, doutrinas ascéticas e a via mística, combinada com a estrutura geral do cosmos como processão e retorno, mas não no esquema das hipóstases. Tais foram os temas plotinianos mais visíveis no cristianismo posterior.

Vimos algo da especificidade da versão plotiniana do platonismo. Devemos agora voltar-nos certos escritores cristãos nos quais podem aparecer textos com características plotinianas, mas observando o modo atual de recepção de Plotino na comunidade cristã. Devemos recordar que seus escritos podem ter sido recebidos tanto diretamente, ou seja, por aqueles que leram as *Enéadas* de primeira mão (ou outros textos plotinianos, se existiam), quanto indiretamente por aqueles que aprenderam sobre Plotino primeiramente por Porfírio, em seguida, e de modo menos específico, por outros intermediários mais ou menos bem informados.

Há pouca ou nenhuma evidência de um conhecimento cristão de Plotino durante o terceiro século de nossa era, o que dificilmente pode parecer surpreendente, já que a edição de Porfírio das *Enéadas* apenas apareceu em

---

18   Ver os interessantes textos de Ricken, 1967, 1969, 1978.

cerca de 301 d.C. Mas outras fontes de conhecimento devem ter estado disponíveis. O discípulo de Plotino chamado Amélio fundou uma escola em Apameia, na Síria (*Vida de Plotino* 2-3), e Porfírio nos diz que (*Id.* 19-20) seu próprio mestre formador Longino, que morreu em cerca de 272 d.C., recebeu de Amélio cópias de grande parte da obra de Plotino. O próprio Longino escreveu uma réplica ao material acerca das Formas, que agora se encontra em V.5, e solicitou a Porfírio que lhe trouxesse qualquer outro texto de Plotino que estivesse disponível. Mas não há como saber se alguns cristãos tiveram acesso a tais textos.[19]

Mais problemático é o que parece ter sido uma edição de alguns (o que não significa completos) dos textos de Plotino por seu médico Eustóquio. A única peça segura de evidência de tal edição é um escólio que aparece em diversos manuscritos das *Enéadas* (A E R J C) no final do capítulo 19 de *Enéada* IV.4. Ali se diz: na edição de Eustóquio o livro II do tratado *Aporias sobre a alma* termina aqui, e que o livro III começa com o que é o capítulo 20 do livro II no texto de Porfírio. Mas essa edição de Eustóquio, qualquer que seja o tamanho que possa ter tido, não deixou vestígios até a *Preparatio evangelica* de Eusébio, composta pouco depois de 313 d.C., em Cesareia.[20]

O conhecimento que Eusébio tinha de Plotino parece ter sido limitado ao que é encontrado em *Enéada* IV.7 (*Sobre a imortalidade da alma*) e V.1 (*Sobre as três hipóstases principais*),[21] e deve ser notado que a "Oração de Constantino à assembleia dos santos", um documento não muito posterior a 320 d.C., parece refletir o médio-platonismo de Numênio mais que o neoplatonismo de Plotino. Similar ignorância cristã do texto de Plotino persiste na maior parte do Oriente cristão até 380 d.C.: não há nada particularmente plotiniano em Atanásio, cujo interesse em Filosofia

---

19   Uma discussão mais detalhada da fortuna do conhecimento direto dos textos de Plotino pode ser lida em Rist, 1981.

20   *Cf.* Barnes, 1976, 240.

21   Ver Rist, 1981, 159-165. Eusébio conhece algo acerca das teses de Amélio, discípulo de Plotino (ver *Praeparatio evangelica* 11.18.26), ou, no limite sobre seus comentários ao Evangelho de João.

é mínimo, tal como observamos;[22] nem, como já igualmente questiona-
mos, em Ário.[23]

Se, portanto, há essa mínima evidência da influência específica de Plotino entre os escritores cristãos orientais da primeira metade do século IV,
quando a situação muda? Com os Padres Capadócios, é com frequência
sugerido, mas também aqui é preciso cuidado. Certamente seria ultracético
negá-lo, pois quando Basílio era estudante em Atenas por quatro ou cinco
anos por volta de 351, o ambiente intelectual era platônico, e algum efeito
dessas teorias do grande Plotino e de seus discípulos podia ser reconhecido
em diversos detalhes daquele ambiente. Mas dizer isto está longe de se dizer que as características particulares do neoplatonismo plotiniano tenham
sido óbvias mesmo para o mais atento observador. De qualquer forma, não
parecem ter penetrado muito na mente de Basílio, que não fornece indicações de ter tido um mínimo interesse em Plotino até muito próximo do
final de sua vida, talvez sob a influência agora do pensamento místico de
seu irmão Gregório (de Nissa). Pode haver mais em tal negligência do que
um algo de obtuso em Basílio ou a ausência de textos das *Enéadas*. Trata-se
mais da diferença entre a abordagem moderna da história do antigo platonismo e a maneira pela qual os antigos platônicos olhavam para esse tema.

Na época em que Basílio foi a Atenas como estudante, Plotino havia
morrido há oitenta anos, e no Oriente, sua obra e aquilo que seu prosélito
discípulo e editor Porfírio já começara a se difundir na tradição geral do
platonismo. Uma nova estrela platônica, Jâmblico, cujas ideias foram ama-
das pelo imperador neopagão Juliano e odiadas como mágica e idolatria por
muitos cristãos, estava em ascensão. Enquanto o leitor moderno dos textos
neoplatônicos enfatiza a superioridade filosófica de Plotino em relação a
outros neoplatônicos, os antigos em geral não possuíam tal opinião. Na
medida em que Plotino era idiossincrático em sua apresentação detalhada
dos argumentos e teses mais individualizadas, ao mesmo tempo ele deve

---

22   Note-se os comentários de Hanson, 1988, 861-862 acerca do fato de que um mero uso
de expressões platônicas por parte de Atanásio não o faz um platônico.

23   Um balanço do estado do debate sobre uma possível influência *médio*-platônica em Ário,
encontra-se em Hanson, 1988, 84-94.

ter sido negligenciado. Logo, um olhar cristão para a tradição platônica na "Universidade" de Atenas de meados do século IV não teria tido uma razão especial para destacá-lo como o mestre *par excellence*. Dito isso, é possível apenas sumarizar o que parecem ter sido os fatos estabelecidos acerca do uso que Basílio faz de Plotino.[24]

Há um texto, *Sobre o Espírito*, que é tradicionalmente atribuído a Basílio, enquanto que sou inclinado a pensar que Gregório de Nissa ou algum outro escritor desconhecido é o autor.[25] Esse texto, como universalmente se admite, faz um extenso e respeitável uso de *Enéada* V.1 (um dos dois tratados certamente conhecidos também por Eusébio, como vimos),[26] mas aparentemente de nenhum outro trecho das *Enéadas*. Uma segunda obra, certamente de Basílio, *Sobre o Espírito Santo*, parece conter ecos indiretos de *Enéada* VI.9 e V.2 (e mesmo possivelmente de I.7 e II.9) em seu capítulo 9, e há um pouco mais de Plotino em outras partes do mesmo texto.[27] A conclusão deve ser que antes de 375, Basílio teve acesso a partes de *Enéada* V.1 e IV.7, mesmo que apenas por Eusébio, mas tem pequeno interesse nelas: em 375, quando ele escreve o texto *Sobre o Espírito Santo*, provavelmente conhecia V.1 diretamente e VI.9 de modo indireto (é significativo que dentre aqueles estão os tratados 9 e 10 conforme a ordem cronológica da lista de Porfírio).

Considerando que isso é comumente dado que a influência de Plotino integra-se ao cristianismo de modo extenso por meio dos Padres Capadócios, parece que mesmo com idade avançada Basílio tem um interesse limitado nas *Enéadas*. E quanto a Gregório de Nazianzo? Novamente, há poucas pistas. Gregório conhecia algo da filosofia grega, em particular de

---

24   Para uma abordagem detalhada do "neoplatonismo" de Basílio, *cf.* Rist, 1981, 190-220, que inclui um comentário sobre a mais recente abordagem global da matéria, aquela de Dehnhard, 1964. Hanson, 1988, 687, 865-866, discorda da "minimização" de Rist da influência de Plotino sobre Basílio, mas sua abordagem também minimiza os efeitos substantivos do neoplatonismo (mais que meramente questões de vocabulário), e não apresenta objeções diretas à tese, discutida novamente abaixo, de que o texto parcialmente plotiniano *De Spiritu* não é de Basílio.

25   Ver especialmente Rist, 1981, 218.

26   V.1 é também conhecido de Cirilo de Alexandria e Teodoreto.

27   Ver Rist, 1981, 195-199.

Platão, mas ele é crítico e com frequência hostil. Considera Aristóteles, os estoicos, os cínicos e os epicuristas apenas com a intenção de refutação e comenta pouco acerca dos pensadores que lhe são contemporâneos: em particular sobre Plotino, seu conhecimento é muito limitado, talvez apenas de *Enéada* V.2.[28] Ele faz uso do esquema geral da processão e retorno, de modo que pode ser chamado mais de um platônico cristão, talvez sobretudo por sua ênfase nesse esquema no limite indiretamente neoplatônico mais do que antigos textos platônicos, e chama de platônicos "aqueles que melhor pensaram acerca de Deus e estão mais próximos de nós" (*Oração* 31.5), mas contrasta fé e razão, meramente respirando um ar platônico geral quando trata da natureza de um Deus imaterial.[29]

O último dos Capadócios é o irmão mais novo de Basílio, Gregório, bispo de Nissa. Ele é usual e corretamente considerado como sendo o mais afetado pelas ideias filosóficas gregas do que seu homônimo e do que Basílio. "Nas páginas do *Sobre a virgindade*, de modo particular, formulações de Platão e Plotino são facilmente empregadas por sua pena".[30] Mas é também verdade que tais formulações são com frequência dispostas em um quadro bem diferente, especificamente cristão, e que o produto final é bem distante do pensamento de Plotino. Gregório é certamente um platônico se por platônico se entende quem enfatiza uma distinção ontológica entre sensível

---

28   Para mais detalhes, *cf.* Rist, 1981, 215-216. Hanson, 1988, 867, oferece pouco mais que vagos paralelos como evidência da tese de que Gregório "não foi pouco influenciado pelo neoplatonismo". Mas também são muito vagas para auxiliarem (exceto como confirmando o limitado interesse de Gregório pelo platonismo em geral), e Hanson admite que "não podemos atribuir uma influência decisiva dessa fonte [neoplatônica] em sua teologia trinitária" (p. 868).

29   Não é preciso mencionar o comentário de I. P. Sheldon-Williams em Armstrong, 1967 ("A assimilação de Gregório do cristianismo ou do platonismo é muito mais profunda e tem maiores implicações do que na de Basílio" [p. 446]) é equivocado. Certamente, ele retoma temas neoplatônicos, tais como a purificação e a ascensão da alma, mas isso é muito mais um lugar comum. A diferença de Basílio deve antes ser vista em termos do caráter mais voltado para a terra de Basílio.

30   Brown, 1988, 300. Para uma abordagem mais geral de Gregório, e, em particular, de seu platonismo, ver Daniélou, 1953, Balás, 1966, e mais conciso Mühlenberg, 1966. Em Armstrong, 1967 (p. 456), I. P. Sheldon-Williams afirma que "ele [Gregório de Nissa] construiu uma filosofia que foi tão plena de confiança no platonismo como a de Plotino, da qual muito se aproxima".

e inteligível, e sustenta que o poder de *erôs* conduz o homem de volta a Deus. E Gregório crê na infinitude de Deus em sua essência, uma visão que Plotino também certamente sustentou, e que seria a teoria da *República* – a formulação de Plotino deve ter (ainda que não necessariamente) influenciado Gregório.[31] Já para Gregório a doutrina do infinito é central, clara e não ambígua, enquanto que em relação a Plotino o debate e incertezas dos estudiosos modernos resulta do fato de que o infinito não é um tópico central e constante. Pode haver uma pequena dúvida de que a diferente e notável atitude de Gregório é em parte o resultado do fato de que a dicotomia Criador – criatura subsumiu o contraste platônico e plotiniano mais geral entre o Uno e o múltiplo.

Não se pode negar que a maior fonte do platonismo de Gregório (assim como em relação ao platonismo dos outros Capadócios) é o Orígenes cristão[32] – ou seja, seu platonismo é amplamente derivado de fontes pré-plotinianas. Isso é reforçado por, mais que baseado em, textos neoplatônicos. É também verdade em relação a Gregório de Nissa, tanto quanto para os outros Capadócios, que muito de seu platonismo em geral, deixa seu plotinismo só, é tão pouco específico quanto facilmente disposto em um quadro cristão. Seria provavelmente mais correto dizer que o platonismo cristão de Gregório baseia-se no "médio-platonismo" de Orígenes largamente em paralelo com desenvolvimentos especificamente neoplatônicos de Plotino, não deixando de ser por ele influenciado.

É dito com frequência, e provavelmente de modo correto, que a influência de Plotino sobre Gregório de Nissa é visível especialmente em sua abordagem da alma[33] e em questões relativas ao retorno da alma purificada para Deus – temática que já foi referida. Mas Gregório não é diferente de outros Padres cristãos ao rejeitar a divindade natural da alma, e com todo poder da escala platônica de ascensão em seu direcionamento cristão, é preciso enfatizar que em Gregório tais ideias são associadas de modo estrito

---

31 Acerca do desenvolvimento de Plotino da ideia de Platão, ver Rist, 1967, 27-37, com referências a outras discussões. Para o conceito de infinito em Gregório, *cf.* Balás, 1966, 131-132.

32 NT: Em contraste com o Orígenes pagão, contemporâneo de Plotino.

33 *Cf.* Daniélou, 1953, 42-43; Meredith, 1982.

a teorias sobre a virgindade e o matrimônio místico que provêm primordialmente de Orígenes (em seu *Comentário ao* Cântico dos cânticos), de Atanásio[34] e do *Banquete* de Metódio.[35] Vale notar que em seu índice de citações diretas de Plotino, Henry e Schwyzer registram apenas uma citação provinda de Gregório.

Isso nos conduz à questão de se a influência foi direta ou indireta. Talvez como Agostinho, tal como se pode questionar, Gregório tenha tomado muito mais de Plotino e do neoplatonismo do que as citações diretas indicam. Talvez o ar que respirava era tão neoplatônico quanto origenista, e talvez ele estivesse também inclinado a pensar conscientemente o platonismo, assim como o neoplatonismo, como uma propedêutica, e mesmo uma estância necessária para o cristianismo.

Há pouco, todavia, para sustentar qualquer interpretação da visão consciente de Gregório a esse respeito, sendo que devemos identificar algumas outras características de seu pensamento que são obviamente não plotinianas, além da questão da virgindade e de sua disposição de partir da ortodoxia nicênica em relação à não subordinação das Pessoas da Trindade, estaria sua noção de *epektasis*, ou a expansão contínua da apreensão de Deus para se atingir a visão beatífica; sua ênfase na radical diferença entre Deus e o homem, tal como indicada pela criação histórica do homem e o restante do cosmos a partir do nada; sua ênfase na ascensão mística pela noite escura da alma (um tema derivado em parte de Fílon); sua crença de que o ser humano, em seu estado presente, está dividido em três estágios: primeiro, sua alma é criada no mundo inteligível, depois, no mundo sensível, e, então, é modificada pela queda.

De todo modo, esses elementos básicos de Gregório, como distintos de suas duas bases mais gerais, é cristão, e o que é platônico provém, direta ou indiretamente, do próprio Platão – textos e tradições que o influenciaram sendo em geral idênticas àquelas que influenciaram Plotino, ou seja, os livros centrais da *República*, por exemplo, e o mito da parelha

---

34 Ver Aubineau, 1955.

35 Acerca do médio-platonismo no *Sobre o livre-arbítrio* de Metódio, ver Pépin, 1975.

alada do *Fedro*.[36] Não é de menor importância que o culto do corpo intocado da virgem, que Gregório e outros vinculados à tradição do *erôs*
platônico, tenha sido distanciado de modo significativo da tradição platônica no que diz respeito à doutrina da ressurreição da carne, implicada na
necessidade de incluir o corpo, assim como a alma no platonismo, como
disposto à imortalidade.[37]

De tal modo, parece que a influência específica de Plotino no pensamento cristão grego até o final do século IV era limitada, e que mesmo
Gregório de Nissa deve ser visto como alguém que expressou um certo
número de temas cristãos de uma forma platônica mais do que suas crenças básicas serem dependentes de um modo platônico de filosofar ou que
tomava o neoplatonismo como um modo de justificar ou fundamentar
filosoficamente seu cristianismo. O platonismo de Gregório é, portanto,
inconsciente, e mesmo uma investigação acerca dos efeitos indiretos de Porfírio poderia alterar esse quadro em certos detalhes, mas tais diferenças que
seriam apenas marginais.

Talvez a maior ênfase de Porfírio do que de Plotino acerca da fuga
do corpo tenha ajudado a encorajar aqueles que, na tradição cristã, sub-
jugavam a importância teológica das doutrinas da Encarnação e da Ressurreição. Tal é o que, no limite, como veremos, é no que Agostinho veio
a acreditar em sua estadia em Milão. Em todo caso, não apenas há uma
ênfase menor na *especificidade* das características plotinianas da tradição
platônica entre os cristãos de língua grega já tanto examinada, mas é também verdade que a dimensão *argumentativa* da obra de Plotino, ou seja,
sua preocupação em atualizar o platonismo contra seus vários críticos, em
particular os aristotélicos, não deixou qualquer traço naqueles escritores.
Devemos agora considerar se a situação foi diferente de algum modo no
século IV ocidental.

---

36   *Vita Moysis* (PG 44, 353 CD = p. 52.9ss. Musurillo. *Cf.* Metódio. *Banquete.* 8.12.

37   Ver Brown, 1988, 294, 299-300 (sobre Gregório) e de modo mais geral p. 222, sobre os
Padres do deserto: "O pensamento dos ascetas sobre si mesmos como homens e mulheres
que adquiriram uma precisa liberdade para purgar seus pecados e sofrer em suas vidas na
medida em que podem ganhar a glória futura *para seus corpos*" (grifo nosso).

Plotino escreveu em grego, e ainda que ninguém tenha copiado seu estilo idiossincrático, os escritores que consideramos, como falantes da língua grega, deviam estar familiarizados com o sentido filosófico padrão dos termos técnicos gregos. Quando voltamos nossa atenção para o Ocidente, todavia, a situação muda. Por um longo período de tempo, e com óbvias exceções ao modelo geral, podemos ver que os intelectuais romanos eram bilíngues em grego e latim, mas se tornam falantes apenas do latim com competência limitada no grego, até que perdem o uso do grego. Mário Vitorino e Agostinho são exemplos dos primeiros dois tipos. Além do mais, torna-se um problema o fato de os termos filosóficos gregos não poderem ser traduzidos com exatidão em latim, e que seus termos equivalentes latinos aproximados introduzem novas direções de significado desconhecidas do grego. Tanto em Cícero quanto em Sêneca ocorrem tais dificuldades, e um bom exemplo disso pode ser visto no uso feito por Sêneca da palavra *voluntas* (vontade, personalidade moral), cujo equivalente grego (em epíteto) parece ser *proairesis*.

Mário Vitorino, um distinto *rhêtor* bilíngue africano, residente em Roma em meados do século IV, é o primeiro autor latino a conhecer tanto Plotino quanto Porfírio.[38] Seus tratados antiarianos, mesmo dificilmente afetados pela teologia grega contemporânea, são dominados pela metafísica de Porfírio que ele tenta adaptar à especulação trinitária cristã, especialmente

---

38   Para a defesa dessa tese, *cf.* Rist, 1981, 144-147 ("Basílio"). Para um modo de médio-platonismo, não de neoplatonismo, em Lactâncio, ver (por exemplo) Perrin, 1978. Para o verdadeiramente limitado conhecimento de Plotino e Porfírio em Firminio Materno (de nenhuma grande significância filosófica), *cf.* Rist *id.*, 144-147. Calcídio é um problema especial, na medida em que sua datação é incerta (*cf.* Rist *id.*, 151-155). Se, como Waszink, 1962, XVI, supõe, ele é um oficial imperial em Milão por volta de 395, isso não afeta nosso argumento. Se, entretanto, ele é associado ao bispo Óssio de Córdoba e sua obra de *ca.* 324 ou antes, então isso implica em quanto de platonismo ele conhecia. Devemos notar, todavia, que ele não cita escritores neoplatônicos nominalmente. Se é usualmente dito (e penso estar errado) que seu conhecimento do médio-platônico e neopitagórico Numênio, assim como outros saberes platônicos, isso deriva do *Comentário ao Timeu* de Porfírio. É verdade ser notável que seu comentário poderia ter sido produzido com pouco evidente uso de temas especificamente neoplatônicos. Logo, qualquer que seja seu próprio relacionamento com o cristianismo, ele não é uma fonte direta do uso cristão de Plotino, nem sua influência no quadro do platonismo em geral foi imensa.

em sua defesa da "ortodoxia" nicênica. Ele usa a linguagem porfiriana do "ser só" (*to einai monon* ou *huparxis*) para representar o sentido plotiniano da fórmula platônica "além do ser", quando aplicada ao Primeiro Princípio. Vitorino é sempre mais fácil de se entender se seu latim é literalmente transposto, palavra por palavra, para o grego porfiriano, do qual ele deriva – para ele, o Uno é consubstancial ao *Logos*-Filho em um "telescópio" antiplotiniano das duas primeiras hipóstases – que devem novamente ser vistas como devedoras de, e mesmo desenvolvidas por, Porfírio,[39] mas que o capacitam a evitar o "subordinacionismo" neoplatônico, que ele sabia ter sido desaprovado por Niceia.[40]

A teologia neoplatonizante de Vitorino foi chamada de a primeira exposição sistemática da doutrina da Trindade,[41] mas Jerônimo nela encontra dificuldade (*De viris illustribus* 101), tendo sido pouco lida. Sua mais significante contribuição ao cristianismo foi a tradução de alguns textos neoplatônicos, sendo primordiais, embora não unicamente, os do próprio Plotino.[42] O efeito dessas traduções foi, em primeiro lugar, particularmente sentido em Milão, na época o mais importante centro do pensamento cristão do Ocidente, onde um certo número de sacerdotes e leigos se interessavam pelo platonismo, logo, também pelo neoplatonismo, o que pode ser verificado antes da chegada de Agostinho em 384.

Nas últimas décadas do século IV, Milão parece ter sido o lugar do primeiro "círculo" cristão devotado de modo substancial à obra de Plotino. O sacerdote e professor Simpliciano, que não apenas conheceu e influenciou Vitorino, mas que também batizou tanto Ambrósio quanto Agostinho e depois sucedeu Ambrósio como bispo, foi o principal intelectual do

---

39 Acerca desse "telescópio" visando as hipóstases, *cf.* A. C. Lloyd, em Armstrong (ed.), 1967, 291, comentando um comentário anônimo sobre o *Parmênides*, que Hadot (seguido por muitos) atribuiu a Porfírio. Sobre Porfírio e Vitorino em geral, ver especialmente Hadot, 1968.

40 Para uma abordagem recente, *cf.* Clark, 1981; Hanson, 1988, 531-556.

41 Henry, 1950.

42 Para as traduções de Vitorino, ver Agostinho. *Confissões* 8.2.3. Houve grande debate escolar sobre quanto de Plotino (e quanto de Porfírio) foi então traduzido. Para uma introdução ao tedioso e pouquíssimo proveitoso debate, ver O'Connell, 1984, 11-13: uma abordagem refrescante.

grupo.[43] A posição e a teologia do próprio Ambrósio são mais difíceis de se determinar. Seu impacto sobre Agostinho foi triplo: persuadi-lo de que a alegorização no modo dos Alexandrinos, e de Orígenes em particular, era uma resposta efetiva aos ataques maniqueus às "grosserias" do Antigo Testamento; para encorajá-lo a pensar Deus e a alma como substâncias imateriais, uma perspectiva – para nossa surpresa – não usual entre os cristãos ocidentais da época, embora há muito familiar no Oriente;[44] e convencê-lo de que, para o ser humano decaído, a fé é o pré-requisito essencial para a razão (*Confissões* VI.5.7-8).[45]

Ambrósio era muito bem versado em teologia grega, especialmente aquelas de Orígenes, Metódio, Atanásio e Dídimo, o Cego, assim como em Fílon de Alexandria e seus contemporâneos mais próximos. Ele também conheceu algo de Plotino e Porfírio no original grego, assim como das versões latinas de Vitorino, mas não está inteiramente claro quando leu os textos neoplatônicos e o quanto isso acrescentou à sua perspectiva basicamente alexandrina (por vezes, capadócia) e médio-platônica.[46] À maneira de Gregório de Nazianzo, Ambrósio quis chamar os platônicos de "aristocratas do pensamento" (*Ep.* 34.1),[47] mas a despeito desse desejo de citar Plotino (talvez, às vezes, indiretamente, por meio de um dos Padres gregos) no *De Isaac*, no *De bono mortis* e no *De Iacob*,[48] não há razão para pensar acerca de qualquer especial respeito ou devoção da sorte que Agostinho, no *Da vida feliz*, atribui a seu mestre milanês Mânlio Teodoro.

---

43   Acerca da opinião de Ambrósio, *cf. Ep.* 65.1: "Abordas o inteligível com uma compreensão especialmente estreita, visto que estais habituado a mostrar o quão distante muitos dos livros dos filósofos estão da verdade..."

44   Ver Masai, 1961; Teske, 1985, 45, nota 37.

45   *Cf.* Du Roy, 1966, 113, nota 5.

46   Seria irrelevante comentar aqui a forte influência estoica, por meio de Cícero e outros, aparentes no pensamento de Ambrósio: ver Colish, 1985, V.2, 51-70.

47   *Cf.* Holte, 1962, 111-164. É incerto se Ambrósio teve alguma familiaridade com Platão de primeira mão. Muitas de suas citações são via um intermediário tardio tal como Plotino (que parece, por exemplo, em I.6 e V.9 ser a fonte do conhecimento de Ambrósio do *Banquete*).

48   A mais completa abordagem do débito de Ambrósio para com os filósofos, incluindo Plotino (a quem ele nunca menciona, mas que Madec pensa que ele conhecia diretamente, p. 167), pode ser encontrada em Madec, 1974, especialmente 61-71; também, (por exemplo) Courcelle, 1950a; Hadot, 1956; Solignac, 1956.

O platonismo de Ambrósio, apesar de derivado do *Comentário ao Cântico dos cânticos* de Orígenes e de outros textos cristãos, todavia, é particularmente tributário de uma tradição derivada especialmente do diálogo pseudo-platônico *Primeiro Alcebíades*[49] (que, como Plotino, Ambrósio toma como autêntico),[50] para a qual somos simplesmente identificados com nossas almas, de modo que isso adéqua-se bem com a crença de Porfírio à qual já nos referimos de que devemos procurar separar a alma de todo o resto, incluindo, é claro, o corpo, que é uma roupa esfarrapada, um mero instrumento da alma para ser usado no retorno a Deus.

Não há dúvida de que Ambrósio retoma ideias platônicas, embora não sejam os maiores temas de Plotino, presentes nos três sermões "plotinianos" mencionados acima, assim como faz uso de temas do *De officiis* de Cícero em seu *De officiis ministrorum*, mas meramente para dizer que se está longe de saber se Ambrósio pode em algum sentido ser chamado de plotiniano. Aqueles que quiseram assim descrevê-lo estão muito próximos de mesclar o platonismo de vários pensadores em Milão num modelo homogêneo, assumindo para todos o que dever ter sido verdade em relação a Simpliciano – cujos vínculos com o platonismo assim como seu conhecimento das *Enéadas* foram bem conhecidos – ou Mânlio Teodoro. De outro lado, eles subestimam a tradição que chega a Ambrósio da vasta maioria de suas fontes cristãs: a pura originalidade do cristianismo, e a normal subordinação (mesmo, por vezes, a alegada dependência histórica) do platonismo a si ou ao Antigo Testamento, que o precede. Se os Capadócios estavam entre as fontes de Ambrósio, como é o que parece de modo particular em seu *Hexamerão*, recorde-se que o impacto especificamente plotiniano nesses pensadores é com frequência supervalorizado, e que Ambrósio, no limite, guarda certa suspeita em relação à Filosofia, mesmo no caso do platonismo, tal como eles eram.

Se Simpliciano foi um genuíno, embora crítico, admirador de Plotino, não parece ser evidente que Ambrósio possa ser descrito do mesmo

---

49   Parece, de fato, como Madec argumenta (1974, 320-323), que o conhecimento de Ambrósio do *Alcebíades* é de primeira mão.

50   Acerca da inautenticidade desse diálogo, *cf.* De Strycker, 1942; e De Vogel, 1986, 185, 229, 243.

modo;[51] visto ainda que tende a equalizar Filosofia com paganismo.[52] Assim como os Capadócios, ele vê o platonismo em geral como compartilha com o cristianismo importantes posições acerca da prioridade do mundo não sensível, da separação entre alma e corpo, e outros temas, mas ele está mais distante de ser influenciado por detalhes do platonismo que Orígenes, ou mesmo que Clemente de Alexandria. Certamente o pensamento de Plotino nem o conduz ao cristianismo, nem afeta o essencial de sua apresentação do cristianismo mais do que uma maneira marginal.

Tudo isso significa que não resta mais que um último candidato para aquela corrente que sustenta que por volta do ano 400 d.C. o cristianismo não foi marcado apenas pelo platonismo, como em geral foi considerado desde o tempo de Justino Mártir, Clemente e Orígenes, mas por ideias especificamente neoplatônicas (como em Vitorino). Se o cristianismo é pensado como neoplatônico, ou encontra no neoplatonismo um instrumento expositivo essencial, deve ser Agostinho quem foi o primeiro a dizê-lo, ou fazê-lo.[53] Voltar a atenção para ver se é, como e por que é assim, talvez possa ser o último tema introduzido na presente discussão.

Já notamos que o Concílio de Niceia coloca uma cortina nas relações entre cristianismo e platonismo. Antes disso, como em Orígenes, a metafísica platônica pôde ser usada sem a reformulação radical no que foi depois chamado de debate trinitário; após Niceia, isso não mais será puro. Mas o platonismo, ainda que mesclado exoticamente com uma doutrina da virgindade (simbolizada na tese cristã da ressurreição da carne), pode ainda ser importante: contrariamente a outros sistemas filosóficos da Antiguidade, ele pode oferecer a tese de um mundo não material (incluindo as Formas platônicas como pensamentos de Deus), governado pela Providência, assim como uma doutrina do amor e do desejo pelo Bem que pode conduzir o ser humano de volta ao mundo imaterial, o também é, no limite, profundamente vinculado às metafísicas platônica e neoplatônica. Logo, quando

---

51   Sobre as diferenças entre a exegese alexandrina de Ambrósio e aquela de Simpliciano, *cf.* Holte, 1962, 147.

52   *Cf.* Madec, 1974, 94-95.

53   Para uma introdução ao platonismo de Agostinho, *cf.* Hadot, 1979; Regen, 1983.

Agostinho, ainda não sendo cristão, foi convencido por Ambrósio e outros da existência de um universo espiritual, para quem poderia se voltar senão aos platônicos? E o que seria mais natural senão aquele modo de compreensão do mundo, tal como ele próprio viria a admitir, dado pela leitura de "poucos" dos tratados de Plotino,[54] filósofo em quem ele identifica Platão redivivo? E, como veremos, o que mais natural do que um visível defeito na abordagem daquele verdadeiro *erôs*, que é tão essencial ao platonismo e que proveu uma chave para sua compreensão de que, se o platonismo tem uma deficiência, poderia ter muitas outras?

Agostinho ficou impressionado o suficiente pelo que sabia do platonismo que lhe pareceu fazer parte do cristianismo – e que pôde ser entrevisto por tantos não cristãos – e terá por toda a vida respeito pelo platonismo, ou antes pelo neoplatonismo, que teve um papel tão importante na dimensão intelectual de sua própria trajetória para o cristianismo. Mas isso está aquém de qualquer crença de Agostinho de que o cristianismo possa subsumir o platonismo, mas que aquilo que está subsumido no platonismo é parte da essência do cristianismo, que mais do que qualquer outro fator singular, leva-nos a pensar em uma quase relação essencial entre o platonismo e uma explicação intelectual do próprio cristianismo. Plotino foi o platônico que levou Agostinho a tal perspectiva. Agostinho foi o cristão da Antiguidade cuja conversão ao cristianismo foi mais sustentada pela teoria neoplatônica. Então não é surpreendente que tenha visto as possibilidades cristãs do platonismo mais claramente que seus correligionários.

A leitura de Agostinho das *Enéadas* não foi de um acadêmico, mas de alguém que busca de modo determinado o caminho da vida boa, baseada na verdade. Portanto, uma busca por paralelos verbais entre seu texto e o de Plotino não pode fazer justiça ao impacto que as *Enéadas* lhe causaram.[55] Certamente tais paralelos podem ser encontrados, mas os estudiosos modernos sublinham em detalhes o que exatamente, de certos tratados de Plotino, foi lido de fato por Agostinho na época de sua conversão. O debate é

---

54   I.4 (*Sobre a felicidade*) aceitando *Plotini* na leitura de Henry; *cf. Contra academicos* 3.18.41.

55   Acerca desse ponto, note-se as úteis atitudes metodológicas de Mandouze, 1968.

interminável, e nenhuma interpretação objetiva pode ser definitiva. É muito mais importante notar que Agostinho leu apenas dois ou três dos tratados eneádicos (quais sejam, I.6, V.1 e VI.9), que pode combinar de modo criativo para reconstruir muito mais da obra e da forma de pensar de seu autor do que poderia ter feito pelo mais literal dos leitores, pois estava intelectualmente em sintonia com muito do pensamento de Plotino e o encontra florescente e abrangente. Ler Plotino faz com que ele não seja um discípulo submisso, mas um criador de seu próprio platonismo, enquanto retém temas plotinianos importantes (tais como a abordagem da *tolma* em V.10), que pensa poderem ser harmonizados com a Escritura e a tradição católica.[56]

Quando Agostinho ouve a pregação de Ambrósio pela primeira vez – o que não significa que ele tenha ouvido os "sermões plotinianos" acima referidos – foi a resolução ambrosiana de problemas maniqueístas a partir do Antigo Testamento que, como vimos, o impressionou, aliada à insistência de que Deus e a alma são substâncias imateriais. Mas Agostinho nunca afirma que foi introduzido no neoplatonismo pelo bispo de Milão, o que é compreensível pelo que pudemos observar da atitude de Ambrósio em relação à filosofia. Quando Ambrósio faz recomendações a Agostinho, era para ler *Isaías*, que Agostinho considera muito difícil. Mas quando, por meio da intermediação de um "homem desprovido de vaidade", Agostinho começa a ser alguns dos tratados das *Enéadas*[57] na tradução de Vitorino, vê que a pregação de Ambrósio era fundamentada por teses e argumentos filosóficos plotinianos. Deve, por exemplo, ter conhecido a argumentação plotiniana que influenciou seu próprio argumento acerca da existência de Deus presente nessa época no segundo livro do *De libero arbitrio*.

Não há razão para supor que Agostinho leu de Plotino apenas o que conheceu nos meses cruciais antes de sua conversão ao cristianismo: se saboreou as *Enéadas*, ou aquelas partes que primeiramente apreendeu, deve ter continuado seu estudo posteriormente. De fato, sua absorção

---

56   Iluminando a evidência da habilidade de Agostinho para "reconstruir" um texto platônico a partir de "fragmentos", ver Burnyeat, 1987. De suas leituras das *Tusculanas* de Cícero, Agostinho pôde reconstruir muito da epistemologia do *Mênon*.

57   Ver Rist, 1991, para uma discussão acerca da identidade do ser humano.

do neoplatonismo pode provavelmente ser dividida em três fases: antes de sua conversão; nos anos 390; após 400, quando parece ter conhecido os argumentos anticristãos de Porfírio, pelos quais foi influenciado. O que ele apreendeu nesse primeiro encontro com os "livros platônicos" foi primeiramente a evidência sobre Deus e seu mundo eterno: ele expõe (*Confissões* 7.9.14) algo sobre a Trindade, mas não sobre a Encarnação. Em segundo lugar, descobre que é preciso voltar-se a si mesmo (7.10.16); deve buscar a visão de Deus por meio de sua própria alma mais do que pelo mundo "exterior". Em terceiro lugar, compreende que todas as coisas existem na medida em que seu ser deriva de Deus: essa é certamente uma tese neoplatônica, não meramente platônica, e Agostinho a insere em uma tese platônica mais ampla segundo a qual a verdade é algo incorpóreo (7.20.26).

Então por que Agostinho torna-se cristão e não neoplatônico? A resposta mostra tanto como Agostinho relaciona o neoplatonismo ao cristianismo quanto como encontra, quase no fim de suas reflexões sobre o neoplatonismo, uma fragilidade – que talvez o capacite para ver de modo mais claro, como tempo passado, que há outras fragilidades: que o platonismo falha na abordagem da criação *ex nihilo* (e em seu possível corolário acerca do vindouro final da economia temporal presente), que nossas almas não são simplesmente divinas por natureza, mas há um casamento de nossas almas com nossos corpos que, de modo não platônico, tal como Paulo considerava, são templos do Espírito Santo. O neoplatonismo, contudo, não o capacita a compreender que a teologia cristã demanda um confronto direto com o conceito de onipotência em uma direção que o platonismo não tem. Ele viu que alguns de seus problemas acerca da graça, do amor divino e da predestinação devem ser considerados mais fáceis de se resolver.[58]

Qual, então, é a fragilidade no platonismo que Agostinho parece ter notado desde o princípio? Enquanto os neoplatônicos pareciam ter alguma ideia de para onde a alma deve se direcionar (embora, nas *Retratações*, Agostinho tenha se reprovado por ter assimilado muito facilmente o Reino dos Céus com o mundo inteligível platônico [1.3.2]) tinham uma noção frágil

---

58   Ver Rist, 1994, 262-266.

de como ascender daqui para lá. Isso por causa de sua inabilidade em viver a vida que pode conduzir à felicidade, recorreram à "teurgia", que, para Agostinho, era pouco mais que uma tentativa mágica para obter o céu à força.

Bem antes da época de Agostinho uma crise atingiu a ética neoplatônica e sua teoria da ascese. Tanto o próprio Platão (mais da última fase) quanto Plotino supuseram que a divindade natural da alma humana (a parte que permanecia impecável) provê-nos com significações suficientes para se elevar ao "céu" da vida perfeita. Em nós há uma pérola numa ostra, uma dimensão pura, sem contaminação, do eu, que podemos com esforço libertar de tais contaminações derivadas da vida empírica, de modo que voltamos a ser perfeitos. Mas quando Porfírio, e de modo mais marcante, Jâmblico, perderam sua confiança em nossa bondade inata. Jâmblico ensina diretamente que o conjunto da alma é decaído. Isso significa que temos em nosso interior recursos inadequados para retornar, pelo *erôs*, ao Uno. Precisamos da ajuda dos deuses: eis porque a teurgia.

Logo, para Agostinho, necessitamos da ajuda do próprio Deus – o que logo será chamado de graça de Deus. Os platônicos estavam errados em supor, nos termos de uma famosa frase de Símaco, diretor de Agostinho, que há muitos caminhos para um tão grande mistério. Ao contrário, há apenas um único Caminho, o caminho revelado a nós por Deus (como, então, poderíamos saber disso?). O próprio Deus desceu em Cristo para conduzir-nos para onde, por nós mesmos, *pace* Plotino, não poderíamos ascender.[59] Portanto, como notou Agostinho, o neoplatonismo pôde descrever, metafisicamente, algo do "fim" do ser humano, mas falhou em prover os meios, estando equivocado sobre a deficiência de nossa condição decaída e, com efeito, confundindo o tornar-se homem sábio com Adão antes da queda.

Há uma crença difusa de que o cristianismo patrístico era profundamente imbuído de platonismo. Se isso significa que os Padres pensaram a partir das categorias do platonismo mais do que nas de outras escolas, seja porque sempre aceitam algo como a teoria platônica das Formas,

---

59 Para uma discussão mais detalhada da crise da ética neoplatônica, ver Rist, 1992, 140-145.

compreendida pela noção de participação (tomada mais como participação do criado no incriado do que como dos seres particulares nas Formas)[60] ou seja pela Forma platônica do Bem, tal crença é correta. Se isso significa que eles possuíam uma teoria consciente de que o platonismo constitui um meio caminho para o cristianismo, e que isso pode ser adequado, modificado, reformado, e acima de tudo, completado com o advento do cristianismo, tal perspectiva (esboçada nas atitudes de Clemente de Alexandria e Orígenes) é de fato devida a Agostinho, que disse que o pensamento platônico não é periférico, mas um auxílio essencial não somente no ser cristão, mas no tornar-se cristão, conferindo-lhe uma abordagem intelectual de muito (o que não significa todo) do cristianismo. Isso reflete sua própria experiência e sua própria reflexão sobre a conversão de um pensador ao cristianismo. Se Agostinho está certo (e creio que esteja), portanto, que, salvo atos extraordinários da graça, haverá no platonismo, especialmente em sua forma neoplatônica, elementos que fazem com que os filósofos possam ser mais facilmente conduzidos ao cristianismo. Um corolário disso é que, na medida em que o cristianismo tenta purificar-se inteiramente de maneiras platônicas de autoexplicação, ele parecerá pouco mais que um fundamentalismo.

Qual, então, é o papel do próprio Plotino em tudo isso? Do ponto de vista histórico, foi a versão plotiniana do platonismo que conduziu Agostinho ao cristianismo, embora ele próprio não fosse cristão. É claro, Agostinho não o via como um *neo*platonismo. Pensava ser platonismo, naquele seguimento das pegadas do próprio Plotino. O maior efeito, portanto, que Plotino produziu para o desenvolvimento do cristianismo foi sua inspirada apresentação do platonismo que levou uma figura que exerceu enorme influência na forma do cristianismo, Agostinho. Foi por Agostinho que, ao longo do Ocidente medieval, muitos cristãos ocidentais de inclinação platônica (Anselmo, Boaventura, e, mesmo, mais tarde, Francisco de Sales) tiveram configurada sua mais imediata inspiração. Assim ocorreu com todos os outros efeitos do pensamento de Plotino até que a investigação

---

60   *Cf.* Balás, 1966, 31, iluminando o caso de Gregório de Nissa.

moderna destacasse a natureza peculiar do plotinismo no interior da tradição platônica como um todo, ao serem inseridos nesse amplo conjunto, menos especificamente "plotiniano".

Podemos terminar destacando esse último fenômeno num caso particular de influência, aquele do Pseudo-Dionísio, pois o que pode ser dito acerca de sua figura no século VI pode igualmente ser dito de Marcílio Ficino e Pico della Mirandola no século XV, e dos platônicos de Cambridge no século XVII. Quando "Dionísio" produz sua curiosa mistura de neoplatonismo e cristianismo bizantino, inicia um processo de assimilação não apenas de Platão e Plotino, mas agora também de Jâmblico (e, em certo sentido, da teurgia) e de Proclo. Plotino assumiu seu lugar na tradição à qual ele sempre quis pertencer, e da qual, em parte, os estudiosos modernos o escavaram. Mas a necessidade de algum modo de uma sustentação plotiniana para a teologia cristã é tão forte agora quanto no momento em que Agostinho começou a fazer sua síntese de tais elementos.

Referências

ALEXANDRE DE AFRODÍSIA. *On Aristotle's Metaphysics I.* Tradução de W. Dooley. Ithaca/Nova Iorque: Cornell University Press, 1989.

ALFINO, M. R. Plotinus and the possibility of non-propositional thought. *Ancient Philosophy* 8. 1988, 273-284.

ALLEN, R. E. *Plato's Parmenides.* Minneapolis: University of Minnesota Press, 1983.

ANATÓLIO. *De decade.* Ed. de J. L. Heiberg. *Congrès international d'histoire comparée.* Ve section. Paris, 1900, 27-41.

ARMSTRONG, A. H. The background of the doctrine "that the intelligibles are not outside the Intellect". *In: Les Sources de Plotin*, 1960, 393-413. Reeditado em Armstrong, 1979, estudo IV.

_____. (Ed.). *The Cambridge history of later greek and early mediaeval philosophy.* Cambridge University Press, 1967.

_____. *Plotinus.* 7 volumes. Cambridge, Massachusetts: Harvard University Press, 1966-1988.

_____. Eternity, life and movement in Plotinus' accounts of Nous. *In: Le Néoplatonisme.* Ed. por P. Hadot. Colloques internationaux du Centre National de Recherche Scientifique (Royaumont: 9-13.6.1969). Paris: Éditions du CNRS, 1971, 67-74. Reeditado em Armstrong, 1979, estudo XV.

_____. St. Augustine and christian platonism. *In: Augustine: a collection of critical essays.* Ed. por R. A. Markus. Nova Iorque: Doubleday, 1972, 3-37.

_____. Elements in the thought of Plotinus at variance with classical intellectualism. *Journal of Hellenic Studies* 93. 1973, 13-22.

_____. Tradition, reason and experience in the thought of Plotinus. *In: Plotino e il Neoplatonismo in Oriente e in Occidente.* Atti del Convegno Internazionale dell'Accademia Nazionale dei Lincei (Roma: 5-9.10.1970). Roma: Accademia Nazionale dei Lincei, 1974, 171-194.

ARMSTRONG, A. H. The escape to the One. An investigation of some possibilities of apophatic theology imperfectly realised in the west. *Studia Patristica* 13. Berlim: Akademie-Verlag, 1975, 77-89.

_____. Form, individual and person in Plotinus. *Dionysius* I. 1977a, 49-68. Reeditado em Armstrong, 1979, estudo XX.

_____. Negative theology. *Downside Review* 95. 1977b, 176-189.

_____. *Plotinian and christian studies*. Londres: Variorum, 1979.

_____. (Ed.). *Classical mediterranean spirituality*. Nova Iorque: Crossroad, 1986.

ARNOU, R. Platonisme des Pères. *In: Dictionnaire de théologie catholique* XII.2, col. 2258-2292. Paris: Librairie Letouzey et Ané, 1935.

_____. *Le Désir de Dieu dans la philosophie de Plotin*. 2ª ed. Roma: Presses de l'Université Gregorienne, 1967 (1ª ed.: Paris: Alcan, 1921).

ATKINSON, M. *Plotinus: Ennead V.1. On the three principal hypostases*. Oxford: Oxford University Press, 1983.

AUBINEAU, M. Les écrits de Saint Athanase sur lá virginité. *Revue d'ascetique et de mystique* 31, 1955, 140-173 = Recherches patristiques, 163-169. Amsterdam: A. M. Hakkert, 1974.

BALÁS, D. L. *Metousia Theou: man's participation in God's perfections according to Saint Gregory of Nissa*. Roma: Herder, 1966.

BALTHASAR, H. U. von. *Kosmische liturgie*. Einsiedeln: Johannes-Verlag, 1961.

BARNES, T. D. Sosianus Hierocles and the antecedents of the great persecution. *Harvard Studies in Classical Philology* 80. 1976, 239-262.

BEIERWALTES, W. Die Metaphysik des Lichtes in der Philosophie Plotins. *Zeitschrift für Philosophische Forschung* 15. 1961, 334-362.

_____. *Plotin über Ewigkeit und Zeit*. Frankfurt: Vittorio Klostermann, 1967.

_____. Nachwort to "Plotins Metaphysik des Lichtes", na reimpressão do artigo em C. Zintzen. (Ed.). *Die Philosophie des Neuplatonismus*. Darmstadt: Wissenschaftliche Buchgesellschaft, 1971.

_____. *Platonismus und Idealismus*. Frankfurt: Vittorio Klostermann, 1972.

_____. Die Entfaltung der Einheit. Zur Differenz plotinischen und proklischen Denkens. *Theta-Pi* 2. 1973 126-161.

BEIERWALTES, W. *Denken des Einen: Studien zur neuplatonischen Philosophie und ihrer Wirkungsgeschichte.* Frankfurt: Vittorio Klostermann, 1985.

_____. The love of beauty and the love of God. *In:* A. H. Armstrong. (Ed.). *Classical Mediterranean Spirituality.* Nova Iorque: Crossroad, 1986, 293-313.

_____. *Selbsterkenntnis und Erfahrung der Einheit. Plotins Enneade V 3.* Text, Übersetzung, Interpretation, Erlauterungen. Frankfurt: Vittorio Klostermann, 1991a.

_____. *Il paradigma neoplatonico nell'interpretazione di Platone.* Napoli: Istituto Suor Orsola Benincasa, 1991b.

_____. *Pensare l'Uno. Studi sulla filosofia neoplatonica e sulla storia dei suoi influssi.* Tradução de M. L. Gatti; Introdução de G. Reale. Milão: Vita e Pensiero, 1991c.

BEUTLER, R.; THEILER, W. *Plotins Schriften.* Übersetzt von R. Harder, neubearbeitung mit grieschische Lesetext und Ammerkungen fortgeführt, 1960-1967. Hamburgo: Felix Meiner Verlag, 1962.

BLUM, P. R. Platonismus. *Historisches Wörterbuch der Philosophie* 7, col. 977-985. Basel/Stuttgart: Schwabe Verlag, 1989.

BLUMENTHAL, H. J. Did Plotinus believe in ideas of individuals? *Phronesis* 11, 1966, 61-80. Reeditado em Blumenthal, 1993, estudo IV.

_____. Plotinus Ennead IV.3.20-1 and its sources: Alexander, Aristotle and others. *Archiv für Geschichte der Philosophie* 50, 1968, 254-261.

_____. Soul, World-Soul and individual soul in Plotinus. *In: Le Néoplatonisme.* 1971a, 55-63. Reeditado em Blumenthal, 1993, estudo III.

_____. *Plotinus' psychology. His doctrines of embodied soul.* Haia: Martinus Nijhoff, 1971b.

_____. Nous and soul in Plotinus: some problems of demarcation. *In: Plotino e il Neoplatonismo in Oriente e in Occidente.* Atti del Convegno Internazionale dell'Accademia Nazionale dei Lincei (Roma: 5-9.10.1970). Roma, Accademia Nazionale dei Lincei, 1974, 203-219. Reeditado em Blumenthal, 1993, estudo II.

_____. Plotinus' adaptation of Aristotles' psychology. *In:* R. B. Harris. (Ed.). *The significance of Neoplatonism.* Albany: State University of New York Press, 1976.

BLUMENTHAL, H. J. Plotinus in later neoplatonism. *In:* H. J. Blumenthal e R. A. Markus. (Eds.). *Neoplatonism and early christian thought.* Londres: Variorum, 1981, 212-222.

_____. Plotinus in the light of twenty years' scholarship. *In:* W. Haase e H. Temporini. (Eds.). *Aufstieg und Niedergang der römischen Welt.* II, 36.1, Berlim/Nova Iorque: Walter de Gruyter, 1987, 528-570.

_____. Simplicius and others on Aristotle's discussions of reason. *In:* J. M. Duffy e J. Peradotto. (Eds.). *Gonimos. Neoplatonic and Byzantine studies presented to Leendert G. Westerink. Arethusa* (suplemento). Buffalo: SUNY Press, 1988, 103-119.

_____. Plotinus and Proclus on the criterion of truth. *In:* P. Huby e G. Neal. (Eds.). *The criterion of truth. Essays written in honour of George Kerferd together with a text and translation of Ptolemy's On the kriterion an hegemonikon.* Liverpool: Liverpool University Press, 1989, 257-280. Reeditado em Blumenthal, 1993, estudo IX.

_____. *Soul and Intellect.* Studies in Plotinus and later neoplatonism. Aldershot and Brookfield, VT: Variorum, 1993.

BOOT, P. *Plotinus. Over voorzienigheid (Enneade III 2-3).* Amsterdam: VU Boekhandel, 1984.

BRÉHIER, E. Notice. *In: Plotin. Ennéades VI* (1). Paris, Les Belles Lettres, 1936.

BRISSON, L.; GOULET-CAZÉ, M. O.; GOULET, R.; O'BRIEN, D. *Porphyre. La vie de Plotin.* vol. I. Paris: J. Vrin, 1982.

_____. *Porphyre. La vie de Plotin.* vol. II. Paris: J. Vrin, 1992.

BROWN, P. *The body and society.* Nova Iorque: Columbia University Press, 1988.

BURGE, T. Cartesian error and the objectivity of perception. *In:* P. Pettit e J. McDowell. Subject, *Thought and Context.* Oxford: Oxford University Press, 1986.

BURNYEAT, M. Idealism in Greek Philosophy: what Descartes saw and Berkeley missed. *Philosophical Review* 3. 1982, 3-40.

_____. Wittgenstein and Augustine's *De magistro. Proceedings of the Aristotelian Society 61, 1-24.* 1987.

BURRELL, D.; McGINN, B. (Eds.). *God and creation: an ecumenical symposium.* Notre Dame: Notre Dame University Press, 1990.

BURY, R. G. (Ed.). *Sextus Empiricus.* 4 volumes. Cambridge, Massachusetts: Harvard University Press, 1933-1949 (reeditado em 1961-1983).

BUSSANICH, J. Plotinus on the inner life of the One. *Ancient Philosophy* 7. 1987, 163-190.

_____. *The One and its relation to Intellect in Plotinus.* Leiden: E. J. Brill, 1988.

_____. The invulnerability of goodness in the ethics and psychology of Plotinus. *Proceedings of the Boston area colloquium in Ancient Philosophy*, 6ª ed. por J. Cleary. Lanham/Nova Iorque/Londres: University Press of America, 1990, 51-184.

_____. Mystical elements in the thought of Plotinus. *In:* W. Haase e H. Temporini. (Eds.). *Aufstieg und Niedergang der römischen Welt.* II, 36.1 Berlim/Nova Iorque: Walter de Gruyter, 1994, 5300-500.

CALLAHAN, J. F. A new source for Sr. Augustine's theory of time. *Harvard Studies in Classical Philology* 63. 1958, 437-459.

_____. *Four views of time in Ancient Philosophy.* Westport: Greenwood Press, 1979.

CHARRUE, J. M. *Plotin, lecteur de Platon.* Paris: Les Belles Lettres, 1978.

CILENTO, V. La radice metafisica della libertà nell'antignosi plotiniana. *Las parola del passato* 18. 1963, 94-123.

_____. *Paideia antignostica.* Florença: Felice le Monnier, 1971.

CLARK, G. H. Plotinus' theory of empirical responsibility. *New Scholasticism* 17. 1943, 16-31.

CLARK, M. T. The Neoplatonism of Marius Victorinus, the christian. *In:* H. J. Blumenthal e R. A. Markus. (Eds.). *Neoplatonism and early christian thought.* Londres: Variorum, 1981.

CLARK, S. R. L. How many Selves make me? *In: Human Beings.* Ed. por D. Cockburn. Cambridge University Press, 1991, 213-233.

CLEARY, J. *Aristotle on the many senses of priority.* Carbondale: Southern Illinois University Press, 1988.

COLISH, M. *The stoic tradition from Antiquity to the Early Middle Ages.* Leiden: E. J. Brill, 1985.

COMBÈS, J. Damascius lecteur du Parménide. *Archives de Philosophie* 38. 1975, 33-60.

CORRIGAN, K. A philosophical precursor to the theory of essence and existence in St. Thomas Aquinas. *The Thomist* 48. 1984, 219-240.

_____. Is there more than one generation of matter in the *Enneads? Phronesis* 21. 1986a, 167-181.

_____. Plotinus, Enneads 5,4(7),2 and related passages: a new interpretation of the status of the Intelligible Object. *Hermes* 114. 1986b, 195-203.

_____. A new source for the distinction between *id quod est* e *esse* in Boehius' *De Hebdomadibus. In: Studia Patristica* 18. 4ª ed. por E. A. Livingstone. Papers of the 1983 Oxford Patristic Conference, Kalamazoo. Mich.: Cistercian Publications, 1990, 133-138.

_____. Light and metaphor in Plotinus and St. Thomas Aquinas. *The Thomist* 57. 1993, 187-199.

CORRIGAN, K.; O'CLEIRIGH, P. The Course of Plotinian Scholarship from 1971 to 1986. *In:* W. Haase e H. Temporini. (Eds.). *Aufstieg und Niedergang der römischen Welt.* II, 36.1 Berlim/Nova Iorque: Walter de Gruyter, 1987, 571-623.

COURCELLE, P. *Les Lettres grecques en Occident de Macrobe à Cassiodore.* Paris: Bibliothèque des Écoles Françaises d'Athènes et de Rome, 1943.

_____. *Recherches sur les* Confessions *de Saint Augustin.* Paris: De Boccard, 1950a (2ª edição, 1968).

_____. Plotin et Saint Ambroise. *Revue de philologie* 76. 1950b, 29-56.

CROME, P. *Symbol und Unzulänglichkeit der Sprache.* Munique: Wilhelm Fink Verlag, 1970.

CROUZEL, H. *Origene et la philosophie.* Paris: Aubier, 1962.

D'ANCONA COSTA, C. Causa prima non est yliathim. Liber de causis, prop. 8[9]: Le fonti e la dottrina. *Documenti e studi sulla tradizione filosofica medievale* I. 1990a, 327-351.

_____. Determinazione ed indeterminazione nel sovrasensibile secondo Plotino. *Rivista di storia della filosofia* 45. 1990b, 437-474.

_____. Primo principio e mondo intelligibile nella metafisica di Proclo: Problemi e soluzioni. *Elenchos* 12. 1991, 271-302.

_____. ΑΜΟΡΦΟΝ ΚΑΙ ΑΝΕΙΔΕΟΝ. Causalité des Formes et causalité de l'Un chez Plotin. *Revue de philosophie ancienne* 9. 1992a, 69-113.

D'ANCONA COSTA, C. La doctrine néoplatonicienne de l'être entre l'antiquité tardive et le Moyen Age. Le *Liber de causis* par rapport à ses sources. *Recherchers de théologie ancienne et médiévale* 59. 1992b, 41-85.

_____. Proclo. *Enadi* e *archai* nell'ordine sovrasensibile. *Rivista di storia della filosofia* 47. 1992c, 267-295.

DANIÉLOU, J. *Platonisme et théologie mystique.* Paris: Aubier, 1944 (reeditado em 1953).

DEHNHARD, H. *Das Problem des Abhängigkeit des Basilius von Plotin.* Berlim: Walter de Gruyter, 1964.

DELBRÜCK, M. Aristotle-totle-totle. *In: Of microbes and life.* Ed. por J. Monod e. Borek. Nova Iorque: Columbia University Press, 1971.

DESCARTES, R. *Philosophical Letters.* Ed. por A. Kenny. Oxford: Blackwell, 1981.

_____. *Meditations on First Philosophy.* Ed. por G. Hefferan. Notre Dame: Notre Dame University Press, 1990 [*cf.* ed. em português: *Descartes.* Coleção "Os Pensadores". São Paulo: Abril, 1974].

DIELS, H.; KRANZ, W. (Eds.) *Die Fragmente der Vorsokratiker.* 3 volumes. Berlim: Weidmann, 9ª edição, 1960.

DILLON, J. Plotinus Ennead 3.9.1 and Later Views on the Intelligible World. *Transsactions and Proceedings of the American Philosophical Association* 100. 1969, 63-70.

_____. *The Middle Platonists.* Ithaca/Nova Iorque: Cornell University Press, 1977.

_____. Plotinus, Philo and Origen on the Grades of Virtue. *In:* H.-D. Blume e F. Mann. (Eds.). Platonismus und Christentum. Münster, Aschendorffsche Verlagsbuchhandlung, 92-105, reimpresso em J. Dillon (1990). *The golden chain.* Londres: Variorum, 1983.

_____. Plotinus, the First Cartesian? *Hermathena* 149. 1990, 19-31.

_____. *Alcinous. The Handbook of Platonism.* Tradução, introdução e comentário. Oxford: Clarendon Press, 1993.

DODDS, E. R. The *Parmenides* of Plato and the origin of the neoplatonic One. *Classical Quarterly* 22. 1928, 129-142.

DODDS, E. R. *The greeks and the irrational.* Berkeley, Los Angeles: University of California Press, 1951.

_____. Numenius and Ammonius. *In: Les Sources de Plotin.* Entretiens Hardt V. Vandoeuvres, Genebra: Fondation Hardt, 1960, 3-61.

_____. *Proclus. The Elements of Theology.* Texto revisado com tradução, introdução e comentário. Oxford: Clarendon Press, 1963.

_____. *Pagans and christians in an age of anxiety.* Cambridge University Press, 1965.

_____. *The ancient concept of progress and other essays on greek literature and belief.* Oxford: Oxford University Press, 1973.

DÖRRIE, H. Emation: Ein unphilosophisches Wort im spätantiken Denken. *In:* K. Flasch. (Ed.). *Parusia: Studien zur Philosophie Platons und zur Problemgeschichte des Platonismus: Festgabe für Johannes Hirschberger.* Frankfurt: Minerva, 1965, 119-141. Reeditado em *Platonica minora. Studia et tetimonia antiqua,* 70-88.

_____. Plotino. Tradizionalista o innovatore? *In: Plotino e il Neoplatonismo in Oriente e in Occidente.* Atti del Convegno Internazionale dell'Accademia Nazionale dei Lincei (Roma: 5-9.10.1979). Roma: Accademia Nazionale dei Lincei, 1974.

_____. *Platonica minora.* Munique: Wilhelm Fink Verlag, 1976.

_____. Denken über das Sprechen hinaus. Untersuchungen zu den Denk-und Sprachgewohenheiten der platonischen Philosophen des 2.-4. Jahrhunderts nach Christus. *In: Collectanea Philologica. Festschrift für Helmut Gibber.* Ed. por G. Heintz e P. Sxhmitter. Baden-Baden: V. Körner, 1985, 139-167.

DU ROY, O. *L'intelligence de la foi en lá Trinité selon Saint Augustin.* Paris: Études Augustiniennes, 1966.

EBERT, T. Aristotle on What is Done in Perceiving. *Zitschrift für Philosophische Forchung* 37, 1983, 181-198.

ELSAS, C. *Neuplatonische und gnostiche Weltablehnung in der Schule Plotins.* Berlim/Nova Iorque: Walter de Gruyter, 1975.

EMILSSON, E. K. *Plotinus on sense-perception. A philosophical study.* Cambridge University Press, 1988.

EMILSSON, E. K. Plotinus and Soul-Body Dualism. *In: Psychology. Companions to ancient thought*, 2ª ed. por S. Everson. Cambridge University Press, 1991, 148-165.

_____. L'ontologie de Plotin dans l'Ennéade VI.4.5. *In:* M. Dixsaut. (Ed.). *Contre Platon.* V.1. Paris: Vrin, 1993, 157-173.

_____. Plotinus on the Object of Thought. *Archiv für Geschichte der Philosophie*, 1995, 21-41.

EVANGELIOU, C. *Aristotle's* Categories *and Porphyry*. Leiden: E. J. Brill, 1988.

_____. Plotinus's anti-gnostic polemic and Porphyry's *Against the Christians. In:* R. T. Wallis e J. Bregman (Eds.) *Neoplatonism and Gnosticism.* Albany: State University of New York Press, 1992, 111-128.

EVERSON, S. *Psychology. Companions to ancient thought* 2. Cambridge University Press, 1991a.

_____. The objective appearance of pyrrhonism. *In: Psychology. Companions to ancient thought* 2. Cambridge University Press, 1991b, 121-147.

FAGGIN, G. Plotino. *Enneadi*. Porfirio. *Vita di Plotino*. Tradução, introdução e comentário. Milão: Rusconi, 1992.

FERWERDA, R. *La signification des images et des métaphores dans la pensée de Plotin.* Groningen. J. B. Wolters, 1965.

FESTUGIÈRE, A. J. *La Révélation d'Hermès Trismégiste 3: Les doctrines de l'âme.* Paris: Gabalda, 1953.

_____. *La Révélation d'Hermès Trismégiste 4: Le Dieu inconnu et la gnose.* Paris: Gabalda, 1954. [Reedição: *La Révélation d'Hermès Trismégiste.* Paris: Les Belles Lettres, 2014].

FIELDER, G. Chorismos and Emanation in the Philosophy of Plotinus. *In:* R. B. Harris. (Ed.). *The significance of Neoplatonism.* Albany: State of New York University Press, 1976, 101-120.

_____. Plotinus' copy theory. *Apeiron* 11. 1977, 1-11.

_____. Plotinus' reply to the argument of Parmenides 130a-131d. *Apeiron* 12. 1978a, 1-5.

_____. Plotinus' responses to two problems of immateriality. *Proceedings of the American Catholic Philosophical Association* 52. 1978b, 96-102.

_____. A plotinian view of self-predication and TMA. *The Modern Schoolman* 57. 1980, 339-348.

FIELDER, G. Plotinus and self-predication. *In:* R. B. Harris. (Ed.). *The structure of being. A neoplatonic aproach.* Albany: State University of New York Press, 1982, 83-89.

FRAISSE, J. C. *L'Interiorité sans retrait.* Paris: Vrin, 1989.

FREDE, M. *Stoics and sceptics on clear and distant impressions. In: Essays in Ancient Phylosophy.* Minneapolis: University of Minnesota Press, 1987, 151-176.

_____. Being and becoming in Plato. *Oxford Studies in Ancient Philosophy* 6. Supplementary volume. Ed. por J. Annas e R. H. Grimm. Oxford: Oxford University Press, 1988, 37-52.

FRÜCHTEL, E. *Weltentwurf und Logos. Zur Metaphysik Plotins.* Frankfurt: Vittorio Klostermann, 1970.

GATTI, M. L. *Plotino e la metafisica della contemplazione.* Milão: Vita e Pensiero, 1982.

_____. Sulla teoria plotiniana del numero e sui rapporti com alcuni aspetti della problematica delle "dottrine non scrite". *Rivista di filosofia neoscolastica* 75, 1983, 361-384.

GERSON, L. P. *God and Greek Philosophy. Studies in the early history of natural theology.* Londres/Nova Iorque: Routledge, 1990.

_____. Causality, univocity and first philosophy in Metaphysics II. *Ancient Philosophy* 11. 1991, 331-349.

_____. The discovery of the self in Antiquity. *The Personalist* 8. 1992, 249-257.

_____. Plotinus' metaphysics: creation or emanation? *Review of Metaphysics* 46. 1993, 559-574.

_____. *Plotinus.* Londres/Nova Iorque: Routledge, 1994.

GILL, C. (Ed.). *The Person and the Human Mind.* Oxford: Clarendon Press, 1990.

_____. Is there a concept of person in greek philosophy? *In:* S. Everson. (Ed.). *Psychology. Companion to Ancient Thought 2.* Cambridge University Press, 1991, 166-193.

GILSON, E. *Being and some philosophers.* Toronto: Pontifical Institute of Mediaeval Studies, 1952.

GOLLWITZER, T. *Plotins Lehre con der Willensfreiheit.* 2 volumes. I Kaiser-laufern: P. Rohr. Kempten. II. Keiserlaufern, P. Rohr Kempten, 1900, 1902.

GRAESER, A. *Plotinus and the Stoics.* Leiden: E. J. Brill, 1972.

GURTLER, G. M. Sympathy in Plotinus. *International Philosophical Quarterly* 24, 1984, 395-406.

HADOT, P. Platon et Plotin dans trois sermons de saint Ambroise. *Revue d'études latines* 34. 1956, 202-220.

_____. Être, vie, pensée chez Plotin et avant Plotin. *In: Les Sources de Plotin.* Entretiens Hardt V. Vandoeuvres, Genebra: Fondation Hardt, 1960, 105-141.

_____. La distinction de l'être et de l'étant dans le De Hebdomadibus de Boèce. *In:* P. Wilpert. (Ed.). *Miscellanea mediaevalia.* Berlim: Walter de Gruyter, 1963.

_____. *Porphyre et Victorine.* 2 volumes. Paris: Études Augustiniennes, 1968.

_____. Forma essendi: interprétation philologique et interprétation philo-sophique d'une formule de Boèce. *Les Études classiques* 38. 1970, 143-156.

_____. *Marius Vitorinus.* Paris: Études Augustiniennes, 1971.

_____. L'être et l'étant dans le Néoplatonisme. *Revue de théologie et de philosophie* 23. 1973, 101-113.

_____. La présentation du platonisme par Augustin. *In:* A. M. Ritter. (Ed.). *Kerygma und Logos. Festschrift C. Andresen.* Gotinga: Vandenhoeck und Ruprecht, 1979, 272-279.

_____. Neoplatonist Spirituality: Plotinus and Porphyry. *In:* A. H. Armstrong. *Classical Mediterranean Spirituality.* Nova Iorque: Crossroad, 1986, 230-249.

_____. L'Union de l'âme avec l'Intelect divin dans l'expérience mystique plotinienne. *In:* G. Boss e C. Steel. (Eds.). *Proclus et son influence. Actes du Colloque de Neuchâtel.* Zurique: GMB Editions du Grand Midi, 1987a, 3-27.

_____. *Plotinus or the simplicity of vision.* Chicago: University of Chicago Press, 1987b [Trad. de M. Chase do original *Plotin et la simplicité du regard.* Paris: Plon, 1963 (2ª ed. 1973)].

_____. *Plotin. Traité 38 (VI, 7).* Introdução, tradução, comentário e notas. Paris: Cerf, 1988.

_____. *Plotin. Traité 50 (III, 5).* Introdução, tradução, comentário e notas. Paris: Cerf, 1990.

HAGER, F. P. Die Aristotelesinterpretation des Alexander von Aphrodisias und die Aristoteleskritik Plotins bezüglich der Lehre von Geist. *Archiv für Geschichte der Philosophie* 46. 1964, 174-187.

HAHM, D. E. *The origins of the stoic cosmology.* Columbia: The Ohio State University, 1977.

HANSON, R. P. C. *The search for the christian doctrine of God.* Edimburgo: T. & T. Clark, 1988.

HARDER, R. continuado por R. BEUTLER e W. THEILER. *Plotins Schriften.* Hamburgo: Felix Meiner, 1956-1960.

HATFIELD, G. The senses and the fleshless eye. The Meditations as cognitive exercises. *In:* A. Rorty. (Ed.). *Essays on Descartes' Meditations.* Berkeley, Los Angeles: University of California Press, 1986, 45-79.

HEGEL, G. W. F. *Vorlesungen über Geschichte der Philosophie.* Ed. de E. Moldenhauer e K. M. Michel. Frankfurt: Suhrkamp Verlag.

HELLEMAN-ELGERSMA, W. *Souls-sisters. A commentary on Enneads IV 3 (27), 1-8 of Plotinus.* Amsterdam: Rodopi, 1980.

HENRY, P. Le problème de la liberté chez Plotin. *Revue néo-scholastique* 33, 1931, 50-79; 180-215; 318-339.

_____. *Plotin et l'Occident.* Lovaina: Spicilegium Sacrum Lovaniense, 1934.

_____. The 'Adversus Arium' of Marius Victorinus. The first systematic exposition of the doctrine of the Trinity. *Journal of Theological Studies* I. 1950, 42-45.

HENRY, P.; SCHWYZER, H. R. *Plotini opera.* 3 volumes (*editio maior*): v. 1: Bruxelas: Édition Universelles, *Enéadas* I-III; v. 2: Bruxelas: Éditons Universelles e Paris: Desclée de Brower, *Enéadas* IV-V; v. 3: Paris: Desclée de Brower e Leiden: E. J. Brill, *Enéada* VI. 1951, 1959, 1973.

_____. *Plotini opera.* 3 volumes (*editio minor*): v. 1: *Enéadas* I-III; v. 2: *Enéadas* IV-V; v. 3: *Enéada* VI. 1964, 1976, 1982.

HIMMERICH, W. *Eudaimonia. Die Lehre des Plotin von der Selbst-ver-wicklung des Menschen.* Wurtzburgo: Tritsch, 1959.

HÖLSCHER, L. *The reality of mind. Augustine's philosophical arguments for the human soul as a spiritual substance.* Londres/Nova Iorque: Routledge e Kegan Paul, 1986.

HOLTE, R. *Beatitude et sagesse. Saint Augustin et le problème de l'homme dans la philosophie ancienne.* Paris: Études Augustiniennes, 1962.

HYMAN, A.; WALSH, J. J. (Eds.). *Philosophy in the Middle Ages. The Christian, Islamic and Jewish traditions.* Indianapolis: Hackett, 1973.

IGAL, J. Aristoteles y la evolución de la antropologia de Plotino. *Pensamiento* 35. 1979, 315-346.

INGE, W. R. *The philosophy of Plotinus.* 2 volumes. Londres: Longmans, 1929 (3ª ed. 1968).

IRWIN, T. H. *Aristotle's first principles.* Oxford: Clarendon Press, 1988.

JERPHAGNON, L. Epiphanie du *Nous. Diotima* 11. 1983, 111-118.

JONES, R. M. The Ideas as thoughts of God. *Classical Philology* 21. 1926, 317-326.

JUDOVITZ, D. *Subjectivity and representation in Descartes.* Cambridge University Press, 1988.

KAHN, C. H. Some philosophical uses of "to be" in Plato. *Phronesis* 26. 1981, 105-134.

KENNY, A. *The metaphysics of mind.* Oxford: Oxford University Press, 1992.

KETCHUM, R. J. Plato and real being. *American Philosophical Quarterly* 17. 1980, 213-220.

KEYSER, E. de. *La signification de l'art dans les* Ennéades *de Plotin.* Lovaina: Bibliothèque de l'Université, 1955.

KLIBANSKY, M. A. *The continuity of the platonic tradition during the Middle Ages.* Londres: The Warburg Institute, 1939.

KRÄMER, H. J. *Der Ursprung des Geistesmetaphysik. Untersuchungen zur Geschichte des Platonismus zwischen Plato und Plotin.* Amsterdam, Verlag P. Schippers, 1964.

_____. *Platone e i fondamenti della metafisica.* Milão: Vita e Pensiero, 1982.

KRAUT, R. Introduction to the study of Plato. *In:* R. Kraut. (Ed.). *The Cambridge Companion to Plato.* Cambridge University Press, 1992, 1-50 [tradução: *Platão.* São Paulo, Ideias & Letras].

KRIPKE, S. A. *Wittgenstein on rules and private language.* Cambridge, Massachusetts: Harvard University Press, 1982.

KRISTELLER, P. *Der Begriff der Seele in der Ethik des Plotins.* Tubinga: Mohr, 1929.

LEE, J. S. Omnipresence and eidetic causation in Plotinus. *In:* B. Harris. (Ed.). *The structure of being. A neoplatonic approach.* Albany: State University of New York Press, 1982, 90-103.

LEROUX, G. *Plotin. Traité sur la liberté et la volonté de l'un [Ennéade VI, 8 (39)].* Paris: Vrin, 1990.

LINGUTI, A. *L'ultimo platonismo greco. Principi e conoscenza.* Florença: Olschki, 1990.

LLOYD, A. C. Genus, species and ordered series in Aristotle. *Phronesis 7.* 1962, 67-90.

_____. Nosce te ipsum and conscientia. *Archiv für Geschichte der Philosophie* 46. 1964, 188-200.

_____. Non-discursive thought – An enigma of greek philosophy. *Proceedings of the aristotelian society* 70. 1969, 261-274.

_____. Form and universal in Aristotle. *ARCA: Classical and Mediaeval Texts, Papers and Monographs* 4. Liverpool: Francis Cairns, 1981.

_____. Non-propositional thought in Plotinus. *Phronesis* 31. 1986, 258-265.

_____. Plotinus on the genesis of thought and existence. *Oxford Studies in Ancient Philosophy.* Ed. de J. Annas. Oxford: Oxford University Press, 1987.

_____. *The anatomy of neoplatonism.* Oxford: Oxford University Press, 1990.

LONG, A. A.; SEDLEY, D. N. (Eds.) *The hellenistic philosophers.* 2 volumes. Cambridge University Press, 1987.

MacINTYRE, A. Essence and existence. *In:* P. Edwards. (Ed.). *Encyclopedia of Philosophy* 2. Nova Iorque: Macmillan, 1967, 58-62.

MacKENNA, S. *Plotinus. The Enneads.* 3ª edição revisada por B. S. Page. Londres: Faber and Faber, 1962.

MADEC, G. *Saint Ambroise et la philosophie.* Paris: Études Augustiniennes, 1974.

MADIGAN, A. Syrianus and Asclepius on Forms and Intermediates in Plato and Aristotle. *Journal of the History of Philosophy* 24. 1986, 149-171.

MANCHESTER, P. Time and the soul in Plotinus, III 7 [45]. *Dionysius* 11. 1978, 101-136.

MANDOUZE, A. *L'aventure de la raison et de la grace.* Paris: Études Augustiniennes, 1968.

MARION, J.-L. Generosity and phenomenology. Remarks on Michel Henry's interpretation of cartesian *cogito*. *In:* S. Voss. (Ed.). *Essays on the philosophy and science of René Descartes*. Oxford: Oxford University Press, 1993.

MASAI, F. Les conversions de Saint Augustin et les débuts du spiritualisme en Occident. *Le Moyen Âge* 67. 1961, 1-40.

MAYR, E. *Toward a new philosophy of biology.* Cambridge, Massachusetts/ Londres: Belknap Press, 1988.

McDOWELL, J. Singular thought and the extent of inner space. *In:* P. Petit e J. McDowell. (Eds.). *Subject, thought and context.* Oxford: Oxford University Press, 1986.

McGINN, B. Do christian platonists really believe in creation? *In:* D. Burrell e B. McGinn. (Eds.). *God and creation: an ecumenical symposium.* Notre Dame: Notre Dame University Press, 1990.

MEINHARDT, H. Neuplatonismus. *Historisches Wörterbuch der Philosophie* 6, col. 754-756. Basel/Stuttgart: Schwabe Verlag, 1984.

MAREDITH, A. Gregory of Nyssa and Plotinus. *Studia Patristica* 3. 1982, 1120-1126.

MERLAN, P. Monismus und dualismus bei einigen Platoniker. *In:* K. Flasch. *Parusia. Studien zur Philosophie und zur Problemgeschichte des Platonismus.* Festgabe für Johannes Hirschberger. Frankfurt: Minerva, 1965, 143-154.

_____. *From platonism to neoplatonism.* Haia: Martinus Nijhoff, 1975.

_____. *Dal platonismo al neoplatonismo.* Milão: Vita e Pensiero, 1990.

MIHLENBERG, E. *Die Unendlichkeit Gottes bei Gregor von Nyssa.* Gotinga: Vandenhoeck und Ruprecht, 1966.

MORAVCSIK, J. *Plato and platonism.* Oxford: Blackwell, 1992.

MORRISON, D. The evidence for degrees of being in Aristotle. *Classical Quarterly* 37. 1987, 382-401.

MORROW, G. R.; DILLON, J. *Proclus commentary on Plato's Parmenides.* Tradução, introdução e notas. Princeton: Princeton University Press, 1987.

MORTLEY, R. Negative theology and abstraction in Plotinus. *American Journal of Philology* 96. 1975, 363-377.

_____. *From word to silence* I. *The rise and fall of Logos*; II. *The way of negation: christian and greek.* Bonn: Hanstein, 1986.

MÜLLER, H. F. Plotin über Notwendigkeit und Freiheit. *Neue Jahrbücher für die Klassische Altertum* 17. 1914, 462-488.

_____. Die Lehre vom *Logos* bei Plotin. *Archiv für Geschichte der Philosophie* 30. 1917, 20-60.

NAGEL, T. What is like to be a bat? *Philosophical Review* 83. 1974, 435-450.

_____. *The view from nowhere*. Oxford: Oxford University Press, 1986.

NARBONNE, J.-M. *Plotin. Les deux matières [Ennéade II4 (12)]*. Introdução, texto grego, tradução e comentário. Paris: Vrin, 1993.

NEBEL, G. *Plotins Kategorien der intelligibilen Welt*. Tubinga: J. C. B. Mohr, 1929.

NICÔMACO DE GERASA. *Introductio arithmetica* (1866). Ed. de R. Hoche. Lípsia: Teubner.

NUSSBAUM, M.; RORTY, A. (Eds.) *Essays on Aristotles' De anima*. Oxford: Oxford University Press, 1991.

NYGREN, A. *Eros and Agape*. Tradução de P. S. Watson. Londres: S.P.C.K, 1953.

O'BRIEN, D. The last argument of Plato's *Phaedo*. *Classical Quarterly* 17. 1967-1968, 198-231; 18, 95-106.

_____. Plotinus on evil. A study of matter and the soul in Plotinus' conception of human evil. *In:* P. Hadot. (Ed.). *Le Néoplatonisme*. Colloques internationaux du CNRS. (Royaumont 9-13/06/1969). Paris: Éditions du CNRS, 1971.

_____. A Metaphor in Plato: "running away" and "staying behind" in the *Phaedo* and the *Timaeus*. *Classical Quarterly* 27. 1977a, 297-299.

_____. Le volontaire et la nécessité. Réflexions sur la descente de l'âme dans la philosophie de Plotin. *Revue philosophique* 167. 1977b, 401-422.

_____. Plotinus and gnostics on the generation of matter. *In:* H. J. Blumenthal e R. A. Markus. *Neoplatonism and early christian thought. Essays in honour of A. H. Armstrong*. Londres: Variorum, 1981.

_____. The origin of matter and the origin of evil in Plotinus' criticism of the gnostics. *In:* R. Brague e J.-F. Courtine. (Eds.). *Herméneutique et historie de l'être. Mélanges en hommage à Pierre Aubenque*. Paris: PUF, 1990, 181-202.

_____. Platon et Plotin sur la doctrine des parties de l'âme. *Ruvue philosophique de la France et de l'etranger* 181. 1991a, 501-512.

O'BRIEN, D. Le non-être dans la philosophie grecque. *In:* G. Giannantoni. (Ed.). Études sur le Sophiste de Platon. (Elenchos, 21). Napoli: Bibliopolis, 1991b.

_____. *Plotinus on the origin of matter. An exercise in the interpretation of the Enneads.* (Elenchos, 22). Napoli: Bibliopolis, 1991c.

_____. Il non essere e la diversità nel Sofista di Platone. *Atti dell'Accademia di Scienze Morali e Politiche di Napoli,* 102. 1992a, 271-328.

_____. Origène et Plotin sur le roi de l'univers. *In:* ΣΟΦΙΕΣ ΜΑΙΗΤΟΡΕΣ. Chercheurs de sagesse. Hommage à Jean Pépin. (Collection des Études Augustiniennes, série Antiquité, nº 1331. Paris: Institut des études augustiniennes, 1992b, 317-342.

_____. *Théodicée plotinienne, théodicée gnostique.* (Philosphia antiqua 57). Leiden/Nova Iorque/Colônia: E. J. Brill, 1993.

_____. Le non-être. *Deux études sur le* Sophiste *de Platon.* (International Plato Series). Sankt Augustin: Akademia Verlag, 1995.

O'CONNELL, R. J. *Enneads* VI, 4 and 5 in the works of Saint Augustine. *Revue des études augustiniennes* 9. 1963, 1-39.

_____. *Saint Augustine's platonism.* Villanova: Villanova University Press, 1984.

O'DALY, G. J. P. *Plotinus' philosophy of the self.* Shannon: Irish University Press, 1973.

O'MEARA, D. J. A propos d'un témoignage sur l'expérience mystique chez Plotin. *Mnemosyne* 27. 1974, 238-244.

_____. *Structures hiérarchiques dans la pensée de Plotin.* Leiden: E. J. Brill, 1975.

_____. Plotinus on how soul acts on body. *In:* D. J. O'Meara. (Ed.). *Platonic investigations. Studies in philosophy and the History of Philosophy* 13. Washington, D. C.: Catholic University of America Press, 1985, 247-262.

_____. The chain of being in the light of recent work on platonic hierarchies. *In:* M. L. e P. G. Kuntz. (Eds.). *Jacob's ladder and the tree of life.* Berna/Nova Iorque: Peter Lang, 1987, 15-30.

_____. *Pythagoras rivived. Mathematics and philosophy in Late Antiquity.* Oxford: Clarendon Press, 1989.

_____. Le problème du discours sur l'indicible chez Plotin. *Revue de théologie et de philosophie* 122. 1990, 145-156.

O'MEARA, D. J. *Plotinus. An Introduction to the Enneads*. Oxford: Oxford University Press, 1993.

O'MEARA, J. J. Augustine and Neoplatonism. *Recherches Augustiniennes* 1. 1958, 91-111.

OOSTHOUT, H. *Modes of knowledge and the transcendental. An introduction to Plotinus* Ennead *5.3 [49]*. Amsterdam/Filadélfia: B. R. Grüner, 1991.

OWEN, G. E. L. The place of the Timaeus in Plato's dialogues. *Classical Quarterly* 3. 1953, 79-95. Reeditado em R. E. Allen. (Ed.). *Studies in Plato's metaphysics*. Londres: Routledge and Kegan Paul, 1965, 313-338, com uma réplica de H. Cherniss, 339-378: The relation of the *Timaeus* to Plato's later dialogues, originalmente publicado em M. Nussbaum. (Ed.). *Logic, science and dialectic. Collected papers in greek philosophy*. Londres: Duckworth e Ithaca, Nova Iorque: Cornell University Press, 1986, 65-84.

OWENS, J. The accidental and essential character of being in the doctrine of St. Thomas Aquinas. *Mediaeval Studies* 20. 1958, 1-40.

_____. Quiddity and real distinction in St. Thomas Aquinas. *Mediaeval Studies* 27. 1965, 1-22.

PARMA, C. Pronoia *und* Providentia. *Der Vorsehungsbegriff Plotins und Augustins*. Leiden: E. J. Brill, 1971.

PÉPIN, J. Une curieuse déclaration idéaliste du *De Genesi ad litteram* (XII, 10.21) de Saint Augustin et ses origines plotiniennes (Enn. 5, 3, 1-9 e 5, 3, 1-2). *Revue d'histoire et de philosophie religieuses* 34. 1954. Reeditado em *Ex platonicorum persona*. Études sur les lectures philosophique de saint Augustin. Amsterdam: Hakkert, 1967. 183-211.

_____. Eléments pour une histoire de la realtion entre l'intelligence et l'intelligible. *Revue philosophique* 81. 1956, 39-64.

_____. *Théologie cosmique et théologie chrétienne*. Paris: PUF, 1964.

_____. *Idées grecques sur l'homme et sur Dieu*. Paris: Les Belles Lettres, 1971.

_____. Platonisme et stoicisme dans le *De Autoxousio* de Méthode d'Olympe. *In: Forma futuri. Studi in onore del cardinale Michele Pellegrino*. Turim: Bottega d'Erasmo, 1975, 126-144.

_____. Cosmic piety. *In:* A. H. Armstrong. *World spirituality: an encyclopedic history of the religious quest* 15. Nova Iorque: Crossroad, 1986, 355-408.

PÉPIN, J. Theories of procession in Plotinus and the gnostics. *In:* R. T. Wallis e J. Bregman. (Eds.). *Neoplatonism and gnosticism.* Albany: State University of New York Press, 1992, 297-335.

PERRIN, M. Le Platon de Lactance. *In:* J. Fontaine e M. Perrin. (Eds.). *Lactance et son temps.* Paris: Beauchesne, 1978, 203-234.

PISTORIUS, P. V. *Plotinus and neoplatonism. An introductory study.* Cambridge: Bowes and Bowes, 1952.

PRINI, P. *Plotino e la genese dell'umanesimo interiore.* Roma, Edizioni Abete, 1968. 4ª ed.: *Plotino e la fondazione dell'umanesimo interiore.* Milão: Vita e Pensiero, 1993.

RADICE, R.; RUNIA, D. T. *Philo of Alexandria. An annotated bibliography (1937-1986).* Leiden/Nova Iorque/Colônia: E. J. Brill, 1992.

REALE, G. I fondamenti della metafisica di Plotino e la strutura della processione. *In:* L. P. Gerson. (Ed.). *Graceful reason: essays in ancient and medieval philosophy presented to Joseph Owens.* Toronto: Pontifical Institute of Mediaeval Studies, 1983, 153-175.

_____. *Storia della filosofia antica.* volume 5. Milão: Vita e Pensiero, 1991. Trad. inglesa dos volumes 1-4 por J. R. Catan. *A history of ancient philosophy* (1985-1990). Albany: State University of New York Press. [Trad. port.: *História da filosofia antiga.* São Paulo, Loyola, 1997].

REGEN, F. Zu Augustins Darstellung des Platonismus am Anfang des 8 Buches der Civitas Dei. *In:* H. Blume e F. Mann. *Platonismus und Christentum. Festschrift H. Dörrie.* Münster: Aschendorffsche Verlagsbuchhandlung, 1983, 208-227.

_____. *Formlose Formen. Plotins Philosophie als Versuch die Regressprobleme des platonischen Parmenides zu lösen.* Gotinga: Vandenhoeck and Ruprecht, 1988.

RICH, A. N. M. The Platonic Ideas as the thoughts of God. *Mnemosyne* 4. 1954, 123-133.

_____. Plotinus and the theory of artistic imitation. *Mnemosyne* 13. 1960, 233-239.

RICKEN, F. Die Logoslehre des Eusebios von Caesarea und der Mittelplatonismus. *Theologie und Philosophie* 42. 1967, 341-358.

_____. Nikaia als Krisis des altchristlichen Platonismus. *Theologie und Philosophie* 44. 1969, 321-341.

RICKEN, F. Zur Rezeption der platonischen Ontologie bei Eusebios von Kaesareia, Areios und Athanasios. *Theologie und Philosophie* 53. 1978, 321-352.

RIST, J. M. Plotinus on matter and evil. *Phronesis* 6. 1961, 154-166.

_____. The Indefinite Dyade and intelligible matter in Plotinus. *Classical Quarterly* 12. 1962, 99-107.

_____. Forms of individuals in Plotinus. *Classical Quarterly* 13. 1963, 223-231.

_____. Eros and Psyche. *Studies in Plato, Plotinus and Origen.* Toronto: University of Toronto Press, 1964.

_____. *Plotinus. The road to reality.* Cambridge University Press, 1967.

_____. Ideas of individuals in Plotinus. A reply to Dr. Blumenthal. *Revue internationale de philosophie* 24. 1970, 298-303.

_____. The problem of otherness in the Enneads. *In:* P. Hadot. (Ed.). *Le Néoplatonisme.* Colloques internationaux du CNRS (Royaumont: 9-13/06/1969). Paris: Éditons du CNRS, 1971, 77-87.

_____. *Prohairesis*: Proclus, Plotinus et alii. *In:* H. Dörrie. (Ed.). *De Jamblique à Proclus.* Vandoeuvres, Genebra: Fondation Hardt, 1975, 103-122.

_____. Baisl's "Neoplatonism". Its background and nature. *In:* P. J. Fedwick. (Ed.). *Basil of Caesarea: christian, humanist, ascetic. A sixteen hundredth anniversary symposium.* Toronto: Pontifical Institute of Medieval Studies Press, 1981, 137-220.

_____. *Platonism and its christian heritage.* Londres: Variorum, 1985.

_____. Back to the mysticism of Plotinus: some more specifics. *Journal of the History of Philsophy* 27. 1989, 183-197.

_____. A man of monstrous vanity. *Journal of Theological Studies* 42. 1991, 138-143.

_____. Pseudo-Dionysius, Neoplatonism and the problem of spiritual weakness. *In:* H. Westra. (Ed.). *From Athens to Chartres: essays in honour of Édouard Jeauneau.* Leiden: E. J. Brill, 1992.

_____. *Augustine. Ancient thought baptized.* Cambridge University Press, 1994.

ROBINSON, H. M. (Ed.). *Objections to physicalism.* Oxford: Oxford University Press, 1993.

ROLOFF, D. *Plotin. Die Grossschrift III, 8-V,8-V.5,II.9.* Berlim: Walter de Gruyter, 1970.

RORTY, A. (Ed.). *The identities of persons*. Berkeley, Los Angeles/Londres: University of California Press, 1976.

RORTY, R. *Philosophy and the mirror of nature*. Princeton: Princeton University Press, 1979.

ROSS, W. D. *Aristotle's* Physics. A revised text with introduction and commentary. Oxford: Clarendon Press, 1936.

SAFFREY, H. D. Saint Hilaire et la philosophie. *In:* E. R. Labande. *Hilaire et son temps*. Paris: Études Augustiniennes, 1969, 247-265.

_____. La théologie platonicienne de Proclus, fruit de l'exégese du Parménide. *Revue de théologie et de philosophie* 16. 1984, 1-12.

_____. Comment Syrianus, le mâitre de l'école néoplatonicienne d'Athènes, considérait-il Aristote? *In:* J. Wiesner. (Ed.). *Aristoteles Werk und Wirkung*. Volume 2. Berlim/Nova Iorque: Walter de Gruyter, 1987, 205-214.

SAFFREY, H. D.; WESTERINK, L. G. *Théologie platonicienne*. 5 volumes. Paris: Budé, 1968-1987.

SALMONA, B. *La libertà in Plotino*. Milão: Marzorati, 1967.

SANTA CRUZ DE PRUNES, M. I. Sobre la generación de la Inteligencia en las Eneàdas de Plotino. *Helmantica* 30. 1979, 287-315.

SCHIBLI, H. S. Apprehending our happiness: *antilepsis* and the Middle Soul in Plotinus, *Ennead* I 4.10. *Phronesis* 34. 1989, 205-219.

SCHROEDER, F. M. The platonic Parmenides and imitation in Plotinus. *Dionysius* 2. 1978, 51-73.

_____. Representation and reflection in Plotinus. *Dionysius* 4. 1980, 37-59.

_____. Light and the active intellect in Alexander and Plotinus. *Hermes* 112. 1984, 239-248.

_____. Saying and having in Plotinus. *Dyonisius* 9. 1985, 75-84.

_____. Conversion and consciousness in Plotinus, *Enneads* 5,1(10)9, 7. *Hermes* 114. 1986, 186-195.

_____. *Synousia, synaisthesis, synesis*. Presence and dependence in the plotinian philosophy of consciousness. *In:* W. Haase e H. Temporini. (Eds.). *Aufstieg und Niedergang der römischen Welt*. 36.1. Berlim/Nova Iorque: Walter de Gruyter, 1987a, 677-699.

_____. Ammonius Saccas. *In: ibidem*. 1987b, 493-526.

SCHROEDER, F. M. *Form and transformation. A study in the philosophy of Plotinus.* Montreal/Kingston, Ontario: McGill-Queen's University Press, 1992.

_____. Review of Werner Beierwaltes *Denken des Einen. Studien zur Neuplatonischen Philosophie und ihrer Wirkungsgeschichte. Ancient Philosophy* 14. 1994, 469-475.

_____. Plotinus and interior design. *In:* P. Gregorios. (Ed.). *Plotinus and indian thought.* Albany: State University of New York Press, 1996.

SCHUBERT, V. *Pronoia* und *Logos. Dei Rechtfertigung der Weltordung bei Plotin.* Münschen: Verlag Anton Pustet, 1968.

SCHWYZER, H. R. Zu Plotins Interpretation von Platon *Timaeus* 35a. *Rheinisches Museum* 84. 1935, 360-368.

_____. Bewusst und Unbewusst bei Plotin. *In: Les Sources de Plotin.* Entretiens Hardt V. Vandoeuvres, Genebra: Fondation Hardt, 1960, 343-390.

_____. Plotin und Platons *Philebos. Revue internationale de philosophie* 92. 1970, 181-193.

_____. Zu Plotins Deutung der sogenannten platonischen Materie. *In: Zetesis. Festschrift E. de Stycker.* Antuérpia: De Nederlandsche Boeklandel, 1973, 266-280.

_____. Plotinisches und Unplotinisches in den 'Aphormai des Porphyrios. *In: Plotino e il Neoplatonismo in Oriente e Occidente.* Atti del Convegno Internazionale dell'Accademia Nazionale dei Lincei (Roma, 5-9/10/1970). Roma: Accademia Nazionale dei Lincei, 1974, 221-252.

SEARLE, J. *Intentionality.* Cambridge University Press, 1983.

SELLARS, W. *Science, perception and reality.* Londres: Routledge and Kegan Paul, 1963.

SELLS, M. *Apophasis* in Plotinus: a critical approach. *Harvard Theological Review* 78. 1985, 47-65.

_____. *Mystical languages of unsaying.* Chicago: University of Chicago Press, 1994.

SHARPLES, R. W. Alexander of Aphrodisias: scholasticism and innovation. *In:* W. Haase e H. Temporini. (Eds.). *Aufstieg und Niedergang der römischen Welt.* 36.2. Berlim/Nova Iorque: Walter de Gruyter, 1987, 1176-1243.

SHEPPARD, A. D. Monad and Dyad as cosmic principles in Syrianus. *In:* H. J. Blumenthal. (Ed.). *Soul and the structure of being in late neoplatonism. Syrianus, Proclus and Simplicius.* Liverpool: Liverpool University Press, 1981.

SIMONS, J. Matter and time in Plotinus. *Dionysius* 9. 1985, 53-74.

SLEEMAN, J.; POLLET, G. *Lexicon plotinianum.* Leiden: E. J. Brill, 1980.

SMITH, A. *Porphyry's place in the neoplatonic tradition.* Haia: M. Nijhoff, 1974.

_____. Potentiality and the problem of plurality in the intelligible world. *In:* H. J. Blumenthal e R. A. Markus. (Eds.). *Neoplatonism and early christian thought.* Londres: Variorum, 1981, 99-107.

_____. Reason and experience in Plotinus. *In:* F. O'Rourke. (Ed.). *At the heart of the real.* Dublin: Irish Academic Press, 1992, 21-30.

SOLIGNAC, A. Nouveaux parallèles entre Saint Ambroise et Plotin. Le *De Iacob et Vita beata* et le *Peri eudaimonias* (*Ennéade* I.4). *Archives de philosophie* 19. 1956, 148-155.

SORABJI, R. *Necessity, cause and blame. Perspective on Aristotle's theory.* Londres: Duckworth, 1980.

_____. Myths about non-propositional thought. *In:* M. Nussbaum e M. Schofield. (Eds.). *Language and Logos. Studies in ancient greek philosophy presented to G. E. R. Owen.* Cambridge University Press, 1982, 295-314.

_____. *Time, creation and the continuum. Theories in Antiquity and Early Middle Ages.* Londres: Duckworth, 1983.

_____. *Aristotle transformed: the ancient commentators and their influence.* Ithaca, Nova Iorque: Cornell University Press, 1990.

STEEL, C. G. *The changing self. A study on the soul in Latter Neoplatonism: Iamblichus, Damascius and Priscianus.* Bruxelas: Verhandelingen van de Koninklijke Academie voor Wetenschappen, 1978.

_____. (Ed.). *Proclus. Commentaire sur le* Parmenide *de Platon.* Tradução de Guilherme de Moerbeke. Leuven University Press, 1985.

STRANGE, S. K. *Plotinus' treatise "On the genera of being". An historical and philosophical study.* Ph. D. Diss. The University of Texas at Austin, 1981. Ann Arbor: University Microfilms International, 1981.

STRANGE, S. K. Plotinus' account of participation in *Ennead* VI.4-5. *Journal of the History of Philosophy* 30. 1992, 479-496.

_____. Plotinus on the nature of eternity and time. *In:* L. P. Schrenk. (Ed.). *Aristotle in Later Antiquity. Studies in philosophy and the History of Philosophy* 27. Washington, D. C.: The Catholic University of America Press, 1994, 22-53.

STRYCKER, E. de. L'authenticité du *Premier Alcebiade*. Études classiques 11. 1942, 135-151.

SWEENEY, L. *Divine infinity in greek and medieval thought.* Nova Iorque/ Berlim: Peter Lang, 1992.

SZLEZÁK, T. A. *Platon und Aristoteles in der Nuslehre Plotins.* Basle e Stuttgart: Schwabe Verlag, 1979.

TARDIEU, M. Les gnostiques dans la Vie de Plotin. Analyse du chapitre 16. *In:* L. Brisson *et al. Porphyre. La vie de Plotin.* Études d'introduction, texte grec et traduction française, commentaire, notes complémentaires, bibliographie. Paris: Vrin, 1992, 503-563.

TARRANT, H. *Thrasyllan platonism.* Ithaca, Nova Iorque: Cornell University Press, 1993.

TESKE, R. *Vocans temporales. Facies aeternos*: St. Augustine on liberation from time. *Traditio* 41. 1985, 24-47.

_____. Divine immutability in St. Augustine. *The Modern Schoolman* 63. 1986, 233-249.

THEILER, W. Plotin zwischen Platon und Stoa. *In: Les Sources de Plotin.* Entretiens Hardt V. Vandoeuvres, Genebra: Fondation Hardt, 1960, 63-103.

_____. Porphyrios und Augustin. *In: Forschungen zum Neuplatonismus.* Berlim: Walter de Gruyter, 1966, 160-251.

TROUILLARD, J. La liberté chez Plotin. *In: La liberté. Actes du IVème. Congres de Philosophie de langue française.* Neuchâtel: La Baconnière, 1949, 353-357.

_____. L'impecabilité de l'esprit selon Plotin. *Revue de l'histoire des religions* 143. 1953, 19-29.

_____. *La purification plotinienne.* Paris: PUF, 1955a.

TROUILLARD, J. *La procession plotinienne*. Paris: PUF, 1955b.

_____. Le sens des méditations proclusiennes. *Revue philosophique de Louvain* 55. 1957a, 331-342.

_____. Notes sur *proousios* et *pronoia* chez Proclus. *Revue deus études grecques* 73. 1960, 80-87.

_____. The logic of attribution in Plotinus. *International Philosophical Quarterly* 1. 1961, 125-138.

_____. Les degrés du *poiein* chez Proclus. *Dionysius* 1. 1977, 69-84.

TURNBULL, R. G. *Becoming and intelligibility*. Oxford Studies in Ancient Philosophy 6. Supplementary volume, 1988, 1-14.

VIELLARD-BARON, J.-L. *Platon et l'idealisme allemand (1770-1830)*. Paris: Beauchesne, 1979.

VLASTOS, G. Degrees of reality in Plato. *In:* R. B. Ambrough. (Ed.). *New essays on Plato and Aristotle*. 1965, 1-19. Reeditado em *Platonic studies*. (1973; 2ª ed. em 1981). Princeton: Princeton University Press, 58-75.

_____. *Platonic studies*. Princeton: Princeton University Press, 1973.

VOGEL, C. J. de. On the neoplatonic character of platonism and the platonic character of neoplatonism. *Mind* 62. 1953, 43-64.

_____. *Rethinking Plato and platonism*. Leiden: E. J. Brill, 1986.

WAGNER, M. F. Vertical causation in Plotinus. *In:* R. B. Harris. (Ed.). *The structure of being. A neoplatonic approach*. Albany: State University of New York Press, 1982a, 51-72.

_____. Plotinus' world. *Dionysius* 6. 1982b, 13-42.

_____. Realism and the foundation of science in Plotinus. *Ancient Philosophy* 5. 1985, 269-292.

_____. Plotinus' idealism and the problem of matter in Enneads VI.4 and 5. *Dionysius* 10. 1986, 57-83.

_____. Sense experience and the active soul: some plotinian and augustinian themes. *Journal of Neoplatonic Studies* 1. 1993, 37-62.

WALLIS, R. T. *Neoplatonism*. Londres: Duckworth, 1972.

_____. Nous as experience. *In:* R. B. Harris. (Ed.). *The significance of neoplatonism*. Albany: State University of New York Press, 1976, 51-72.

WALLIS, R. T. Scepticism and neoplatonism. *In:* W. Haase e H. Temporini. (Eds.). *Aufstieg und Niedergang der römischen Welt.* 36.1. Berlim/Nova Iorque: Walter de Gruyter, 1989, 911-954.

WALZER, R. Early islamic philosophy. *In:* A. H. Armstrong. (Ed.). *The Cambridge history of later greek and early mediaeval philosophy.* Cambridge University Press, 1967, 643-669.

WARREN, E. Consciousness in Plotinus. *Phronesis* 9. 1964, 83-97.

WASZINK, J. H. Timaeus a Calcidio translatus commentarioque instructus. *Plato latinus* 4. Leiden: E. J. Brill, 1962.

WATSON, G. Phantasia *in classical thought.* Galway: Galway University Press, 1988.

WHITTAKER, J. Epekeina nou kai ousias. *Vigiliae Christianae* 23. 1969, 91-104.

_____. *Alcinous. Enseignement des doctrines de Platon.* Paris: Les Belles Lettres, 1990.

WILKES, K. *Real people.* Oxford: Oxford University Press, 1988.

_____. *Psuche* versus the Mind. *In:* M. Nussbaum e A. Rorty. (Eds.). *Essays on Aristotle's De anima.* Oxford: Oxford University Press, 1991, 109-127.

WITT, R. E. The plotinian *logos* and its stoic basis. *Classical Quarterly* 25. 1931, 103-111.

WOLFSON, H. Albinus and Plotinus on divine attributes. *Harvard Theological Review* 45. 1952, 115-1130.

WORDSWORTH, W. *Poetical works.* Ed. por T. Hutchinson e E. de Selincourt. Oxford: Oxford University Press, 1950.

WURM, K. *Substanz und Qualität. Ein Beitrag zur Interpretation der plotinischen Traktate VI 1, 2 und 3.* Berlim/Nova Iorque: Walter de Gruyter, 1973.

YEATS, W. B. *Collected poems.* Londres: Macmillan, 1950.

ZEEMAN, C. W. *De Plaats van de Wil in de Philosophie van Plotinus.* Arnhem: Van Loghum Slaterus 'Uitg. Mij N.V., 1946.

ZINTZTEN, C. (Ed.). *Die Philosophie des Neuplatonismus.* Darmstadt: Wissenschaftliche Buchgesellschaft, 1977.

_____. (Ed.). *Der Mittelplatonismus.* Darmstadt: Wissenschaftliche Buchgesellschaft, 1981.

Índice de passagens

VI.7.40.7 – 138
VI.7.40.10-12 – 278
VI.7.40.10-15 – 157
VI.7.40.10-24 – 156
VI.7.40.18-19 – 157
VI.7.40.18-20 – 150
VI.7.40.38-43 – 69
VI.7.40-48 – 157
VI.7.40.55-56 – 156
VI.7.41.1-7 – 153
VI.7.41.18-19 – 150
VI.7.41.22-25 – 408
VI.7.41.22-26 – 320
VI.7.42.3-10 – 95
VI.7.42.11 – 65
VI.8 – 47, 69, 80, 81, 83, 134, 135, 142, 157, 340, 341, 346, 354, 356, 359, 360, 362, 384, 452
VI.8.1-6 – 385
VI.8.1.10-11 – 69
VI.8.1.23-29 – 359
VI.8.2-3 – 115
VI.8.2.33-37 – 359
VI.8.3.19-21 – 360
VI.8.4 – 346
VI.8.4.33-35 – 359
VI.8.5.10-27 – 360
VI.8.5.34-37 – 360
VI.8.6.6-10 – 360
VI.8.7.1 – 84
VI.8.7-21 – 158
VI.8.7.46-54 – 67
VI.8.7.47 – 67, 81
VI.8.7.49-52 – 81
VI.8.8.1-9 – 64
VI.8.8.12-15 – 61, 63
VI.8.8.14 – 390
VI.8.9.10-15 – 69
VI.8.9.39 – 138
VI.8.9.45 – 430
VI.8.10.10-14 – 61
VI.8.10.15-20 – 61
VI.8.10.37-38 – 138
VI.8.11.32 – 63

VI.8.12.14-17 – 67
VI.8.12.16 – 136
VI.8.13 – 48
VI.8.13.1-5 – 81
VI.8.13.1-8 – 81
VI.8.13.24-25 – 150
VI.8.13.38 – 81
VI.8.13.44 – 138
VI.8.13.47-50 – 81
VI.8.13.55 – 63
VI.8.13.56-57 – 67
VI.8.14.14-29 – 145
VI.8.14.16-42 – 142
VI.8.14.20-25 – 144
VI.8.14.25-27 – 63
VI.8.14.31-32 – 64
VI.8.14.32 – 71
VI.8.14.33-34 – 82
VI.8.14.41 – 63
VI.8.14.41-42 – 81, 340
VI.8.15.1-8 – 83
VI.8.15-16 – 84
VI.8.15.23-36 – 157
VI.8.16.1 – 70
VI.8.16.1-2 – 81
VI.8.16.1-12 – 419
VI.8.16.12-13 – 86
VI.8.16.12-33 – 84
VI.8.16.14-15 – 63, 81
VI.8.16.15-17 – 80
VI.8.16.15-18 – 67, 81
VI.8.16.16 – 80
VI.8.16.19-21 – 270
VI.8.16.21 – 81
VI.8.16.25 – 81
VI.8.16.29 – 81
VI.8.16.32 – 85
VI.8.16.38-39 – 81
VI.8.17.24-25 – 136
VI.8.18 – 48
VI.8.18.2-7 – 67
VI.8.18.7-30 – 70
VI.8.18.21-22 – 80
VI.8.18.26-27 – 80

Plutarco
De animae procreatione
1016cd – 393

Porfírio
Ad Marcellam
8 – 348
De abstinentia
1.29 – 348
Máximas
40.36.9-38.20 – 139
Sentenças
1 – 419
2-3 – 420
27 – 420
28 – 420
30-34 – 420
37 – 420
42 – 374
Vida de Plotino
1.2-5 – 334
2 – 365
2-3 – 456
2.26-27 – 338
2.40-43 – 26
3.14 – 32
3.26-27 – 387
4 – 370
4.17-18 – 321
5 – 321
5.8-9 – 414
6.31-37 – 319
8 – 366
8.1-12 – 321
8.4-6 – 38
9 – 365
9.13-16 – 336
10-11 – 365
10.15-31 – 329
11.12-16 – 335
12-14 – 245
13 – 281
13.10-11 – 112
13.11-18 – 319

14 – 448
14.4-7 – 26
14.5-7 – 245
14.10-14 – 28
14.14-16 – 29
14.15-16 – 38
16 – 226, 452
17.1-6 – 29
18 – 312
18.10 – 312
19-20 – 456
20 – 447
20.71-76 – 28
22.95 – 335
23 – 451
23.6-7 – 335
24.5-16 – 321
29 – 368

Proclo
Elementos de teologia
15 – 294
18 – 423
26 – 423
28 – 422
122 – 425
137 – 440
In Parmenidem
I – 438, 441
VI – 436, 437
IV – 439
In Timaeum
II – 423, 438
III – 233
Teologia platônica
I.10 – 436
II.4 – 438
III.3 – 440
V.30 – 234

Pseudo-Aristóteles
De mundo
397b30-31 – 138

Índice remissivo

Esta obra foi composta em CTcP
Capa: Supremo 250g – Miolo: Boivory Slim 65g
Impressão e acabamento
Gráfica e Editora Santuário